JOHN EVERS

GLÜCK IN SCHEIBEN

JOHN EVERS

GLÜCK IN SCHEIBEN

EIN BUCH FÜR SCHALLPLATTEN SAMMLER

Vorwort von Max Schautzer

108 Abbildungen

LANGEN
MÜLLER

Bildnachweis
Alle Abbildungen aus dem Archiv des Verfassers

Schutzumschlaggestaltung: Wolfgang Heinzel, München
unter Verwendung eines Fotos von »The Image Bank«, München
Satz: Uhl + Massopust
Gesetzt aus: 10/12 Punkt Gill
Druck und Binden: Wiener Verlag, Himberg
Printed in Austria
ISBN 3-7844-2284-5

Inhaltsverzeichnis

Vorwort von Max Schautzer *9*

Statt einer Einführung – Servus Du *10*

1 Schallplatten – Glück in Scheiben *11*
Quanti oder Quali *15*
Eine runde Sache *16*

2 Schallplatten – Ihre Geschichte *19*
Aller Anfang heißt Edison *25*
Der amerikanische Berliner *27*
Das Ende der Rillen *29*
Auf nach Digitalia *32*
Musikbilder – Bildmusik *35*

3 Schallplatten – Ihre Geschichten *39*
Hard Selling *46*
Eastern parade *49*
Western von gestern *52*
Collectors Items *54*
Hülle und Fülle *57*

4 Erste Platten, erste Liebe *61*
Nights at the turntable *66*

5 Die 100 schönsten Schallplatten der Welt *69*
20 × Jazz *74*
Louis Armstrong: Westend blues *75* · Billie Holiday: Yesterdays *76* · Artie Shaw: Summit ridge drive *78* · Benny Goodman: After you've gone *80* · Ella Fitzgerald: Stompin' at the Savoy *81* · Charlie Parker: Parkers mood *83* · Dizzy Gillespie: My man *86* · Roy Eldridge: Dale's wail *87* · Woody Herman: Opus de funk *89* · Johnny Hodges: All of me *90* · Maynard Ferguson: New York's my home *91* · Sidney Bechet: Jelly roll blues *93* · Stan Getz: These foolish things *94* · Terry/Brookmeyer: Straight no chaser *96* · Tony Scott: Blues for Ava *98* · Lionel Hampton: Ring dem bells *99* · Stan Kenton: Young blood *100* · Hawkins/Webster: Rosita *101* · Django Reinhardt: When day is done *102* · Duke Ellington: Concerto for Cootie *104*

10 × Oper *106*

Giuseppe Verdi: Othello *109* • Giacomo Puccini: La Bohème *110* • Richard Strauss: Der Rosenkavalier *112* • Alban Berg: Wozzeck *114* • Giacomo Puccini: Tosca *116* • Richard Wagner: Der Ring des Nibelungen *117* • Georges Bizet: Carmen *120* • Andrew Lloyd Webber: J. C. Superstar *122* • Modest Mussorgsky: Boris Godunow *124* • Johann Strauß: Die Fledermaus *125*

10 × Viel Harmoniker *128*

L. van Beethoven: Symphonie Nr. 5 *131* • Antonin Dvořák: »Aus der neuen Welt« *133* • Robert Schumann: »Rheinische Symphonie« *133* • Anton Bruckner: Symphonie Nr. 8 *135* • Maurice Ravel: Rhapsodie Espagnole *136* • Franz Schubert: »Unvollendete Symphonie« *137* • W. A. Mozart: Symphonie Nr. 40 *139* • Béla Bartók: Concerto for Orchestra *141* • Igor Strawinsky: Le Sacre du Printemps *142* • Hector Berlioz: Symphonie fantastique *144*

10 × Fortepiano *145*

Gould am Bach *146* • Franz Schubert: Impromptus *148* • Peter I. Tschaikowsky: 1. Klavierkonzert *150* • Frederic Chopin: Ballade g-Moll *151* • Ludwig van Beethoven: 32 Klaviersonaten *154* • Lalo Schifrin: The Mooche *156* • Bud Powell: Indiana *158* • Jimmy Yancey: At the window *159* • Peter Nero: It's allright with me *160* • Ray Bryant: Alone with the blues *161*

5 × Konzertantes *163*

Friedrich Gulda: Cellokonzert *165* • J. S. Bach: 6 Brandenburgische Konzerte *166* • Sergej Prokofieff: 2. Klavierkonzert *167* • W. A. Mozart: Krönungskonzert *169* • Johannes Brahms: Doppelkonzert *170*

5 × Stimmwunder & Wunderstimmen *171*

Schubertlieder *173* • Yma Sumac *174* • Das Lied von der Erde *175* • Dietrich Fischer-Dieskau *176* • Albert Mangelsdorff: Trombirds *178*

5 × Kammermusikalisches *180*

Franz Schubert: Der Tod und das Mädchen *181* • Ludwig van Beethoven: Große Fuge *182* • Modern Jazz Quartet: Django *184* • W. A. Mozart: Klarinettenquintett *185* • Plädoyer für 6 Saiten *187*

5 × Lieder ohne Worte *190*

An der schönen blauen Donau *191* • Felix der Glückliche *192* • Exclusiv für seine Freunde *193* • Ländler vom Lanner *195* • Synthetica *196*

5 × Worte ohne Lieder *199*

Wie das, Travnicek? *202* • Da haben wir in Bad Kreuznach gespielt *203* • Karl Valentin *204* • Wollt ihr den totalen Krieg? *205* • Martin Held liest Tucholsky *207*

5 × Chorheilige und -Profane *208*
Giuseppe Verdi: Messa da Requiem *211* • Gustav Mahler: Symphonie Nr. 8 *212* • Franz Schmidt: Das Buch mit 7 Siegeln *213* • Manhattan Transfer: Vocalese *214* • Arnold Schönberg: Gurre-Lieder *215*

5 × Immergrün *217*
Shirley Bassey: Bridge over troubled water *218* • Tony Bennett: I left my heart in San Francisco *219* • Nat King Cole: Mona Lisa *221* • Harry James: Trumpet blues *222* • Fats Domino: Blueberry hill *223*

5 × Kleine Kunst *224*
Spike Jones *225* • Sammy Davis: Impressions *226* • Previn & Perlman *227* • Louis und Ella *228* • Zwölf auf ein Dutzend *230*

5 × Popcorn *231*
Let it Beatles *234* • Roberta kills me softly *238* • Blood, Sweat and Chicago *239* • ELP: Bilder einer Zurschaustellung *241* • Tommy, the Pink Floyd *242*

5 × The Best of the Rest *244*
Musik mit einem Fehlenden *245* • Florence Foster Jenkins *246* • Sternsekunden der Menschheit *247* • Meine Siebente *250* • Alte Musik auf neuen Scheiben *251*

6 Kotzbarkeiten *253*
Hüte Dich vor Volksmusik *258*

7 Noch mehr Schallplattengeschichten *261*
Goldrausch *270*
Drei Minuten Ewigkeit *274*
Die V-Disc-Story *279*
Jack in the box *283*
Sei lieb zu Schallplatten *285*

8 Labelsammler und andere Narren *287*
Zum Ersten, Zweiten und Dritten *293*
Das Werk eines Wahnsinnigen *295*
Sammler überall *298*

9 Die Spielwiese *301*
Der Blindtest *306*
Das Filmspiel *308*
Briefgeheimnisvolles *310*
Die einsame Insel *312*

10 Die 5 Heißgeliebten *313*
Louis Armstrong *317*
Giuseppe di Stefano *318*
Leonard Bernstein *319*
Artur Rubinstein *320*
Frank Sinatra *321*

11 Die 5 Bestgehaßten *323*
Miles Davis *327*
Elvis Presley *328*
Lorin Maazel *329*
Heino, Heintje & Co. *330*
Die Niedermacher *332*

12 Etikettenschwindel *335*
Kriminaltangos, -arien, -solos *341*
Die Piraten *346*
Der Ritt über den Plattensee *350*
Aus der Plagiatur *353*

13 Panoptikum *355*
Hausgemacht & Selbstgestrickt *359*
Mister Cut & Lady Take *360*
Die Kopie der Kopie der Kopie *364*
Live oder Studio *366*

14 Die Hinterglasmänner *369*
Der Traumjob *374*
Handarbeit *375*
So entstehen Legenden *377*
Der Wolf und der Löwe *379*

15 Die Auslaufrille *381*
Anhang *383*
Quellenverzeichnis *383* · Namensregister *385*

Vorwort

Wir wissen nicht, wie Mozart Klavier gespielt hat. Bei ihm wie allen anderen großen Meistern der europäischen Musik sind wir auf Vermutungen angewiesen. Doch wenn in 200 Jahren jemand wissen möchte, wie Bill Evans Klavier gespielt hat, braucht er nur eine Schallplatte aufzulegen.
So einfach geht das.
Erst wenn man sich diese Tatsache vor Augen führt, weiß man, was der Welt durch die Erfindung der Tonaufzeichnung geschenkt worden ist. Deshalb sollte man Schallplatten als etwas Besonderes betrachten. Auch wenn sie inzwischen zum täglichen Leben gehören.
Wir sind geneigt, das Wunder der Schallplatte als selbstverständlich hinzunehmen. Schallplatten sind relativ billig und überall zu haben. Sogar im Supermarkt. Sogar per Post. Deshalb begegnet man ihnen überall und wird, wo man sich auch befindet, mit Schallplattenmusik berieselt.
Das vorliegende Buch hat kein Musikkritiker oder -wissenschaftler, sondern ein Sammler und Liebhaber geschrieben, der versucht, den Schallplatten den ihnen zustehenden Stellenwert zurückzugeben, den sie innerhalb einer Konsumgesellschaft, die auch Kunst als Kaufhausartikel zu konsumieren gelernt hat, mehr und mehr zu verlieren droht.
Den Stellenwert als Mittler zwischen den großen Musikern der Vergangenheit, Gegenwart und Zukunft und uns – ihren ergebenen, faszinierten, bewegten, ergriffenen, dankbaren, begeisterten Zuhörern.

Max Schautzer

Statt einer Einführung – Servus Du!

Entschuldige die vertrauliche Anrede, aber irgendwie muß man sich schließlich kennenlernen.
Ich weiß weder, wie Du heißt, noch wer Du bist. Ich weiß nur, wie Du aussiehst.
Weil ich mir Dich ganz genau vorstelle. Wie ich, hockst auch Du irgendwo auf diesem Globus vor Regalen voll mit Schallplatten; lebst und atmest in der Zwischenwelt der bunten Hüllen und feinen Rillen und bist mit mir einer Meinung:
Schallplatten sind Glück am Stück (wenn auch in Scheiben).
Nach welchen Gesichtspunkten Du sammelst, ordnest und katalogisierst, interessiert mich in diesem Stadium unserer Bekanntschaft nur am Rande. Gestatte, daß ich Dir vorerst erzähle, wie ich es mache. Du kannst mir ja eines Tages zurückschreiben, wie Du es machst.
Jeder Sammler darf sein eigenes Buch schreiben.
Das hier ist meines. Von keinerlei Objektivität getrübt und so persönlich, wie möglich. Das hat seinen Grund.
Nämlich den, daß Phonomagazine und Fachzeitschriften, Plattenkritiken und Reviews von geradezu abgründlicher Gründlichkeit sind.
Die Kritiker dort schreiben, als bekämen sie was dafür bezahlt. Daß die Mittellage vom Domingo belegt ist; daß die Konzert-Aufnahme vom »St. Louis blues« zwar live, aber trotzdem ein toter Hund ist; daß der Repertoire-Wert der 500. Aufnahme der »Fünften« gleich Minus 5 beträgt.
Das sind wichtige Dinge, gewiß. Aber warum schreibt keiner, daß er bei »Ring dem bells« von Lionel Hampton vor Begeisterung gebrüllt und bei der »Salome« der Nilsson vor Ergriffenheit geweint hat?

Laß wenigstens mich so schreiben. Ich hoffe, es macht Dir nichts aus. Als Schallplatten-Freak verstehst du mich bestimmt.
Es gibt doch nichts Schöneres auf der Welt, als so eine neue schwarze oder silbrigglänzende Scheibe mit nach Hause zu nehmen. Sie gewissermaßen präcoital aus ihrer Cellophanverpackung zu schälen, Hülle und Hemd von ihr abzustreifen und sie dann mit einem spitzen Edelstein oder gar Laserstrahl zu deflorieren.
Schallplatten sind sexy! Wenn Du zum Beispiel mit einer Frau vor einem Juwelierladen stehst, in den sie mit blanken, begehrlichen Augen hineinblickt – sagst Du ihr dann auch, daß Diamanten und Saphire für Dich nur deshalb interessant sind, weil man mit ihnen Schallplatten abspielen kann?
Ja?
Na also, ich wußte doch, Du denkst wie ich.

Schallplatten – Glück in Scheiben

KRISTALL
FONOTIPIA
RECORD
SERIE "POLYFAR"
POLYDOR
Elektrische Polyfar-Raumton-Aufnahmen
MUSICA SACRA
»Musica Sacra-Musikplatten«
sind Träger echter Kultur.
Brunswick
The best American Dance Record
Always Something New on Brunswick Records
Ask for our Catalogues and
Monthly Issues of New Records
ODEON
ODEON
TELE
FUN
KEN

Deutsche
Grammophon
Gesellschaft
Deutsche
Grammophon
Gesellschaft

Linke Seite:
1
Parade der Schellackhüllen

2
Schellacks, die alten, schweren, großen Scheiben

3
Die Schellack-Ära ging in den 50er Jahren zu Ende ▷

4
Komplette Alben – eine Oper pro Stück

Daß ein Auto fährt, wenn man Benzin hineinschüttet, gehört zur Allgemeinbildung. Telefonieren ist auch keine Sensation mehr. Fernsehen wäre eine, wenn man sich nicht soviel über das Programm wundern würde, sondern eher darüber, auf welche Weise es ins Wohnzimmer gelangt. Nicht einmal der Mond ist mehr das, was er war, seit Neil Armstrong seinen Fuß darauf gesetzt hat.

Für all das gibt es logische, sachliche, rationale, physikalische Erklärungen.

Aber kann mir jemand erklären, wie 100 Stück (in Worten: einhundert) Berliner Philharmoniker in ein paar winzige Rillen kommen, die man mit bloßem Auge kaum sehen kann?

Wie ist es möglich, die 120 Phon von Schostakowitschs »Fünfter« auf eine unansehnliche Scheibe mit 12 bis 30 cm Durchmesser zu bannen?

Die tausend instrumentalen und vokalen Stimmen der »Achten« Mahlers?

Die Brandung des »Buchs mit den sieben Siegeln«. Die gehauchte Klarinette von Jimmy Giuffre?

So unterschiedliche Sounds wie den Streicherklang von Mantovani, das Tenorsaxophon von Archie Shepp, das Geschrei der Judy Garland oder die 12 Töne des Karlheinz Stockhausen?

Da beginnt für mich das Reich der Wunder, Feen und Zauberer, der Elfenkönige, Einhörner und Dreibeiner.

Mit anderen Worten: Schallplatten sind eigentlich nicht von dieser Welt.

Überlege doch einmal: Du gehst in einen Laden, legst ein paar Scheine oder Münzen auf den Tisch und bekommst dafür Salomos Schatz ausgehändigt. Ein tönendes Weltall, eine Galaxis voll Klang. In Stereo und Hi-Fi, von den besten Musikern der Welt interpretiert. Ungeheure Kostbarkeiten von unfaßbarem Wert.

Und das alles gehört Dir, steht zu Deinen Diensten, wann immer Du willst. Du bist sogar Herr über Lautstärke und Klangfarbe, kannst all diese Wunderwerke verändern, verzerren, vermischen – nach Belieben.

Deshalb sollte man auch behutsam mit solchen Kostbarkeiten umgehen. Ich rede jetzt nicht von der Schallplattenpflege, das ist ein anderes Kapitel. Ich meine den Umgang mit dem, was in den Rillen schlummert, um von Dir nach Deinem Wunsch zum Leben erweckt zu werden. Man soll Ehrfurcht vor dem haben, was einem da geschenkt wird.

Es sind fein ziselierte Miniaturen darunter und gewaltige Kathedralen; Sonnen und Sterne; himmelstürmende Leuchtfeuer, die sich in Hyperbelkurven irgendwo verlieren; aber auch Gedankenstriche von einer Intensität, die direkt wehtut, weil sie so unmittelbar ist.

Und alles das auf unscheinbaren Kunststofftellern mit einem Loch in der Mitte, die eigentlich nach nichts aussehen.

Kannst Du mir erklären, wie solches möglich ist?

Quanti oder Quali

Das erste, was die Leute tun, wenn Sie zu Dir kommen: sie schnappen nach Luft. »Mensch, hast Du aber viele Schallplatten!« Manche fügen noch hinzu, daß die Sammlung ein Vermögen gekostet haben muß (und liegen damit richtig). Wo sie falsch liegen, ist ihr Gleichgewichtssinn. Sie verwechseln nämlich »viel« mit »gut«, Menge mit Auswahl, »essen« mit »speisen«. Vielleicht halten sie Dich im Stillen für einen Snob, der Hancock nach Kilogramm und Puccini nach Kilometern kauft. Du bist aber kein Snob, nur ein Irrer. Das ist der feine Unterschied.

Bei einer Schallplattensammlung kommt es nie auf den Umfang an, immer nur auf den Inhalt.

Quantität ist nichts. Qualität ist alles.

Drum sage ich nicht nur Dir mit Deiner Riesensammlung, sondern auch Dir, der Du nur ein paar LPs daheim stehen hast:

Du brauchst nicht neidisch zu sein.

Es ist völlig belanglos, ob Du 26 Versionen der »Eroica« Dein eigen nennst, den zehnten Konzert-Mitschnitt von John Coltrane oder den kompletten Output von Bix Beiderbecke.

Wichtig ist, daß Du die schönsten Schallplatten der Welt zu Hause stehen hast!

Zum Teufel mit den Kritikern, die Dir einreden wollen, was man haben muß und was nicht. Zum Teufel auch mit Elaboraten wie diesem, wenn Du es nicht als das ansiehst, was es sein soll. Nämlich ein Buch über meine schönsten Schallplatten. Wohlgemerkt, über »meine«, nicht über Deine!

Nach welchen Gesichtspunkten Du vorgehst, ist Deine Angelegenheit. Du kannst quer durch den Garten sammeln; Dich auf einen Musiker, einen bestimmten Stil, eine Epoche konzentrieren. Oder schlicht und ergreifend kaufen, was Dir gerade gefällt. Wobei ich selbstverständlich voraussetze, daß Du nicht nur Deinen, sondern auch guten Geschmack einsetzt.

Über den läßt sich bekanntlich streiten. Tun wir es! Aber bitte ein bißchen später, nicht schon in den Einleitungstakten unserer Bekanntschaft.

Am schönsten finde ich es, nach bestimmten Aufnahmen solange zu suchen, bis man sie besitzt. Das kann zur Lebensaufgabe werden. Darin unterscheidet sich der Schallplattensammler nicht im geringsten von anderen Verrückten. Nur daß seine Objekte lebendig sind, während Briefmarken, Bierdeckel und Zinnsoldaten erst durch ihre Sammler leben.

Die Jagd nach einem Gustostück kann langwierig, niemals aber langweilig sein. Meist geht es um die eine, einzige Aufnahme, die gerade noch fehlt, um die Sammlung zu komplettieren.

Als Trost kann ich Dir sagen, daß die Japaner im Laufe der Zeit ohnehin alles wieder herausbringen.

Du kannst also sogar der Versuchung nachgeben, den kompletten Charlie Barnet im Regal stehen zu haben.

Nur sollst Du eines wissen: es kostet Dich tatsächlich ein Vermögen!

Eine runde Sache

⊙ Hat Wagner Beethoven überlisztet?
⊙ Wollte Mendelssohn Händel mit Bach anfangen?
⊙ Wie spielte Brahms Mozart?
⊙ Wie klang Paganinis Geige wirklich?
⊙ Wie dirigierte Wagner Weber?
⊙ Und wie dirigierte Weber Weber?

Die durch die Musikkritik geisternde Formel von der Werktreue konnte nur entstehen, weil niemand mit Bestimmtheit weiß, wie die großen Meister der alten Welt ihre Werke gespielt haben wollten. Ja, wie sie selbst gespielt haben. Für sie wurde die Schallplatte zu spät erfunden.

Du mußt Dir vorstellen, was für eine Sensation es wäre, könnte man die »Appassionata« in Beethovens eigenhändiger Interpretation auf Schallplatten hören!

Hätte man die Technik der Tonkonservierung 300 Jahre früher gekannt, wüßte man um die Vorstellungen und Wünsche aller Komponisten, die heute in unseren Konzertsälen aufgeführt werden. So aber sind wir auf Partiturbezeichnungen, Tempoangaben und dynamische Vorzeichen angewiesen; der Rest ist purer Okkultismus.

Du brauchst Dir nur einmal »Les Adieux« nacheinander von Gilels, Gulda und Gould anzuhören, um zu erkennen, wie viele veschiedenen Interpretationen Beethovens Urtext zuläßt. Jede klingt – für sich betrachtet – richtig und gültig. Aber welche kommt den Vorstellungen des Komponisten am nächsten? Welche würde er – wenn überhaupt – autorisieren?

Umso mehr muß man dafür dankbar sein, daß Edison den Menschen nicht nur die Glühbirne, sondern auch noch andere Erleuchtungen geschenkt hat. Die Musik des Zwanzigsten Jahrhunderts – vor allem der Jazz als wichtigste Kunstform unserer Zeit – kann dadurch fast lückenlos dokumentiert werden.

Nur vom sagenhaften ersten Jazzkönig Buddy Bolden gibt es definitiv keine Aufnahmen. Er bleibt eine legendäre Figur, ein Mythos. So etwas braucht jede Kunst.

Die erste Jazzaufnahme der Geschichte stammt aus dem Jahr 1917, genau vom 30. Januar 1917, als die »Original Dixieland Jazzband«, eine Gruppe junger weißer Musiker aus New Orleans, ins New Yorker Studio der Columbia ging, um ihre Version des »Darktown Strutters Ball« in einen Blechtrichter zu schmettern.

Diese Aufnahme ist uns erhalten geblieben; sogar in technisch erstaunlich guter Qualität. Erhalten sind auch 37 Aufnahmen von King Olivers Creole Jazzband, vieles von Bix Beiderbecke, Jelly Roll Morton, Lovie Austin, Freddie Keppard.

Verlorengegangen sind dagegen die »50 Hot Choruses«, die Louis Armstrong auf Wachszylinder der Frank Melrose Company aufgenommen hat. Melrose gab damals Transkriptionen dieser Soli heraus, die erst viele Jahre später vom schwedischen Trompeter Bent Persson genialisch nachgespielt und nachempfunden worden sind. Ihm verdanken wir einen Eindruck davon, wie diese Musik im Original geklungen haben dürfte.

Im Original! Das mußt Du bei Aufnahmen vor 1950 mit gebührendem Respektabstand sehen. Denn die beschränkte Aufnahme-

technik der Studio-Steinzeit gestattete nur ein unzureichendes Klangbild, dem vieles fehlt.
Auch das Drei-Minuten-Limit bedeutete ein Handikap. Mit Ausnahme des »Minutenwalzers« von Frederic Chopin gibt es nämlich im klassischen Repertoire fast nichts, das weniger als drei Minuten dauert.
(Es gibt allerdings einen, der den »Minutenwalzer« in 35 Sekunden schafft. Das ist der amerikanische Schnulzenkaiser Liberace.)
Louis Armstrong erzählt, daß im Lincoln Garden in Chicago eine halbe Stunde lang nach Nummern wie »High Society« getanzt wurde. Auf der Platte bleiben davon ganze drei Minuten übrig – wenn auch drei sehr kostbare Minuten.
Durch die Übertragung alter Klavierwalzen auf moderne Schallplatten sind wir wenigstens in der Lage, Pianistenlegenden wie Busoni oder Grünfeld ein bißchen auf die Finger schauen zu können.
Man muß dabei natürlich vorsichtig – eigentlich nachsichtig sein; die Umstände, unter denen diese Königsgräber entstanden sind, lassen sich mit heutigen Verhältnissen nicht vergleichen. Es mangelte an verantwortlichen Aufnahmeleitern ebenso, wie an geeigneten Maschinen und Instrumenten. Immerhin können wir froh sein, dem Phänomen eines Caruso nicht nur durch Filme mit Mario Lanza auf der Spur sein zu können, sondern sogar durch den akustischen Nachweis. Auch wenn die Platten von Caruso nur eine ungefähre Ahnung von dem zulassen, wie seine Stimme geklungen hat.
Dank Erfindung der Schallplatte dürfen wir Späteren sogar Richard Strauss, Strawinsky und Rachmaninoff im Original erleben. Allerdings gerät dieses Erleben manchmal nur zur interessanten Begegnung, weil wir ja doch im Lauf der Zeit an ein ganz anderes Hören gewöhnt (worden) sind. Dennoch bleibt es faszinierend, in die Werkstatt der großen Meister zu blicken und musikalische Leckerbissen in der authentischen Interpretation dessen, der sie geschaffen hat, zu kosten.
Freilich, der weitaus größere Teil der Literatur bleibt davon ausgeklammert. Weil nämlich unser Konzertrepertoire so stark auf das 18. und 19. Jahrhundert konzentriert ist.
Daß Bach, Beethoven, Brahms und Bruckner nur durch die gedruckte, nicht aber die gespielte Note der Nachwelt überliefert worden sind, hat aber auch seine Meriten. Die Unkenntnis ihrer Intentionen hat dazu geführt, daß es unendlich viele faszinierende Auffassungen gibt und daß das Feld der Interpretation grenzenlos zu sein scheint.
Übrigens habe ich in diesem Zusammenhang den häßlichen Verdacht, daß es uns nicht gefallen würde, Beethoven klavierspielen zu hören. Wir würden sicherlich Rudolf Buchbinder vorziehen.
Wagner soll zum Beispiel ein äußerst mäßiger Instrumentalist gewesen sein. Und daß Schubert manche seiner eigenen Klavierwerke technisch nicht bewältigte, ist überliefert.
Weniger bekannt ist, daß Tschaikowsky derart elend dirigiert haben soll, daß unter seiner Stabführung seine eigenen Werke eher einer Karikatur geglichen haben dürften. Erst, als sie von Arthur Nikisch mit dem Leipziger Gewandhausorchester aufgeführt wurden, stellte sich ihre Qualität heraus.
All diese Dinge haben selbstverständlich nichts mit Original und Kopie zu tun, sondern lediglich mit dem besseren handwerklichen Können.

Manchmal sind auch andere Kriterien maßgebend, wie folgende hübsche Geschichte illustriert:
Als bei einem Wettbewerb in Hollywood das beste Charlie-Chaplin-Double gesucht wurde, machte Chaplin selbst unerkannt mit – und wurde Achter!
Auch den Wettbewerb um den Rubinstein-Klavierpreis in Paris 1914 gewann nicht der »gelernte« Pianist Wilhelm Backhaus, sondern der Komponist Sergej Prokofieff; Backhaus wurde »nur« Dritter – hinter Béla Bartók.
Was ich damit sagen will, ist: Nachgespieltes, Nachgemachtes, Nachempfundenes kann manchmal brillanter (nach)gespielt, besser (nach)gemacht und tiefer (nach)-empfunden sein, als das Original.
Das sind ketzerische Ansichten, für die einen die Puristen mit Wonne auf dem Scheiterhaufen verbrennen würden. Selbst dann noch, wenn Du ihnen, ohne sie vorher einzuweihen, Musikbeispiele vorführst, die Deine Ansicht belegen und sie bei zehn Beispielen unweigerlich zwölfmal danebentippen. Vorurteile sind eben unausrottbar.
Der Ruf nach dem Original ist gleichzeitig mit der ersten Schallplatte ertönt. Davor hat es keinen Bülow gekümmert, ob und wie ausschweifend kadenziert, rhapsodiert und paraphrasiert worden ist.
Die Personalunion von Komponist und Interpret ergibt ja zwangsläufig das Original; erst ab der zweiten Generation entstehen die Kanzleien der Werktreuhändler, die Sachwalter-Ministerien, die verstaubten Authentizitätsämter, in denen man bis heute nicht weiß, daß die Blume Musik nur dann blüht, wenn sie zweifach begossen wird: vom Komponisten und vom Interpreten. Auch wenn zwischen beiden ein paar hundert Jahre klaffen. Sie müssen sich dennoch zusammentun und jeder das seine dazugeben. Fifty-fifty, würde ich sagen.
Dann erst gibt es »Originales« – und das auch nur in der europäischen klassischen Musik. Sie allein hat den Vorteil (oder das Handikap, je nachdem), daß sie »interpretiert« werden kann. Popmusik wird nicht interpretiert, sondern »gecovert«. Und Jazz wird improvisiert.
Dort ist der Interpret immer noch gleichzeitig Komponist. Jeder einzelne Jazzmusiker spielt derart individuell, daß er nicht kopiert werden kann. Deshalb läßt sich seine Musik auch nicht in Notenschrift festhalten.
Die Musik von Chopin und Gluck, Verdi und Mozart bliebe uns auch ohne Schallplatten erhalten; die von Henry Red Allen und Johnny Dodds aber wäre verloren, gäbe es nicht die wunderbaren runden Scheiben.
So gesehen ist es ein Glücksfall, daß die Schallplatte gleichzeitig mit dem Jazz erfunden worden ist.
Du kannst es als Zufall ansehen, aber auch als Wunder.
Ich plädiere für das Letztere.

Schallplatten – Ihre Geschichte

5
Edison und sein Phonograph, dessen erste Worte „Mary had a little lamb“ waren

◁ 6
So sah der erste Phonograph aus

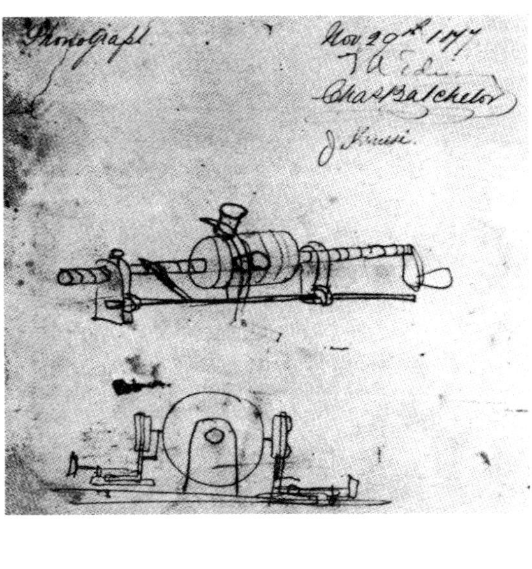

7
Edisons Skizze des Phonographen und das danach gebaute Modell von John Kruesi

8
Emil Berliner, Erfinder der Schallplatte

rechts oben:
9
Emil Berliners erstes Grammophon

10
Trichtergrammophone sind heute gesuchte Raritäten

11
Die CD: Bis zu 80 Minuten Musik auf einer kleinen silbrigen Scheibe

Eine der erfolgreichsten amerikanischen Rundfunkserien hieß »Music in the air«. Ein Wort, das auch in Europa zu einem geflügelten wurde: Musik liegt in der Luft.

Demnach ist Musik ein ätherisches Gebilde. Unsichtbar, ungreifbar und unbegreiflich. Was interessieren uns Dezibel und Sinusleistungen, Frequenzgänge und Direct Mastering, solange es halbwegs klingt.

It's the sound, that counts.

So wie aktive Musiker meist eine auffallend schlecht sortierte Plattensammlung besitzen, haben Sammler üblicher- und üblerweise eine so gut wie schrottreife Anlage zu Hause stehen, auf die sie auch noch stolz sind.

Die Spitzenanlagen überlassen sie den »Audiophilen«, die ständig im Krieg der Systeme und einander darob in den Ohren liegen und schon deswegen kaum zum Hören und schon gar nicht zum Sammeln kommen.

Trotzdem: Ganz ohne Technik geht es nicht!

Die genialen Erfinder sollen nicht umsonst gelebt und gedarbt haben. Und wenn wir Nachgeborenen heute im Elektrohandel um die Ecke für relativ wenig Piaster eine Abspielanlage erstehen können, die man vor 20 oder 30 Jahren nicht einmal gegen ihr Gewicht in Gold bekommen hätte, sollte uns das einiges wert sein. Zumindest ein paar Zeilen der Würdigung.

Außerdem, im Vertrauen gesagt:

Auf einer guten Anlage klingt's wirklich besser!

Wie es zu den heutigen Platten und deren Aufnahme- und Abspielgeräten gekommen ist, das ist alles andere als ein fader Entwicklungsprozeß. Eher schon ein fesselnder Krimi und gleichzeitig auch ein faszinierendes Stück Kultur- und Zeitgeschichte.

Wie beim Stöbern in einem Zeitungs- oder Wochenschauarchiv breiten Schallplatten die ganze Perspektive einer Ära vor Dir aus. Damit meine ich keinesfalls auf Rillen gezogene Politikerreden; auch nicht sogenannte Zeitdokumente oder zu Collagen verkommene Nachrichtenmitschnitte. Sondern in erster Linie Musik.

Schallplattenmusik vermittelt nicht nur musikalische Werte, sondern auch das Flair einer ganz bestimmten Epoche.

Das hat nur am Rande etwas mit der Aufnahmetechnik zu tun – und eigentlich überhaupt nichts mit der aufgenommenen Musik. Denn die ist ohnehin zeitlos.

Außerdem wächst mit zeitlichem Abstand der historische Wert.

Hast Du gewußt, daß die Uraufführung des »Parsifal« vom 26. 7. 1882 auf Edison-Walzen festgehalten worden ist?

Daß es Tonaufzeichnungen von Kaiser Franz Joseph I., Kaiser Wilhelm II., Bismarck und Lenin gibt?

Die Geschichte der Schallplatte ist aber noch aus einem anderen Grund bemerkenswert: Viele Jahrzehnte lang hat sich der technische Fortschritt im Audiobereich nur schaumgebremst vollzogen. Er kam nicht von der Stelle. Die Schritte von der mechanischen zur elektrischen Aufnahme, vom Schellack zum Vinyl, von der Monowieder-

gabe bis zur Kunstkopfstereophonie erwiesen sich als langwierig und mühsam.
Doch sie wurden immer kürzer, immer schneller. Eine Zeittafel zeigt, daß die Entwicklung zunehmend stürmischer und kurzatmiger wird. Richard Strauss, der ja alles, auch die Alpen, vertont hat, hätte sie (die Entwicklung) mit einem »Accelerando« komponiert.
Kaum ist eine Neuerung vorgestellt worden, wird sie zugunsten einer noch neueren verworfen. Wenn das so weitergeht, werden wir bald jedes Jahr neue Geräte und eine neue Sammlung brauchen.

⊙ Zeittafel

5000 v. C. In China soll es den »Tausendmeilensprecher« gegeben haben, eine seltsame Dose mit einer präparierten Kupferwalze, mit der man Stimmbotschaften »verschicken« konnte.
900 v. C. Auf einem babylonischen Relief sind Sprachrohre zu erkennen.
1619 Johannes Kepler prophezeit, daß es einmal Sprechmaschinen geben wird.
1778 Wolfgang von Kempelen, ein ungarischer Baron, baut eine Maschine, die eine Kinderstimme nachmacht.
1830 Wilhelm Weber, Physiker aus Göttingen, macht Schallwellen auf einem mit Ruß eingefärbten Papierzylinder sichtbar.
1855 Eduard Leon Scott konstruiert in Frankreich einen Schwingungsschreiber mit berußtem Papier.
1872 Der englische Schriftsteller Jean Ingelow beschreibt in einem utopischen Roman eine Maschine, die dem von Edison fünf Jahre später erfundenen Phonographen entspricht.
1877 Thomas Alva Edison erfindet den Phonographen.
1887 Emil Berliner erfindet die Schallplatte.
1888 Emil Berliner baut das erste Grammophon.
1902 Caruso schmettert seine erste Arie in den Trichter (»Questa o quella« aus »Rigoletto«)
1904 Als erstes Unternehmen bringt die französische Odeon doppelseitig bespielte Platten heraus.
1906 Weltweit werden 18 Millionen Tonträger verkauft.
1910 Erste Orchesteraufnahme der Welt in Deutschland unter Bruno Seidler-Winkler.
1911 Einführung der 30-cm-Platte (12 inch).
1912 Unzerbrechliche Edison-Zylinder, die bis zu 3000mal gespielt werden können.
1917 Fünf junge Musiker aus New Orleans spielen die erste Jazzplatte ein. Die »schwarze« Musik ist damit erstmals dokumentiert. Von Weißen!
1925 Man einigt sich auf 78 UpM als Laufgeschwindigkeit für Grammophone.
1925 Die erste elektrische Aufnahme wird produziert. Von einer Firma, die sich daraufhin »Electrola« nennt.
1927 Der Engländer Christopher Stone ist der erste Disc-Jockey.

1928 Erfindung des Tonbands in Deutschland.

1931 RCA präsentiert die erste Langspielplatte mit 33⅓ Umdrehungen. Sie läuft ca. 14 Minuten.

1931 Der Engländer Bluemlein schafft es, einen Stereoeffekt mit nur einer Rille zu erzielen.

1934 In Deutschland wird das erste Magnetophon hergestellt.

1934 Die ersten »High-Fidelity«-Aufnahmen verfügen über einen bis 8000 Hz erweiterten Frequenzbereich.

1938 Philips entwickelt Stereo-Schallplatten.

1939 In den USA erscheinen auf »Commodore« die ersten Re-issues (Wiederveröffentlichungen) bedeutender Jazzaufnahmen.

1942 Der amerikanische Musikerstreik legt die Plattenindustrie lahm.

1945 Die Jahresproduktion der Telefunken an Koffergrammophonen beträgt 27 Stück.

1946 FFRR (Full Frequency Range Recording) bei Decca.

1948 Der Transistor ersetzt die Röhre.

1948 RCA bastelt an der 45er-Platte, während Columbia auf die 33⅓ LP setzt.

1950 Eduard Rhein entwickelt das Füllschriftverfahren. Die Mikrorille ist geboren.

1951 Die 45er-Platte mit 17 cm Durchmesser verdrängt die Schellackplatte.

1952 Man traut sich immer öfter, »Live-Aufnahmen« zu machen.

1954 Schallplatten werden fast nurmehr aus PVC hergestellt.

1958 Die letzte Schellackplatte wird gepreßt. Dafür kommt eine Neuentwicklung: Stereo.

1963 Philips stellt die Musicassette vor.

1971 Die Quadrophonie gibt ein kurzes Gastspiel und verschwindet wieder vom Markt.

1974 Das digitale PCM-Aufzeichnungssystem eröffnet neue Dimensionen.

1976 Philips entwickelt ein digitales Abtastsystem und baut den ersten CD-Spieler.

1979 Philips und Sony einigen sich auf einen gemeinsamen Standard für CD.

1982 Bei den Überspielverfahren entwickelt man DMM (Direct Metal Mastering)

1987 CDV heißt der neue digitale Bild- und Tonträger.

1988 DAT (Digital Audio Tape) wird in Japan entwickelt.

1989 Der Krieg der Systeme geht weiter.

1995 Die letzte LP wird gepreßt.

1999 Ein 6jähriger Junge entdeckt bei seinem Großvater den tollsten Plattenspieler aller Zeiten:
Er braucht keinen Strom, nur eine Kurbel zum Drehen!

Aller Anfang heißt Edison

Der »Zauberer von Menlo-Park«, wie man Thomas Alva Edison respektvoll nannte, hat dafür gesorgt, daß sein Name für immer mit dem Begriff »Schall« verbunden sein wird. Oder anders ausgedrückt: Weil er schlecht gehört hat, erfand er den Phonographen. Irgendein streitsüchtiger schottischer Herr hatte dem Erfinder mit einer Ohrfeige das Gehör ruiniert. Das schaffte Probleme, als Edison mit dem von Alexander Graham Bell erfundenen Telefon experimentierte.

Es ging um die Schwingungen der Membran, von deren Vorhandensein Edison zwar wußte, die er aber nicht hören konnte. Deshalb verfiel er auf die Idee, sie mit einem Wachspapier und einer Nadel, die an die Membran gelötet war, sichtbar zu machen. Mit der Fingerspitze konnte er nun die Schwingungen deutlich spüren. Und erkannte mit dem Fingerspitzengefühl des genialen Erfinders, daß man diese Schallwellen nicht nur aufzeichnen, sondern auch wieder in Schall zurückverwandeln kann.

Das war am 18. Juli 1877.

Wieviel Genialität dazu gehört, aus diesen dürftigen Erkenntnissen jene physikalischen Gesetze abzuleiten, die zur »Sprechmaschine« führten, ist im Grunde genommen unfaßbar. Noch unbegreiflicher ist die Professionalität, mit der Edison anschließend zu Werke ging.

Einige Tage nach seinem Experiment skizzierte er mit ein paar Strichen ein Gerät, das aus einer Walze mit Kurbel und einer Membran bestand, schrieb dazu, was das Ganze kosten durfte (18 Dollar), und gab seinem Werkmeister John Kruesi den Auftrag, diesen Apparat zu bauen.

Am nächsten Tag war er fertig. John Kruesi und ein paar Mitarbeiter versammelten sich in Edisons Büro, um die »Maschine, die sprechen kann«, bei ihrem ersten Auftritt zu erleben. Wobei eine Kiste Zigarren verwettet wurde, daß das Gerät stumm bleiben würde.

Edison legte ein Blatt Stanniol um die Walze, drehte die Kurbel und sang den Anfang eines Kinderliedes gegen die Membran: »Mary had a little lamb ...«

Dann setzte er die Nadel wieder an den Anfang der Walze, verstellte die Membran und drehte wieder die Kurbel. Und das Wunder geschah. Aus dem Apparat ertönte: »Mary had a little lamb ...«

Das war am 12. August 1877.

Der Rest ist Geschichte. Doch weil zur Geschichte auch Geschichten gehören möchte ich Dir noch die von den 16 Propheten erzählen.

Als Edison mit seiner Sprechmaschine, die nun »Phonograph« hieß, auf Publicity-Tour ging, traf er verständlicherweise auch auf Skeptiker, die das Ganze für einen Schwindel und Edison selbst für einen Bauchredner hielten. Einer der Zweifler war der Bischof von New York, Monsignore Vincent, der Edison in seiner Werkstatt aufsuchte.

»Gestatten Sie mir, daß ich selbst ein paar Worte in die Maschine spreche?« fragte der Bischof, nachdem man ihm den Phonographen vorgeführt hatte.

»Selbstverständlich, Eure Eminenz«, antwortete Edison.

Daraufhin näherte sich der Bischof der Membran und rasselte, während Edison die Walze drehte, in rasender Folge die Namen der 16 Propheten herunter. So schnell, daß man ihm kaum folgen konnte:
»Jesaia, Jeremiah, Hesekiel, Daniel, Hosea, Joel, Amos, Obadia, Jonas, Micha, Nahum, Habakuk, Zephania, Haggai, Zacharias, Maleachi.«
Als Edison die Nadel zurücksetzte und wiederum die Kurbel drehte, hörte der fassungslose Bischof seine Aufzählung im gleichen wahnwitzigen Tempo aus dem Apparat kommen – und konvertierte auf der Stelle zum wahren Glauben, indem er zugab:
»Kein Mensch auf der Welt kann mir die Namen der Propheten so schnell nachsprechen. Aber Ihre Maschine kann es. Sie kann wirklich sprechen.«
Eine ähnliche, allerdings weitaus kuriosere Szene spielte sich ein bißchen später in Europa ab, als ein Vertreter Edisons den gelehrten Professoren der französischen Akademie der Wissenschaften den Phonographen vorführte.
Die Herren der »Academie des Sciences« wurden von dem Apparat mit den Worten willkommen geheißen:
»Der Phonograph begrüßt die Mitglieder der Akademie der Wissenschaften...«
Viel weiter kam der Phonograph nicht, denn ein gewisser Doktor Boullaud, ehemaliger Leibarzt Napoleons III., sprang erregt auf und rief:
»Da ist ein Bauchredner im Saal, der sich über die Akademie lustig machen will!«
Doch wie der Bischof in New York, mußten schließlich auch die Professoren in Paris eingestehen, daß es Edison gelungen war, den flüchtigen Schall für immer festzuhalten.
Für die Leute damals muß das tatsächlich wie Hexerei gewesen sein. Ein Wunder, das nur sehr schwer zu begreifen war. Erst später traten gescheite Leute auf den Plan, die das Wunder auf seine physikalische Gesetzmäßigkeit reduzierten und für das, was da geschah, eine vollkommen logische Erklärung fanden.
Aber wo und wie soll man Wesen wie uns einreihen, die, wenn sie eine Schallplatte auf den Teller legen, erneut an Wunder glauben. Denn ist es nicht eines, daß alle Musik der Welt auf Abruf zur Verfügung steht, nur, weil Edison ein bißchen schlecht gehört hat?
Ob er die Tragweite seiner Erfindung abzuschätzen vermochte, ist schwer zu sagen. Ihm, dem das Erfinden offensichtlich genauso leicht gefallen ist, wie Mozart das Komponieren, war es wahrscheinlich das Wichtigste, daß er wieder einmal eines seiner unzähligen Patente anmelden konnte. Diesmal auf den Phonographen.
Das war am 19. Februar 1878.

Der amerikanische Berliner

Walze gegen Scheibe. So lautete laut die durchaus kriegerische Parole der Jahre zwischen 1880 und 1900. Den Krieg führte Edisons Phonograph gegen eine Maschine, die ein aus Hannover stammender Deutsch-Amerikaner in Washington D. C. gebaut hatte, und die er »Grammophon« nannte. Im Unterschied zum Phonographen verwendete das Grammophon keine Walzen, sondern flache Scheiben, die auf einem Teller rotierten. Zuerst aus Wachs, später aus Hartgummi, schließlich aus Schellack.
Emil Berliner, der Deutsch-Amerikaner aus Hannover, ist der Erfinder der Schallplatte. Berliner war in seiner Art nicht weniger genial als Edison. 1870 wanderte er als Sechzehnjähriger in die Vereinigten Staaten aus, arbeitete in den verschiedensten Berufen (ja, auch als Tellerwäscher bzw. Flaschenspüler) und bildete sich in seiner Freizeit im Selbststudium weiter.
Die Akustik und die Elektrizität hatten es ihm angetan. Mit Experimenten und Versuchen entdeckte er das Prinzip der Mikrofontechnik und verkaufte seine Entdeckung um 75 000 Dollar an die Bell Telephone Company. Damit schuf er sich den Grundstock für sein technisches Labor, in dem 1888 die Schallplatte geboren wurde.
Emil Berliner, der in der Folgezeit zwischen Deutschland und den USA hin- und herpendelte, erfand nicht nur das Prinzip der Schallplatte, sondern auch gleich den dazugehörigen Kurbelapparat.
Mit der Schellackplatte gelang ihm auch die Entdeckung der Vervielfältigungsmöglichkeiten für Tonträger.

Denn während beim Phonographen jede Walze nur als Unikat hergestellt werden konnte, brachte es Berliner mit seiner Methode auf Stückzahlen bis zu 1000 Exemplaren; noch dazu in einer Tonqualität, die der des Phonographen weit überlegen war.
Was bei Edison »Mary had a little lamb« war – die ersten Worte des Phonographen – das war bei Emil Berliner das Lied »Twinkle, twinkle little star«. Nämlich das erste Lebenszeichen des Grammophons.
Und was Edison sein Werkmeister Kruesi war, das war Berliner sein Techniker Werner Suess. Jener Werner Suess, der um 1860 herum bei einer Aufführung der Frankfurter Oper zwei Kohlestäbe aneinandergehalten und somit die erste elektrische Theaterbeleuchtung zustande gebracht hatte.
Jetzt war er 85 Jahre alt, arbeitete aber immer noch und brachte Emil Berliner nach einigen Fehlschlägen mit Ebonit dazu, jenen Stoff zu versuchen, aus dem die Bell Telephone Company ihre Telefonapparate herstellte: Schellack.
Das Experiment gelang. Es gelang sogar dermaßen gut, daß noch für weitere 60 Jahre Schallplatten aus Schellack hergestellt wurden.
Das einzige Problem an Berliners Grammophon ergab sich durch die Kurbelei. Ein junger Mechaniker namens Eldridge Johnson löste es, indem er ein aufziehbares Uhrwerk so umbaute, daß es in das Grammophon hineinpaßte. Zweitausend Dollar zahlte Berliner für die ersten zweihundert Federwerke.

Jahrzehntelang sollten Koffer- und Trichtergrammophone nach diesem Prinzip gebaut werden. Sie waren ›das‹ billige Abspielgerät für jedermann. Heut sind es exklusive Antiquitäten, für die ein kleines Vermögen verlangt und auch bezahlt wird.

Um die Jahrhundertwende herum entfesselten Berliners Grammophone den großen Patentkrieg, der weitaus verbissener und brutaler ausgetragen wurde, als in den 50er Jahren der Kampf zwischen Schellack- und Kunststoffplatte oder in den 80er Jahren zwischen Analog- und Digitalverfahren.

Es gab Gerichtsverhandlungen, Verleumdungen, einstweilige und permanente Verfügungen, Hausdurch- und Heimsuchungen, Gutachten und Gegengutachten, endlose Patentstreitigkeiten, Klagen und Gegenklagen, Mord und Totschlag.

Als grotesken Höhepunkt erreichte ein gewisser Frank Seaman am 25. Juni 1900 einen Gerichtsbeschluß, der ihm die alleinigen Verkaufsrechte am Grammophon sicherte. Emil Berliner durfte seine eigene Erfindung nicht mehr kommerziell verwerten. Daneben tobte weiter der Krieg gegen den Phonographen, der sich nicht so leicht geschlagen geben wollte.

Doch fernab all dieser Auseinandersetzungen sprach ein absolut unbestechlicher Richter sein inappellables Urteil und setzte sich über alle Instanzen hinweg: das Publikum. Es wollte einfach das Bessere. Es kaufte Grammophone statt Phonographen, Schallplatten statt Walzen. Die Abstimmung an der Ladenkasse entschied zugunsten Berliners.

1913 gab auch Edison die Walzenproduktion auf und stieg auf die Schellack-Scheibe um.

Der Siegeszug der Schallplatte hatte begonnen und war nicht mehr aufzuhalten.

Das Ende der Rillen

Obwohl die Rille im Grunde genommen unendlich ist, zeichnet sich mit dem Ende des zweiten Jahrtausends christlicher Zeitrechnung auch ihr Ende ab.
Übrigens, »im Grunde genommen«! Geht man den Rillen auf den Grund, zeigen sich unter dem Mikroskop Hügel und Täler, Furchen und Schluchten, schroffe Felsnadeln und abgründige Kanäle, daß einen wie in Ringelnatz' Gedicht vom »Näschen der geliebten Braut« das Grauen packt. Beethovens »Neunte«: eine Gebirgslandschaft. Seine Violinromanze in G-Dur: noch immer ein hügeliges Gelände.
Wenn die Nadel über solche Schlaglöcher und Unebenheiten holpert, nennt man das Tiefenschrift. Wie zum Beispiel bei Edisons Zylindern und frühen Schellacks. Wird sie hingegen von seitlichen Ausbuchtungen wie in einer Bobbahn hin- und hergeschleudert, spricht man von der Seitenschrift. Aus der Kombination beider Verfahren entstand die Stereophonie.
Natürlich spielt sich das nicht so einfach ab, aber im Prinzip stimmt's. Und weil wir gerade beim Abspielen sind: hast Du noch die frühen Eisenzeiten erlebt, da Schellacks auf Trichter- und Koffergrammophonen mit Stahlnadeln gespielt, nein gemartert wurden?
Es gab die gewöhnlichen Nadeln für eine Seite einer 3-Minuten-Platte und die teureren Langspielnadeln, mit denen man bis zu zehn Plattenseiten foltern konnte. Das ergab zwar einen scheußlich scheppernden Klang, dafür aber erstklassige Gravuren. Es ist nur der Widerstandsfähigkeit des Schellacks zu danken, daß die Nadel den Platten nicht ebenso durch und durch ging, wie dem Trommelfell der blecherne Sound dieser Monster.
Sammler alter Schellacks wissen ein Lied davon zu krächzen, in welchem Zustand sich die meisten ihrer kostbaren Pretiosen befinden. Deshalb verwendet der echte Feinspitz Nadeln aus Hartholz, die er sich auf obskuren Umwegen verschafft. Das muß es einem wert sein, wenn man sich schon den Luxus eines Grammophons und einer Schellack-Sammlung leistet.
Nach den Schellacks kamen die Langspielplatten aus unzerbrechlichem und daher nachgiebigem Kunststoff. Sie hätten die brutale Stahlnadelakupunktur, mit der die Schellacks so viele Jahrzehnte lang traktiert worden waren, nicht überlebt. Der Saphir mußte her. Später gab der Diamant den Ton an, der für die auch hier vertretenen Feinspitze auf ganz spezifische Art elliptisch geschliffen zu sein hatte.
Aber es hieß immer noch »Nadel«. Deshalb war der schöne Satz noch legitim, daß die Schallplatte das Tollste wäre, auf das sich jemals eine Nadel gesenkt hat, seit Marilyn Monroe gegen die Pocken geimpft wurde. Doch damit scheint es nun auch vorbei zu sein. Das Ende der Rillen zeichnet sich ab. Die Laserplatte ist unaufhaltsam im Vormarsch. Die CD, die Compact Disc, das Digitalscheibchen mit dem Silberglanz. Die hat zwar auch Rillen; aber sag' selbst, kann man eine Rille mit 0,5 Micrometer Breite und 0,11 Micrometer Tiefe überhaupt noch als solche bezeichnen?

Die CD wurde 1981 vorgestellt, kam 1982 in Japan und in den USA, 1983 in Europa auf den Markt. Ein Jahr später wurden weltweit bereits 25 Millionen CDs hergestellt. 1990 beträgt der CD-Anteil bereits 50 % des gesamten Schallplattenmarktes.
Als bei den Salzburger Festspielen 1981 die CD erstmals vorgestellt wurde, sagte Herbert von Karajan spontan:
»Dagegen ist alles Bisherige nur Gasbeleuchtung.«
Ob man es derart hart formulieren darf, sei dahingestellt. Aber mit der CD über ein Medium zu verfügen, bei dem es a) keine Nebengeräusche mehr gibt, das b) ganze Opernakte unterbrechungsfrei unterbringt und c) trotzdem weniger Platz einnimmt als eine LP, bringt Vorteile, die nicht so einfach wegzudiskutieren sind. Und das sind erst die Nebenaspekte.
Das Wichtigste bleibt immer: »Wie klingt es?«
Hier scheiden sich die Geister. Während die einen der digitalen CD »Kälte« und »Härte« nachsagen und der (angeblichen oder tatsächlichen) »Wärme« einer Analog-LP gegenüberstellen, rühmen andere bei der CD: Präsenz des Klangbildes; Wegfall des lästigen Bandrauschens; gesteigerte Transparenz; vergrößerten Frequenzbereich und damit Gewinn an Dynamik.
Das kommt Werken, die so auf Klangpracht angelegt sind, wie die Kompositionen von Hector Berlioz und Richard Strauss, ungeheuer zugute. Aber auch die polyphone Mehrstimmigkeit, die eine Verfolgung der einzelnen Stimmen nur sehr schwer zuläßt, profitiert von der Digitaltechnik. Das »Weihnachtsoratorium« von Johann Sebastian Bach klingt nirgends so durchsichtig, wie auf einer CD.
Diese analytische Schärfe deckt auf der anderen Seite gnadenlos alle Unsauberkeiten und Intonationsschwächen auf. So wie manche Pianisten schwierige Passagen im Pedal ertrinken lassen, ließen sich wackelige Ensembles oder unreine Vokalstellen bisher bis zu einem gewissen Grad kaschieren. Damit ist es nun vorbei.
So gesehen, ist nicht alles Silber, was glänzt und nicht alles Sound, was klingt. Dem Musikfreund dürfte es allerdings relativ gleichgültig sein, ob die Töne von einer schwarzen oder silbrigen Scheibe kommen. Der Klang muß stimmen! Alles andere ist nebensächlich.
Laß' mich dennoch ein paar Worte über das verlieren, was sich Nebennutzen, Sekundäreffekt oder Umwegrentabilität nennt. Zum Beispiel schneidet die CD miserabel ab, was das Drumherum betrifft. Es gibt keine packenden Packungen; es fehlen vorne die aufregenden Bilder und hinten die lesbaren Informationen; die Aufmachung ist trostlos bis öde.
Bei einer 30 cm durchmessenden Scheibe hat man wenigstens etwas in der Hand. Die Compact Disc mit ihren mickrigen 12 cm ∅ ist dagegen alles anders als »was Kompaktes«.
Auf einem guten Plattenspieler klingt außerdem eine perfekt aufgenommene und gepreßte schwarze Scheibe zumindest genauso gut, wie eine CD. Der kleine Unterschied, der allerdings mit jedemmal Abspielen größer wird, liegt woanders:
Die »Revolutionsetüde« auf CD klingt beim hundertsten Abspielen, als würde man sie zum ersten Mal spielen.
Die »Revolutionsetüde« auf LP klingt beim hundertsten Abspielen, als würde man sie zum hundertsten Mal spielen.

Ich besitze einen wirklich guten Plattenspieler. Mit einem exzellenten Laufwerk und einem hervorragenden Magnetsystem. Auch achte ich immer darauf, daß der Diamant neu ist. Wie ich auch darauf achte, Platten schonendst zu behandeln.
Aber ich konnte noch keine Klavierplatte finden, die nicht schon beim ersten Abspielen irgendwo geknistert oder geknackt hätte. Trotz Fabriksfrische. Trotz äußerster Vorsicht. Trotz peinlichster Sauberkeit.
Das kann mit einer CD nicht passieren. Ihre Unempfindlichkeit gegenüber äußeren Einflüssen ist ihr größtes Plus. Ihr zweitgrößtes die Klangtransparenz. Ihr drittgrößtes die Spieldauer. Ihr viertgrößtes der Bedienungskomfort.
Trotz dieses Lobliedes bin ich kein bedingungsloser Fan der Compact Disc. Allerdings auch kein bedingungsloser Feind, wie manche Verfechter der Analog-Front.
Als das Radio aufkam, prophezeite man der Schallplatte einen schnellen Tod und lief seitens der Industrie Sturm gegen die Wellen, die aus dem Äther drangen.
Mit der Erfindung des Tonbandes kam die nächste Todesverkündigung. Eine weitere bei Einführung der Musicassette und noch eine bei DAT.
Dazwischen spielten sich an Nebenfronten zusätzliche Geplänkel und Glaubenskriege ab. Zum Beispiel, als die Langspielplatte ein- und die Schellackplatte abgesetzt wurde. Unverbesserliche Fanatiker trauerten ihr dermaßen nach, daß sie etwas ganz Kurioses taten:
Während man überall auf der Welt daran ging, alte Aufnahmen nach modernsten Verfahren auf Langspielplatten zu überspielen, wußten sich diese Scherzkekse nichts Besseres anzufangen, als moderne Aufnahmen auf 78er zu pressen.
Das machten sie immerhin ein paar Jahre lang, bis es endgültig unrentabel wurde, weil die Käufer dieser Pressungen entweder ausgestorben oder zur Langspielplatte konvertiert waren.
Wo diese Vertreter der wahren, reinen Lehre zu finden sind, soll ein Geheimnis bleiben (in Großbritannien). Es sind dieselben, die solange gegen die Digitaltechnik opponieren werden, bis ihre Sammlung zu 90 Prozent aus rillenlosen Schallplatten bestehen wird.
Ein bißchen Zeit bleibt ihnen noch. Die Industrie hat zwar versprochen, Schwarz und Silber noch für eine Weile parallel nebeneinander laufen zu lassen, ist aber wortbrüchig bestrebt (nicht einmal heimlich, sondern unheimlich), in einer gnadenlosen Aufholjagd jeden noch so abstrusen Quietscher aus ihren Archiven ans CD-Licht zu bringen.
Gleichzeitig produziert sie eifrig Neudigitales, das beispielsweise in Japan jetzt schon nurmehr auf CD, nicht aber auf LP herauskommt.
Der nächste Schritt wird unweigerlich ein Chip sein, der 5000 Stunden Musik gespeichert hat, und den man in der Geldbörse mit sich herumträgt.
Trotzdem tut es mir leid um die Rille. Sie wird mir fehlen. Deshalb verspreche ich Dir, daß ich mir in 100 bis 200 Jahren, wenn meine Sammlung nurmehr aus Compact Discs (Oder aus was-weiß-ich-was-noch-kommt-Tonträgern) bestehen wird, ein paar patinabesetzte Langspielplatten aufheben werde.
Und sei es nur aus purer Nostalgie.

Auf nach Digitalia

10101010001110
10101010001110
10101010001110
0010101001010101
1101100110010 1
1101100110010 1
1101100110010 1
0100100100101001

Das sind die Anfangstakte von Beethovens Symphonie Nr. 5 in c-Moll. Sie könnten es jedenfalls sein. Im Binärcode einer Digitalaufzeichnung.
Computermusik? Keineswegs! Nur eine neue Art von Notenschrift, für den Computer entwickelt. Statt Vierteln und Achteln Einser und Nullen.
Wer einen Horror davor hat, der soll sich einmal anschauen, wie kraus die Mönche im Stift Benediktbeuren ihre Noten geschrieben haben. Der reinste Orff, kann ich Dir sagen.
Aber das Mittelalter war schon. Zeit für neue Zeiten der Tonaufzeichnung und -wiedergabe.
Selbst einem erzkonservativen Rillenfetischisten wird nichts anderes übrigbleiben, als sich damit abzufinden. Er muß deswegen noch lange nicht zum Überläufer werden. Aber ein verstohlener Blick über den Zaun kann nicht schaden.
Dahinter liegt Digitalia. Ein Land, dessen Hörenswürdigkeiten man am besten begreift, wenn man begriffen hat, was es nicht ist. Nämlich nur ein neuerlicher Versuch der Industrie, Geld zu machen. Digital ist mehr. Aber was ist es wirklich?
Schenk' mir ein paar Minuten Aufmerksamkeit, um Dir den Unterschied zwischen Analog und Digital so unwissenschaftlich wie nur möglich zu erklären.
Ein paar Minuten nur. Schau' dabei auf Deine Uhr. Hat sie Zeiger und Zifferblatt, kannst du die Zeit analog ablesen. Hat sie Ziffern wie 3:15, handelt es sich um eine Digitaluhr.
So einfach ist das.
Um eine Schallplatte (eine schwarze) herzustellen, wird zuerst das akustische Aufnahmesignal in elektrische Impulse umgewandelt. Diese werden bei der Überspielung vom Schneidstichel in mechanische umgesetzt und als Unebenheiten innerhalb der Schallplattenrille sicht- und fühlbar.
Die Nadel am Tonarm registriert diese Unebenheiten und läßt sich von ihnen in Schwingungen versetzen. Die wiederum werden in elektrische Impulse rückverwandelt und vom Verstärker an die Lautsprecher geschickt, wo sie schließlich zu Tönen rückmutieren.
Die solcherart beschwingte Nadel reagiert auf große Unebenheiten mit großen, auf kleine mit kleinen Schwingungen. Sie verhält sich »analog«.
Bei der Digitalaufzeichnung wird das akustische Signal in digitale Werte zerlegt. Den alten Römern standen zum Zählen immerhin 10 Finger (lateinisch »Digiti«) zur Verfügung; so ein Mikrocomputer hingegen kann nicht einmal bis drei zählen. Er schafft es gerade noch, zwischen Ein- und Ausschalten zu unterscheiden:
ein-aus, ein-aus, ein-aus; oder eins-null, eins-null, eins-null.

Diese Werte werden mittels »Pulse Code Modulation« (PCM) codiert und auf der CD (der silbrigen) magnetisch gespeichert. Der Laserleser (sic) im CD-Player liest die solchermaßen verschlüsselten und auf der CD gespeicherten Botschaften und wandelt sie, wieder auf dem Weg über Verstärker und Lautsprecher, in akustische Signale um. So kompliziert ist das.

Das Faszinierende daran ist: geht unterwegs ein »eins« oder ein »null« verloren, ist der CD-Spieler in der Lage, aus den vorhergehenden und den nachfolgenden Informationen die fehlende Komponente zu berechnen und genau dort einzufügen, wo sie hingehört. Das macht er bis zu 44 000 mal in der Sekunde.

Die Digitalaufzeichnung ist übrigens älter als die digitale Wiedergabe, wenn auch nur um weniges. Schon seit 1980 werden Aufnahmen klassischer Musik nurmehr im Digitalverfahren gemacht.

Bei Pop- und Rockmusik dauerte es wegen gewisser technischer Schwierigkeiten mit der dabei üblichen Mehrspurtechnik etwas länger. Inzwischen ist auch dieses Problem gelöst.

Selbstverständlich wollte man von Anfang an die Digitaltechnik nicht auf das Aufnahmestudio beschränkt wissen. Auf der Suche nach dem entsprechenden Pendant bei der Wiedergabe wurde die CD entwickelt.

Mittlerweile ist es durch ein weiteres Verfahren, das »Digital Mastering« auch möglich geworden, Analogaufnahmen auf CDs zu überspielen.

Ein kleiner Gag am Rande: Bei der Pressepräsentation einer Plattenfirma erhielten die Journalisten eine Compact Disc mit der Stimme von Thomas Alva Edison. Diese CD hätte ich gerne.

Um welches Verfahren es sich jeweils handelt, verrät ein internationaler dreistelliger Buchstabencode. »A« bedeutet »analog«, »D« »digital«.

Die erste Stelle steht für die Aufnahme (Recording); die zweite für die Überspielung (Mastering); die dritte für die Pressung; AAD heißt z. B., daß Aufnahme und Überspielung analog, die Pressung hingegen digital erfolgten.

Damit all die komplizierten Vorgänge auch tatsächlich funktionieren, werden auf der CD Prüfsignale (Korrektur-Pits) mitgespeichert. Sie enthalten außerdem Informationen über Start und Ende, Länge des Musikstücks, verbleibende Restzeit usw. Darüber hinaus regeln sie den Gleichlauf – nein, nicht den, denn der ist bei der CD variabel (zwischen 200 und 500 UpM, was dadurch entsteht, daß sich die Scheibe um so langsamer dreht, je weiter sich der Laserstrahl auf ihren Rand zu bewegt, was mit dem größer werdenden Umfang zusammenhängt), sondern die Ablesegeschwindigkeit, die quarzgenau konstant eingehalten wird.

Welches Verfahren besser ist? Schwer zu sagen. Warten wir's ab. Wie bei der Auseinandersetzung zwischen dem Phonographen und dem Grammophon wird auch hier einer auf der Strecke bleiben. Ich glaube zu wissen, wer es sein wird.

Seit es Schallplatten gibt, hat man sich bemüht, ihren Klang zu verbessern. Einmal durch neue Technologien im Tonstudio. Dann wieder im Preßwerk. Dann bei der Abspielapparatur. Hi-Fi kam und blieb; Quadrophonie kam und ging wieder. Der Mensch hat halt nur zwei Ohren.

Stereo war und ist eine feine Sache, wenn schon die Aufnahme stereophonisch erfolgt.

»Electronic Stereo«, bei dem Monosignale elektronisch auf zwei Kanäle aufgesplittet werden, ist ein Greuel.
DMM (Direct Metal Mastering), bei dem die Überspielung vom Tonband direkt auf eine Kupfermatrize geschnitten wird, ermöglicht saubere Pressungen.
CX, das ähnlich wie »Dolby« eine Rauschunterdrückung mittels Kompressionscode bewirkt, ist ein Verfahren, das sich als verfahren herausgestellt hat.
Auch die Rückkehr zur Direktaufnahme, ohne Umweg übers Tonband, scheiterte letztlich an der Tatsache, daß Musiker eben auch nur Menschen sind. Ein falscher Ton – und die ganze, womöglich schon 15 Minuten laufende Aufnahme ist beim Teufel.
Es geht bei dieser Auseinandersetzung nicht darum, ein System gegen das andere auszuspielen. Es geht schlicht und ergreifend um die Tatsache, daß mit dem Digitalzeitalter eine neue Ära der Tonaufzeichnung und -wiedergabe begonnen hat. Wer nun aber glaubt, daß es 50 oder 100 Jahre nach dem Aufkommen der Compact Disc keine Analogplatten mehr geben wird, der irrt sich.
Es wird keine 30 Jahre dauern.

Musikbilder – Bildmusik

Wer Musik sehen will, geht ins Konzert.
Wer Musik sehen will, geht in die Oper.
Wer Musik sehen will, setzt sich vor den Fernsehapparat.
Das Videozeitalter hat es mit sich gebracht, daß nicht nur die Töne, sondern auch die Bewegungen der Musiker konserviert werden. Wer seinen Topstar nicht nur akustisch, sondern auch optisch genießen möchte, wirft einfach den betreffenden Videoclip in den Videorecorder und bekommt per Bildschirm die optische Auflösung dessen geliefert, was sich musikalisch abspielt.
Lieder mit Handlung sind dafür besonders geeignet. Ihren textlichen Inhalt zu dramatisieren und in eine Spielhandlung zu transformieren, ist Aufgabe der Videoclipper, von denen manche eine geradezu unglaubliche Kreativität entfalten, die mitunter zu erstaunlichen, begeisternden Resultaten führt.
Das wird deutlich, wenn man Videoclips mit dem vergleicht, was davor angeboten wurde.
Die ersten Musikfilmer taten das Naheliegendste: sie richteten eine Kamera frontal auf den Künstler und filmten drauflos.

Ein wenig später nahm man zwei Kameras – eine von vorne, eine von der Seite – um am Schneidetisch entsetzt festzustellen, daß es beim Zusammenschnitt zu grauenhaften Synchronsprüngen kam. Irgendwo fehlte dann plötzlich ein halber Takt, der nirgends mehr aufzutreiben war.
Es war folglich notwendig, das Playback zu erfinden. Was auch geschah. Dem Sänger wurde während der Filmaufnahme die vorher aufgenommene Musik vorgespielt, und er brauchte nurmehr den Mund an den richtigen Stellen zu öffnen.
Ganze Opernfilme wurden nach dieser Methode produziert. Wobei es keinen einzigen gibt, bei dem die Mundbewegungen tatsächlich synchron sind.
Auch bei Playbackaufnahmen von Instrumentalisten gibt es bizarre Situationen. Man sieht Trompeter spielen, während man Saxophone hört. Einem Posaunisten gelingt das »Fis« am ersten Zug. Klavierspieler donnern spektakulär in die Tasten, während der Akkord erst eine Sekunde danach kommt. Geiger zupfen ihr Pizzikato mit Zeigefinger und Akribie genau in die Generalpausen hinein.
Dennoch werden auch heute noch Spielfilme nach dem Playback-Prinzip hergestellt. Weil es offenbar nichts Besseres gibt.
Bei Opern – vor allem im TV – ist man hingegen längst wieder reumütig zur guten alten Steinzeitmethode des Direktmitschnitts zurückgekehrt. Mischpulte und der Einsatz mehrerer Kameras gestatten trotzdem eine abwechslungsreiche optische Auflösung mit Totaler, Halbtotaler, Nahaufnahme, Zoom, Schwenk, Blende usw.
Es gibt auf diesem heiklen Gebiet echte Könner, die mit Partitur und Kopfhörern am Regiepult sitzen und dafür sorgen, daß beim Beckenschlag in Bruckners »Achter« die Kamera auch tatsächlich den Beckenschläger und nicht etwa den Fagottisten zeigt.

Fagott sei Dank findet sich aber auch für die zahllosen Nichtskönner und Flaschen unter den TV-Musikregisseuren Verwendung. Eine internationale Verschwörung der Fernsehanstalten sorgt nämlich dafür, daß sie in aller Welt Jazzkonzerte übertragen dürfen.
Mit geradezu unheimlicher Präzision und Regelmäßigkeit gelingt es ihnen, prinzipiell den Schlagzeuger zu zeigen, wenn der Pianist ein Solo hat; den Ansager, wenn die Band längst spielt; einen Saalordner, wenn dem Gitarristen die E-Saite reißt.
Was das alles mit Schallplatten zu tun hat? Eigentlich nur soviel, daß Schallplattensammler eben manchmal auch Bildmusik sammeln und verzückt und verrückt werden, wenn sie einen ihrer Richards nicht nur auf Platte hören, sondern auch auf der Mattscheibe bewundern können – ob er nun Clayderman oder Wagner heißt.
Im Juli 1989 spielte die Wiener Staatsoper sogar den kompletten »Ring des Nibelungen«. Allerdings nur auf der Leinwand, im Rahmen des Zyklus ›Oper im Kino – Kino in der Oper‹. Auch Milos Formans Mozartthriller »Amadeus« kam auf diese Weise zu Opernweihen. So ändern sich die Zeiten und Gebräuche!
Darauf spekulieren die Erfinder von CD-Video, der Bildplatte mit dem CD-Klang und dem TV-Flimmern. Ganze Opern und halbe Pop-Portionen werden in den CDV-Katalogen, deren rasante Gewichtszunahme auf Markthunger schließen läßt, angeboten. Du kannst Tracy Chapman als und auf Single auftreten lassen oder den Jahrhundert-Ring Chéreau's im Kombi-Pack verschenken. Mittels Bildplatte kannst Du Abbado und Karajan beim Dirigieren über die Schulter blicken und Bernstein beim Proben beobachten. Wie die frühen Nickelodeons liefern sie aber auch den David zum Bowie, den George zum Michael, die Musikanten zum Stadl. CD-Videoplatten sind die Hardware zur Software des Videoclips. Die Vorläufer der Videoclips waren die sogenannten ›Soundies‹: kurze, dreiminütige Filmclips in Schwarz-Weiß, die einen populären Schlagerstar bei der Interpretation eines seiner Lieder zeigten. Meist mit einer idiotischen Handlung und sinnlos herumhopsenden Tänzerinnen garniert und hoffnungslos asynchron.

Erfinder des ›klassischen‹ Filmclips war Herbert von Karajan. Mit seiner Filmfirma ›Unitel‹ produzierte er in den Sechzigerjahren Musikfilme, die in erster Linie ihn, seine Hände, sein ausdrucksvolles Gesicht, seine (geschlossenen) Augen, seine Körpersprache – kurz, den totalen H. v. K. ins rechte (Film)licht setzten.
Ach ja, die Berliner Philharmoniker waren auch manchmal im Bild. Und die Musik stammte vom Band und Beethoven.
Zwanzig Jahre später ging auch Karajan zur Direktaufzeichnung über und ersparte sich und dem Publikum die Peinlichkeiten einer Nachsynchronisation. Was H. v. K. und L. v. B. sehr zugute kam.
Inzwischen hatte sich allerdings die Popmusik des Mediums TV bemächtigt und die Kultur des Videoclips ins Leben gerufen. Als erster Videoclip, der diese Bezeichnung verdient, gilt John Lennons versponnen-melancholisches Poem »Strawberry fields forever«, mit dem die Beatles den Beweis lieferten, daß sie auch auf diesem Gebiet ihrer Zeit weit voraus waren.
Moderne Videoclips sind von atemberaubender Perfektion. Alle nur denkbaren

technischen Hilfsmittel werden eingesetzt. Vom Fader zum Wiper. Von der Window-Technik zur Blue Box. Vom Tricktisch zum Time-Base-Corrector.
Dieser gigantische Aufwand bedarf natürlich entsprechender Präsentation durch eigene Fernsehkanäle, die rund um die Uhr nur Videoclips dudeln. Es gibt sogar abendfüllende Spielfilme wie »Saturday Night Fever«, »Purple Rain« oder »Dirty Dancing«, die nichts weiter sind, als auf eineinhalb Stunden Länge aufgeblasene Videoclips.
Da tritt dann der gegenteilige Effekt ein: Es wird fad! Es gibt nichts langweiligeres, als 30 Minuten lang Videoclips anschauen. So genial können die gar nicht sein, daß man dabei nicht ungeduldig wird und nach Ablenkung sucht.
Was mich betrifft, komme ich auch ohne Videoclips durchs Leben. Für mich hätte es genügt, einen einzigen zu drehen: »Thriller« mit Michael Jackson.
Mit diesem Clip hat das Genre seinen Höhepunkt erreicht und hätte im Triumph für immer von der Bildfläche und dem Bildschirm verschwinden können.
Schade um die verpaßte Chance: Es wäre ein unheimlich starker Abgang gewesen.

3

Schallplatten – Ihre Geschichten

Uebersehen Sie niemals die Bedeutung des Edison-Phonographen als Eisbrecher! Nichts ist so schwer, als in einer Gesellschaft das Eis der Langeweile zu brechen, aber nichts ist auch so angenehm, als wenn dies einmal richtig gelungen ist.

Wirklich, Sie können keine Gesellschaft geben ohne einen Edison-Phonographen. Er ist das beste Mittel in der Welt, um über die erste halbe Stunde hinwegzuhelfen, bis die Gäste auftauen und eigenen Geist entfalten. Der Edison-Phonograph bringt den Geist anderer zur rechten Zeit, um die Leute gesprächig zu machen. Aber selbst bei Gesellschaften, in denen sich alle gut kennen und gut verstehen, wird der Edison-Phonograph die angenehme Unterhaltung durch besondere Darbietungen noch erhöhen.

Er wird die Missgestimmten aufheitern, aufmuntern die Langweiligen, lebhaft machen die Ruhigen, Mut verleihen den Schüchternen und amüsieren selbst die Anspruchvollsten und Blasiertesten. Er ist unwiderstehlich, weil Edison ihn erfand.

In Ihrer Stadt befinden sich Verkaufsstellen.

Edison-Goldgusswalzen M. 1.— pro Stück.
Edison-Phonographen von M. 45.— an.

Händler gesucht überall, wo wir noch nicht vertreten. Kataloge versenden wir kostenlos.

Edison-Gesellschaft m. b. H.
Berlin N. 39, Südufer 1.

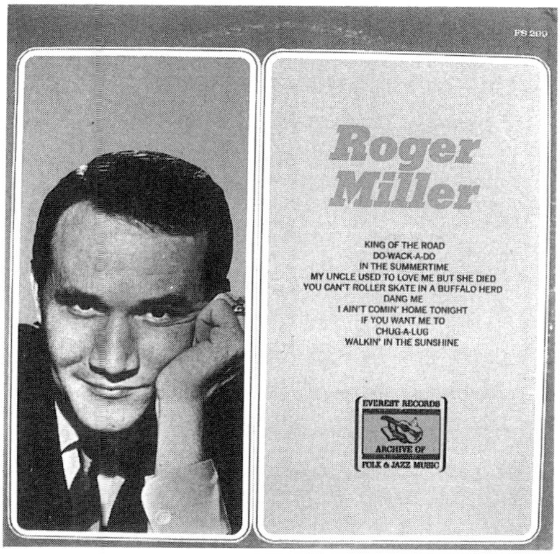

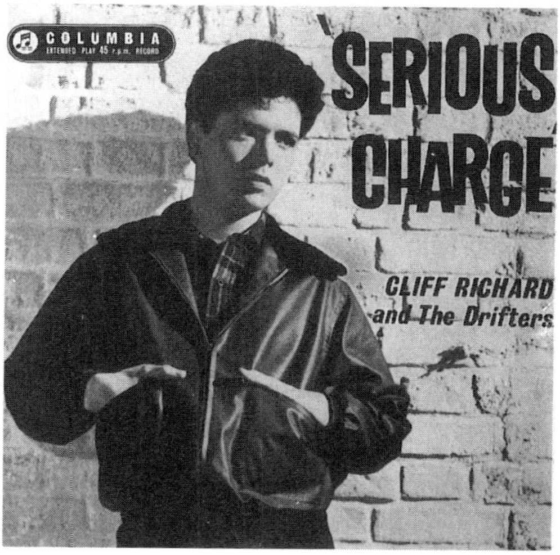

Linke Seite:
12
Der Hund, der die Stimme seines Herrn hört. Und zwar aus einem alten Trichter

13
Jimmy Rodgers, der erste der singenden Cowboys

14
Yehudi Menuhin auf einer UdSSR-Produktion, die übrigens hervorragende Tonqualität bietet

15
Anzeige für den Edison-Phonographen

Rechte Seite:
16
Roger Miller, King of the Road

17
Typischer Cover einer Extended Play der 50er Jahre

18
Im Jugendstil gestaltete Covers für Strauss-Opern unter der Stabführung von Karl Böhm, dem Strauss übrigens die „Daphne“ gewidmet hat

19
Unbegrenzte Phantasie bei der Gestaltung von Plattenhüllen

Nimm Platz, wir spielen uns ein paar Schallplatten vor:

- »Nessun Dorma« mit Benjamino Gigli.
- »Heartbreak Hotel« mit Elvis Presley.
- »Das machen nur die Beine von Dolores« von Michael Jary.
- »5 Orchesterstücke« von Anton Webern.
- »St. Tropez Twist« mit Peppino di Capri.

Fünf Musikstücke, die Dich in Sekundenschnelle in eine bestimmte Zeit, eine bestimmte Umgebung, eine bestimmte Gesellschaftsordnung versetzen. Die Erinnerungen wecken, Werte vermitteln, Träume lebendig werden lassen, Stimmungen erzeugen.

Die Geschichte der Schallplatte ist deshalb auch eine Geschichte der Geschichten. Schallplattengeschichten sind amüsant und spannend, manchmal geheimnisvoll und fast immer lustig. Es geht in ihnen nicht nur um große Kunst, sondern auch ums große Geld. Nicht um Millionen, sondern um Milliarden! Da toben Machtkämpfe hinter und vor den Kulissen, die mit allen Mitteln ausgetragen werden. Die schäbigsten Tricks werden angewandt, die schmutzigsten Winkelzüge, die gemeinsten Untergriffe. Immerhin steht der Markt für Tonträger im Medienland Amerika an dritter Stelle hinter der Öl- und der Stahlindustrie. Weltweit werden pro Jahr ca. 1,2 Milliarden Tonträger verkauft.

Ich will Dich nicht mit Ziffern und Mehrheitsbeteiligungen langweilen. Ob Columbia mit Capitol verfeindet oder liiert ist, zählt für uns Rillenmenschen nur dann, wenn davon die Verfügbarkeit gewisser Aufnahmen betroffen ist. Ansonsten ist der Etikettenmarkt ein undurchdringlicher Dschungel, den niemand so richtig zu durchschauen vermag.

Viel interessanter sind die kleinen Stories am Rande. Wie die von William C. Love, einem Produzenten in Pittsburgh/Pa., der irgendwie die Mitschnitte von 44 Konzerten in die Hand bekam, die Eddie Condon mit der Creme de la Creme des traditionellen Jazz zwischen 1944 und 1947 in der New Yorker Town Hall veranstaltet hatte. Mr. Love gründete die Plattenfirma JAZUM und brachte ungefähr die Hälfte dieser Aufnahmen heraus. Dann ging ihm entweder das Geld oder die Lust aus; die Produktion wurde über Nacht eingestellt, die JAZUM-Platten dadurch zu begehrten Sammlerobjekten. Bezeichnend ist ein von Mr. Love verfaßter Covertext für eine seiner Pressungen:

»Wer sich ernsthaft für die Musik auf dieser Platte interessiert, kann ihre Besetzung auf dem vorhergegangenen Volume nachlesen. Die anderen brauchen es nicht zu wissen.«

Oder die Geschichte von Fred W. Gaisberg, dem ersten »Produzenten« der Schallplattengeschichte. Er begann als Walzendreher bei Thomas Alva Edison, wurde dann einer der Gefolgsleute des Erfinders des Drehtellers, Emil Berliner, und war der erste, der einen Künstler über die Schallplatte weltbekannt machte: Enrico Caruso. Mit 21 Jahren gelang Gaisberg der erste Schallplattenhit: Das »Vaterunser«, gesprochen von einem gewissen John O'Terell. Der Trick dieser mehr oder weniger unverständlichen Aufnahme war, daß das »Vaterunser« jedermann geläufig war und man den Text daher in Gedanken »mitsprach«. Von dieser Platte wurden viele tausend Exemplare verkauft. Man schrieb das Jahr 1890.

8 Jahre später begab sich Gaisberg auf Weltreise auf der Suche nach interessanten Aufnahmen. Er besuchte London, Wien, Budapest, Mailand, Madrid, Berlin, Leipzig, Warschau und kam sogar bis Petersburg, Kasan und Nischni-Nowgorod. In Moskau nahm er Schaljapin auf. Er war der Begründer des internationalen Repertoires und der erste A & R Mann der Geschichte.

- Dann gibt es die Story von der Callas, die ihre »Wahnsinnsarie« aus Lucia di Lammermoor so oft aufnehmen ließ, bis der sie begleitende Flötist selbst halb wahnsinnig wurde, Nerven und Flöte wegschmiß und das Studio verließ. Zum Glück konnte man ihn zur Rückkehr bewegen, was zu einer der faszinierendsten und perfektesten Aufnahmen führte, die jemals gemacht wurden.
- Dann ist da noch die Geschichte der ersten Gesamtaufnahme von »Tristan & Isolde«, bei der Kirsten Flagstad die beiden hohen »C« der Isolde im ersten Akt nicht schaffte. Für die Aufnahme mußte daher die Sopranistin Elisabeth Schwarzkopf einspringen und die beiden Töne singen.

  Unzählige Anekdoten berichten über lustige und tragische Ereignisse in den Aufnahmestudios.
- Von Bessie Smith, der großen Bluessängerin, die 1925 Plattenaufnahmen in einem Zelt machte, als das Zelt plötzlich in sich zusammenstürzte und Sängerin, Begleitmusiker und Tonmeister unter sich begrub.
- Von Pablo Casals, dem bei der Aufnahme einer Brahms-Sonate eine Saite riß, worauf er diese mit einem Schifferknoten wieder zusammenknotete und seelenruhig weiterspielte.
- Von Charlie Parker, der bei der Aufnahme von »Loverman« im kalifornischen Dial-Studio einen Nervenzusammenbruch erlitt, anschließend in seinem Hotelzimmer Feuer legte und ins Camarillo-Hospital abtransportiert werden mußte.
- Von Karl Böhm, der sich darüber aufregte, als er bei Proben zu Schallplattenaufnahmen ständig neue Gesichter im Orchester entdeckte. Worauf man ihn damit besänftigte, daß man ihm erklärte, jedes Orchestermitglied wolle wenigstens einmal unter dem berühmten Dirigenten spielen.
- Von Louis Armstrong, dem bei der Aufnahme von »Heebie jeebies« im Jahr 1926 das Textblatt hinunterfiel, worauf Louis seelenruhig mit »Da di da grff umph di da da« weitersang und so den »Scat-Gesang« erfand.
- Von Sidney Bechet, der bei einem Aufnahmetermin für »Blue Note« den Moment abwartete, da der Trompeter Frankie Newton auf die Toilette gehen mußte, um rasch seine Version von »Summertime« als Solonummer einzuspielen, die dann der erste große Hit von »Blue Note Records« werden sollte.
- Vom Wunderkind Yehudi Menuhin, dem ein boshafter Berliner Philharmoniker zur ersten Plattenaufnahme ein paar Zuckerschlecker mitbrachte, um dadurch seine Mißbilligung auszudrücken, ein »unreifes

Kind« begleiten zu müssen. Ein Mißfallen, das schon nach den ersten Takten des wahrhaft göttlich geigenden Menuhin in Hochachtung umschlug.

- Von Erroll Garner, der 1945 als unbekannter Musiker zu einer Aufnahmesitzung in ein New Yorker Tonstudio bestellt wurde, das sich im 11. Stockwerk befand.
  Ausgerechnet an diesem Tag streikten die New Yorker Liftführer, so daß Garner und seine Begleitmusiker die 11 Stockwerke zu Fuß erklimmen mußten. Obwohl sie außer Atem oben ankamen, forderte der Aufnahmeleiter ein »rasch bewegtes, lebendiges Stück«. Doch Garner spielte ein langsames, zurückhaltendes »Laura« und schaffte mit dieser Version den Durchbruch zum Star.
- Von der bayrischen Blaskapelle, die dermaßen falsch spielte, daß sich ein zufällig anwesender Plattenboß ein Riesengeschäft von einer Aufnahme dieser Kuriosität versprach. Von der Aussicht angespornt, Schallplatten zu machen, übten die Musiker Tag und Nacht und spielten, als es schließlich soweit war, wie die Philharmoniker.
- Vom Trompeter Freddie Keppard, der sich beharrlich weigerte, Schallplatten einzuspielen, damit man seinen Stil nicht kopieren konnte. Wenn er öffentlich auftrat, stülpte er ein Taschentuch über seine Hand, damit niemand seinen Fingersatz stehlen konnte.
- Von André Heller, der bei einer Aufnahme den Tenorsaxophonisten Harry Sokal aufforderte, ihm seine Seele zu geben, was diesen völlig verdatterte. »Bring's mir, bring's mir«, soll Heller gerufen haben, was Sokal zu einem »Ja gerne, aber was?« veranlaßte.
- Von Bluessängern wie Huddie Leadbetter, die direkt aus dem Gefängnis vor den Aufnahmetrichter geholt wurden, um ihre Geschichte vorzutragen.
- Von den sogenannten »Race Records«, die ausschließlich für den farbigen Bevölkerungsteil der USA hergestellt wurden und in keinem offiziellen Katalog erschienen. Die »Race Records«, die Columbia von Bessie Smith verkaufte, bewahrten das Unternehmen beim großen Börsenkrach 1929 vor dem Konkurs.
- Von Fritz Kreisler, der bei Plattenaufnahmen in die Filzpantoffeln des Studioassistenten schlüpfen mußte, weil seine Schuhe zu laut knarrten.
  Derselbe Fritz Kreisler versuchte übrigens jahrelang vergeblich, seine hübschen kleinen Kompositionen wie »Liebesfreud« auf Schallplatten unterzubringen. Die Aufnahmeleiter winkten ab; sie waren nur am »klassischen« Repertoire des Geigers interessiert. Worauf dieser bei seinen Konzerten die gleichen Stücke als »neuentdeckte Kompositionen« von Pergolesi, Scarlatti etc. ansagte. Mit einem Mal war das Interesse da, und die Kritik pries die Neuentdeckungen als zauberhafte Miniaturen großer Meister. Leider beging Kreisler später den Fehler, die Sache aufzuklären, was man ihm nie verziehen hat.
- Von Benjamino Gigli, der sich zu singen weigerte, wenn er nicht vorher seinen halben Liter kuhwarmer Milch getrunken hatte.
- Von Jean Goldkette, dessen Platten wegen seines jüdischen Namens im Dritten Reich verboten waren. Erst als sie unter

»Jeans Orchester« herauskamen, hatte die strenge Reichskulturkammer nichts mehr an ihnen auszusetzen.
So ging es übrigens auch dem »Tiger Rag« und dem »St. Louis Blues«, die solange als entartete Negermusik galten, bis sie in »Schwarzer Panther« resp. »Sauerkraut« umgetauft worden waren. Sogar die harmlosen »Comedian Harmonists« mußten sich »Meistersextett« nennen, um nicht in den Verdacht der Volksschädlichkeit zu geraten.

⊙ Von der Zigeunerschnulze »Trauriger Sonntag« die ein gewisser Reszo Seress 1934 geschrieben hatte – angeblich, nachdem ihm seine Braut den Laufpaß gegeben hatte.
Als diese die Platte im Radio hörte, vergiftete sie sich, was eine Selbstmordwelle in ganz Europa auslöste.

Eine jazzige Parallele dazu bildet die Platte »Blue Moods« von Miles Davis, in Fachkreisen als »Rasiermesserplatte« bekannt, zu deren Klängen sich eine junge Kanadierin die Pulsadern aufgeschnitten hat.

Das also wären ein paar von den Schallplattengeschichten. Sie fabulieren über weltbewegende Dinge, die keinen Menschen außer uns interessieren und nehmen sich selbst ungeheuer wichtig. Sie erzählen von Abenteuern, die keine sind. Von Erlebnissen im Luftschloß. Von waghalsigen Ritten auf sechsbeinigen Pferden. Von Träumen, die niemand je geträumt hat.

Schallplattengeschichten sind wie Märchen. Nur weit weniger wahr.

Hard selling

Als ich so 14, 15 Jahre alt war, überrollte mich die erste Welle der Schallplattenbegeisterung immerhin hoch genug, um mich an freien Samstagvormittagen in einen Laden zu spülen, wo ich aus Spaß an der Freude und ohne Bezahlung Schallplatten verkaufte.
Dem Inhaber kam das natürlich gelegen. Er erhielt eine Arbeitskraft umsonst und konnte seiner Verkäuferin einen freien Samstag gönnen. Was mich betraf, war mir die faszinierende Umgebung eines geschlossenen Raums voller Schallplatten Bezahlung genug.
Außerdem erlebt man viel als Plattenverkäufer. Zum Beispiel die Dame, die das Lied verlangte, das »von oben nach unten geht«. Es bedurfte geradezu detektivischen Scharfsinns, um herauszufinden, daß sie »Charmaine« meinte; von Mantovani gespielt.
Nicht minder Sherlock-Holmesische-Anforderungen stellte das Begehr nach »dem Lied, wo das Saxophon so zieht«.
Gemeint war »Cherry Pink and Apple Blossom White«, auch als »Gummimambo« bekannt (das »ziehende« Saxophon ist in Wahrheit eine Trompete).

Ein Kunde verlangte damals kategorisch die englische Originalfassung von »Homesick«. Nach einer Stunde des Durchblätterns aller verfügbaren Kataloge kamen wir gemeinsam dahinter, daß Freddy Quinns »Heimweh«-Schnulze gemeint war, von welcher der Kunde die englisch gesungene Aufnahme suchte; nun hat aber diese nicht das geringste mit Heimweh zu tun, sondern ist ein Schmachtfetzen von Dean Martin mit dem Titel »Memories are made of this«. Ähnlich verhält es sich mit dem »Seemannslied« von der »Mary Ann, die sein Schiff war...«, das im amerikanischen Original »Sixteen Tons« heißt und keinesfalls von der christlichen Seefahrt, sondern von Bergarbeitern handelt.
Aber auch auf dem klassischen Sektor kam es zu allerhand skurrilen Verwechslungen.
Ein älterer Herr wollte seiner Sammlung unbedingt das Vorspiel zur »Salome« einverleiben und war nicht davon zu überzeugen, daß Richard Strauss seiner Stripteasetänzerin keines gegönnt hat.
»Dann wenigstens die Elektra-Overture«, meinte der ältere Herr, »die fehlt mir nämlich ebenfalls«.
Leider, auch die hat Strauss vergessen.
In diesem Zusammenhang könnte man erwähnen, daß es auch Leute geben soll, die nach der Arie des Morold aus »Tristan und Isolde« suchen (der, wenn das Stück beginnt, bereits tot ist).
Oder nach dem Monolog des Feldmarschalls aus dem »Rosenkavalier« (der sich laut Aussage seiner Gattin auf Jagd im »krowatischen Wald«, nämlich »im Raitzenland, gleich hinterwärts von Esseg« befindet und dort 3 Akte lang verweilt).
Nicht zu vergessen der Auftritt des Nikolaus Vogel in den »Meistersingern von Nürnberg«, der niemals erfolgt, weil der Meister offenbar unter chronischem Schnupfen leidet und regelmäßig schon im

ersten Akt von seinem Lehrbuben als krank gemeldet wird.
Unter den Käufertypen von Schallplatten sind zwei besonders berüchtigt.
Die einen kommen mit folgendem Stehsatz ins Geschäft:
»Vorgestern abend haben sie im Radio eine Platte gespielt, die will ich haben.«
Daraus entwickelt sich der nachstehende Dialog:
»Wissen Sie den Titel des Stücks?«
»Irgendwas mit Frühling und Liebe«.
»Den Interpreten?«
»Den Inter... was?«
»Wer das Lied gespielt oder gesungen hat.«
»Das war der mit dieser herrlichen Stimme... der ist doch eh dauernd im Radio, den müssen Sie doch kennen.«
»Was war es denn für eine Sendung?«
»Keine Ahnung. Ich dreh' einfach das Radio auf, und da kommt dieses wunderbare Lied. Die spielen es ohnehin dauernd, Sie verkaufen bestimmt 20 Stück am Tag.«
»Wissen Sie denn gar nichts? Keinen Titel, keinen Interpreten?«
»Ich kann es Ihnen vorsingen.«
(Kunde singt ein Potpourri von »Kommt ein Vogerl geflogen« und der »Psalmensymphonie«.)
Aufgrund dieser Indizien schließt der erfahrene Verkäufer messerscharf, daß es sich nur um »Bad« von Michael Jackson handeln kann, womit er genau ins Schwarze trifft.
Während die »Radiohörer« wenigstens mit einer ungefähren Vorstellung ihrer Wünsche den Laden heimsuchen, ist der andere Käufertypus völlig unbelastet.
Das geht dann so:
»Guten Tag. Ich möchte eine schöne Platte«.
»Was soll es denn sein. Etwas Modernes oder lieber was Klassisches?«
»Etwas Schönes.«
»Welche Musik gefällt Ihnen denn am besten?«
»Mir? Ich bin leider völlig unmusikalisch. Ich habe auch gar keinen Plattenspieler. Aber mein Neffe hat Geburtstag, und da möchte ich...«
»Aha, der Neffe. Also eher moderne Musik. Wie alt ist er denn?«
»Vier Jahre wird er. So groß ist er schon. Und den ganzen Tag am Plattenspieler.«
»Ja, was hört er denn am liebsten?«
»Keine Ahnung, ich bin ja nie dabei. Aber etwas Schönes bestimmt. Genau das will ich ihm schenken.«
Dieser Dialog setzt sich weiter in die Unendlichkeit fort. Eine Melodie mit niemals endenden Trugschlüssen.
Denn der Kunde kauft zwar eine Schallplatte, tauscht diese aber noch vor Verlassen des Geschäfts zum ersten Mal um, kommt in zwei Tagen zu einem neuerlichen Umtausch wieder, weil der liebe Neffe nicht auf die Musik steht...
»... und so geht das immer weiter« wie Clemens Krauss zu sagen pflegte, wenn er das »Perpetuum Mobile« von Johann Strauß dirigierte.
Doch das ist alles nichts gegen die »Fachleute«!
Fachleute sind nicht nur unausstehlich, sondern auch unheimlich. Nämlich unheimlich lästig. Sie werfen mit Matrizennummern und Aufnahmedaten, Re-issue-Gerüchten und Neukopplungen um sich und bringen selbst gewiefte Verkäufer aus der Fassung. Sie sind der Schrecken des Personals, weil sie ununterbrochen davon schwärmen, daß es die gesuchte Aufnahme schon längst in Timbuktu oder Leverkusen gibt.
Und daß von diesem Titel (der dem Ver-

käufer vollkommen unbekannt ist) mindestens vier Studioaufnahmen, nicht weniger als sechs Live-Mitschnitte und zwölf Raubkopien existieren.
Sie sind gefürchtet, weil sie prinzipiell obskure Labels be- und unbewiesene Behauptungen aufstellen:
»Wissen Sie, die Aufnahme vom 6. 1. 1956 wurde mit der vom 12. 2. 1958 zusammengeschnitten und auf dem Abraxas-Label wiederveröffentlicht, aber nur in Chile, dafür mit dem Originalcover, und gerade auf dieser Aufnahme ist das Übersolo, von dem allerdings vier Takte fehlen ... usw. usw.«
Die »Fachleute« sind die Intimfeinde der Schallplattengeschäfte. Weil sie alles über Schallplatten wissen, aber nichts vom Kauf selbiger wissen wollen. Weil sie ständig suchen, aber nur selten finden. Weil sie stundenlang in den Wühlkästen stöbern und die Platten durcheinanderbringen. Weil sie sich dauernd Kugelschreiber ausborgen, um kleine Zettelchen mit Notizen vollzuschmieren. Weil sie sich 20 Platten vorspielen lassen, bevor sie feststellen, daß sie ausgerechnet an diesem Tag kein Geld mithaben. Weil sie sich Dutzende Platten zurücklegen lassen, ohne auch nur eine einzige jemals abzuholen.
Das klingt übertrieben, aber es gibt diese Typen. Sie sind nicht wirklich böse, sie können einem nur den Nerv töten. Dennoch – oder vielleicht gerade deswegen – sollte man Nachsicht mit ihnen haben. Trotz ihrer Krankheitssymptome und bei all ihrer unübersehbaren Arroganz handelt es sich immer noch um Menschen, nicht um Dschungelbestien.
Im Grunde sind es arme Teufel, die nicht anders können und auch nichts anderes können, als an und in Rillen zu denken.

Menschen wie Du und ich eben.
Eben.

Eastern Parade

Meine Weihnachtspakete messen zirca 30 cm im Quadrat, wiegen mehr, als mir lieb ist und kosten ein Vermögen an Porto. Ich weiß, daß sie unter Garantie von neugierig schnüffelnden Zollbeamten geöffnet werden, weiß aber nicht, ob sie auch am Bestimmungsort ankommen.
Trotzdem tue ich mir die Arbeit an, diese Päckchen zu verschicken. Weil ich damit ungeheure Freude auslöse. Meine Weihnachtspakete bewegen sich nämlich in Richtung Osten.
Die Schallplattensituation in den Ostblock-Staaten ist noch immer trist bis traurig. In jedem von ihnen existiert nur ein einziger, noch dazu staatlicher Schallplattenhersteller, der maximal 2 Labels herausgibt.
In der DDR ›Amiga‹.
In der CSSR ›Supraphon‹.
In der UdSSR ›Melodiya‹.
In Ungarn ›Hungaroton‹.
In Polen ›Muza‹.
In Jugoslawien ›Jugoton‹.
Technisch passabel. Repertoiremäßig mäßig. In der Ausstattung unterm Hund. (Wenn's wenigstens »Nipper« wäre!)
Über den Schwarzmarkt, der aus den genannten Gründen notwendigerweise existieren muß, weiß man nicht viel. Es ist bekannt, daß die Sendungen der ›Voice of America‹ mit Willis Conover mitgeschnitten, vervielfältigt und bis nach Wladiwostok verschachert worden sind. Als Conover anläßlich der Zusammenstellung eines ›European Youth Orchestra‹ durch Europa reiste, wurde er in Polen von begeisterten Fans wie ein Popstar begrüßt.
Bekannt ist auch ein russisches Bootleg mit Paul McCartney, von dem es aber im Westen weitaus mehr Exemplare geben dürfte, als in den Arbeiterparadiesen.
Jahrelang haben die Länder hinter dem eisernen Vorhang (der für Schallplatten im Grunde genommen noch immer existiert) auch hochoffiziell keine Tantiemenverträge beachtet. Für die weltweiten Organisationen für Aufführungsrechte wie BIEM, ASCAP, GEMA, AKM etc. hieß es am Checkpoint Charlie ›Stop‹. Sie mußten ohnmächtig zusehen, wie sich vor allem die UdSSR großzügig über alle Skrupel hinweg am Repertoire der westlichen Musikschaffenden bedienten.
Die Situation hat sich gegen Ende des 20. Jahrhunderts gebessert. Lizenzverträge haben ein bißchen Perestroika bewirkt. Dennoch stehen die Tantiemengesellschaften den östlichen Plattenfirmen verständlicherweise reserviert gegenüber.
Das Ergebnis: Was Schallplatten betrifft, wird der Ostblock noch lange ›Dritte Welt‹ bleiben.
Jazz- und Popfans setzen deshalb viel Hoffnung in ihre Westkontakte, um zu den für sie ansonsten unerreichbaren Scheiben zu kommen.
Denn während bei unseren östlichen Nachbarn im Klassik-Sektor noch einigermaßen von einem Angebot gesprochen werden kann, tut sich bei Jazz und Pop wenig bis nichts.
Bei der klassischen Musik können die europäischen Ostblock-Staaten wenigstens auf Künstler wie Emil Gilels, Svjatoslav Richter,

Karel Ančerl oder Theo Adam zurückgreifen, um nur einige zu nennen. (In China war nicht einmal das gestattet.)
Aber beim Jazz? Der war als Musik des bösen kapitalistischen Westens sowieso jahrzehntelang verpönt. Wobei man sich seitens der ›Kulturexperten‹ nicht der Mühe unterzog, zwischen Jazz und Rock zu unterscheiden.
Dann entdeckte man, daß man den Jazz eigentlich auch als Musik der von den monopolkapitalistischen Blutsaugern ausgebeuteten Negersklaven betrachten könne, was zu einer leichten Entspannung führte. Später gelangte man zum Beispiel in der DDR zur Ansicht, den Jazz als ›optimistische‹ Musik zu bezeichnen, was immer darunter zu verstehen ist.
Mit der Öffnung der Grenzen hat sich die Situation unserer Nachbarn im Osten grundlegend geändert. Vieles ist in Bewegung geraten; auch der Schallplattenmarkt. Jetzt darf man sich im Westen bedienen, und auch das eigene Angebot wird zusehends besser. Jahrzehntelang unter strengstem Verschluß gehaltene Kronjuwelen werden gewissermaßen unters Volk gestreut.
Als Sammler wirst Du wissen, welche Qualen man leidet, wenn einem ein Katalog, randvoll mit unerreichbaren Delikatessen gefüllt, in die Hände fällt. Oder wenn man in einem Sachbuch oder Magazin liest, was der Fan alles im Schrank stehen haben sollte, um einer zu sein und man dann seine eigenen spärlichen Bestände damit vergleicht.
Trotz des Prestissimos der Revolutionsetude wird es in manchen Ländern noch eine Weile dauern, bis auch dort Linda Ronstadt und Dexter Gordon, ›Die Ärzte‹ und Les McCann zur frei konvertierbaren Währung gehören. Für die teuren klingenden Scheiben bedarf es nämlich hüben wie drüben klingender Münze, sozusagen Heavy Metal.
Deshalb meine Bitte an Dich: Schicke auch jetzt noch alles, was Du entbehren kannst, auf die andere Seite hinüber! Du machst damit Menschen, die nicht über Deine Möglichkeiten verfügen, unendlich glücklich.
Im Gegenzug kannst Du Dir ja die spottbilligen und dennoch tontechnisch hervorragenden CDs östlicher Manufaktur schicken lassen, die inzwischen auch auf westlichen Märkten zu Schleuderpreisen angeboten werden. Freilich, das Repertoire ist begrenzt. Die Popmusik ist dürftig, der Jazz bedürftig. Sogenannte Volksmusik vom Schlage eines Mihaly Farkas sollte man lassen, wo sie ist. Bleibt also nur die Klassik. Und wenn sie drüben auch keinen Daniel Barenboim haben, so doch einen Adam Fischer, der auch nicht schlecht ist.
Außerdem: wer wollte bestreiten, daß die Ungarn bei Bartók und Kodaly, die Tschechoslowaken bei Smetana und Dvořák, die Rumänen bei Enesco, die Polen bei Chopin und die Russen bei Skrjabin nicht kompetent wären.
Ich bekomme öfter solche Scheiben. Sammler von der anderen Seite, mit denen ich korrespondiere, schicken sie mir. Deren Kompensationswünsche sind oft recht ausgefallen und reichen von »Self Control« von Laura Branigan bis zu Udo Lindenbergs »Sonderzug nach Pankow«, von Wolfgang Ambros bis Toshiko Akiyoshi.
Ich freue mich, wenn ich einen langgehegten Plattenwunsch erfüllen kann, doch das war und ist nicht immer einfach. Eine persönliche Schallplattengeschichte, die zum

Glück längst historisch ist, kann das illustrieren.
Als ich einmal mit dem Zug durch die CSSR in die DDR reiste, führte ich für einen Freund 5 Langspielplatten im Koffer mit. Der tschechische Zöllner nahm jede einzelne davon zur Hand, zog sie aus der Hülle und verglich das Etikett mit dem Cover, um festzustellen, ob beides übereinstimmte. Daran schloß sich eine ›peinliche‹ Befragung an, für wen die Platten bestimmt seien, warum ich sie mit hätte und ob es sich nicht doch um Pornographie oder sonstiges systemgefährdendes Material handle. Der ganze Vorgang dauerte etwa eine halbe Stunde.
Das Gleiche wiederholte sich eine Grenze weiter mit dem DDR-Zöllner.
Seither frage ich mich:
»Wovor hatten diese Leute solche Angst?«

Western von gestern

Übersetzt man »Cowboy« und »Hillbilly« wörtlich, wird ein »Kuhbub« und ein »Hügel-Willi« draus. Bei sinngemäßer Übertragung bleiben noch immer der »Rinderhirte« und der »Waldheini« übrig.
Womit Gehalt und Zielgruppe amerikanischer »Country & Western Music« hinreichend charakterisiert wären.
Ich kann's ja noch verstehen, daß sich die Amis dieses Zeugs stapelweise ins Fach schlichten. Schließlich heißt ihr Dietrich von Bern Doc Holliday und steht ihre Gralsburg in Tombstone.
Aber daß sich Europäer für Cowboymusik begeistern, kann eigentlich nur an einer Art Winnetou-Syndrom liegen.
Es gab eine Zeit, da Wildwest-Filme den Gipfel der Filmkunst verkörperten. Die unzähligen Pferdeopern mit Randolph Scott, John Wayne, Audie Murphy oder Gary Cooper waren das Nibelungenlied von Reagan-Country. Die ewig sich wiederholende Heldensaga vom einsamen Ranger, der freihändig mit ganzen Indianerstämmen aufräumt.
Der verlogenen Lagerfeuerromantik des Genres bliesen erst die Spaghettiwestern eines Sergio Leone die Glut aus: Nach »Spiel mir das Lied vom Tod« und »Für eine Handvoll Dollar« ließ sich kein Western mehr drehen.
(Wer es dennoch versuchte, floppte – siehe »Silverado«.)
Wer aber räumt mit der Lagefeuerromantik des Country & Western auf? Mit dieser selbsternannten »Volksmusik« aus Uncle Sams Prärien?
Western-Songs sind keine Tanzmusik und keine Kunstmusik und keine Konzertmusik und keine Feierabendmusik. Western-Songs sind Grimms Märchen, von Red Foley gesungen. Geschichten von Herz und Schmerz, mit hehrem Anspruch und banalen Texten.
Manche halten das tatsächlich für Folklore. Andere wiederum für Tiefsinn. Die Vernünftigsten sind noch die, denen diese Musik ein bißchen was vom Gefühl der großen Freiheit vermittelt. In Wahrheit ist das Ganze ein Riesengeschäft mit der Gut- und Gläubigkeit großer Bevölkerungsteile hüben wie drüben. Nicht umsonst heißt einer der wesentlichen Exponenten der Richtung mit Nachnamen Cash.
In Nashville/Tennessee steht der Tempel des C & W, die »Grand Ole Opry«. Wer es geschafft hat, dort aufzutreten, hat es geschafft. Er ist zumindest in den Staaten ein Star und hat ausgesorgt. Denn C & W liegt dort mit unvorstellbaren 40 Prozent an der Spitze des Schallplattenmarktes. Noch weit vor populärer Schlagermusik und Lichtjahre vor klassischer Musik.
Nur ein Bruchteil davon verirrt sich auf den alten Kontinent, findet aber auch dort sein Publikum: Je schlechter, desto besser. Das nasale Fisteln eines Lemuren wie Roger Miller ist seit »King of the road« auch den Europäern vertraut.
Auffallend ist, daß es keinen einzigen farbigen C & W-Star gibt. Das nährt in mir den Verdacht, daß die Konföderiertenarmee noch lange nicht besiegt ist.
Dennoch soll niemand glauben, daß sich

C & W ausschließlich mit der Pionierzeit und dem Sezessionskrieg beschäftigt. Es ist den Nashville-Produzenten vielmehr gelungen, rechtzeitig die Kurve zu kratzen und die Cowboyromantik nahtlos in eine Art Truckdriver- und Asphaltdschungel-Mythos des 20. Jahrhunderts zu überführen.
»Western sind von gestern« sagte man sich und verlagerte sich und die Texte der Songs in die große Stadt und auf die Landstraße. Die Fernfahrer auf Amerikas Interstates sind die Cowboys von heute. Kernige Burschen mit wettergegerbten Gesichtern, stählernem Blick und der Marlboro in der nervigen Faust.
In ihren besten Momenten swingt eine C & W-Band wie eine mittelgute Jazzformation; zupft ein Virtuose wie Chet Atkins Gitarre; steht eine Sängerin vom Kaliber einer Lynn Anderson zur Verfügung. Doch diese Momente sind selten.
Ich selbst besitze nur zwei C & W-Schallplatten. Eine heißt »Blue Yodel No. 9« und klingt auch genau so. Die andere heißt »Deck of Cards« und hängt mit einer Schallplattengeschichte zusammen, die ich Dir zum Abschluß erzählen möchte:
In jedem amerikanischen Hotel findet man unter Garantie am Nachttisch jene beiden Bücher vor, die auch in den Familien diesen Ehrenplatz einnehmen: Die Bibel und Readers Digest.
Bei so einer Familie war ich zu Gast. Shirley und David. Reizende Leute. Nett, gastfreundlich und herzlich wie alle Amis.
Shirley spielte mir »Deck of Cards« vor. Das Lied handelt davon, daß ein Sergeant einen Soldaten mit einem Kartenspiel erwischt. Er stellt den Soldaten zur Rede, der sich damit verteidigt, daß er keine Bibel hätte und das Kartenspiel für ihn der Ersatz dafür sei:

- ⨀ Der König: Der liebe Gott.
- ⨀ Die Dame: Die Jungfrau Maria.
- ⨀ Der Bube: Das Jesukind.

  Worauf der Sergeant dem Soldaten vergibt und ihm verspricht, ihm eine echte Bibel zu besorgen.

Als ich mich nach Anhören dieses Machwerks zu Shirley umdrehte, um ihr zu sagen, daß das »As« dieses haarsträubenden Blödsinns dessen Produzent gewesen sein muß, sah ich, wie Tränen der Ergriffenheit in ihren Augen standen.
Da half mir nurmehr ein doppelter Whisky.

Collectors Items

Collectors Items sind Sammlerstücke. Also jene Gegenstände, bei denen sich Deine Frau fragt, wie man nur soviel Geld für diesen Plunder ausgeben kann.
Nimm zum Beispiel die Briefmarkensammler. Denen geht es um Komplettierung. Wem zu einem Markensatz nurmehr 2 Werte fehlen, der setzt Himmel und Hölle in Bewegung, um ihrer habhaft zu werden – wohl wissend, daß manche dieser kleinen Schleckereien ganz schön teuer kommen.
Den Sammlern von Bierdeckeln oder Streichholzschachteln kommt es wieder auf die Menge an. Je mehr sie von dem Zeug besitzen, desto glücklicher sind sie. Es ist zwar nichts wert (pekuniär gesehen), aber gesund. So ein gemütliches Hobby verhindert Herzinfarkte und Magengeschwüre.
Diesbezüglich sind Sammler von Gläsern weitaus gefährdeter. Nicht nur, daß sie sich partout nicht davon überzeugen lassen wollen, daß Gläser eigentlich zum Trinken gedacht sind, leben sie ständig in der Angst, eines ihrer besonders raren, handgeschliffenen Exemplare aus Böhmen könnte hinunterfallen und »Klirr« machen.
Auch Liebhaber alter Meister leben mit vollem Risiko. Aber wer sich einen Monet leisten kann, der hat auch das Money für eine Alarmanlage.
Bekanntlich gibt es nichts auf der Welt, was sich nicht sammeln ließe. Von Autos bis zu Autogrammen. Von Pin-up-Girls bis zu Ehefrauen. Von Comics bis zu Staatspreisen.
Dennoch möchte ich behaupten, daß zwei Gruppen unter den Sammlern etwas Besonderes darstellen:

⊙ Die Büchernarren und die Plattenbrüder. Ihre Sammelobjekte sind nämlich keine toten Gegenstände, sondern lebendige Wesen.

Mit Büchern und Platten kann man atmen. Von ihnen kann man lernen. Durch sie kann man etwas werden.
Mit einer Briefmarke kann ich nicht reden. Mit einer Schallplatte schon. Sie spricht mit mir. Wenn ich selbst Musiker bin, sagt sie mir zum Beispiel, wie's gemacht wird. Aber auch wenn ich nur Zuhörer bin, kommuniziert die Schallplatte mit mir, teilt sich mir mit, erzählt Geschichten und schafft Stimmungen.
So wie Bücher können Schallplatten lustig oder traurig, aufregend oder beruhigend, spannend oder langweilig sein.
Kennst du dagegen eine lustige Briefmarke? Einen beruhigenden Bierdeckel?
Einen spannenden Tizian?
Damit will ich nichts gegen Tizian gesagt haben. Ich hätte selbst gern einen. Außerdem wollen wir doch nicht vergessen, daß der Besitz eines Sammlerstückes nur das halbe Vergnügen ist. Das ganze ist die Jagd danach.
Eines Bücherwurms höchste Seligkeit liegt möglicherweise im Ergattern einer Gutenberg-Bibel. Oder doch wenigstens der Erstausgabe der »Fanny Hill«.
Wie aber sieht es in unserer Fakultät aus? Was wäre denn des Plattensammlers Pläsir?
Der eine sieht seinen Lebensinhalt darin, sämtliche Versionen des »Tiger Rag« oder des »Wolgaliedes« zu besitzen.

Der andere hat 17 verschiedene Gesamtaufnahmen der »Regimentstochter« im Schrank stehen.
Es gibt Leute, die wollen jeden Krächzer der Callas belegt haben. Anderen wiederum genügt ein Querschnitt durch die peruanische Sakralmusik des ausgehenden 19. Jahrhunderts. Und dann gibt es noch die Sekretärin aus Wuppertal, die im Spanienurlaub ihre Jungfräulichkeit eingebüßt hat und deshalb eine ganz bestimmte Version von »Valencia« sucht.
Ganz Gefinkelte sitzen auch mit der Stoppuhr beim Plattenspieler und vergleichen, wer beim »Bolero« von Maurice Ravel schneller ist: Mehta oder Muti.
Du siehst, dem ganz normalen Wahnsinn sind Tür und Torheit geöffnet. Schranken- und grenzenlos sind die Möglichkeiten; unübersehbar die Katagorien, in und an denen sich Deine Sammlerwut austoben kann. Damit meine ich nicht so Allerweltskategorien wie Musical, Oper, Sänger (männl.) oder Wienerlied, wie sie schon im Plattenladen vorselektiert werden.
So einfach darf man es sich nicht machen. Echte Sammlerstücke müssen schwer zu kriegen sein, um als solche zu gelten.
Wie wäre es beispielsweise mit der Kategorie »Verbotene Lieder«? Da gibt es einerseits die Lieder, die wegen »freizügigen sexuellen Inhalts« auf dem Index stehen. (Du wirst lachen, das gibt es wirklich. Siehe »Jeanny« von Falco.) Und andererseits die aus politischen oder religiösen Gründen verbotenen Platten (Felix Mendelssohn und Benny Goodman im Dritten, Horst Wessel im Vierten Reich; Mikis Theodorakis im Griechenland der Militärjunta; Richard Wagner im Israel von heute; Jane Birkin im Vatikan von ewig Gestern).

Andere Collectors-Items sind:
- Fehl- und Schwarzpressungen
- Platten mit 40 cm Durchmesser, wie sie Ende der vierziger Jahre manche Rundfunkanstalten verwendet haben
- Spezielle Editionen für sogenannte »Herrenabende« mit stubenunreinen Zoten
- Stimmenimitatoren mit Parodien auf bekannte Politiker oder Künstler
- Kabarett- und Cabaretplatten
- Seltene Werbeplatten (Wer verschafft mir die am 8. Oktober 1956 von Louis Armstrong für »Rheingold Beer« aufgenommenen Werbespots, erschienen auf Reeves Sound Studio RS 817/18?)
- Die Beatles (GB) in deutscher Sprache, Nat King Cole (USA) auf Spanisch, Jana Kubkova (CSSR) in einem Englisch, das sie selbst erfunden haben dürfte
- Große Dirigenten bei der Probe (Bruno Walter, Ferenc Fricsay, Arturo Toscanini)
- Usw. usw.

Du siehst, die Liste kann sehr, sehr lang werden. Selbstverständlich muß es sich bei derartigen Sammlerstücken immer um Originale handeln, nie um Nachpressungen. Denn wenn jeder die Blaue Mauritius bekommen kann, macht es keinen Spaß mehr. Clevere Schallplattenproduzenten kalkulieren mit der Leidenschaft der Sammler, indem sie limitierte Auflagen mit fortlaufenden Nummern herausbringen (»Sie halten Exemplar Nr. 4587 in der Hand«).
Die Firma »Mosaic« bringt beispielsweise immer nur 7500 ihrer hervorragend gemachten Alben auf den Markt. (Wer sich rechtzeitig damit eindeckt, hat in ein paar hundert Jahren eine solide Wertanlage.)
Übrigens Wertanlage:
Sammler gehören zu den Spezialisten, die treffend durch den Satz charakterisiert sind:

»Spezialisten sind Leute, die von immer weniger immer mehr verstehen.«
Es sind durchwegs harmlose Narren, liebenswürdige Fanatiker, begeisterungsfähige Enthusiasten, sympathische Spinner.
Hingegen sind mir jene unsympathisch, die im Sammeln nur eine Geldanlage sehen. Die sich Sammlerstücke nur im Hinblick darauf zulegen, daß diese im Wert steigen könnten.
Gewöhnliche Columbia-LPs vom Anfang der fünfziger Jahre, deren Cover noch in Ordnung ist, werden in New York mit 50 bis 70 Dollar pro Stück gehandelt.
Für eine Brunswick-Schellack verlangen englische und bundesrepublikanische Mafiosi bis zu 40 Deutsche Mark.
Für eine schäbige 45er mit Nana Mouskouri soll man ihnen immer noch einen Zwanziger hinblättern. Nur weil sie im Katalog gestrichen worden ist.
Doch das ist noch gar nichts gegen das »Black Album« des Popkaisers Prince. Es hätte um Weihnachten 1987 ohne Hinweis auf die Mitwirkenden herauskommen sollen: als Grußbotschaft und Referenz des Megastars an seine Rasse und seine Vorbilder. In einem schwarzen Cover ohne Bild, ohne Text, ohne Bestellnummer.
Weil aber das amerikanische Musikmagazin »Billboard« kurz vor Erscheinen des Albums dessen Hintergrundstory enthüllt hatte, wurde die Platte vom Markt zurückgezogen und vernichtet. Wie aber immer bei derartigen Vernichtungsaktionen blieben dennoch 40 bis 50 Exemplare übrig, deren Liebhaberpreis auf 30 000 US-Dollar geschätzt wird.
Da hört der Spaß auf.
Nur ganz am Anfang meiner Schallplattenbegeisterung war ich verrückt genug, zwei Wochenlöhne für »Flamingo« von Earl Bostic zu opfern.
Das kann mir jetzt nicht mehr passieren. Es sei denn, jemand bietet mir doch noch die Rheingold-Beer-Promotion im Original an.

Hülle und Fülle

Es ist eigenartig: Da gibt es weit und breit kein Buch, das sich mit Schallplatten beschäftigt, wohl aber mehrbändige Werke, die sich mit Plattenhüllen befassen. Richtige Schinken zum Blättern, in denen Cover abgebildet sind. Wie in einem Museumsführer.

Die Kunst der Covergestaltung ist wirklich eine! Von 100 Umschlägen sind 90 zumindest bemerkenswert. Auslagen von Plattenläden machen die Welt bunter, kein Zweifel. Man hat sogar das Gefühl, daß sich manche Produzenten mehr Mühe mit der Hülle als mit der Fülle geben.

Früher hielten die Schallplatten auf Etikette. Originalität war gefragt. Unverwechselbarkeit. Individualität.

Und da gibt es eines, das alles hat. Wohl das berühmteste Etikett der Welt.

His Masters Voice.

Drei kleine Worte, die so bekannt wurden, daß sie nicht einmal von ihren Übersetzungen umgebracht werden konnten:

⊙ La voce del padrone.
⊙ La voix du son maitre.
⊙ Die Stimme seines Herrn.

Der Hund, der auf diesem Etikett der Stimme seines Herrn lauscht, hat wirklich gelebt. Er hieß »Nipper« und war das Haustier des Londoner Bühnenbildners Marc Barraud.

Als dieser starb, erbte sein Bruder, der Maler Francis Barraud, die Hinterlassenschaft, die außer dem Hund noch aus einem Phonographen und einigen Walzen bestand. Bei einer von diesen, dem von Dan Donovan gesungenen irischen Lied »After the ball was over« saß »Nipper« wie versteinert vor dem Trichter und lauschte fasziniert der Stimme des Sängers. So, als hörte er die Stimme seines verstorbenen Herrn. Francis Barraud malte diese Szene und gab ihr den Titel »His Masters Voice«. Dann bot er das Bild der Edison & Bell Phonograph Company an, die allerdings keinen Gefallen daran fand.

Auf weit mehr Interesse stieß das Bild bei Emil Berliners Grammophone Company und deren amerikanischem Vertreter in London, William Barry Owen. Der erkannte sofort den Werbewert der rührseligen Geschichte des um sein Herrchen trauernden Hundes, ließ den Phonographen mit einem Grammophon übermalen und kaufte Barrault Bild und Titel ab.

Seit 1899 dreht sich »Nipper« auf Milliarden Schallplatten in der ganzen Welt. So kam die Platte auf den Hund.

Den Etiketten folgten die Hüllen. Zuerst nur als Schutzumschlag aus schlichtem, unbedrucktem Papier, bis man erkannte, daß sie sich zum Werbeträger für Abspielgeräte, Nadeln, Neuheiten im Repertoire usw. eigneten.

Die Langspielplatte brachte dann endlich die bunt bedruckten Cover unters Volk. Teils der Not gehorchend, weil man die notwendigen Informationen über die nunmehr auf 40 Minuten ausgedehnte Musik nicht mehr auf dem Etikett unterbringen konnte, teils dem Verkaufstrieb, weil sich Platten mit gut gestaltetem Cover in der Tat besser verkaufen. Der Beweis, daß sogar das Hören mit den Augen gekauft wird.

Manche Cover entstehen unter großem Aufwand. Norman Granz beschäftigte jahrelang den amerikanischen Surrealisten David Stone Martin mit der Umschlaggestaltung für seine Marke »Clef«. Später ließ er eine Ella-Fitzgerald-Serie mit Reproduktionen von Gemälden des Franzosen Bernard Buffet versehen.
Die Rolling Stones brachten es auf einen dreidimensionalen Cover (›Sticky Fingers‹, die berühmte Hose mit Reißverschluß). Es gab und gibt aufklappbare Alben, Faltschachteln, Doppel- und Dreifachhüllen, Schubkartons u. a. m.
Die Vorderseite ziert meistens ein Bild. Im günstigsten Fall ein Superfoto des Interpreten bei der Arbeit, d. h. während der Tonaufnahme. Jazz- und Pop-Platten sind da in der Regel vorbildlich. Gute Fotos, einfallsreiches Layout, exquisite Aufmachung. Bei billiger Schlagermusik und teuren Karajanplatten ist man hingegen nachbildlich und begnügt sich mit dem offiziellen Autogrammfoto des Künstlers.
Manchmal ist auch ein hübsches Mädchen abgebildet, wobei die Formel gilt: Je weniger sie anhat, desto schlechter ist die Musik.
Die Rückseite ist den ›Liner Notes‹ vorbehalten. Das sind die sogenannten Begleittexte; meist ein weihrauchgesättigter Hymnus auf den Protagonisten der Platte. Wenn man Glück hat, sind auch ein paar Informationen über Besetzung, Aufnahmedatum etc. darunter.
Bei Platten des klassischen Repertoires erfährt man entweder etwas über das Werk oder den Interpreten, selten über beides. Bei Jazzplatten erhält man Informationen über die Musiker. Bei Pop-Platten über die Spieldauer der einzelnen Tracks (wichtig für den Rundfunk). Bei Schlagerplatten über die Druckerei, die den Cover gedruckt hat. Die meisten ›Liner Notes‹ verdienen diesen Namen nicht. Sie entsprechen allenfalls ihrer deutschen Bezeichnung, die sinnigerweise »Klappentext« heißt. Was sie an Information liefern, ist eine Frechheit und eine Zumutung.
Besonders Nachpressungen und Sammelalben (Sampler) sind von dieser Schluderei betroffen, die jeden Sammler betroffen macht.
Wie komme ich dazu, durch mühsames vergleichendes Hören herausfinden zu müssen, daß man mir einen Mitschnitt aus der Mailänder Scala angedreht hat, den ich ohnehin besitze? Nur, weil kein Aufnahmedatum und keine Besetzung angegeben sind? Solche Platten verdienen es, schon wegen ihrer Cover zu Ladenhütern zu werden.
Das gilt auch für die Einlegeblätter von Compact Discs, die für dioptrienstarke Rätselfreunde gemacht scheinen; so winzig ist die Schrift, so dürftig sind die Angaben.
Manche Cover geben tatsächlich Rätsel auf. Der Umschlag zur Beatles-Platte »Abbey Road« wurde zum Puzzlespiel, weil Paul McCartney auf diesem barfuß über die Straße geht, während die anderen 3 Beatles Schuhe anhaben. Die wachsamen Fans sahen darin einen Hinweis, daß McCartney eigentlich schon lange tot sei und von einem Doppelgänger gedoubelt würde. Noch dazu ist auf dem gleichen Cover ein Auto mit der Nummer IF 28 zu sehen, was doch nichts anderes bedeuten konnte, daß Paul McCartney 28 Jahre alt wäre, wenn (if!) er noch lebte.
Zu allem Überfluß war Paul McCartney auf einer weiteren Beatles-Platte, »Sergeant Peppers Lonely Hearts Club Band«, mit einer schwarzen Blume im Knopfloch zu

sehen, während seine Gitarre auf einem Sarg lag.
Doch wie alle wissen, lebte Paul McCartney noch lange weiter. Ein anderer Beatle war es, der vor dem Dakota House in New York von den Schüssen eines Wahnsinnigen tödlich getroffen wurde.
Weil aber einem echten Punker nichts makaber genug sein kann, hat der Zeichner William Stout für ›Rhino Records‹ einen Cover für deren Album »Beatlesongs!« entworfen, das eine Gruppe von Fans zeigt, die um ein Banner geschart sind, auf welchem »We Love You Beatles« steht.
Einer von denen, die die Fahnenstange umklammern, ist unverkennbar Mark Chapman, der Mörder John Lennons!
Berühmt wurde Andy Warhols Platte mit dem Bananendesign, die als ›Banana Record‹ Furore machte. Nur wunderten sich die europäischen Fans über den Namen, denn außerhalb der USA wurde die Platte mit einem anderen Cover ausgeliefert.

Von Plattenhüllen habe ich englisch gelernt. Weil ich wissen wollte, was draufsteht. Schon deshalb sind sie mir lieb und teuer. Allerdings nicht so teuer, daß ich für einen bestimmten Cover größere Summen ausgeben würde.
Doch nicht alle denken so. Das Sammeln von Hüllen greift immer mehr um sich. Schon werden für gewisse Originalumschläge Phantasiepreise gezahlt. Bald wird es auch dafür Kataloge und Preislisten geben.
Spätestens wenn die Compact Disc die Langspielplatte endgültig verdrängt hat, werden Cover zu begehrten Sammlerobjekten werden. Mit Recht. Schallplattenhüllen sind oft richtige Kunstwerke und manchmal schon die halbe Musik.
Da kann die CD nicht mithalten. Diese Dimension geht ihr ab.
Sie nimmt mir das Vergnügen, eine Hülle in die Hand zu nehmen, sie lange und ausführlich zu betrachten, um dann mit unendlichem Genuß und vorsichtig bedachtsamem Griff die in ihr steckende Langspielplatte herauszuziehen.
So digital, phänomenal, großartig, wunderbar, phantastisch und praktisch die Compact Disc auch ist – sie ist leider bar jeglicher Erotik.

4

Erste Platten – Erste Liebe

21
Meine erste Schallplatte. Les Paul spielt Meet Mr. Callaghan

◁20
Bobby Darin blickt über den Capitol-Tower, das Bürohaus der Capitol in Hollywood

◁22
Alte Platten auf Hochglanz gebracht durch den australischen Ingenieur Robert Parker

Rechte Seite:
23
Rar und selten: Erroll Garners Soloplatte ‚Solo Flight' – auf einer 25 cm (10 inch)-Platte

24
Tony Scott auf Coral, mit Blues for Ava

25
Für 25 cm LPs der europäischen Brunswick-Serie muß man viel Geld hinlegen

26
Goodmans 53er-Ausgabe seines Sextetts mit Terry Gibbs am Vibraphon

27
Die erste Langspielplatte meiner Sammlung, eine Decca

28
Viel zu früh verstarb der Tenor Fritz Wunderlich, zusammen mit Anton Dermota wahrscheinlich der beste Mozarttenor aller Zeiten.

SOLO FLIGHT
Erroll Garner
Cocktails For Two
It Don't Mean A Thing
Chopin Impressions
Love Me Or Leave Me
With Every Breath I Take
How Come You Do Me Like You Do
Willow Me
Dancing In The Dark
PHILIPS
Minigroove 33⅓

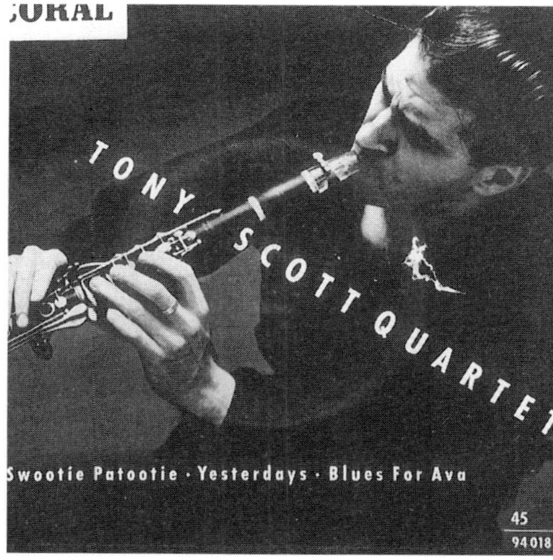
CORAL
TONY SCOTT QUARTET
Swootie Patootie · Yesterdays · Blues For Ava
45
94 018

MILT JACKSON ALL STARS
featuring Jay Jay Johnson, Al Cohn, Percy Heath
Brunswick
86 951 LPB
I'll Remember April · Out of Nowhere
If I Had You · Lullaby Of The Leaves · Indiana

B 07024 L
1952
the new Benny Goodman sextet
PHILIPS
Minigroove 33⅓
Between the devil and the deep blue sea
East of the sun
Under a blanket of blue
Undecided
I'll never be the same
I've got a feeling I'm falling
How am I to know?
Four or five times
Bye bye blues

DL 5280
DECCA
LONG 33⅓ PLAY
RECORDS
Louis armstrong and the all stars
Vol. 2
jazz concert
Louis Armstrong—trumpet
Barney Bigard—clarinet
Jack Teagarden—trombone
Earl Hines—piano
Arvell Shaw—bass
Cozy Cole—drums
THAT'S FOR ME
FINE AND DANDY
I SURRENDER DEAR
WON'T YOU PLEASE COME HOME
RUSSIAN LULLABY
DECCA LONG PLAY MICROGROOVE UNBREAKABLE RECORD—DL 5280

Deutsche Grammophon
FRITZ WUNDERLICH
SCHUBERT: DIE SCHÖNE MÜLLERIN
HUBERT GIESEN
PIANO

Stell' Dir vor, der Fehring hat Mulligan!«

Ein Samstagmorgen des Jahres 1954. Ich liege im Bett, um mich von der anstrengenden Arbeitswoche als Lehrling zu erholen.

Über mich gebeugt, versucht mein gleichaltriger Freund mich wachzurütteln, indem er mir die oben erwähnten Worte ins Ohr schreit.

Was wie eine Geheimsprache klingt, ist tatsächlich eine: das Fach-Chinesisch der Schallplattennarren.

Im Klartext heißt es nichts anderes als: »Das Schallplattengeschäft Fehring in der Wiener Favoritenstraße hat Schallplatten von Gerry Mulligan geliefert bekommen.«

30 Minuten später stehen wir im Schallplattenladen, die Kopfhörer übergestülpt. Auf dem Plattenteller drehen sich zwei 25 cm Langspielplatten des französischen Labels »SWING«.

»The Gerry Mulligan Quartet«, Vol I. und Vol. II.

Der Baritonsaxophonist Gerry Mulligan war zu dieser Zeit unser absoluter Top-Star. Gemeinsam mit dem Trompeter Chet Baker, der später so unglücklich unter die Lawine des weißen Schnees geraten sollte, leitete er ein Quartett, das wir jeden Samstag nachmittag in der einzigen Jazzsendung des amerikanischen Soldatensenders Blue Danube Network »Cool Corner« bewunderten.

Diese Qual der Wahl! Auf Vol. II waren die schöneren Kompositionen wie »Nights at the turntable« und »Walking shoes«. Dafür befand sich auf Vol. I Chet Bakers Solo über »My funny valentine«.

Was also nehmen? Daß mein Freund die eine Platte und ich die andere kaufen würde, war selbstverständlich klar. Aber wer welche?

Wir einigten uns schließlich auf gemeinsamen Einkauf mit dem feierlichen Versprechen, die Platten im wöchentlichen Rhythmus gegenseitig auszuleihen.

Das waren noch Zeiten!

An meine ersten Schallplatten denke ich heute noch als weltbewegende Ereignisse zurück. Es gab ja nichts, weder in Deutschland, noch in der Schweiz oder in Österreich. Ich besitze noch einen Columbia-Katalog des Jahres 1953, in dem sind schäbige 6 Jazz-Schallplatten verzeichnet; alles natürlich Schellacks. Und wenn ich sage »Jazz«, mußt Du das großzügig auslegen und sowohl Harry James, als auch Ralph Flanagan dazurechnen.

Die erste echte Jazzplatte, die es in Österreich zu kaufen gab, war eine Mercury-Schellack mit dem Charlie-Parker-Quintett: »Star eyes«, Rückseite »Au Privave«. Eine Sensation!

Durch diese Scheibe schloß ich erstmals Bekanntschaft mit dem modernen Jazz und durfte den genialen Charlie Parker hören. In meiner Sammlung war es die fünfte Schallplatte.

Die erste war eine Capitol mit der Nummer 2123, »Meet Mr. Callaghan«, gespielt von Les Paul. Auf der Rückseite sang seine Frau Mary Ford »In the good old summertime«.

Diese Platte marterte ich auf einem alten, aufziehbaren Grammophon mit tonnenschwerem Tonkopf so lange, bis die stählerne »Langspielnadel« (für 10 Plattenseiten!) beinahe auf der anderen Seite durchkam.
Diese Grammophone hatten die teuflische Eigenschaft, daß man sie weder lauter noch leiser stellen konnte. Sie schickten einfach ihren durchdringenden, blechernen Klang undifferenziert auf die Reise. Meine Nachbarn können seit damals jeden Takt von »Meet Mr. Callaghan« mitsingen.
Mein Idol Les Paul war einer der ersten, der mit Playback und Multiplay experimentierte. Als instrumental- und elektrotechnisch hervorragender Könner kopierte er mehrere Gitarrenlinien übereinander, was eine verblüffende musikalische Wirkung ergab. Zu diesem »Ein-Mann-Orchester« ließ er seine Frau mehrstimmig singen und machte im Zweierteam eine Reihe von Aufnahmen für die Firma Capitol, von denen der Schmachtfetzen »Vaya con dios« sogar monatelang Nummer eins der amerikanischen Hit-Parade belegte.
Ich war jedenfalls ein ergebener Les-Paul-Fan. Daher mußte selbstverständlich auch meine zweite Schallplatte eine Les-Paul-Platte sein.
Diese Entscheidung war klar. Schwierigkeiten bereitete mir jedoch die Auswahl. Meine triste finanzielle Lage erlaubte es mir lediglich, im Monat (!) eine einzige armselige 25-cm-Schellack mit 78 Umdrehungen pro Minute zu erstehen.
Deshalb gingen jedem Kauf wochenlange Überlegungen voraus, gemildert einzig durch die Tatsache, daß einem das dürftige Angebot der Schallplattenläden ohnehin wenig Alternativen offenließ.
So wurde die »Zweite« Les Paul's »Walking and whistling blues«, mit »Josephine« auf der Rückseite.
Einen Monat später wurde ich zwar nicht der Firma Capitol, wohl aber meinem Liebling untreu, indem ich mir »Lean Baby«, gekoppelt mit »All of me« von Billy May zulegte.
Als »Vierte« und »Fünfte« stießen Glenn Millers unvermeidliche »Moonlight Serenade« und die »Melancholy Rhapsody« von Harry James zur Sammlung.
Darauf folgte die schon erwähnte Mercury mit dem Parker-Quintett. Von da an ging es aufwärts.
Die ersten sechs Platten meiner Sammlung besitze ich heute noch. Auch die Mulligan-LP ist noch vorhanden (übrigens Vol. I).
Das ist natürlich nichts weiter als Nostalgie, obwohl mir die Musik auch heute noch gefällt. Jeder hat solche Reliquien verklärter Erinnerung. Auch Du wirst welche haben.
Denn die erste Platte, das ist wie erste Liebe. Sie in der Hand zu halten, sie zu drehen und von allen Seiten zu betrachten, das gelb-goldene Capitol-Etikett zu studieren und die schwere Schellackscheibe dann endlich auf den Plattenteller zu legen, gleicht einer rituellen Kulthandlung.
Als ich Jahre später das erste Mal über den Hollywood Boulevard in Los Angeles spazierte und vor mir der Capitol-Tower aufragte – das runde Bürogebäude der Capitol, das wie ein Schallplattenstapel gebaut ist – stand alles wieder greifbar vor mir.
Die unbeschreibliche Aufregung, das berauschende Glücksgefühl, das große Abenteuer der ersten Platten.
Um dieses Gefühl – darum, es erlebt zu haben – darfst Du mich ruhig ein bißchen beneiden.

Nights at the turntable

Die Geschichte, wie man aus alten Platten neue macht, hat mehrere Kapitel.
Du kannst die Scheiben waschen, mit Reiniger behandeln oder »naß« spielen.
Du kannst Dir den »Linn Sondek LP 12«-Plattenspieler zulegen, zusammen mit einer sündteuren Anlage.
Du kannst Jagd auf Neupressungen machen.

Da sitzt zum Beispiel in Australien ein Mensch namens Robert Parker, der alte Aufnahmen aus den zwanziger Jahren durch einen SONY Digital Processor PCMF1 jagt, sie digitalisiert und somit aufbereitet.
Aber es geht auch analog. Neulich kaufte ich mir eine japanische Wunderpressung einer Stan-Getz-Platte aus dem Jahr 1956, die ich noch auf der original-amerikanischen Verve besitze.
Die japanische Pressung klingt, als hätte man die Musik erst gestern neu aufgenommen, ja, sie klingt sogar wie eine völlig andere Platte. Mit Finessen, die mir noch nie aufgefallen sind, obwohl ich die Aufnahmen in- und auswendig kenne.
Und damit kommen wir zum Punkt:
Wie gut kennst Du Deine Schallplatten eigentlich? Kannst Du sie mitsingen? Oder geht es Dir wie meinem Freund Walter, dem man Platten seiner eigenen Sammlung vorspielen kann, ohne daß er sie erkennt?
Einerseits ist es fantastisch, daß es heutzutage nichts gibt, was es nicht gibt; andererseits muß ich Dir gestehen, daß ich den Zeiten ein wenig nachtrauere, da Schallplatten noch kein Kaufhausartikel, sondern eine exklusive Spezialität für Spezialisten waren.

Mit 14 Jahren geriet ich in Wien in den Hot Club de Vienne, wo sich jeden Freitagabend ein paar Enthusiasten trafen, um Jazz zu hören.
In Ermangelung von Live-Musik standen Schallplatten auf dem Programm. Was wörtlich zu nehmen ist, denn immer lag ein genaues Verzeichnis der zum Vorspielen gelangenden Titel auf.
Dieses wurde strikt eingehalten und in ehrfürchtiger Stille konsumiert, um im Anschluß daran um so lautstarker kommentiert zu werden. Dann erst öffnete die Plattenbörse, bei welcher jene Privilegierten, die durch Auslandsverbindungen zu Schallplatten gekommen waren, ihre Kostbarkeiten zum Verkauf oder Tausch anboten. Ich gehörte nicht zu den Auserwählten, weil ich keinen Onkel in Amerika besaß.
Geld hatte ich auch keines, um einzukaufen, es reichte nur zur Tauschgebühr. So sah man mich Freitag für Freitag an der Plattenbörse, wo ich mir eine neue Scheibe aussuchte, die dann eine Woche lang mir gehörte. Am darauffolgenden Freitag mußte ich sie blutenden Herzens wieder hergeben, um – gegen Aufzahlung – eine andere mitnehmen zu dürfen.
Du kannst Dir vorstellen, mit welchen Gefühlen ich jede einzelne Schallplatte, nachdem ich sie eine Woche lang zu Tode gespielt hatte, wieder hergab.
Der Abschiedsschmerz war filmreif.
Schmerzlindernd wirkte lediglich der Umstand, daß ich die Aufnahmen ohnehin memoriert hatte. Ich habe später nie mehr derart intensiv zugehört, wie in dieser Zeit.

Von den Platten, die damals für eine kurze Woche lang Zeit mein Eigentum gewesen sind, kenne ich noch heute jeden Ton auswendig.
Ich bin übrigens später auf die Suche nach diesen Platten gegangen und habe sie alle im Lauf der Zeit wiederbekommen.
Das hat allerdings 20 Jahre gedauert.
Meine Sammlung ist inzwischen ausgeufert. Ihre Dimensionen sind kaum mehr übersehbar. So schön das vom Standpunkt des begeisterten Sammlers auch ist, so traurig ist es für den begeisterten Zuhörer, daß seine Zeit knapper geworden ist.
Die Nächte am Plattenteller, die »Nights at the turntable«*** sind kürzer geworden.
Die Langspielplatten hingegen werden immer länger. In diesem Dilemma steckt wohl jeder Sammler:
Vor lauter Katalogisieren und Ordnen nicht mehr zum Genießen zu kommen.
Was Du dagegen tun kannst?
Mich darfst Du nicht fragen!

*** »Nights at the turntable« ist eine Kompositon von Gerry Mulligan

5
Die 100 schönsten
Schallplatten der Welt

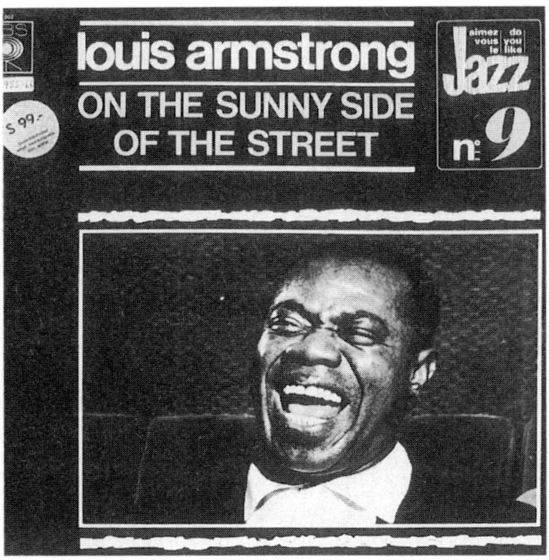

29
Die Tosca aller Toscas mit dem Dreigestirn Callas, di Stefano und Gobbi

30
Vollendete Harmonie strahlen die Mozart-Aufnahmen Guldas mit den Dirigenten Abbado und Harnoncourt aus.

◁31
Louis Armstrong war sein ganzes Leben lang ein glücklicher Mensch und immer on the sunny side of the street.

32
Auch leichte Musik will gekonnt sein. Peter Nero kann das

33
Da kann das Chicagoer Meisterorchester seine ganze Virtuosität ausspielen

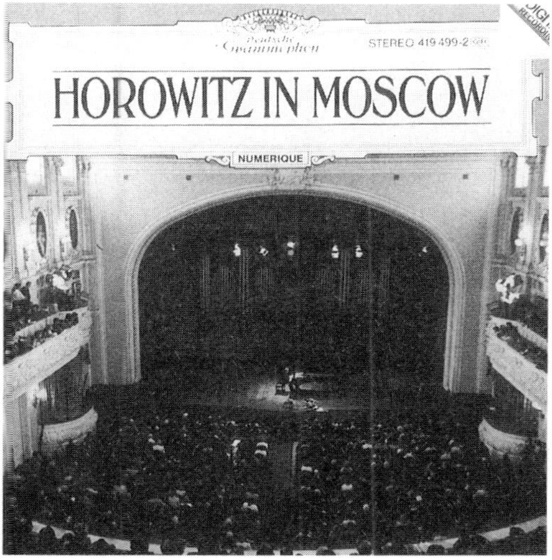

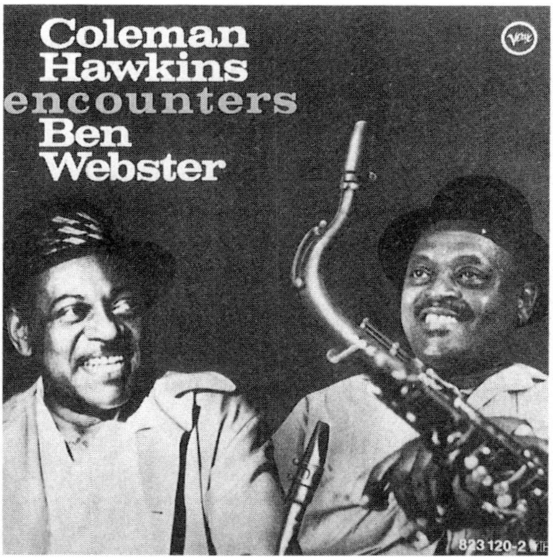

34
Die triumphale Heimkehr Horowitz nach Moskau wurde auf CD festgehalten

35
Eine Orgie in Tenorsaxophonen: The Bean and the Brute

36 ▷
Megastar Michael Jackson

37
Roberta kills me softly with her song

38
Kleinstes vom Feinsten spielen Perlman & Previn mit hinreißendem Schwung

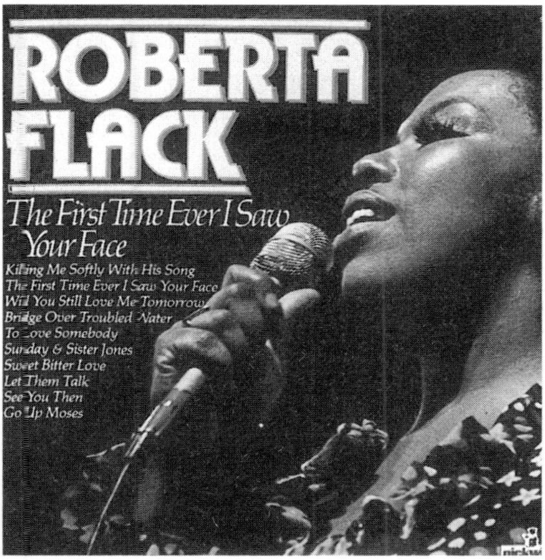

Eines Tages werde ich Dich besuchen. Du wirst mich in Dein Musikzimmer einladen, wirst auf die Regale mit den Schallplatten zeigen und sagen:
»Was willst Du hören?«
Meine Antwort wird lauten:
»Was Dir gefällt!«
Dann wirst Du mir das Beste vorspielen, was Deine Sammlung zu bieten hat. Deine Lieblingsplatten; die schönsten Schallplatten der Welt.
So eine Auswahl läßt sich nach verschiedenen Kriterien treffen.
Zum Beispiel die anerkannten Meisterwerke, unumstritten und unangreifbar, fest im Weltreich der Musik verankert. Niemand würde es wagen, an ihrem Nimbus, ihrer Patina, ihrer Glorie zu kratzen. Es sind die Fixsterne, die einfach in jede halbwegs gute Sammlung gehören.
Dann gibt es noch die Kometen. Sie kommen und verschwinden wieder. Aber im Moment ihres Erscheinens strahlt ihr Licht heller als das jedes anderen Sterns. Auch sie sollten eigentlich in jeder Sammlung sein.
Für meinen Besuch bei Dir habe ich aber eine andere Idee. Spiel' mir bitte vor, was Dir am besten gefällt. Deine Lieblingsplatten! Zu denen Du – aus welchen Gründen auch immer – eine besondere Beziehung hast.
Deine Top 100!
Ich bin schon sehr gespannt, was Du aussuchen wirst. Auch Deine Kommentare interessieren mich. Denn ich glaube, daß Du sehr genau weißt, warum du bestimmte Aufnahmen mehr liebst, als andere.
Sicher, es gibt eine Menge objektiver Beurteilungskriterien. Ein falsches Tempo bleibt immer ein falsches Tempo. Wenn auf der Partitur links oben »Allegro con brio« steht, kann man kein »Andante con moto« daraus machen.
Und wenn auch der Miles-Davis-Biograph Eric Nisenson argumentiert, daß Miles Davis deshalb keine Second Takes mag, weil man sein Spiel eben mit allen Fehlern zu akzeptieren habe, bleibt ein falscher Ton doch immer ein falscher Ton.
Aber bei aller Objektivität entzieht sich ein Phänomen wie Begeisterung doch jeder Bewertung. Ich kann bei Johann Sebastian Bach andächtig zuhören und bin mir der Größe der »Matthäus-Passion« durchaus bewußt. Aber es mag dem Matthäus seine Passion sein; meine ist es gewiß nicht.
Milt Jackson ist ein wunderbarer, subtiler, einfühlsamer Vibraphonist und Musiker. Lionel Hampton ist auch ein großartiger Vibraphonist, aber viel mehr als nur Musiker: nämlich ein Musikant! Beim einen ist jede Platte ein Gospel. Beim anderen eine Beiseltour. Das ist der Unterschied.
Wenn Louis Armstrong gegen Ende des Schlagers »So long Dearie« den Text »so long Louissssss« singt, dann bin ich bereit, für dieses »Louisssssss« den kompletten Miles Davis wegzuschmeißen.
Es gibt sowohl in der produzierenden, als auch in der reproduzierenden Kunst diesen einen entscheidenden Augenblick der Wahrheit, »The Moment Of Truth«, von dem Hemingway geschrieben hat und den

auch Picasso gemeint haben dürfte, als er sagte, daß in unserer moralisch schwachen Zeit nichts wichtiger sei, als Begeisterung zu erregen – was man mit »und zu empfinden« ergänzen könnte.
Es ist schon viel darüber gestritten worden, wo Dilletantismus aufhört und Kunst beginnt. Sicher nicht bei dem, was man den persönlichen Geschmack nennt, denn der kann furchtbar sein.
Schumann hat seine Symphonien schließlich nicht geschrieben, damit sie der Frau Blaschke gefallen. Ein bißchen drum bemühen muß man sich schon. Hans Pfitzner hat für seine Oper »Palestrina« ein ganzes Leben gebraucht. So wie auch John Coltrane ein ganzes, viel zu kurzes Leben gebraucht hat, um »My favorite things« spielen zu können.
Wer nach erst- und einmaligem Hören solcher Werke erklärt, daß sie ihm eigentlich nicht »gefallen«, disqualifiziert sich selbst. Man sollte ihm die Ohren abschneiden.

Deinem Geschmack traue ich allerdings. Hoffentlich traust Du auch meinem. Ich möchte Dir nämlich meine 100 schönsten Schallplatten vorstellen. Für mich die 100 schönsten Schallplatten der Welt.
Daß ich sie – eher willkürlich – in Kategorien geordnet habe, hat nichts zu bedeuten und folgt nur dem schlechten Beispiel der Schallplattengeschäfte. Dort gibt es ja auch die Abteilung für die Klassiker, wo dann die Romantiker stehen.
Bei der Familie Davis kommt der Miles Davis gleich nach dem Eddie Lockjaw Davis, aber noch vor dem Sammy Davis jr. und der Spencer Davis Group.
In der Straußenabteilung findest Du Richard, Oscar, Josef und Johann einträchtig nebeneinander.
In der Pop-Abteilung ist sowieso alles bunt gemischt, von Alexander, Peter, bis Zappa, Frank.

Nimm' also bitte meine Schubladen nicht als solche, sondern lehne Dich gemütlich zurück und laß' Dir die »Top 100« meiner ganz persönlichen Hitparade vorspielen.
Kann's losgehen?
O.k., fasten seat belts, please.

20 × Jazz

Schon beginnen die Probleme! Die 20 schönsten Jazzplatten der Welt soll ich Dir auf den Plattenteller legen? Warum gerade 20? Warum nicht 50? Oder 100?
Eigentlich und ursprünglich hätten es nur 10 Titel sein sollen. 10 ist eine schöne runde Zahl für die sogenannten »Inselplatten«. Dennoch: wenn man so plötzlich 10 Platten für die einsame Insel aussuchen soll, kann einen das ganz schön fertigmachen.
Aber ich hatte ja Zeit!
Und da habe ich schon beim Vorselektieren feststellen müssen, daß ich mit 10 Stück keinesfalls auskomme und eigentlich auch mit 20 hoffnungslos unterfordert bin.
Es wäre interessant, wenn auch wunderbar sinnlos, eine Statistik zu führen, welche Platten man am häufigsten spielt; vor allem, welche man am häufigsten vorspielt. Ich glaube, daß es im Grunde genommen immer wieder dieselben 20 oder 30 sind, die diese Hitparade anführen. Das könnte die Auswahl erleichtern; aber wer hat schon so eine Statistik?
Was die von mir ausgesuchten »20« betrifft, muß ich mich entschuldigen. Nicht wegen der getroffenen Auswahl, sondern bei all denen, die darin nicht berücksichtigt worden sind.
Clifford Brown fehlt. Genauso der wunderbare Edmond Hall. Der große Lester Young und der nicht minder große Don Cherry. Tommy Ladnier. Bud Shank. Jack Teagarden. Die Künstler, die schon mit dem Vornamen »Art« heißen: Tatum, Farmer, Pepper. Und, um Himmels-und-Thad-Jones-Willen: Count Basie. Alles Lieblinge von mir. Eine endlose Liste.
Aber ich habe ja Zeit!
Es ist auch Zeit für ein jetzt fälliges Geständnis: Plattensammler sind sentimental! Ihre »20 Schönsten« müssen daher nicht unbedingt auch die »20 Besten« sein. Außerdem: wer will das beurteilen?
Mit Lieblingsplatten ist es wie mit Leibgerichten. Selbst wenn dir ein Fan nur schwerste Avantgardekost vorsetzt, sei versichert, er hat heimlich ein paar Scheiben unter seinen Glanzstücken versteckt, die er nicht einmal seinen besten Freunden zeigt. Anders ausgedrückt: jeder hat irgendwo seinen Glenn Miller, Nelson Riddle oder Billy May im Keller (oder seine Toselli-Serenade und seinen Persischen Markt, je nachdem).
Mein Glenn Miller heißt Tommy Dorsey, für dessen »Marie« ich mir schon deswegen immer wieder Zeit nehme, weil auf dieser Aufnahme der fabelhafte Bunny Berigan Trompete spielt.
Soviel Zeit muß sein!
Und wenn wir dann miteinander die 20 schönsten gehört haben, legen wir eine kleine Pause ein (vielleicht eine Stunde, vielleicht eine Woche, aber bitte nicht länger), und machen uns dann über die 20 zweitschönsten her. Da ist dann sicher auch »Mood indigo« von Duke Ellington dabei. »Honky tonk train blues« von Meade Lux Lewis. »Giant steps« von John Coltrane. Und selbstverständlich auch »Over the rainbow« von Art Pepper.
Hast Du soviel Zeit?

⊙ Louis Armstrong: Westend blues

Die Aufnahme des »Westend blues« vom 28. Juni 1928 steht stellvertretend für all die grandiosen Kunstwerke, die uns Louis Armstrong geschenkt hat.
Mit dem »Westend blues« und dem 2 Jahre zuvor entstandenen »Potato head blues« hat Armstrong den Jazz endgültig als die Kunstform des 20. Jahrhunderts etabliert und diese Musik gleichberechtigt neben die Konzertmusik der europäischen Musiktradition gestellt.
Daß der »Westend blues« noch dazu ein Stück »Jazz for people who hate Jazz« geworden ist, mit dem man sogar die Urwaldmusiktheorie der Tante Sophie ins Wanken bringen kann, tut dem künstlerischen Anspruch des Werkes keinen Abbruch. Auch Picasso hat Teller fabriziert, von denen man essen kann.
Der »Westend blues« ist von der ersten bis zur letzten Note reine, pure Schönheit.
Er beginnt mit einer c-Moll Kadenz, die wie ein Katarakt herunterstürzt und dann in einer perlenden Kaskade bis zum hohen C aufsteigt.
Ich weiß nicht, was man bei der Kadenz mehr bewundern soll: die perfekte Phrasierung oder den strahlenden Ton; die stupende Technik oder die – damals – unerhörte harmonische Kühnheit.
Ich glaube, es ist die Rhythmik, die schon die Einleitung zum »Westend blues« zu einem Meisterwerk macht, das damals wie heute allen Trompetern einen heiligen Schauer den Rücken hinunterjagt. Das perfekte Timing der Notenfolge ergibt eine innere Spannung, die sich erst im Thema auflöst, das von Louis in wahrhaft »majestätischem« Pathos vorgetragen wird.
Obwohl Louis selbst kein Solo spielt, ist das doch »seine« Aufnahme.

Im letzten Chorus hält er ein hohes C« (klingend »Bb«) über 4 Takte lang aus. Kein anderer Trompeter war damals zu dieser auch physisch erstaunlichen Leistung fähig, Jabbo Smith vielleicht ausgenommen. Das sind aber nur Details. Du kannst Dir den »Westend blues« noch sooft vorspielen, Du wirst immer neue Schönheiten an ihm entdecken. Er ist zwar nur ein einfacher, 12taktiger Blues in Es-Dur; aber was macht ein Genie wie Armstrong daraus!
Ich könnte Dir noch viele herrliche Aufnahmen dieses großen Musikers nennen:

- ⊙ »Basin street blues« vom gleichen Jahr
- ⊙ Den kompletten Output der »Hot Five« und »Hot Seven«
- ⊙ »Wolverine blues« mit der Luis Russell Bigband
- ⊙ »Blue turning grey over you« aus dem Fats Waller Album
- ⊙ »Indiana« vom Newport Festival.

Neben dem »Westend blues« ist mir noch ein anderer Titel in Armstrongs Interpretation ganz besonders ans Herz gewachsen: »When you're smiling« aus seiner »Autobiography« von 1956.
Louis improvisiert auf dieser Aufnahme kaum. Er spielt nur das Thema, in einfachen, schlichten Noten. Doch wie er dieses Thema spielt, das mußt Du einfach hören! In jedem Ton schwingt die ganze Geschichte des Jazz mit, klingt ein halbes Jahrhundert erlebte Musik.

Dieser Ton, von dem man gerne glaubt, daß seine Tragfähigkeit groß genug gewesen ist, um selbst über die Bayous des Mississippi und den Lake Pontchartrain gehört zu werden, ist der »sprechendste« Ton, den es gibt.
Wie ein uralter, weiser Mann, der Märchen einer längst vergangenen Zeit erzählt; ein Klang, eine Stimme – ich kann es Dir nicht beschreiben.
Es ist viel Großes verloren gegangen, weil Schallplatten und Tonaufzeichnungen zu spät erfunden worden sind. Wir werden nie wissen, wie Chopin Klavier gespielt oder wie Lully dirigiert hat.
Aber allein, daß wir uns den Trompetenton von Louis Armstrong so anhören können, wie er »live« geklungen hat, rechtfertigt die Existenz der Schallplatte.

⊙ Billie Holiday: Yesterdays

Das mit Sicherheit traurigste Kapitel nicht nur dieses Buches, sondern auch der jüngeren Musikgeschichte, ist das Leben der farbigen amerikanischen Jazzsängerin Eleonora »Billie« Holiday.
Billie Holiday. Genannt »Lady Day«.
Was von ihrem kurzen Leben geblieben ist, sind zwei mittelmäßige Biographien, ein kitschiger Hollywood-Film mit Diana Ross in der Titelrolle, die hervorragende BBC TV-Dokumentation »The long night of Lady Day« und ein paar Dutzend Plattenaufnahmen.
Nicht viel für eine einzigartige Künstlerin. Aber dennoch genug, um eine Legende entstehen zu lassen.
In diese Legende sind auch zwei Damen mit Namen »Ross« verwoben. Die eine, Annie Ross, ist eine weiße Engländerin, die sich als Mitglied des legendären Gesangstrios »Lambert, Hendricks & Ross« (»Sing along with Basie«) als virtuose Vokalistin profiliert hat.
Von ihr stammt der von tiefster Verehrung zeugende Ausspruch:
»Every girl singer should go down on her knees and thank God there was a Billie Holiday.«
Die andere Miss Ross ist der farbige, aus Detroit stammende Popstar Diana Ross. Berühmt geworden als Leadsängerin der »Supremes« (»Baby love«, »Stop in the name of love« etc.), gelang ihr eine märchenhafte Solokarriere, die sie zu einem der Fixsterne des amerikanischen Showbusiness werden ließ.
Nach der Sängerin entdeckte man auch die Schauspielerin Diana Ross. 1971 spielte sie die Rolle der Billie Holiday im verlogenen Hollywood-Schinken »Lady sings the blues«, was der 12 Jahre zuvor verstorbenen Billie Holiday zwar nichts, wohl aber dem Schallplattenumsatz von Diana Ross nützte.
Als großem Star wurde der schönen Diana die Ehre zuteil, auf dem »Walk of Fame«, dem Hollywood Boulevard, mit einem im Asphalt eingelassenen Stern verewigt zu werden.
Der Jazzkritiker Leonard Feather bat sie daraufhin in der »Los Angeles Times« in einem offenen Brief um einen Beitrag zu

einem weiteren »Stern«, diesmal für Billie Holiday. Leider vergeblich; der Brief wurde nie beantwortet.
Andere Sängerinnen und Musiker wie Artie Shaw, Rosemary Clooney, Annie Ross und Carmen McRae folgten dem Aufruf und waren auch dabei, als am 7. April 1986 – 27 Jahre nach dem Tod Billie Holidays – der »Stern« mit ihrem Namen am Hollywood Boulevard enthüllt wurde.
Wer fehlte, war Diana Ross.
Doch überlassen wir die Legenden den Literaten. Bleiben wir bei den Schallplatten. Zum Beispiel bei den Aufnahmen aus den Jahren 1938/39, die Billie Holiday zusammen mit dem Orchester von Teddy Wilson eingespielt hat.
Dieses Orchester hat es niemals wirklich gegeben. Es wurde immer nur kurzfristig fürs Plattenstudio zusammengestellt, wobei sich Teddy Wilson die besten Musiker holte, die gerade greifbar waren.
Daraus resultierten All-Star-Besetzungen, die schon ohne Sängerin sensationell waren; mit Billie Holiday wuchsen sie zu Naturereignissen.
Musiker wie Bunny Berigan und Johnny Hodges, allen voran aber der Tenorsaxophonist Lester Young, bildeten die kostbare Fassung für die musikalischen Edelsteine, die so entstanden.
Schon bei diesen ersten Aufnahmen tritt das Außergewöhnliche an Billie Holidays Stimme zutage. Daß sie nämlich der zu Jazz gewordene Klang ist.
Ihr Timbre ist ein Phänomen. Andere Sängerinnen müssen sich abmühen; müssen improvisieren, phrasieren, skandieren, ihre Stimme als Instrument einsetzen, rasante Scatvocals singen oder die Melodie über verminderte Nonen und andere verwegene Intervalle biegen. Billie Holiday singt ein Lied.
Sie braucht nur den Mund aufzumachen, und vom ersten Ton an stellt sich auf unerklärliche Weise eine spezifische »jazzige« Qualität ein, durch die selbst der banalste Song vom Schlager zum Kunstwerk transformiert wird.
Lady Day wurde die erste farbige Sängerin, die mit einer »weißen« Band (Artie Shaw) auf Tournee ging. Was ihr dabei – und später – an Demütigungen durch Rassendiskriminierung begegnete, floß in ihre Songs ein. So wie auch die armselige Kindheit, die verlorene Jugend als Prostituierte, die Rauschgiftsucht, das Gefängnis, die gescheiterten Männerbeziehungen, der Ruhm der gefeierten Künstlerin und die Verachtung, die dem »Niggerweib« entgegenschlug, sobald sie nicht mehr auf der Bühne stand.
Was muß sich ein Mensch denken, dem ein begeistertes Publikum zujubelt, wenn er im Glitzerkleid, die Gardenie im Haar, auf der Bühne steht und dem dieses gleiche Publikum verwehrt, denselben Lift zu benützen, durch denselben Eingang zu gehen, am selben Tisch zu sitzen.
Ihre diesbezüglich prototypische Hymne heißt »Strange Fruit«. Das Lied von den seltsamen Früchten, die in den Südstaaten von den Bäumen baumeln: die verbrannten Körper gelynchter Farbiger, die dem weißen Mob zum Opfer gefallen sind.
Billie Holiday hat dieses Lied aus tiefster Überzeugung heraus gesungen. Dennoch war sie keine Protestsängerin. Trotz aller schrecklichen Erlebnisse und bitteren Erfahrungen hat sich ihre Stimme immer etwas seltsam Mädchenhaftes bewahren können. In ihrem Gesang ist sie stets ein Kind

geblieben, das zaghaft die Welt und die Liebe entdeckt.
Hör Dir nur eines ihrer schönsten Lieder an: ihre Eigenkomposition »God bless the child«. Dann weißt Du, was ich meine.

In den 40er und 50er Jahren sang Lady Day mit Jazzbands und Streichorchestern, mit Triobesetzungen und mit hastig zusammengewürfelten Gruppen.
Kurz vor ihrem Tod holte sie Norman Granz ins Studio und umgab sie mit einer Gruppe handverlesener Künstler aus seiner JATP-Truppe (Jazz at the Philharmonic). Oscar Peterson war dabei, als Orgel- und Klavierspieler. Harry Edison auf der Trompete. Barney Kessel als Gitarrist. Und der legitime Nachfolger Lester Youngs, der aus Denver stammende Tenorsaxophonist Paul Quinichette.
Die Stimme von Lady Day ist bei diesen Aufnahmen nurmehr eine Ruine. Sie klingt rauh und belegt. Es ist keine Schönheit in ihr. Nur das phänomenale Timing ist noch da. Die traumwandlerische Sicherheit in der Phrasierung. Das Feeling. Der letzte Rest Größe der größten aller Jazzsängerinnen.
Bei dieser Aufnahmesitzung, die später auf den Labels »Clef« und »Verve« veröffentlicht worden ist, stand keine Sängerin hinter dem Mikrophon.
Nur eine Frau. Eine Farbige.
Ein Mensch, der seinen Lebenskreis ausgeschritten hatte.
Bei dieser Aufnahmesitzung wurde »Yesterdays« eingespielt.

⊙ Artie Shaw: Summit ridge drive

Als Bandleader dürfte Artie Shaw noch schwerer zu ertragen gewesen sein, als Benny Goodman. Das sagt viel, denn Goodman war für den »Goodman-Ray« bekannt: den finsteren, strafenden Blick, der jeden Musiker traf, der etwas falsch gemacht hatte. Was den Betreffenden dann meist veranlaßte, zu kündigen.
Artie Shaw war sicherlich ein Schwieriger. In den vierziger Jahren befand sich seine Band auf dem Höhepunkt ihrer Popularität. Die Platten verkauften sich gut. »Begin the Beguine« und »Frenesi« waren Top-Hits. Ein Engagement jagte das nächste.
Nur: eines Abends wartete die Band vergeblich auf ihren Leader. Den hatte der Ruhm so fertiggemacht, daß er zum Rum geflohen war: Nach Mexico.
Dort blieb er, solange es ihm gefiel; die Band fiel inzwischen auseinander. Reine Nervensache. Vielleicht waren auch seine Frauen schuld. Immerhin war der gutaussehende Artie achtmal verheiratet. Unter anderem mit Filmstars wie Lana Turner und Ava Gardner, wobei letztere anschließend für kurze Zeit Mrs. Sinatra wurde.
Ich selbst habe Artie Shaw 1983 in Los Angeles kennengelernt. Er besuchte einen Jazzklub, weigerte sich aber, mit mir über Jazz zu sprechen.
»I'm out of this business for 30 years now«, winkte er ungnädig ab.
Über seine Erlebnisse im »Music Business« hat er ein Buch geschrieben: »The Trouble with Cinderella«, von dem eine boshafte New Yorker Kritikerin sagte, es sollte bes-

ser »The Trouble with Basic English« heißen.
Wie auch immer, ein Jahr nach unserer Begegnung stand er trotzdem bei den Berliner Jazztagen wieder vor einer »Artie Shaw Bigband«. Aus dem einstigen Sunny Boy von Dressman-Format war ein älterer Herr mit Schiebedach geworden. Er dirigierte seine alten Arrangements, spielte aber nicht selbst, sondern ließ Dick Johnson als »Artie-Shaw-Solist« auf der Klarinette spielen. Zwischendurch gab er eigenartige Interviews. Wie gesagt, ein Schwieriger.

Billy Butterfield, der bei »Summit ridge drive« und anderen Aufnahmen der »Gramercy Five« Trompete bläst, läßt auch am Musiker Artie Shaw wenig gute Haare. Er erzählt nämlich, daß seine scheinbar improvisierten Chorusse Note für Note einstudiert waren und von Artie solange geübt wurden, bis er sie perfekt beherrschte.

Darf ich Dir jetzt noch einen boshaften Witz über ihn erzählen?
Bei einer Tanzveranstaltung mit dem Benny-Goodman-Orchester tanzt Artie Shaw mit Gattin Nummer 4 an der Bühne vorbei und ruft zu Goodman hinauf:
»Hey, Klarinettenspieler, wenn du keine Brille aufhättest, könnte man dich fast für Artie Shaw halten!«
Worauf Goodman antwortet:
»Und wenn du Klarinette spielen könntest, würde man Benny Goodman zu dir sagen.«

Warum ich »Summit ridge drive« trotzdem zu meinen Lieblingsplatten zähle? Warum denn nicht? Ist doch egal, was Shaw für ein Typ war und wie er zu seinen Soli gekommen ist. Sie klingen jedenfalls großartig, nein groß»Artie«g.
Unter den Klarinettisten der Swing-Ära hatte keiner diesen vollen, runden Ton wie Artie Shaw. Dazu verfügte er über eine blendende Technik, die der Goodmans nicht nachstand.
Goodman war sicher der jazzigere von beiden, keine Frage. Aber Shaw konnte ebenfalls swingen. Seine Kleinformationen sind Ohrenzeugen dafür.
Goodman hatte sein Trio, sein Quartett und sein Sextett; Shaw hatte seine Gramercy Five. Ihr ungewöhnlicher Reiz bestand in der Verwendung eines Cembalos anstelle eines Klaviers. Für das Jazzelement sorgten Kaliber wie Butterfield und später sogar Roy Eldridge.
Was die Aufnahme von »Summit ridge drive« betrifft, könnte ich Dir nicht einmal sagen, was an ihr so umwerfend ist. Außer, daß sie geradezu teuflisch swingt.
Ansonsten handelt es sich um einen gewöhnlichen zwölftaktigen Blues. Aber irgend etwas muß schon an ihr dransein, denn Du kannst sie vorspielen, wem Du willst – Purist oder Modern Fan, Oldtimer oder Freejazzer – sie gefällt jedem.

⨀ Benny Goodman: After you've gone

Also, dessen bin ich mir sicher: »After you've gone« muß Benny Goodmans Lieblingsnummer gewesen sein. Es gibt Dutzende Einspielungen davon, mit Combo, mit Bigband. Jede anders, jede interessant. Die ich meine, ist die Schönste von allen. Aufgenommen am 4. Februar 1945 in der Besetzung Goodman (cl), Red Norvo (vib), Teddy Wilson (p), Mike Bryan (g), Slam Stewart (b), Morey Feld (dm).
Stewart und Feld jagen die Solisten vor sich her, daß es die reinste Wonne ist. Ja, wenn man so Klarinette spielen kann, wie ein Goodman, und so Klavier, wie ein Wilson, dann kann man sich auch jagen lassen.
Benny spielt auf dieser Aufnahme einen Break, der aus einem gewöhnlichen, zerlegten F-Dur Dreiklang besteht. Nur, daß mir Klarinettisten glaubhaft versichern, daß dieser Break auf der Klarinette eigentlich unspielbar ist. Aber für BG gab es bekanntlich keine technischen Schwierigkeiten.
Das 45er Sextett war überhaupt eine der besten Kleinformationen, die Goodman je hatte. Obwohl im Quartett von 1938 immerhin Lionel Hampton mit von der Partie war und 1940 der große Charlie Christian als Gitarrist im Benny-Goodman-Sextett saß. Aber der Drive der Sextett-Ausgabe 1945 ist unbezahlbar.
BG war ein grandioser Musiker, der auf der Klarinette alles gespielt hat, was man darauf spielen kann. Schon seine frühesten Aufnahmen verraten den Meister. Es gibt keine falsche Note von ihm, kein uninspiriertes Solo, allenfalls ein quietschendes Blättchen. Als Instrumentalist war er genauso unfehlbar, wie Raoul Capablanca als Schachspieler.

Wenn es überhaupt etwas Arges von ihm gibt, dann ist es der Benny-Goodman-Film. US-Fernsehstar und Jazzfan Steve Allen, selbst ein passabler Pianist, spielt in der Goodman-Filmbiographie die Titelrolle. Donna Reed agiert als Alice Hammond, die spätere Mrs. Goodman.
Der Film ist so, wie sich Hollywood einen Jazzfilm vorstellt. Wir kennen diese Machwerke, deren übelstes »St. Louis Blues«, die Geschichte von W. C. Handy ist. Dichtauf gefolgt von der »Gene Krupa Story« mit Sal Mineo, der »Billy Holiday Story« und dem »Jazztrompeter« mit Kirk Douglas.
Es gibt sogar einen Spielfilm, in dem Goodman als Schauspieler auftritt. Er heißt »A song is born«, enthält eine Menge wundervoller Musik und hirnrissiger Dialoge und beschert der staunenden Nachwelt Benny Goodman in einer Sprechrolle als »Professor Magenbruch«.
Noch ein Wort zu »After you've gone« und weiteren Titeln des Goodman-Sextetts von 1945. Fast genauso gut sind »Slipped disc«, »Tiger rag« und »Sheik of Araby«. Lauter Up-Tempo-Nummern, die Goodman und seinen Leuten besser liegen, als die Balladen.
Es muß sowohl für die Musiker als auch die Techniker ein Vergnügen gewesen sein, diese Aufnahmen einzuspielen.
Vom 1940er Sextett existiert eine Probenaufnahme, die »Waiting for Benny« heißt. Die Musiker waren schon im Studio versammelt, mußten aber noch auf den Leader warten. Sie verkürzten sich die Zeit mit ein paar dahingeworfenen Improvisationen, aus denen zufällig ein 32taktiges Thema entstand.

Als Goodman kurz darauf eintraf, spielte man ihm das Thema vor, strickte rasch ein sogenanntes »Head-Arrangement« drumherum – und fertig war der Goodman-Klassiker »A smooth one«. CBS hat Probe und Stück mitgeschnitten und später veröffentlicht. Damit Du hörst, wieviel Spaß Musiker untereinander haben können und welch unbändige Spielfreude selbst abgebrühte Profis an den Tag zu legen imstande sind.

Das ist deswegen so bemerkenswert, weil das Leben eines Jazzmusikers, besonders eines Bigbandmusikers, kein Honiglecken ist. Sondern eine mörderische Hetzjagd von Stadt zu Stadt, von einem One-Night-Stand zum nächsten.

Als man den Tenorsaxophonisten Zoot Sims nach seinen Eindrücken von seiner Rußlandtournee mit Benny Goodman fragte, meinte er:

»Mit Benny ist jede Tournee eine durch Rußland.«

Nein, BG machte es weder seinen Musikern, noch sich selbst leicht. Schon deshalb, weil er der erste war, der farbige Musiker in seine Band aufnahm, ungeachtet aller Schwierigkeiten, die man ihm deswegen bereitete. Schon das allein sichert ihm auf ewig einen Platz in der ›Hall of Fame‹.

Farbige Solisten hatten auf Tourneen extrem zu leiden. Es dauerte Jahre, bis sie in einem ›weißen‹ Orchester überhaupt geduldet wurden. Dann durften sie mit ihren weißen Kollegen zwar auf der gleichen Bühne stehen, nicht aber denselben Hoteleingang benützen.

Die Diskriminierungen, denen sie ausgesetzt waren – und immer noch sind(!) – haben den Jazz und seine großen schwarzen Künstler entscheidend mitgeprägt.

Daß dennoch nur die wenigsten von ihnen Allüren und Aggressionen entwickelten, beweist nicht nur musikalische, sondern auch menschliche Größe.

Keine verwöhnten Stars oder launenhaften Primadonnen. Sondern Musiker, die sogar nach anstrengenden Proben und Auftritten noch Lust am Spielen aufbringen.

Eben Jazzmusiker.

⊙ Ella Fitzgerald: Stompin' at the Savoy

»Stompin' at the Savoy«, von Ella Fitzgerald gesungen und ›geswungen‹, ist der ultimative Wahnsinn! Es ist die wohl perfekteste Demonstration stimmlicher Virtuosität, die es jemals auf Schallplatten gegeben hat.

Das Stück ist dem Savoy-Ballroom in Harlem gewidmet, als dieser noch das Mekka und Medina der Jivetänzer, der »Jitterbugs« war. Nebenan, im Apollo-Theater, fanden regelmäßige Amateurwettbewerbe statt, bei denen sich Sänger, Tänzer und Entertainer bewarben. Am 9. September 1943 gewann ein kleines, scheues Mädchen den ersten Preis. Der Rest ist Geschichte.

Aus dem kleinen, scheuen Mädchen wurde die große Ella Fitzgerald. Scheu und zurückhaltend ein ganzes Leben lang. Trotz aller Triumphe. Trotz umjubelter Auftritte von Japan bis Kanada, von Stockholm bis Buenos Aires.

»Stompin' at the Savoy« hat Ella im Laufe ihrer Karriere mehrfach aufgenommen. Die Version, die ich meine, stammt aus dem Verve-Album »Ella Fitzgerald at the Opera House«. Doch Achtung: unter diesem Namen gibt es zwei Fassungen. Eine in Stereo, die tatsächlich in einem Opernhaus, nämlich in der Chicago Opera am 29. Sept. 1957 aufgenommen worden ist. Und eine in Mono, die 8 Tage später im Shrine Auditorium von Los Angeles eingespielt wurde. Diese zweite ist es, die ich meine. Sie wurde anläßlich eines JATP-Konzerts mit einer Allstarbesetzung mitgeschnitten, die sich wie ein Jazzers Who is Who liest; allerdings treten die Bläser nur mit Hintergrundriffs in Erscheinung. Auch die Rhythmusgruppe ist mit Oscar Peterson (p), Herb Ellis (g), Ray Brown (b) und einem entfesselten Connie Kay (dm) hochkarätig besetzt. Doch die Platte gehört Ella.
Sie fängt mit dem im Medium-Tempo vorgetragenen Thema an. Dann verdoppelt Oscar Peterson das Tempo, in das Ella mit einem Scat-Vocal einsteigt, der ...
Aber wozu soll ich Dir das alles beschreiben, wo Du Dir das Prachtstück ohnehin zulegen mußt, sei's nun auf Platte, Band oder Cassette. Denn ohne dieses bist Du nur ein halber Mensch.
Laß' mich lieber eine ganz persönliche Geschichte über Ella Fitzgerald erzählen, von der ich hoffe, daß sie Dich nicht langweilt:

Als ich 1979 zum ersten Mal in meinem Leben nach New Orleans/Louisiana kam, verpaßte ich einen Besuch im Jazzclub des Trompeters Al Hirt. Dieses Versäumnis wollte ich bei meinem nächsten Aufenthalt 4 Jahre später nachholen.
Ich kam an einem Sonntag in New Orleans an und kaufte mir sofort sämtliche Zeitungen, um herauszufinden, ob es etwas Hörens- oder Sehenswertes gab. Vielleicht gastierte gerade eine Berühmtheit in der Stadt, boxte Muhammad Ali oder gab Frankieboy ein Konzert.
Doch die Zeitungen meldeten nichts Außergewöhnliches. Folglich spazierte ich zu Al Hirts Club auf der Bourbon Street und erkundigte mich nach den Öffnungszeiten. Sonntag und Dienstag geschlossen, alle anderen Tage geöffnet, hieß es.
Da ich Mittwoch zu Mittag weiterfliegen mußte, blieb also nurmehr Montag als »Al Hirt Tag«. Doch als ich Montagabend in die Bourbon Street ging, stand ich zu meinem Ärger vor verschlossenen Türen. Also wieder nichts mit Al Hirt.
(Erst viel später sollte ich herausfinden, daß sich der Club ausgerechnet diesen Tag ausgesucht hatte, um seine Pforten für immer zu schließen.)
Als Entschädigung ging ich am darauffolgenden Morgen zum Jazz-Brunch im »Court of Two Sisters«, einem der berühmtesten Lokale im French Quarter.
Mit einem prachtvollen Patio, wo man unter Magnolien und immergrünen Azaleen sitzt und für 12 Dollar soviel essen darf, wie sich heinstopfen läßt.
Für die Musik sorgte eine dreiköpfige Dixielandkapelle mit der eigenartigen Besetzung: Trompete, Banjo und Tuba.
Ich kam mit einem älteren Ehepaar aus Chicago ins Gespräch, das am Nebentisch saß. Nette Leute, schon über die Sechzig, die sich New Orleans anschauen wollten. Während unserer Plauderei rief die Dame plötzlich den Kellner, flüsterte ihm etwas ins Ohr und wandte sich dann an mich, wobei sie mich freudestrahlend ansah:

»Wissen Sie, worum ich den Kellner gerade gebeten habe? Er soll die Band auffordern, einen Wiener Walzer zu spielen. Wo Sie doch aus Wien sind!«
Ich protestierte vorsichtig:
»Das ist furchtbar nett von Ihnen, aber eigentlich bin ich ja wegen anderer Musik hergekommen.«
»Ja, wenn Sie lieber Jazz hören möchten, dann sollten Sie heute in unser Hotel kommen. Da singt nämlich die Ella Fitzgerald. Kennen Sie die?«
Als ich mich von meiner kurzen Ohnmacht erholt hatte, raste ich sofort zu besagtem Hotel. Tatsächlich, Ella war da. Eine ganze Woche lang hatte sie hier gastiert und heute war ihr letzter Auftritt.
Ich ließ mir einen Tisch reservieren und ging am Abend hin. Der Saal war gut besucht, es herrschte erwartungsvolle Spannung. Zur Einleitung spielte die Hausband. Eine hervorragende Bigband im Stil von Tommy Dorsey.
Dann kam Ella. Begleitet wurde sie von ihrem Trio mit Paul Smith (p), Keeter Betts (b) und Bobby Durham (dm). Aber sie hatte auch Bigband-Arrangements mit, sodaß sie einige Nummern mit dem ganzen Orchester singen konnte, darunter »Manteca«.
Was soll ich Dir sagen? Ella war umwerfend. Das Erlebnis, sie einmal nicht im Konzertsaal, sondern in dieser intimen Atmosphäre und gewissermaßen mit Heimvorteil hören zu können, war schlichtweg überwältigend. Am Schluß wurde sie vom Publikum mit einer »Standing Ovation« geehrt, was sie mit der bei solchen Anlässen üblichen Ansprache beantwortete: Wie sehr es ihr in New Orleans gefallen habe; wie gern sie wiederkommen würde; und wie viele gute Freunde sie in dieser Stadt hätte.
»Und gestern war ich bei einem meiner besten Freunde zu einem herrlichen kreolischen Essen eingeladen«, sagte sie dann noch.
»Er ist übrigens hier. Meine Damen und Herren, ich möchte ihnen meinen Freund Al Hirt vorstellen.«
Worauf Al Hirt von seinem Platz aufstand, auf die Bühne ging und Trompete spielte!

Dieses Happy-End hat sogar noch ein Happy-Nachspiel: Als ich am Mittwoch nach Dallas weiterflog, saß im gleichen Flugzeug ein paar Reihen vor mir – Ella Fitzgerald.
Ich ging zu ihr und sagte ihr, wie sehr ich ihre Vorstellung bewundert hatte. Sie dankte freundlich-reserviert und wechselte ein paar Worte mit mir. Wir plauderten ein bißchen über Oscar Peterson, aber ich wollte Sie nicht weiter belästigen, weshalb ich mich bald wieder zurückzog. Zum Abschied gab sie mir die Hand.
Ich habe einer Königin die Hand gedrückt.

⊙ Charlie Parker: Parkers mood

Bird lives. Immer wieder findet sich jemand, der diesen Satz auf die Wände der New Yorker U-Bahn-Schächte schreibt.

Bird lives. Das ist auch der Titel der Charlie-Parker-Biographie, die Ross Russell, langjähriger Produzent von den welt-

berühmten »Dial Records« geschrieben hat. Bird lives. Noch 20, 30, 40 Jahre nach seinem Tod zehren die Musiker von seinen Ideen, seinem genialen Höhenflug, seiner bahnbrechenden Improvisationskunst.
Charlie »Bird« Parker wurde am 29. August 1920 in Kansas City geboren und starb am 12. März 1955 in New York. Das war's. Ein Altsaxophonist kam, spielte und ging wieder. Als Mensch ein Versager. Als Künstlerkollege ein Problemfall. Als Musiker ein Gott.
Als er starb, sagte Charles Mingus, selbst einer der großen Inspiratoren:
»Wir Musiker haben immer auf die neuesten Parkerplatten gewartet, um unseren Stil danach zu formen. Was sollen wir jetzt nur anfangen?«
Lennie Tristano, der Hohepriester des Cool Jazz meinte:
»Wenn man jene Musiker belangen könnte, die Charlie Parkers Ideen gestohlen haben, könnte er alle verklagen, die es gibt.«
Meine erste Begegnung mit dem Phänomen Charlie Parker fand irgendwann zu Beginn der fünfziger Jahre eine halbe Stunde vor Mitternacht statt. Weil Jazzsendungen im Radio aus einem unerfindlichen Grund immer »Round about midnight« zu beginnen pflegen.
Diese Sendungen, so dürftig sie auch waren, standen für mich dennoch im Rang einer Götterspeise. Am liebsten wäre ich in den Lautsprecher hineingekrochen, so packte mich die Musik eines Basie, Ellington oder Krupa, die uns wenigen Wachgebliebenen da vorgesetzt wurde.
Eines Tages wurde eine Nummer von Charlie Parker gespielt. Ich erinnere mich noch ganz genau, es war »Koko«. Aufgenommen 1945 für Savoy anläßlich jener chaotischen Aufnahmesitzung, bei welcher der Pianist Thelonius Monk einfach nicht aufkreuzte und man als Ersatz einen obskuren Klavierspieler namens Argonne Thornton aus einem Kaffeehaus holen mußte; bei der »Now's the time« entstand, dessen Kompositionsrechte Charlie Parker noch im Studio für lächerliche 50 Dollar verschacherte und das dann unter dem Titel »Huckle buck« ein großer Hit wurde; bei der sich der damals 19jährige Miles Davis zwischendurch auf dem Fußboden schlafen legte und der unter Pseudonym ebenfalls als Pianist mitwirkende Dizzy Gillespie bei »Koko« als Trompeter einspringen mußte, weil Davis das aberwitzige Tempo nicht schaffte.
Auch ich schaffte das Stück nicht. Dafür schaffte es mich komplett. Diese Begegnung ließ mich fassungs- und ratlos zurück. Einerseits wußte ich nichts damit anzufangen, andererseits war mir bewußt, daß sich da etwas Einzigartiges, im wahrsten Sinne »Unerhörtes« vollzog. Die nervösen, abgerissenen Melodiekürzel des Bebop trafen mich wie eine Botschaft von einem anderen Stern. Den mußte ich kennenlernen, koste es was es wolle.
Heute weiß ich, daß es nicht nur mir so ging. Auch die Musiker in den Clubs auf New Yorks berühmter 42nd Street verwirrte die Konfrontation mit Parkers Musik. Sie waren zwar von seiner Virtuosität hingerissen – Musiker erkennen und anerkennen immer, wenn einer sein Instrument beherrscht – verzweifelten jedoch an seiner unorthodoxen Art, damit umzugehen.
Du mußt Dir einmal vorstellen, wie das gewesen sein muß:
Ein Club wie das »Onyx« oder das »Famous Door«. Auf der winzigen Bühne jazzt sich

eine aus renommierten Swingmusikern zusammengestellte Combo durch den Abend. Plötzlich steigt ein junger Farbiger auf einem ausgeborgten Altsaxophon ein und bläst die gesamte Prominenz an die Wand. Kein Wunder, daß alle süchtig danach wurden, auch so spielen zu können.
Charlie Parker wurde schon zu seinen Lebzeiten zur Legende. Ein Mythos ist er geblieben. Die Schallplatten unter seinem Namen sind Legion. Neben den bekannten Studioaufnahmen für Dial, Savoy und Clef tauchen immer wieder obskure Live-Mitschnitte auf. Meist von einer grauenhaften akustischen Qualität, bei der man die gespielte Musik mehr ahnen, als hören kann. Trotzdem spüren devote Parker-Fans jedem Ton ihres Gottes nach, auch wenn dieser nur ein Hauch von Scherz ist.
Da gab es zum Beispiel diesen Verrückten, diesen Dean Benedetti. Ein Parker-Süchtiger, der seinem Idol überallhin folgte und dessen Soli mit einem Drahtmagnetophon aufzeichnete. Nur Parkers Soli, wohlgemerkt; wenn ein anderer Musiker an der Reihe war, stellte er das Gerät wieder ab. Mitunter kam es bei diesen akustischen Verfolgungsjagden zu abenteuerlichen Situationen; zum Beispiel, wenn sich Benedetti im Hotelzimmer oberhalb des Clubs, in dem Parker auftrat, einnistete und dort ein Loch in den Fußboden bohrte, um seine Aufnahmen zu machen.
Diese legendären Mitschnitte sollen noch irgendwo existieren. Man darf gespannt sein, ob sie jemals gefunden und veröffentlicht werden.
Aber Du bist auch mit Studioaufnahmen von Charlie Parker gut bedient. Meilensteine wie »Billies bounce«, »Cool blues«, »Embracable you« oder »Relaxin' at Camarillo« gehören in jede Sammlung. Und Blues konnte der spielen! Nur wenigen Musikern ist es gegeben, so tief in den Blues einzutauchen, wie er.
Der erdigste, bluesigste Blues, den er je aufgenommen hat, heißt »Parkers mood«. Doch das ist schon kein Blues mehr. Das ist ein Messer, das tief in die Seele schneidet. Eine scharfe Klinge, die durch und durch geht. Ein Aufschrei. Ein offener, bloßgelegter Nerv.
Für Clint Eastwoods Parker-Film »Bird« brachte der Toningenieur Bobby Fernandez das Wunder der Technik zustande, aus alten Aufnahmen die Soli Parkers herauszufiltern und mit einer modernen Rhythmusgruppe zu unterlegen. Und siehe da: sie klingen kein bißchen veraltet und schon gar nicht »älter« als das, was die »dazugemischten« Begleiter spielen, obwohl doch mehr als 30 Jahre dazwischen liegen.
Auch »Parkers Mood« profitiert von diesem Zauberkunststück. Nur hätte man es niemals mit Streichern versehen dürfen, weil die alle Schärfe zudecken, die in der Originalaufnahme steckt.
Nicht einmal der Text, den der Sänger King Pleasure noch zu Parkers Lebzeiten dazu gemacht hat, wird dem Titel gerecht. Parker mochte ihn nicht. King Pleasure aber kam damit 1954 in die Hitparade – etwas, das Bird selbst nie gelang.
Wenn man diese Fassungen hört, lernt man eine Menge über die Legende von Bird. Wenn Du aber danach die Originalaufnahme vom 18. September 1948 auflegst, vergißt Du das Gelernte wieder. Denn dann ist Parker plötzlich keine mystisch-schweigsame, dem Irdischen längst entrückte Sagengestalt mehr, sondern ein ganz lebendiger Mensch aus Fleisch und

Blut, der uns so unendlich viel zu sagen hat. Dann möchtest auch Du am liebsten ein Stück Kreide nehmen, in einen der New Yorker U-Bahn-Schächte hinuntersteigen und an die Wand schreiben, daß Bird noch lebt.

⊙ Dizzy Gillespie: My man

Immer wenn ich den Unterschied zwischen Variation und Improvisation zu erklären versuche, oder wenn ich demonstrieren möchte, wie aus einer Phrase eine Linie wird, lege ich »My man« auf.

⊙ Enthalten auf der Langspielplatte »Have trumpet, will excite«.

⊙ Eingespielt vom Dizzy-Gillespie-Quintett.

⊙ Erschienen auf Verve MGV 8313.

⊙ Aufgenommen am 17. 2. 1959 in New York City.

»My man« beginnt konzertant. Mit einem ausgedehnten ad libitum Vorspiel, das der Pianist Junior Mance und der Trompeter Dizzy Gillespie bestreiten.

Dann swingt Dizzy ins Thema hinein. Wie so oft, paraphrasiert er mit größter Selbstverständlichkeit fremde Melodiefloskel in seine Improvisation hinein, als hätte der Komponist sie mitzukomponieren vergessen: hier einmal das Thema von »Chicago«. Später zitiert er aus »O sole mio«. Und nimmt sich daraus eine kurze Phrase, dreht und wendet sie, spielt mit ihr, nimmt sie als Ausgangspunkt der nachfolgenden Improvisation und läßt plötzlich ein Brillantfeuerwerk darüber los, das einem den Atem raubt. Dabei wirkt alles so logisch, so überzeugend und folgerichtig, daß selbst ahnungslose Jazzlaien einen Schimmer von dem bekommen, was Improvisieren heißt und wie man es macht.

Wie Dizzy es macht, macht es ihm keiner nach.

Nicht umsonst nennt man ihn den »Antipoden Louis Armstrongs«. Von der gleichen Brillanz, mit der gleichen überwältigenden Ausstrahlung.

Tatsächlich gibt es nach 1945 keinen Trompeter, der nicht von Dizzy Gillespie beeinflußt wäre; ebenso, wie es vor 1945 keinen gab, der nicht unter dem Einfluß von Louis Armstrong gestanden hätte.

John Birks »Dizzy« Gillespie ist einer der wichtigsten Musiker des Jazz. Er ist der King of Bebop, der Schöpfer des modernen Bigband-Jazz, ein großartiger Vokalist, ein begnadeter Entertainer und mit Sicherheit einer der größten Instrumentalvirtuosen aller Zeiten.

Schon in den Anfängen gab es niemanden, der ihm technisch auch nur annähernd das Ventilöl reichen konnte. Erst als sich die Trompeter allmählich vom Dizzy-Gillespie-Schock zu erholen begannen, konnten die begabtesten seiner Schüler zeigen, daß sie mitunter noch mehr ›draufhaben‹, was Fingerfertigkeit und Lippenkraft betrifft: Wynton Marsalis bläst sauberer; John Faddis höher; Arturo Sandoval wuchtiger; Freddie Hubbard schneller. Aber wann immer Dizzy mit einem von ihnen gespielt hat, hat er ihn trotzdem an die Wand geblasen.

Er hat eben alles: Aggressive Schärfe und ausgeprägte Lyrik. Eine stupende Technik.

Strahlende Höhe und einen in allen Lagen pracht- und machtvollen Ton. Persönlichkeit. Dazu noch eine Portion skurrilen Humor, was ihm seinen Spitznamen »Dizzy« eingetragen hat. Der Schalk sitzt ihm ständig im Nacken, biegt ihm die Trompete nach oben und bläst ihm den Hals auf Kragenweite 56 auf.
Phrasierung und Spielweise von Dizzy Gillespie leben aber nicht nur in jedem modernen Trompeter fort. Es gibt auch bei den anderen Instrumenten kaum Musiker, die sich seinem Einfluß entziehen konnten. Von dem, was sich seit 1945 im Jazz verändert hat, haben er und Charlie Parker 80 Prozent ›vorgespielt‹, d. h. vorweggenommen. Und dreißig, vierzig Jahre später sind die jungen Musiker noch immer damit beschäftigt, die restlichen 20 Prozent zu finden.
Dizzy Gillespie hinterläßt ein reiches Schallplattenerbe. Von den frühen Aufnahmen mit Charlie Parker über die glanzvolle Bigband der ausklingenden 40er Jahre bis zu den Verve- und Pablo-Sessions ist sein musikalischer Werdegang nahezu lückenlos dokumentiert.
Eine Auswahl zu treffen, fällt schwer.

- ⨀ »Things to come« ist ein Titel, der in jede Sammlung gehört.
- ⨀ »Gillespiana« ein weiterer.
- ⨀ »Night in Tunisia« sollte man zumindest in einer Fassung haben (es gibt weit über 30).
- ⨀ »Manteca« als Beleg für die geglückte Synthese kubanischer Musik mit nordamerikanischem Jazz.
- ⨀ »Tour de force« mit der Bigband.
- ⨀ »Anthropology« mit dem Sextett.
- ⨀ »Out of the past« mit dem Oktett.
- ⨀ »Caravan« im Duo mit Oscar Peterson.
- ⨀ Meinen Favoriten »My man«, weil er auch Deiner sein wird.

Und so weiter und so weiter und so weiter. Denn Aufnahmen von Dizzy Gillespie kann man nie genug haben.
Dizzy Gillespie ist »My man«!

⨀ Roy Eldridge: Dale's wail

Meinen linken Fuß würde ich einheizen, hätte ich damals, im April 1953, im Studio mit dabei sein können.
Muß das eine Atmosphäre gewesen sein! Dieser wilde »swing«, dieser Wahnsinns-Drive!
Oscar Peterson an der Hammond; so eine Orgelbegleitung hat es sicher noch nie gegeben.
Barney Kessel und Ray Brown als Rhythmiker. Das ist ledergepolsterter Rolls-Royce mit Ferrari-Motor.
Jo Jones am Schlagzeug, auch wenn er auf den Originalplattenhüllen beharrlich als J. C. Heard ausgegeben wird. Dazu noch Roy Eldridge, der Unvergleichliche.
»Little Jazz«, wie ihn seine Kollegen wegen seiner geringen Körpergröße genannt haben, war einer der wichtigsten Trompeter des Jazz. Ein Stilbildner; ein Vorbild; ein »Mr. Jazz« höchstpersönlich.
Roy Eldridge verkörpert alles, was einen Jazzmusiker ausmacht. Glühende Expressivität. Schrankenlosen Individualismus. Perfect personality.
Er ist einer der Heißesten. Das Wort vom

»Hot Jazz« scheint für ihn erfunden worden zu sein. Wenn Du es jemandem zu erklären hast, der nicht vom Bau ist, dann tu es mit einer Roy-Eldridge-Platte. Am besten mit dieser: »Dale's wail«.

Ein nicht nur im Jazz bekanntes Phänomen ist die Tatsache, daß manche Musiker unbedingt Publikum brauchen, um zu Höchstform aufzulaufen. Andere wiederum finden erst in der Abgeschiedenheit des Studios zu voller Entfaltung ihrer Kreativität.

Beispiele für beide Extreme gibt es genug. Von Stan Getz sagt man, daß er in Wirklichkeit viel besser ist, als selbst auf seinen besten Schallplatten. Hingegen muß Dave Brubeck mit seinem Publikum direkten Kontakt haben, sonst wird nichts draus – sagt er. Auch eine derart unmittelbar packende Aufnahme wie Duke Ellingtons »Crescendo and Diminuendo in blue« mit den berühmten 27 Chorussen des Tenorsaxophonisten Paul Gonsalves verdankt ihre Qualitäten eigentlich dem hektisch kochenden Hexenkessel des Newport Festivals von 1956.

Auf der anderen Seite stehen Musiker wie Lennie Tristano, dem seine besten Aufnahmen in der Stille seines New Yorker Studios gelungen sind. Oder Lester Young, von dem ich nur wenige gute Live-Aufnahmen, aber viele hervorragende Studio-Einspielungen kenne.

Bestimmte Musiker leiden unter der Schwäche, sich vom Publikum herausgefordert zu fühlen. Sie wollen zeigen, was sie alles »drauf« haben. Daß sie höher, schneller und lauter spielen und Töne länger anhalten können, als andere.

Obwohl sie's gar nicht nötig hätten, sind sie auf Rekorde aus. Sie lassen sich hochpeitschen. Das tut der Atmosphäre zwar gut, der Musik fügt es jedoch Schaden zu. Typische Vertreter dieser expressiven und exzessiven Musizierpraxis sind Lionel Hampton oder Sidney Bechet. Und Roy Eldridge.

Als Norman Granz in den fünfziger Jahren seine JATP-Konzerttruppe durch die Lande schleifte, war der garantierte Höhepunkt des Abends ein Trumpet-Battle zwischen Roy und einem anderen Trompeter. Als »Gegner« bot Granz immerhin Kaliber wie Dizzy Gillespie oder Charlie Shavers auf. Dennoch blieb Eldridge meist »siegreich« – beim Publikum. Die Musik bleibt bei solchen wüsten Auseinandersetzungen im obersten Register unweigerlich auf der Strecke.

Wer Roy Eldridge nur von diesen Schlächtereien kennt, ahnt nicht, was für ein genialer Improvisator in dem kleinen Trompeter steckte.

Zum Glück machte Norman Granz damals auch Studioaufnahmen seiner Stars, wobei er sie nach bewährter Manier kreuz und quer zusammenspannte. So kam der Roy auf den Oscar und der Eldridge zum Peterson.

Als besonderes Bonbon des Studiotermins von 1953 wechselt Oscar Peterson – was bei ihm selten genug ist – bei einigen Titeln vom Klavier zur Orgel.

»Dale's wail« ist ein gewöhnlicher, mittelschneller Blues mit einem nichtssagenden Riff als Thema. Also genau das richtige Material, aus dem sich Meisterwerke schnitzen lassen. Vorausgesetzt, man heißt Roy Eldridge und ist einer der fünf großen Trompeter des Jazz.

Das Stück fängt ganz harmlos an. Roy stellt das Thema vor. Erst im zweiten Chorus tritt die Orgel dazu. Im dritten wechselt

das Schlagzeug von der Hi-Hat aufs große Becken. Und dann geht's los!
Plötzlich erhält das Ganze einen Drive, wie er in der gesamten Geschichte der Musik einzigartig ist.
Glaube mir, ich kenne viel Jazzmusik. Aber mit dem, was hier geschieht, läßt sich nichts, aber auch gar nichts vergleichen.
Der eigentlich Verantwortliche ist Oscar Peterson an seiner Orgel. Von dort kommt der kraftvolle Puls, der Beat, der Rhythmus, der Dich davonträgt und Dich nicht ruhig sitzen läßt. Wen es bei dieser Aufnahme nicht vom Sessel hebt, der ist auch sonst nicht ganz in Ordnung.
Von der gleichen Aufnahmesitzung gibt es natürlich noch weitere Titel. Alle wunderschön und vom Besten. Auch gibt es grandiose Eldridge-Aufnahmen von früher. Mit seiner eigenen Band. Mit Fletcher Henderson. Mit Gene Krupa. Für jede einzelne hätte er einen Oscar verdient. Aber nur bei »Dale's wail« hat er ihn auch bekommen.

⨀ Woody Herman: Opus de funk

Der hölzerne Herman hatte den Herdentrieb. Seine Bands nannte er »Herds«; die »Herman Herd« wurde durch ihn zu einem Qualitätsbegriff.

⨀ Seine »First Herd« war der wüste Haufen mit Flip Phillips, Bill Harris und Chubby Jackson, der 1945 mit »Caldonia« einen Riesenhit landete.
Wenn Du Dir »Caldonia« anhörst, wird Dir nach dem Klaviersolo ein sagenhaft schwieriger Trompetenpart auffallen, den die Satzgruppe trotz seiner Kompliziertheit mit Glanz und Gloria aus dem Schallbecher beutelt.
Die Trompeter hatten nämlich dieses Bravourstück schon bei einer anderen Nummer eingeübt. Es bei »Caldonia« einzubauen, stieß auf Probleme, weil die Tonarten nicht übereinstimmten. Deshalb moduliert Pianist Ralph Burns während seines Solos die Tonart, um in jener zu landen, in welcher die Trompeter den Satz bewältigten.

⨀ Bei der »Second Herd« entdeckten vier Brüder (»Four Brothers«) die Schönheiten eines frühen Herbstes (»Early Autumn«).

⨀ Die »Third Herd« spielte eines der vollkommendsten Bigband-Arrangements ein, das je geschrieben worden ist: »Opus de funk«.

Die Komposition stammt von Horace Silver, der sie erstmals mit einem längst vergessenen Trompeter namens Henry Boozier aufgenommen hatte. Seither ist »Opus de funk« so etwas wie ein »Jazz-Schlager« geworden; ein Session-Blues wie »Bag's groove« von Milt Jackson oder »Now's the time« von Charlie Parker, der immer dann gespielt wird, wenn den Musikern nichts Besseres einfällt.
»Opus de funk« ist auf der Woody-Herman-Platte »Road-Band« zu finden. Weil die Herde damals »On the road« war.
Das heißt: im Bandbus unterwegs von Stadt zu Stadt. Unendliche Meilen auf dem Freeway. Ankommen in irgendeinem Nest, wo

der Konzertagent*** den Auftritt gebucht hat. Zu früh, um etwas zu essen zu bekommen. Zu spät, um noch ein bißchen zu schlafen. Rasch unter die Dusche. Ein frisches Hemd, ein paar Drinks. Und hinaus auf die Bühne. Erste Nummer zum einswingen: »Opus de funk«.
Bei Konzerten dehnte Woody üblicherweise die Klaviereinleitung aus, um die Musiker vorzustellen. Auch bei der Studioversion spürt man, daß die Band Zeit hat, daß sie »relaxed« ist. Das kommt dem Arrangement sehr zugute. Die Solisten – allen voran Tenorsaxophonist Richie Kamuca und Baßtrompeter Cy Touff – können sich richtig ausspielen. Der Mann am Schlagzeug war damals übrigens erst 19 Jahre alt und heißt Chuck Flores.
Die schönste Stelle kommt kurz vor dem Schluß. Die Band spielt eine Art Schlußakkord, Du glaubst, das Stück wäre aus, da steigt nochmals Dick Collins auf der gedämpften Trompete über einem delikat im Diskant angeschlagenen Klavierakkord ein. Mit einem kammermusikalischen Diminuendo über 2 × 12 Takte klingt »Opus de funk« aus. Für mich ein vollendetes Beispiel für die hohe Schule der Arrangierkunst. Und weißt Du, was das Komische daran ist? Ich weiß nicht einmal, wer der Arrangeur ist!

*** Woodys Agent war ein Gauner, der Woody Herman jahrelang betrogen hat und daran schuld ist, daß man diesem nach 40 Jahren »On the road« sein Haus pfändete, seine Ersparnisse wegnahm und er noch als alter, kranker Mann Abend für Abend auftreten mußte, bis er völlig verarmt und mittellos starb.

⊙ Johnny Hodges: All of me

Bei mir stapeln sich die Johnny-Hodges-Platten. Dabei ist Hodges nicht gerade einer der innovativsten Musiker. Eher schon der Beweis dafür, daß man mit einem Minimum von 25 Phrasen eine lebenslange Karriere bestreiten kann. Trotzdem stürze ich mich auf jede erreichbare Scheibe. Weil ich endlich hinter sein Geheimnis kommen will.
Wie macht er das: die ältesten Bluesphrasen auszupacken und dennoch nie langweilig zu wirken? Auch wenn er selbst so was von gelangweilt blicken konnte, wenn er sich bei Konzerten mit demonstrativer Langsamkeit von seinem Platz erhob und zum Mikrofon schlurfte, um sein Solo über »Things aint' what they used to be« abzuziehen.
Auf Tourneen pflegte Hodges stets einen Koffer mit farbigen Glühlampen mit sich zu tragen. Im Hotelzimmer angekommen, schraubte er diese anstelle der regulären Beleuchtung in die Fassungen, besprühte sie mit Parfüm und schaltete das Licht ein. Dann legte er sich aufs Bett und genoß entspannt, wie das Parfüm verdampfte und das ganze Zimmer mit schwerem, süßem Duft erfüllte.
An diese Geschichte muß ich jedesmal denken, wenn ich eine Ellington-Platte mit Johnny Hodges auflege. Er war länger als 20 Jahre lang der wichtigste Solist bei Duke Ellington, nahm aber auch viel unter eigenem Namen auf. Und wo immer die Altsaxophonstimme von Johnny Hodges erklang, trat alles andere in den Hintergrund.

Ich glaube, sein Geheimnis ist das »Feeling«. In die Wärme, die sein Spiel ausstrahlt, kann man sich einhüllen. Kann sich wohlig umfangen lassen und darf sich geborgen fühlen.
Ich weiß, solche emphatischen Beschreibungen sind eigentlich unzulässig und außerdem sowieso unzureichend. Aber was soll ich machen? Soll ich mir vielleicht auch ein paar farbige Glühbirnen zulegen?
Daß soviel »Feeling« auch die Gefahr des Umkippens in sich trägt, wird bei manchen Aufnahmen von Johnny Hodges evident. Sein »Tenderly« trieft dermaßen vor Sirup, daß es einem die Schuhe auszieht.
Doch demgegenüber stehen Unmengen herrlicher, bluesgeschwängerter Soli. Stehen vor allem die beiden Alben »Back to back« und »Side by side«. Zwei der schönsten Jazz-Langspielplatten aller Zeiten.
Duke Ellington hatte für seinen Star stets ein paar spezielle Solonummern im Buch. Bei diesen ging es aber nicht ums Herzeigen akrobatischer Fingerfertigkeiten oder um saxophonelles Röhren. Das hatten sie beide nicht nötig.
Ellington wußte Hodges' Qualitäten richtig auszunützen und seine Wärme, seine Phrasierung und seinen Blueston so innerhalb des Orchesterrahmens zu plazieren, daß aus jeder seiner Solonummern ein »Concerto für Altsaxophon und Jazzband« wurde.
Als Vehikel standen Ellington-Kompositionen wie »I got it bad and that aint' good«, »Warm valley« und »Sophisticated lady« zur Verfügung, die eigens für Johnny Hodges geschrieben schienen und wahrscheinlich auch waren.
Die einzige Nummer, die ihm nicht auf den Leib geschneidert scheint, ist »All of me«. Es beginnt wie ein Allerweltsschlager. Die volle Band intoniert die ersten drei Töne: »All«-»of«-»me«. Bis daher alles normal. Doch dann kommt Hodges. Packt seine 25 Phrasen aus. Spielt wie immer. Und spielt wie immer herrlich.
Und ich sitze wie immer fassungslos da und komme nicht und nicht hinter sein Geheimnis. Obwohl die farbigen Glühbirnen direkt das Plattenetikett beleuchten, auf dem »All of me« steht.

⊙ Maynard Ferguson: New York's my home

Jahrelang hat man den kanadischen Trompeter Maynard Ferguson als Zirkusattraktion herumgereicht. Die Kritiker zerrissen ihn mit perfider Regelmäßigkeit in der Luft.
Die Trompeter allerdings lagen schon immer vor ihm flach auf dem Bauch.
Der Grund: Ferguson spielt höher, lauter und schneller als jeder andere.
Diese olympische Leistung verschaffte ihm unter anderem den Job, die Eröffnungsfanfare bei den Olympischen Spielen in Montreal zu blasen. Doch da war Ferguson bereits längst zum anerkannten Künstler arriviert, der auch von der Kritik gefeiert wurde.
Was war geschehen?
Maynard Ferguson begann seine Karriere als Satzführer bei den Orchestern von Jimmy Dorsey und Charlie Barnet und landete schließlich bei Stan Kenton. Dem

kam der High-Note-Spezialist für seine bombastischen Arrangements gerade recht. Ferguson durfte, nein mußte bei Kenton immer nur im Ultraschallbereich kreischen, was das Zeug hielt.

Ein besonders geschmackloses Plattendokument dieses Exhibitionismus ist »Hot Canary« mit der im obersten Register zwitschernden Trompete. Ist schon die Geigenversion von Helmut Zacharias schwer verdaulich, so bleibt einem der Kenton-Kanari erst recht im Magen liegen. Dieser Vogel war's wohl auch, der die Kritiker so auf die Palme brachte.

Doch 1953 holte sich der Trompeter und Bandleader Shorty Rogers (bekannt durch die Filmmusik zu »Der Wilde«, »Der Mann mit dem goldenen Arm« usw.) Maynard Ferguson als ersten Trompeter in sein Orchester und legte damit den Grundstein für den feurigsten, dynamischsten Trompetensatz der Jazzgeschichte.

Dann folgte das »Birdland«, kam »Newport«. Beim Newport Jazzfestival 1958 stellte Maynard Ferguson seine eigene Bigband vor, die alle in Begeisterung versetzte. Glanzstück war natürlich der scharfe, beißende Trompetensatz, angeführt von Maynard selbst. Aber auch Saxophone, Posaunen und Rhythmus standen in nichts nach. Es war eine Traumband, und sie nannte sich auch so: »Birdland Dreamband«.

Die »Message from Newport« dieser Formation ist eine der wichtigsten Bigbandplatten, die es gibt. Schon wegen der Trompetensoli. Denn das eigentlich überraschende an der Traumband war die Entdeckung Maynard Fergusons als Jazzsolisten.

Nieman hatte ihm diese Fähigkeit zugetraut. Akrobatik ohne Netz, das schon. Aber Musik?

Ferguson zeigt sich seither als brillanter, stilsicherer Improvisator, der zwar nach wie vor seine sagenhafte Höhe einsetzt, aber nicht mehr nur des Effektes wegen, sondern als gezielten Höhepunkt einer Steigerung.

Neben reinen Jazzaufnahmen brilliert er mit diesem Konzept auch bei Schlagern (»Maria«), hartem Rock (M. F. Horn) und einer auf den ersten Blick ungewöhnlich anmutenden Kombination mit der Sängerin Chris Connor. Sie hat eine ausgesprochen »coole« Stimme, die zur hitzigen Trompete Fergusons reizvoll kontrastiert. Beide kennen sich übrigens noch aus ihrer gemeinsamen Zeit bei Stan Kenton.

1961 haben Maynard und Chris miteinander die Langspielplatte »Two's company« gemacht, deren schönster Titel Gordon Jenkins' »New York's my home« ist. Die beiden erweisen sich dabei als perfektes Gespann. Der vor Temperament überschäumende Vollblutmusiker und die kühle Blonde – das ergibt eine Paarung wie Dustin Hoffman und Catherine Deneuve. Schlecht?

⊙ Sidney Bechet: Jelly roll blues

Was ist doch mit dem Namen »Dixieland« schon für Schindluder getrieben worden! Denk nur an die grauenhaft fröhlichen deutschen Musikfilme, in denen jeder zweite Schlager mit obligatem Dixieland-Kollektiv »aufgemascherlt« werden muß.
Die Frontlinie dieser Wixieländer bilden stets ein Feuerwehr-Trompeter von der Humba-Täterä-Brigade, ein dazupassender Dideldum-Klarinettenmuckl und ein Posaunist, der das Zwei-Meter-Glissando beherrschen muß. In der Rhythmusgruppe waltet der »Schräge Otto« mit seinen Zickbergern.
Wie wohltuend ist dagegen ein Bobby Hakkett, eine Lawson-Haggart-Jazzband, ein Eddie Condon. Das ist Dixieland mit Zukkerguß und Amarenakirsche.
Das Feinste vom Feinen ist eine Aufnahme vom 27. April 1950, auch wenn auf meiner Commodore LP als Datum 1960 draufsteht.
Sidney Bechet, der Meister des Sopransaxophons, greift hier wieder einmal – selten genug – zur Schwarzwurzel, das heißt zur Klarinette. Mit ihm spielen Wild Bill Davison (cor), Wilbur de Paris (tb), Ralph Sutton (p), Jack Lesberg (b) und George Wettling (dm). Eine handverlesene Besetzung aus dem New Yorker Kreis um Eddie Condon und seinen Mannen im Restaurant »Nicks« in Greenwich Village.
Der »Jelly roll blues«, den sich die Musiker ausgesucht haben, ist das Musterbeispiel eines perfekten Bläserkollektivs über einem soliden, swingenden Rhythmus.
Das haben zwar andere Aufnahmen auch. Was diese Einspielung aber so umwerfend macht, ist die Klarinettenstimme von Bechet. Ein Klang, der zu den individuellsten und markantesten der Musik zählt. Man kennt ihn nach den ersten paar Noten; nichts ist leichter zu identifizieren, als der Ton von Sidney Bechet.
Dieses volle, beißend-scharfe Vibrato!
Diese jubelnde Stimmführung, die schon so manchen Trompeter zur Staffage degradiert hat!
Beim »Jelly roll blues« hat Bechet zum Glück den kraftvollen wilden Bill neben sich, der ihm ein ebenbürtiger Partner ist. Das Kollektiv gerät auf diese Weise um so dichter, wenn ihm auch Bechet seine spezifischen Glanzlichter aufsetzt. Ganz besonders im 4. Takt nach seinem großen Solo, wo er mit zwei Noten in die Subdominante überleitet – zwei Noten, die mich jedes Mal aus dem Sessel heben, wenn ich die Platte höre.
Ach ja, das große Solo. Es stammt gar nicht von Bechet, sondern ist ziemlich notengetreu dem Trompetensolo George Mitchells auf der Originalaufnahme von Jelly Roll Mortons »Red Hot Peppers« nachgespielt. Aber da zeigt sich die ganze Meisterschaft Bechets. Wie er dieses Solo spielt, hat man das Gefühl, daß es in diesem Augenblick erst neu geschaffen wird und daß es so – und nur so – zu klingen hat.
Als Vertreter des wahren Glaubens könnte man argumentieren, daß es sich nicht um Diexieland im eigentlichen Sinne, sondern eher um New Orleans Jazz handle. Aber die ganzen Etiketten wie New Orleans Stil, Chicago, Dixieland sind eben nicht mehr als das: der Versuch einer Einordnung, wie man es auch mit Klassik, Romantik, Barock, usw. immer wieder probiert.

Nennen wir es doch einfach traditionellen Jazz im Sinne des klassischen Dixieland, der uns schon soviel herrliche Musik gebracht hat:

- ⊙ Die Louis Armstrong All Stars.
- ⊙ Muggsy Spaniers Ragtime Band.
- ⊙ Bobby Hackett's »Coast Concert«.
- ⊙ Die »Bixieland-Scheibe« von Eddie Condon.
- ⊙ Und Sidney Bechet's New Orleans Feetwarmers!

Neben Louis Armstrong ist Bechet der wichtigste Musiker, den die Stadt New Orleans hervorgebracht hat. Schon 1919 drückte der bedeutende Schweizer Dirigent Ernest Ansermet in einem Zeitungsartikel seine Bewunderung für ihn aus.

Daß er 1948 nach Europa kam, um sich in Frankreich niederzulassen, war für den europäischen Jazz ein ungeheurer Glücksfall. Daß er aber doch hin und wieder in die USA ging, um dort Schallplattenaufnahmen einzuspielen, ist ein Glücksfall für uns Sammler, der uns unter anderem den »Jelly roll blues« beschert hat.

⊙ Stan Getz: These foolish things

Wir sitzen zusammen auf dem Fußboden und wühlen in Platten von Stan Getz. »Jazz Samba« und anderes in dieser Richtung – Du weißt schon, Süd-Süd-West, wo das Pele- und Zico-Land liegt – legen wir vorerst zur Seite.

Der Meister ist uns ohne Charlie Byrd, Luiz Bonfa, den Gilbertos usw. eigentlich lieber. Getz mit Chet Baker oder Bob Brookmeyer lassen wir uns hingegen auf der Zunge zergehen.

Und während die Wunderplatte »Live at Midem« läuft, erzähle ich Dir zwei sehr persönliche Erinnerungen an Stan Getz.

Die eine beginnt damit, daß ich vor vielen hundert Jahren in den Frankfurter Jazzclub »Storyville« gegangen bin, um Stan Getz erstmals live zu erleben. Das Lokal war gesteckt voll. Ich bekam aber doch noch einen freien Platz an einem Tisch vor der Bühne. Außer mir saßen dort noch ein amerikanischer Soldat in Uniform und ein Zivilist, von dem ich nur den Rücken sah.

Auf der Bühne stimmten sich die Begleitmusiker, das Pim-Jacobs-Trio aus Holland, ein und ab. Vorne am Bühnenrand glänzte golden das Selmer.

Während der dritte Mann am Tisch schweigend zur Bühne starrte, kam ich mit dem GI ins Gespräch. Ich erzählte ihm von meinen Stan-Getz-Platten. Wie sehr ich diesen Musiker bewunderte. Daß er für mich trotz Coleman Hawkins, Ben Webster, John Coltrane, Sonny Rollins und Lester Young der Größte aller Tenorsaxophonisten wäre. Daß mich vor allem sein Balladenspiel faszinieren würde.

Dann sagte ich noch:

»I hope, he'll play ›These foolish things‹ tonight«. Plötzlich drehte sich unser Tischgenosse halb zu uns um, sagte kurz »he will«, stieg auf die Bühne, nahm sein Tenorsaxophon und spielte, nein hauchte, zelebrierte »These foolish things«.

Meine zweite Getz-Geschichte spielt in San Francisco. Als wir (ein paar Fans auf

USA-Trip) dort ankamen, hatten wir einen mörderischen Flug hinter uns, der uns in einem Stück von Mitteleuropa über den Atlantik und quer über den amerikanischen Kontinent bis zur Westcoast geführt hatte. Dennoch wollten wir es uns nicht nehmen lassen, die erste Nacht in San Francisco mit einem Kurzbesuch im Jazzclub zu feiern. Obwohl Mitternacht längst vorüber war, zogen wir zum »Keystone Corner«, wo soeben der letzte Set zu Ende ging. Wir mußten nicht einmal mehr Eintritt bezahlen.

Übermüdet und überglücklich, eingekeilt zwischen totaler Seligkeit und körperlichem Zusammenbruch, saßen wir da und hörten Stan Getz.

Solche Erlebnisse sind für die Schallplattenindustrie pures Gold. Denn selbstverständlich rast der echte Fan schon am nächsten Morgen in einen Plattenladen und deckt sich mit ein paar Tonnen Getz ein.

Zum Glück kann bei solchen Zwangskäufen nichts schiefgehen. Es gibt keine schlechten Aufnahmen von Stan Getz. Fast jede ist eine Perle. Der Unterschied liegt lediglich in der Fassung, die einmal aus 18karätigem Gold, das andere Mal aus Platin besteht. Angesichts soviel Edelmetalls fällt es schwer, eine Aufnahme über die anderen zu stellen – und noch schwerer, dies zu begründen.

Getz spielt das Tenorsaxophon mit einer ästhetischen Qualität, die keinen Vergleich kennt. Es mag Tenoristen geben, die schneller spielen können. Coltrane oder Stitt zum Beispiel. Aber keiner so flüssig, so absolut mühe- und schwerelos. Als würde sich alles zwei Meter über dem Boden abspielen.

Ähnliches haben nur Lee Konitz und Paul Desmond, manchmal auch Zoot Sims und Clark Terry fertiggebracht. (Und eventuell Gigli – aber nicht auf dem Tenor, sondern als solcher.)

An seiner Phrasierung und seinem schwebenden Ton ist Stan Getz leicht zu erkennen. Erstmals ist dieser Ton auf Platten von Woody Herman zu hören. »Four Brothers« und »Early Autumn« zählen zu seinen frühen Meisterwerken, die in jeden Plattenschrank gehören.

Andere »Muß-Platten« sind »Moonlight in Vermont« mit dem Gitarristen Johnny Smith. »At the Shrine« mit dem Ventilposaunisten Bob Brookmeyer. »At the Opera House« mit dem Posaunisten Jay Jay Johnson, wo Stan Getz ein Solo über »My funny Valentine« bläst, daß es Dir die Wonneschauer nur so über die Wirbel jagt.

Zu den ausgefallensten und auffallendsten Getz-Platten gehört sicherlich die vielfach preisgekrönte »Focus«, auf der er über Arrangements von Eddie Sauter improvisiert.

Nicht viel anders und deshalb auch nicht viel schlechter ist »Communications« mit Arrangements von Michel Legrand.

Natürlich sind auch die schon erwähnten Bossa-Nova-Platten, die viel zu seiner Popularität beigetragen haben, durchaus hörenswert, wenn auch nicht so jazzig wie Bud Shank mit Laurindo Almeida.

Jazz pur liefert dafür ein Scheibchen vom Besten namens »Nothing but the blues«. Es ist unter dem Namen des Gitarristen Herb Ellis erschienen und bringt so kontroverse Musiker wie den heißen Swingtrompeter Roy Eldridge und den kühlen Tenorsaxophonisten Stan Getz auf den gemeinsamen Nenner des Blues.

Nirgends spielt der sonst so ätherische Getz dermaßen ›erdig‹ und ›funky‹ wie auf dieser Mitternachtsplatte, die man nur in

Gesellschaft so guter Freunde wie Remy Martin oder Pere Magloire genießen sollte.

Bleibt noch mein persönlicher Favorit. »These foolish things«, gespielt von Stan Getz (ts), Duke Jordan (p), Jimmy Raney (g), Bill Crow (b), Frank Isola (dm).
Das Besondere dieser Aufnahme ist, daß an ihr nichts Besonderes ist. Eine Allerweltsballade, deren musikalisches Material keineswegs sensationell ist und die Getz nicht mehr oder minder vollendet in den Griffen hat, als hundert andere vor- und nachher. Ich könnte Dir deshalb nicht einmal sagen, was mir ausgerechnet an dieser Einspielung so gut gefällt.
Aber vielleicht genügt der Hinweis, daß die nächste Nummer auf der Platte »Hymn to the Orient« ist – und das war schon immer eine meiner liebsten Getz-Aufnahmen.

⊙ Terry/Brookmeyer: Straight no chaser

1961 war's, da holte die Musikwelt tief Luft. Die Beatles waren noch nicht ganz da und Bill Haley noch nicht ganz fort. Ray Charles und Freddy Quinn genossen Hitparaden-Ehren. Die symphonische Musik trat auf der Stelle. Die populären Schlager ertranken in Saccharin und wurden mit jeder Connie-Stevens-Platte süßer.
Dafür sorgten schon Mantovani und Mancini, die Everly Brothers und die von Glenn Gould so hochgeschätzte Petula Clark. Sogar Elvis schnulzte sich durch »Blue Hawaii«.
Und der Jazz? Dave Brubeck landete auf dem Titelblatt der Times und mit »Take Five« einen Hit. Damit war er für die gestrenge Jazzwelt so gut wie erledigt.
Die flüchtete sich in Abwehr und Widerstand, Black Power und Malcolm X, Aufruhr und Subkultur. Mit anderen Worten: die Zeit des Free Jazz brach an.
In den Lofts von New York entstand eine neue, unheimliche Musik. Ein tiefschwarzer, brodelnder, grausamer Urschrei voll Zorn, Haß und Aggression.
John Coltrane spielte seine wegweisende LP »Impressions« ein. Namen wie Albert Ayler, Archie Shepp, Cecil Taylor und Pharoah Sanders tauchten auf und stellten die Welt auf den Kopf.
Daß viele dieser Musiker tiefreligiöse Menschen waren, die auch inbrünstig Blues und hauchzarte Balladen spielen konnten, ändert nichts daran, daß ihre Musik über weite Strecken auch heute noch gewalttätig klingt.
Mit dem Free Jazz ist es wie mit der Zwölftonmusik. Beide stellen sie höchste Ansprüche an den Zuhörer.
Sie bieten ein von allen Zwängen und Konventionen herkömmlicher Konsonanzen losgelöstes Klangbild, an das man sich nur schwer gewöhnen kann. Neue Instrumente werden eingeführt, traditionelle bis zum Äußersten beansprucht.
Im Free sind halbstündige Marathonsoli im kreischenden Flageolett keine Seltenheit und stellen die Kondition sowohl der Musiker, als auch des Publikums auf eine harte Probe.
Musik mit diesem schrankenlosen Emotionalismus ist unter anderem hervorragend

geeignet, leidenschaftliche Gefühlsausbrüche wie Wut, Protest, grenzenlosen Schmerz zu illustrieren. Was sie nicht kann, ist unterhalten.
Mit Zwölftonmusik läßt sich zwar eine Oper, aber keine Operette schreiben. Alban Berg hätte allenfalls ein »Land des Röchelns« zustande gebracht. So wie sich auch der Free Jazz nicht als Bühnenmusik für »Leonce und Lena«, wohl aber für den »Woyzeck« eignet.
Nach dieser kleinen Schilderung kannst Du Dir vielleicht besser vorstellen, welche Erleichterung es manchen Ohren brachte, als im gleichen Jahr 1961 zwei Musiker daherkamen, die zwar alle Attribute des modernsten Jazz für sich in Anspruch nehmen durften und dennoch eine fröhliche, unbeschwerte Musik machten. Die selbst schwierigste Kost auf unnachahmlich leichte, lockere Art zu präsentieren wußten. Die als glänzende Virtuosen und große Künstler das Letzte aus ihren Instrumenten herausholten und dennoch gleichzeitig ihren Spaß daran hatten.
Der farbige Trompeter Clark Terry. Ein Allrounder, der mit Duke Ellington und Thelonius Monk gespielt hatte.
Der weiße Posaunist Bob Brookmeyer. Ein Allrounder, der mit Stan Getz und Gerry Mulligan gespielt hatte.
Miteinander gründeten sie das ›Terry-Brookmeyer-Quintet‹. Eine leider allzu kurzlebige Formation, eigens für einen Job im ›Half Note Cafe‹ in New York zusammengestellt, wo man die beiden mit den Spitznamen ›Mumbles & Grumbles‹ belegte. ›Mumbles‹ war Clark Terry, weil sein unnachahmlicher Gesang aus vokalisierten Nonsens-Silben an Gemurmel (mumbling) erinnerte. Folgerichtig konnte Bob Brookmeyer nur ›Grumbles‹ heißen. Dafür gab es zwar keinen Bezug, aber was sonst hätte zu ›Mumbles‹ gepaßt?
Mit zahlreichen Unterbrechungen und Umbesetzungen hielt das Quintett dann doch fünf Jahre und 5 Langspielplatten lang. Drei davon sind auf ›Mainstream‹ erschienen; eine auf ›Verve‹; eine auf dem obskuren Label ›Chazzer‹.
»Straight no chaser‹, eine Monk-Komposition, ist zweimal vertreten. Terry und Brookmeyer spielen dieses Thema, wie es noch nie vorher gespielt worden ist. Den Abschluß der einzelnen Phrasen versehen sie mit einem zweistimmigen Pralltriller, der trotz seines extremen Schwierigkeitsgrades wie aus dem Ärmel geschüttelt kommt. Unfaßbar!
Clark Terry und Bob Brookmeyer sind der lebendige Beweis dafür, daß auch moderner Jazz lustig sein kann. Ein Beweis, den beide auch auf zahlreichen Soloplatten antreten. Zum Beispiel Clark Terry auf der überschäumend fröhlichen ›The happy horns of Clark Terry‹; Bob Brookmeyer auf der witzigen ›The blues hot and cold‹.
Das ist denn auch das Charakteristikum von ›Mr. Mumbles‹ und ›Mr. Grumbles‹. Sie verbinden den hohen, heren Anspruch des ernsthaften Musikers mit der spielerischen Leichtigkeit des naturbegabten Musikanten. Sie sind Künstler, die die Kunst beherrschen, auch großer Musik ein kleines Augenzwinkern zuzugestehen.
Und das alles ganz Straight. No Chaser!

⊙ Tony Scott: Blues for Ava

Die große Zeit der Klarinettisten waren die dreißiger Jahre. Benny Goodman und Artie Shaw ließen ihr Instrument über dem vollen Orchesterklang ihrer Bigbands jubeln. Woody Herman wurde als »Boy Wonder of the Clarinet« herumgereicht. Glenn Miller ließ seinen Saxophonsatz von einer Klarinette führen.

Goodman mit seiner vollendeten Technik spielte alles, was man auf der Klarinette spielen kann, von Mozart bis Morton. Den Rest überließ er Buddy de Franco, der sogar noch ein bißchen flinkfingriger war, als der »King of Swing«.

Damit war das Kapitel Klarinette erledigt, und der Jazz konnte zum Saxophon übergehen. Bis Tony Scott »Blues for Ava« aufnahm.

Tony Scott spielt nicht Klarinette, er bläst hinein. Und zwar mit solcher Kraft, daß er sich beim Blasen sogar einmal einen Leistenbruch zugezogen hat. Diese Kraft äußert sich sowohl in Lautstärke, als auch in Emotion. Tony Scott ist ein lauter Klarinettist. Tony Scott ist ein ausdrucksstarker Klarinettist. Sein Ton erinnert an Jimmie Noone. Seine Phrasierung ist allerdings reinster Charlie Parker.

Sagte ich, daß Tony Scott ein ausdrucksstarker Klarinettist ist? Dann muß ich das leider auf ein »war« korrigieren.

Ich fuhr einmal 400 Kilometer weit, um Tony Scott im Münchner »Domicile« zu hören. Am Eingang erstand ich noch rasch eine Platte von ihm. Wegen eines Autogramms.

Auf dem Plattencover lächelte mir ein glattrasierter, gutaussehender junger Bursche freundlich entgegen. Auf der Bühne stand jedoch ein mißgelaunter Mann mit einem fast bis zum Gürtel reichenden Bart, mit schwarzem T-Shirt und Hosenträgern. Er spielte lustlos Tenorsaxophon und maulte ständig mit dem Pianisten herum.

Zweimal am Abend griff er zwischendurch zur Klarinette und zeigte, daß er auf diesem Instrument noch immer Sonderklasse repräsentierte. Hingegen war das, was er am von ihm bevorzugten Tenorsaxophon hören ließ, bestenfalls guter Durchschnitt.

Das bestätigte mir übrigens auch Buddy de Franco, als ich ihn einmal fragte, warum er nie Tenorsaxophon gespielt habe:

»Als Saxophonist bin ich einer von vielen. Als Klarinettist bin ich Buddy de Franco«.

Tony Scott, der eigentlich Anthony Sciacca heißt, war um 1950 herum die große weiße Hoffnung auf der Klarinette. Dann reiste er jahrelang durch Asien und beschäftigte sich viel mit orientalischer und indischer Musik. Das Ergebnis ist auf Schallplatten wie »Music for Zen Meditation« oder »Music for Yoga Meditation and other joys« festgehalten: fade Tempel- und Teehausmusik, deren »joys« mir wohl auf immer verborgen bleiben werden.

Als ich ihn ›live‹ zu hören bekam, konnte und wollte ich kaum glauben, daß dieser überwuzelte Althippie, der da vorn sein mittelmäßiges Tenorsax hupte, mit dem hinreißenden Interpreten einer meiner Lieblingsplatten identisch sein sollte.

Oder war er's am Ende gar nicht? Immerhin sah er anders aus, spielte anders, war anders. Doch als ich hinging, um mir ein Autogramm zu holen, schrieb er auf den Plattencover:

Tony Scott.

⨀ Lionel Hampton: Ring dem bells

Hamp hat unzählige Europäer auf dem Gewissen. Weil er mehr Menschen mit dem Jazzbazillus infiziert hat, als jeder andere. Als einer der ersten unter den Großen kam er nach dem 2. Weltkrieg von drüben nach hüben, um uns das swingen zu lehren. Dafür müssen wir ihm heute noch dankbar sein. Hamp ist gleichermaßen großartig als Vibraphonist, Pianist, Schlagzeuger, Sänger und Showman. Bitte schön, über den Sänger ließe sich streiten. Nicht aber über den Rest.

In der gesamten Musikgeschichte hat es keinen gegeben, der auf der Bühne aufregender und elektrisierender gewesen wäre, als Lionel Hampton. 40 oder 50 Jahre lang, so genau weiß man das nicht, trat er Abend für Abend auf – eine dröhnende Powerhouse-Band hinter, ein tobendes Publikum vor sich. Wenn er dann am Ende des Konzerts schweißgebadet und ausgepumpt den begeisterten Dank der Fans entgegennahm, die keine Ruhe geben wollten, spielte er noch als Achtzigjähriger eine Draufgabe nach der anderen. »How high the moon«, »Hamps Boogie Woogie«, »Hey Baba Rebop« und wie sie alle heißen.

Seit den 50er Jahren tourte er mit schöner Regelmäßigkeit durch Europa, und es war jedesmal dasselbe Bild: spätestens nach zwei Stücken hatte er auch das reservierteste Publikum in eine Horde wilder Tiere verwandelt – und die fraßen ihm auch noch aus der Hand, wenn er plötzlich inmitten der tosenden Brandung »Midnight sun« oder »Stardust« anschlug.

Freilich, es wurde auch viel von Zirkusschau und Exhibitionismus geredet. Vitaltität ist den Dichtern und Denkern verdächtig; Ekstase suspekt. Auch Jazzkritiker sind in erster Linie Kritiker und daher zu klarem Kopf verpflichtet. Zum Teufel mit ihnen!

Die Schallplattenaufnahmen, die Lionel Hampton gemacht hat, sind Legion. Da sind einmal die mit seiner eigenen Bigband. Dann die Einspielungen mit Benny Goodman, dessen Trio durch Hamp zum Quartett wurde. Die kammermusikalischen Klassiker mit dem Oscar-Peterson-Trio. Und die Wundertüte der sogenannten ›RCA-Serie‹.

Zu Beginn der vierziger Jahre war Lionel Hampton regelmäßiger Gast in den Studios der RCA-Victor, für die er eine Reihe von Aufnahmen machte, die selbst eine Mumie zum swingen gebracht hätten.

Weil Hamp zu dieser Zeit keine eigene ständige Formation besaß, borgte er sich einfach die besten Musiker aus, die zum jeweiligen Termin greifbar waren. War Duke Ellington in der Stadt, holte er sich eben Ben Webster als Solisten. Von Benny Goodman lieh er sich Ziggy Elman aus. Von Cab Calloway Jonah Jones. Alles Leute, mit denen man die Stadt rot anstreichen konnte. Hochadel des Swing.

Die mit dieser handverlesenen Crew entstandenen Aufnahmen zählen zu den feinsten Delikatessen des Combo Swing. Jede einzelne ein taufrischer, farbenprächtiger Schmetterling. Und der schönste des ganzen Schwarms ist »Ring dem bells«.

Lionel Hampton stellt das Thema und danach – gesangsmäßig eher mäßig – den Pianisten Jess Stacy vor:

»Mister Stacy. Ring dem bells.«

Als nächstes folgt Johnny Hodges am Altosax, brillant wie immer. Doch dann voll-

zieht sich eines der großen Wunder des Jazz: Cootie Williams steigt auf der Trompete ein. Mit einem Ton, der irgendwo aus dem Nichts kommt und in eine Präsenz mündet, die alles Vorherige vergessen macht.
Sollte Dich jemals jemand nach dem Begriff ›Hot‹ fragen, spiele ihm dieses Cootie Williams-Solo vor. Er wird nie wieder fragen müssen.
Wie gesagt, die RCA-Serie von Lionel Hampton ist schon etwas Besonderes. Sie wäre es auch ohne »Ring dem bells«. Und »Ring dem bells« wäre auch ohne Cootie Williams eine Perle. Und sein Solo wäre selbst dann ein Übersolo, wenn Cootie diesen wahnwitzigen Einstieg weggelassen hätte.
Aber Du solltest Dir von Dr. Jazz persönlich fiebermessen lassen, wenn es Dir bei dieser Siedehitze nicht jedesmal kalt über den Rücken läuft.

⊙ Stan Kenton: Young blood

Stan the Man war der Richard Wagner des Jazz. Obwohl er schon lange nicht mehr lebt und die Musikgeschichte längst über ihn hinweggegangen ist, regt er die Leute noch genauso auf wie dieser.
Kenton ist der Erfinder des »Progressive Jazz«. Das heißt, er hat diesen Begriff geprägt; wirklich progressiv waren ganz andere. Es war die Zeit des mit semiklassischem Anspruch überfrachteten »Third Stream«, als aus jedem kleinen Jazzer ein großer Symphoniker werden wollte.
Bombastische Bigbandblöcke, steifer Rhythmus, kreischende Trompetensätze und geballte Ladungen massiver Orchestertutti sind die äußeren Kennzeichen Kentonscher Musik. Und die inneren . . .? Sorry, bei soviel Äußerlichkeit gibt es keine.
Daß Kenton eine LP unter dem Titel »Kenton plays Wagner« aufgenommen hat, ist für ihn typisch. Wie alles »kentonale« unweigerlich »typisch« ist. Mit einer Ausnahme.
Diese Ausnahme heißt »Young blood«. Bei ihr gibt es swingenden Rhythmus, dynamische Satzarbeit und endlich auch die prachtvollen Soli, die man sonst meist schmerzlich vermißt. Und es stellt sich heraus, daß das überkandidelte Kenton-Orchester eine respektable Jazzband abgeben konnte, wenn es nur wollte.
Freilich gehört auch ein Gerry Mulligan dazu, der das Arrangement geschrieben hat. Wie auch ein Solist vom Range eines Lee Konitz, der mit seinem glasklaren Altosax der 52er Ausgabe der Kentonband die Jazzlichter aufsetzte.
»Young blood« ist das Paradebeispiel einer vollendeten Bigbandaufnahme. Nun brauchst Du aber nicht zu glauben, daß sie deswegen wie eine solche klingt. Stan wäre nicht Kenton, hätte er das zugelassen.
Typisch für seine Musik ist nämlich auch, daß sie sich bei aller Annäherung an konventionelle Spielweisen noch immer gewaltig vom Rest der Welt unterscheidet.
Die Kontroversen über Kenton entzünden

sich an der Frage, ob Kenton überhaupt dem Jazz zugerechnet werden kann. Doch wenn Jazz die Musik des Individualismus ist, gebührt Stan Kenton, daß man ihm Zurechnungsfähigkeit attestiert. Individueller als er kann man kaum sein. Und obwohl vieles von dem, was er in Bewegung gesetzt hat, in eine Sackgasse mündete, kann man in der Bigbandmusik 20, 30 Jahre danach immer vieles von dem entdecken, das »kentonal« oder »kentonesk«, eben »typisch Kenton« ist.

Den wuchtigen Stil der Kentonschen Musik prägten im wesentlichen ambitionierte Arrangeure wie Pete Rugolo, Bill Russo und Bob Graettinger, von denen jeder den Ehrgeiz hatte, ein zweiter Krachmaninoff zu werden.
Daß sich Stan the Man aber auch von Leuten wie Bill Holman und Gerry Mulligan Arrangements schreiben ließ, brachte uns und ihm nicht nur junges Blut, sondern ist eigentlich auch wieder einmal »typisch Kenton«.

⨀ Hawkins/Webster: Rosita

In Frankfurt war's, vor vielen hundert Jahren, als mich mein bevorzugter Plattenhändler diskret in einen stillen Winkel zog und mir im Stil eines Geheimagenten eine Neuerscheinung in die Hand und ans Herz legte, die er für mich reserviert hatte.
»Coleman Hawkins encounters Ben Webster« hieß das Scheibchen und das klang schon recht vielversprechend. Noch viel besser klang ein Stückchen vom Stück, vom ersten: »Blues for Yolande«, das ich mir vorspielen ließ.
Um es dezent auszudrücken: Ich sprang vor Begeisterung an die Decke. Im Hochgefühl des Entdeckers, der soeben den Yeti fotografiert hatte, raste ich mit meinem Schatz nach Hause. Unterwegs kam ich an mehreren Telefonzellen vorbei. Von jeder rief ich einen Freund an, um ihm von meiner Neuerwerbung zu berichten:
»Wenn Du demnächst Zeit hast, komm' unbedingt bei mir vorbei. Ich muß Dir die große Wahnsinnsplatte vorspielen. Bring' was zu trinken mit.«

Zu Hause angekommen, legte ich sofort die Neuerwerbung auf den Plattenteller. Schon während des »Blues for Yolande« klingelte es dreimal. Weitere fünfmal bei »It never entered my mind«. Und als die Nadel bei »Rosita« angekommen war, steckte das Zimmer voll mit Freunden, die ihrerseits wiederum ihre Freunde Jack Daniels, Jim Beam und Johnny Walker mitgebracht hatten. Was als harmlose Einladung gedacht war, mündete plötzlich in ein spontanes Happening, in eine Überraschungsparty mit Rosita als Ehrengast.
Ach ja, Rosita. Zu Beginn tanzt sie zu einem leichten kubanischen Rhythmus, über dem Coleman Hawkins eine Einleitung spielt, zu der unbedingt ein kräftiger Schluck gehört.
Dann hauchen die beiden Tenorsaxophonisten das Thema in die Rille, daß man die Luft vibrieren spürt. Das ist dermaßen sinnlich und erotisierend, daß es geradezu nach einem kräftigen Schluck schreit.
Beim folgenden Ben-Webster-Solo wech-

selt der Rhythmus von kubanisch in einen dezenten Swing über. Das Solo selbst ist ohne einen kräftigen Schluck überhaupt nicht zu ertragen, so schön ist es.
Wenn zum guten Schluß die Reprise des Themas das baldige Ende der Herrlichkeiten signalisiert, bedarf es schon eines kräftigen Schlucks, um sich darüber hinwegzutrösten.
Nachdem das erste Geheul der Begeisterung etwas abgeklungen war und wir mit Hilfe eines kräftigen Schlucks genügend Energie nachgetankt hatten, um die Nadel erneut an den Anfang von »Rosita« zu setzen, konnten wir uns endlich entspannen und einen kräftigen Schluck genehmigen.
An diesem Nachmittag, der zum Abend und schließlich zur Nacht wurde, lief nichts anderes mehr, außer »Rosita«.
Irgendwann mußte ich meine Bude kurz verlassen, um das Badezimmer aufzusuchen. Den Rückweg schaffte ich nicht mehr. Ich blieb auf dem Fußboden vor meiner Zimmertür sitzen, hörte von drinnen Ben Webster »Rosita« spielen und war unsagbar glücklich.
Einer der Besucher kam heraus, stolperte im Halbdunkel des Flurs über mich und sagte:
»Mensch, was machst denn Du da?«
»Laß' mich relaxen«, gab ich zur Antwort. »Ich schmuse gerade mit Rosita.«

⊙ Django Reinhardt: When day is done

Kein Zweifel, er war ein Zigeuner.
Die Frage, ob er trotzdem oder deshalb der Welt größter Gitarrist geworden ist, scheint mir eher belanglos. Wichtig ist, daß er seinem Volk Würde, Anerkennung und Respekt verschafft hat. Und daß seine Platten noch lange erhältlich sein mögen.
Als einem der ersten europäischen Jazzmusiker wurde Django Reinhardt die Ehre zuteil, in den USA gastieren zu können. Die amerikanischen Jazzer, die ihn in Paris gehört hatten, erzählten Wunderdinge über den Zigeunergitarristen Django, der durch James Jones' Bestseller ›Verdammt in alle Ewigkeit‹ sogar in die Literaturgeschichte eingegangen ist.
So wurde er eingeladen, in Amerika gemeinsam mit dem Duke-Ellington-Orchester aufzutreten. Es gibt sogar Schallplattenaufnahmen von diesem Ereignis. 5 Titel vom 10. November 1946 aus dem Chicago Civic Opera House. Leider schlecht aufgenommen und daher nur von historischem Interesse.
Aber die Geschichte soll wahr sein: daß Django im Verlauf dieser Tournee ein paar Farbigen irgendwo unter einer Brücke auf der Gitarre vorgespielt und darüber einen Auftritt mit Ellington versäumt haben soll.
Kein Zweifel, er war ein Zigenuer!
Musikalisch befindet er sich jenseits von Gut und Böse. Deshalb kaufe ich kritik- und bedenkenlos alles, was von ihm auf Schallplatten herauskommt. Das tue ich nur bei ganz wenigen: bei Armstrong, Getz, Bird & Diz, Oscar Peterson oder Billie Holiday

zum Beispiel. Alles todsichere Tips, da kann nichts schiefgehen. Und wenn morgen eine Platte ›Reinhardt (Django) plays Reinhard (Mey)‹ erschiene, ich würde sogar davon begeistert sein.
Django Reinhardt war in fast jeder Beziehung einmalig. Er hat auch keine Nachfolger, nur Epigonen. Sein Stil war nicht mehr weiterzuentwickeln, er war bereits perfekt.
Es ist schwer zu beschreiben, was diesen Stil ausmacht. Da ist einerseits die geradezu unheimliche technische Brillanz. Unheimlich schon deshalb, weil Django seine virtuosen, atemberaubenden Läufe mit einer verkrüppelten Hand greifen mußte.
Als Kind überraschte ihn ein Brand, der in seinem Zigeunerwagen ausgebrochen war. Djangos linke Hand fing Feuer. Zwei Finger blieben steif und waren nicht mehr zu gebrauchen. Die angestrebte Karriere als Geiger war zu Ende, noch bevor sie begonnen hatte.
Dennoch wurde Django Gitarrist und brachte es zu einer technischen Meisterschaft, die selbst dann verblüfft, wenn man sein Handikap nicht kennt. Kennt man es aber, wird es völlig unbegreiflich, wie solches möglich ist.
Dazu gesellt sich ein Ton, der wie bei allen großen Musikern individuell und unverwechselbar ist. Es ist ein parfümgetränkter Ton voll Melancholie und schwermütiger Schönheit, der zur zügigen Phrasierung der Improvisationen reizvoll kontrastiert.
Und improvisieren konnte Django wie kein Zweiter! Als Jazzmusiker unterschied er sich in nichts von den US-Stars, obwohl sich seine musikalische Entwicklung weitab vom Geschehen, nämlich in Belgien und Frankreich, vollzog. Kamen US-Musiker zu Besuch, rissen sie sich darum, mit Django Aufnahmen zu machen. So entstanden wunderschöne Einspielungen mit Coleman Hawkins, Dicky Wells, Peanuts Hucko, Benny Carter, Rex Stewart und Barney Bigard.
Django Reinhardts ständige Formation war das Quintett des Hot Club de France, dessen Besonderheit darin bestand, daß es sich nur aus Saiteninstrumenten zusammensetzte:
Eine Violine, drei Gitarren und ein Kontrabaß.
Mit dieser ungewöhnlichen Besetzung machte er in den dreißiger Jahren seine schönsten Plattenaufnahmen.
Darunter den herrlichen »St. Louis blues«; seine Eigenkomposition »Nuages«; und Standards wie »When day is done«.
Im Grunde genommen ist keine dieser Aufnahmen besser als die andere. Denn Vollendung läßt sich nicht steigern. Wie schon gesagt: Es gibt keine schlechten Django-Reinhardt-Platten.

Die Kunst Djangos lebt in der Musik der Sinti und Roma und in Virtuosen wie Bireli Lagrene fort. Er hat eine Tradition begründet, die seine musikalischen Erben weiterführen. Aber hätte man ihm das gesagt, hätte er nur darüber gelacht.
Zeit seines Lebens wußte er mit seinem Können und seinem Talent nichts Rechtes anzufangen. Er wurde weder reich, noch berühmt, war kein Showstar und kein Kassenmagnet. Er lebte bis zu seinem Tod so, wie er es gewohnt war: im Zigeunerwagen, unter seinesgleichen.
Aber er hielt auf Formen! Wenn es geregnet hatte und der Boden rund um den

Wagen aufgeweicht und schlammig war, mußte ihn seine Frau huckepack nehmen und auf dem Rücken aus dem Wagen und über die Wiese tragen, bis sie trockenen Grund unter den Füßen spürte.

Denn die Lackschuhe, die Django für den abendlichen Auftritt in irgendeinem Pariser Kellerlokal angezogen hatte, durften doch nicht schmutzig werden!
Kein Zweifel, er war ein Zigeuner.

⊙ Duke Ellington: Concerto for Cootie

Ich werde mich hüten, Dir eine Analyse dieser Aufnahme zu liefern. Das hat schon der französische Musikwissenschaftler André Hodeir in einem 20 Seiten langen Essay getan; einem der besten, das es auf diesem Gebiet gibt.
Dennoch nützen Dir Worte nichts, solange Du die Aufnahme nicht mit eigenen Ohren gehört hast.
Auch über Duke Ellington ist bereits alles gesagt und geschrieben worden, was man über ihn sagen und schreiben kann. Auch ihn haben die Fachleute analysiert, diagnostiziert, seziert, zerstückelt, durchleuchtet, zerlegt und wieder zusammengesetzt.
Dann haben sie der Welt alles mitgeteilt, was sie über das Geheimnis Duke Ellington herausgefunden haben. Nämlich nichts.
Musik läßt sich bekanntlich nicht beschreiben. Aber so nicht beschreiben wie Duke Ellingtons Musik läßt sich keine andere. Die schönste aller Nicht-Beschreibungen stammt von André Previn, der in einem Interview sagte:
»Stan Kenton kann sich vor ein Orchester mit tausend Streichern und tausend Bläsern stellen, eine dramatische Dirigiergeste machen, und jeder Studioarrangeur wird mit dem Kopf nicken und sagen: ›Jawohl, so muß das klingen.‹
Aber Duke Ellington hebt seinen kleinen Finger und drei Bläser erzeugen einen Klang, von dem niemand erklären kann, wie er entsteht.«
Dieser Klang ist eines der vielen Phänomene in der Musik Duke Ellingtons. Er ist nur daraus zu erklären, daß Ellington jede einzelne Note seiner Kompositionen und Arrangements seinen Musikern auf den Leib geschrieben hat.
Das heißt, zu erklären ist das überhaupt nicht. Das muß man hören. Er schrieb eben nicht für die zweite Posaune oder die fünfte Saxophonstimme; er schrieb für Juan Tizol oder Harry Carney.
Ein weiteres Ellington-Phänomen war die Kontinuität des Orchesters. Während in anderen Bands die Musiker laufend wechseln, blieben sie beim Duke jahrelang. Harry Carney ein ganzes Leben lang. Johnny Hodges, Lawrence Brown oder Cootie Williams ein halbes.
Ellington hat tausende Kompositionen geschrieben, von denen viele Evergreens geworden sind. Dennoch war er weit mehr als ein Songwriter. Als einer der ersten sprengte er das 3-Minuten-Limit der Schellackplatten, indem er längere Werke aufnahm. Er schrieb mehrsätzige Suiten wie »Black brown and beige« oder »Such sweet thunder«. Seine Solisten stellte er in Form

kleiner Konzerte heraus, dem Brauch der Concerti grossi der Barockzeit folgend.

- ⊙ Concerto für Johnny Hodges: Warm Valley
- ⊙ Concerto für Barney Bigard: Clarinet lament
- ⊙ Concerto für Rex Stewart: Subtle slough
- ⊙ Concerto für Jimmy Blanton: Jack the bear
- ⊙ Concerto für Cootie Williams: Concerto for Cootie.

»Concerto für Cootie« entstand 1940, als der Duke die berühmte Band von 1940/41 leitete, in der Jimmy Blanton Baß spielte und die deshalb auch die »Blanton Band« genannt wird.
Ellington hatte immer gute Orchester. Aber niemals ein besseres. In seiner Jahrzehnte währenden Laufbahn ergaben sich zwangsläufig Höhen und Tiefen. Auch ändern sich Zeiten und Konstellationen. Doch selbst wenn die Ellington-Band einmal nicht ganz an der Spitze war, blieb sie zumindest knapp darunter.
Zu seinen besten Formationen zählte unzweifelhaft die »Cotton Club Band« der Jahre 1929/30. Die Band des Jahres 1945. Die von 1951 mit Louis Bellson am Schlagzeug. Und die von 1970, für die Ellington die »New Orleans Suite« geschrieben hatte.
Doch es herrscht Einigkeit darüber, daß die ›Jimmy Blanton Band‹ der Jahre 1940/41 den absoluten Höhepunkt im Leben und Schaffen Duke Ellingtons darstellt. Mit dieser Band verwirklichte er seine Vorstellungen von ›amerikanischer‹ Musik und kam mit ihr dem Jazz doch näher, als mit jeder anderen. Das bezeugen Meisterwerke wie »Harlem Airshaft«, »Bojangles«, »Koko« und eben »Concerto for Cootie«, das später sogar einen Text angepaßt bekam und unter dem Titel »Do nothin 'till you hear from me« fast so etwas wie ein Schlager geworden ist.
Übrigens gibt es in Aufbau und Stimmung ein Pedant dazu. Es heißt »Fiesta in blue«, wurde von Jimmy Mundy komponiert und vom Orchester Count Basie mit Buck Clayton als Solisten aufgenommen.
Obwohl seither ein halbes Jahrhundert vergangen ist, klingen all diese Aufnahmen frisch wie am ersten Tag. Und obwohl »Concerto for Cootie« von A bis Z durchkomponiert ist, hat man den Eindruck, es sei zumindest von B bis Y improvisiert. Auch das ist eines der magischen Rätsel des Genies Ellington.
Zeit seines Lebens wehrte sich der Duke dagegen, als Jazzmusiker abgestempelt zu werden.
»Ich will die Musik des amerikanischen Negers machen«, sagte er einmal.
Um diesem Ziel näherzukommen, sprengte er in seinen Ambitionen und Formen oft genug die herkömmlichen Prinzipien des Jazz. Dennoch kann kein Zweifel daran bestehen, daß Duke Ellington in erster Linie und vor allem anderen Jazzmusiker gewesen ist.
Der Unterschied zu den Nur-Jazzmusikern mag darin liegen, daß Ellington im Grunde genommen den Jazz nie gebraucht hat. Wohl aber der Jazz ihn. Aber das kann man nicht erklären; das muß man hören.

10 × Oper

Das Verhältnis von Opern und Schallplatten gleicht dem von Tristan und Isolde. Es ist eine unendliche Liebesgeschichte.
Sie beginnt schon damit, daß für Operngesamtaufnahmen die längsten aller langen Langspielplatten benötigt werden. Zwar zeigen auch ein paar geistliche Werke den Ehrgeiz zeitlicher Ausschweifung, aber das sind kleine Fische. Die großen Brocken haben zwei bis fünf Akte, sind in deutsch, italienisch oder französisch – und außerdem nicht und nicht umzubringen.
Wie oft hat man die Oper schon totgesagt. Doch Totgesagte haben ein zähes Leben, und solange sich die Premierenpreise der Scala Milano in der Gegend von 800 000 Lire bewegen, brauchst Du Dir um die Gattung Oper keine Sorgen zu machen.

Oper und Schallplatte passen zusammen. Schon deshalb, weil sie so gar nicht zusammenpassen wollen. Es kommt nämlich ganz darauf an, wieviel Du an Phantasie einbringen kannst.
Oper ist Gesamtkunstwerk: Musik, Text, Drama. Läßt man die Musik weg, bleibt ein Libretto, bestenfalls ein Theaterstück übrig. Ohne den Text eine symphonische Dichtung. Ohne Bühnenaktion ein Oratorium. Vom Ganzen, aus dem Oper besteht, kann die Schallplatte knapp zwei Drittel, nämlich den akustischen Teil, reproduzieren. Um die fehlende optische Komponente hinzuzufügen, müßte man das Medium Film bemühen. Doch von 100 Opernfilmen sind 120 derart scheußlich, daß einem buchstäblich Hören und Sehen vergeht.
Singt der Opernstar live, fährt ihm die Kamera unweigerlich bis hinter die Mandeln in den Rachen, was vielleicht einen HNO-Arzt interessiert, nicht aber den Musikliebhaber.
Singt er Playback, stimmt unter Garantie die Synchronisation nicht. Wird er von einem Schauspieler gedoubelt, ist die Parodie nicht weit.
Die einzige Ausnahme von dieser Regel ist der monumentale »Elektra«-Film unter der Regie von Götz Friedrich mit den Singschauspielerinnen Leonie Rysanek und Astrid Varnay. (Auf »CD.Video« erhältlich.)

Also doch zurück zur guten alten Schallplatte.
Die ersten Schallplatten, die man vom Repertoire her als solche bezeichnen kann, waren Gesangsaufnahmen. Aber es mußte erst ein Enrico Caruso kommen, damit die Schallplatte ernst genommen wurde. Vorher war sie nichts weiter als eine Art Spielzeug, ein Kuriosum, ein Kalb mit zwei Köpfen.
Daß der große Caruso auf Schallplatten mit Luxusetikett (die berühmte Red seal Serie von RCA Victor) zu hören war, hob das Ansehen des neuen Mediums gewaltig. Dafür sorgten unter anderem auch ganzseitige Anzeigen in der Saturday Evening Post, die ersten ihrer Art.
Caruso machte seine erste Schallplattenaufnahme am 18. März 1902 in Mailand: »Questa o Quella« aus Verdis »Rigoletto«; eine Aufnahme, die sechs Jahre später mit Orchesterbegleitung wiederholt wurde.

Caruso-Schallplatten gingen um die ganze Welt. Der damalige Direktor der Metropolitan Opera, Heinrich Conried, war von ihnen so beeindruckt, daß er den Sänger nur auf Grund dieses Eindrucks engagierte. Am 23. November 1903 feierte Caruso sein New Yorker Debüt. Er war der erste Weltstar, dessen Karriere durch die Schallplatte gefördert wurde. Er war auch der erste, der die Millionengrenze überschritt: »Vesti la giubba« aus »Bajazzo« ist die erste »Goldene« der Geschichte.

Neuauflagen dieser historischen Scheiben sind immer noch Dauerbrenner, weshalb sich ein gewisser Dr. Stockham von der Universität Utah mit ihnen und einem Computer solange gespielt hat, bis einige von ihnen fast Hi-Fi waren.

Die erste Gesamtaufnahme entstand bereits 1903 und galt Verdis »Ernani«. Sie wurde auf nicht weniger als 40 (einseitig bespielten) Platten veröffentlicht. Da sind unsere heutigen Sets doch etwas handlicher. Um so mehr, wenn es sich um Compact Discs handelt. Dadurch kannst Du komplette Opern auf kleinstem Raum unterbringen.

Dennoch bleibt das Problem Opern auf Schallplatten ein solches. Ich tue mich schwer, wenn ich die betreffende Oper noch nie auf der Bühne gesehen habe. Erst wenn ich mir die Bühnenaktion bildlich vorstellen kann, zeigt mir meine Phantasie, wie Manrico sein Schwert zieht, blättere ich mit Leporello im Register und raufe mit, wenn Beckmesser verprügelt wird.

Glaube mir, so kann Oper auf Schallplatten zum Erlebnis werden.

Solltest Du am Beginn dieser unendlichen Liebesaffäre namens Oper und Schallplatte stehen, könnte Dir meine Auswahl ein paar gute Tips fürs erste Hineinhören geben. Ohne jeden Anspruch auf Vollständigkeit und ohne Wertung. Es geht um kein Punktesystem, um keine Goldmedaille, um keinen Weltrekord. Es geht lediglich um Tod oder Leben, das heißt, ums Repertoire.

Daß die großen Häuser immer die gleichen Werke spielen, ist nicht verdächtig, sondern vernünftig. Auch Du wirst schließlich nicht gerade mit »Penthesilea« von Othmar Schoeck oder »Egisto« von Francesco Cavalli anfangen, obwohl dieser damit angefangen hat, die Oper »Oper« zu nennen.

Also wirst Du Dich an Mozart, Verdi, Wagner, Puccini, Strauss und Strauß halten und gut daran tun.

Zum Strauß fügst Du noch ein paar Orchideen aus den Gärten von Beethoven, Bizet, Mussorgsky, Pfitzner, Rossini und Berg (Schön- und Alban).

Aber beginnen wir mit den Rosen aus dem Süden:

Wenn Du Dir eine italienische Oper zulegen willst, von der es eine Aufnahme mit Maria Callas gibt, höre auf jeden Fall vergleichend in diese hinein. Es gibt nämlich nicht viel, was da Besseres nachgekommen wäre.

Dafür gibt es so gut wie keine vollendete Aufnahme einer Wagner-Oper.

So überzeugend auch Paul Schöffler den Hans Sachs in den »Meistersingern« gestaltet, sein Stolzing Günter Treptow ist leider eine Vorgabe.

Holt man sich Peter Hofmann als »Lohengrin«, muß man auch Karen Armstrong als Elsa in Kauf nehmen.

Bei fast allen »Fliegenden Holländern« stört der Dirigent; bei den meisten »Walküren« eben diese, 8 an der Zahl. Und es gibt keinen wirklich guten »Tannhäuser«.

Nur bei »Tristan & Isolde« muß ich Wolfgang Windgassen Abbitte für alles Böse leisten, was ich je über ihn gelästert habe, wenn ich mir wieder einmal Böhms hitzigen 1966er Bayreuther Mitschnitt statt der grandios überzogenen Version von Carlos Kleiber auf(er)lege.

Mozartopern folgen eigenen Gesetzen. Nirgends sonst kann der Dirigent so viel ruinieren. Dennoch haben sich erstaunlich viele Kapellmeister an ihnen versucht und sind erstaunlich viele Schallplattenfirmen bereit, diese Versuche der Öffentlichkeit zuzumuten.

Im unübersehbaren Plattenangebot an Mozartopern ist so manches platte Angebot dabei. Ich halte mich deshalb an eine einfache Faustregel: heißt der Dirigent Karl Böhm, Fritz Busch, Herbert von Karajan, Carlo Maria Giulini, Josef Krips oder Erich Kleiber, veranlaßt mich das, in die Aufnahme hineinzuhören. Heißt einer der Sänger Cesare Siepi, Paul Schöffler, Anton Dermota, Lisa della Casa oder Fritz Wunderlich, werde ich der Sache nähertreten. Sind noch dazu die Wiener Philharmoniker aufgeboten, ist der Kaufentscheid so gut wie gefallen.

Bleibt noch Richard Strauss. Die »Elektra« der Birgit Nilsson ist absolut konkurrenzlos, ebenso ihre »Salome«, beide Male mit Georg Solti am Pult. Bei »Ariadne auf Naxos« und »Frau ohne Schatten« gibt es zu Karl Böhm keine Alternative. Als Strauss-Dirigenten schätze ich auch Rudolf Kempe, Wolfgang Sawallisch und Joseph Keilberth. Die Aufnahme aller Aufnahmen hat allerdings Erich Kleiber mit seinem »Rosenkavalier« hinterlassen.

Opernaufnahmen sind die aufwendigsten Schallplattenproduktionen überhaupt, und man muß den Plattenproduzenten dankbar sein, daß sie sich das antun. Was da alles schiefgehen kann! Und es geht ja auch tatsächlich das meiste schief!

Die vollkommene, endgültige, definitive Opernaufnahme gibt es nicht, Gott sei Dank nicht. Wir würden dann ja nur eine benötigen. Oper lebt aber durch die Vielfalt in der Interpretation. Drum kann es sein, daß sowohl Du als auch ich die beste Aufnahme von »Hoffmanns Erzählungen« besitzen, die es gibt – und daß es sich um zwei völlig verschiedene Einspielungen handelt.

Weil das so ist, und weil es kein Paradies ohne Schlange und keinen Hofmann mit Placido Domingo, George London und Elisabeth Schwarzkopf gibt, braucht der Mensch eigentlich immer mehrere Paradiese und mindestens drei Hofmänner.

Bist Du ein Wagnerianer, dann stellst Du Dir wahrscheinlich lieber 6 Versionen des »Parsifal« in den Plattenschrank, bevor Du Dir auch nur einen Donizetti kaufst. Auch ein »Fidelio« kommt selten allein. Stehst Du auf Verdi, brauchst Du größere Mengen »Aidas«, »Maskenbälle« und »Rigolettos«. Liebst Du aber Meyerbeer über alles, soll Dich »Robert der Teufel« holen.

⨀ Giuseppe Verdi: Othello
Dirigent: Arturo Toscanini

An diesem Rundfunkmitschnitt des Jahres 1947 wäre vieles auszusetzen.
Von Ramon Vinay gibt es bessere Aufnahmen der Titelpartie, da braucht man garnicht erst an Mario del Monaco denken. Die Desdemona der Herva Nelli ist keine Tebaldi und schon gar keine Rysanek, nicht einmal eine Milanov. Giuseppe Valdengo zeigt als Jago zwar eine Riesenstimme her, doch Paul Schöffler ist bei Furtwänglers Salzburger Mitschnitt von 1951 um luziferische Dimensionen abgefeimter und dämonischer.
Das NBC-Orchester hält dem Vergleich mit Spitzenorchestern wie den Wienern oder den Berlinern, den Clevelandern oder den Philadelphians nicht stand. Die Aufnahmetechnik ist mono. Was also ist an diesem Othello so außergewöhnlich?
Antwort: Der Mann am Pult!
Wenn jemals ein Dirigent Star einer Schallplattenaufnahme war, dann hier!
Vom ersten Takt weg fegt Dich dieser Othello an die Wand und hält Dich dort fest, daß Du kaum Luft bekommst.
Wofür Karajan Windmaschine und Donnergrollen braucht, macht Toscanini mit den Noten der Partitur. Einen Sturm von Windstärke 12. Die Tartarenhorden des Dschingis Khan können nicht wüster gewesen sein als das, was sich hier bis zum »Esultate« abspielt.
Diese Hochspannung hält an. Der Feuerchor ist von einer geradezu unheimlichen Präzision, das Racheduett ein barbarisches Ritual, Othellos Wutausbruch im dritten Akt brutaler als Rambo und Rocky zusammengenommen.

Arturo Toscanini erreicht diese Siedehitze weder durch künstliche Steigerungen, noch durch dubiose Rubato-Tricks, sondern nur durch strikte Beachtung des Notentexts und Einhalten der vorgeschriebenen Tempi.
Toscanini war ein vom Publikum vergötterter und von den Musikern gefürchteter Dirigent. Seine Wutanfälle sind Legende; die Geschichten über sein Gedächtnis ebenfalls. Er konnte große Teile von Partituren mit sämtlichen Stimmen aufschreiben, wie unsereins einen Brief schreibt. Er fand selbst in Bayreuth Fehler in den Orchesterstimmen, die keinem anderen Dirigenten vor ihm aufgefallen waren. Er soll aber auch Unmengen von Taktstöcken zerbrochen und Partituren zerrissen haben, wenn die Orchester nicht so konnten, wie er wollte.
Toscaninis Schallplattenaufnahmen werden seiner Künstlerschaft gewiß nicht gerecht. Vollkommen, im Sinne von makellos, ist keine von ihnen.
Doch trotz ihrer unüberhörbaren Nachteile klingen sie noch immer weit interessanter, packender und aufregender, als die viel perfekteren Einspielungen späterer Kollegen.
Die Othello-Gesamtaufnahme ist der beste Beweis dafür.
Dazu noch ein Tip: solltest Du einmal Besuch eines Beatfans bekommen, der für Hardrock und Heavy Metal, Jimi Hendrix oder Guns'n Roses schwärmt, dann spiele ihm Toscaninis Othello-Aufnahme vor. Damit er einmal hört, daß sein letzter Discohammer bei weitem nicht das Letzte ist und daß sogar der alte Verdi ganz schön fetzig klingen kann.

⊙ Giacomo Puccini: La Bohème
Dirigent: Herbert von Karajan

Opernliebhaber sind eine spezielle Menschenrasse, die sich durch folgende Merkmale auszeichnet:

1. Sie sind alle wahnsinnig.
   Wer sonst würde sich 3 Tage und 3 Nächte lang für eine Stehplatzkarte anstellen, nur um sich von einem bestimmten Tenor die Geschichte vom »Klein-Zack« vorsingen zu lassen, die weder neu, noch originell ist, und die er ohnehin schon in 15 verschiedenen Fassungen im Plattenschrank stehen hat.
2. Sie sind gleichzeitig Gourmets und Gourmands.
   Als Feinschmecker registrieren sie jedes eingelegte oder ausgelassene »C«, spüren jeder Nuance mit dem Klavierauszug nach und verfolgen jede noch so kleinste Phrase wie Philipp Marlowe den Malteserfalken. Und als Vielfraße können sie nicht genug davon kriegen.
3. Sie sind entweder Wagnerianer oder Anti-Wagnerianer.
   Ein Mittelding gibt es nicht. Bei Wagner scheiden sich die Geister. Er verträgt keine Neutralität; man ist entweder hundertprozentig für oder zweihundertprozentig gegen ihn.

Es bedarf schon eines hehrsten Wunders, um einen überzeugten Wagnerianer dazu zu bringen, auch andere Opernkomponisten anzuerkennen.

Ein solches vollzog sich einst am Galerie-Stehplatz der Wiener Staatsoper. Dort hatten wir einen, den wir wegen seines unermüdlichen Eintretens für Puccini spöttisch nur den »Bohème-Heinzi« nannten.

Gegen die geballte Phalanx der Wagnerianer konnte sich der »Boheme-Heinzi« natürlich nie durchsetzen, was aber angesichts der zu dieser Zeit in Wien gebotenen Puccini-Aufführungen kein Wunder war.

Dieses begab sich erst bei der Neuinszenierung von »La Bohème«, einem Import von der Mailänder Scala. Franco Zeffirelli und Herbert von Karajan hatten dort eine »Bohème« auf die Bühne gezaubert, wie man sie noch nie vorher erlebt hatte. Das gebannte Premierenpublikum wurde von einer Welle der Innigkeit, Poesie, Wehmut und Zärtlichkeit erfaßt, dem es nicht gewachsen war. Nicht einmal Puccini selbst hätte diesen Gefühlssturm unverletzt überstanden.

Karajan holte aus dem Orchester das Äußerste an Klangschönheit heraus. Bei ihm und durch ihn gewann Puccini auf einmal Tiefe. Die Musik strömte voll schwerer Süße, ohne je sentimental zu werden. Dazu kam eine Inszenierung von atmosphärischer Dichte (Szenenapplaus für das 2. Bild!) und in vollkommener Übereinstimmung mit der Musik.

Das alles war aber noch gar nichts gegen die Protagonisten. Rolando Panerai gelang ein rollendeckender Marcello. Gianni Raimondi bot für den Rodolfo schwärmerischen Überschwang und perfekte Stimmkultur auf. Mirella Freni sang wie ein Engel.

Es war das Jahr ihres großen Scala-Triumphs, der sie für alle Zeiten als die Mimi unseres Jahrhunderts etablierte.

Mit dieser Inszenierung und mit dieser Besetzung kam Herbert von Karajan anschlie-

ßend an die Wiener Staatsoper, wo man schon Wunderdinge über die Scala-Aufführung vernommen hatte.
Um es spannender zu machen, brachte er gleich auch den in Italien üblichen »Maestro suggeritore« aus Mailand mit, was zu einem riesigen Skandal, einem Streik des Personals (»Wozu brauchen wir den, wir haben unsere eigenen Souffleure!«) und zu einer Verschiebung der Premiere führte.
Alle Vorzeichen stimmten also, um das Ereignis auch tatsächlich zu einem solchen hochzustilisieren.
Doch als es dann soweit war und Karajan seinen unvergleichlichen Puccini-Klangteppich ausbreitete, der Mirella Freni und Gianni Raimondi wie auf Wolken zu tragen schien, tat sich der Himmel auf und blieb die Zeit stehen.
Als der vierte Akt zu Ende ging, heulte der ganze Stehplatz wie die Schloßhunde, sämtliche Wagnerianer miteingeschlossen.
Daß man diese Sternstunde der Opernkultur für die Ewigkeit festhalten wollte, lag auf der Hand und bei Karajan, dessen UNITEL damals sogar einen Film in den zauberhaften Dekorationen der Zefirelli-Inszenierung produzierte. Finstere Firmenpolitik und die Tatsache, daß die Technik noch nicht soweit war, verhinderten allerdings eine Veröffentlichung, die erst zu Beginn des Jahres 1989 auf CD-Video der Deutschen Grammophon erfolgte.
Die Filmaufzeichnung auf der großen, glänzenden, beidseitig bespielten Scheibe leidet – wieder einmal – unter den üblichen Synchronisationsmängeln, und Du tust gut daran, die Aufnahme als »gewöhnliche« CD zu betrachten; das heißt, den Bildteil besser nicht zu betrachten, sondern die Musik mit geschlossenen Augen zu genießen.
Es gibt zwar auch eine CD in »Originalbesetzung«, allerdings nur als Live-Mitschnitt von minderer Tonqualität. Bei der Studioaufnahme mußte sich Mirella Freni aus vertraglichen Gründen mit Nicolai Gedda als Schallplattenpartner und mit Thomas Schippers am Pult zufrieden geben.
So mußten die Opernfreunde und mußte Mirella Freni 10 Jahre warten, bis sie und Karajan nicht nur im Film- sondern endlich auch im Tonstudio zusammenkamen. Dort wurde das Wunder prolongiert. Vieles vom Zauber der denkwürdigen Scala-Aufführung ist auf der 1971 entstandenen Aufnahme konserviert.
Mirella Freni ist immer noch die Mimi aller Träume. Rolando Panerai als Marcello ebenso. Nur anstelle Raimondis singt Luciano Pavarotti. Fürwahr kein schlechter Ersatz.
Pavarotti bringt in seine Partie all den Schmelz und den Wohlklang ein, den ein Puccini-Tenor haben muß. Dazu noch ein »hohes C« von Gottes Gnaden. Sein »Che gelida manina« beginnt ruhig, fast verhalten und steigert sich zu einer poetischen Ekstase, der noch ganz andere Mädchen als die kleine Blumenstickerin aus Paris zum Opfer gefallen wären – und sicher auch sind.
Dennoch ist »La Bohème« mit Mirella Freni eine Aufnahme, die ich Dir nicht vorspielen werde. Jedenfalls nicht bis zum Schluß. Es muß ja nicht jeder sehen, wenn ein Wagnerianer bei Puccini wie ein Schloßhund heult.

PS: Damit dieses Kapitel nicht allzu elegisch ausklingt, laß' mich Dir noch eine ganz be-

sonders hübsche Schallplattengeschichte im Zusammenhang mit »La Bohème« erzählen.
Es gibt in Wien einen Telefonanschluß, unter dem sich zwar manchmal nur ein Anrufbeantworter meldet – dafür aber mit der Stimme von José Carreras, der dem Anrufer mitteilt:
»Or che mi conoscete, parlate voi, deh. Parlate. Chi siete?«

⊙ Richard Strauss: Der Rosenkavalier
Dirigent: Erich Kleiber

Es gibt viele herausragende, wunderbare, herrliche, begeisternde Operngesamtaufnahmen.
Leider auch andere, die für eine kurze Saison, eine Stagione gemacht scheinen. Deren Rezept lautet: man nehme ein paar Sänger, die gerade greifbar sind sowie ein sturm(chor)erprobtes Opernorchester samt dazugehörigem Haus- und Hofdirigenten, und ab geht die Post.
Seit aber John Culshaw in den späten 50er Jahren für die Decca die ersten exemplarischen Einspielungen für den »Ring des Nibelungen« machte, werden »Opern auf Schallplatten« eigentlich für die Ewigkeit produziert.
Die Ensembles werden handverlesen zusammengestellt. Als Dirigent kommt nur ein Pultstar erster Ordnung in Frage. Und wenn man nicht die Wiener, Berliner oder Londoner als Orchester bekommen kann, läßt man besser die Finger davon.
So entstanden beispielhafte Alben wie Levines »Zauberflöte«, Karajans »Aida« oder Maazels »Turandot«.
Dennoch ist der 1954 in Wien eingespielte »Rosenkavalier« mit Sicherheit die schönste Operngesamtaufnahme aller Zeiten. Bei dieser Aufnahme müssen alle guten Geister der Oper Pate gestanden haben, anders ist eine derartige Vollkommenheit nicht zu erklären.
Das Ensemble ist ein einziger Glücksfall. Ein Opernensemble in dieser Zusammensetzung ins Plattenstudio zu bringen, war schon damals eine Ausnahme. Zwanzig, dreißig Jahre später war es bereits unmöglich.
Denn es ist eben doch nicht damit abgetan, einfach eine Handvoll der weltbesten Sänger zusammenzutrommeln. Das hätte zwar einen guten »Rosenkavalier«, nicht aber ein Jahrhundertereignis ergeben.
Beim wienerischen Rosenkavalier-Ensemble hatten die Sänger ihre Rollen viele Male auf der Bühne in dieser Besetzung gesungen. Sie kannten jeden Ton, jede Nuance des Partners:
Die volle, satte Baßsonorität von Ludwig Weber. (Der mit einem der größten Probleme aller Sänger des »Ochs von Lerchenau«, dem Wiener Dialekt, schon wegen seiner Herkunft nie zu kämpfen hatte.)
Die jugendlich burschikose Sena Jurinac, deren Darstellung des »Octavian« unerreicht geblieben ist.
Der Silberklang von Hilde Güden als »Sophie«.
Und als Krönung die Engelsstimme von

Maria Reining, der in der Rolle der Marschallin nur Elisabeth Schwarzkopf ernsthaft Konkurrenz machen konnte.
Daß die Wiener Philharmoniker das ihre zum Gelingen beitragen, muß wohl nicht eigens betont werden.
Und doch: was wäre aus dem »Rosenkavalier« geworden, wäre nicht Erich Kleiber am Pult gestanden?
(Wir verdanken Erich Kleiber übrigens eine weitere, traumhaft schöne Opernaufnahme, nämlich »Die Hochzeit des Figaro«.)
Den »Rosenkavalier« unter Erich Kleiber mit anderen Aufnahmen zu vergleichen, ist eine Lehrstunde in Musik.
Ich besitze z. B. auch die Gesamtaufnahmen unter Karajan und Böhm. Beide sind hervorragend musiziert. Strauss hätte seine Freude daran gehabt. Aber der Schwung, den Erich Kleiber aus dem Orchester holt, das Brio, mit dem da gespielt wird: das ist unvergleichlich!
Auch bei den Großen stellt sich vollkommene Harmonie eben nur ganz selten ein. Doch wenn es passiert, ist es eine Gnade und ein Wunder. Dabei könnte ich gar nicht sagen, »was« hier geschieht. Nur, »daß« es geschieht. Daß einfach alles »stimmt« und nirgends etwas zuviel oder zuwenig ist. Daß alles vorhanden ist, was man sich nur wünschen kann.
Die schönste Stelle ist der Schluß des zweiten Aktes. Immer und immer wieder spiele ich sie mir vor und vergleiche sie mit anderen Aufnahmen.
Wenn nach den letzten Worten des Ochs: »Keine Nacht Dir zu lang« Erich Kleiber das Orchester in einen mitreißenden, musikantischen Walzertakt hineinhebt, daß man am liebsten aufspringen und tanzen möchte, hängt der Himmel wirklich voller Geigen und kommen die Engerln auf Urlaub nach Wien.
Daß solches einer fertigbringt, der nach 34 Orchesterproben den bis dahin für unspielbar gehaltenen »Wozzeck« uraufgeführt hat, ist kaum faßbar.
Erich Kleiber führte kein leichtes Leben auf dieser Erde. Enttäuschungen und die Nazis trieben ihn bis nach Südamerika. Als er 1954 die Leitung der Ostberliner Staatsoper übernahm, wollte man ihn im Westen nicht mehr haben. Und als er ein Jahr später – wieder aus Protest gegen das Regime, diesmal das kommunistische – in den Westen zurückkehrte, sperrte ihn der Osten aus. Als Wiener Staatsoperndirektor zwar im Gerede, wurde ihm allerdings Karl Böhm vorgezogen. Ein Jahr darauf starb Erich Kleiber. Er hinterließ einen hochbegabten Sohn und zwei Operngesamtaufnahmen von einzigartiger Schönheit, denen die Zeit nichts anhaben kann, auch wenn sie ein sonderbar Ding ist.
Erich Kleibers »Rosenkavalier« ist wie ein Gruß vom Himmel. Hat einen starken Duft; wie Rosen; wie lebendige.

⊙ Alban Berg: Wozzeck
Dirigent: Claudio Abbado

»Aida«, »Carmen«, »Lohengrin«: das ist Liebe auf den ersten Blick. »Palestrina«, »Tristan und Isolde«, »Die Frau ohne Schatten« sind Liebe auf den zweiten Lausch. Aber »Wozzeck?«
Aus meinem ersten »Wozzeck« taumelte ich betäubt und völlig erschlagen heraus und war drei Tage lang unfähig, auch nur einen einzigen Ton Musik zu hören. Es hat nur wenige musikalische Erlebnisse gegeben, die mich derart mitgenommen haben. Mein erster »Tannhäuser« fällt mir da ein, der gleichzeitig der letzte des großen Wagner-Tenors Max Lorenz war; eine Aufführung des »Verdi-Requiems« unter Ferenc Fricsay; eine Begegnung mit dem jung verstorbenen Altsaxophonisten Eric Dolphy; ein Konzert des Trompeters Maynard Ferguson; meine erste »Elektra« mit Christel Goltz in der Titelrolle.
Ich habe circa 40 »Elektras« gebraucht, um mir bei der Erkennungsszene nicht mehr auf die Fingerknöchel zu beißen. Auch den »Tannhäuser« dürfte ich mittlerweile überwunden haben. Aber der »Wozzeck« schafft mich noch immer – sogar auf Schallplatten.
Über die Wiener Philharmoniker kursiert ein bösartiges Bonmot von der Wiener Erstaufführung des »Wozzeck«:
»Bei der Oper müssen's nach dem ersten Akt neue Freikarten ausgeben.«
Aber ihnen wächst offenbar gerade das besonders ans Herz, was sie zuerst am vehementesten ablehnen. Das zeigt sich an Bruckner, das gilt für Berg. Nicht umsonst gibt es ausgerechnet von den Wienern zwei Gesamtaufnahmen. Eine gute unter Christoph von Dohnanyi. Eine bessere unter Claudio Abbado.
Was den «Wozzeck« von vornherein zur Ausnahmeerscheinung stempelt, ist sein Text. Georg Büchner, Autor des »Woyzeck«, ist Begründer des modernen Theaters und wahrscheinlich der bedeutendste Dramatiker zweier Jahrhunderte. Das Unbegreifliche daran ist, daß er schon 1837 starb, kaum 23 Jahre alt. Er hinterließ der Welt drei Bühnenwerke, mit denen er das Theater des 20. Jahrhunderts um 100, 150 Jahre vorweggenommen hat.
»Leonce und Lena« harrt noch der Vertonung. Über »Dantons Tod« machte sich Gottfried von Einem her. Den »Woyzeck« sah Alban Berg 1914 in den Wiener Kammerspielen und war davon dermaßen gepackt, daß er daraus eine Oper machte.
Bei der Uraufführung unter Erich Kleiber 1925 in Berlin kam es zum Skandal, der ein Jahr später in Prag prolongiert wurde. Und obwohl sich der »Wozzeck« inzwischen längst zur einzigen Repertoireoper der Moderne gemausert hat, wird er wegen seiner Sprödigkeit doch immer nur einer kleinen Schar Auserwählter vorbehalten bleiben, zu denen ich mich gerne zählen würde.
Dazu wäre es notwendig, tief in das Werk hinabzutauchen. Es glasklar zu analysieren. Seinen kompositorischen Geheimnissen auf die Spur zu kommen. Das feinmaschige Netzwerk seiner Struktur genau zu ergründen.
Doch wie läßt sich die Gräßlichkeit einer Tageszeitungsmeldung analysieren? Wie läßt sich der Schauer messen, der einen befällt, wenn Maries Sohn seinen Spielka-

meraden auf dem Steckenpferd nachreitet, um die Leiche seiner ermordeten Mutter anzuschauen?

⊙ Der erste Akt setzt sich aus fünf Charakterstücken zusammen, zu denen Suite, Passacaglia und Rhapsodie zählen.

⊙ Der zweite Akt ist eine fünfsätzige Symphonie.

⊙ Der dritte Akt besteht aus sechs Inventionen.

Das sind Dinge, von denen man weiß. Die man nachlesen kann.

Doch dieses Wissen wiegt wenig gegenüber der Faszination, die vom Gesamten ausgeht und der sich niemand entziehen kann. Allenfalls wird klar, daß es an Dirigenten und Sänger höchste Anforderungen stellen muß, dieses Werk zu interpretieren. Deshalb wagen sich auch nur die Besten daran, und es gibt keine wirklich schlechte Schallplattenaufnahme davon.

Zum Beispiel haben Karl Böhm, Dimitri Mitropoulos und Pierre Boulez Einspielungen vorgelegt, deren jede einzelne als Modellfall eingestuft werden kann. Weltbekannte Künstler wie Walter Berry, Evelyn Lear, Anja Silja sind darauf vertreten. Und wenn da nicht die Digitalaufnahme von Claudio Abbado wäre, würde ich jede von ihnen uneingeschränkt empfehlen.

Abbados Einspielung des Jahres 1988 prunkt in erster Linie mit der Aufnahmetechnik. Die kommt der vertrackten Partitur gerade recht. Claudio Abbado betont die Durchsichtigkeit und meistert die komplizierten Rhythmen ebenso, wie er jedes filigrane Detail zum Erblühen bringt. Eigenartig, daß ausgerechnet ein Italiener bei diesen so ganz und gar unitalienischen Tönen den richtigen Ton trifft.

Um die getretene, geschundene, geknechtete Kreatur darzustellen, als die Büchner und Berg ihre Titelfigur gezeichnet haben, muß man kein Schönsänger sein. Sondern ein Wahrsänger. Einer, der einen schaudern macht vor soviel Abgrund, vor soviel Sprachlosigkeit der Seele. Claudio Abbados Wozzeck tut das. Er heißt Franz Grundheber, ein ansonsten unbeschriebenes Blatt. Vielleicht ist es deshalb so gut.

Ein beschriebenes Blatt ist Hildegard Behrens, die ihre Salomestimme für die Marie einsetzt.

Übrigens Salome: auch Richard Strauss wählte ein fertiges Drama als Vorlage, indem er Oscar Wildes Text von der ersten bis zur letzten Zeile durchkomponierte. Das Ganze nannte er dann »eine Operette mit leider tödlichem Ausgang«.

Für seinen »Wozzeck« übernahm Alban Berg 15 von insgesamt 27 Szenen aus Büchners Theatermanuskript, die er durch 12 Verwandlungsmusiken miteinander verknüpfte. Aber eine ›Operette mit leider tödlichem Ausgang‹ ist es nicht geworden. Eher schon ein Trip nach Horrorville, bei dem Dich das kalte Grausen packt und dessen Schlußszene Dir die Kehle vor Entsetzen zuschnürt.

Wenn Salome von den Schildern der Soldaten erschlagen wird, geschieht das unter riesigem Getöse. Die Klangmassen des Orchesters ballen sich zu äußerster Kraftentfaltung und verkünden das Ende der Heldin. Beim »Wozzeck« rufen die Kinder dem Sohn der Marie zu:

»Du! Deine Mutter ist tot!«

Und dieser, auf seinem hölzernen Steckenpferd reitend, antwortet darauf:

»Hopp, hopp. Hopp, hopp. Hopp, hopp.«

⨀ Giacomo Puccini: Tosca
Dirigent: Victor de Sabata

Von »Il Trovatore« heißt es, er wäre ganz leicht zu besetzen. Man nehme einfach die vier besten Sänger der Welt, fertig ist der Troubadour.
Nach diesem Rezept müßte die »Tosca« noch leichter zu besetzen sein, denn für die braucht man nur die drei besten Sänger der Welt.
So entstand diese Aufnahme.
Mit Giuseppe di Stefano, dem besten Cavaradossi aller Zeiten. Mit Tito Gobbi, dem packendsten Scarpia, den es je gegeben hat. Mit Maria Callas, der Tosca aller Toscas.
Die Arie »E lucevan le stelle« hat nie jemand ergreifender gesungen, als Giuseppe di Stefano. Es gab zu keiner Zeit einen gemeineren, bösartigeren, hinterhältigeren Scarpia als Tito Gobbi. Und es gab bekanntlich nur eine Callas.
Als Tosca ist »La Callas« auf nicht weniger als 7 Gesamtaufnahmen vertreten. Live-Mitschnitte, die aus Rom, New York, London, Paris usw. kommen. Bei einigen von ihnen geht es sicher nicht mit rechten bzw. rechtlichen Dingen zu. Ich bin davon überzeugt, daß die beteiligten Akteure und Musiker keinen Groschen für diese Platten erhalten haben.
Aber als Callas-Fan nimmt man die Primadonna assoluta auch schwarzgepreßt in Kauf. Als Sammler erst recht. Darauf spekulieren ja die Produzenten dieser Scheiben, und sie spekulieren richtig.
Angesichts dieser Tosca-Schwemme regt sich natürlich der Verdacht, daß die Callas einfach von Ort zu Ort, von Opernhaus zu Opernhaus flatterte, um dort ihre bewährte Standarddarbietung abzuziehen.
Viele reisen so: Tenöre mit dem »André Chenier« im Gepäck. Koloratursoprane mit der »Zerbinetta«. Bässe mit dem «Osmin«. Sogar gastspielende Dirigenten schnüren ihr Bündel gern mit Reißern, bei denen nicht viel passieren kann. Tatsächlich passiert dann auch wirklich nichts bei deren »2. Brahms« und der »Manfred Ouverture«.
Nicht die Callas! Bei ihr gab es keine öde Routine. Jeder Abend war ein Ereignis. Jede Vorstellung eine Herauforderung. Jede Arie eine Auseinandersetzung auf Tod und Leben.
Maria Callas stellte keine Opernfiguren auf die Bühne. Maria Callas war Leonore, Butterfly, Mimi, Aida, Lucia, Tosca. Maria Callas war ein lodernder Vulkan, der Leidenschaft wie Lava ins Publikum schleuderte.
Sie war keine Schönsängerin. Dafür jedoch eine Menschendarstellerin von klassischer Größe. Auch auf Schallplatten. Schon beim ersten Ton steht kein Sopran, sondern eine leidenschaftliche, fühlende, empfindsame Frau vor Dir, die Dich an ihrem Schicksal teilhaben läßt.
Dieses vollkommene Aufgehen in der Rolle übertrug sich auch auf ihre Bühnen- und Studiopartner. Mein Gott, was hat man damals doch spannende Oper gemacht! Verglichen mit den ach so perfekten, aber blutleeren Aufnahmen, die ab den 70er Jahren enstanden sind, und bei denen alle Dramatik dem Wohlklang geopfert worden ist, herrscht da beständige Hochspannung. Da nimmt man sogar technische Unzulänglichkeiten in Kauf. Denn was nützt der schönste Schönklang, wenn's einen nicht packt?

Oper muß beißen, sonst lebt sie nicht. Maria Callas hatte Biß.
Große Oper und große Leidenschaften sind ein merkwürdiges Gespann.
»Da bekommt einer ein Messer in den Rücken und beginnt zu singen, statt um Hilfe zu rufen«, ist ein Stehsatz der Operngegner.
Denen möchte ich gerne die »Tosca« vorspielen. Die Musikwissenschaft hat für Musikdramen dieses Genres das Wort vom »Verismo« geprägt. Ich würde sagen, die »Tosca« mit der Callas ist mehr als das, nämlich ein Thriller.
Durch irgendein Zauberkunststück gelingt es ihr, daß man gebannt und gespannt zuhört, wie die Geschichte ausgeht, obwohl man sie doch kennt. Hier offenbart sich das Geheimnis der Oper. Mit einem Mal wird all der Ballast des Unglaubwürdigen, Unwahrscheinlichen, Unrealistischen über Bord geworfen. Zurück bleiben Menschen aus Fleisch und Blut, mit denen man fürchtet und bangt, hofft und zittert.
Es gibt Gesamtaufnahmen der Tosca, die sorgfältig produziert sind und Dir beim Anhören Genuß und Freude bereiten. Sie bieten ein Fest der schönen Stimmen, schwelgerischen Wohlklang und feinabgestimmte, wohldosierte Dramatik.
Dann gibt es andere, die Dich erregen, Dich fesseln. Du ergreifst Partei, weil es Dich ergreift. Du erlebst Oper.
Daneben existieren einige rare Aufnahmen, die Dir die Faszination eines großen Opernabends ins Haus liefern. Du bist unmittelbar beteiligt, befindest Dich hautnah am Geschehen, liebst und leidest mit.
Doch dann kommt plötzlich eine Tosca auf Schallplatten, die Dich umwirft. Sie entführt Dich in den Palazzo Farnese und auf die Engelsburg, wo Du bis zum Schluß inständig hoffst, Scarpia möge sein Versprechen halten, die tödlichen Schüsse in die Luft abzufeuern zu lassen.
Ein kleines Drama nur. Und doch weitab von jenem Puccini, über den Arnold Schönberg geätzt hat, er sei »derjenige, der dem Lehàr alles vorgeäfft habe.«
›Tosca‹ ist eine fast alltägliche Dreiecksgeschichte und gleichzeitig ein Stück Ewigkeit. Das ist eben Oper.

⊙ Richard Wagner: Der Ring des Nibelungen
Dirigent: Karl Böhm

Von allen Ringen ist mir dieser doch der liebste. Der 1967 entstandene Live-Mitschnitt von den Bayreuther Festspielen ist trotz seiner unüberhörbaren Schwächen und trotz starker Konkurrenz ein Jahrhundertereignis. Weit mehr als der so genannte «Jahrhundertring« von 1980 unter der nervösen Stabführung von Pierre Boulez.

Was mir an Karl Böhm so imponiert, ist sein Mitgehen. Von den ersten Takten des »Rheingolds« bis zum letzten der »Götterdämmerung« habe ich das Gefühl, daß da nicht ein durch Dutzende Proben abgesicherter, wohlvorbereiteter Dirigent (der Böhm zweifellos war), am Pult steht, sondern einer, der sich vom Werk, das unter seinen Händen entsteht, mitreißen läßt.

Dieser Eindruck verstärkt sich noch durch die zügigen Tempi, die Böhm anschlägt. Da ist nichts von der bedeutungsvollen Schwere eines Furtwängler und auch nichts von der wuchtig-weihevollen Würde Knappertsbuschs. Und doch: was fast ein bißchen belanglos und beiläufig beginnt, steigert sich im Verlauf der vier Abende zu einem spannungsgeladenen rauschhaften Furioso, das im überwältigenden Abgesang der Brünnhilde seinen logischen Höhepunkt findet.
Und wieder bin ich dem Wunder »Schallplatte« dankbar, daß ich über dieses Ereignis verfügen kann, wann immer ich will. Wenn es mir gefällt, sperre ich mich für vier Tage ein, um das ganze kosmische Drama für mich alleine nochmals entstehen zu lassen. Oder ich suche mir eine bestimmte Stelle heraus – vielleicht aus dem zweiten Akt der »Walküre« – und lasse Annelies Burmeister zehnmal hintereinander mit Theo Adam um Gerd Nienstedts Ehre streiten.
Lieber wären mir zwar Christa Ludwig als Fricka, Hans Hotter als Wotan und Martti Talvela als Hunding. Doch dieses monströse Werk optimal zu besetzen, ist ein Ring der Unmöglichkeit.
Dazu müßte man zu den obgenannten noch Karajans Berliner Philharmoniker haben. Mit Furtwängler als Dirigenten. Lauritz Melchior als Siegmund und Max Lorenz als Siegfried. Weiters Heinz Zednik in der Partie des Mime und Gottlob Frick als seinen Neffen Hagen. Und selbstverständlich alle in Hochform.
Doch leider, das spielen's net, wie man in Wien zu sagen pflegt. Dafür spielten's in Wien die erste Studio-Gesamtaufnahme des »Ring des Nibelungen« unter Georg Solti ein. Gestatte mir, daß ich bei dieser Gelegenheit ein bißchen vom ›Böhm-Ring‹ abweiche und Dir vom ›Solti-Ring‹ erzähle. Das war nämlich eine gewagte Pionierleistung, mit der Maßstäbe gesetzt worden sind, und über die man ein Buch schreiben könnte.
Derjenige, der die Aufnahme produziert hat, John Culshaw, hat tatsächlich ein Buch darüber geschrieben: »Ring resounding«, bisher nur in englisch erschienen. Die faszinierende Geschichte vom Entstehen einer Operngesamtaufnahme, die sich über acht lange Jahre hingezogen hat. Eine Zeitspanne, in der sich das musikalische Konzept des Dirigenten gewandelt hat, in der eine komplette Sängergeneration (Kirsten Flagstad, Set Svanholm) abgetreten ist, und in der auch andere exemplarische Aufnahmen des gleichen Werks erschienen sind.
Das größte Problem dieses Wagnisses ergab sich durch die Tatsache, daß es Ende der fünfziger Jahre praktisch nur einen einzigen Wagnertenor gab, der landauf, landab alles singen mußte, was Wagner an Heldentenoralem geschrieben hat: Wolfgang Windgassen.
Nun war Windgassen das, was man einen intelligenten Sänger nennt. Und Du weißt: wenn man von einem intelligenten Tenor spricht, heißt das, daß es mit seiner Stimme nicht weit her ist. Windgassen verfügte nur über eine relativ kleine Stimme.
Wunderbar im Ausdruck, aber ohne die Durchschlagskraft, die ein Siegfried eben auch haben muß.
Deshalb gingen Culshaw und sein Team auf die Suche nach einem geeigneten Siegfried. Sie fanden schließlich einen Tenor mit prächtigem Material, der für die Rolle wie geschaffen schien. Das einzige Problem war, daß dieser die Partie nicht beherrschte.

Also gab man ihm den Auftrag, den Siegfried zu studieren und stellte ihm dafür sogar einen eigenen Korrepetitor zur Verfügung.
Was folgte, war ein zweijähriger Leidensweg für alle Beteiligten. Culshaw schweigt sich zwar vornehm über die Person des Sängers aus und nennt ihn nur ›unseren Siegfried‹, doch es ist ein offenes Geheimnis, daß es sich um Ernst Kozub gehandelt hat.
Der vielbeschäftigte Tenor war weder Willens, noch in der Lage, den Siegfried zu lernen, geschweige denn zu begreifen. Zwar erschien er vertragsgemäß zum ersten Aufnahmetermin mit der einstudierten Partie, doch sang ihn Hans Hotter beim Zwiegespräch Siegfried–Wanderer dermaßen an die Wand, daß man sich ausrechnen konnte, was von diesem Siegfried übrigbleiben würde, wenn er im dritten Akt auf die stimmgewaltige Birgit Nilsson traf.
In höchster Not blieb keine Wahl, als kniefällig bei Windgassen vorzusprechen, ihn mit Geld und guten Worten zum Einspringen zu überreden und anschließend dem anderen schonend beizubringen, daß nicht er, sondern ein Konkurrent den Nibelungenhort gewinnen würde.
Zum Glück war der solchermaßen verhinderte Drachentöter einsichtig genug, nicht auf seinem Vertrag zu bestehen. Und Windgassen zeigte sich als Gentleman und sah großzügig darüber hinweg, daß er eigentlich Culshaws und damit auch Brünnhildes zweite Wahl war.
Er war es tatsächlich; die Schmelz- und Schmiedelieder im ersten Akt beweisen es. Da schmiedet kein Heldentenor, sondern bestenfalls ein Schmalspursänger vom Typ Sparefroh. Daran kann auch die grandiose Durchzeichnung des Charakters nichts ändern.
Aber was soll man machen, wenn es an Wagnerstimmen mangelt? Obwohl Karl Böhms Einspielung fünf Jahre nach der Solti-Aufnahme entstanden ist, sind die Ensembles weitgehend deckungsgleich.
Kein Opernhaus – und schon gar nicht Bayreuth – konnte es sich in diesen mageren Jahren leisten, einen »Siegfried« anzusetzen, wenn es nicht Birgit Nilsson als Brünnhilde aufbieten konnte. Es gab auch nur einen einzigen Alberich von Format: Gustav Neidlinger. Und eben doch nur den einen Siegfried: Wolfgang Windgassen.
Dennoch ist gerade der ›Solti-Ring‹ ein monumentaler Markstein der Schallplattengeschichte geworden – schon wegen der Kühnheit, dieses gewaltige Werk, für dessen Fertigstellung Wagner selbst eine Arbeitszeit von 30 (!) Jahren veranschlagt hatte, im Studio zu produzieren.
Inzwischen hat das Wagnis Nachfolger bekommen. Bei der DGG ist einmal Karajan, später auch James Levine der Herr der Ringe.
Letzterer hat die Aufnahmetechnik, ersterer die Berliner Philharmoniker, deren Präsenz alle Müh' und Plag' rechtfertigt, auf seiner Seite. Auch bei Ariola ist es die Aufnahmetechnik, die dem Spiel der Dresdner Staatskapelle unter Marek Janowski die digitalen Glanzlichter aufsetzt.
Ansonsten gibt es nur Live-Mitschnitte aller Klassen, von Furtwängler bis Clemens Krauss, von Knappertsbusch bis Rudolf Kempe. Sängerisch durchweg ausgezeichnet besetzt, aber aufnahmetechnisch in Rumpelskirchen am Klirrfaktor, gleich neben Vollrauschen und neben Geräusch angesiedelt. Zuviel ›live‹, leider.

Zwar entstand auch Böhms Ring nicht im nüchternen Studio, sondern im Bayreuther Haus am Hügel. Doch weil dieses bekanntlich ein akustisches Weltwunder ist, ergab sich die einmalige Kombination eines glanzvollen, mitreißenden Opernabends mit der technischen Brillanz einer Studioproduktion.
Was die Sängerbesetzung betrifft, so wartet dieser »Ring« mit einigen guten, einigen herausragenden und zwei exzeptionellen Darbietungen auf.
Gut ist Theo Adam als Wotan und Wanderer. Hervorragend sind Gustav Neidlinger als Alberich und Thomas Stewart als Gunter. Aber was diesen »Ring« zum Nibelungenhort werden läßt, sind die 18karätigen Stimmen von Birgit Nilsson und Leonie Rysanek.
Hat sich eigentlich schon jemand dafür bedankt, was Birgit Nilsson für Wagner und die Oper getan hat? Sie war und ist die Brünnhilde und Isolde des Jahrhunderts. Ihresgleichen wird es nie mehr geben.
Und die Rysanek! Ein energiegeladenes Temperamentbündel, eine Ausnahmeerscheinung des Opernbetriebs, eine bühnenbeherrschende Persönlichkeit in jeder ihrer Partien. Ihre »Desdemona« ist berührender als die der Tebaldi; ihr »Fidelio« wird nur von Martha Mödl übertroffen; ihre »Senta« ist absolut konkurrenzlos; ihre »Lady Macbeth« war die Sensation der ›Met‹ und machte sogar die Callas vergessen.
Leonie Rysanek als Sieglinde ist ein Schallplattenereignis. Wie sie fassungslos und von unendlichem Glück überwältigt erlebt, wenn Siegmund das Schwert Nothung aus der Esche zieht und den berühmten ›Rysanek-Schrei‹ losläßt, in dem all das kindliche Staunen des zur Frau erwachenden Wälsungensprosses vibriert – diesen Schrei, der jeden, der ihn je gehört hat, mitten ins Herz trifft ... ja, wenn Oper in dieser Weise ›geschieht‹, wird sie zu einer lebendigen, zeitgemäßen Kunstform, die sich auch vor dem 21. Jahrhundert nicht zu fürchten braucht.

⊙ Georges Bizet: Carmen
Dirigent: Sir Thomas Beecham

Das soll dem Bizet erst einmal einer nachmachen: ein Bühnenwerk zu schreiben, das aus lauter Schlagern besteht! Dessen Melodien man von der ersten bis zur letzten Note mitpfeifen kann.
Das konnte ihm höchstens einer vormachen: Giuseppe Verdi mit »Aida«.
»Carmen« ist die mit Abstand meistgespielte Oper der Welt. Für viele ist sie der Inbegriff dieser Kunstrichtung, und das bestimmt mit einiger Berechtigung. An Popularität übertrifft sie spielend jede Popgruppe. Das kommt sicher auch daher, daß die Musik der »Carmen« im besten Sinn des Wortes Popmusik ist.
Eine derart simple, singbare, weltbekannte Musik zu dirigieren, kann nicht allzu schwer sein. Jeder Akademieschüler müßte sie problemlos herunterklopfen, jedes halbwegs intakte Ensemble besetzen können. Sollte man meinen.
Doch diese Oper scheint Fehlbesetzungen

geradezu herauszufordern. Auf Platten geben Maria Callas und Julia Migenes in der Titelrolle, Joan Sutherland (Michaela), Placido Domingo (Don José), Robert Merrill (Escamillo) gute, weil schlechte Beispiele dafür. Und wenn selbst Dirigenten vom Range eines Leonard Bernstein oder Lorin Maazel an der Partitur der »Carmen« scheitern, wird man doch nachdenklich.
Für mich bleibt die »Carmen« auf ewig mit dem Namen Herbert von Karajan verbunden.
Mit der Erinnerung an einen Salzburger Festspielsommer, als Grace Bumbry, Jon Vickers, Mirella Freni und Justino Diaz unter seiner Stabführung sangen.
An die Scala Milano, wo sich der unvergleichliche Giuseppe di Stefano und eine Giulietta Simionato auf dem Höhepunkt ihrer Karriere von Karajans sprühendem, federndem Rhythmus zu Glanzleistungen mitreißen ließen.
Und an eine Aufführung in der Wiener Staatsoper, als Karajan für einen anderen Dirigenten einspringen mußte und eine »Carmen« hinlegte, wo schon beim ersten Akkord der Ouvertüre der berühmte Funke übersprang und bei der die Besucher in den Pausen mit glänzenden Augen flüsternd durch die Gänge promenierten, im Bewußtsein, einem Großereignis beizuwohnen. (Ähnliches wiederholte sich im Januar 1990, als José Carreras ein triumphales Comeback als Don José feierte.)
Giuseppe di Stefano sang damals den Don José, George London den Escamillo, Hilde Güden die Micaela und Jean Madeira die Carmen – und jeder, der dabei gewesen ist, schwärmt noch heute davon. Schade, daß diese Besetzung auf keiner Platte zu finden ist, obwohl im Laufe von 80 Jahren an die 30 Gesamtaufnahmen von Bizets Meisterwerk herausgekommen sind.
Karajan ist dabei nicht weniger als dreimal vertreten. Darunter ein Live-Mitschnitt der oben beschriebenen Mailänder Aufführung. Eine furiose Studioproduktion mit den Wiener Philharmonikern und Leontyne Price als wildem, gefährlichem Raubtier in der Titelrolle. Und eine mit den Berliner Philharmonikern, bei der Agnes Baltsa, die legitime Carmen der 80er Jahre, der Zigeunerin gibt, was der Zigeunerin ist.
Bei dieser Gelegenheit muß ich endlich auch etwas loswerden, was ich Dir schon längst sagen wollte. Eine Ehrenrettung Karajans. Es scheint nämlich der sportliche Ehrgeiz aller Musikkritiker zu sein, Karajan-Aufnahmen grundsätzlich zu verreißen. Sie finden immer etwas auszusetzen. Und wenn einmal wirklich nichts zu bemängeln ist, dann reden sie vom »Luxusklang«, von »Breitwandoper«, von Beethoven in Cinemascope und Sibelius in der Geschenkpakkung. Als wenn »Luxusklang« etwas Verwerfliches wäre.
Auch ein Vielkönner und Allesdirigierer wie Karajan kann nicht alles können. Aber er kann doch weit mehr, als ihm zugestanden wird.
Und er sorgt immer für Aufregung. Denkt man an seine Platten, so sind die besten das Beste und die uninteressantesten noch immer das Interessanteste, was einem so zu Ohren kommt. Fad sind sie nie.
Ich habe von ihm schon himmlische und höllische Musik gehört. Ich habe ihm zugejubelt und mich über ihn geärgert. Ich habe für und wegen Karajan gestritten. Ich liebe seinen Puccini, ich halte ihn für einen der größten Verdi-Dirigenten, ich mag seinen Wagner, auch wenn ich damit nicht immer

zurechtkomme, und ich könnte mir einen anderen Mozart vorstellen. Aber die »Carmen« dirigiert ihm niemand nach.
So, das mußte einmal gesagt werden. Jetzt, nachdem ich mir das von der Seele geschrieben habe, steige ich von der Wolke des heiligen Zorns wieder herunter und ins England des Sir Thomas Beecham.
Der dürfte ein lustiger Vogel gewesen sein. Von keinem anderen Dirigenten sind soviele Aussprüche kolportiert, und keiner ist so anekdotenträchtig wie der englische Sir, der seines Vaters Vermögen (Beechams kleine Leberpillen) buchstäblich »verdirigierte«.
Er war ein lebenslustiger Connoisseur, der die Musik nie so ganz ernst nahm und sich im wesentlichen auf sein fabelhaftes Gedächtnis und sein gutes Gehör verließ.
Eines Abends trat er gutgelaunt ans Pult der Covent Garden Oper, beugte sich zum Konzertmeister und sagte:
»Wir haben heute Figaro, nicht wahr?«
»Nein, Sir Thomas, Entführung aus dem Serail.«
»Sie erstaunen mich, guter Mann«, meinte Beecham, klappte die Partitur zu und dirigierte den Abend auswendig.
Eine köstliche Geschichte erzählt er von seinem Zusammentreffen mit dem Pianisten Alfred Cortot, dessen Gedächtnis auch nicht immer zu trauen war. Es ging um das von Beecham geleitete Klavierkonzert in a-Moll von Edvard Grieg, als dessen Solist Alfred Cortot aufgeboten war.
Laut Beecham verlief das Konzert folgendermaßen:
»Wir begannen mit Grieg, dann folgte ich ihm über Mendelssohn, Chopin und Schumann bis Liszt. Als er aber etwas anfing, das ich nicht kannte, brach ich ab und ging fort.«
Trotz seiner scheinbaren Oberflächlichkeit gelangte Sir Thomas mitunter doch zu außergewöhnlichen Resultaten.
Eines davon ist die von ihm dirigierte »Carmen«. Das ist auch wieder eine von jenen Aufnahmen, bei der keine hängenden Gärten geschaffen und keine babylonischen Türme erbaut werden und bei der auch sonst nichts Außergewöhnliches passiert. Außer, daß einfach alles ›stimmt‹.

Ursprünglich wollte ich ja Karajans »Carmen« unter meine 10 schönsten Opernplatten reihen. Aber ein Freund hat mir neulich Beechams Version vorgespielt und so habe ich diese statt der Karajans in den Titel gesetzt. Nicht, weil sie mir um soviel besser gefällt. Sondern weil ich eine Ausrede brauche, um sie mir zu kaufen.

⊙ Andrew Lloyd Webber: Jesus Christ Superstar

Er ist schon ein Teufelskerl, dieser Engländer, der mit knapp zwanzig Jahren den Welterfolg »Jesus Christ Superstar« gelandet und mit vierzig Jahren erlebt hat, daß drei seiner Musicals gleichzeitig im Londoner Westend und am New Yorker Broadway Triumphe feierten.
Man muß auch ein Teufelskerl sein, um sich derart respektlos über einen heiligen Stoff herzumachen. Die Idee, die Leidensge-

schichte Christi als Musical auf die Bühne zu stellen, klingt eigentlich noch immer absurd, obwohl man inzwischen eines Besseren belehrt worden ist. 1970, als »J. C. Superstar« herauskam, war es überhaupt undenkbar. Ein Mittelding zwischen Blasphemie und Sakrileg, ein programmierter Flop, ein Schulbubenstreich. Die Gläubigen mußten sich davon abgestoßen fühlen, daß sich da zwei Rotznasen an der Bibel zu vergreifen wagten; die Ungläubigen interessierte es nicht; und die Gleichgültigen kannten die Geschichte und deren Ausgang ohnedies. Genau darin lag aber das Erfolgsrezept: daß eben jeder die Geschichte kannte und deshalb gespannt war, was man daraus eigentlich noch herausholen konnte. So gesehen war es ein brillanter Einfall, sich von Matthäus das Szenario schreiben zu lassen und die anderen Evangelisten als Dramaturgen heranzuziehen.

Dadurch war der Erfolg schon zu einem Drittel gesichert. Die fehlenden beiden Drittel hießen Tim Rice und Andrew Lloyd Webber.

Schon während ihrer Studentenzeit hatten die beiden ein 20minütiges Musical unter dem Titel »Joseph and the amazing Technicolor Dreamcoat« verfaßt und aufgeführt. Auch eine Schallplatte wurde davon gepreßt. Sie war zwar kein Erfolg, geriet aber in die Hände eines cleveren Managers, der die beiden jungen Leute für einen Betrag von 18 000 englischen Pfund auf drei Jahre verpflichtete. Innerhalb dieser Zeit sollten sie liefern.

Die Lieferung hieß »Jesus Christ Superstar«. Text von Tim Rice. Musik von Andrew Lloyd Webber.

Der Text ist dermaßen gut, daß er den Komponisten einfach inspirieren mußte. Deswegen möchte ich Dir empfehlen, Dir beim Anhören der Schallplatte das Libretto vor Augen zu halten. Wobei bei diesem Biblical sogar der seltene Fall eintritt, daß die deutsche Übersetzung von Michael Kunze dem englischen Original in nichts nachsteht.

So hat Tim Rice zum Beispiel der Figur des Herodes so geniale Textpassagen wie die folgende in den Mund gelegt:

»Prove to me that you're divine
change my water into wine.«

In der deutschen Übersetzung höhnt Herodes folgerichtig:

»Du willst also göttlich sein?
Dann mach' jetzt aus Wasser Wein.«

Solche Passagen finden sich zuhauf. Ob Judas über Jesus sagt:

»If you'd come today you would have reached a whole nation. Israel in 4 BC had no mass communication.«

4 BC = »4 (Years) Before Christ« gab es in Israel tatsächlich noch kein Fernsehen.

Oder wenn Herodes von Jesus Christus verlangt, er solle über seinen Swimmingpool gehen, um seine Göttlichkeit zu beweisen – da steckt schon ein verdienter Meister des Worts dahinter. Und die Idee, aus dem »Hosianna« einen Choral »Hosanna, Heysanna, Sanna Sanna Ho« zu machen, muß einem auch erst einmal einfallen.

Einfälle sind keine Zufälle. Andrew Lloyd Webber hat nicht nur die Gabe, Rock und Klassik, Puccini und Santana effektvoll zu mixen, seine Musik besitzt auch enorme rhythmische und klangliche Qualitäten. Und er schreibt starke, singbare Melodien. Sie bilden meist das Zentrum des Stücks und wären auch ohne dieses zu Schlagern geworden.

In Cats »Memories«. In Evita »Dont' cry for me Argentina«. In Jesus Christ Superstar »I don't know how to love him«, das ursprünglich einen ganz anderen Text hatte und »Kansas morning« hieß.
Unser Mr. Musical beschäftigte sich schon als Kind intensiv mit dem Theater und baute sich zu Hause ein Puppentheater, bei dem der Plattenteller als Drehbühne fungierte.
Seit er 20 ist, schreibt er einen Welterfolg nach dem anderen: »Jesus Christ Superstar«, »Evita«, »Cats«, »Starlight Express«, »The Phantom of the Opera«, »Aspects of love«.
Das alles gibt es auch auf Schallplatten, englisch und deutsch, ganz wie es Dir beliebt. »Jesus Christ Superstar« wurde sogar verfilmt, mit der Landschaft Israels als eigentlichem Superstar in der Hauptrolle. Was mich an Webber am meisten beeindruckt, ist seine Themenwahl. Hätte ich kompositorische Fähigkeiten, könnte ich mir vorstellen, mich von etwas »Fidelioartigem«, »Falstaffähnlichem« oder »Zauberflötigem« inspirieren zu lassen. Aber ich käme nie auf den Gedanken, das Leben eines Gekreuzigten, einer Politikerin oder einer Eisenbahn auf Rollschuhen auf die Bühne zu bringen. Darum sollte es mich nicht wundern, wenn Andrew Lloyd Webber demnächst auch noch Frankenstein, King Kong, Maggie Thatcher und Donald Duck vertont.

⊙ Modest Mussorgsky: Boris Godunow
Dirigent: André Cluytens

Nimm' Dir einen Wodka, Brüderchen, wir machen uns auf den weiten Weg nach Rußland. Doch wäre dem Glas Wodka eigentlich ein Glas nost vorzuziehen, wegen der Transparenz, Charaschow? Denn unverständlich wie die Sprache sind die Geheimnisse, die sich um die Schallplattenaufnahmen dieser großen russischen Nationaloper ranken.
Ein Glück, daß nur drei meiner Freunde den »Boris Godunow« zu ihrer Lieblingsoper erkoren haben. Es gibt nämlich drei Fassungen, von denen jede ihre Meriten hat.
Freund Nummer eins schwört auf die Originalfassung und deshalb auf die polnische Aufnahme mit Martti Talvela in der Titelrolle. Dazu muß man wissen, daß es zwei »Originalfassungen« von Mussorgsky gibt: eine »ursprüngliche« aus dem Jahr 1869 und eine »endgültige« von 1872.
Freund Nummer zwei hat sich mit der konventionellen Fassung von Nicolai Rimsky-Korsakoff von 1908 abgefunden. Nicht jedoch damit, daß es auch davon verschiedene Versionen gibt. Deshalb schwankt er zwischen der österreichischen und der bulgarischen Aufnahme mit je einem Nicolai: Ghiaurov (Salzburg) bzw. Ghiuselev (Sofia).
Freund Nummer drei hätte am liebsten die Bearbeitung von Dimitri Schostakowitsch aus dem Jahr 1939. Davon gibt es aber nur eine deutsche Aufnahme von 1977 mit Theo Adam als Boris. Er wartet deshalb auf einen Mitschnitt aus Leningrad 1959, wo diese Version erstmals aufgeführt worden ist.

Was mich betrifft, so lasse ich mich auf diesen Bearbeitungszirkus gar nicht erst ein. Mit der von mir bevorzugten französischen Gesamtaufnahme habe ich Probleme genug. Wieder einmal haben die Toningenieure tief in die Trickkiste gelangt und ein Kunststück zuwegegebracht, das keiner Bühne der Welt gelänge.
Auf der von André Cluytens hinreißend dirigierten Aufnahme (wie schon auf einer zehn Jahre zuvor entstandenen unter Issay Dobrowen) herrscht nämlich ein ungewöhnlicher Personalmangel. Die Besetzung lautet:
Boris Godunow: Boris Christoff
Pimen: Boris Christoff
Warlaam: Boris Christoff
Das ist, so reizvoll es sein mag und so dröhnend Christoff auch orgelt, nicht unbedingt das große Plus dieser Einspielung. Dieses bietet der Chor der bulgarischen Nationaloper, der wie kein zweiter deutlich macht, daß »Boris Godunow« in erster Linie eine grandiose Choroper ist.
Aber leisten wir uns noch ein bißchen Verwirrung, Gospodin, und schauen wir uns noch die Aufnahme des Bolschoi-Theaters aus dem Jahr 1962 an. Bei der hat man nämlich ein Jahr später den »Boris« des Iwan Petrow herausgeschnitten und durch den des George London ersetzt. Der Rest blieb und ist durchaus kein Schweigen – sondern ein sehr beredtes Zeugnis dafür, wie man mit der Technik umgehen kann, wenn man damit umgehen kann.
Dabei fällt mir Freund Nummer vier und eine Schallplattengeschichte ein. Grigorij ist Jazzfan und sitzt in Kiew. Wir schreiben uns regelmäßig und tauschen Platten aus. Ich schicke ihm John Coltrane, er mir David Oistrach. Ich liefere Gil Evans, er kontert mit Emil Gilels. Er wünscht sich von mir mehr Cecil Taylor, ich wünsche mir von ihm weniger Rachmaninoff.
Eines Tages befand sich auch ein Querschnitt von »Boris Godunow« im Päckchen. Kyrillisch beschriftet, wie sich das gehört, so daß man's ja nicht lesen kann.
Grigorij schwört, daß nicht draufsteht, wer singt und wann das Ganze aufgenommen worden ist. Es muß jedenfalls schon länger her sein. Der Sänger des Boris klingt alt, aber gut. Sogar immens gut! Die Freunde eins bis drei meinen, es könne Fedor Schaljapin sein.
Laß uns darauf noch ein Gläschen Wodka trinken, Towarisch. Auf die Schallplatte und einen ihrer größten Helden, der den »Boris« zu uns gebracht hat, und der uns Dank ihr noch immer gegenwärtig ist.
Nastrowje!

⊙ Johann Strauß: Die Fledermaus
Dirigent: Karl Böhm

An einem Ersten Ersten war es, an einem Neujahrstag, als ich eine Lektion in Sachen »Fledermaus« erhielt. Und zwar ausgerechnet dort, wo ich es am wenigsten erwartet hatte: im Fernsehen.
Zu Mittag wurde das Neujahrskonzert der Wiener Philharmoniker übertragen, bei dem Willi Boskovsky eine schwungvolle »Fledermaus-Ouvertüre« leitete. Der frühe Nachmittag stand im Zeichen der köstli-

chen Show ›Danny Kaye dirigiert die New Yorker Philharmoniker‹, zu deren Beginn allerdings Zubin Mehta ans Pult trat, um dem großen Spaßmacher zu zeigen, wie ein ernsthafter Musiker so etwas angeht. Doch leider, seine Version der »Fledermaus-Overtüre« hatte zwar viel Noten, aber wenig Note.

Um 16.00 Uhr brachte man den 1974 unter Karl Böhm entstandenen TV-Film der »Fledermaus«, der vorzugsweise zu Neujahr gezeigt wird. Schon die Overtüre ließ mich jubeln. So spritzig, so elegant, so wienerisch – das war der echte Johann Strauß.

Was Böhm da dirigiert, ist eine Wiener Melange aus Behaglichkeit und Schwung, die ihm keiner nachmacht. Dazu kommt noch eine sorgfältig zusammengestellte Besetzung unter der pointenreichen Regie von Otto Schenk, der den Grafen Orlofsky einmal nicht mit dem üblichen Mezzosopran, sondern dem Tenor Wolfgang Windgassen besetzt.

Auch wenn der Orlofsky hundertmal eine Hosenrolle ist, für mich ist Windgassen in dieser Partie nie übertroffen worden.

Schon gar nicht durch Iwan Rebroff in der Aufnahme unter Carlos Kleiber, der im übrigen das Orchester dermaßen vor sich hertreibt, daß aus der »Fledermaus« ein Batman mit Turbolader wird.

Wienerischer geht es bei Clemens Krauss zu, der in Anton Dermota und Hilde Güden hochkarätige Sänger aufzuweisen hat.

Wenn da nur nicht dieses aufdringliche, nasale Palestrina-Organ des Julius Patzak wäre, das aus dem Eisenstein einen Evangelisten macht!

Karajan bietet opulente Operngala und läßt den Prinzen Orlofsky eine richtige Schickeria erlesener Gäste mit Champagner bewirten: von Birgit Nilsson bis Ettore Bastianini, von Giulietta Simionato bis Teeresa Berganza. Nicht gerade wienerisch, aber Du bekommst was für Dein Geld.

Weniger (weil seltener und teurer) erhältst Du beim kuriosen Soundtrack des Films »Oh, Rosalinda«, der die Handlung der »Fledermaus« ins Jahr 1950 versetzt. Anneliese Rothenberger und Walter Berry auf englisch zu hören (Be my friend = Brüderlein und Schwesterlein), sollte Dir die Suche danach wert sein.

Eine von Erich Wolfgang Korngold 1943 unter dem Titel »Gay Rosalinda« adaptierte Fassung ist uns auf Platten bisher erspart geblieben. Ausgenommen ein paar Fragmente, die von Richard Tauber – nein, nicht gesungen, sondern dirigiert (!) werden. (Das scheint eine Leidenschaft berühmter Tenöre zu sein. Auch Placido Domingo hat sich als Dirigent an der »Fledermaus« versucht.)

Platten-Fledermäuse gibt's auch noch auf ungarisch und französisch, denn warum sollen sich nicht auch die Ungarn und Franzosen über den dümmlich-dämlichen Text ärgern.

Dieser Text ist wirklich eine Zumutung. Dagegen ist selbst die Bild-Zeitung der reinste Simmel. Doch leider ist die »Fledermaus« diesbezüglich keine Ausnahme, sondern eher die Regel.

Ich frage mich, ob große Opern wirklich immer kleine Texte haben müssen? Ich verlange ja nicht, daß ein Libretto auch literarisch etwas hergibt. Das muß nicht sein. Es genügt, wenn der Text dem Komponisten als Vehikel dient.

Die »Zauberflöte« ist ein gutes Beispiel dafür. Aber der Fledermaus-Text tut schon sehr, sehr weh. In seinen besten Stellen (Du-i-du, du-i-du) nähert er sich an Wagner an (Hojotoho), und das sagt doch viel, oder? »Der Zigeunerbaron« und »Eine Nacht in Venedig« werden noch immer gespielt – trotz ihrer Texte. »Indigo« und »Der lustige Krieg« werden kaum mehr gegeben – hauptsächlich wegen ihrer Texte. Die Musik von Johann Strauß kann eben vieles, aber nicht alles zudecken und ist zudem instrumental weitaus verträglicher als vokal. Strafverschärfend wirkt sich dabei aus, daß es keine echten Operettensänger mehr gibt. Nach dem goldenen und silbernen Zeitalter der Operette ist nun die Ära der blechernen Stimmen angebrochen. Johannes Heesters ging zwar noch mit 70 ins Maxim, aber ob er dort noch sehr intim geworden ist, möchte ich fast ein wenig anzweifeln.

Das mögen Gründe sein, warum Du unter meinen hundert Lieblingsplatten keine Operette findest. Wobei ich niemandem seine lustige Witwe und seinen Zarewitsch schlecht machen will.

Sollen sie doch auf weißen Rösseln zur Czardasfürstin Gräfin Mariza reiten, um ihr die Blume von Hawaii oder die Maske in Blau zu überreichen, und mögen Sie meinetwegen Dichter und Bauer, Vogelhändler, Bettelstudent und Vetter aus Dingsda in einem sein. Mir ist jeder recht, auch wenn er Lincke heißt. Es stört mich auch nicht, daß bei diesen und allen anderen Operetten Handlung und Text um nichts besser oder schlechter sind, als bei der »Fledermaus«. Nur die Musik, die ist halt leider nicht von Johann Strauß.

10 × Viel Harmoniker

Der Bekannte vom Bekannten eines Bekannten besitzt eine Hi-Fi-Anlage, die soviel gekostet hat, daß er für dasselbe Geld 500 erstklassige Konzertkarten bekommen hätte. Aber er haßt Konzerte. Er meint, es gäbe ihm nichts, Riccardo Muti zu sehen und gleichzeitig das »Konzert für 300 Huster und Papierraschler« zu hören. Lieber hockt er vor seinen Boxen und läßt sich, wie er sagt, von den besten Orchestern der Welt aufspielen.

Jedem das Seine. Ich möchte das lebendige Konzertereignis genausowenig missen, wie die Schallplatte. Was dem einen die Atmosphäre, ist dem anderen das Detail. Ich habe Konzerterlebnisse genossen, die keine Schallplatte ersetzen kann. Und ich besitze Schallplatten, deren Superbesetzung in keinem Konzertsaal je zu hören sein wird. Mit ihrer Hilfe stelle ich mir selbst die schönsten Konzertprogramme zusammen.

Zu so einem Schallplattenkonzert bist du eingeladen.

Vorher einigen wir uns noch darauf, daß unter »Konzertmusik« alles gemeint ist, was nicht zu Opern-, Kammer-, Klavier-, Volksmusik oder zum Liedgesang zählt. Also die große symphonische Musik, die landläufig meist als »klassische Musik« bezeichnet wird, die man aber besser »europäische symphonische Musik des 18. und 19. Jahrhunderts« nennen sollte.

Denn schau' Dir doch unsere abendländischen Konzertprogramme an. Sie reichen von Haydn bis Mahler, von 1750 bis 1911. Das bißchen Bach und Händel von davor zählt dabei ebensowenig, wie das Quentchen Berg und Hindemith von danach.

Der einzige Komponist des 20. Jahrhunderts, der mit nennenswerten Aufführungsziffern renommieren kann, ist Richard Strauss – und das auch nur deshalb, weil er zwar bis 1949 gelebt, aber nur bis 1849 komponiert hat.

Auf 10 Mozart-Aufführungen kommt ein einziger Schönberg. Auf 10 Schumänner ein halber Copland. Auf 10 Tschaikowskys nicht einmal ein Satie.

Den Rest bestreiten die fünf großen »B«: Beethoven, Bach, Brahms, Bruckner, Berlioz.

Bei den Schallplatten wird das Mißverhältnis noch deutlicher. Beethovens einziger wirklicher Plattenhit ist »Roll over Beethoven«, Chuck Berry sei's geklagt. Und »Amadeus« fand in kürzester Zeit mehr Abnehmer als Mozarts gesammelte Werke. Es scheint, daß »Goldene Schallplatten« und »klassische« Musik einander ausschließen. Die spärlichen Claims, auf denen die »Klassiker« nach Gold schürfen, erbrachten bisher höchstens Nuggets vom Typ Van Cliburn. Dessen Einspielung von Tschaikowskys b-Moll-Klavierkonzert wurde in den USA nur deshalb zum Verkaufsschlager, weil mit Cliburn ein Sonnyboy aus Gottes eigenem Land den Tschaikowsky-Wettbewerb in Moskau gewonnen hatte. Und Antal Dorati wurde mit seiner Version der Overtüre 1812 auch nur deshalb goldfündig, weil er dafür die Kanonen der Yale-Universität verwendet hatte.

Daß die großen Schallplattenfirmen dennoch nicht müde werden, nicht nur immer neue Aufnahmen auf diesem Gebiet herauszubringen, sondern auch alte neu aufzulegen, kann man ihnen nicht hoch genug anrechnen, aber auch nicht teuer genug bezahlen.

Es mag aber auch daran liegen, daß trotz aller Hitparadencharts doch vereinzelte Urmenschen existieren müssen, die bereit sind, für derlei altmodisches Zeug ihre gesparten Neandertaler hinzulegen.

Mit anderen Worten: es gibt mehr Fans klassischer Musik, als sich unsere Billboard-Weisheit träumen läßt.

Weil aber auch diese Fans einmal klein begonnen haben, fangen auch wir ganz unten an. Bei der Basisdisco. Also mit dem Allernotwendigsten, was man als Plattensammler so braucht.

Das füllt eh schon ein großes Zimmer.

Dann kommt zwangsläufig ein zweites Zimmer dazu, weil man das Ganze selbstverständlich auch noch in verschiedenen Versionen benötigt, die allesamt hörens- und besitzenswert sind.

Das ist ja überhaupt das Problemchen unserer mit Schallplatten überfluteten Society. Daß es keine schlechten Aufnahmen mehr gibt. Die Konkurrenz ist zu groß, der Vorbilder sind zu viele. Und jede einzelne Produktion dermaßen teuer, daß es sich für die Plattenfirma eher lohnt, die Aufnahme bis zur absoluten Perfektion x-mal wiederholen zu lassen, als eine künstlerisch zweifelhafte und dadurch so gut wie unverkäufliche Schallplatte herauszubringen. Drum fehlen den heutigen Produktionen die Fehler. Es gibt keine echten Sünden mehr.

Früher ließ sich mit dem Finger drauf zeigen und jubeln: »Wo bleiben denn die Nebenstimmen?«

Heute sorgen der Tonmeister und der A & R-Mann dafür, daß selbst Nebenstimmen der fünften Kategorie, die noch jedem Dirigenten unter den Taktstock gerutscht sind, nicht durch den Rost fallen.

Ein Trost ist, daß auf 20 gute Aufnahmen nur eine einzige wirklich exzeptionelle kommt. Auf diese sollte man sich beim Schallplattenkauf konzentrieren.

Laß' die hervorragenden Aufnahmen ruhig liegen. Nimm' lieber die herausragenden in Deine Sammlung!

Fangen wir bei Alpha und Omega an. Mit der Erschaffung von Himmel und Erde aus dem Chaos. Anders gesprochen: mit den 9 Symphonien des L. v. B.

Du brauchst alle Neune, soviel steht fest. Alles andere bleibt Deiner freien Entscheidung überlassen. Entweder du machst es Dir künstlich schwer und greifst zu einer Gesamtaufnahme. Oder Du machst es Dir noch schwerer und stellst eine persönliche Auswahl zusammen.

Gesamtaufnahmen gibt es zu viele. Allein Karajan hat 4 davon vorgelegt. Dann noch Klemperer, Böhm, Toscanini, Bernstein, Suitner, Keilberth, Jochum, Walter, Maazel usw. usw.

An Deiner Stelle würde ich mir für den Anfang folgende Einzelstücke zulegen:

Die Erste: Herbert von Karajan
Die Zweite: Rudolf Kempe
Die Dritte: Otto Klemperer
Die Vierte: Arturo Toscanini
Die Fünfte: Wilhelm Furtwängler
Die Sechste: Leonard Bernstein
Die Siebente: Georg Solti
Die Achte: Wolfgang Sawallisch
Die Neunte: Erich Kleiber

Damit hättest Du auch gleich die wichtigsten Pultstars im Schrank – die in Einzelfällen natürlich austauschbar sind.

Die »Achte« ist unter Karajan genauso schön, wie die »Dritte« unter Giulini. Nur bei der »Fünften« solltest Du keinen Gott neben Furtwängler dulden.
Zusammen mit den Beethoven-Symphonien gehören natürlich auch die wichtigsten Symphonien von Mozart, Brahms und Schubert zur Grundausstattung.
Mozart würde ich von Bruno Walter, aber auch von Sir Thomas Beecham oder Karl Böhm nehmen.
Brahms von Lennie Bernstein, aber auch von Herbert Karajan (obwohl die Vierte unter Carlos Kleiber »something else« ist).
Schubert von Karl Böhm, aber auch von Neville Marriner oder Carlo Maria Giulini (außer der großen »C-Dur-Symphonie«, da ist Josef Krips mit den Londonern nach wie vor einsame Spitze).
Ein paar Mahlers und Bruckners brauchst Du ebenfalls zur Seligkeit. Bei Mahler kannst Du zwischen der monumentalen Auffassung von Claudio Abbado, der demütigen von Bruno Walter und der aufregenden von Leonard Bernstein wählen. Bei Bruckner zwischen dem Sound Herbert von Karajans und dem Klang Eugen Jochums.
Die Tondichtungen von Richard Strauss klingen am echtesten bei Clemens Krauss, am raffiniertesten bei Karajan, am virtuosesten bei Eugene Ormandy, am durchsichtigsten bei Fritz Reiner, am brillantesten bei Lorin Maazel, am schönsten bei Karl Böhm. (Am häßlichsten bei Richard Strauss, aber das liegt an der Aufnahmetechnik.)
Giuseppe Sinopoli schreibt viel psychologisierenden Unsinn über Robert Schumanns Nervenkostüm. Aber dessen Symphonien dirigiert er dermaßen grandios, daß ich mich dafür sogar auf die Couch legen würde.
Die Haydn-Symphonien empfehle ich Dir unter Neville Marriner. Die von Mendelssohn unter Lorin Maazel. Die von Tschaikowsky unter Herbert von Karajan.
Rund um diese symphonischen Hauptgerichte garnierst Du noch ein paar unerläßliche Beilagen, ohne die das Menü keine Würze hätte:
Als Antipasti so bekömmliche Sachen wie die »Symphonie fantastique« von Berlioz. »Le sacre du printemps« von Igor Strawinsky. Eine Prise Prokofieff (die »Fünfte«) und Schostakowitsch (die »Zehnte«). Ein bißchen mehr Ravel, ein bißchen weniger Rimsky-Korssakoff, viel Debussy und gar keinen Grieg.
Die moderne Wiener Schule ist nicht in Wien, sondern weitaus besser in Birmingham aufgehoben, wenn der Pultstar der 90er-Jahre, Simon Rattle, den Takt angibt. Die Orchesterstücke von Schönberg und Webern leuchten bei ihm wie ein Paradiesvogel.
Nicht zu vergessen das »Konzert für Orchester« von Béla Bartók, in der aufregenden Interpretation von Georg Solti mit den Londoner Philharmonikern.
Dann laß' Dir noch die »Verklärte Nacht« auf der Zunge zergehen. Oder Dir beim Freßgelage der »Carmina Burana« das Wasser im Munde zusammenlaufen.
Zum Nachtisch gönne Dir als Tortenstückchen einen Walzer von Johann Strauß, serviert von den Wiener Philharmonikern.

Wohl bekomms.

⨀ Ludwig van Beethoven: Symphonie Nr. 5
Dirigent: Wilhelm Furtwängler

Ich gebe zu, ich bin Furtwängler-geschädigt. Der große Mann war mir nämlich schon ein Begriff, noch bevor ich überhaupt eine einzige Note unter seiner Stabführung gehört hatte.
Da waren die Schriften von Otto Strasser, dem ehemaligen Vorstand der Wiener Philharmoniker. Die »Paukenschläge« des Paukers der Berliner Philharmoniker mit dem Untertitel »Furtwängler oder Karajan«.
Die Bücher von Herzfeld. Und die unzähligen Berichte älterer Konzertbesucher und sonstiger Weiser, die alle mit dem Satz begannen:
»Ja, damals unter Furtwängler …!«
Von Toscanini sagte man, er dirigiere das, was in den Noten stehe. Von Furtwängler, er dirigiere das, was hinter den Noten stehe. Er selbst soll über seinen italienischen Kollegen/Konkurrenten/Zeitgenossen gemeint haben:
»Wo Toscanini aufhört, fange ich erst an.«
Das Phänomen Furtwängler entzieht sich wahrscheinlich jedem Versuch einer späteren Deutung. Weil seine Schallplatten nur unvollständig wiedergeben, was seine Faszination, seine Einzigartigkeit ausgemacht hat.
Er dürfte ein sehr gespanntes Verhältnis zu Schallplattenaufnahmen gehabt haben, wie aus folgender Geschichte hervorgeht:
In einer Zeit, als Schallplatten noch kein Supermarktartikel, sondern eine Rarität waren, leitete Furtwängler die Berliner Philharmoniker bei einer Plattenaufnahme. Er konnte sich aber nicht mit den Bedingungen des Aufnahmestudios abfinden, weshalb ein Versuch nach dem anderen fehlschlug.
Geduldig erklärte der Tonmeister zum zehnten Mal den Ablauf:
»Grün heißt Achtung, bei Rot geht es los. Alles klar, Herr Doktor?«
»Ja, ja, ja.« Furtwängler starrte nervös die Anzeige an. Als das Rotlicht kam, warf er plötzlich erbost den Taktstock hin und rief:
»Verdammt, ich bin doch kein Rennpferd« – womit wieder eine Aufnahme geschmissen war.
Zum Glück hat Furtwängler dennoch eine große Anzahl von Schallplattenaufnahmen hinterlassen. Darunter seine Interpretation der »5. Symphonie von Ludwig van Beethoven in c-Moll. op. 67, dem Fürsten Lobkowitz und dem Grafen Rasumovsky zugeeignet«. So heißt sie offiziell.
Inoffiziell heißt sie nur »die Fünfte«. Als gäbe es außer L. v. B. niemanden, der eine fünfte Symphonie komponiert hätte.
(Im Vertrauen gesagt: es gibt wirklich niemanden.)
Sie beginnt mit den populärsten 4 Noten der Welt: G-G-G-Es. Das berühmte »Da-Da-Da-Daaaaah«, von dem es heißt, daß so das Schicksal an die Pforte pocht.
Schon vom Tempo dieser ersten 4 Noten her setzt Furtwänglers Aufnahme, die er am 28. 2. 1954 mit den Wiener Philharmonikern in deren goldenem Musikvereinssaal eingespielt hat, einen unübertroffenen Standard. So packend, so gewaltig, so »schicksalhaft« hat kein anderer Dirigent die »Fünfte« gedeutet. Weder Klemperer, noch die Kleibers, Vater und Sohn. Weder Bernstein, noch Abbado. Und schon gar nicht Karajan mit seinem hektisch übersteigertem Beginn.

Da gibt es andere, die Furtwängler näher kommen. Zum Beispiel Carlo Maria Giulini, der mit den Los Angeles Philharmonikern eine grandiose Einspielung dieses Werks vorgelegt hat. Unterstützt von einer Aufnahmetechnik, die der Furtwänglers um 32 Jahre voraus ist.
Eine herrliche Aufnahme. Und nicht minder packend, gewaltig und»schicksalhaft«.
Ja, was fehlt dann eigentlich? Vielleicht das: daß man bei Giulini zwar hört, wie groß Beethoven als Komponist, Instrumentator, Kontrapunktiker, Gestalter, Musikdramatiker usw. usw. gewesen sein dürfte; bei Furtwängler aber, wie groß er als Mensch gewesen ist.
Nimm den ersten Satz als Beispiel. Da ist eine Fermate drin, die man gar nicht lange genug aushalten kann. Furtwängler läßt sie so lange stehen, daß es fast schon wehtut.
Nimm den zweiten Satz. Dieses Singen, diese vollkommene Entspannung, eingebettet zwischen zwei Symphoniesätzen, die vor Spannung geradezu bersten.
Nimm den dritten Satz. Geheimnisvolleres, Unheimlicheres, Düstereres ist weder vor- noch nachher je komponiert worden. Und bei keinem klingt es derart geheimnisvoll, unheimlich und düster, wie bei Furtwängler.
Über den atemberaubenden Übergang vom dritten in den vierten Satz, dieses un- und übermenschliche Crescendo, haben sehr viele Leute schon sehr viel Gescheites gesagt. Mir ist aber jene Geschichte am liebsten, die von dem kleinen Buben berichtet, der an dieser Stelle ausgerufen haben soll: »Ich fürchte mich.«
Nimm den vierten Satz. Den endlosen Jubel, von dem Hans Weigel gemeint hat, daß es nach so einem Schlußsatz keinem Komponisten mehr möglich war, eine Symphonie zu beenden. Wie sollte er auch? Er hätte den Jubel des gesamten Universums einschließlich sämtlicher Engelschöre übertreffen müssen.
Die »Fünfte« ist wegen ihrer leichtfaßlichen »Per-aspera-ad-astra-Philosophie« längst zum Repertoirestück verkommen. Es gibt keinen Dirigenten, der sie nicht »drauf« hätte. Doch so abgedroschen sie auch sein mag, in Furtwänglers Deutung packt sie immer wieder von neuem.
Pierre Boulez, Komponist »neuer« Musik und Bayreuther »Ring«-Dirigent, hat einmal gesagt, er könne die »Fünfte« nicht mehr hören.
Armer Pierre Boulez. Du wärst vielleicht froh, würde man von Deinen Werken in 20 Jahren sagen, daß man sie noch immer hören kann. Beethovens »Fünfte« wird hingegen auch in 200 Jahren noch immer die Symphonie aller Symphonien sein.
Wenn Du's nicht glaubst, kauf' Dir die Schallplattenaufnahme mit Wilhelm Furtwängler.

⊙ Anton Dvořák: Symphonie »Aus der neuen Welt«
Dirigent: Karel Ančerl

Dvořák hat da ein herrliches Stück Musik geschrieben, das überhaupt nichts dafür kann, daß es so populär ist. Trotzdem gibt es Leute, die »es schon nicht mehr hören können«. Selbst denen würde bei Karel Ančerl und der Prager Philharmonie auffallen, daß zwischen unserem Anton und derem Antonin gewisse Unterschiede bestehen, auf die es sich draufzukommen lohnt. Du kennst mich inzwischen, ich halte es für Unsinn, daß nur ein Tscheche tschechische, nur ein Italiener italienische Musik dirigieren kann. Auch daß die Aufnahme mit Leonard Bernstein ganz großartig ist, hat nichts damit zu tun, daß Lennie aus jener neuen Welt stammt, die dem Werk zu seinem Untertitel verholfen hat. Karel Ančerl ist einfach ein hervorragender Dirigent und Orchestererzieher, der mit seinen Prager Musikern Unmengen schöner Schallplatten eingespielt hat.
Die dazupassende Schallplattengeschichte ist freilich eher eine Symphonie aus der verkehrten Welt, denn als ich in Prag nach Schallplatten von Karel Ančerl stöberte, fand ich keine. Die Firma »Supraphon« hatte ihre gesamten Bestände wieder einmal westwärts geliefert. So mußte ich meine Kronen in eine Lizenzpressung der »Festival Strings Luzern« investieren, die ich diesseits der Grenze auch bekommen hätte.
Dvořáks Meisterwerk ist symphonische Musik für Anfänger. Das ist nicht ab-, sondern aufwertend gemeint. Es ist Musik , die einem keine Schwierigkeiten macht und trotzdem keine leichte ist. Vielleicht liegt darin das Geheimnis ihrer ungebrochenen Popularität. Nur »Die Moldau« ist noch bekannter, aber daran ist Ferenc Fricsay mit seinem Probenvideo schuld.
Ein Hauch von Böhmerwald weht durch die Symphonie »aus der neuen Welt«, mit der Dvořák nicht die neue, sondern ganz im Gegenteil die alte Welt seiner tschechischen Heimat lebendig werden lassen wollte.
Er schrieb die Symphonie in den USA, als Gruß von drüben nach hüben. Die Tschechen schickten dafür ihre Polkas hinüber. So gleicht sich alles wieder aus.
Übrigens ist es mir doch noch gelungen, zu ein paar Platten von Karel Ančerl zu kommen. Im Westen war das kein Problem. Ich brauchte nur in die tschechische Buchhandlung zu gehen.

⊙ Robert Schumann: Symphonie Nr. 3 »Rheinische«
Dirigent: Carlo Maria Giulini

Welch eine Klangpracht! Das Werk des großen deutschen Romantikers durch ein amerikanisches Orchester unter einem italienischen Dirigenten in die Nähe eines Berlioz gerückt – und das trotz der allgemein behaupteten Instrumentationsschwäche Robert Schumanns.
Von den vier Symphonien, die Schumann

geschrieben hat, ist die »Vierte« die weitaus bekannteste. Von ihr habe ich eine wunderschöne alte Aufnahme unter Furtwängler und eine nicht minder schöne neue unter Bernstein. Aber auch die von Haitink, Solti und Karajan sind nicht zu verachten.
Bei der »Dritten« gibts für mich allerdings keine Alternative zu Giulini; genauso wie bei der »Zweiten« zu Sinopoli. Das drängt und stürmt, wogt und bebt, atmet und jubelt, daß Du förmlich die blaue Blume der Romantik vor Dir erblühen siehst.
Natürlich sind auch hier instrumentale Retuschen vorgenommen worden. Schumanns schwerfällige Orchestrierung verlangt danach. Rede mir keiner von Werktreue. Sogar der Genauigkeitsfanatiker Gustav Mahler war sich nicht zu schade, an seinem Komponistenkollegen herumzukorrigieren. Wenn du trotzdem unbedingt die Originalfassung haben willst, mußt du halt zur Rheinischen Philharmonie greifen – um dann doch reumütig zu Giulini und seinem fabelhaften Los Angeles Philharmonic Orchestra zurückzukehren.
Meine erste Begegnung mit Schumann war, wie könnte es anders sein, das »a-Moll-Klavierkonzert«. Die große alte Dame Clara Haskil spielte den Solopart, und es war, als würde Clara Schumann selbst am Flügel sitzen. Sogar der Vorname paßte.
Konzerterlebnisse dieser Provenienz rufen bei mir stets einen akuten Fall von Discomanie aus: der nächste Tag findet mich bestimmt stöbernderweise in einem Schallplattenladen.
Beim Durchhören verschiedener Einspielungen blieb ich dann an der Kombination Dinu Lipatti/Herbert von Karajan hängen. Ein Juwel, von dem ich mich trotz Rubinstein/Giulini und Arrau/Dohnanyi noch immer nicht getrennt habe.
Vom Klavierkonzert zu den Symphonien war für mich eigenartigerweise ein kleinerer Schritt, als zu den Klavierwerken.
Wenn Du es niemandem weitersagst, verrate ich Dir, daß ich mit Schumanns Klavierschaffen lange Zeit nicht so richtig warm werden konnte.
Nicht einmal die eigenen Versuche, die »Papillons« herunterzuklimpern, halfen mir weiter. Wahrscheinlich schreckten mich Titel wie »Kinderszenen« und »Album für die Jugend«. Denn wenn schon der Schumann »für Kinder und Jugendliche« so schwer zu spielen war, wie schwierig mußten dann wohl erst die Werke für die »Erwachsenen« sein!
Man muß wirklich ein Meisterpianist vom Range eines Justus Frantz, Jörg Demus oder Arturo Benedetti-Michelangeli sein, um diese und andere Klavierstücke von Robert Schumann zum Klingen zu bringen. Die »Träumerei« entgeht nur unter den Händen eines Horowitz ihrem Schmachtfetzenschicksal, glaub' mir das.
Wenn aber Schumanns Klavierwerke ihre ganze Farbenpalette von Spätsommer bis Frühherbst entfalten, gleichen sie einem Gemälde von Spitzweg. Wie ein Roman von Jean Paul. Wie ein Gedicht von Matthias Claudius.
Wie die bunte Pracht eines herbstlichen Laubwaldes, ins milde Licht der Nachmittagssonne getaucht. Wie die »Rheinische« unter Carlo Maria Giulini.

⊙ Anton Bruckner: Symphonie Nr. 8
Dirigent: Bernard Haitink

Es gibt eine Musik zwischen Himmel und Erde, bei der gehst Du einfach in die Knie. Nicht um zu beten, obwohl etwas Heiliges in und um diese Musik ist. Sondern weil sie Dich in den Staub zwingt. Weil sie so überlebensgroß, so allumfassend, so endgültig ist.
Das Vorspiel zu »Tristan und Isolde« fällt unter diese Kategorie. Billie Holidays »Strange fruit«. Der »Wach auf«-Chor aus den »Meistersingern von Nürnberg«. Oscar Peterson, wenn er »Hymn to Freedom« spielt.
Auch das Adagio der achten Symphonie von Anton Bruckner – wie auch das der »Neunten« – ist solche Musik. Keine, die schmeichelt und auch keine, die tröstet. Sondern eine, die Dich ergreift und Dich ins Innerste Deiner Seele trifft. Wenn es jemals Musik gegeben hat, die das Attribut ›erhaben‹ verdient, dann diese.
Bruckners »Dritte«, »Vierte« und »Siebente« sollten, die »Achte« und »Neunte« müssen in jeden Plattenschrank hinein. Herausnehmen darfst Du sie jedoch nur zu ganz besonderen Anlässen. Vor allem mußt Du Dir Zeit nehmen, unendlich viel Zeit. Die »Achte« dauert 80 Minuten – das ist soviel wie ewig. Es könnten auch 800 oder 8000 Minuten sein. Was spielt das schon für eine Rolle angesichts der Ewigkeit.
Ich erinnere mich an Bruckner-Aufführungen unter Carl Schuricht und Herbert von Karajan, bei denen der Konzertsaal zur Kathedrale wurde. Zwischen den einzelnen Sätzen hätte man die berühmte Stecknadel fallen hören können. Bruckner selbst schritt durch den Saal. Das sind die Momente, in denen man gelobt, ein besserer Mensch zu werden. Man sollte wirklich mehr Bruckner hören.
Die »Achte« wird in Konzerten und auf Schallplatten fast ausschließlich in der revidierten Fassung von 1890 angeboten. Nur Eugen Jochum hat sowohl diese, als auch die als »Apokalyptische« bezeichnete Urfassung von 1887 eingespielt.
Zum Glück muß ich mich nicht für eine bestimmte Aufnahme entscheiden. Es fiele mir schwer. An Bruckner wagen sich ohnehin nur die Besten. Unzulängliche Orchester und kurzatmige Kapellmeister lassen die Finger davon und toben sich dafür bei Mozart aus.
Tritt aber ein großer Dirigent bei Bruckner ans Pult, vollzieht sich in der Regel ein Gottesdienst in Sachen Symphonie. Schuricht und Karajan habe ich schon genannt. Weiter nenne ich Hans Knappertsbusch und Eugen Jochum, Carlo Maria Giulini und Günter Wand. Die Schallplatte hat sie uns erhalten. Daran kannst Du ermessen, wie gut es uns geht. Bruckner hat zum Beispiel seine neunte Symphonie nie gehört, während wir zwischen 10 und mehr herrlichen Aufnahmen dieses dem lieben Gott gewidmeten Monumentalwerkes wählen können.
Für die Sinfonik Anton Bruckners, so heißt es immer wieder, muß man den großen Bogen haben. Ich weiß nicht, ob Bernard Haitink den hat. Ich weiß nur, daß er und das Concertgebouw Orchester die »Achte« so spielen, wie ich es mit unzureichenden Worten zu beschreiben versucht habe.

Bruckner und Mahler sind die letzten großen Mystiker unter den Komponisten. (Und Hans Pfitzner, obwohl er über Bruckner gesagt hat, dieser hätte nur eine Symphonie geschrieben, dafür aber gleich neunmal.)
Und weil Bruckner ein Mystiker war, wird man nie ganz hinter seine Geheimnisse kommen.
Vielleicht ist es das, was uns in die Knie zwingt. Wir wissen es nicht. Weil es eben Dinge zwischen Himmel und Erde gibt, die wir nicht wissen dürfen.

⊙ Maurice Ravel: Rhapsodie espagnole
Dirigent: Ernest Ansermet

Du weißt, Schallplatten sind wie Zeitmaschinen. Du legst eine auf, und schon bist Du um 20, 30 oder 60 Jahre in die Vergangenheit gereist. Eine solche Zeitreise könnte uns zu jenem Tag zurückversetzen, an dem ich zum ersten Mal die »Rhapsodie espagnole« hörte. Nicht im Konzert und nicht bei einem Freund. Sondern im Radio. Es war eine wunderbare Begegnung. Wunderbar, weil sie mir ein tiefes Verständnis für dieses herrliche Werk vermittelte. Und das, obwohl es sich um eine musikwissenschaftliche Sendung handelte.
Als Radiohörer weißt Du, daß bei den Sendern viele sitzen, die nur Platten auflegen. Wenige, die Musik spielen. Keine, denen Musik ein Anliegen zu sein scheint. Falls dennoch ab und zu einer über Musik spricht, redet er ins Leere. Denn im TV läuft gleichzeitig ein Krimi.
»Video killed the Radio Star« hieß ein kurzlebiger Hit der 80er Jahre. Ein programmatischer Titel, obwohl nur auf die Popmusik gemünzt. Doch Video hat auch das Kino gekillt. Das Gespräch. Das Monopolyspiel. Die Zeit, die man die Freizeit nennt.
So schön ich es finde, mit dem Fernsehen zu leben, so traurig ist es, dem Sterben der Kinos, der Musikbox und des Radios zusehen zu müssen.
Natürlich ist das Radio nicht wirklich tot. Ganz im Gegenteil, es gibt sich gesund und munter und ist als gefräßigster aller Schallplatten-Konsumenten von eminenter Wichtigkeit für uns Sammler und für Euch von der Musikindustrie. Aber die »Radio Days«, die Woody Allen in seinem gleichnamigen Film heraufbeschwört, die sind endgültig vorbei.
Ravels »Rhapsodie espagnole« war nie ein ›Radio Star‹ oder Konzertreißer wie der »Bolero«, dessen Popularität durch den Film ›10‹ (Die Traumfrau) aktualisiert worden ist.
(Seit sich Traumfrau Bo Derek dort bei der Beschäftigung mit der wichtigsten Nebensache der Welt vom unerbittlichen Rhythmus des »Bolero« anturnen ließ, stieg der Schallplattenabsatz dieses Werks um ein Vielfaches an. Hoffen wir, daß Ravel, der bekanntlich »La Valse« im Schützengraben komponiert hat, wenigstens den »Bolero« im Bett geschrieben hat.)
Wie der Bolero verwendet auch die »Rhapsodie espagnole« spanische Rhythmen (No na). Melodisch ist sie auf 4 Noten aufgebaut, die sich durch das ganze Stück ziehen und

an Stan Kentons »Monotony« und »This is my theme« erinnern. Aus den 4 Tönen entwickelt Ravel seine iberischen Impressionen. Klar und durchsichtig in der Orchestersprache und voll der für Ravel so typischen Farbenpracht.
Man hat ihn den ›Geometer des Mysteriums‹ genannt. Man hätte ihn besser den ›Ellington Europas‹ nennen sollen.
Damals im Radio spielten sie die »Rhapsodie espagnole« mit dem Orchestre de la Suisse Romande unter der Leitung von Ernest Ansermet. Also bin ich losgezogen und habe mir die Platte besorgt. Schon aus Sympathie für Ansermet. Der war nämlich der erste europäische Musiker von Rang, der etwas Nettes über den Jazz gesagt hat.
Meine Sympathie für Ernest Ansermet hat sich erhalten. Seine Einspielung der »Rhapsodie espagnole« besitze ich noch immer. Bis heute habe ich keine bessere gefunden.

⊙ Franz Schubert: Symphonie Nr. 8 »Unvollendete«
Dirigent: Neville Marriner

Ja, darf er das überhaupt? Die unvollendete Symphonie Nr. 8 in h-Moll vollenden? Ist das nun respektlos oder ehrfurchtsvoll gemeint? Ein Lausbubenstreich oder ein Genieblitz?
Gegen Ende des zweiten Jahrtausends christlicher Zeitrechnung sollten wir uns langsam aber sicher die devote Demutshaltung gegenüber Meisterwerken abgewöhnen, die sich zwischen 1940 und 1990 breitgemacht hat. Die Theaterregisseure lassen schon längst Hamlet im Frack auftreten, machen aus dem Faust ein Proletarierschicksal und mit dem Publikum, was sie wollen. Nur bei der Musik walten noch immer die Hüter des Grals und die Verkünder der reinen Lehre.
Der Wille des Komponisten ist ihnen heiliger als denen. Die großen Meister waren nämlich jederzeit bereit, an ihren Werken herumpfuschen zu lassen, Kompromisse zu schließen und Adaptionen zu gestatten. Im Vorspiel zu »Ariadne auf Naxos« sagt der alte, weise Musiklehrer etwas sehr Gescheites zum jungen Hitzkopf von Komponisten, als sich der darüber entsetzt, daß sein ernstes Werk mit einer heiteren Posse verquickt werden soll:
»Viele große Meister, die wir heute auf den Knien bewundern, haben ihre erste Aufführung noch mit ganz anderen Opfern erkauft.«
Ich weiß nicht, was Schubert geopfert hätte, um seine Symphonie Nr. 8 in h-Moll, die man die »Unvollendete« nennt, wenigstens einmal zu hören. Doch dazu kam es nie. Nachdem er die ersten beiden Sätze fertiggestellt hatte, schenkte er die Partitur dem steiermärkischen Musikverein, wo sie 40 Jahre lang ruhte und nur durch einen Zufall entdeckt wurde.
Es muß eine Art englisches Syndrom sein, die »Unvollendete« vollenden zu wollen. Schon 1928 veranstaltete die englische Columbia einen Wettbewerb zur Vervollständigung des Werkes, als dessen Sieger ein gewisser Frank Merrick, gemeinsam mit J. St. A. Johnson hervorging. Die Beteiligung

war groß, denn immerhin betrug das Preisgeld 200 000 englische Pfund.
Dann gibt es bekanntlich diese fatale Mrs. Brown, die angeblich mit verstorbenen Komponisten im Jenseits Kontakt aufnimmt und sich von ihnen Klavierstücke diktieren läßt. Musikkenner behaupten, daß die solcherart von Mrs. Brown niedergeschriebenen Kompositionen tatsächlich im Stil von Chopin oder Schubert stehen, obwohl die Dame nachgewiesenermaßen weder klavierspielen, noch notenlesen kann.
An solchen okkulten Schwachsinn zu glauben, fällt mir schwer. Wieso hat man noch keine Platte davon herausgebracht? Das wäre doch ein Fressen für die Plattenindustrie!
Aber lassen wir Mrs. Brown im Jenseits, und denken wir an so diesseitige Figuren wie den Signore Franco Alfano, der Puccinis »Turandot« vollendet hat. An Monsieur Ernest Guiraud, der mit seinen Rezitativen zur »Carmen« dem Werk erst zum Durchbruch verholfen hat. Und an Herrn Friedrich Cerha, welcher Alban Bergs »Lulu«-Fragment zwar im Sinne ihres Schöpfers, aber sehr zum Unwillen seiner Nachkommen fertiggestellt hat.
Warum also sollte es dem Mister Brian Newbould versagt werden, Schuberts »Unvollendete« zu vollenden? Noch dazu, wo für das Scherzo genügend Anhaltspunkte vorliegen: ein kompletter Klavierauszug und zwei Seiten Partitur. Von einem Finalsatz fehlt allerdings jede Spur.
Natürlich wehre auch ich mich gegen jede Verstümmelung eines Werks. Doch solange ich die Möglichkeit habe, das unangetastete Original zu genießen – live oder konserviert – soll meinetwegen Bearbeitungen und Neufassungen verfertigen, wer immer Lust dazu hat. Ich muß sie mir ja nicht anhören.
Der österreichische Schriftsteller Hans Weigel nennt Schuberts Symphonie Nr. 8 in h-Moll »Die Vollendete« und behauptet, daß Schubert diese von Anfang an nur zweisätzig geplant habe.
Dagegen spricht der Klavierauszug des Scherzos. Dafür spricht, daß es nichts Vollendeteres in der Symphonik gibt, als die »Unvollendete«.
Die Symphonie Nr. 8 in h-Moll kann noch so oft gespielt und noch so oft auf Tonträgern veröffentlicht werden, sie wird nie an Schönheit verlieren.
Unter den nicht mehr zählbaren Einspielungen eine Bestimmte als Beste herauszufiltern, ist unmöglich. Als Kriterium könntest Du allenfalls den Klang der Hörner nehmen: in Wien spielen sie noch auf den »alten« Hörnern, die zwar leichter gicksen, aber unvergleichlich wärmer, romantischer klingen, als die »neuen«.
Interpretatorisch bietet Schuberts »Achte« keine Probleme. Jedes bessere Symphonieorchester schafft sie auf Anhieb. Sie verlangt weder Virtuosität, noch Brillanz. Nur Wärme, unendliche Wärme.
An Dirigenten steht von Leonard Bernstein bis Otto Klemperer, von Wilhelm Furtwängler bis Joseph Keilberth, von Herbert von Karajan bis Karl Böhm die gesamte Taktstockelite des 20. Jahrhunderts für die »Achte« Schuberts zur Verfügung.
Doch so großartig deren Gestaltung auch ist: am meisten ergreift mich die tränenlose Trauer des zweiten Satzes in der überlangsamen, schwermütigen Auffassung von Bruno Walter. Welche Aufnahmen von Schuberts »Achter« Du auch immer in die

engere Wahl ziehst: die von Bruno Walter sollte unbedingt dabei sein.
Wenn ich trotzdem auch für Neville Marriner und seine »Academy of St. Martin in the Fields« votiere, dann deshalb, weil er das Schallplattenexperiment gewagt hat, die »Unvollendete« zu komplettieren.
Marriner dirigiert einen wuchtigen, hochromantischen Schubert; weitab von jener sehnsuchtsvollen Süße, die andere Interpretationen kennzeichnet. Das fertig instrumentierte Scherzo klingt ganz im Geiste Schuberts – jedenfalls soweit ich das beurteilen kann. Als Schlußsatz wählt Marriner die gleichfalls in h-Moll stehende Zwischenaktmusik aus »Rosamunde«, die schon bei der Londoner Erstaufführung der »Achten« an dieser Stelle gespielt worden ist (schon wieder die Engländer).
Und solltest Du zu jenen gehören, denen für Schuberts h-Moll Symphonie zwei Sätze genug sind, hindert Dich niemand daran, Marriners Platte nach den ersten beiden Sätzen vom Plattenteller zu nehmen.

⊙ Wolfgang Amadeus Mozart: Symphonie Nr. 40
Dirigent: Bruno Walter

Schallplatten von Wolfgang Amadeus Mozart kannst Du Dir wirklich schenken. Man hört ihn eh dauernd im Radio. Jeder kennt ihn, jeder mag ihn. Deinen Gästen bietest Du die nach ihm benannten Kugeln an; das Theaterstück »Amadeus« von Peter Shaffer hast Du 4 Mal gesehen; den gleichnamigen Film von Milos Forman besitzt Du auf Video; den doppelnamigen Rap von Falco kannst Du schon nicht mehr hören.
Außerdem kannst Du die Mozart-Schlagerparade von »Reich' mir die Hand, mein Leben« bis zu »Dies Bildnis ist bezaubernd schön« sogar im Schlaf pfeifen. Die »Kleine Nachtmusik« ist Dir genauso geläufig, wie die Symphonien von »Haffner« bis »Jupiter«. Von der »Sonata facile« und dem »Türkischen Marsch« wollen wir hier gar nicht reden. Auch nicht von »guten Abend, gut' Nacht«, denn das hat er nicht einmal selbst komponiert, sondern Brahms überlassen. Wozu also Mozart?
Falls du dennoch irgendwann über die Symphonie Nr. 40 in g-Moll stolpern solltest, dann geh' rasch und ohne zu Verweilen weiter – denn bleibst Du stehen, dann bleibst Du auch hängen. Nämlich an Mozart und an jeder Note, die er geschrieben hat. Wolfgang Amadeus Mozart hat viele Noten geschrieben. Zu viele, wie der dumme österreichische Kaiser anläßlich der Uraufführung der »Entführung aus dem Serail« gesagt haben soll, worauf Mozart schlagfertig replizierte:
»Genauso viele wie nötig, Euer Majestät.«
Mozart soll auch gesagt haben:
»Ich hab' ja alles schon im Kopf, ich brauch's ja nur hinzuschreiben.«
Einem Menschen, der die Overtüre zu »Don Giovanni« in einer Nacht hinzuschreiben imstande ist, glaube ich das aufs Wort. Doch selbst dann bleibt die Produktivität Mozarts unbegreiflich. Weniger von der Quantität, als von der Qualität her. Gibt es einen schlechten Mozart? Nein! Alles Rolls Royce am Fließband. Quality

made by Wolferl. Seine Musik überlebt sogar spielend Bearbeitungen durch Waldo de los Rios oder die Swingle Singers.
Die g-Moll-Symphonie nimmt trotzdem eine Sonderstellung ein. Für mich ist sie Mozarts tiefstes Werk. An ihr zerschellen Kritiken und Meinungen, Wertungen und Strukturanalysen wie Glas. Die g-Moll-Symphonie macht süchtig. Süchtig auf mehr und nochmehr Mozart, auf alles von ihm.
Bruno Walter, der eigentlich Schlesinger hieß und in seiner Jugend deshalb spöttisch »Schlesinger von der Vogelweide« genannt wurde, habe ich leider nie persönlich erlebt. Aus seiner durch die Nazis erzwungenen amerikanischen Emigration kam er nur einmal wieder zurück nach Europa, um in Wien und in Edinburgh zu dirigieren.
Zeugen dieser Konzerte schwärmen heute noch von seiner Deutung der unvollendeten h-Moll-Symphonie von Franz Schubert.
Ich besitze von ihm eine Platte mit der Ouvertüre zu »Tannhäuser« und der Venusbergmusik, die für mich zum Aufregendsten zählt, was es auf Rillen gibt.
Weiters seinen legendären ersten Akt »Walküre« mit Lauritz Melchior und Lotte Lehmann, der unter Opernfreunden als Inselplatte gilt. Und als Kostbarkeit einen Probenausschnitt zu Mahlers »Neunter«, der einen Einblick in die Arbeitsweise Bruno Walters gestattet.
Man sollte überhaupt mehr Probenplatten herausbringen. Sie könnten interessanter als die endgültigen Fassungen sein. Denke nur an Beispiele wie »Die Moldau« mit Ferenc Fricsay, Beethovens »Neunte« mit Karajan oder Toscanini bei der Probe zu »Aida«.
Bruno Walter war das exakte Gegenteil von Toscanini. Ein sanftmütiger, gütiger Charakter, dessen Zornesausbrüche darin gipfelten, daß er bei Proben »ich bin noch nicht ganz glücklich« murmelte. Deswegen wird an der Geschichte schon etwas dran sein, daß ein Musiker nach einer Probe mit Bruno Walter gefragt wurde:
»Na, ist er schon glücklich?«
Und wenn wir schon bei den Anekdoten sind: Bei einer Aufführung der g-Moll-Symphonie von Mozart soll Bruno Walter den Taktstock gehoben und noch vor dem ersten Einsatz den Musikern zugeflüstert haben:
»Schon zu laut!«

Bruno Walters Gott hieß Gustav Mahler. Das »Lied von der Erde« gestaltet keiner wie er. Aber auch als Mozart-Dirigent wird Walter in seiner Art unerreicht bleiben. Deshalb, nimm' von der Kombination Walter/Mozart soviel Du nur bekommen kannst.
Übrigens: sagte ich zu Beginn etwa, daß Du Dir die Schallplatten von Wolfgang Amadeus Mozart schenken kannst? Dann gestatte bitte, daß ich mich korrigiere: nicht Dir, mir sollst Du sie schenken!

⊙ Béla Bartók: Concerto for Orchestra
Dirigent: Georg Solti

Musik wie diese ist ein Fressen für ungarische Dirigenten und amerikanische Musiker. Das Chicago Symphony Orchestra unter Georg Solti, das Philadelphia Orchestra unter Eugene Ormandy und das Cleveland Orchestra unter George Szell haben brillante Aufnahmen dieser Parforcejagd durch die Instrumentengruppen vorgelegt. Sollte irgendwann auch noch eine mit Antal Dorati und dem Boston Symphony Orchestra herauskommen, wird es mich nicht wundern.

Wieso gerade die Ungarn mit den Amerikanern so gut zurechtkommen, ist mir allerdings rätselhaft. Nimm zum Beispiel Mihaly Kertesz, der in den Staaten als Michael Curtiz herrliche Errol-Flynn-Filme gedreht hat und sich von Erich Wolfgang Korngold, dem Komponisten der Oper »Die Königin von Saba«, die Musik dazu schreiben ließ. Hingegen fand sich Béla Bartók, der 1940 vor den Nazis in die USA flüchtete, drüben nie zurecht. Auf ihn trifft ein Wort Anette Kolbs zu, die auf die Frage, wie sie sich in der amerikanischen Emigration fühle, antwortete:

»Dankbar und unglücklich.«

Bartók starb in und vielleicht auch an Amerika. Sein Sterben dauerte vier Jahre lang. Zuletzt lag er, von den Ärzten bereits aufgegeben, in einem New Yorker Spital, als sich eine Geschichte tatsächlich ereignete, die bei Mozart nur Legende ist:

Ein Besucher kam und bot 1000 Dollar für eine Komposition, wobei er Bartók völlige Freiheit in der Wahl der Form zugestand. Die einzige Bedingung war, daß es sich um ein Werk für großes Orchester handeln sollte, denn der Besucher war niemand anderer als der Leiter des Bostoner Symphonieorchesters, Sergej Kussewitzkij.

In nur zwei Monaten schrieb Bartok eine funkelnde, feurige, zündende fünfsätzige Symphonie und nannte sie »Konzert für Orchester«.

Kenner behaupten, daß der vierte Satz, Intermezzo interrotto, Anklänge an Tschaikowsky, an Lehár und an Schostakowitsch enthalte, dessen 7. Symphonie damals gerade mit großem Trara in den USA uraufgeführt wurde. Aber es bleibt bei An-Klängen. Der Klang selbst ist reinster, unverdünnter Bartók.

Über diesen Klang ist es mir gelungen, dem Werk näherzukommen. Von der »Musik für Saiteninstrumente, Schlagzeug und Celesta« war ich recht angetan. Der »Wunderbare Mandarin« hat mich beeindruckt. Doch dann hast Du mir das »Konzert für Orchester« vorgespielt, und ich war begeistert.

Ich habe Solti oft gehört, als er noch Opernchef in Frankfurt war und dort die Museumskonzerte leitete. Ich erinnere mich speziell an ein Konzert, das mich aus zwei Gründen beeindruckt hat. Erstens, weil Solti aus dem Orchester mehr an Virtuosität herauszuholen verstand, als drin war. Zweitens, weil ihm das immer noch zu wenig schien.

Um mehr zu bekommen, ging er nach Chicago. Dort kam sein fanatischer Präzisionswille gerade recht. Aufnahmen des Chicago Symphony Orchestra unter Georg Solti kannst Du Dir unbesehen kaufen. Je schwieriger das Werk, um so besser spielen sie es.

Eine Haydn-Symphonie, die sogar die nebenberuflichen Hofmusikanten des Fürsten Esterhazy meisterten, ist ihnen zu leicht. Aber Bartók, Prokofieff, Berlioz, Mahler, da toben sie sich aus. Nur für seine großen Wagner- und Strauss-Aufnahmen ist Solti doch wieder nach Europa, nach Wien zurückgekehrt. Es scheint eben Musik zu geben, die selbst für amerikanische Orchester ein zu dicker Brocken ist; trotz ungarischem Dirigenten.
Oder sollten die Chicagoer doch nicht so perfekt sein, wie sie bei Bartóks »Konzert für Orchester« klingen?

⊙ Igor Strawinsky: Le Sacre du Printemps
Dirigent: Sir Colin Davis

Die Geschichte vom Skandal, den dieser Schocker der Moderne bei seiner Uraufführung am 29. Mai 1913 in Paris entfesselt hat, ist zu bekannt, um nochmals erzählt zu werden. Du hast es auf Deine Weise getan, indem Du unser Gespräch unmerklich in die Zeit vor dem Ersten Weltkrieg geführt hast.
Erinnerst Du Dich? Wir sprachen über die großen Kaiserreiche, die gefestigt und scheinbar für die Ewigkeit errichtet schienen. Über Gustav Mahler und die Zeitschrift »Die Gartenlaube«. Über den Panamakanal und Karl Kraus. Dann spieltest Du mir »Le Sacre du Printemps« vor. Und der Schock traf mich, wie Du ihn programmiert hattest.
Ich weiß es noch, es war die Aufnahme mit dem fabelhaften Cleveland Orchestra unter Pierre Boulez. Und ich weiß auch, was Du dazu sagtest:
»Man kann Strawinskys ›Le Sacre du Printemps‹ gar nicht wild, heftig und brutal genug interpretieren.«
Beim Durchhören des Schallplattenangebots bin ich dahintergekommen, was Du damit gemeint hast und pflichte Dir bei. Je wüster es bei »Le Sacre du Printemps« zugeht, um so besser. Diese Musik muß kratzen und beißen. Bei Boulez tut sie das. Auch bei Haitink, Bernstein, Muti und Abbado. Nicht aber bei Karajan oder Solti.
Ich habe mich dann für Colin Davis und das Concertgebouw Orchestra entschieden. Auch bei ihm kratzt und beißt es. Aber es kommt noch diese wunderbare Durchsichtigkeit dazu, auf die Igor Strawinsky selbst immer soviel Wert gelegt hat.
Strawinsky hat zu unseren Hausfreunden, den Schallplatten, ein ganz besonderes Verhältnis, das er so ausgedrückt hat:
»Die Schallplatte steht mir als modernem Musiker deshalb nahe, weil sie eine ausbalancierte Wiedergabe meiner Musik ermöglicht, die unter Umständen anschaulicher ist, als die lebendige Aufführung. Bei Aufnahmen eigener Werke, die ich selber dirigiere, entsteht das unantastbare Zeugnis authentischer Wiedergabe.«
Strawinsky hatte es bekanntlich nicht leicht mit den Dirigenten, und sie nicht mit ihm. Er wollte seine Musik nicht interpretiert, nur gespielt haben. Am liebsten hätte er jede Art von Interpretation – im Sinne von Auslegung – überhaupt abgeschafft. Weil sich das nicht machen ließ, nahm er als

zweitbeste Lösung in Kauf, sich selbst ans Pult zu stellen. Allerdings: die »Originalaufnahmen« von »Le Sacre du Printemps«, »Feuervogel«, »Petruschka« etc. sind alle aus den Katalogen gestrichen worden.

Du kennst meine Meinung dazu, die nicht unbedingt die von Strawinsky ist. Man kann zum Komponisten geboren sein, man kann zum Dirigenten berufen sein; beide Talente zusammen sind selten. Authentizität hin, Werktreue her, ich ziehe bei »Le Sacre du Printemps« andere Dirigenten vor. Zum Beispiel Pierre Monteux, der als junger Mann kühlen Kopf bewahrte, als bei der von ihm geleiteten Uraufführung das Pfeifkonzert losbrach. Um so hitziger geriet dafür die Aufnahme, die er im hohen Alter von 80 Jahren mit dem Boston Symphony Orchestra einspielte.

Ob Monteux oder Strawinsky: wieder muß ich feststellen, daß wir es dem Wunder der tönenden Rille zu verdanken haben, über beides verfügen zu können – und noch ein Dutzend andere dazu.

Was mir Strawinsky ungemein sympathisch macht, ist sein »Ebony Concerto«; so genannt, weil Klarinetten aus Ebenholz gefertigt werden. Es ist zwar kein großes Werk, aber er schrieb es für Woody Herman und seine Bigband, der es 1945 in New Yorks Carnegie Hall zur Uraufführung brachte. Herman revanchierte sich dafür mit einem Stück namens »Igor«.

Dazu paßt, daß Strawinsky seine »Geschichte vom Soldaten« für eine Dixieland-Frontlinie instrumentiert hat: Klarinette, Trompete und Posaune, wie bei Armstrong. Aber es klingt doch anders.

Schau Dir einmal kurz die Daten an: »Le Sacre du Printemps« wurde 1913 uraufgeführt, »Petruschka« sogar noch davor. 1962 komponierte Strawinsky noch immer. Muß man ihn da nicht den Komponisten des 20. Jahrhunderts nennen?

Beim ersten Vorspielen von »Le Sacre du Printemps« hast du mich weder vor seinen vertrackten Rhythmen, noch vor der ungewöhnlichen Tonsprache gewarnt. Deshalb kann ich mir den Schock bildhaft vorstellen, den die vornehme Pariser Gesellschaft an besagtem 29. Mai erlitten hat. Sie wollte Nijinsky in einen heiteren Frühling tanzen sehen und wurde statt dessen Zeuge eines heidnischen Rituals.

Obwohl das Werk noch immer neu, aufregend und avantgardistisch klingt, ist es inzwischen ein Klassiker geworden. Es existieren sogar Klavierfassungen davon; Isao Tomita hat es auf den Moog-Synthesizer übertragen; Walt Disney als Musik für seinen Film »Fantasia« verwendet.

»Le Sacre du Printemps« ist sogar zum Wortspielzeug geworden. Im Englischen heißt es nämlich »The Rite of Spring«. Daraus hat Gunther Schuller »The Right of Spring« und Phil Woods die Platte »The right to swing« gemacht.

Die schönste Wortspielerei aber stammt von Hans Weigel, der gemeint hat, Carl Orff habe mit seinen »Carmina burana« eine bayerische Übersetzung des Strawinskyschen Werkes vorgelegt, die daher eigentlich »Sakra, der Frühling« heißen müßte.

⨀ Hector Berlioz: Symphonie fantastique
Dirigent: Riccardo Muti

Dirigenten und Orchester scheint es zu reizen, dem Spektrum des Regenbogens, der Schmetterlinge und der additiven Farbenmischung in der Musik nachzuspüren. Von A wie Abbado bis Z wie Zubin Mehta schleudern sie Version um Version dieses genialen Werks auf den Markt – eine bunter als die andere.
Schade, daß die Einspielung von Leopold Stokowsky mit dem Philadelphia Orchestra nicht mehr greifbar ist. Die »Symphonie fantastique« war nämlich so recht nach dem Geschmack des exzentrischen Herrn mit den ausdrucksvollen Händen, der jedes Werk so dirigierte, als wäre es von ihm und nicht von irgendeinem Berlioz, Brahms oder Beethoven.
Die Philadelphians haben sich inzwischen mit Riccardo Muti zusammengetan, und das tut den grellen Farben der »Symphonie fantastique« nur gut. Aber auch Lorin Maazel mit dem Cleveland Orchestra und Bernard Haitink mit den Wiener Philharmonikern malen großflächig mit breitem Pinsel. Und wetten, daß Du die beiden Aufnahmen der Chicagoer unter Abbado und Solti nicht voneinander unterscheiden kannst!
Mit der Komposition der »Symphonie fantastique« 1830 kam die Farbe in die Musik. Wer weiß, vielleicht wäre Wagner ohne Berlioz nurmehr die Hälfte wert. Berlioz war auch der Erfinder der Programmusik und diesbezüglich der Lehrer von Richard Strauss. Wäre er ein paar Jahrzehnte später geboren, würde er Dimitri Schostakowitsch heißen.
Heute regt die »Symphonie fantastique« niemanden mehr auf. Doch 1830 in Paris war sie ein wüstes Stück hemmungslosen Expressionismus'. Es war die Zeit des Bürgerkönigs Louis Philippe, die Zeit und der Ort von Meyerbeer, Liszt, Victor Hugo, Balzac, Chopin, Dumas, Heinrich Heine.
Zu denen stößt dieser Hector Berlioz und durchlebt eine wahnsinnige Liebesaffaire mit einer irischen Schauspielerin namens Harriet Smithson. Doch statt als Kavalier zu genießen und zu schweigen, komponiert er seine Leidenschaft als fünfsätziges ›Lied vom Tod‹ für großes Orchester und gibt dem Ganzen noch dazu einen detaillierten Reiseführer durch seine Seelenqualen mit auf den Weg.
Das muß man nicht unbedingt wissen, wenn man die »Symphonie fantastique« hört. Aber es schadet nicht, wenn man es weiß. Die Orchester können bei diesem Breitwandreißer zeigen, was sie an Instrumentaltechnik drauf haben, ohne sich deswegen mit komplizierten Rhythmen à la Béla Bartók oder dem zarten Pastell eines Debussy herumschlagen zu müssen.
Die Instrumentierung schillert auch heute noch wie ein Pfauenrad. Es ist eben doch nicht alles Strauss, was klingt. Berlioz möge es mir verzeihen, aber wegen ihrer schwelgerischen Klangfülle nehme ich seine Musik manchmal sogar zum Abstimmen der Stereoanlage.

Übrigens erhörte die Dame den Komponisten schließlich doch noch. Franz Liszt war Trauzeuge. Aber die Ehe war längst nicht so fantastisch, wie die Symphonie. Ob Berlioz deshalb seine Komposition »Fausts Verdammnis« schrieb?

10 × Fortepiano

10 × 88 Tasten, das macht 880 Tasten. Dennoch meint Nat Hentoff, daß in einem Finger von Count Basie mehr Jazz steckt, als in zehn Minuten John Lewis oder dem gesamten Dave Brubeck!
Offensichtlich kommt es beim Klavierspielen nicht auf die Zahl der Anschläge pro Sekunde an, sondern auf die Treffer.
Ein großer Pianist, ich glaube es war Rudolf Serkin, hat einmal gemeint:
»Klavierspielen ist eigentlich gar nicht so schwer; man muß nur im richtigen Moment die richtige Taste drücken«.
Das leuchtet mir ein.
Auch habe ich in einem Buch gelesen, wie man ein guter Pianist wird:

- Spiele ein Stück einmal durch.
- Notiere die Stellen, an denen Du Schwierigkeiten hast.
- Übe diese Stellen so lange, bis Du sie kannst.

So einfach ist das also. Und da behauptet dieser Liszt:
»Wenn ich einen Tag nicht übe, merke ich es. Wenn ich zwei Tage nicht übe, merken es die Kritiker. Wenn ich drei Tage nicht übe, merkt es das Publikum.«
Vielleicht habe ich Klaviermusik deshalb so gerne, weil ich selbst ein bißchen herumklimpere. Seither bewundere ich die großen Pianisten um so mehr.
Es gibt noch einen weiteren Grund für meine Klavieritis. Weil es auf dem Klavier – verglichen mit einem Blasinstrument – so gut wie keine Tonbildung gibt, fällt eine jener Grenzen zwischen Klassik und Jazz weg, die beiden Seiten so zu schaffen macht und fälschlicherweise als unüberbrückbar angesehen wird. Nämlich die unterschiedliche Auffassung dessen, was man unter »Wohlklang« zu verstehen hat.
Also weg mit den Schlagbäumen, auch wenn mich manche dafür klavierteilen möchten. Pianisten aller Klassen, vereinigt euch. Ihr habt nichts zu verlieren, außer eure Vorurteile. Und siehe da, auf der Tastatur swingt so mancher Strawinsky, Debussy oder Copland; werden Willie »the Lion« Smith oder Art Tatum zu Klassikern. Obwohl da ja immer noch die dynamischen Extras wären, die beim Jazz zwischen die Tasten fallen. Jazzer spielen bekanntlich auf jedem Piano forte.

Als Schallplattensammler hat man es schwer, wenn man auf Klaviermusik steht. Es gibt nur wenig wirklich schlechte Aufnahmen. Dafür aber Legionen guter Pianisten. Das erschwert die Wahl und macht den Plattenkauf zur Rätselrallye.
Soll man sich die Brahms-Konzerte von Maurizio Pollini oder von Julius Katchen zulegen? Muß man wirklich jede Aufnahme von Fats Waller besitzen? War der frühe Teddy Wilson besser als der spätere Tommy Flanagan? Und verstößt die Mozart-Auffassung Glenn Goulds nicht schon gegen die guten Sitten?
Zum guten Ton gehört auf jeden Fall ein gewisses Standardrepertoire, ohne das keine Sammlung auskommt.
Der Mensch braucht zum Leben unbedingt die Beethoven-Sonaten und -Konzerte. Detto Brahms. Detto Mozart. Er muß jede

Menge Schubert haben; Chopin sowieso; die Impressionisten; mindestens drei Versionen der »Bilder einer Ausstellung«; Prokofieff nicht zu vergessen. Schumann. Liszt. Außerdem ist Dein Dasein ohne Peterson, ohne die Powells (Mel und Bud), ohne Thelonius Monk (den Asketen), ohne Phineas Newborn (den Epikuräer), ohne Art Tatum (den Gott) und ohne Nathaniel Cole (den »King«) schal und leer.
Bei den Jazzpianisten empfehle ich Dir Erroll Garner als Einstiegsdroge. Später dann härtere Sachen wie Monty Alexander und George Shearing, bevor Du zu den wirklichen Großmeistern vom Kaliber eines Hampton Hawes übergehst.
Bei den Konzertpianisten kannst Du entweder auf Entdeckungsreisen oder auf Nummer Sicher gehen. Im ersteren Fall wirst Du auf so erstaunliche Pianisten wie Solomon, Dinu Lipatti oder den wunderbaren Robert Casadesus stoßen.
Willst Du jedoch jedes Risiko vermeiden, dann schlag bei Rubinstein, Horowitz und Gulda zu. Außerdem noch bei Arturo Benedetti-Michelangeli, Svjatoslav Richter und Claudio Arrau.
Solltest Du aber ein Anhänger der »deutschen Schule« sein und Dir deshalb die Wahl zwischen Wilhelm Kempff und Walter Gieseking schwerfallen, dann greife zu Wilhelm Backhaus.

⊙ Gould am Bach

Was Bobby Fisher fürs Schachspiel ist, ist Glenn Gould für die Musik. Ein genialer Exzentriker, ein verrücktes Genie, ein ausgeflippter Groß- und Weltmeister.
Wer sich daran erinnert, was Fisher bei seinem Weltmeisterschaftskampf gegen Boris Spasski in Helsinki mit Gegner und Publikum aufgeführt hat, entdeckt Parallelen zu dem kanadischen Pianisten, der mit 32 Jahren beschlossen hatte, nicht mehr öffentlich aufzutreten. Von da an ließ er nurmehr Videokamera und Mikrofon an sich heran. Sehr zum Vergnügen der Nachwelt, denn Gould spielen sehen ist ein ebensolches Erlebnis, wie ihn spielen hören: Eine verkrümmt auf einem viel zu niedrigen Klappstuhl hockende Gestalt, die jede Achtelpause dazu nützt, mit krausen Bewegungen der Linken mitzudirigieren, was die Rechte gerade spielt und aus deren Mund ein ständiges Brummen und Summen kommt.
In dieser Beziehung ist Glenn Gould mit »singenden Tastenlöwen« wie Oscar Peterson und Erroll Garner zu vergleichen, die ihre Konzerte und Plattenaufnahmen mit ständigem Mitsingen verzieren.
Von Bülow bis Gulda hat es schon immer spinnerte Klavierspieler gegeben. Man denke nur an Vladimir de Pachmann, den Shaw einen »großen Chopansen«, Huneker einen »Pianissimisten« genannt hat. Sein Konzertpublikum vergötterte ihn trotzdem. Einerseits, weil es ihn (so wie er sich selbst) für den größten Chopin-Spieler aller Zeiten hielt. Und andererseits, weil Pachmann immer für Überraschungen gut war. Er hielt drollige Ansprachen ans Publikum. Wenn ihm ein Fehler unterlief, spielte er glatt das Stück nochmal. Konzerte von

Pianistenkollegen pflegte er durch Zwischenrufe wie »Er großer Bach-Spieler, aber ich, Pachmann, größter Chopin-Spieler« zu würzen.
Er breitete Socken auf dem Klavier aus, die angeblich Frédéric Chopin getragen hatte und empfing seine Verehrer in Morgenröcken des Meisters etc.
Übrigens hat Pachmann zwischen 1910 und 1930 eine Menge Platten eingespielt. Eine grauenhafter als die andere.
Auch Glenn Gould war ein Spinner. Gleichzeitig aber war er auch der unbestritten beste Bach-Spieler aller Zeiten. Als 1955 seine erste Fassung der »Goldberg Variationen« erschien, stand die Musikwelt Kopf. So hatte man dieses Meister- und Monsterwerk noch nie gehört. Diese Klarheit, diese Durchsichtigkeit, diese unglaubliche Fingerfertigkeit.
Wenn Glenn Gould eine Fuge spielt, kannst Du jede einzelne Melodielinie dermaßen deutlich verfolgen, daß Dir selbst die komplizierteste Struktur mit einem Mal verständlich wird.
Das Geheimnis liegt in der absoluten Hingabe des Künstlers an das Werk. Ich bin überzeugt, daß Gould jederzeit den kompletten Bach griffbereit im Gedächtnis gespeichert hatte. So wie Bobby Fisher jede seiner eigenen und alle wichtigen Großmeisterpartien auswendig nachzuspielen imstande war, hatte Gould seinen Bach in jeder Note memoriert und in jedem Takt sofort »zur Hand«.
Daraus resultierte ein umfassendes Verständnis für das riesige Gesamtwerk, das sich in der Interpretation widerspiegelt. Gepaart mit einer phänomenalen pianistischen Technik und einem glasklaren Anschlag. Bei Gould muß jeder einzelne Finger mit unglaublicher Kraft ausgestattet gewesen sein. Er verwendete kein Pedal und hatte es nicht nötig, schwierige Passagen zu kaschieren.
Wenn Gould Bach spielt, dann spielt er ihn so klar wie den im Gebirge. Denn auch er befindet sich am Ursprung, an der Quelle. Die Transparenz seines Spiels beeindruckt sogar Leute, denen zu Bach sonst nur die Vorsilbe »Offen...« einfällt.
Wenn sie Gould das »Italienische Konzert« spielen hören, merken sie plötzlich, daß der alte Johann Sebastian kein verzopfter Kirchenmusikant, sondern ein Avantgardist des Barock'n'Roll gewesen sein muß.
Es entspricht seinem kontroversen Naturell, daß Gould in musikalischen Extremen zu Hause ist. Vom Bach auf den (Alban) Berg ist für ihn kein mühsamer Aufstieg, sondern nur ein kleiner Schritt.
Was dazwischen liegt, bleibt allerdings ein ständiger Steinway des Anstoßes. Gould soll einmal das a-Moll-Konzert von Grieg öffentlich »prima vista« vom Blatt gespielt haben. Eine geradezu unglaubliche Leistung, die er damit kommentiert hat, daß er dieses scheußliche Werk nun nie mehr zu spielen brauche.
Er bleibt auch bei den Klassikern seinem Ruf nichts schuldig. Bei seiner Beethoven-Interpretation ist bestimmt nicht alles Gould, was glänzt. Sein Mozart ist waffenscheinpflichtig. Seinen Schumann gibt es nicht.
Gould ist auch kein Ensemblespieler. Ja gut, mit Menuhin hat er ein bißchen Schönberg gespielt. Und mit einem anderen Extremisten, nämlich Leopold Stokowsky, Beethovens fünftes Klavierkonzert.
Doch lieber macht er sich sein Orchester selbst. So hat er die fragwürdigen Klavier-

transkriptionen der Beethoven-Symphonien von Franz Liszt aufgenommen. Ferner eigene Bearbeitungen von Wagners »Siegfried-Idyll« und dem Vorspiel zu »Die Meistersinger von Nürnberg«. Aber hat nicht auch der große Pablo Casals das »Preislied« aus dieser Oper auf seinem Cello gesägt? Beim Meistersingervorspiel scheut sogar der exzellente Techniker Gould nicht davor zurück, die Technik zu bemühen. Denn die drei Melodielinien, die in der Orchesterfassung nach dem berühmten Triangelschlag gleichzeitig von diesem weglaufen, schafft nicht einmal ein Glenn Gould.
Bei seiner Aufnahme hat er die dritte Stimme nachträglich mittels »Overdubbing« dazugefügt. Man kann mit zehn Fingern eben nicht mehr als 11 Noten greifen.
Einer, der das konnte, war der Spaßvogel Wolfgang Amadeus Mozart, der mit seinen Freunden wettete, daß es einen Klavierakkord gäbe, den nur er anschlagen könne. Als das bezweifelt wurde, schrieb er auf ein Notenpapier einen Akkord mit 5 Tönen im Diskant und weiteren 5 im Baß. In der Mitte stand ein einsames »eingestrichenes C«. Mozart griff den Diskantakkord mit der rechten, den Baßakkord mit der linken Hand. Gleichzeitig schlug er mit seiner Nase das mittlere »C« an und hatte die Wette gewonnen.
Auch Glenn Gould war ein Spaßvogel. Darin liegt wohl der wirklich gravierende Unterschied zwischen ihm und Bobby Fisher. Denn während der Schachspieler geradezu die Verkörperung tödlichen Ernstes war, pflegte der Pianist seine Umgebung mit einem nicht minder tödlichen Humor zu nerven.
Unter anderem »erfand« Gould die Psychiater S. F. Lemming und Wolfgang von Krankmeister sowie die Musikkritiker Dr. Karlheinz Klopfweisser und Sir Nigel Twitt-Thornwaite, den Chefredakteur der Zeitschrift »Kompostieren und Komponieren«.
Mit diesen von ihm erfundenen Gegnern setzte sich Gould in Zeitschriften und Rundfunksendungen vehement über musikalische Stilfragen auseinander. Zum Beispiel, ob man Bach nur am Cembalo oder auch am Klavier spielen darf.
Falls auch Du zu jenen Werktreuhändern gehörst, denen Bach am Klavier ein Greuel ist, will ich nicht mit Dir streiten. Aber Dir entgeht dadurch nicht nur Gould, sondern auch Gulda am Bach, und das ist schade.

⊙ Franz Schubert: Impromptus
Klavier: Alfred Brendel

In einem unscheinbaren Reiterstadl im oberpfälzischen Neumarkt sitzt ein Mann am Klavier, der die Fingerspitzen mit Leukoplast verklebt hat, und spielt Schubert. Der Mann heißt Alfred Brendel.
Vom Reiterstadl aber heißt es, daß er ein akustisches Gegenstück zum Wiener Musikvereinssaal ist. Deshalb produzieren viele große Schallplattenfirmen dort ihre Klavier- und Kammermusikplatten. Deshalb sitzt Alfred Brendel dort und spielt Schubert.

Es ist sein zweiter Anlauf, Schuberts Klavierwerk einzuspielen. Der erste dauerte von 1973 bis 1976. Das Ergebnis war eine Schubert-Interpretation von höchster Vollendung, wie sie wahrscheinlich nur von Brendel selbst übertroffen werden kann. Von ihm stammt folgender schöner Satz: »Früher war Schubert den Leuten zu lang. Heute kann er ihnen nicht lang genug sein.«

Franz Schubert hat dem Klavier das Singen beigebracht. Seine Klavierwerke sind die echten ›Lieder ohne Worte‹. Die »Wanderer Fantasie«. Die »A-Dur-Sonate«. Die »Moments Musicaux«.
Für mich bilden die 2 × 4 Impromptus aus seinem letzten Lebensjahr den Gipfel seines Schaffens. Es gibt keine schönere Klaviermusik auf Erden; und was den Himmel betrifft, wird es dort auch nicht anders sein. Daß sie erst zehn Jahre nach Schuberts frühem Tod verlegt worden sind, gehört zur Tragik seines Lebens. Daß uns Heutigen unter den vielen Aufnahmen sogar zwei von Alfred Brendel zur Verfügung stehen, zählt zum Glück unserer Zeit.
Jedes einzelne der acht Impromptus ist eine Perle an einer Schnur, die von hier bis zum Horizont reicht und noch darüber hinaus. Weil es aber Perlen eines lange verkannten Genies sind, schimmern sie nur matt, mischt sich Melodienseligkeit mit Trauer, Jubel mit Verzicht.
Wie diese Miniaturen, die in ihrer Winzigkeit irgendwie hingetupft scheinen, soviel Unendlichkeit in sich einschließen können, bleibt Schuberts Geheimnis.
Ein Pianist, der nicht wenigstens den Versuch unternimmt, hinter dieses Rätsel zu kommen, wird an Schubert scheitern. Nicht nur, daß er bloß an der Oberfläche bleibt, rutscht er noch dazu zwangsläufig in jenen Kitsch ab, der aus dem großen Franz den kleinen »Franzl« gemacht hat.
Zwei Jahre bevor Alfred Brendel mit seinen seltsam verklebten Fingerspitzen (wenn man so wie er Klavier spielen kann, darf man sich fast jede Marotte leisten) in der Oberpfalz Schubert spielte, gab Vladimir Horowitz am 20. April 1986 sein sensationelles »Heimkehrkonzert« in Moskau. Auf dem Programm stand auch das Impromptu Op. 142 Nr. 3 in B-Dur, das sogenannte »Rosamunden-Impromptu«.
Sogar Horowitz, der große Horowitz, machte daraus ein unerträglich sentimentales Salonstück, weil er an der Oberfläche blieb. Das hat Franz Schubert nicht verdient, und ich bin der DGG dankbar, daß sie bei der Veröffentlichung des Konzertmitschnitts darauf verzichtet hat, es auf der Platte unterzubringen.
Bei Alfred Brendel dauert das »Rosamunden-Impromptu« 11 Minuten und 53 Sekunden. Du kannst Deine Zeit nicht besser anlegen, als in diesen 11.53 Minuten.

⊙ P. I. Tschaikowsky: Klavierkonzert Nr. 1
Solist: Ivo Pogorelich

In den 50er Jahren, wenn wir Halbwüchsigen den amerikanischen Besatzungssender BDN (Blue Danube Network) oder AFN (American Forces Network) aufdrehten, schnulzte sich mindestens einmal täglich eine amerikanische Heulboje durch einen Schmachtfetzen namens »Eternally«. Kann sein, daß es Eddie Fisher war, kann sein Julius La Rosa oder ein anderer dieser Lemuren der Prä-Beatles-Zeit. Ich weiß es nicht mehr. Ich weiß nur, daß mir dieses »Eternally« schon damals sehr bekannt vorkam.
Später, als ich mich für früher zu interessieren begann und damit anfing, die Schätze dieser Welt zu suchen, wurde ich bei Charlie Chaplin fündig. Das von Chaplin selbst für seinen Film »Limelight« (›Rampenlicht‹) geschriebene Musikthema kam mir wiederum sehr bekannt vor.
Zum dritten- und letzten Mal begegnete mir die Melodie, als ich im Radio eine weitere Version von »Eternally« bzw. »Limelight« hörte, an der ein symphonisches Orchester und ein Klavier beteiligt waren.
Als beide gleichzeitig fertig waren, verkündete der Sprecher:
»Sie hörten eine Schallplattenaufnahme des ersten Klavierkonzerts in b-Moll von Peter Iljitsch Tschaikowsky. Solist war Julius Katchen, es spielte das London Symphony Orchestra unter der Leitung von Pierino Gamba«.
Also nichts wie hin in den Plattenladen und das 1. Klavierkonzert von Tschaikowsky mit Julius Katchen verlangen ... nicht lagernd ... deswegen bestellen ... warten ... nachfragen ... endlich, es ist da. Zwar nicht Katchen mit Gamba, sondern Rubinstein mit Leinsdorf, aber Hauptsache Tschaikowsky.
Der große Russe hat bekanntlich drei Klavierkonzerte geschrieben. Das ›Erste‹ widmete er seinem verehrten Lehrer Nikolai Rubinstein, der es als dilettantisch abqualifizierte und sich weigerte, es zu spielen. Das ›Zweite‹ in G-Dur wird so gut wie nie aufgeführt. Das ›Dritte‹ in Es-Dur hat der Komponist selbst nie gehört.
Dir muß ich nicht erzählen, daß Tschaikowskys b-Moll-Klavierkonzert ›das‹ Klavierkonzert schlechthin ist. Du selbst hast in Deiner Sammlung gleich fünf Aufnahmen davon. Du hast mich auch darauf aufmerksam gemacht, daß es jeder bessere Pianist im Laufe seiner Karriere mindestens zweimal aufgenommen hat: Martha Argerich, Van Cliburn, Andrej Gawrilow, Lazar Berman, Claudio Arrau, um nur einige zu nennen.
Emil Gilels ging mit Tschaikowskys erstem Klavierkonzert sogar dreimal ins Studio, jedesmal in anderer Begleitung: Lorin Maazel, Zubin Mehta, Fritz Reiner. Dafür hat sich Karajan drei verschiedene Pianisten angelacht: Svjatoslav Richter, Lazar Berman und Alexis Weissenberg.
Peter Iljitsch Tschaikowsky ist Rußlands bedeutendster Schlagerkomponist. Sein größter Hit dürfte die »Nußknacker Suite« sein, knapp gefolgt von »Schwanensee«, »Dornröschen«, und der Symphonie in h-Moll, der »Pathétique«. Etwas abgeschlagen auf den Plätzen rangieren »Capriccio Italienne« und das »Klavierkonzert Nr. 1 in b-Moll«.
Eine schallplattenbedingte Sonderstellung in der Schlagerparade nimmt die »Ouverture solenelle 1812« ein.

Erstens, weil die berühmte Aufnahme unter Antal Dorati die meistverkaufte Klassikplatte der Geschichte ist. (Sie verwendet für die 16 Kanonenschüsse ein Original-Feldgeschütz, das 1761 in Straßburg gegossen und von Napoleon in der Schlacht von Borodino eingesetzt worden ist. Auf der Mono-Version läuten die Glocken des »Harkness Memorial Tower« der Yale University, auf der Stereo-Fassung die vom Laura Spelman Rockefeller Memorial.)
Zweitens, weil die auf TELARC erschienene CD-Version einen derart hohen Dynamikabstand aufweist, daß sie von Hi-Fi-Freaks und audiophilen Magazinen zum Testen von Stereoanlagen empfohlen wird.
Mit anderen Worten: lege die »Ouverture solenelle 1812« auf und Du hast entweder gute Lautsprecher oder schlechte Lautsprecher gehabt.
Tschaikowsky kann nichts dafür, daß er Musik geschrieben hat, die zu Schlagern geworden ist. Deswegen hast Du ja letztesmal gemeint, man müsse sich eben Mühe geben, selbst so abgedroschene Ohrwürmer wie das »Klavierkonzert Nr. 1 in b-Moll« zu hören, als wäre es das erste Mal. Das wären wir Tschaikowsky schuldig.
Ich darf sagen, daß ich meine Schulden bezahlt habe. Und zwar mit Hilfe der 1986 entstandenen Digitalaufnahme des London Symphony Orchestra unter Claudio Abbado mit dem jungen Klaviervirtuosen Ivo Pogorelich.
Der gestaltet das Werk dermaßen frisch, schwungvoll und im besten Sinn modern, daß es in dieser Version alle Chancen hat, ein Schlager zu werden – wenn es nicht schon einer wäre.

⊙ Frederic Chopin: Ballade g-Moll
Klavier: Vladimir Horowitz

Die Aufnahme der g-Moll-Ballade ist unter kuriosen Begleitumständen entstanden. Horowitz hatte sich wieder einmal, wie so oft, vom aktiven Konzertleben zurückgezogen, um nach gewisser Zeit um so glanzvoller wiederzukehren. Er dürfte der einzige Künstler auf Erden sein, dem es gelungen ist, seine Karriere zehnmal endgültig zu beenden. Wie er das macht, weiß niemand. Aber er tut's.
Für sein Comeback am 9. Mai 1965 wählte er die Carnegie Hall in New York. 12 Jahre lang war er nicht mehr öffentlich aufgetreten. Schon die Ankündigung entfesselte einen Rummel, der dem legendären Beatles-Auftritt im Shea-Stadium in nichts nachstand. Die Leute standen tagelang für Karten an, und der Schwarzmarkt florierte wie noch nie. Für den Preis einer einzigen Karte hätte man sich das gesammelte Schallplattenwerk des Pianisten kaufen und auch noch bei Sardis essen gehen können.
Als Horowitz das Podium betrat, erhob sich das Publikum zu einer »Standing Ovation«. Ich frage mich, was das für ein Gefühl für ihn gewesen sein muß, als er unter anderem Leopold Stokowsky, Van Cliburn, Leonard Bernstein, Igor Strawinsky, Rudolf Nurejew und George Balanchine erkannte. Von diesem denkwürdigen Abend stammt

die Platte mit der g-Moll-Ballade, dem letzten Stück im offiziellen Programm. CBS hat das ganze Konzert mitgeschnitten und auf einem Live-Doppelalbum veröffentlicht, das sich noch immer glänzend verkauft.
Nun ist selbst ein Horowitz nicht unfehlbar. Deshalb bestand er darauf, die beim Konzert entstandenen Fehler auf der Platte zu korrigieren, was die CBS-Techniker vor das fast unlösbare Problem stellte, die Konzertatmosphäre ein paar Wochen später in einem leeren Saal zu rekonstruieren. Unter großem technischem Aufwand schaffte man es dennoch, und niemand wäre dahintergekommen, hätte nicht der Musikkritiker der New York Times heimlich mitgeschnitten. Dem fielen die Unterschiede zwischen seiner Piratenaufzeichnung und der Schallplatte natürlich sofort auf, und es kam zu einem ziemlichen Medienwirbel, der Horowitz sehr zu schaffen machte.
Am 1. Februar 1968 gab Vladimir Horowitz wieder ein Konzert in der Carnegie Hall, das ebenfalls für die Nachwelt mitgeschnitten wurde. Wieder stand die g-Moll-Ballade von Frederic Chopin auf dem Programm. Diesmal aber gab es keine nachträgliche Korrekturmöglichkeit, denn diesmal waren auch die Fernsehkameras dabei. Aus diesem Grund verlangte ein nervöser Horowitz zwei komplette Generalproben, was CBS die Kleinigkeit von 275 000 Dollar kostete. Soweit die Begleitumstände. Was aber ist mit der Musik?
Vladimir Horowitz ist eine Legende und wahrscheinlich der größte Pianist seit Franz Liszt, gewissermaßen dessen Reinkarnation. Aber er gilt nicht unbedingt als Chopin-Spezialist. Da denkt man eher an Cortot, Rubinstein, Harasiewicz oder Ashkenazy. Aber Spezialist hin, Spezialist her, keiner von denen spielt die g-Moll-Ballade wie Horowitz.
Ich finde es hinreißend, wie Artur Rubinstein Chopin-Walzer spielt. Die Nocturnes sind bei Adam Harasiewicz in den besten Händen. Aber die Balladen spielt dem alten Volodja auch in hundert Jahren keiner nach. Vladimir Horowitz klavierspielen hören, ist ein Erlebnis. Ihn dabei sehen, ist ein Horrortrip. Daß man derart flachfingrig und unorthodox überhaupt klimpern kann, ist schon ein kleines Wunder. Daß man es aber wie Horowitz kann, gibt es eigentlich gar nicht. Jahrzehntelang strömte deshalb das Publikum in seine Konzerte; nur um den alten Hexenmeister mit dem pfiffigen Clownsgesicht seine unglaublichen Kunststücke vorführen zu sehen.
Horowitz gilt als König des fünffachen fffff. Es dürfte in der Tat keinen zweiten Pianisten geben, der voller, lauter, kraftvoller donnern kann als er. Er gilt außerdem als der Supertechniker seines Instruments. Eine Art Tatum der Klassik, eine Art Heifetz des Flügels, ein Paganini der Tasten. Die h-Moll-Sonate von Franz Liszt oder die As-Dur-Polonaise von Chopin, bei deren Oktavgängen für jeden Pianisten die Stunde der Wahrheit schlägt, scheinen für ihn bessere Fingerübungen zu sein. Richtig schwierig wird es erst bei seinen selbstverfaßten Variationen über ein Thema aus »Carmen«, die er nicht weniger als dreimal eingespielt hat: 1928, 1947 und 1968. (Außerdem existieren noch zwei Klavierwalzen dieses Husarenritts: Deutschland 1926 und USA 1928.)
Solche und andere Fingerbrecher geben Horowitz Gelegenheit, sein pianistisches Feuerwerk vor einem vor Staunen starren Publikum abzubrennen, das nur darauf war-

tet, daß der Seiltänzer das Gleichgewicht verliert und abstürzt. Balanceakte wie die berüchtigte Transkription von »Stars and Stripes forever« brachten Horowitz den Ruf eines Hochleistungsvirtuosen ein, der jederzeit für eine Sensation gut ist.
Daß Horowitz aber kein reiner Tastenakrobat, sondern ein tiefsinniger Künstler ist, hört man erst auf seinen Schallplatten. Du brauchst dazu allerdings eine sehr gute Anlage, denn Horowitz bietet Dir eine dynamische Bandbreite, die vom vierfachen Pianissimo bis zum fünffachen Fortissimo reicht.
Was nämlich Horowitz wirklich zu Horowitz macht, ist seine Anschlagskultur. Seine Finger dürften voneinander vollkommen unabhängig sein, sonst könnten sie diesen Regenbogen an Farbnuancen und -schattierungen nicht hervorzaubern.
Trotz seiner Fähigkeiten, ein Forte zu erzeugen, das voller, machtvoller und runder ist, als das jedes anderen Pianisten, fasziniert seine sublime Anschlagskunst noch mehr in den leisen, hingehauchten Passagen.
In Wien spielte er als Zugabe die As-Dur-Etude von Moritz Moskowski. Da huschten seine Finger über die Tasten, als wären sie federleicht und würden ständig um zwei bis drei Millimeter darüberschweben. Unbeschreiblich!
Gestandene Pianisten behaupten, Horowitz könne mit zwei Händen vier Melodielinien gleichzeitig zum Klingen bringen. Einem Musikkritiker demonstrierte er einmal seine Bearbeitung der 2. Ungarischen Rhapsodie von Liszt, indem er mit der Linken ein Thema im Baß und gleichzeitig ein zweites mit den Daumen beider Hände spielte. Mit den restlichen vier Fingern der rechten Hand fügte er ein drittes Thema in gebrochenen Terzen als Oberstimme dazu. Der fassungslose Kritiker ging daraufhin zu seiner Zeitung und bat um Versetzung in die Sportredaktion.
Horowitz ist auch in Zeiten seiner Konzertabstinenz immer ein eifriger Gast in den Aufnahmestudios gewesen. Seine Platten sind ein Teil seiner Legende und umspannen den gesamten Bereich von der Schellack bis zur CD.
Ich hüte als einen meiner größten Schätze ein wunderschönes RCA-Album mit vier guterhaltenen 30-cm-Schellacks, auf denen die legendäre Aufnahme des 1. Klavierkonzerts von P. I. Tschaikowsky mit Vladimir Horowitz und seinem Schwiegervater Arturo Toscanini enthalten ist.
Mit diesem Konzert hatte einst der junge Horowitz seinen künstlerischen Durchbruch erzielt, als er im Jahr 1926 in Hamburg für einen erkrankten Pianisten einsprang.
Der Dirigent dieser Hamburger Aufführung hieß Eugen Pabst. Der hatte den Namen des Einspringers noch nie gehört, geschweige denn ihn je zu Gesicht bekommen. Bis zur Konzertpause wußte Pabst nicht einmal, ob es überhaupt zu einem zweiten Teil kommen würde. Horowitz wurde nämlich in aller Eile herangeschafft, als Pabst bereits den ersten Teil des Konzerts dirigierte!
Im Pausenzimmer verständigten sich Dirigent und Pianist mühsam auf französisch über das Tempo. Zu mehr reichte die Zeit nicht. Als dann aber Horowitz die berühmten Anfangstakte in die Tasten donnerte, vergaß Pabst vor Überraschung das Dirigieren und überließ dem Solisten die Führung, der wie ein »entfesselter Tornado der Steppe« durch das Stück fegte, wie

eine Zeitung am nächsten Tag schrieb. Pianisten, die sich ein Horowitz-Konzert auferlegten, pflegten grün im Gesicht zu werden. Dann gingen sie nach Hause, nahmen ein großes Beil und zertrümmerten ihr Klavier.
Ich mache das anders. Ich lege mir die g-Moll-Ballade auf den Plattenteller und weiß genau, daß nichts weiter dahintersteckt, als folgendes: daß erstens Horowitz ein Außerirdischer, ein Alien, ein E. T. ist; zweitens, daß er deshalb vier Hände zu je 15 Fingern hat; und drittens, daß er mit dem Teufel im Bund ist und ihm seine Seele verkauft hat. Aber das ist seine Sache, nicht meine.

⊙ Ludwig van Beethoven: 32 Klaviersonaten

Das Klavier stand nur so herum. Wenn ich den Deckel öffnete, bleckte es mir seine schwarz-weißen Zähne entgegen, als wollte es mich höhnisch angrinsen. Ab und zu setzte ich mich davor und suchte mir mühsam ein paar Noten Diabelli oder Clementi zusammen. Dann stöhnte es.
Um diesem Zustand ein Ende zu bereiten, beschloß ich, im hohen Alter von 34 Jahren Klavier zu lernen. Ich suchte einen Lehrer und fand ihn in einem pensionierten Konservatoriumsprofessor, der mich als Schüler aufnahm.
Meine erste Frage an den Professor lautete: »Womit werden wir anfangen? Mit der ›Schule der Geläufigkeit‹ von Czerny?«
»Nein«, antwortete er, »wir beginnen mit einer Beethoven-Sonate. Da haben Sie auch Läufe zu üben, dann aber gleich ein fertiges Stück.« Ich war wie erschlagen. Ich sollte Beethoven spielen! Eine Klaviersonate! Eine von den 32 Sonnen am Firmament der Musik? Das konnte nicht wahr sein.
Wir begannen mit der – zugegebenermaßen kinderleichten – Sonate op. 49 Nr. 2 in G-Dur. Es war der Anfang einer unendlichen Reise ins Glück, die bis heute andauert und deren Stationen mit dem Wagner-Wort »... nun walt' ich der hehrsten Wonnen« nur andeutungsweise beschrieben werden können.
Joachim Kaiser, Deutschlands Musikpapst, hat einmal gesagt, daß jeder ältere Musikfreund mit Bedauern feststellen muß, daß er Werke wie die »Brandenburgischen Konzerte«, den »Figaro«, die »Eroica«, die »Winterreise«, die Chopinschen Balladen oder die Mahlerschen Symphonien nie mehr zum ersten Mal hören kann:
»... man macht halt doch nicht mehr die niederschmetternd große Erfahrung, Mozarts g-Moll-Symphonie oder dem Schubertschen Streichquintett als etwas wirklich Neuem, noch Unerhörtem zu begegnen.« Sagt Kaiser.
Mag sein. Mein Erlebnis mit den Beethoven-Sonaten hat mir jedenfalls bewiesen, daß man die ›niederschmetternd große Erfahrung‹ zumindest dreifach machen kann:

1. Mit dem Gehör: Durch die erste Begegnung.
2. Mit den Fingern: Mittels eigenhändigem Versuch.
3. Mit der Seele: Durch Schallplatten, die einem vor Ohren führen, wie es wirklich klingen soll.

Natürlich fragte ich den Professor, welche Aufnahmen der Beethoven-Klaviersonaten er mir empfehlen würde.
»Ich weiß nicht, ob es sie noch gibt«, sagte er (er war, wie gesagt, schon ein alter Herr), »aber wenn, dann kaufen Sie sich Platten von Artur Schnabel.«
Es gab sie, und ich kaufte sie. Ich kann allerdings nicht sagen, daß sie mich begeistert hätten. Weder damals, noch heute. Sie sind einfach zu alt. Das Klavier klingt spröde, der Ton stumpf, der Anschlag undifferenziert.
Dennoch kann man von Artur Schnabel unendlich viel lernen. Am meisten bei jenen Sonaten, die man besonders gut zu kennen glaubt und deren Namen einem so vertraut sind: »Mondscheinsonate«, »Waldsteinsonate«, »Les Adieux«, »Der Sturm«, »Pathetique«, »Appassionata« usw.
Schnabel hat der Menschheit vor allem Ehrfurcht vor dem Notentext beigebracht. Seine kritischen Ausgaben der Beethoven-Klaviersonaten haben Maßstäbe gesetzt. Hans von Bülow war der erste, der alle 32 Beethoven-Klaviersonaten öffentlich gespielt hat. Artur Schnabel war der erste, der sie richtig gespielt hat.
Dazu bedurfte es einer neuen Art von Virtuosität. Um Beethoven spielen zu können, muß man orchestral spielen können. Beethoven hat nicht pianistisch komponiert. Chopin und Liszt ja – aber nicht Beethoven. Er hat immer nur für das Orchester geschrieben. Seine Sonaten sind nichts anderes als Symphonien für Klavier. Das hört man bei Glenn Goulds Einspielung der 5. Symphonie in der Klavierfassung von Franz Liszt. Es könnte die Klaviersonate Nr. 33 sein.
»Gebürtige« Pianisten wie Chopin, Liszt, aber auch Schumann oder Schubert, lassen das Instrument singen. Beethoven läßt es sprechen.
Gerade deshalb glaube ich, daß Beethoven nach einer exquisiten Anschlagskultur verlangt. Aufwühlend in die Tasten zu donnern, geballte Dramatik zu beschwören und tiefempfundener Humanität nachzuspüren, erscheint mir bei seinen Klavierwerken einfacher, als einen gesanglichen Ton zu erzielen. Ersteres findet sich in und hinter den Noten. Für Letzteres braucht man aber Fingerspitzengefühl – im wahrsten Sinne des Wortes.
Ich besitze eine Aufnahme der vorletzten Sonate Nr. 110 in As-Dur, von Maurizio Pollini gespielt, wo in der Adagioeinleitung des Schlußsatzes sogar die Pausen »singen«.
Die richtige Mitte zwischen Pathos und Lyrik, zwischen Ausdruck und Eindruck zu finden, ist die Herausforderung für Pianisten mit subtilem Anschlag, stupender Technik und leidenschaftlichem Temperament. Wilhelm Kempff ist mir da fast ein bißchen zu leicht, Edwin Fischer ein bißchen zu schwer. Aber ein Horowitz, ein Benedetti-Michelangeli, die haben genau das richtige Gewicht.
Als ich meinem verehrten Professor einmal voll Stolz einen meiner Funde, nämlich eine Aufnahme der »Appassionata«, gespielt von Rudolf Serkin, vorführte, meinte er:
»Ein wunderbarer Spieler. Aber Backhaus war auch nicht schlecht.«
Nun ist Wilhelm Backhaus heutzutage gar nicht so leicht zu bekommen. Beim Blättern in alten Plattenkatalogen fällt überhaupt auf, daß von den unzähligen Aufnahmen der Beethoven-Klaviersonaten weitaus mehr gestrichen, als erhältlich sind.

Pianisten wie Solomon, Elly Ney, Josef Hoffmann, Robert Casadesus wirst Du im Bielefelder Katalog vergeblich suchen. Dennoch ist dessen aktuelles Angebot dermaßen umfangreich, daß dafür 2 kleingedruckte Seiten gerade ausreichen.
Das Gesamtwerk der 32 Klaviersonaten stellt (zusammen mit den Diabelli-Variationen) einen Gipfel der Klavierliteratur dar, den man auch als Hörer nur unter äußerster Anstrengung, keuchend und außer Atem zu erklimmen imstande ist.
Das ist auch gut so, denn wenigstens bekommt man dadurch jenen Respekt, den man diesem tönenden Kosmos schuldig ist. Und wenn ich nur »Für Elise« so wie Gilels spielen könnte, wäre ich schon Brendel.
Respekt zeigen heißt auch, sich nicht automatisch mit einer der angebotenen Gesamtaufnahmen zufrieden geben. Auch wenn es bequem ist, zu einer Box mit den Nummern 1 bis 32 greifen zu können. Falls aber doch, sollten wenigstens Namen wie Claudio Arrau oder Friedrich Gulda draufstehen. Oder mein ganz persönlicher Geheimtip Rudolf Buchbinder.
Solltest Du Dir aber doch die »Labour of love« antun und Einzelaufnahmen aussuchen, vergiß bitte nicht Maurizio Pollini.

⊙ Lalo Schifrin: The Mooche

Die Musik von Lalo Schifrin kennt keiner, obwohl sie jeder kennt. Des Rätsels Lösung: Lalo Schifrin ist einer der meistbeschäftigten Filmkomponisten Hollywoods. Wenn Du im Vorspann liest: ›Musik von Lalo Schifrin‹, kannst Du sicher sein, daß es sich um gute Filmmusik handelt.
Wie so viele Filmkomponisten kommt auch er vom Jazz. Er stammt aus Argentinien, hat sich viel mit moderner symphonischer Musik beschäftigt und bei Olivier Messiaen in Paris studiert. Kein schlechter Background, nicht wahr!
Für mich wurde er als Pianist des ›Dizzy Gillespie Quintets‹ ein Begriff, wenn auch keine auffallende Figur. An den Gillespie-Platten, die ich mir zu Beginn der 60er Jahre kaufte, interessierte mich vordringlich der Meister selbst. Auf die Sidemen achtete ich weniger. Ich registrierte nur, daß Lalo Schifrin die Suite »Gillespiana« komponiert und seinem Bandleader auf den Leib geschrieben hatte.
Das änderte sich erst, als Dizzy 1961 mit seinem damaligen Quintett nach Europa kam und in der Frankfurter Kongreßhalle auftrat. An die Begleitumstände dieses Konzerts erinnere ich mich noch heute: Das Konzert war in zwei Hälften geteilt. Die erste gehörte dem ›John Coltrane Quintet‹, die zweite dem ›Dizzy Gillespie Quintet‹.
Natürlich gingen wir nur wegen Coltrane hin. Dizzy kannten wir ohnehin in- und auswendig; Coltrane jedoch war eine unbekannte Größe. Es hieß, er habe seit seinen Tagen bei Miles Davis seinen Stil verändert. »Sheets of sounds« nannte man das. Die Zertrümmerung des alten Harmonieschemas und die Entdeckung einer neuen, auf modales Kreisen um eine zentrale Tonfigur aufgebauten Spielweise.

Wegen dieser galt John Coltrane als der neue Messias des Jazz. Wir hatten Wunderdinge über ihn gehört und waren gekommen, sie jetzt von ihm selbst zu hören. Wir waren für ihn bereit – aber nicht auf ihn vorbereitet.
Coltrane trat zusammen mit dem Altsaxophonisten Eric Dolphy, dem Pianisten McCoy Tyner, dem Bassisten Jimmy Garrison und dem Schlagzeuger Elvin Jones auf, der leider alles kurz und klein schlug, was an »Sheets of sounds« von der Bühne kam. Deswegen saß McCoy Tyner von den 60 Minuten des Auftritts 55 Minuten lang mit verschränkten Armen am Flügel. Man hätte ihn so und so nicht gehört.
In diesen 60 Minuten spielte das ›John Coltrane Quintet‹ 1 (in Worten: ein) Stück. Dieses endete zwar offiziell nach 35 Coltrane-Chorussen und ca. 10 Minuten, doch dann entwickelte Coltrane aus der Schlußkadenz eine neue Melodie, die von Dolphy übernommen wurde, der darüber 36 Chorusse improvisierte, dann eine Schlußkadenz anhängte, aus welcher er eine neue Melodie entwickelte, die von Coltrane übernommen wurde, der darüber 37 Chorusse improvisierte, dann eine Schlußkadenz anhängte, aus welcher er eine neue Melodie entwickelte, die von Dolphy übernommen wurde, der 38 Chorusse ... genug!
Genug? Zuviel!
In der Pause sagte ein bekannter Frankfurter Saxophonist zu mir:
»Wenn man bedenkt, daß das alles gute Musiker sind...!«
Im zweiten Teil des Konzerts kam das ›Dizzy Gillespie Quintet‹ auf die Bühne und swingte sofort in »The Mooche« von Duke Ellington hinein. Das fast tierische Aufstöhnen, das durch den Saal ging, habe ich noch heute im Ohr. Es klang wie ein Brunftschrei, ein Grunzen des Wohlbehagens, ein aus tiefstem Inneren kommender Laut der Befreiung. Wie die Erlösung einer kühlen Brause nach einem glühendheißen Tag. Wie der Martini davor und die Marlboro danach.
Und jetzt, lieber Schallplattenfreund, gönnst auch Du Dir diesen Urschrei, indem Du die Platte »An electrifying evening with the Dizzy Gillespie Quintet« (Verve 68401, live aufgenommen im Museum of Modern Art, New York) auflegst und den Titel »The Mooche« anwählst.
Zuerst ein Baßsolo von Chuck Lampkin. Dann steigt Altist Leo Wright mit einem Niagarafall von Break in sein Solo und bläst so ziemlich das Beste, was ich je von ihm gehört habe. Leo lebt jetzt in Wien. Als ich ihn fragte, wie er den Abend in Erinnerung habe, sagte er:
»Ich weiß nicht mehr so genau. Ich war ein bißchen blau und hätte gar nicht spielen sollen. Dizzy hat mich erst kurz vorher angerufen und mir gesagt, ich soll kommen.«
Nach Leo Wright steigt Dizzy in seiner bekannten Art in den Ring; voll Feuer und brillant wie immer. Bis hierher ist der musikalische Output recht ordentlich. Nun gerät er außerordentlich.
Lalo Schifrin beginnt sein Solo mit verhalten dahinplätschernden Läufen, die im dritten Chorus in ›double-time‹-Phrasierung übergehen. Der vierte Chorus ist ein 12 Takte langes Tremolo beider Hände, ähnlich wie bei Oscar Peterson in dessen »Hymn to freedom«. Es führt vom Mezzoforte bis zum dröhnenden dreifachen Fortissimo und mündet in zwei Chorusse jumpender

Blockakkorde, bei denen Du und ich aufspringen, wie damals in Frankfurt. So mitreißend ist das.
Wenn wir uns wieder hingesetzt haben, nehmen wir uns vor, beim nächsten Mal im Kino darauf zu achten, von wem die Filmmusik stammt. Könnte sein, sie ist von Lalo Schifrin.

⊙ Bud Powell: Indiana

Ein verrauchter Nachtclub in der Rue de la Huchette im Pariser Quartier Latin. Um die Ecke, am Boulevard Saint Michel, tut sich mehr, als hier im halbvollen Club. Von der Hälfte ist wiederum nur die Hälfte gekommen, um zuzuhören. Die anderen trinken, schmusen, unterhalten sich.
Auf der engen Bühne drängt sich ein Trio. Der Pianist ist ein älterer Farbiger aus den USA. Bassist und Schlagzeuger sind junge Franzosen.
Der Klavierspieler hat kein Gesicht, sondern eine Maske. Er blickt kein einziges Mal auf die Tasten oder zu den Mitmusikern oder ins Publikum. Er schaut nur übers Klavier weg ins Leere, während die Finger wie von selbst in rasend schnellen Läufen über die Klaviatur gleiten.
Wenn ein Stück beendet ist und der spärliche Applaus aufflackert, dreht sich die Maske wie auf einem Stativ halb herum, verzieht sich zu einem grinsenden Lächeln und fällt dann in ihre vorherige Starre zurück.
Das war meine erste und einzige Begegnung mit Bud Powell. Zwei Monate später war er tot.
Ich habe viele Bud-Powell-Platten. Ich habe zuwenig Bud-Powell-Platten. Jeder hat zuwenig Bud-Powell-Platten.
Er ist der Pianist zwischen den Stilen. Nachfolger von Teddy Wilson und Vorläufer von Oscar Peterson. Nur daß diese vollendete Stilisten sind, während Powell ein Unvollendeter geblieben ist.
Dabei ist Bud Powell einer der glänzendsten Techniker des Klavierspiels, die es je gegeben hat. Wenn zum Beispiel Art Tatum einen Nachtklub betrat, hörte jeder Pianist sofort zu spielen auf. Von Fats Waller, der selbst ein großer Klaviervirtuose war, stammt der Ausspruch: »God is in the house«, der inzwischen zum Stehsatz geworden ist, wenn die Rede auf Tatum kommt. Ich hörte sogar André Previn, der doch gewiß ein veritabler Pianist und Musiker ist, in einer Rundfunksendung Tatums »Sweet Lorraine« folgendermaßen kommentieren:
»Diese Platte hat Art Tatum 1933 aufgenommen. Ich wünschte, ich hätte es gestern getan.«
Wie gesagt, kein Pianist traute sich über die Tasten, wenn Tatum in der Nähe war. Es gab nur zwei, die es wagten: Nat ›King‹ Cole und Bud Powell. Ersterer, weil sein Stil ganz anders als der Tatums war. Letzterer, weil er als einziger mit Tatum technisch mithalten konnte.
Als Bud Powell einmal im New Yorker ›Birdland‹ auftrat, saß Tatum am ersten Tisch vor der Bühne und mokierte sich lauthals über »... diese Bebop-Pianisten, die alle keine linke Hand haben.«

Daraufhin setzte sich Bud Powell demonstrativ auf seine rechte Hand und spielte den ganzen Set mit der Linken.
Entfesselte Virtuosität und sprudelnde Kreativität kennzeichnen die frühen Einspielungen von Bud Powell. »Indiana«, 1947 aufgenommen, ist ein Paradebeispiel dafür. Zwei Jahre davor hatte Powell bei einem Rassenkrawall eine Kopfverletzung erlitten, die ihn zwang, einen großen Teil seines Lebens in Nervensanatorien zuzubringen. Zwei seiner bekanntesten Kompositionen, »Hallucinations« und »The Glass enclosure« sind Reflexionen dieses Ereignisses und seiner Folgen.
Dazu gesellte sich ein schweres Drogenproblem, das den einstigen Gipfelstürmer in einen verzweifelten, unzuverlässigen und unberechenbaren Einzelgänger verwandelte. Die Parallelen zu Charlie Parker sind unverkennbar.
In den späteren Platten Bud Powells blitzt zwar ab und zu die Spielfreude von früher auf; aber immer öfter schleichen sich technische Fehler ein, kommt es zu holprigen Läufen und unsauberen Akkorden. Kühn begonnene Phrasen werden nicht zu Ende geführt und reißen abrupt ab. Die Harmonien stimmen nicht; der Rhythmus wackelt. Was dennoch immer gegenwärtig ist, das ist die Sensibilität, die Ausstrahlung des genialen Künstlers. Selbst die schwächste Bud-Powell-Platte ist mir immer noch lieber, als die beste von George Shearing. Das soll nicht gegen Shearing sprechen, sondern für Powell.
Im Jazz gibt es viele, zu viele tragische Schicksale. Musiker, die an ihrer Umgebung zerbrechen und an ihrem Künstlertum verbrennen. Die zur Sonne fliegen und ihr zu nahe kommen. Lester Young war so ein Ikarus-Typ. Bud Powell ebenfalls.
Diesen beiden, die der Welt mehr gegeben haben, als sie von ihr zurückbekamen, ist der Film »Round midnight« von Bertrand Tavernier gewidmet.
Ich habe den Film gesehen. Er hat mich wieder in den kleinen Club in der Rue de la Huchette geführt, wo ich zum ersten und einzigen Mal Bud Powell begegnet bin.

⊙ Jimmy Yancey: At the window

Selbst ausgefuchste Jazzfans kennen seinen Namen nur von der Aufnahme des »Yancey Special«, gespielt von Bob Crosby und seiner Band. Wobei die Komposition nicht einmal von Jimmy Yancey selbst, sondern von seinem Boogiekollegen Meade Lux Lewis geschrieben worden ist.
Jimmy Yancey arbeitete hauptberuflich als Platzwart bei einem Baseballteam in Chicago. In seiner Freizeit spielte er Boogie. Wie alle Boogiepianisten entwickelte auch er eine spezielle Technik für die linke Hand, an der man ihn leicht erkennen kann. Dennoch verfügte er nicht über die eiserne Linke eines Albert Ammons oder Pete Johnson, den Königen des Boogie-Woogie. Verglichen mit ihnen war er nur ein Schuhmacher. Aber einer, der auch Poet dazu war.
Jimmy Yancey hatte nichts von einem Virtuosen. Er konnte nur mäßig klavierspielen, bewegte sich in höchstens drei Tonarten

und verfügte nur über eine stark eingeschränkte melodische Erfindungsgabe. Wieso ich ihn trotzdem in eine Reihe mit Tastenakrobaten wie Arturo Benedetti-Michelangeli oder Oscar Peterson stelle? Tue ich ja gar nicht! Ich werde mich hüten! Es wäre für beide Seiten eine Beleidigung. Jimmy Yancey hat zwar mehr als eine Schallplatte aufgenommen, aber im Grunde genommen immer nur ein und dasselbe Stück gespielt, nur einmal langsamer und einmal schneller. Je nach Bedarf hieß das dann »Death letter blues« oder »Midnight stomp«. Oder eben »At the window«. Das ist ein langsamer Blues, der weder schmerzlich, noch traurig, weder anklagend, noch resignativ, sondern nur unendlich wahr ist. Er ist von einer Stimmung geprägt, die mich an die Magnolien und immergrünen Amarillis der Bayous von Louisiana denken läßt. An die schmiedeeisernen Balkone von New Orleans, deren Geranke sich in der kreolischen Klarinette von George Lewis widerspiegelt. An den Altweibersommer, den ›Indian summer‹ von Maryland. An die windschiefen Hütten in den Vororten von Richmond/Virginia und gleichzeitig an die Geschäfte auf der Beale street in Memphis/Tennessee. An die Plantagen von South Carolina und die weißen Ante-Bellum-Herrschaftshäuser von Georgia. Aber auch an die Bushaltestellen von Montgomery/Alabama, deren Toiletten zwanzig Jahre nach Martin Luther King noch immer nach ›Gentlemen white‹ und ›Men coloured‹ getrennt sind.
»At the window« wurde 1943 für das kurzlebige Label ›Sessions‹ eingespielt. Mir begegnete das Stück 20 Jahre später auf einer LP der längst eingegangenen Firma ›Jazztone‹. Dann fand ich es erneut auf einer 25-cm-Platte der französischen ›Jazz Selection‹, die natürlich auch nicht mehr existiert.

Frag' mich bitte nicht, wo man heute danach suchen müßte. Ich kann es Dir nicht sagen. Ich weiß nur, daß sich die Suche lohnt. Du denkst vielleicht anders darüber und bist enttäuscht, wenn ich Dir »At the window« von Jimmy Yancey vorspiele. Solltest aber auch Du dahinterkommen, daß Jimmy Yancey zwar nicht gut, dafür aber ›wahr‹ klavierspielen konnte, und würdest Du gerne mit ihm, und mir ›am Fenster‹ sitzen, mache ich Dir eine Überspielung auf Cassette und schenke sie Dir. Einverstanden?

⊙ Peter Nero: It's allright with me

Weißt Du, was der »Muzak« ist? Das ist die berüchtigte Dauerberieselung am und vom laufenden Band, die unsere Umwelt verschmutzt und der Du weder im Supermarkt, noch im Restaurant, weder im Kaufhaus, noch auf den Flughafentoiletten entgehst. Reinhard Mey, der Berliner Barde, hat sogar ein Lied dafür (eigentlich dagegen) geschrieben. Doch auch der ganze Reinhard Mey ist sowieso für den »Muzak«. Unentbehrliche Zutaten für solch abartige Hintergrundmusik sind die sogenannten PPP, die ›plätschernden Pianissimo-Pianisten‹. Die Pianissimisten, die sich mit Vor-

liebe und dezenter Rhythmusgruppe im Streicherwald aufhalten und dort Musik zum Träumen von sich geben.
Sie heißen Horst Jankowski, Eugen Cicero oder Richard Clayderman. Früher hießen sie Eddie Duchin, Charlie Kunz oder Peter Kreuder. Manchmal treten sie auch paarweise auf, dann heißen sie Marek & Vacek oder Ferrante & Teicher. Eigentlich heißen sie nichts. Sie können nur immens gut Klavier spielen. Aber noch immer nicht so gut wie Peter Nero.
Auf den Platten, die ich von ihm habe, wird darauf hingewiesen, daß er erst 26 Jahre alt ist. Nachdem man ihn aber in keiner Discographie findet und niemand in Europa weiß, wann diese Platten aufgenommen worden sind, könnte er vielleicht schon 46 oder 66 sein, wer weiß.
Es spielt keine Rolle. Ich bin kein hochgradiger Peter-Nero-Fan und suche nicht nach Platten von ihm. Was ich habe, genügt mir, denn besser als »It's allright with me« kann keine sein.
Dieses »It's allright with me« kommt ›live‹ aus der Webster-Hall in New York. Die Streicher sind zu Hause geblieben, der Pianist wird nur von Baß und Schlagzeug begleitet, zwei exzellenten Musikern, die teuflisch swingen.
Peter Nero leitet das Stück mit einer humorvollen Ansage ein, in der er dem Publikum ankündigt, seine linke Hand werde die »Appassionata« und seine Rechte gleichzeitig »It's allright with me« spielen.
Was er verspricht, hält er. Und siehe da, es paßt alles herrlich zusammen: der Beethoven, der Cole Porter und der swingende Beat, über dem Peter Nero seine pianistischen Kunststückchen vollführt.
Ein Stückchen Kunst besteht ja immer auch darin, nie die Grenzen des guten Geschmacks zu überschreiten. Peter Nero wandelt auf schmalem Grat, aber fällt nicht. Er macht zwar mit dem Instrument, was er will, doch er kann, was er will, und er will, was er kann.
Wenn Freunde der Klaviermusik (vorwiegend der klassischen) bei mir zu Gast sind, bereitet es mir barbarisches Vergnügen, sie mit Peter Nero zu verblüffen. Denn alles was Recht ist, der Typ beherrscht den Flügel wie James Galway die Flöte oder Mike Tyson seine Gegner.
Von Peter Nero habe ich noch eine weitere klavieristische Tour de Force gerillt daheim stehen, nämlich ein 13minütiges Medley aus »West Side Story«, das und in dem der schwarze Peter alle Stückl'n spielt (von »Maria« bis »Tonight«). Selbst Lennie könnte es nicht besser.
Die Musik, die Peter Nero macht, ist vielleicht keine große Musik. Aber ganz bestimmt ein großes Vergnügen.

⨀ Ray Bryant: Alone with the blues

Als die Pianistik immer anspruchsvoller wurde und die Klavierspieler dazu übergingen, ihr Instrument nicht mehr nur mit den Händen, sondern auch mit anderen Körperteilen zu bearbeiten, war abzusehen, wo das hinführen mußte. Es konnte nur auf olympische Rekorde hinauslaufen. Schneller, höher, weiter lautete die Devise. Wer

zuerst fertig ist, hat gewonnen. Wer die kompliziertesten Akkorde greift, bekommt den Lorbeerkranz und einen Plattenkontrakt. Plötzlich aber kommt ein gewisser Ray Bryant daher und spielt Blues. Ein moderner Pianist, der sich trotzdem auf die Tradition eines James P. Johnson beruft. Dessen Akkorde nicht schräg, sondern vollgriffig klingen. Dessen Läufe nicht nervös hasten, sondern ausgewogen perlen.
Ray Bryant gelingt es, den schlichten Blues der ländlichen Südstaaten mit dem urbanen der großen Städte im Norden zu verbinden. Gleichzeitig schlägt er die Brücke zwischen den Stride-Pianisten der Dreißigerjahre und denen des Hard-Bop der sechziger Jahre. Er führt den Blues wieder dorthin zurück, wo er hingehört und von wo er nur für einige Zeit Urlaub genommen hat: in den Mainstream des Jazz.
Zwischendurch und nebenbei ›erfand‹ Ray Bryant (gewissermaßen mit der linken Hand, wörtlich und bildlich) den Modetanz ›Madison‹ und brachte seine Komposition »Little Susie« für kurze Zeit unters Volk, sprich in die Music-Boxen. Doch den ›Madison‹ tanzte man nur einen Sommer. Genauso schnell wie er gekommen war, verschwand er wieder.
Ray Bryant aber blieb und brachte dem modernen Jazzpiano den Blues bei, den es fast schon vergessen hatte.
Ein weiterer Moderner, dem der Blues nur so aus den Fingern rinnt, ist Gene Harris, der als Pianist der »Three Sounds« begann und als Mitglied des »Ray Brown Trios« endete. Platten der »Three Sounds« (auf Blue Note) sind gesuchte Raritäten. Das »Ray Brown Trio« (auf Concord) ist leichter zu haben.
Von der Bigband des Trompeters Erskine Hawkins gibt es eine berühmte Aufnahme, die »After hours« heißt und praktisch über die gesamte Länge ein Solo des Pianisten Avery Parrish ist. Dieses Solo hat Ray Bryant auf einer »After hours«-Session-Platte mit Dizzy Gillespie und Sonny Stitt nachgespielt oder vielmehr nachempfunden und sich damit endgültig als Bluesspezialist etabliert.
Wenig später kam dann seine Soloplatte »Alone with the blues« heraus.
Ray Bryant spielt darauf acht Titel. Alle im 12taktigen Bluesschema, nur jeweils im Tempo variiert. Dennoch wird es nie langweilig. Auch eine einfache 12taktige Form kann fesselnd und spannend sein. Es kommt nur auf das ›Wie‹ an.
Wenn Du einmal so richtig »after hours« bist, dann ist für Dich »Ray-Bryant-Zeit«.
Dann legst Du Dir »Alone with the blues« auf und wirst es genießen, mit dem Blues und Ray Bryant allein zu sein.

5 × Konzertantes

Es heißt Konzert, auch wenn kein »Konzert« gespielt wird, sondern die »Orgelsymphonie« von Saint-Saëns. Oder wenn die Bigband von Toshiko Akiyoshi auftritt. Der indische Sitarspieler Ravi Shankar. Die Popgruppe Modern Talking.
Es heißt »Konzert«, wenn das e-Moll-Klavierkonzert von Frederic Chopin auf dem Programm steht. Oder das Violinkonzert von Johannes Brahms, das sein Freund, der berühmte Geiger Joseph Joachim, zu spielen ablehnte, weil er, wie er sagte, »nicht mit der Violine in der Hand darauf warten wolle, bis im Adagio die Oboe die einzige im ganzen Werk vorkommende Melodie vortrage.«
Eigentlich sollte es ja Solistenkonzert heißen: Einer gegen alle! Tatsächlich wurde im Barockzeitalter »concertare« mit »streiten« gleichgesetzt. Vielleicht bekommt deshalb der Solist manchmal einen Verbündeten zur Seite gestellt. Das nennt man dann Doppelkonzert. Die nächste Stufe ist das Tripelkonzert. Ein Quadrupelkonzert gibt es nicht mehr, denn ab vier Solisten nennt man es »Concerto grosso«.
Die Gegenüberstellung von Solist und Begleitung hat es schon immer gegeben. Denke an das »call and response«-Prinzip. Du findest es in der griechischen Tragödie genauso wie bei den Arbeitsgesängen der Neger in Afrika. In Harlems Kirchen begegnest Du noch heute an jedem Sonntag dieser Form des »call and response«, bei der sich Vorsänger und Chor gegenseitig »die Bälle zuwerfen«.
Unser Begriff vom »Konzert« beschränkt sich auf die europäische Musik. Im Jazz gibt es zwar Titel wie »Concerto for Cootie« (Duke Ellington), »Concerto for Clarinet« (Artie Shaw), »Concerto for trumpet« (Harry James) und »Concerto for Tenor« (Georgie Auld), ja sogar ein »Concerto to end all concertos« (Stan Kenton), doch das sind keine Konzerte in unserem Sinn.
Auch neuere Kreationen wie Strawinskys »Ebony Concerto« oder Gershwins »Concerto in F« zählen nicht unbedingt zur Gattung. Ebensowenig wie das seit kurzem berühmte »Concierto de Aranjuez« von Joaquin Rodrigo oder das seit längerem berüchtigte »Warschauer Konzert« von Richard Addinsell.
Die kannst Du Dir alle schenken (oder wenn schon: schenken lassen). Was Du Dir aber wirklich zur nächsten feiertäglichen Gelegenheit schenken lassen solltest, sind zum Beispiel die fünf Klavierkonzerte von Ludwig van Beethoven.
Bei mir sind es fünfzehn, denn man hat sie mir gleich dreimal geschenkt:
⊙ mit Daniel Barenboim
⊙ mit Artur Rubinstein
⊙ mit Maurizio Pollini
Die von Barenboim und Rubinstein werde ich demnächst weiterschenken.
An Klavierkonzerten sollten weiter die ersten drei von Prokofieff und die letzten zehn von Wolfgang Amadeus Mozart auf Deiner Geschenkeliste stehen. Ferner die der Herren Brahms, Chopin und Ravel. Dazu noch das Erste von Tschaikowsky, das Zweite von Rachmaninoff und das Dritte von Bartók.

Ferner die Violinkonzerte von Béla Bartók und Alban Berg, von Felix Mendelssohn-Bartholdy und Johannes Brahms, von Johann Sebastian Bach und Arnold Schönberg.
Nicht das von Bruch, das ist ebenso Bruch, wie das a-Moll-Klavierkonzert von Grieg. Wenn schon a-Moll und Klavierkonzert, dann Schumann.
Schumann hat übrigens ebenfalls ein Violinkonzert geschrieben, das mir allerdings am besten in der von Alfred Brendel mit Abbado und den Londonern aufgenommenen Klavierfassung gefällt.
Bei den Cellokonzerten ist Anton Dvořák eindeutiger Favorit. Die Silbermedaille gebührt Schumann.
Was im übrigen (und die übrigen) Instrumentalkonzerte anlangt, glaube ich nicht, daß es auf dieser Welt jemals wieder einen Komponisten geben wird, der ein derart feines Ohr und waches Empfinden für die Möglichkeiten und Klangfarben eines Instruments haben wird, wie Wolfgang Amadeus Mozart.
Was Mozart für Flöte und Horn, für Fagott und Klarinette geschrieben hat, gehört zum Kostbarsten unter den Kunstschätzen der Menschheit. Bei niemand anderem findest Du die Balance zwischen Solist und Begleitung, aber auch zwischen virtuosem Anspruch und musikalischer Form in dieser Vollendung.
Damit ein großer Geiger das schon zitierte Violinkonzert von Brahms klangschön spielen kann, braucht er eine Stradivari. Bei Mozart genügen die Noten.
Abschließend noch ein Tip bei Trompetenkonzerten. Absolute Weltklasse repräsentieren zwei anerkannte Meister dieses Instruments, der Franzose Maurice André und der Ostdeutsche Ludwig Güttler.
Weil auch Opernarien eigentlich »Konzerte« sind, hat Maurice André eine nette Schallplatte aufgenommen, auf der er unter anderem die Arie der »Königin der Nacht« auf der Trompete spielt.
In den späten 80er Jahren ist ein neuer Stern am Trompetenhimmel aufgegangen: der junge Farbige Wynton Marsalis, der als »Klassiker« zumindest ebensogut ist, wie als »Jazzer«.
Schon Benny Goodman spielte am Nachmittag Mozarts himmlisches A-Dur-Klarinettenkonzert, um anschließend im »Two Deuces« höllisch zu swingen. So wie immer mehr Orchestermusiker nach dem Dienst an Sibelius in den Jazzkeller steigen, um mit Ellington weiterzumachen.
Zeigt das nicht die Richtung, die schon Ludwig van Beethoven und Charlie Parker gehen wollten: daß es keine U- oder E- (Unterhaltungs- oder ernste) Musik, sondern nur G- und S- (gute und schlechte) Musik gibt?

⊙ Friedrich Gulda: Cellokonzert
Solist: Heinrich Schiff

Um diese Platte jemandem vorzuspielen, bedarf es einer Gebrauchsanweisung. Laß' Dich ja nicht dazu verleiten, sie einfach mir nix dir nix aufzulegen und abschnurren zu lassen. Du beraubst sie und Dich des ganzen Effekts, den der alte Fritz in sein »Cellokonzert« eingebaut hat.
Ich hatte das Glück, die Uraufführung dieses Werks in Wien zu hören. Auch bei den Premieren in München und Köln war ich dabei. Und überall dasselbe. Deshalb: Gebrauchsanweisung beachten!
Sie lautet ganz einfach, rund um Deine Stereoanlage soviel Konzertatmosphäre wie nur möglich zu schaffen. Auch wenn es sich ›nur‹ um eine Schallplatte handelt. Bereite Deinen zuhörenden Gast entsprechend vor. Versetze ihn von Deiner Couch in die zweite Reihe Mitte. Bring ihn in Uraufführungsstimmung. Bring Dich selbst in Uraufführungsstimmung für ein Gulda-Konzert.
Bei Konzerten mit dem alten G. muß man erfahrungsgemäß mit dem Schlimmsten rechnen. Damit meine ich nicht seine Absagen und schon gar nicht seine Kompositionen. Obwohl es immer wieder Leute gibt, die der Ansicht sind, er solle sein »Concerto for myself« wörtlich nehmen und für sich selbst spielen.
Denen steht eine verschworene Fangemeinde gegenüber, die sogar den ›Sänger‹ Albert Golowin für eine Zweitausgabe von Bob Dylan hält, nur weil sich hinter diesem Pseudonym der Meister selbst verbirgt.
Der wird mir hoffentlich nicht böse sein, daß auch ich ihn für einen größeren Pianisten als Komponisten halte. Ich bin ihm ja auch nicht böse, daß er es abgelehnt hat, ein Vorwort zu diesem Buch zu schreiben.
Guldas »Cellokonzert« stellt an den Solisten nicht nur enorme technische, sondern auch musikalische Anforderungen. Er muß in der Sprache des Jazz, des Rock und der Klassik reden und in der des Free zumindest lallen können. Heinrich Schiff kann das.
Bei allen Aufführungen, die ich bisher erlebte (und auch auf der Platte), spielte Heinrich Schiff den Solopart. Gulda fungierte als Dirigent und dirigierte mit allem, was er hatte. Vornehmlich, wenn auch nicht vornehm, mit dem Hinterteil. Ich betone das deshalb, weil allein das Zusehen schon ein Vergnügen war.
Im »Cellokonzert« mischen sich Stile und Formen kunterbunt durcheinander, als würden Kinder mit Pinsel und Farbtöpfen auf eine wehrlose Leinwand losgehen. Da kullert ein Rockrhythmus die Treppen herunter, dort stößt ein Blues gegen eine Triosonate, hier flirtet ein Kontrapunkt mit der Aleatorik und landet schließlich im Bach. Dazwischen eingebettet strömt eine wundermilde Gesangsmelodie, der sich auch ein Schubert nicht zu schämen bräuchte.
»Idylle« nennt Gulda diesen Teil, eine Hymne ans Salzkammergut, die ganz ohne hymnische Bravour auskommt und nur schlicht und melodienselig dahinfließt.
Wenn Du der Gebrauchsanweisung bis hierher gefolgt bist und Deinen Zuhörer mitgenommen hast, wird er vom nächsten Satz und dessen freier Kadenz echt mitgenommen. Denn da jagt Gulda seinen Solisten die Saiten hinauf und hinunter, daß einem schwindlig werden könnte. Da wird

nicht mehr gestrichen, sondern gekratzt. Man wundert sich, was für Töne so ein Fiedelbogen produzieren kann, wenn er sich auf extreme Höhenlagen einläßt. Und glaub' mir, ein Cello im Flageolett jault noch ärger, als eine Violine in selbigem. Bei der Kadenz kommt nicht nur der Cellist, sondern auch der Zuhörer ins Schwitzen.
Dann aber folgt der fünfte Satz, und der hat's echt in sich! Bei der Uraufführung kam ich vor lauter Staunen nicht dazu, mich umzusehen, so überrascht war ich.
Später, als ich schon wußte, was mich erwartete, konnte ich mir den Spaß machen, die Reaktion der Leute im Saal zu beobachten. Sie ist, wie schon gesagt, überall dieselbe: Verblüffung, Staunen, Freude und schließlich Begeisterung.
Der fünfte Satz von Guldas »Cellokonzert« ist kein Jubelfinale, kein »Brüder unterm Sternenzelt« und keine Vom-Dunkel-ins-Licht-Allee. Sondern ein derbes, deftiges zweivierteltaktiges Stück Blasmusik, wie es keine noch so lederbehoste und gamsbartbewehrte Bauernkapelle uriger spielen könnte. »Täterä« und »Dideldei« feiern fröhliche Urständ, der Sepp und der Hias gehen schuhplatteln, und die lustigen Holzhackerbuam werden noch um eine Spur lustiger, als sie eh schon sind.
Am Schluß des fünften Satzes tobt, johlt und jubelt das Publikum regelmäßig und schreit nach Wiederholung.

Verstehst Du jetzt, warum ich Dir so nachdrücklich eine Gebrauchsanweisung empfehle? Denn wenn Dein zuhörender Besuch nicht ebenfalls tobt, johlt, jubelt und auf einem da Capo besteht, hast Du irgend etwas falsch gemacht.

⊙ Johann Sebastian Bach: 6 Brandenburgische Konzerte
Dirigent: Karl Richter

Daß der Markgraf Christian Ludwig von Brandenburg durch die für ihn geschriebenen Konzerte unsterblich geworden ist, gebührt ihm ebensowenig, wie dero anderen fürstlichen Gnaden Waldstein, Esterhazy, Rasumofsky und so weiter, deren einziges Verdienst darin bestanden hat, sich Sonaten und Quartette widmen zu lassen.
Johann Sebastian Bach dürfte es nicht darauf angekommen sein, denn er war ohnehin ein Vielschreiber. Unfaßbar, was der Leipziger Thomaskantor schon rein mengenmäßig hinterlassen hat. Brahms hat nicht umsonst gemeint:
»Nicht Bach, Meer sollte er heißen.«

Als Schallplattensammler brauchst Du für Johann Sebastian Bach ein ganzes Zimmer. Falls Du außerdem Bearbeitungen von Charles Gounod bis Jacques Loussier, von Keith Emerson bis Tomita sammelst, sollltest Du ein Kabinett dazumieten. Wenn Du aber auch noch die Bach-Verwandtschaft in Untermiete dazunimmst, wirst Du kaum um eine Dreizimmerwohnung herumkommen, um den Output der gesamten Sippe unterzubringen. Die Liste der Werke Johann Sebastian Bachs liest sich wie das amtliche Telefonbuch, von dem es heißt, daß die Handlung zwar nicht der Rede wert wäre, aber die Besetzung . . .!

Das Bach-Werkeverzeichnis reicht in die vierstelligen Ziffern hinein. Daß bei solchen Containerladungen vieles ähnlich klingen muß, ist begreiflich. Unbegreiflich bleiben hingegen die Tonnen an Unähnlichem, die Bach aus der Feder geflossen sind. Allein von dem, was er an Orgelmusik geschrieben hat, können 20 andere Komponisten bequem leben (und tun es auch!).
So ganz nebenbei erfand er außerdem die Form des Instrumentalkonzerts, die für alle späteren Konzerte zum Vorbild geworden ist.
In der von mir besonders geschätzten Aufnahme des Münchner Bach-Orchesters unter Karl Richter setzt sich der Meister beim Fünften Brandenburgischen Konzert selbst ans Cembalo, um das mit einer fulminanten Kadenz am Ende des ersten Satzes zu demonstrieren.
Daß ausgerechnet diese Kadenz bei meiner Pressung von argen Verzerrungen getrübt ist, läßt mich vermuten, daß da herumgeschnipselt worden ist, d. h., daß man den Cembalopart extra aufgenommen und nachher eingefügt hat.
Speziell bei den »Brandenburgischen Konzerten« offeriert Dir die Schallplatte die ungeheure Bandbreite ihrer Möglichkeiten. Von den asketischen Aufnahmen der Musica Antiqua Köln und Reinhard Goebel oder von Christopher Hogwood and the Academy of Ancient Music über die werkgerechten des Karl Münchinger und Nikolaus Harnoncourt bis zur werkungerechten Karajans spannt sich der interpretatorische Bogen. Übrigens geht es beim Gegenstück, den 12 »Concerti Grossi« von Georg Friedrich Händel, genauso zu. Auch dort findest Du die gleiche Vielfalt des Angebots, wenn auch nicht die gleiche Menge. Diesbezüglich schlägt Bach Händel 3:1.

In einem französischen Chalet pflegt man jedes Jahr die »Brandenburgischen Konzerte« im höfischen Rahmen des 18. Jahrhunderts aufzuführen. Die Musiker tragen Kniehosen und Perücken. Das Publikum trägt gepflegte Snoblesse zur Schau. Die Dienerschaft trägt Kerzenleuchter und anschließend erlesene Speisen auf.
Der Besitzer des Schlößchens ist kein Adeliger, sondern ein Industrieller, der sich auf diese Weise in die erlauchte Gesellschaft der Waldsteins, Esterhazys und Rasumofskys einzureihen gedenkt. Will ihm nicht jemand eine Kantate widmen?

⊙ Sergej Prokofieff: Klavierkonzert Nr. 2

Solist: Wladimir Krainjew

Maurice, der in Lyon lebt, spielt mit mir das Prokofieff-Spiel. Es begann damit, daß wir einander schrieben. Ich in gebrochenem französisch, er in ungebrochenem Enthusiasmus für die russische Moderne. Bis Maurice eines Tages auf die Idee kam, unsere Korrespondenz von der optischen auf die akustische Ebene zu verlagern und mir statt eines Briefes eine Musicassette zukommen ließ.
Seither schicken wir uns gegenseitig Musikbeispiele unserer neuesten Eroberungen.

Eines Tages hatte Maurice wieder eine Idee. Bei einer seiner Cassetten erklangen am Ende ein paar Takte eines Klavierkonzerts und dann Maurices Stimme, die mich hinterlistig zum Erraten des Stücks aufforderte. Ich benötigte eine volle Woche, um herauszufinden, daß es sich um das 2. Klavierkonzert von Sergej Prokofieff handelte. Seither schickt Maurice regelmäßig Ratebeispiele aus seiner Prokofieff-Sammlung. Und ich wurde zum Prokofieff-Fan.

Um seine Klavierkonzerte zu spielen, muß man über die Ausdauer eines Langstreckenläufers, die Kondition eines Zehnkämpfers und den Punch eines Boxers verfügen.

Um so erstaunlicher, daß sich auch Pianistinnen an diese kraftraubenden Werke wagen.

Zum Beispiel Martha Argerich mit Claudio Abbado und den Berliner Philharmonikern. Oder Moura Lympany, von der ich eine längst gestrichene Aufnahme des 1. und des populären 3. Klavierkonzerts mit dem Philharmonia Orchestra unter Leitung von Walter Suskind besitze.

Prokofieff wird im Musikunterricht unter dem Etikett »Sturmwind über der Steppe« gehandelt. In vollem Umfang trifft das eigentlich nur auf das 2. Klavierkonzert zu. Da reitet wirklich Tamerlan mit seinen Mongolen über die Taiga und zertritt alles, was sich bewegt. So jedenfalls bei der Moskauer Aufnahme mit Wladimir Krainjew, die wohl kaum zu übertreffen ist – nicht einmal von der ebenfalls längst vergriffenen Aufnahme mit dem Komponisten selbst als Solisten.

Der zeigt bei seinen anderen Werken Krallen und Samtpfoten in wohldosierter Mischung und ist manchmal Peter, manchmal Wolf.

Ein Geniestreich ist seine »Symphonie classique«. Beim Versuch, eine klassische Symphonie im Stile Haydns zu schreiben, schuf Prokofieff mit seiner Nr. 1, op. 27 ein sonnendurchflutetes, heiteres Stück Klassizismus, das mit Recht zu einem Fixpunkt in den Konzertprogrammen und Plattenkatalogen geworden ist.

Dieses entzückende, quirlige Werkchen ist so recht nach dem Geschmack der brillanten Chicagoer und ihrem Chef Sir Georg Solti. Von André Previn, der zur Musik Prokofieffs eine besondere Beziehung hat, gibt es sogar zwei Einspielungen: eine mit den Londonern, eine mit den Philharmonikern aus Los Angeles.

Previn hat auch alle 5 Klavierkonzerte Prokofieffs aufgenommen und sich dazu Vladimir Ashkenazy als Solisten geholt, der wiederum eine Gesamtaufnahme aller 7 Symphonien als Dirigent geleitet hat. Nun sollte eigentlich Previn, der ja ebenfalls ein ausgezeichneter Pianist ist, zurückschlagen und die 9 Klaviersonaten herausbringen. Das wäre etwas, um meinen Freund Maurice hereinzulegen!

Wie ich ihn kenne, kramt er inzwischen in seinen Prokofieff-Schätzen und wird mir demnächst wieder eine Nuß zu knacken geben. Aber ich werde mich revanchieren. Ich habe noch einige Rachmaninoffs im Köcher, an denen sich Maurice bestimmt die Zähne ausbeißen wird.

⨀ W. A. Mozart: Krönungskonzert
Dirigent: Nikolaus Harnoncourt, Solist: Friedrich Gulda

Wenn es jemals vollendete Harmonie auf dieser Welt gegeben hat, dann auf dieser Aufnahme. Damit will ich nicht sagen, daß es Harmonie woanders nicht auch gibt. Ich bin sicher, Du hast eine ganze Menge entsprechender Referenzaufnahmen. Aber dieses Krönungskonzert ist wirklich die Krönung der Konzerte und eines der schönsten, wenn nicht sogar das schönste Beispiel für vollkommene Übereinstimmung zwischen Komposition und Interpretation, Dirigent und Solist, Orchesterklang und Einzelstimme.

Jahrzehntelang wurde Mozart »falsch« gespielt; als tändelnder Rokokokomiker; als Schöpfer zweier unsterblicher Werke, nämlich der Kleinen Nachtmusik und der Mozartkugel; als unser aller Mozartl aus der Getreidegasse; als Salzburgs Exportartikel Numero uno.

Böhm und Krips, Beecham und Walter machten dem ein Ende; lang bevor Peter Shaffer seinen »Amadeus« auf die Bühne und Milos Forman den seinen neben den Oscar stellte.

Darüber redete die Welt, und er war wieder einmal unser aller Mozart, nur diesmal ein ganz anderer Kerl. Kein zarter Mo-zart, eher ein harter Mo-hart mit ordinären Sprüchen. Ein Arbeitstier, ein Workoholic, ein Tatortkrimi in eigener Sache.

Nun haben wir Gulda und Harnoncourt, die auch dieses – wiederum schiefgeratene Bild – zurechtrücken, uns unseren Mozart einmal mehr wegnehmen und daraus ihren basteln.

Fast 200 Jahre ist das Krönungskonzert Nr. 26 in D-Dur, KV 537 alt. Wenn es nicht so eine abgedroschene Phrase wäre, würde ich jetzt sagen, daß es auf dieser Aufnahme klingt, als wäre es gestern komponiert worden. Aber ich sage es nicht; man hört es ohnehin.

Du erlebst eine Musik, die nicht von dieser Welt ist. Nein, keine Engels- oder Sphärenmusik, so ein Unsinn! Wir sind nämlich nicht im Himmel, sondern weit darüber hinaus. Jenseits von Eden, eingebettet in Wolke 97, east of the sun and west of the moon, näher mein Gott zu Dir, und was der Zitatenschatz sonst noch alles hergibt.

Dabei machen die beiden, Niki und Fritz, gar nichts Besonderes. Sie spielen ganz einfach Mozart. Sie spielen ihn so, wie er gespielt werden soll. Aber frage mich nicht, warum nur sie das können und andere nicht. Obwohl es doch so einfach ist.

Du weißt, als Jazzmusiker ist Gulda nicht unbedingt mein Fall. Es gibt, sagen wir es vorsichtig, swingendere Jazzpianisten als ihn. Aber sein Mozart swingt, daß es ein Fest ist. Gulda, Harnoncourt und das Amsterdamer Meisterorchester bringen keine Firmamente zum Einstürzen, versetzen keine Berge und fahren auch nicht mit Donner und Blitz mitten in unser etabliertes und schon ein bißchen biedermeierliches Musikleben hinein.

Sie provozieren nicht, sie demonstrieren nicht, sie abstrahieren nicht, sie paraphrasien nicht.

Sie machen etwas, was offenbar viel, viel schwieriger ist:

Gute Musik.

⊙ Johannes Brahms: Doppelkonzert
Solisten: David Oistrach (Violine), Mstislav Rostropowitsch (Violoncello)

Leicht macht er's einem ja nicht, der gestrenge Herr Brahms. Seine spröde, ein bißchen akademische Musik zu hören, bereitet mir ebensolche Schwierigkeiten, wie den Namen des Cellisten zu schreiben. An Brahms mußte ich mich erst langsam gewöhnen. Eine heiße Liebe wird wohl nicht mehr zwischen uns entstehen. Aber ein gehöriger Respektabstand.

Brahms bietet nicht nur dem Musiker, sondern auch dem Zuhörer wenig Gelegenheiten, sich rauschhaft zu steigern, sich zu verlieren, sich gehen zu lassen. Der vierte Satz der vierten Symphonie ist eine der seltenen Ausnahmen. Vor allem, wenn Carlos Kleiber dirigiert.

Von den fünf Symphonien, die Johannes Brahms geschrieben hat, tragen die ersten vier die Nummern 1–4. Die fünfte heißt »Doppelkonzert für Violine und Violoncello«. Es ist eine konzertante Symphonie in der Art der Concerti grossi. Statt Melodien enthält es Themen. Das hat Brahms von Beethoven übernommen, besonders von dessen »Tripelkonzert«.

Im Gegensatz zu anderen Instrumentalkonzerten, in denen der Komponist den Solisten brillieren läßt, fehlt bei Brahms jedes virtuose Element. Schon sein Violinkonzert ist für einen Geiger ein hartes Brot. Das Doppelkonzert ist der reinste Zwieback.

Ich erinnere mich an eine frühere Aufnahme des »Doppelkonzerts«, die mir Johannes Brahms erheblich nahegebracht hat. Ich weiß, daß mich damals der Geiger maßlos beeindruckt hat und ich mir deswegen seinen Namen gemerkt habe. Er lautete Isaac Stern.

Im TV lief einmal ein Bericht über einen Besuch Sterns in China.

»Von Mao zu Mozart« hieß dieser Report, der mir einen Musiker zeigte, den ich zu bewundern lernte und den ich bei allem Respekt als swingenden Typen bezeichnen würde: wenn schon ein Geigenstar, dann Stern!

Er und Jascha Heifetz dürften die Geiger aller Geiger sein. Bei Heifetz begeistert natürlich der Teufelsgeigeraspekt. So könnte Paganini gespielt haben. Das Violinkonzert von Johannes Brahms schafft Heifetz allerdings nicht. Da sträubt sich der Virtuose gegen den Komponisten. Da fehlt die Demut gegenüber dem Werk. Erst die jüngere Garde hat sie wiedergefunden: Gidon Kremer, Itzhak Perlman oder die grandiose Anne-Sophie Mutter, die so himmlisch schön Mozart spielen kann.

Zurück zum »Doppelkonzert«, bei dem Oistrach und Rostropowitsch vom Cleveland Orchester unter George Szell begleitet werden, was immer eine Empfehlung wert ist.

Oistrach und Rostropowitsch sind ein Virtuosengespann von eigenem Zuschnitt. Geborgen in der Klassik ruhend sind sie die Lordsiegelbewahrer, die Hüter der reinen Form, die Verteidiger des Abendlands.

Das mag bei Komponisten, die es auf Erregung öffentlichen Ärgernisses angelegt haben, fehl am Platz sein. Bei Johannes Brahms ist das goldrichtig.

5 × Stimmwunder & Wunderstimmen

In einem Tonstudio wird eine Choraufnahme vorbereitet. Seit Stunden dreht der Toningenieur verzweifelt an seinen Reglern. Fügt da ein paar Dezibel dazu, nimmt dort ein paar Hertz weg; filtert, dämpft, verhallt... Umsonst, der Klang will und will nicht besser werden.
Endlich scheint ein halbwegs befriedigendes Ergebnis in Aussicht. Der Assistent geht zu den Sängern hinaus, um ein letztes Mal die Mikrofone zu richten. Als er wieder zurückkommt, sagt er zum Tonmeister: »Mach' Dir nichts draus, draußen klingt es noch furchtbarer!«
Dieser alte Studiowitz bezieht sich darauf, daß nichts schwieriger auf die Platte zu bringen sein soll, als die menschliche Stimme.
»Die Stimme ist das kostbarste Instrument«, schwärmen die, die selbst keins spielen. Vielleicht liegt's an diesem Kostbarkeitsanspruch, daß sie den Toningenieuren solche Probleme bereitet. Welcher Art diese auch immer sind: Ich muß Dir gestehen, ich merke nichts davon. Es gibt so viele wunderbare, auch von der Technik her überzeugende Gesangsaufnahmen, daß ich mich frage, wo denn das Problem liegt?
Die »Vox Humana« ist mit Sicherheit das meistaufgenommene »Instrument«. Als »Stimmensammler« kannst Du arm werden. Sogar dann, wenn Du Dich nur auf das Ausgefallendste vom Ungewöhnlichen beschränkst.
Man redet von der Stimme und meint die Oper. Beim Operngesang toben sich die Stimmfetischisten aus. Da läßt sich's in akustischen Vollbädern schwelgen, da kann man sich die hohen »C« nur so um die Ohren sausen lassen.
Es gehört zu den Herrlichkeiten dieser Welt, daß die Wunderstimmen des 20. Jahrhunderts für die Ewigkeit festgehalten worden sind. Der Koloratursopran von Edita Gruberova. Die füllige Tiefe von Martti Talvela. Die strahlende Höhe von Alfredo Kraus. Der lyrische Schmelz von Luciano Pavarotti. Das geballte Temperament von Leonie Rysanek. Die berührende Menschlichkeit von Paul Schöffler. Und über allem Maria Callas.
Manche Opernstars sind ausgesprochene Plattensänger, die im Studio weitaus besser zur Geltung kommen, als auf der Bühne. Zum Beispiel der Bariton Josef Metternich; »live« ohne viel Leben, ist er auf Platten ein ausgesprochener Schmetternich. Der Tenor Joseph Schmidt, dessen für die Bühne viel zu kleine Figur in keinem Verhältnis zu seiner großen Stimme stand. Mario Lanza. Rudolf Schock. Anja Silja. Hans Beirer. Sie konnten auf der Bühne nie halten, was sie auf der Schallplatte versprachen.
In eine andere Kategorie fallen die sattsam bekannten Stimmritzenakrobaten mit viel Stimme und wenig Hirn, die dem Wort vom »dummen Tenor« die Flügel angeheftet haben. Das ist jener, der sich den Teufel um differenzierte Gestaltung und rollengerechte Auffassung schert, sondern sich vorne an die Rampe stellt und sein »C« ins Publikum schleudert (Womöglich noch dazu ein »eingelegtes«, das gar nicht in der Partitur steht).

Sänger dieses Kalibers sind eine unausrottbare Spezies, die sich vor allem in Italien vermehrt vermehrt.
Es gibt ein interessantes Filmdokument von den Plattenaufnahmen zu Leonard Bernsteins »West Side Story« unter der Leitung des Komponisten. Der spanische Weltstar José Carreras stattet dort den »Tony« mit seiner Prachtstimme aus, obwohl er in dieser Partie ganz offensichtlich mit Schwierigkeiten kämpft. Abgesehen davon, daß er vom Gehalt der darzustellenden Figur so gut wie keinen Schimmer hat, kommt er mit ein paar rhythmisch vertrackten Stellen seiner Rolle überhaupt nicht zurecht, was Lennie zur Verzweiflung bringt.
Aber Carreras singt halt berückend schön und bringt den Schmelz seiner Stimme dermaßen über die Rampe und in die Rille, daß alles andere hinweggefegt wird.
Das weibliche Gegenstück wären die Koloratursoprane. Mozart hat Partien wie »Königin der Nacht« und »Konstanze« für eine Sängerin geschrieben, von der er wörtlich meinte, daß sie eine »geläufige Gurgel« habe. Das hatte leider verheerende Folgen. Wenn man keine Edita Gruberova, Erika Köth oder Joan Sutherland zur Verfügung hat, können gewisse nächtliche Königinnen oder aus dem Serail zu entführende Konstanzen die Milch sauer werden lassen.
In diesem Zusammenhang muß ich immer an die Geschichte vom Musikliebhaber denken, der mit seinem Freund ein Konzert besucht, in dem ein Flötist die wüstesten akrobatischen Kunststücke auf seinem Instrument vollführt.
Während sich der Musikfreund bei den halsbrecherischen Trillern, Schleifern und Schluchzern vor Schmerzen windet, wundert sich sein Begleiter:
»Was hast Du nur? Der Mann ist doch ein Phänomen. Was der da vorne macht, ist ja fast schon unspielbar.«
»Ich wollte, es wäre so«, kommt die Antwort. Stimmartistik gehört nicht mehr in den Bereich der Wunderstimmen, sondern fällt bereits unter Stimmwunder. Auch da führt Maria Callas unangefochten. Sie ist kein Koloratursopran und singt dennoch eine überzeugende Traviata. Sie ist keine lyrische Sängerin und dennoch eine glaubhafte Madame Butterfly. Sie hat keinen sieghaften Strahl und ist dennoch eine triumphale Turandot. Das sind Partien, die ihr eigentlich nicht liegen. Bei denen aber, die ihr liegen, braucht sie nicht überzeugend, glaubhaft und triumphal zu sein. Weil sie dort ohnehin »La Callas« ist – die Primadonna assoluta unseres Jahrhunderts.
Eine jazzige Parallele dazu ist Ella Fitzgerald. Auch ihre Stimme kann alles, und Ella kann alles mit ihrer Stimme. Einmal intim, dann wieder extrovertiert. Einmal rauh wie Louis Armstrong und gleich darauf zärtlich wie – nun ja, wie Ella Fitzgerald. Sie verfügt über einen enormen Stimmumfang und bewegt sich mühelos in allen Registern. Balladen singt sie mit tragfähigem Volumen, während sie Up-Tempo-Nummern in rasantem Scat-Vocal phrasiert.
Wenn Du Schallplatten sammelst, bei denen stimmliche Virtuosität im Vordergrund steht, empfehle ich Dir Al Jarreau, Bobby McFerrin und Ella Fitzgerald.
Sammelst Du aber Besitzer eines speziellen Timbres, rate ich Dir zu Astrud Gilberto, Ray Charles und Ella Fitzgerald.
Suchst Du Referenzaufnahmen für vollendete Phrasierungskunst, bist Du mit Anita o'Day, Mel Torme und Ella Fitzgerald bestimmt gut bedient.

Falls es aber jemand mit »swing« im Blut und in der Kehle sein soll, kommst Du um Dakota Staton, Sammy Davis jr. und Ella Fitzgerald keinesfalls herum.
Anders bei den »bluesigen« Sängern, wo neben Lou Rawls und Joe Williams auch Ella Fitzgerald steht.
Und wenn es um Balladen und Standards geht, kannst Du eigentlich nur zwischen Frank und Sinatra wählen. Ach ja, und natürlich Ella Fitzgerald; die hätte ich beinahe vergessen.
Welchen Stimmen Du außerdem einen Wunderstatus zubilligst, muß ich Deinem persönlichen Geschmack überlassen. Ich weiß, daß er selektiv genug ist, um sich nicht an Sängern mit tiefer Stimme wie Iwan Rebroff, mit halbtiefer wie Zarah Leander, mit hoher Stimme wie Karel Gott oder mit gar keiner Stimme wie Hildegard Knef zu orientieren. Es muß ja nicht gerade eine Alleskönnerin wie Beverly Sills oder ein Einzelfall wie Cathy Berberian sein – zwei Sängerinnen, die dank einer stupenden Technik aus eher gewöhnlichem Material eher ungewöhnliche Effekte zaubern.
Auch Naturbegabungen haben das Zeug zu Stimmwundern. Nur bleibt es meist bei der Begabung, was der Natur und dem natürlichen Charme ihrer Timbrierungen einigen Abbruch tut.
Aber was soll's. Dem einen gefällt eben das Reibeisen Adriano Celentanos, dem anderen der Knödel Tom Jones'. Der eine sucht das Gold in der Kehle und findet das Blech von Joe Cocker. Einer mag Tina, der andere Nena, Nana und Nina. Und kaum einer Melina.

⊙ Franz Schubert: Lieder

Liedgesang ist dermaßen schwer, daß es mehr als nur ›Stimme‹ bedarf, um keinen Leidgesang daraus entstehen zu lassen. Sollte es sich noch dazu um Schubertlieder handeln, verlangt das sowohl einen extrem hohen Intelligenzquotienten beim Sänger, als auch eine tiefe Demutshaltung beim Begleiter – und erst recht beim Zuhörer.
Wer Liederzyklen wie »Die schöne Müllerin« auf Platte bringen will, sollte vorher einem Eignungstest hinsichtlich geistiger und sittlicher Reife sowie entsprechendem Ehrfurchtspotential unterzogen werden.
So gesehen bleiben neben Hans Hotter, Hermann Prey und Dietrich Fischer-Dieskau nicht viele übrig, die sich für das Werk des ›Liederfürsten‹ qualifizieren.
Übrigens, Liederfürst. Wer immer diesen Ausdruck geprägt hat, den sollte man lebenslänglich ins ›Dreimäderlhaus‹ einsperren.
Von den sogenannten Musikpädagogen aber, die den Komponisten der »Winterreise« der Videogeneration von heute mittels Schulbüchern noch immer als Biedermeier mit bächleinheller Forelle unterm Lindenbaum schmackhaft zu machen versuchen, ist jeder für sich schon ein Gesindel. In diesen ›Unterrichtsbehelfen‹ wird den Schulkindern auch beigebracht, daß Franz Schubert in seinem ach so kurzen Leben Was-weiß-ich-wie-viel-Hunderte Lieder geschrieben hat. Damit die Kinderlein Ehrfurcht vor solcher Übererfüllung des Plan-

solls bekommen. Schubert sozusagen als ›Held der Arbeit‹. Ein stachanowistischer Ehrentitel, für den sich auch Mozart eignete, was die Quantität des Outputs betrifft. Als ob's darauf ankäme!
Und wenn er nur den »Erlkönig« geschrieben hätte: der Platz auf Wolke I wäre ihm bereits sicher.
Nebenbei gesagt, haben Schuberts Vertonungen seiner Gedichte dem großen Goethe keineswegs gefallen. Als Komponisten zog der seinen Freund Zelter bei weitem vor. Sogar ein Goethe ist eben auch nur ein Geheimrat.
Wenn Du Schallplatten mit Liedern sammelst, wirst Du eine Menge von Schubert haben. Wenn Du aber Schallplatten sammelst, unter denen sich auch solche mit Liedern finden, wirst Du erst recht eine Menge von Schubert haben. Nicht, weil er so viele Lieder geschrieben hat. Sondern weil er soviel herrliche Lieder geschrieben hat.
Bei vielen von ihnen würde es nicht einmal etwas ausmachen, die Gesangsstimme wegzulassen. Die Klavierbegleitung allein ist schon dermaßen genial, daß es eines wahrhaft großen Sängers bedarf, sie in den Hintergrund zu rücken.
Das ist für mich das einzig Bedauerliche an den unendlichen Wonnen Schubertscher Musik: Daß bei den Liedern die Klavierstimme gegenüber der Gesangsstimme in den Hintergrund tritt. Daß bei Schubert überhaupt das symphonische Werk gegenüber dem Liedschaffen in den Hintergrund tritt. Daß der ganze Schubert gegenüber dem fatalen Herrn Berté und seinem vermaledeiten »Dreimäderlhaus« in den Hintergrund tritt. Dagegen weiß ich nur ein Mittel.
Siehe oben.

⊙ Yma Sumac: Die Stimme der Inkaprinzessin

Das ist die Wunderstimme schlechthin. Eine Frauenstimme, die vier Oktaven umfaßt, und deren Spitzentöne schon im Bereich des Ultraschalls zu liegen scheinen. Die Stimme von Yma Sumac, der Inkaprinzessin.
Als Inkaprinzessin wurde sie jedenfalls den Amerikanern präsentiert. Ob sie tatsächlich eine ist, sei dahingestellt. Sie ist zwar in Peru geboren, doch das sind andere auch. Das Andendorf, aus dem sie stammt, heißt Ichocan, liegt in der Provinz Cumbe-Maita und wird von armseligen Indios bewohnt. Aber Inkaprinzessin klingt besser.
US-Amerikaner brauchen solche Sensationen. Je mehr geheimnisvolle Geschichten sich um eine Person ranken, desto besser läßt sich diese vermarkten. Drum wird von Yma Sumac erzählt, daß sie sich in ihrer Kindheit mit den Tieren unterhalten hat, daß sie, den Vögeln lauschend, durch die Wälder am Amazonas gezogen ist und daß sie in ihrer peruanischen Heimat als Reinkarnation der Xtabay gilt, eines sagenhaften Inkamädchens, das verbotenerweise einen Aztekenprinzen liebte.
Das sind halt so die Legenden, die von cleveren PR-Managern verbreitet werden, damit der Plattenverkauf angekurbelt wird.

Im Falle Yma Sumac haben sie nicht viel geholfen. Sie war eine Sternschnuppe, ein Komet, der kam und wieder verglühte. Man brachte sie aus Peru in die USA, wo sie eine Zeitlang enorme Erfolge feierte, als Inkaprinzessin kostümiert Konzerte in der Hollywood Bowl gab und einen lukrativen Plattenvertrag mit Capitol Records dazu nützte, ein paar Langspielplatten herauszubringen.
Auf diesen geht es nicht um Musik, sondern um Rekorde. Hoch, höher, am höchsten. Schafft sie das vielgestrichene ›C‹? Und wie läßt es sich in ein Orchesterarrangement einbauen?
Üblicherweise kommt zuerst die Musik, dann die Interpretation. Bei Yma Sumac ist es umgekehrt. Was sie singt, ist unwichtig, nur das ›wie‹ ist entscheidend. Die Stimme als akrobatischer Akt steht im Mittelpunkt. Jetzt heißt es, um sie herum ein Arrangement zu stricken.
Der Arrangeur vieler ihrer Titel war Les Baxter, dessen »Blue Tango« einst ein großer Schlager war. Den Rest arrangierte Yma Sumacs Mann, Moses Vivanco, der sich auf die Tradition der peruanischen Volksmusik beruft.
In Wirklichkeit geht es auch ihm darum, die übernatürliche Stimme Yma Sumacs, die in der Tat ein einmaliges Phänomen darstellt, bestmöglich zu präsentieren. Die Schallplatten von Yma Sumac liefern den Nachweis. Die waren und sind eine zirkusreife Sensation.
Die Stimme auf diesen Platten ist eine Jahrhundertstimme. Die Musik ist zum Vergessen.

⊙ Gustav Mahler: Das Lied von der Erde
Dirigent: Otto Klemperer

Klemperers Aufnahme von Mahlers »Lied von der Erde« ist Musik, bei der sogar ein mit allen Whiskysorten gesottener Yuppie sein Yin und Yang entdeckt, das Wall Street Journal weglegt und zum Lao-Tse tastet. Auch bei mir bedarf es zum Anhören dieser Platte eines gewissen feierlichen Zeremoniells. Ich spiele sie selten. Ich glaube, ich habe ein bißchen Angst vor ihr, vielleicht auch vor mir. Das kommt von der respektvollen Scheu vor den titanischen Figuren eines Gustav Mahler und eines Otto Klemperer. Beides Gestalten wie aus der griechischen Mythologie. Prometheus-Figuren, den Göttern ähnlich, doch nicht gleich. Eigentlich müßte statt Otto Klemperer der Name Bruno Walters stehen, des legitimen Sachwalters Gustav Mahlers. Seine – nicht mehr ganz taufrische – Aufnahme mit Kathleen Ferrier und Julius Patzak gilt noch immer und mit Recht als authentisch, maßstäblich und vorbildhaft.
Warum ich dennoch der Aufnahme Otto Klemperers den Vorzug gebe, ist leicht erklärt. Wegen der Wunderlichstimme! Fritz Wunderlich, der Frühverstorbene, hielt als lyrischer Tenor alles, was Rudolf Schock versprach. An seiner Seite die Altstimme von Christa Ludwig, die auch bei Bernsteins und Karajans Aufnahmen vom ›Lied von der Erde‹ nur durch Christa Ludwig ersetzt werden konnte. Sicher hätten

sich beide auch gern Fritz Wunderlich geholt, doch den hatte leider die Erde wieder.
Das »Lied von der Erde« – nach Worten des chinesischen Poeten Li-tai-peh – hat Gustav Mahler selbst nie gehört. Als Bruno Walter am 19. 11. 1911 in München den Taktstock zur Uraufführung hob, war Mahler schon ein halbes Jahr tot. Das »Lied von der Erde« war sein Schwanengesang.
Er hat ja mehrere solcher Kantaten geschrieben: Die »Kindertotenlieder«. Die »Lieder eines fahrenden Gesellen«. Musik grau in grau. Ich sage ›Herbstmusik‹ dazu.
Als Direktor der Wiener Hofoper hat Gustav Mahler mit dem Satz »Tradition ist Schlamperei« einen neuen Stil der Aufführungspraxis geformt, der noch immer gültig ist. Er war auch ein faszinierender Dirigent. Beide Tätigkeiten kamen seinem autoritären Naturell stark entgegen. Der Komponist Gustav Mahler zeigt sich hingegen als Zweifler und Grübler, dessen Orchestersprache sein einziges Mittel war, sich mitzuteilen. Verstanden wurde er trotzdem nicht.
Das Ende des 20. Jahrhunderts sah eine beispiellose Mahler-Renaissance, für die in erster Linie Leonard Bernstein verantwortlich ist. Sein Einsatz für den Komponisten hat einen wahren Mahler-Boom ausgelöst, eine Hausse, einen Run:
Der exzentrische englische Filmregisseur Ken Russell drehte einen wüsten Film über des großen Mannes Obsessionen. Die Konzertsäle quollen plötzlich vor »Auferstehungssymphonien« über. Die Schallplattengesellschaften überboten sich in Gesamteditionen. Nicht weniger als vier von Bruno Walter dirigierte Aufnahmen vom »Lied von der Erde« kamen auf den Markt. Kein Zweifel, Mahler war salonfähig geworden.
Ich glaube dennoch, daß man Mahler nicht als strahlendes Licht, sondern als verletzlich flackernde Kerze betrachten sollte. Die Chinesen, deren Weisheit er so liebte, haben ein Sprichwort dafür:
»Jedes Licht flammt vor dem Ausgehen noch einmal auf.«
Bevor Mahlers Licht verlöschte, schrieb er »Das Lied von der Erde«. Ein abgeklärtes, in sich ruhendes Werk, vor dem jede Kritik schweigen muß.
Herbstmusik.

⊙ Dietrich Fischer-Dieskau

Wenn schon Lieder, dann von ihm! Ich gestehe Dir, daß ich kein allzu großer Liederfreund bin. Ich gestehe Dir aber auch zu, mich deshalb als Banausen anzusehen, der die Subtilitäten des Liedgesanges nicht zu würdigen weiß.
Aber was soll ich machen? Man hat nun einmal seine Vorlieben und seine Nachlieben. Und der Liedgesang gehört bei mir zu letzterem. Aber wenn schon Lieder, dann von ihm.
Es gibt nichts Deutscheres, als das, was man uns in der Schule als »Kunstlied« eingepaukt hat. Oper, Symphonie, Kammermusik usw. scheinen mir internationale Musik zu sein. Zumindest haben viele Kulturkreise dazu beigetragen: Sibelius, Schostakowitsch, Britten, Copland, Debussy, Albeniz,

Puccini und Bartók hatten keine deutschen Reisepässe. Aber das Lied hat einen.
Denn wie schaut es im Repertoire aus? Johannes Brahms, Richard Strauss, Hugo Wolf und Gustav Mahler. Der Rest ist Schubert.
Was Deutsch ist, ist gründlich. Deshalb mußte einer kommen, der den Liedern auf den Grund geht. Ein durchgeistigter, grüblerischer, nachschöpferischer Künstler, der Lieder nicht nur singt, sondern auch darstellt.
Es ist deshalb kein Zufall, daß Dietrich Fischer-Dieskau Deutscher ist.
Es ist auch sicher kein Zufall, wenn boshaft erzählt wurde, daß die Besucher seiner Konzerte vor Betreten des Saales auf raschelndes Papier durchsucht worden sind.
Wer einem zuhört, der dem Volk der Dichter und Denker entstammt, hat nichts zu Lachen.
Ernst ist das Leben, heiter die Kunst. Allerdings nicht bei Dietrich Fischer-Dieskau. Bei ihm hat man wirklich wenig zum Lachen. Dafür viel zum Lernen. Zirca 400 Schallplatten stehen zur Verfügung, angehende Liedsängern das Fürchten zu lehren und ihnen beizubringen, was Vollendung ist.
Daß es von Dietrich Fischer-Dieskau ungefähr 350 Stunden Musik auf Platten gibt, ist Weltrekord. Kein anderer Liedsänger hat auch nur annähernd so viele Schallplatten aufgenommen wie er. Wobei sich der urdeutsche Fischer-Dieskau keinesfalls auf das deutsche Repertoire beschränkte, sondern im Gegenteil stets bemüht war, Neues und Unbekanntes auszugraben.
Außerdem hat er mit seiner mächtigen, nuancenreichen Stimme eine Menge Opernpartien aufgenommen. Doch bei denen bleibt mir etwas zu wünschen übrig.
Gerade weil Dietrich Fischer-Dieskau Lieder so zu dramatisieren weiß, daß Arien aus ihnen werden, kommen mir von ihm gesungene Opernarien wie Lieder vor. Ihm fehlt das, was doch erst einen Opernsänger ausmacht: die Lust am Hinausschmettern!
Es ist doch etwas Herrliches, wenn so ein Kerl mit Riesenstimme vorne an der Rampe steht und einen exponierten Spitzenton ins Publikum schleudert. Doch das ist Fischer-Dieskaus Sache nicht. Die Stimme hätte er ja dazu. Aber nicht das Verlangen. Andere, stimmlich weit weniger bemittelte Opernhelden mögen die Sau rauslassen. Er nicht; er hat sich und sein Organ stets unter Kontrolle.
Dem entspricht auch seine jeweilige Rollenauffassung, die so gut wie nie deckend ist. Sein »Falstaff« ist mir zu polternd. Sein »Wolfram« zu bieder. Sein »Wozzeck« zu überlegen. Sein »Wotan« zu aufrichtig. Sein »Don Giovanni« zu vordergründig.
Fischer-Dieskau als »Don Giovanni« ist kein Edelmann, sondern ein Macho mit einer schönen Stimme, der einen Edelmann darstellt. Du brauchst ihn nur mit Cesare Siepi zu vergleichen, dann weißt Du sofort, was ich meine.
Der ist nämlich als Verführer so unterschiedlicher Damen wie Donna Anna, Donna Elvira und Zerline durchaus glaubhaft; man nimmt ihm sogar die 1003 Spanierinnen ab (mehr noch als dem Julio Iglesias).
Dietrich Fischer-Dieskaus »Don Giovanni« glaube ich hingegen nicht einmal die 340 in Deutschland. Ich denke mir, daß er bei Donna Elvira mit Sicherheit abgeblitzt wäre und auch mit Zerline gewisse Probleme gehabt hätte.
Um so eindrucksvoller finde ich seinen Liedgesang. Diese Schattierungen, diese

Nuancen! Diese Intonationssicherheit! Dietrich Fischer-Dieskau hat für den Liedgesang Maßstäbe gesetzt, die wohl kaum jemals übertroffen werden.
Man kann Lieder natürlich auch ganz anders singen. Peter Schreier und Hans Hotter beweisen es. Letztlich bleibt es Geschmackssache, welchem Timbre Du den Vorzug gibst.

Doch wie auch immer, Du kommst an Dietrich Fischer-Dieskau nicht vorbei, wenn es um Liedgesang geht. Also warum nicht gleich ihn nehmen?

⊙ Albert Mangelsdorff: Trombirds

Das Problem der Wunderstimmenplatten ist, daß man zum Begreifen des Wunders den optischen Eindruck neben den akustischen stellen müßte. Denn was Du hörst, kann zwar Unerhörtes sein, genausogut aber ein Gimmick, ein Trick, eine technische Spielerei.
Albert Mangelsdorff, Deutschlands Paradejazzer und musikalisches Aushängeschild, spielt zum Beispiel mehrstimmig auf der Posaune. »Gibt es nicht«, wird jeder vernünftige Mensch sagen, »schließlich kann man in ein einziges Mundstück auch nur mit einem Mund hineinblasen«. Vernünftige Menschen haben meistens recht. Aber Plattensammler sind bekanntlich unvernünftig.
Posaunenvogel Albert Mangelsdorff kommt aus Frankfurt und ist dort seit Urzeiten aktiv. Schon in den 50er Jahren galten er, der Wiener Tenorsaxophonist Hans Koller und der schwedische Pianist Bengt Hallberg als die einzigen europäischen Jazzmusiker, die mit den großen Vorbildern auf der anderen Seite des Atlantik mithalten konnten. Natürlich kam damals keiner über einen gewissen Epigonenstatus hinaus; zu stark war der Einfluß von drüben, zu gering die Herausforderung hüben.
Erst mit Beginn der 60er Jahre löste sich Mangelsdorff davon und entwickelte einen eigenen Stil. Eine Persönlichkeit war er schon immer. Nun kam noch eine Spielweise hinzu, die keine Vorbilder hatte, sondern im Gegenteil sogar vorbildhaft wirkte. Das bezieht sich auch auf den Menschen; Albert ist das, was man einen ›duften Typ‹ nennt.
Ich habe Albert Mangelsdorff, wie auch seinen saxophonspielenden Bruder Emil, unzählige Male im Frankfurter Jazzkeller gehört. Meist spielte er mit seinem hardboporientierten Quintett, dem stets prominente deutsche Jazzer angehörten. Doch Albert blieb auch in bester Gesellschaft stets Primus inter pares.
Mit den »Trombirds« betrat er als Erster und bislang Einziger neue Wege der Instrumentaltechnik. Die Posaune war für ihn schon immer die Fortsetzung des gesprochenen Worts. Nun gelang es ihm, durch eine spezielle Überblastechnik mit gleichzeitigem Ins-Mundstück-Hineinsingen zwei und mehr Stimmen aus einem Instrument herauszuholen, das seit den Zeiten der venezianischen Posaunisten immer nur als einstimmig gegolten hat.
Auf »Trombirds« stellt Al'bird' Mangelsdorff diese seine neue Instrumentalsprache

erstmals vor. Weil er sich die Begleitstimmen selbst macht, braucht er auch keine Begleitung, sondern spielt von A bis Z Solo. Trotzdem herrscht Abwechslung.
»Trombirds« ist ein faszinierendes Experiment und ein kreativer Sprung über jahrhundertealte Hürden hinweg. Albert Mangelsdorff ist damit zweifellos etwas gelungen, das man als bahnbrechend, ungewöhnlich und zukunftsweisend bezeichnen darf. Schon deshalb kann ich Dir »Trombirds« uneingeschränkt empfehlen. Zumindest als akustische Dissertation in Experimentalphysik.
Neulich hörte ich wieder einmal in ein paar seiner früherern Platten wie »Tension« und »Trombone Summit« hinein. Längst nicht so interessant, faszinierend und neuartig wie »Trombirds«. Aufnahmen mit einem – für den heutigen Mangelsdorff – ganz und gar traditionellen Sound. Darüber ist er schon lang hinaus. Eine, zwei Raumschifflängen weiter, in Richtung Saturn City. Wo es Computer statt Bleistifte, Concordes statt Pferdedroschken, Videorecorder statt Zeichenpapier gibt. Und mehrdimensionale Trombirds statt schlichter Trombones.
Wenn da nur nicht dieser eine Unterschied wäre: auf »Trombirds« spielt Albert Mangelsdorff mit der Posaune, als wär's ein Stück von ihm. Auf den anderen Platten aber swingt er, als wär's ein Stück vom Jazz.

5 × Kammermusikalisches

»Heute abend Kammerkonzert im großen Saal«
steht an der Tafel, und ich denke mir, daß allein in dieser Ankündigung das ganze Problem der Kammermusik enthalten ist.
Dieser kleinste, aber hellste Asteroid des ganzen tönenden Planetensystems gehört wirklich in die Kammer, nicht in den Saal.
Weil aber die Zahl der Freunde dieser Musik ständig wächst und die Solisten jedes Jahr teurer werden, benötigt man zwangsläufig immer größere Säle.
Ich habe eine Schallplatte, auf der Artur Rubinstein, Henryk Szeryng und Pierre Fournier Trios von Schumann spielen. Wer soll das bezahlen?
Unter meinen plattensammelnden Freunden sind die der Kammermusik eine Noch-Minderheit. Allerdings eine, die ihren Claim mit Zähnen und Klauen verteidigt. Wer einmal den Schlüssel zur Kammer gefunden hat, geht nicht mehr aus ihr heraus. Sondern blickt mit Verachtung auf jene herab, für die Musik erst ab der »Haffner-Serenade« beginnt. Weil er davon überzeugt ist, daß man bei dem Krach, den ein großes Orchester macht, keine Feinheiten mehr ausnehmen kann.
Für die Schallplatte ist Kammermusik ein echter Prüfstein. Nichts ist schwerer aufzunehmen, als 3–4 Instrumente, von denen jedes einzelne klar zu lokalisieren sein muß, bei gleichzeitigem Schwerpunkt auf dem Gesamtklang, welcher so transparent wie möglich zu sein hat.
Durchsichtigkeit ist oberstes Gebot. Dennoch sollen sich die einzelnen Stimmen so miteinander verweben, daß der vom Komponisten angestrebte Mischklang entsteht.
Dazu kommt, daß ein Quintett nicht immer aus fünf miteinander musizierenden Instrumentalisten, sondern manchmal auch aus fünf gegeneinander antretenden Solisten besteht.
Wäre ich Tontechniker, ich würde lieber Beethovens »Neunte«, als dessen »f-Moll-Streichquartett« aufnehmen.
Die vielen Schallplatten mit Kammermusik sind ihren Anhängern noch immer zuwenig.
Sie verweisen darauf, daß allein Joseph Haydn 84 Streichquartette geschrieben hat und vergessen darüber, daß man im Besitz dieser schon 84 Prozent dessen hat, was man an Quartettmusik benötigt.
Haydn hat in der Tat die Möglichkeiten des Streichquartetts in einem Ausmaß ausgeschöpft, daß Du schon bis Bartók springen mußt, um erneut fündig zu werden.
Was Haydn übriggelassen hat, nahm sich Mozart, dessen untrüglicher Klangsinn bei kleinen Besetzungen ebenso verläßlich funktionierte, wie bei großen.
Dazwischen liegen Beethoven und Brahms, deren Streichquartette mir ein bißchen wie Symphonien vorkommen, denen die Instrumentierung fehlt. Wenn ich Leonard Bernsteins Aufnahme der Orchesterfassung von Beethovens Streichquartett Nr. 14 op. 131 in cis-Moll auf den Plattenteller lege, kann ich mir gut vorstellen, daß Beethoven bei manchen Quartetten einfach keine Zeit hatte, sie in Partitur auszuführen. Dafür gibts wiederum seine Klaviersonate Nr. 9 op. 14 in E-Dur in Streichquartettfassung –

auf der Platte des Melos-Quartetts komischerweise in F-Dur gespielt.
Die mit mir befreundeten Minderheiten erheben an dieser Stelle traditionellerweise Protest. Für sie ist das Streichquartett die Keimzelle des Orchesters und dessen reinste Ausprägung.
Vier Stimmen, sagen sie, vier Stimmen braucht man in der Musik. Nicht mehr, aber auch nicht weniger. Ebenfalls traditionsgemäß kontere ich darauf mit einem Schubert-Trio, einer Bachschen Partita für Solovioline oder der d-Moll-Cellosonate von Debussy, was für ein paar Minuten Ruhe schafft.
Für mich heißt der Konsens zur Kammermusik: Hausmusik! Wenn Du Dir Freunde zum gemeinsamen Musizieren einlädst, werdet ihr Kammermusik machen. Egal, ob ihr zu zweit oder zu viert seid. Egal, ob ihr »Yesterday«, »The Queens fancy« oder die »Kreutzersonate« spielt.
Die Tradition der Hausmusik ist ja, Clementi sei's geklagt, ziemlich abhanden gekommen. Früher spielte jede zweite höhere Tochter Klavier. Jetzt nurmehr jeder hundertste Sohn im Underground. Das ist wörtlich zu nehmen, denn die Hausmusik wanderte ein paar Stockwerke tiefer und wurde zur Kellermusik.
In einem über ganz Europa gespannten Netz von relativ schallsicheren Probe-, Party- und Übungskellern toben sich Millionen von Kellerkindern aus; feilen Beginners an ihrer Rock-Karriere oder schnitzen Altspatzen an Swing-Standards herum. Amateurmusik von Dixieland bis Funk, von Folk bis Klassik findet heute, wenn überhaupt, unter der Erde statt. Die Kellermusik ist die Kammermusik des kleinen Mannes.
Doch gerade weil auf diesem Gebiet soviel dillettiert wird, ist bei Schallplatten das Beste gerade gut genug. Wobei Du derjenige bist, der bestimmt, was für ihn das Beste ist: eingespielte Ensembles oder All-Star-Besetzungen. Das Beaux Arts Trio oder ein Triumvirat wie Thibaud/Cortot/Casals.
Persönlich finde ich es herrlich, daß sich sogar Stars wie Heifetz/Feuermann/du Pré nicht zu schade sind, Kammermusik zu machen. Dennoch ist nicht gesagt, daß Weltmeister generell besser sind, als ständige Besetzungen wie das Juilliard-Quartett, das Alban-Berg-Quartett oder das Dave-Brubeck-Quartett. Man kann nämlich auch im Staffellauf olympisches Gold gewinnen.

⊙ Franz Schubert: Der Tod und das Mädchen

Selten hat man Dir den Schallplattenkauf so leicht gemacht. Du gehst ins Plattengeschäft, suchst Dir die verfügbaren Aufnahmen von Schuberts Streichquartett Nr. 14 »Der Tod und das Mädchen« heraus und hörst Dir den ersten d-Moll-Akkord an. Trifft er Dich frontal wie eine gewaltige Faust, greifst Du zu. Denn dann hältst Du die Aufnahme des Alban-Berg-Quartetts in Händen.
So, wie seine Sonaten und Symphonien, sind auch Schuberts Streichquartette eine Mischung aus Melodienseligkeit und Trauer. Nur daß es sich bei »Der Tod und das Mädchen« nicht um resignative, sondern aggressive Trauer handelt.

Schubert hat auch ein Lied gleichen Titels geschrieben, das einem von Matthias Claudius verfaßten Dialog zwischen Tod und Mädchen folgt. Das Thema des zweiten Quartettsatzes ist an die Klavierstimme des Liedes angelehnt – so wie das »Rosamunden-Quartett« Themen aus der Rosamunden-Musik und dem »B-Dur Impromptu« verwendet.
Übrigens wäre zu erwähnen, daß das Streichquartett »Der Tod und das Mädchen« ein Opus posthumus ist und von den Quartettvereinigungen stets in einer Bearbeitung gespielt wird, die von niemand geringerem als Gustav Mahler stammt.
Das Alban-Berg-Quartett ist ein Glücksfall der Musik, wie er nur alle Sternstunden lang passiert. Wie die vier Schubert spielen, ist unbeschreiblich. Nur das ›Quartetto Italiano‹ kann mit Ähnlichem aufwarten.
Selbst wenn Du kein Freund von Kammermusik bist, hier wirst Du es. Falls Du aber schon die höheren Weihen erhalten hast, stellt »Der Tod und das Mädchen«, zusammen mit Schuberts C-Dur-Quintett, den Höhepunkt der Gattung dar.
Vergiß' die Forelle im Bächlein helle, so munter sie auch sein mag. Hör' Dir statt dessen den letzten Satz von »Der Tod und das Mädchen« zweimal an.
Als einst ein Wiener Kammermusikquartett in Tokio konzertierte, fiel ihnen eine junge Japanerin auf, die bei diesem makabren Totentanz von seltsam berührender Schönheit in einer fast schon schmerzlich zu nennenden Konzentration zuhörte.
Am nächsten Tag besuchten die Musiker einen Friedhof, wo sie dem Mädchen durch Zufall wiederbegegneten. Sie beobachteten es, wie es an einem Grab etwas niederlegte. Als die Musiker nähergingen und sich von ihrem japanischen Begleiter die Inschrift des Grabsteins übersetzen ließen, erfuhren sie, daß hier eine mit 19 Jahren verstorbene Japanerin begraben lag.
Das Grab war noch frisch. Ein paar Blumen lagen drauf. Zwischen den Blüten, ein wenig versteckt, konnte man die Noten zu Franz Schuberts Streichquartett Nr. 14 op. ph. in d-Moll »Der Tod und das Mädchen« erkennen.

⊙ Ludwig van Beethoven: Große Fuge in B-Dur

Im englischen Covertext meiner aus dem Jahr 1962 stammenden Langspielplatte mit dem Budapester Streichquartett, steht ein Satz über die »Große Fuge«, den ich unbedingt anbringen muß:
»The nineteenth century's most twentieth century work.«
Wenn es mir gelänge, eine vernünftige Übertragung ins Deutsche zu finden, wäre alles gesagt. Aber der Satz ist ebenso unübersetzbar wie richtig.
Als ich die »Große Fuge« zum ersten Mal vorgespielt bekam, tippte ich auf Bartók. Wenn ich mir heute Bartók anhöre, tippe ich auf Beethoven. Betrachtet man das Ganze aus der Sicht des 19. Jahrhunderts, ist die »Große Fuge« das modernste Werk, das jemals geschrieben worden ist. Bedenke die Zeitumstände! Gegen das, was sich

Beethoven hier getraut hat, reduziert sich die Revolution der Zwölftöner auf einen Sturm im Wasserglas.
Beethovens Streichquartette werden bekanntlich in drei Gruppen geteilt.

- Die ›frühen‹ Streichquartette Nr. 1 bis Nr. 6 sind noch verhältnismäßig leichte Kost in der Tradition Joseph Haydns.
- In den ›mittleren‹, den sogenannten ›Rasumowsky-Quartetten‹, schlägt Beethoven schon andere Töne an. Da führt er die Gattung auf einen scheinbar unüberbietbaren Höhepunkt, als wollte er sagen: »Hiermit ist die Geschichte des Streichquartetts abgeschlossen.«
- Danach blieb ihm offenbar nichts anderes übrig, als die ›späten‹ Quartette Nr. 12 bis Nr. 16 jenseits aller bis dato gültigen musikalischen Grenzen anzusiedeln.

Doch selbst in dieser Marswüste stellte die »Große Fuge« eine Ausnahmeerscheinung dar.
Ursprünglich hätte sie den Schlußsatz des Quartetts Nr. 13 op. 130 in B-Dur bilden sollen. Doch das wäre gewesen, als hätte man einen Panzer als Abschluß eines Blumenkorsos fahren lassen. Beethoven selbst hat diese Diskrepanz erkannt und die »Große Fuge« als eigenständiges Werk herausgegeben. Der Dirigent Felix Weingartner hat sie orchestriert, Otto Klemperer hat die Orchesterfassung mit dem Philharmonia Orchestra London für Schallplatten eingespielt.
Beethoven selbst hat eine Klavierfassung zu vier Händen hergestellt, die EMI anläßlich eines Live-Konzerts der beiden Pianisten Alfred Brendel und Daniel Barenboim in England aufgenommen hat. Bei den Proben trugen die Pianisten kurzärmelige Hemden; am Abend aber konzertierten sie in großer Aufmachung und es geschah, daß sich die Manschettenknöpfe von Barenboims linkem und Brendels rechtem Ärmel ineinander verhakten. Es dauerte ein paar Takte, bis sie sich wieder lösten, was Beethoven in gefährliche Nähe zu John Cage rückte. Doch EMI-Produzent Suvi Raj Grubb konnte die Passage nachträglich korrigieren und so die Aufnahme doch noch fertigstellen.
Auch in der Klavierfassung und der geglätteten Orchesterversion kommt der Umsturzcharakter des Werks zur Geltung. Aber um die Menschheit auf die Barrikaden und zum Sturm auf die Bastille zu treiben, bedarf es der vier Stimmen des Originals. Die beißende Schärfe der sich reibenden Dissonanzen, den schonungslosen Radikalismus, den uns Beethoven entgegenschleudert, erreicht nur der Quartettsatz.
Die Zeitgenossen Richard Wagners haben dessen Opern als ›Zukunftsmusik‹ bezeichnet, ohne zu berücksichtigen, daß diese mit der »Großen Fuge« längst schon existierte. Die »Große Fuge« ist Musik jenseits der Musik. Insofern muß ich sogar den eingangs zitierten Satz korrigieren: aus der »Großen Fuge« spricht nicht das vergangene oder gegenwärtige Jahrhundert, sondern allenfalls das kommende.

⊙ Modern Jazz Quartet: Django

Als ich Dir eine Platte der vier würdigen Herren vorspielte, nanntest Du es spontan: »Jazz für Anfänger und Zurückgeschrittene.«
Dagegen läßt sich schwer etwas sagen. Aber hast du auch erkannt, welche Vorteile das bietet?
Wann immer Du Deinen zukünftigen Schwiegervater von Deinen ehrenhaften Absichten überzeugen willst, greifst Du einfach zum ›Modern Jazz Quartet‹. Damit lieferst Du den Beweis, daß Du zwar progressiv (Jazzfan!) genug bist, es im Leben zu etwas zu bringen, dennoch aber ein Schöngeist mit Geschmack, Bildung und Niveau, dem man vertrauen darf.
Das MJQ macht Musik von höchster Qualität bei gleichzeitig klinischer Sauberkeit. Das klingt alles ein bißchen steril, ein bißchen chemisch gereinigt, ein bißchen glattpoliert, ein bißchen institutionalisiert und ein bißchen langweilig.
Dabei sah es am Anfang gar nicht danach aus, daß das ›Modern Jazz Quartet‹ einmal zu einer Institution werden würde. Seine Keimzelle war die wohl aufregendste, aggressivste, wüsteste Bigband, die es jemals gegeben hat, nämlich die von Dizzy Gillespie in den vierziger Jahren.
Die Rhythmusgruppe dieser Band schloß sich zu einem Quartett unter dem Namen des Vibraphonisten zusammen und nannte sich ›Milt Jackson Quartet‹.
Mitbeteiligte waren John Lewis (Piano), Percy Heath (Baß) und Kenny Clarke (Schlagzeug). Kenny Clarke ging später nach Europa und wurde durch Connie Kay ersetzt. John Lewis übernahm die musikalische Leitung und änderte den Namen in ›Modern Jazz Quartet‹. Der Rest ist Geschichte.
Milt Jackson, der bei Dizzy Gillespie noch mit messerscharfer Attacke agierte, wurde zum gefällig klingelnden ›King of the vibes‹. Percy Heath ging zeitweilig mit seinen Brüdern Jimmy und Albert auf Tournee, um wieder einmal so richtig zu jazzen. Von Connie Kay habe ich eine Aufnahme mit Stan Getz und Jay Jay Johnson, bei der ich das Gefühl habe, daß er sich unbändig freut, endlich wieder einmal nach Herzenslust trommeln zu können. John Lewis, Pianist und musikalischer Direktor der Gruppe, liebt Mozart mehr als Wilson, Bach mehr als Monk. Das hört man. Deshalb ist das MJQ immer dort am besten, wo es sich am weitesten vom zweiten Wort seines Namens entfernt: in den Kompositionen von John Lewis wie »Milano«, »Concorde«, »Versailles«, »La Ronde«, »Django«.
»Django« ist dem großen Django Reinhardt gewidmet. Es ist der bekannteste, beliebteste und sicher auch beste Titel des MJQ. Bei jedem ihrer Auftritte muß die Gruppe diese Nummer bringen, ob sie will oder nicht.
Das Stück ist wie eine Pyramide gebaut. Es beginnt mit einem Arpeggio im freien Tempo, das einen Gitarrenakkord symbolisiert. Dann steigert Milt Jackson sein Vibraphonsolo bis zur Pyramidenspitze, wo er von John Lewis abgelöst wird, der die Musik wieder zur Basis zurückführt.
Das Ganze ist genial, großartig und geschmackvoll.
Nicht nur Dein zukünftiger Schwiegervater wird davon begeistert sein. Auch die Erb-

tante und der angeheiratete Großonkel werden nichts gegen das ›Modern Jazz Quartet‹ einzuwenden haben.
Deshalb kann ich Dir nur raten, ihnen Deine MJQ-Platten zu borgen oder zu schenken. Dir geht kaum etwas ab und anderen machst Du eine Freude. Nur gibt bitte acht, daß die Erstfassung von »Django« nicht dabei ist. Die solltest Du Dir doch behalten.

⊙ W. A. Mozart: Klarinettenquintett

In der Auseinandersetzung zwischen europäischer und amerikanischer Musik fand die 68er Generation bereits 1952 statt. Du mußt nämlich wissen, daß man sich als pubertärer Mitteleuropäer nicht erst 1968, sondern schon viel früher, in den fünfziger Jahren, als revolutionärer Anarchist gebärdete, für den es auch damals schon hieß: traue keinem über Dreißig und in der Musik grundsätzlich niemandem zwischen Monteverdi und Hindemith.
Unsere Idole hießen Jean Paul Sartre, Charlie Parker und Allen Ginsberg, unsere Brüder lebten im Paris der Existenzialisten und im New York der Kerouacs und Warhols, unsere Traumziele hießen Greenwich Village und Harlem. Denen kamen wir nur dann ein bißchen näher, wenn wir ins ›Amerikahaus‹ stöbern gingen. Dort konnte man sich Bücher wie Sidney Finkelsteins ›Jazz‹ und Platten wie Ferde Grofé »Grand Canyon Suite« ausborgen.
Dort fiel mir auch das Klarinettenquintett in A-Dur von Mozart in die Hände und nur deshalb auf, weil Benny Goodman als Solist genannt war. Es erfüllte mich mit chauvinistischer Genugtuung, daß einer der ›unsrigen‹ – ein Protagonist der ansonsten mit hochnäsiger Verachtung gestraften ›Urwaldmusik‹ namens Jazz – es den Longhairs einmal so richtig zeigte: Merk' auf Welt, nicht nur unsere europäischen Konservatoriumsabgänger haben den Führerschein für ›schöne‹ Musik gemacht!
Inzwischen besitze ich von Goodman eine Reihe symphonischer Aufnahmen wie Coplands »Concerto for Clarinet and String Orchestra«, sowie die hochinteressanten »Contrasts« von Béla Bartók, auf denen das ›Benny Goodman Trio‹ einmal nicht aus Goodman, Teddy Wilson und Gene Krupa, sondern aus Goodman, Béla Bartók selbst am Klavier und dem Violinisten Joseph Szigeti besteht.
Im Jahr 1939 war die Marriage zwischen dem ›Urwaldmusiker‹ Goodman und dem ›seriösen‹ Budapester Streichquartett in der Tat außergewöhnlich und den Produzenten offensichtlich selbst nicht ganz geheuer. Das geht aus dem Text hervor, den die RCA-Victor mit der Platte mitlieferte und der in seinen gewundenen Entschuldigungs- und Erklärungsfloskeln ein echtes Zeitdokument darstellt:
»Es könnte einige Bedenken hervorrufen, daß Mr. Benny Goodman, Klarinette, dessen Ruhm im Bewußtsein der Öffentlichkeit mit einem von der Kammermusik denkbar weit entfernten Bereich verbunden ist, mit diesem Werk assoziiert wird, noch dazu mit einem so ernsthaften Ensemble wie dem Budapester Streichquartett, aber wer auch

nur ein paar Takten dieser Einspielung lauscht, dem kann nicht der leiseste Zweifel an Mr. Goodmans Eignung aufkommen. Diese Aufnahme ist in keiner Weise als ›Stunt‹ aufzufassen und wurde weder von den Künstlern noch von den übrigen Verantwortlichen so verstanden. Das Werk wurde von allen fünf Ausführenden ohne jede Befangenheit interpretiert; die Aufnahme entstand aus dem Bemühen, das Victor-Repertoire um ein anerkanntes Meisterwerk zu bereichern, auf die bestmögliche Weise und mit den besten verfügbaren Künstlern. Sie stellt keinen Bruch mit den Gepflogenheiten unseres Hauses dar.«

So geschraubt das auch klingt, die Ernsthaftigkeit ist unverkennbar: Daß ein besserer Tanzkapellmeister sich erdreistet, sich am Heiligtum Mozart zu vergreifen, damit muß man erst einmal fertig werden.

Wie Du mir, so ich Dir: Wenn sich der Vollblutjazzer Goodman sogar dazu herabläßt, einem alten Zopf wie Mozart seine Fingerfertigkeit zu leihen, könnte unter Umständen etwas dran sein, dachte ich. Dreißig Jahre später hat sich im Grunde genommen nicht viel geändert. Der Film »Benny Goodman Story« bedient sich noch immer des gleichen Aha-Effekts:

Solange Benny dort seine Zeit an Jazznummern wie den »Bugle call rag« verschwendet, schaut ihn seine Zukünftige nur von der Seite an. Erst als Solist des Mozartschen Klarinettenkonzerts gelingt es ihm, ihr Herz zu gewinnen.

Mittlerweile haben sich bekanntlich weitere Grenzgänger gefunden, die einmal im einen, dann wieder im anderen Lager campieren. Damals jedoch half mir Goodman, über die Brücke zur anderen Seite zu gehen.

Drüben liegt das Eldorado der Mozartschen Kammermusik. Das Goldland, in dem Milch und Honig fließt und am Ende jedes Regenbogens ein Topf voll Juwelen zu finden ist. Zum Beispiel die Flötenquartette. Die Divertimenti, Violinsonaten, Serenaden. Die vier Hornkonzerte in der unüberbietbaren Interpretation von Dennis Brain unter der Stabführung Herbert von Karajans. Und der Solitär des Klarinettenquintetts, dessen Goodman-Fassung uns als Buben so begeistert hatte.

Selbstverständlich waren wir davon überzeugt, daß Benny Goodman schon wegen seiner jazzigen Herkunft jedem klassisch geschulten Klarinettisten überlegen sein mußte. Erst später lernte ich auch andere Schwarzwurzelakrobaten kennen und anzuerkennen. So kam ich über Umwege zur Klarinettenmusik eines Mozart und Carl Maria von Weber und von dort letztlich zu Solisten wie Sabine Meyer und Alfred Prinz. Die spielen das »Klarinettenquintett in A-Dur« selbstverständlich wunder-wunderschön, untadelig und makellos, voll Grazie und Charme. Darf ich Dir trotzdem die Platte mit Benny Goodman auflegen?

⊙ Plädoyer für 6 Saiten

Unser letzter Schallplattenabend war ein Gitarrenfestival. Wir hatten das nicht geplant. Aber es ergab sich, daß wir bei Isaac Albeniz begannen und mit Attila Zoller endeten. Dazwischen lag ein Meer an Musik, eingefangen auf nur sechs Saiten.
Es gibt kaum Klänge, die intimer, menschlicher, hautnäher sind, als die einer Gitarre. Zumindest war es so, bevor der Verstärker erfunden wurde. Durch diesen hat sich die Gitarre gewandelt. Aus dem kammermusikalischen Instrument wurde eines für Fußballstadien und Stadthallen. Aus sechssaitig wurde vielseitig.
Bei Haley und Presley war die Gitarre noch dekorativer Hüftschmuck. Aber schon die Beatles verwendeten sie auch zum Musizieren und zeigten der staunenden Welt, wie man damit reich und berühmt wird. Myriaden von Gitarrenbands waren die Frucht dieser Saat der Gewalt. Sie sahen ihre Chance darin, es den Beatles gleichzutun und mit drei Griffen Millionäre zu werden.
Ich weiß nicht, wie viele Gitarrenplatten der Klaus und ich neulich genossen haben. Wir hörten auf ihnen jedenfalls 30 oder 40 Instrumente, die so verschieden waren, daß sie eigentlich nichts miteinander zu tun hatten. Deine 100 schönsten Schallplatten könnten ausschließlich Gitarrenmusik enthalten und wären dennoch hundertfach unterschiedlich.
Solange Gitarren als Ausstellungsstücke nebeneinander in der Vitrine des Musikladens stehen, sind sie Mitglieder derselben Familie und sehen einander entsprechend ähnlich. Griffbrett, Saiten, Wirbel, Korpus und andere Bauelemente weisen auf Verwandtschaft ersten Grades hin. Das ändert sich, sobald die einzelnen Familienmitglieder aus dem Haus gehen. Das zeigt folgender Vergleich:
Zwischen Beethoven und Bernstein liegen 100 Jahre; ebensoviel wie zwischen Ludwigs Hammerklavier und Lennies Steinway. Aber zwischen dem Gitarrenspiel von Jimi Hendrix und John Williams liegen 100 Lichtjahre, obwohl sie Zeitgenossen sind.

Die erste Platte meines Lebens war die eines Gitarristen: Les Paul. Der konnte nicht nur mit der Gitarre, sondern auch mit der Elektrizität hervorragend umgehen. Er baute sich ein Studio, wo er mit Trickaufnahmen experimentierte, indem er mehrere Gitarrenstimmen übereinander kopierte. ›Overdubbing‹ nennt man diese Technik, ohne die heute keine Popgruppe mehr auskommt.
Der erste Musiker, der eine Trickaufnahme herausbrachte, war bezeichnenderweise ein Jazzmusiker, nämlich Sidney Bechet. Auf »Blues of Bechet« und »Sheik of Araby« spielt er alle (sechs) Instrumente. Die Platte kam 1941 als ›Sidney Bechets One Man Band‹ auf den Markt und erregte ziemliches Aufsehen.
Bechet fand trotzdem kaum Nachahmer. Erst Les Paul griff 10 Jahre später wieder auf die Technik des ›Overdubbings‹ zurück und machte eine Reihe von Ein-Mann-Aufnahmen, in denen er auch die Möglichkeiten des Gitarrenspiels ausweitete. Er konstruierte außerdem die erste 8-Spur-Bandmaschine und gilt als Schöpfer der ›Solid-Body-Guitar‹.
Das legendäre Gibson Modell »Les Paul Standard« aus Mahagoni und Ahorn, mit

Palisander-Griffbrett, ist noch immer der Rolls-Royce unter den ›Brettern‹ und ein gesuchtes Sammlerstück. Viele bekannte Rockgitarristen schwören auf die »Les Paul Standard«; unter ihnen Jimmy Page (Led Zeppelin), Bill Gibbons (ZZ Top), Jeff Beck und Al DiMeola.

Wichtiger noch als der Korpus waren Tonabnehmer und Verstärker. Die ›PAF-Humbucker Pick-ups‹ und die Verstärker der Firma Fender waren wesentlich daran beteiligt, daß nicht nur die Lautstärke, sondern auch die Klangfarbe des Instruments beeinflußt wurde.

Dabei zeigte sich, daß man eine Gitarre zwar brüllen lassen kann wie eine Büffelherde, daß sie aber auch wandlungsfähig und facettenreich wie kein anderes Instrument ist. Erst mit dem Aufkommen der elektronischen Tasteninstrumente erwuchs ihr diesbezüglich ernsthafte Konkurrenz.

Ursprünglich war der Verstärker wirklich einer: es ging um Lautstärke, sonst gar nichts. Der erste Gitarrist, der aus seinem Schrumm-Schrumm-Dasein ausbrach, um sich mittels elektrischer Verstärkung gegen die ihn umgebenden Musiker zur Wehr zu setzen, war Eddie Durham im Orchester von Bennie Moten, Kansas City 1932. Der erste bedeutende war Charlie Christian, zehn Jahre später.

Deswegen haben der Klaus und ich unseren Gitarrentrip mit Charlie Christian und seinem Solo über »Stardust« (mit dem Benny Goodman Sextet) begonnen. Von da sind wir vor- und zurückgegangen: vor bis John McLaughlin, zurück bis Antonio Vivaldi.

Der Komponist des Barockhits »Die vier Jahreszeiten« hat nämlich größere Mengen an Mandolinen-, Lauten- und Gitarrenmusik hinterlassen, gegen die überhaupt nichts einzuwenden ist.

Zwischendurch haben wir Siegfried Behrend mit und ohne Zupforchester aufgelegt und uns ein bißchen Django Reinhardt gegeben.

Danach wollten wir eigentlich ein paar gitarristische Rockgrößen wie Marc Bolan (Tyrannosaurus Rex), Pete Townshend (The Who), Keith Richard (Rolling Stones) und Mark Knopfler (Dire Straits) auf den Prüfstand bringen, aber daraus wurde nichts. Nach ein paar Rillen reichte es jeweils; zuviel Wiping, Sliding, Phasing, Fading, Vibrating, Sustaining, Detuning, Pitch-Shifting und zuviel Saft und Kraft. Zuviel Speed und Power. Zuwenig Musik.

Also haben wir nach Gitarrenmusik aus der Klassik gefahndet, aber außer ein paar Adaptionen und ein bißchen was von Haydn nichts Hörenswertes gefunden.

Immerhin sind wir auf die Duoplatten der beiden Vorzeigegitarristen John Williams und Julian Bream gestoßen und haben uns mit großem Vergnügen und einem großen Calvados ein Streichsextett von Brahms und Debussys »Children's Corner« von zwei Gitarren vorpielen lassen.

Von der Klassik machten wir dann einen Abstecher ins klassische Land der Gitarrenmusik, zu den Matadores. Die Namen der Komponisten, die für die Stücke verantwortlich zeichneten, waren für uns zwar unaussprechliche spanische Dörfer, dafür sprach die Musik eine um so deutlichere Sprache. Meine Flamenco-Platte mit Carlos Montoya hat dem Klaus besonders gut gefallen.

Trotzdem fand er es an der Zeit für einen

weiteren Calvados und eine Kostprobe von Barney Kessel, Laurindo Almeida und Wes Montgomery.
Danach gab er keine Ruhe, bis wir doch noch ein paar Rockmusiker fanden, die Gitarre spielen konnten. Wir ließen Eric Clapton und Carlos Santana, den Gitarrenbeißer Jimi Hendrix und Frank Zappa auf ihren Brettern aufkreischen, bis die Fenster klirrten und die Nachbarn an die Wand hämmerten.
»Sagtest Du nicht zu Anfang etwas von einem ›Meer an Musik‹?« spottete der Klaus.
»Ich kann Dir und den Nachbarn ja ›Zwei Gitarren am Meer‹ oder ›Freddy, die Gitarre und das Meer‹ vorspielen.«

Doch dann legte ich eine Platte des Gitarrenwizards Stanley Jordan auf und wir wurden beide ganz, ganz still.

5 × Lieder ohne Worte

Kategorien sollte man kategorisch verbieten. Denn Du fragst mich, was mit der Kategorie ›Lieder ohne Worte‹ gemeint ist, und ich spiele Dir statt einer Antwort die neueste Platte des Gitarristen Paco de Lucia vor. Zum Glück bist Du davon dermaßen beeindruckt, daß Du nurmehr sagst: »Da bedarf es wirklich keiner Worte mehr.«
Aber so treffend diese Aussage auch ist, kann man mit ihr doch keinen bunten Abend bestreiten. Auch zu Richard Wagner fehlen mir manchmal die Worte, und der hat bekanntlich viele gemacht.
Zum Beispiel heißt es in den »Meistersingern von Nürnberg«:
»Mich dünkt, soll passen Ton und Wort.«
Es gibt Texte, die durch die Musik besser werden, und es gibt solche, bei denen Musik als störend wird empfunden, weil sie meist mit Geräusch verbunden. Richard Strauss setzt sich in seiner Oper »Capriccio« mit dem Vorrangproblem ›Wort oder Musik‹ auseinander.
»Prima la musica, dopo la parole« meint Mozart dazu.
Doch es gibt andersrum Musik, die durch Texte besser wird. Bei Bob Dylan ist die Musik nichts ohne die Worte. Bei Verdi sind die Worte nichts ohne die Musik.
Unser heutiges Schallplattenkonzert widmen wir der Instrumentalmusik. Genauer gesagt, möchte ich Dir Musik vorsetzen, die sich zwar Worte leisten könnte, aber ohne sie auskommt. Schönbergs »Verklärte Nacht« zum Beispiel. Dieses Psychodrama unter Mondlicht schreit zwar nach Vertextung, doch zum Glück hat bisher noch niemand den Schrei gehört.
Es gibt sogar Sänger, die wortlosen Gesang produzieren. Du brauchst Dir nur die Vokalakrobatik eines Al Jarreau oder Bobby McFerrin anzuhören. Das nennt man ›Scat-Vocal‹: die Aneinanderreihung sinnloser Silben, als würde die Stimme als Instrument eingesetzt. Die Erfindung dieser Gesangstechnik teilen sich Richard Wagner (Ho-jo-to-ho), Louis Armstrong (Skid-dat-de-dat) und Erzherzog Johann (Holloderidio).
Eine völlig andere Art der Sprachlosigkeit gehört zu den vielen Kuriosa der Schallplattengeschichte:
Mr. Jerry Cammarata aus Staten Island, N.Y., nimmt 1947 sein Monumentalwerk »Audition Memory« auf. Es besteht aus exakt 52 Minuten, 10 Sekunden totaler Stille!
Erinnert Dich das an etwas? Natürlich! An John Cage und sein Orchesterstück 4.33, bei dem sämtliche Musiker 4 Minuten, 33 Sekunden lang in völliger Unbeweglichkeit verharren.
CBS bringt 1953 die Platte »Three minutes silence« in die Juke Boxes. Wer sie wählt, bleibt wenigstens für 3 Minuten von »Oh, mein Papa« (mit und ohne Worte) verschont.
Weitaus schönere Lieder ohne Worte spielen Dir Julian Bream und Andres Segovia auf der Gitarre vor. Gheorghe Zamfir auf der Panflöte. Keith Jarrett am Klavier.
Was ich Dir vorspielen möchte, ist Musik, die nichts verkünden, nichts bewegen, nichts ausdrücken will. Die einfach nur da ist und die, auch wenn sie nichts sagt, deswegen keinesfalls nichtssagend ist.

⊙ Johann Strauß: An der schönen blauen Donau

Gustav Mahler dirigiert ein norddeutsches Symphonieorchester bei der Probe zu einem Wiener Walzer. Der Dreivierteltakt will und will nicht klappen. Es fehlt der Schwung, es schleppt sich steif dahin. Verzweifelt versucht Mahler den Musikern zu erklären:
»Schaun's meine Herrn, die Vierteln müssen mit einer gewissen schlamperten Präzision g'spielt werd'n.«
Gefühlsmäßig würde auch ich sagen, daß ein Strauß-Walzer nur von Wiener Musikern, am besten gleich von den Philharmonikern gespielt werden kann. Aber wenn ich dann so hinreißende Aufnahmen wie die Bernsteins mit den New Yorkern oder Ormandys mit dem Philadelphia Orchestra höre, kommen mir doch Bedenken.
Seit Mahlers Zeiten ist der Wiener Walzer längst eine internationale Musik geworden, deren Interpretation keine Geheimnisse mehr birgt. Heutzutage kann man schwungvolle Strauß-Walzer auch in Chicago oder London hören.
Dafür konnte es in Wien passieren, daß sie beim Neujahrskonzert der Wiener Philharmoniker unter Lorin Maazel brillanter, schmissiger und zündender – und unwienerischer – als je zuvor klangen.
Ein Virtuose des Walzers war der Wagner-Apostel Hans Knappertsbusch, der als »Zugabe-Reißer« stets den Komzak-Walzer »Badner Madln« im Programm hatte, der in seiner Interpretation allerdings mehr nach »Bayreuther Madln« klang.
Es scheint also doch etwas dran zu sein, daß der Walzer in Wien zu Hause ist. Sogar ein so eigenständiges Werk wie »La Valse« von Maurice Ravel klingt über weite Strecken verdächtig nach dem »Zigeunerbaron«.
»An der schönen blauen Donau« ist der Walzer aller Walzer. Dessen Anfangstakte schrieb einmal niemand geringerer als Brahms auf den Fächer von Johann Strauß' Gattin und setzte dazu:
»Leider nicht von Ihrem . . .
. . . Johannes Brahms«
Man nennt ihn die inoffizielle österreichische Nationalhymne. Machte man eine Umfrage, würde sich die Mehrheit des Landes für den Strauß-Walzer anstelle der »amtlichen« Hymne aussprechen.
Beim traditionellen Neujahrskonzert, das via TV von fast einer Milliarde Menschen miterlebt wird, steht dieser Walzer zwar nie auf dem Programm, wird aber immer gespielt: als vorletzte Zugabe (die letzte ist der »Radetzkymarsch« von Johann Strauß Vater).
Dabei vollzieht sich jedesmal dasselbe Ritual: kaum schwebt das erste Tremolo der Violinen im Raum, muß der Dirigent abklopfen, weil das Publikum frenetisch zu applaudieren beginnt. Mit diesem Beifall huldigt es sowohl seinem »Strauß-Schani«, als auch allem, was an Österreich altösterreichisch (im Gegensatz zu neudeutsch) ist. Und wenn das berühmte Dreivierteltakt-Thema einsetzt, schwimmt ganz Österreich in Tränen.
Das hat wenig mit Chauvinismus, aber viel mit Musiktradition zu tun. In einem alten Wienerlied heißt es »Das kann nur a Wiener versteh'n«. So ist es auch mit dem Donauwalzer. Während man in Paris auf seine glorreichen Heerführer, in Washington auf die Verfassung, in London auf die

Königin, in Rom auf Neapel und in Neapel auf die Fußballer stolz ist, feiert man in Wien einen Geigenspieler. Das kann nur a Wiener versteh'n...
Doch da ist noch etwas anderes. Auch ohne Walzerseligkeit und Rührung, auch ohne patriotische Gefühle und sonstigen Klimbim bleibt immer noch eines der schönsten Musikstücke übrig, die je geschrieben worden sind. Schon deshalb gehört der Donauwalzer in den Plattenschrank.
Am besten, Du legst Dir einen der Mitschnitte der Neujahrskonzerte der Wiener Philharmoniker zu, die seit jeher Dauerbrenner auf dem Schall- und neuerdings auch Bildplattenmarkt sind.
Aber wer von ihren Dirigenten liefert den schönsten Donauwalzer auf Platte ab: Clemens Krauss, Willi Boskovsky, Lorin Maazel, Herbert von Karajan, Claudio Abbado, Carlos Kleiber oder Zubin Mehta?
Ich kann es Dir nicht sagen. Ich weiß nur, daß ihn Karajan sehr langsam nimmt und daß er ihn mehr als alle anderen mit wehmütigem Schmelz und schmerzlicher Süße erfüllt, ohne ihm etwas von seinem hinreißenden Schwung zu nehmen.
Du kannst Dir Johann Strauß natürlich auch von anderen Orchestern als den Wiener Philharmonikern aufspielen lassen. Ich frage mich nur, warum?
Für die Musik der Strauß-Dynastie bringt das Wiener Meisterorchester einen ganz besonderen Streicherklang auf, der speziell darauf abgestimmt zu sein scheint.
Und dazu einen Rhythmus, der... welcher... mit dem... ja, wie soll man das einzige Orchester der Welt beschreiben, das die Viertel wirklich mit einer gewissen schlamperten Präzision zu spielen imstande ist?

⊙ Felix der Glückliche

Wenn ich klavierspielen könnte, möchte ich so wie Nat ›King‹ Cole spielen können. Wenn ich komponieren könnte, möchte ich es so wie Felix Mendelssohn-Bartholdy können. Wenn ich Geige spielen könnte, möchte ich sein »Konzert für Violine und Orchester in e-Moll« so wie Isaac Stern vortragen können.
Als Komponist genügte es mir, die »Lieder ohne Worte« geschrieben zu haben. Das wären immerhin 48 Stücke für die Nachwelt. Natürlich würde ich auch gerne die Ouvertüre zum »Sommernachtstraum« und die »Italienische Symphonie« dazunehmen, aber man darf nicht unbescheiden sein.
Die Komponisten der europäischen Musik haben alle ihre fröhlichen und tragischen Seiten. Der eine mehr, der andere weniger. Rossini ist heiter. Mascagni ist ernst. Bruckner ist sehr ernst. Und Brahms meint es bitterernst mit uns. So richtig lustig ist keiner von ihnen. Außer Felix der Glückliche, Felix Mendelssohn-Bartholdy.
Selbstverständlich hat auch Mendelssohn seine schattigen Plätzchen. Ich will ihn nicht leichter machen, als er ist. Aber gegen die schweren Brocken Brahms oder Mahler zählt er nur als Mittelgewicht.
Wenn ich so mit meinem Freund Heinz rede, kämpft bei ihm Mendelssohn auch nur

in den unteren Gewichtsklassen. Schaut er aber nach, kommt er dahinter, wie viele Mendelssohn-Platten sich doch im Lauf der Zeit bei ihm angesammelt haben.
Dann legen wir zum Beispiel ein paar »Lieder ohne Worte« auf den Plattenteller und diskutieren über die Unterschiede zwischen Walter Gieseking und Jörg Demus, die sie so vielsagend interpretieren.
Weil aber nichts auf dieser Welt vollkommen sein darf, fand sich natürlich auch einer, der (englische) Worte zu Mendelssohns »Liedern ohne Worte« fand. Parlophone hat sie 1931 im Rahmen einer Jubiläumsserie ›2000 Jahre Musik‹ herausgebracht. Pourquoi?

Von den Liedern mit und ohne Worte gehen wir zu den Symphonien über und hören uns mit Vergnügen die »Dritte« unter Claudio Abbado und die »Vierte« unter Lorin Maazel an, während wir bei der »Fünften« darüber streiten, ob die Auffassung von Bernstein oder die von Karajan die richtige ist.
Zum »Hochzeitsmarsch« aus der Musik zum »Sommernachtstraum« hat Heinz sich getraut, sich trauen zu lassen. Sollte er sich jemals trauen, die Scheidung einzureichen, dann, so sagt er, nur zum Oratorium »Die erste Walpurgisnacht« von Felix Mendelssohn-Bartholdy.

⊙ Exklusiv für seine Freunde

Es heißt zwar, daß alle Menschen gleich sind, aber warum müssen einige gleicher als andere sein? Ich beneide niemanden auf dieser Welt (außer, er hat mehr Schallplatten als ich), und ich möchte mit keinem Menschen tauschen. Aber bei HGBS würde ich doch zu überlegen beginnen.
Das Kürzel HGBS steht für Hans Georg Brunner-Schwer, einen mir persönlich nicht bekannten Herrn, von dem ich nur weiß, daß er einige Dinge hat, die ich auch gern hätte: Geld, Geschmack und gute Freunde.
Als ehemaliger Chef von SABA und nachmaliger Boss von MPS-Records kann er sich ein Haus im Schwarzwald mit einem Tonstudio leisten, in dem er die besten Klavieraufnahmen aller Zeiten macht. Er soll selbst auch ganz gut Klavier spielen können, nimmt aber lieber andere Pianisten auf. Das beweist, daß er Geschmack hat. Vor allem aber hat er Freunde.
Einer davon heißt Oscar Peterson.
Ende der siebziger Jahre lud HGBS Oscar Peterson mehrmals in sein Haus, versammelte eine kleine Gruppe ausgewählter Gäste um ihn und ließ Oscar und seine Musiker nach Herzenslust musizieren. Er selbst saß währenddessen in seinem Tonstudio, die Kopfhörer übergestülpt und die Hände an den Reglern, um die Musik erst auf Band, später auf Schallplatte aufzunehmen.
Das Ergebnis ist die sechsteilige Plattenserie »Exclusively for my friends«, die bestimmt in 100 Jahren neben dem ersten Apple-Computer von Steve Jobs und der digitalen Compact Disc als epochales Ereignis dieser Dekade gefeiert werden wird.
Die sechs Platten sind auf MPS-BASF unter folgenden Titeln erschienen:

Volume I: Action
Volume II: Girl Talk
Volume III: The way I really play
Volume IV: My favorite instrument
Volume V: Mellow mood
Volume VI: Travellin' on

Jede einzelne von ihnen ist wie ein kostbarer Ring am Finger des Oscar Peterson. Wenn ich gefragt werden sollte, welcher davon besonders schön funkelt, würde ich »My favorite instrument« nennen, weil Peterson hier vollkommen solo spielt, während er ansonsten von seinem Trio begleitet wird. Der Solitär wäre dann »Lulu's back in town«, eine von Peterson in knapp zwei Minuten quasi mit der linken Hand hingeworfene Skizze, wie es eben nur ein echter Meister vermag.

Oscar Peterson ist nicht nur ein Meister, er ist ein Weltmeister. Die technische Brillanz seines Klavierspiels ist unüberbietbar. Aber sie ist nur eine Facette seiner Meisterschaft. Weitaus wichtiger erscheinen mir Eigenschaften wie Swing, Drive und Timing. Vor allem aber besticht bei Peterson die übersprudelnde, nie versiegende Vitalität: Er ist der mitreißendste Pianist, den es je gegeben hat.

Außer der »Exclusively for my friends«-Serie stehen bei mir noch ein paar weitere Tonnen Peterson-Platten im Regal:

- Die drei Volumes »Night train«.
- Sechs Duo-Platten mit den Trompetern Harry Edison, Dizzy Gillespie, Clark Terry, Jon Faddis, Roy Eldridge und Freddie Hubbard.
- Ein paar frühe Trios mit Barney Kessel und Herb Ellis, ein paar spätere mit Joe Pass.
- Das Oscar Peterson Trio at Stratford-on-Avon, at the Concertgebouw, at the Opera House, at the Hollywood Bowl.
- Jazz at the Philharmonic in Paris, in Tokio, in Stockholm, in Montreux, in Santa Monica.
- Oscar mit Ella, Oscar mit Basie, Oscar mit Oscar.
- Usw. usw.

Oscar Peterson, der in Kanada geboren wurde, ist angeblich von Coleman Hawkins entdeckt worden. Dieser genehmigte sich einen Drink in einem Nachtklub in Montreal, als ihm ein junger Pianist auffiel, der Barmusik klimperte. Hawkins fragte ihn, ob er »Talk of the town« in der Originaltonart H-Dur spielen könne. Peterson konnte und wurde von Hawkins daraufhin an Norman Granz, den amerikanischen Jazzimpressario empfohlen. Dieser holte ihn zu seiner ›Jazz at the Philharmonic‹-Truppe, wo Peterson viele Jahre für musikalische Höhepunkte sorgte.

Norman Granz, der mit Oscar Peterson einen Exklusivvertrag abgeschlossen hat, setzte seinen Starpianisten nicht nur solistisch oder im Trio ein, sondern auch als Begleiter bei Jam Sessions und anderen mehr oder minder zusammengewürfelten Formationen. Der grandiose Solist Oscar Peterson erweist sich dabei als ebenso grandioser Sideman, dessen Feinfühligkeit, Subtilität und Fingerspitzengefühl absolut konkurrenzlos dastehen.

Er kann sich nämlich auch stilistisch vollkommen anpassen. Louis Armstrong hat eine Reihe von Aufnahmen mit Peterson gemacht; nie ist er besser begleitet worden. Dasselbe läßt sich von Lionel Hampton, Buddy deFranco, Stan Getz, Sonny Stitt, Ben Webster, Coleman Hawkins, Lester Young sagen.

Du wirst jetzt sagen, daß ich maßlos übertreibe, mich in Superlativen verliere und in meiner Begeisterung jegliche Objektivität vermissen lasse.

Deshalb werde ich Dir einen, nur einen einzigen Titel aus der Serie »Exclusively for my friends« vorspielen und Du wirst zugeben, daß ich noch viel zuwenig geschwärmt habe.

⊙ Ländler vom Lanner

Der Unterschied zwischen süßlich und süß ist wie der zwischen türkischem Rahat und einer Sachertorte. Oder wie zwischen Kandisin und Zucker, Lehàr und Lanner.
Das soll nicht heißen, daß ich mir nichts aus Rahat mache. Ich nehme auch Süßstoff zum Kaffee. Aber nur, wenn mir der Kandiszukker ausgegangen ist.
Um auf einen wie Joseph Lanner draufzukommen, bedarf es ziemlicher Anlaufzeit. Jedenfalls erheblich längerer als für Robert Stolz oder Anton Bruckner. Ersterer beeindruckt durch Leichtigkeit, letzterer durch Schwere. Lanner beeindruckt überhaupt nicht. Er ist einfach da. Um das beeindruckend zu finden, dazu gehören Jahre!
Von den drei genannten Österreichern ist er der österreichischste. Das ist kein Prädikat und schon gar kein Güteklassement. Nur eine Feststellung.
Jedes Land hat seinen Lanner. In Italien heißt er Franceso Paolo Tosti, in Deutschland Carl Loewe, in den USA John Philip Sousa. Lauter Heimweh-Komponisten. Es gibt soviel internationale Musik, also darf es auch ein bißchen nationale geben. Anders ausgedrückt: Musik kennt keine Grenzen. Bis auf ein paar Ausnahmen.
Stell' Dir eine Gruppe Auswanderer vor, die es von der Donau, sagen wir, an den Amazonas verschlagen hat. Die zu Weihnachten irgendwo im brasilianischen Urwald um den Plattenspieler herumsitzen und Lieder aus der Heimat hören. Bei Bruckner sind sie ergriffen. Bei Stolz werden sie rührselig. Aber nur bei Lanner packt sie das Heimweh.
Um Dir die Musik Lanners in ihrer ganzen Süße näherzubringen, kann ich Dich nicht gut nach Brasilien verfrachten.
Also bleibt mir nur, Dir die paar Schallplattenaufnahmen ans Herz zu legen, die es von ihr gibt. Offenbar ist auch die Schallplattenindustrie der Meinung, daß man für Joseph Lanner Jahre braucht. Warum sonst wird er von ihr derart stiefmütterlich behandelt, daß es nur ein einziges ihm gewidmetes Doppelalbum (auf Intercord) gibt?
Allerdings hat Philips eine Wiener Mischung in Quartettbesetzung veröffentlicht, bei der immerhin ein Gidon Kremer die Musik von Joseph Lanner und Johann Strauß (Vater) mit seinem beseelten Geigenspiel in die Nähe Schuberts rückt.
Der 1801 geborene Joseph Lanner war der legitime Vorläufer von Johann Strauß (Sohn). Durch ihn wurde der schlichte Ländler zum kunstvollen Walzer. Am bekanntesten ist sein Opus 200, der Walzer »Die Schönbrunner«. Opus 1 trägt den

Namen »Neue Wiener Ländler« und ist auf einer Schallplatte des Ensembles »Bella Musica da Vienne« zu hören.
Das ist eine gar köstliche Spezialität, die ich mir nur selten und am liebsten allein, dann aber zu einem mit braunem Kandiszucker gesüßten Kaffee genehmige, zu dem ich ein Eckchen Sachertorte nasche – und heilfroh darüber bin, daß der brasilianische Urwald weit, weit weg ist.

⊙ Synthetica

Es geht um Phantasie.
Wenn Du Dir einen Stapel Schallplatten vorstellst und diesen in Deiner Phantasie als Torte siehst, dann schneiden wir uns jetzt ein Eckchen heraus. Ein ganz besonderes Tortenstück mit einem eigenartigen Geschmack. »Chemie«, wirst Du sagen. »Saccharin, Glutamin, Benzoesäure, Farbstoff.« Es schmeckt komisch, aber nicht unangenehm.
Wir reden über Musik. Aber nicht über gespielte, sondern über erzeugte. Über Lasersound und Computerklang. Wie gesagt, Du wirst viel Phantasie brauchen. Und einen guten Magen.
Die Abteilung für synthetische Musik ist ein Haus mit vielen Fenstern. Manche blind, manche weit geöffnet, einige fest verriegelt. Mit und ohne Jalousien, teils mit buntem Mosaikglas, teils mit gesprungenen Scheiben.
Diese Musik hat in der Schallplatte ihr Medium gefunden. Es gibt zwar ab und zu Versuche, sie live zu bringen – die ›Linzer Klangwolke‹ zum Beispiel – aber im Grunde genommen sind das Versuche am untauglichen Objekt. Denn elektronische Musik entsteht am Mischpult, nicht auf der Bühne.
Ausnahmen bilden jene Gruppen, die mittels Tonband vorbereitete Elektronenmusik in ihre Bühnendarbietung einspielen oder mit den Möglichkeiten des Synthesizers experimentieren. »Bitches Brew« von Miles Davis ist so entstanden. ›Van Halen‹, ›Depeche Mode‹, ›Velvet Underground‹ und ›Pink Floyd‹ sind exzessive Verwender transistorisierter Klangerzeugungsmaschinen.Prince hat auf diese Weise den »Minneapolis Sound« geschaffen.
Anders die ›reinen‹ Elektroniker. Ich habe ein Bild von Jean Michel Jarré in seinem Studio, wo er von nicht weniger als 14 Keyboards buchstäblich umzingelt ist.
Um eine Nummer zu produzieren, muß er die Keyboards nacheinander bedienen, ihren Output über- und untermischen, verzerren, komprimieren und weiß der Teufel was noch alles. Das ist eine Arbeit von Monaten. Wie soll der arme Kerl das während eines Live-Auftritts schaffen? Er könnte höchstens ein paar Tonbandgeräte aufstellen und vom Mischpult aus steuern. Da kann er gleich die fertige Platte abspielen.
Immerhin treiben sich von Jahr zu Jahr mehr Elektroniker herum, die es trotzdem wagen und ihre Klangexperimente live vorführen. Das hat zum Teil noch improvisatorischen Charakter, aber die Zeit wird kommen, da wir alle statt Stereoanlagen Mischpulte zu Hause stehen haben werden.

Wir werden uns dann unsere Musik selbst machen, und zwar keine Elektronenmusik, sondern richtige. Dann schneiden wir Enrico Caruso bruchlos in eine von Karajan dirigierte Aufnahme hinein, kreuzen Buddy Holly mit Tom Jones und lassen José Feliciano von Gerald Moore begleiten.
Die bekanntesten Elektroniker neben Jarré sind der Franzose Michel Colombier, Vangelis aus England, die Deutschen Eberhard Schoener und Tangerine Dream, der Japaner Isao Tomita sowie eine unübersehbare Horde von Byte- und Bit-Stellern zwischen New York und Los Angeles, von denen ich nur Eumir Deodato und Walter Carlos (der Bach auf den »Well-tempered Synthesizer« übertragen hat) erwähne.
Die genannten Herren produzieren Meterware jener ›tönend bewegten Form‹, vor der uns schon unsere Eltern gewarnt haben. Eine spezielle Begabung stellt Mike Oldfield dar. Mit 16 Jahren begann er mit der Arbeit an einem 40-Minuten-Opus, für das er letztlich drei Jahre benötigte. Dazu mußte er zwanzig Instrumente selbst spielen und in insgesamt 2300 Overdubs zusammenmischen. Das Ergebnis war ein Endloslied ohne Worte namens »Tubular bells«.
Mit den heutigen Mitteln würde er für so etwas keine drei Jahre, sondern knapp drei Stunden benötigen. Die Automatisierung und Rationalisierung hat auch vor der Musik nicht haltgemacht. Wir leben im Zeitalter der Wegwerfmusik.
Regisseur William Friedkin verwendete »Tubular Bells« als Soundtrack für seinen Horrorschocker ›Der Exorzist‹ und führte damit die Synthi-Musik ihrer eigentlichen Bedeutung zu. Filme wie ›Chariots of fire‹ oder ›Killing fields‹ beziehen einen großen Teil ihrer Wirkung aus den Klangvisionen von Vangelis und Mike Oldfield.
Die vom Synthi erzeugten Klänge lassen sich auch auf raffinierte Weise mit konventioneller Instrumental- oder Vokalmusik mixen. Dazu kann man Naturgeräusche einfließen lassen oder mit Tonbändern experimentieren, die mit doppelter Geschwindigkeit oder verkehrt herum ablaufen.
Außerdem wird nach einem neudeutschen Begriff ›gesampled‹. Der Computer fungiert als Sammelbecken für Sounds, speichert sie und hält sie in seiner Memory abrufbereit parat.
Du fütterst ihn z. B. mit Placido Domingo. Der Computer zerlegt ihn in seine digitalen Chromosomen und legt ihn unter ›Tenöre, italienisches Fach‹ in seinem Speicher ab. Bei Bedarf holst Du den Placido wieder heraus, setzt ihn zusammen und machst aus ihm durch Mischung mit Edita Gruberova einen Kastraten. Das nennt man dann Re-Synthese. Nach diesem Verfahren wurde schon 1988 in den USA ein Number-One-Hit die Charts hochgejagt: mit einem Leadsänger aus dem Sampler.
Dasselbe funktioniert analog – Verzeihung, digital – bei Instrumenten. Du brauchst nicht mehr am Konservatorium Trompete, Posaune oder Cello zu büffeln. Ab nun ist für den Musiker ein Sprachstudium wichtiger. Nämlich das der Computersprache MIDI (Musical Instruments Digital Interface).
Da heißt die Trompete Transistor, die Posaune Printplatte, das Cello Computer, die Flöte Flanger, das Schlagzeug Semiconductor und das Mikrofon Mikroprozessor. Welch ein Weg von der frühen Schallplatte bis zur Computermusik! War schon das Stereotonband mit seinen zwei getrennten

Spuren eine bahnbrechende Neuerung, so kamen später Bandmaschinen mit 8, 16 und 24 Spuren auf.
Den Elektronikern genügte nicht einmal das, sie schrieen nach der 48-Spur-, später nach der 64-Spur-Maschine. Weil es die aber nicht gibt, werden zwei 32-Spur-Geräte zusammengeschaltet. Das ergibt dann 62 Aufnahmespuren, weil pro Gerät eine Spur zum Synchronisieren über einen SMPTE-Time-Code freibleiben muß.
Nach- und übereinander werden nun die Inputs geschichtet. Zuerst der Rhythmus. Für den werden schon 6 und mehr Spuren benötigt, damit er ja schön komplex und dicht wird. Dann die unteren Frequenzen, die mittleren und so weiter, bis zur 20 000 Hz Bergstation.
Nehmen wir an, Du willst eine Sequenz ›komponieren‹, die 85.12 Minuten dauern soll. Du wählst einen ¾ Takt und läßt Dir vom Computer zuerst einmal die 85.12 Minuten aufteilen. Das ergibt x Takte, die der Computer wiederum in Taktgruppen von y mal x Takten unterteilt. Er benötigt dazu eine knappe Minute, je nach Programm.
Wenn Du schon ein bißchen mit RAM und ROM umgehen kannst, weist Du den Computer an, entlang einer logarithmischen Reihe winzige Ungenauigkeiten, Verzögerungen und Beschleunigungen einzubauen. Zu diesem Zweck bedienst Du Dich der bei teuren Geräten vorsorglich eingebauten ›Human-Feeling-Taste‹. Dieser kleine Trick eliminiert per Zufallsgenerator das mathematisch bedingte motorische Element zugunsten rhythmischer Spannungen. In der konventionellen Musik würde man Rubato dazu sagen. Im Jazz heißt es Swing.
Nun brauchst Du nichts weiter als Deinen kreativsten Finger, um per Knopfdruck den Speicherinhalt zum Drum Computer zu übertragen, der Dir von der Diskette jeden gewünschten Rhythmus liefert: Mambo, Rock, Rhumba, Walzer, Foxtrott usw. Tempo, Tonhöhe, Tonstärke und Klangfarbe sind ebenfalls auf Disketten abgespeichert. Dazu alles an digitalisierten Originalklängen, was rund um den Globus zu haben ist.
Bei Bedarf holst Du nacheinander das Kölner Rundfunkorchester, Eric Clapton, Queen, Maria Callas, John F. Kennedy, Mantovani, Bayern München, die Donkosaken, die Nordsee bei Windstärke 12 und den Paarungslaut des nordamerikanischen Grizzlybären aus dem Speicher und mischt Dir das ganze ins Ulmer Münster hinein, dessen Raumcharakteristik und Nachhallzeit natürlich ebenfalls im Menü enthalten sind.
Wenn Du fleißig bist, schaffst Du an einem Vormittag 2–3 Symphonien, eine große und drei kleine Messen, eine Spieloper, sechs Werbespots, zwei Fanfaren und einen Protestsong.
Auf Volks- und Marschmusik kann der Kunde gleich warten; Stilaufträge (»Ich hätte gern was im Stil von Respighi ...«) dauern etwas länger.
Du siehst, Du brauchst wirklich nur Phantasie. Und Gerätschaft für eine Handvoll Dollar.

5 × Worte ohne Lieder

Wäre es nach dem Willen ihrer Schöpfer gegangen, dann wäre die ›Sprechmaschine‹ auch eine solche geblieben. Sowohl Edison, als auch Berliner waren sich einig: Die Zukunft der Schallaufzeichnung liegt in der Sprachaufnahme.
Als Edison seinen Phonographen vorstellte, gab er ihm ein 10-Punkte-Programm mit auf den Weg, von dem sich nur ein einziger Punkt mit Musik befaßte. Die anderen betrafen Sprachaufnahmen für Lernzwecke, phonetische Briefe, sprechende Puppen und Uhren usw.
Eines von Edisons zehn Geboten besagte, daß
»... das ganze Leben eines Menschen nun akustisch aufgezeichnet werden kann. Von den ersten Schreien des Babys über das Stammeln des Kindes zu den Hochzeitsglocken des Erwachsenen, der selbst wieder Kinder hat...«
Eine schöne Vision, bei deren Schilderung uns Edison wenigstens das Röcheln des Sterbenden erspart hat.
Silvester 1897 nahm Berliner die erste ›offizielle‹ Sprachaufnahme vor. Ein gewisser Colonel Robert Ingersoll sprach seine Neujahrsbotschaft »Hope« in den Trichter der Gramophone Company. Sicherheitshalber – und weil er die Qualität seiner Produkte kannte – klebte Berliner auf die Rückseite dieser und der nachfolgenden einseitig bespielten Platten den geschriebenen Text. Wer nicht(s) hören kann, darf lesen.
Die ersten Schallplatten waren also Sprechplatten. Auf die Musik kam man erst später zu ›sprechen‹. Sie war auch wesentlich komplizierter aufzunehmen und wiederzugeben.
Bis heute haben sich Sprechplatten, ›Worte ohne Lieder‹, im Repertoire erhalten. Manchmal werden sie mehr, manchmal weniger gekauft; ganz aus den Katalogen verschwunden sind sie nie.
Ihr eigentliches Problem ist ihre Zeithaftigkeit. Im Gegensatz zu zeitlosen Musikaufnahmen sind Sprechplatten immer an ihre Entstehungszeit gebunden. In erster Linie betrifft das natürlich die historischen Originalaufnahmen:
Kaiser Franz Joseph I. von Österreich, Fürst Bismarck, John F. Kennedy, Winston Churchill liefern Zeitdokumente und keine Herbstzeitlosen ab.
Doch wenn schon Politik, dann wenigstens die einzige existierende Aufnahme vom Schuster Wilhelm Voigt, der seine Erlebnisse als ›Hauptmann von Köpenick‹ akustisch festgehalten hat.
Alle ›echten‹ Sprechplatten haben ein Handikap zu tragen. Man lernt sie zu schnell auswendig. Bei Musik ist das anders. Musik kann Stimmungen erzeugen, Emotionen provozieren, Bilder malen. Außerdem ist sie immer an außerordentliches Können, an die Beherrschung eines Instruments oder der Stimme geknüpft. Reden kann jeder. Das war die schlechte Nachricht. Nun folgt die gute:
Auch wenn jeder reden kann, kann doch nicht jeder sprechen. Deswegen gehen wir ja ins Schauspielhaus, zu Dichterlesungen, zu Vortragsabenden. Um jemanden ›sprechen‹ zu hören, der sprechen kann. Denn es

macht einen Unterschied, ob ein Klaus Maria Brandauer oder ein zweitklassiger Vorstadthamlet feststellt, daß im Staate Dänemark etwas faul ist.
Auf Schallplatten klafft zwischen Traum und Wirklichkeit ein noch größerer Abstand. Denn die Schallplatte steht nicht für das Alltägliche, sondern für das Außergewöhnliche. Wie sie Dir bei Oper, Konzert und Jazzkeller die Metropolitan, das Gewandhaus und das Jazzland mitten ins Wohnzimmer bringt, entführt sie Dich auch ins Residenztheater, zur Berliner Schaubühne und ins Düsseldorfer Kommödchen.
Durch die Schallplatte kommst Du zu einer privaten Sondervorstellung in Festwochenqualität, erste Reihe Mitte.
Gründgens als Mephisto, Quadflieg als Götz – und bei den Komikern Moser als Dienstmann und Hitler als Staatsmann: Die Sprechplatte liefert Dir die großen Worte, die die Welt erschütterten ebenso, wie die kleinen, die Dich und mich erschüttern. Schnitzler, Tschechow, Hölderlin, Mörike, Keats, Shelley, Balzac, Baudelaire.
Falls Du aber lieber unerschüttert bleibst, bietet die Sprechplatte abseits von Weltliteratur und Thomas Bernhard ein Kuriositätenkabinett der Absonderlichkeiten, bei dem Du auch als Sammler voll auf Deine Rechnung kommst.
Oder hättest Du nicht gerne die Aufnahme des Edison-Zylinders, den der Forscher Henry Morton Stanley am 13. 5. 1890 besprochen hat und auf dem er die Geschichte seiner Afrikaexpedition erzählt, bei welcher er mitten im Dschungel auf Livingstone getroffen war und diesen mit dem berühmten Satz:
»Dr. Livingstone, I presume«,
begrüßt hatte?
Auch diverse Nord- und Südpolreisende haben ihre frostigen Erlebnisse akustisch festgehalten. Einer von ihnen, Sir Ernest H. Shackleton, nahm 1909 sogar ein Grammophon und einen Stapel Platten mit zum Südpol, um sich und den Pinguinen ein wenig Abwechslung zu verschaffen.
Sechzig Jahre später wurden die offiziellen NASA-Aufnahmen der ersten Mondlandung auf Schallplatten veröffentlicht, und Du kannst Neil Armstrong bei Dir zu Hause die Worte sagen lassen: »Nur ein kleiner Schritt für einen Menschen. Aber ein großer für die Menschheit.«
Von den historisch bedeutsamen Sprechplatten einmal abgesehen gibt es solche für praktisch jedes Gebiet des täglichen Lebens.
Schon 1934 gibt in England das National Institute for the Blind »Sprechende Bücher« für Blinde heraus, nämlich Schallplatten mit 24 UpM.
Besonders beliebt sind Gesundheitsplatten, die sich mit richtiger Ernährung, Aerobic, Schwangerenberatung oder Körperpflege befassen.
Per Schallplatte kann man sich ferner instruieren lassen, wie man mit Messer und Gabel ißt, mit dem Rauchen, Trinken oder mit Drogen aufhört und wie man mit Sex, Erster Hilfe oder dem Morsealphabet beginnt.
Auch an die unverbesserlichen Militaristen ist gedacht. Von Original-Schlachtenlärm und authentischem Kanonendonner stilecht untermalt schildern sogenannte Veteranen die Erstürmung irgendwelcher unglaublich kriegswichtiger Hügel, wobei auf den deutschsprachigen Platten nie die Franzosen, auf den französischen nie die Deutschen und auf den britischen nie die Amerikaner gewinnen.

Friedlichere Sound-Collagen sind von allen möglichen Sportereignissen zu haben. Schon 1927 wurden alle zehn Runden des Weltmeisterschaftskampfes Jack Dempsey gegen Gene Tunney auf 5 Paramount Schellacks veröffentlicht. Aber trotz Boris Bekker und dem 2:1 der BRD gegen Holland wird die Rennreportage von Spike Jones (»Feetlebaum«) mit dem Schnellsprech-Weltrekordler Doodles Weaver auf ewige Zeiten unerreicht bleiben.
Astrologen können sich an – auf Platten gepreßten – Horoskopen delektieren, von denen das erste schon 1937 herauskam. Fragt sich natürlich, wie lange es gültig ist. Weiter gibt es Original-Mitschnitte spiritistischer Seancen und solche von Mrs. Rosemary Brown, wie sie die ihr aus dem Jenseits diktierten Kompositionen verstorbener Meister klimpert. Du siehst, die können gar nicht so tot sein, daß es nicht doch zu einer Live-Aufnahme reichen würde.
Beachtenswerte Tonnagen erlangte die Sprachaufnahme auf dem Gebiet der Lernplatten, in erster Linie Fremdsprachen. Aber auch für alles andere gibt die Schallplatte Lebenshilfe und guten Rat:

- ⊙ Wie man ein Omelett macht (1932!)
- ⊙ Jodeln.
- ⊙ Psychologie im Selbststudium.
- ⊙ Aufklärung, aber wie?
- ⊙ Wie werde ich Disc-Jockey?
- ⊙ Wie plant man eine Dinnerparty.
- ⊙ Lerne in fünf Lektionen ein Flugzeug zu fliegen.

Da glaubt man immer, eine Mozart-Gesamtausgabe wäre ein Großprojekt. Doch der komplette Koran verschlingt 54 LPs (Conifer Records), während das von Sir Laurence Olivier gelesene Alte Testament mit bescheidenen 12 LPs (HMV) sein Auskommen findet. Auch das bisher umfangreichste Schallplattenprojekt aller Zeiten betraf keine Musikproduktion, sondern Sprachaufnahmen: die komplette Shakespeare-Edition der Firma Argo auf 137 Langspielplatten.
Und damit sind wir doch wieder bei der großen Literatur in kleinen Scheiben angelangt. Du kannst Dir den ganzen Julius Cäsar, den halben, weil schon zerbrochenen Krug und den zweifachen Faust zulegen. T. S. Eliot las 1958 aus seinem köstlichen »Old Possum's Book of Practical Cats«, und Orson Welles rekonstruierte seinen utopischen Radioschocker »War of the Worlds«, den 1943 viele für bare Münze hielten, für bare Münze auf Platten.
Und dann die Märchen: Hauff, Andersen, die Grimm-Brothers. Gert Westphal liest Erich Kästner. Peter Ustinov den kleinen Prinzen. Therese Giehse den großen Brecht.
Das unverwechselbare Timbre Oskar Werners ist ebenso konserviert, wie das »Ich bin so wild nach Deinem Erdbeermund« aus Klaus Kinskis sensationeller François-Villon-Interpretation.
»Die Nachwelt flicht dem Mimen keine Kränze«, heißt es bei Schiller. Das kann schon sein. Aber Schallplatten sind schließlich ebenfalls rund.

⊙ Wie das, Travnicek?

Der Literat und Kabarettist Carl Merz, der zusammen mit Helmut Qualtinger »Der Herr Karl« geschrieben und die Figur des »Travnicek‹ erfunden hat, ist der Meinung, daß letzterer auf der intellektuellen Stufenleiter ein paar Sprossen niedriger als der opportunistische, hinterfotzige »Herr Karl« steht.
Dem kann ich nicht beistimmen. Denn wenn »Der Herr Karl« von seinem Besuch der Hohen Tauern erzählt:
»Die Bergriesen in ihrer weißen Einsamkeit. War'n a viel Leut' dort«, ist ihm das Widersprüchlich-Paradoxe dieses genialen Satzes nicht bewußt. Wenn hingegen ›Travnicek‹ von seiner Urlaubsreise in die UdSSR berichtet, demonstriert er totalen Durchblick, gepaart mit der Gabe einer messerscharfen Analyse:
»Man weiß ja, daß in der Sowjetunion lauter Russen sind. Aber daß sie sich gleich zeigen...?!« Helmut Qualtinger, das Multitalent, begann als Urvieh und endete als Urgewalt. Dazwischen liegen ein paar Meter Film sowie einige Bücher und Schallplatten, die ich Dir als Höhepunkt der Gattung ›literarisches Kabarett‹ für Deine Sammlung empfehlen möchte.
Bei den Platten würde ich Dir in erster Linie zu seinen Lesungen aus Karl Kraus' »Die letzten Tage der Menschheit« raten. Das schaffst Du auch als Nicht-Wiener. Von diesem Stück hat Kraus selbst gesagt, daß es unaufführbar und daher eigentlich einem ›Marstheater‹ zugedacht ist. Trotzdem hat man szenische Lösungen versucht. Sie gingen alle daneben; nicht zuletzt deshalb, weil es Qualtinger war, der den Nachweis der Unaufführbarkeit erbracht hat.
Durch seine Charakterisierungskunst konnte er nämlich die ganze umfangreiche Besetzungsliste des Stücks glaubhafter darstellen, als es geballte Ladungen noch so hochkarätiger Schauspieler vermochten.
In zweiter Linie solltest Du Dir Qualtingers Lesung aus Hitlers »Mein Kampf« gönnen. Das ist dermaßen entlarvend, daß Du Dich fragst, wie denn überhaupt jemand auf diesen ›Grökaz‹ (Größten Kabarettisten aller Zeiten) hereinfallen konnte.
Karl Kraus, der den fabulierfreudigen Schriftsteller Anton Kuh einmal als ›Sprechsteller‹ apostrophiert hat, hätte den stimmphänomenalen Qualtinger folgerichtig einen ›Schausprecher‹ genannt. Die Schallplatte »Qualtinger liest Anton Kuh« kann Dir das bestätigen.
Sie gehört genauso in die Sammlung, wie »Der Herr Karl«. Den muß man sooft hören, bis man ihn auswendig kann. Denn die Redewendungen des »Herrn Karl«, wie auch des ›Travnicek‹, sind in den allgemeinen Sprachschatz übergegangen. Du kannst heute mit einem Wiener nur kommunizieren, wenn Du wenigstens die Grundbegriffe der Qualtinger-Grammatik gelernt hast.
»Der Herr Karl« ist ein Monolog. Die zehn erhalten gebliebenen ›Travniceks‹ sind Dialoge zwischen Qualtinger und Gerhard Bronner.
Bronner war die herausragende Figur des Wiener Kabaretts. Ein glänzender Komponist und Textdichter, ein ausgezeichneter Klavierspieler und ein ebenso guter Interpret eigener Chansons. Das war ja das Geheimnis des Wiener Kabaretts der 50er Jahre: nicht nur gute Texte zu haben, sondern auch gute Musik.

Gegenüber den Kabarettensembles der BRD, die literarisch sicherlich auf gleichem Niveau standen – das Düsseldorfer ›Kom(m)ödchen‹; die Berliner ›Stachelschweine‹; die Münchner ›Lach- und Schießgesellschaft‹; die Frankfurter ›Schmiere‹ usw. – besaßen die Wiener den Vorteil, mit Gerhard Bronner, Peter Wehle und Georg Kreisler gleich drei komponierende Pianisten im Ensemble zu haben.
Chansons wie »Die alte Engelmacherin« (von Gerhard Bronner) oder »Zwei alte Tanten tanzen Tango« (von Georg Kreisler) sind Meilensteine eines hintergründigen, abgrundtiefschwarzen Humors, der statt mit dem Holzhammer mit dem Bleistift zuschlägt.
Auch Qualtinger versuchte sich erfolgreich als Chansonnier. Der »Wilde mit seiner Maschin‹« und der »Bundesbahn Blues« sind ebensolche ›Klassiker‹ geworden, wie das legendäre ›Akrobat schöööööön‹ des Clowns Grock.
Helmut Qualtinger war durch seine Popularität das, was man fälschlicherweise einen ›Volksschauspieler‹ nennt. Die gibt es ja bekanntlich in jeder Stadt. Meist sind sie ihrer Region derart eng verhaftet, daß man schon in der Nachbarstadt nicht begreift, was »die da drüben an dem eigentlich finden?«
Manchmal gelingt einem der Sprung in die nationale, mitunter sogar internationale Berühmtheit. Da fragen sich dann ganze Völker, was denn »die da drüben an dem eigentlich finden?«
Ihre Namen könnten Maurice Chevalier, Bob Hope oder Willy Millowitsch lauten.
Ganz selten passiert es, daß einer von ihnen in die Unsterblichkeit eingeht.
Dann heißt er vielleicht Hans Moser, Karl Valentin oder Helmut Qualtinger.

⨀ Da haben wir in Bad Kreuznach gespielt

Wann immer Repräsentanten der reproduzierenden Künste zusammensitzen, beginnt jedes Gespräch mit den Worten:
»Da haben wir gespielt in ...«
Es folgt eine Schilderung der Bühnenunfälle, die sich bei dieser Gelegenheit ereignet haben, der falschen Einsätze, Abgänge, Stichworte und Kostüme sowie der Katastrophen im Orchester und sonstiger Desaster.
Wenn Künstler erzählen, gibt es immer etwas zum Zuhören. Nicht umsonst erfreuen sich Biographien prominenter Persönlichkeiten größter Beliebtheit. Das liegt nicht nur an krankhafter Neugier, da steckt auch eine gesunde Portion Voyeurismus dahinter.
Deswegen mag ich auch Schallplatten, auf denen nicht musiziert oder rezitiert, sondern nur erzählt wird. Sie bringen Dir jemanden näher, den Du bisher nur aus der Ferne gekannt hast. Plötzlich bist Du in seiner Gesellschaft und somit fast immer auch in guter Gesellschaft.
Es gab einmal eine Schallplattenreihe, die hieß »Erzähltes Leben«. Bekannte Musiker berichten da von ihrer Laufbahn, von den Stationen ihrer Karriere und von Begegnungen mit anderen Künstlern, die oft entscheidende Wendepunkte in ihrem Leben

markierten. Manche illustrieren ihre Erzählungen auch mit selbst gespielten Musikbeispielen.
Selbst wenn manche dieser Künstler schon gestorben sind: in diesen erhalten gebliebenen Dokumentationen sind sie lebendig wie eh und je.
Ich habe solche Aufnahmen im Stil von »... da haben wir in Bad Kreuznach gespielt« von Karl Böhm und Willie ›The Lion‹ Smith, von Lil Armstrong und Gerald Moore, von Christa Ludwig und Lotte Lehmann.
Dagegen verblaßt all das Gefasel anderer ›Prominenz‹, vor allem solcher aus dem politischen Lager. Man hat zwar beide Roosevelts, Eisenhower, Königin Elizabeth II., Chruschtschow und Adenauer aufgenommen, doch wäre es mir lieber, ich könnte statt dessen die Stimme von Leo Blech, Joe ›King‹ Oliver, Pablo Casals, Maurice Utrillo oder Bix Beiderbecke hören.
Einzig »I have a dream« von Martin Luther King lasse ich als Zeitdokument gelten, während ich auf die Platte, die sich in der ganzen Geschichte der Tonträgerindustrie bisher am ›schnellsten‹ verkauft hat, verzichten kann: 4 Millionen Exemplare des Originalberichts von der Ermordung John F. Kennedys in Dallas wurden innerhalb einer Woche (7. bis 12. Dezember 1963) abgesetzt.
Als besonderes Kleinod schätze ich die auf 12 Langspielplatten überspielten Aufnahmen, die der Pianist Jelly Roll Morton 1938 für die ›Library of Congress‹ in Washington D. C. gemacht hat. Es war der erste Versuch einer akustisch-historischen Dokumentation durch einen bedeutenden Musiker und als solcher ein wichtiger Beitrag zur ›Schallplattengeschichte‹, wenn auch ein vergessener.
Der alte Raconteur und Schwadronneur Morton erzählt auf diesen Aufnahmen von seiner Kindheit in New Orleans. Von den Einflüssen seiner Jugend und wie er den Jazz ›erfunden‹ hat. Dazu liefert er am Klavier die Illustration zu seinen Geschichten.
Das Bild, das er so entwirft, ist die lebendige, aufregende, packende Schilderung der ›Belle Epoque‹ von Louisiana, wie sie ansonsten nurmehr den Romanen von William Faulkner und Louis Malle mit seinem Film ‹Pretty Baby‹ gelungen ist.
Es sollte mehr Schallplatten geben, die mit den Worten beginnen:
»Da haben wir in Bad Kreuznach gespielt...«.

⊙ Karl Valentin

Der Münchner Linksdenker Karl Valentin hätte keines Denkmals bedurft. Seine Schallplatten sind Denkmal genug.
Wenn's einen, den's schon lang nicht mehr gibt, immer noch gibt, dann muß was dran sein an ihm, sakra noch amal.
Karl Valentin wird noch immer und schon wieder auf den Bühnen aufgeführt. Junge Schauspieler- und -innen schlüpfen in die Kostüme von Karl Valentin und Lisl Karlstadt und sprechen und spielen und blödeln deren unsterbliche Texte nach.
Du bist dabei, sitzt im Theater, amüsierst Dich köstlich, klopfst Dir wiehernd auf die

Schenkel und findest den ›Buchbinder Wanninger‹ zum Totlachen. Dann gehst Du nach Hause und machst Dir vorm Zubettgehen noch rasch eine kalte Platte vom Käfer und eine runde vom Karl Valentin zurecht. Und kommst bei beiden erst so recht auf den Geschmack.
106 Tondokumente hat er hinterlassen; in 52 Filmen hat er mitgewirkt. Seine ersten Schallplattenaufnahmen entstanden bereits 1928 und sind die frühesten Dokumente seiner Genialität des Absurden.
Hinter dem scheinbaren Geblödel Valentins versteckt sich eine enorme Sprachvirtuosität. Valentin ging der Sprache auf den Grund, demaskierte unsere vertrauten Redewendungen und führte sie der Reihe nach ad absurdum:
»Neulich, da gehen wir auf der Kaufinger Straße und reden von einem Radfahrer. Plötzlich kommt tatsächlich einer daher. Zufall!«
»Aber das ist doch kein Zufall! Ja, wenn sie von einem Flugzeugflieger geredet hätten und es wäre einer dahergekommen, das wäre ein Zufall.«
»Also gut, nächstes Mal reden wir von einem Flieger. Aber wehe, wenn dann ein Radfahrer daherkommt!«
Für Valentins Fähigkeit, die Dinge zu durchschauen, hat man den Ausdruck »Valentiniade« geprägt. Eine solche leistete sich die satirische Illustrierte ›Pardon‹, die in den 60er Jahren, lange nach Karl Valentins Tod, in Frankfurt erschien:
Ein ›Pardon‹-Redakteur machte sich den Spaß, bei der hochdekorierten ›Frankfurter Allgemeinen‹ als ›Buchbinder Wanninger‹ anzurufen und zu fragen, wo man denn »die Bücher und die Rechnung hinofferieren« könne.
Und siehe da, wie weiland Valentins ›Buchbinder Wanninger‹ wurde auch der Anrufer von einer Stelle zur nächsten verbunden, ohne daß jemand mißtrauisch geworden wäre. Die Idee zu diesem getürkten Anruf kam der Pardon-Redaktion übrigens auf Grund einer Aktion der ›Frankfurter Allgemeinen‹, bei der es Schallplatten von Karl Valentin zu gewinnen gab.
Karl Valentin hat auch für uns Plattensammler eine Szene geschrieben. Sie heißt »Im Schallplattenladen« und bringt das Dilemma des Schallplattensammlers in einem einzigen Satz auf den Punkt, auf den es ankommt:
»Was für eine Platte möchten Sie denn haben?«
»Na ja, so eine runde, schwarze, mit einem Loch in der Mitten.«

⊙ Wollt ihr den totalen Krieg?

Als NSDAP-Propagandaminister Joseph Goebbels im Berliner Sportpalast einer tausendfach gesiebten Menge die Frage nach dem totalen Krieg stellte und ein brüllendes »Ja« zur Antwort bekam, war die Schallplatte mit dabei. Zum Glück für die Nachgeborenen. Denn die Worte lesen, ist eine Sache. Sie hören, eine andere.
Die erhaltengebliebenen Tondokumente des Dritten Reichs sind Belege für eine Zeit, die ansonsten wenig Belege hinterlassen hat. Die Prunkbauten der unseligen

tausend Jahre sind zerstört; die idelologischen Schriften verboten; die Dokumentarfilme selten; die Erinnerungen derer, die dabei gewesen sind, verfälscht. Nur die Schallplattenaufnahmen, die sind echt.
Sie gehören zwar nicht zu den 100 schönsten Platten der Welt, aber vielleicht zu den 10 lebenswichtigen, wenn nicht sogar überlebenswichtigen.
Hört man heute, im Abstand einiger Jahrzehnte, die Stimmen eines Hitler, Goebbels oder Göring, beginnen die Fragen. Wie konnten gebildete Menschen nur auf diese geifernden, plärrenden Übergeschnappten mit ihren überschnappenden Stimmen hereinfallen? Wieso konnte ein Göring noch vor dem Nürnberger Tribunal mit der Frechheit eines Volkstribunen auftreten? Wie war es möglich, daß eine Handvoll Demagogen ein ganzes Volk in den Abgrund führte?
Damit diese Fragen niemals aufhören, ist es wichtig, daß es diese Schallplatten gibt. Ich würde sie zum Unterrichtsgegenstand erheben. Ich würde den Schulen überhaupt mehr Schallplatten und weniger Bücher vorschlagen. Zumindest im Fach Zeitgeschichte. In dieses Fach schichte man auch die sogenannten ›patriotischen‹ Platten, die mein Freund Samuel sammelt. Samy ist Israeli. Vielleicht deshalb; bei ihm ist es unverdächtig.
Die ›patriotischen‹ Platten, die Samy oft auch die ›patridiotischen‹ nennt, kommen von beiden Seiten des Ärmelkanals. Keiner hat den anderen etwas vorzuwerfen oder nachzuschmeißen. Die Deutschen produzierten »Bomben auf Engeland«, die Briten konterten mit »I'm sending you to the Siegfried line«.
Die Leibstandarte des Führers spielte »Durch deutsches Land marschieren wir, für Adolf Hitler kämpfen wir«. Una Mae Carlisle aus Amerika antwortete mit »Blitzkrieg Baby«.
1942 wollte die BBC im Wald von Surrey das Singen der Nachtigallen aufnehmen, als dieses vom Dröhnen einer Bomberstaffel der RAF, die auf dem Weg zur Bombardierung Mannheims war, übertönt wurde. His Masters Voice brachte die Aufnahme trotzdem heraus; unter dem Titel »Nightingales and Bombers«.
Auf der anderen Seite spielte man Titel wie »Der Geist von Potsdam«, »Tapfere kleine Soldatenfrau« und »Oh, du schöner Westerwald« ein. Das ›Musikkorps der Luftnachrichten, Regiment des Oberbefehlshabers der Luftwaffe E. Kiesant‹ veröffentlichte, mit Quartettgesang, den »Marsch der Deutschen in Polen«. Und eine Werbeplatte der Uhrenfabrik Kienzle behauptete »Deutsch die Uhr, deutsch der Klang«.
In den deutschen Tanzlokalen hingen Schilder mit der Aufschrift »Swing tanzen verboten«, während darunter die Kapelle den Titel »Sauerkraut« zum Besten gab, der nichts anderes war als der gute, alte »Tiger Rag«. Von diesem Titel besaß übrigens ein legendärer Leipziger Plattensammler, der unter dem Namen ›Hot Geyer‹ bekannt war, schon 1939 nicht weniger als 96 Aufnahmen.
Samy sammelt aber auch andere Prachtstücke, wie zum Beispiel Aufnahmen aus der ›Proletarischen Schallplatten Zentrale Berlins No. 43 Neue Königstraße 55/56‹. Die gab's wirklich, genauso wie das Etikett ›Arbeiter Kult‹, unter dem der »Aufruf der Reichsleitung des Kampfbundes gegen den Faschismus, gesprochen von Reichsleiter Kamerad J. Schlaffer« erschienen ist.

Schon vor dem und im Ersten Weltkrieg taten sich die Völker und ihre Repräsentanten mit gerilltem Patriotismus hervor. Auf die berüchtigte »Hunnenrede« des zweiten Wilhelms replizierten die Amis mit »Bring back the Kaiser to me«. Für den Eigenbedarf produzierten sie monströse Toncollagen wie »Tone Pictures of the 71st Regiment Leaving for Cuba«, und die Engländer taten mit »An Actual Recording of the Gas Shell Bombardement by the Royal Garrison Artillery Preparatory to the British Troops Entering Lille« ein Gleiches.
Du siehst, man mußte in dieser großen Zeit kleine Schriftgrade verwenden, sonst hätte man die ellenlangen Titel nicht auf dem Etikett untergebracht.
Weil in beiden Weltkriegen das aus Indien kommende Schellack knapp wurde, erhielt man neue Platten nur, wenn man alte zurückgab. Dennoch war 1941 ein deutsches blockadebrechendes U-Boot mit kostbarer Fracht zum Bündnispartner Japan unterwegs. Das Ladegut bestand aus 17 000 Sätzen à 18 Platten der »Matthäus-Passion«!
Samuel hat natürlich auch Reden von Golda Meir und David Ben Gurion vor der UNO in seinem Archiv.
Sein Prunkstück aber ist eine Schellack von ca. 1935 auf dem obskuren Tilophan-Etikett eines gewissen Ing. Dr.Robert Pollack-Rudin, auf welcher dieser einen Aufruf »An Österreichs Juden« verliest, in dem es unter anderem heißt:
»... bekennen wir uns rückhaltlos zum Kaiserhaus Habsburg-Lothringen und seinem Oberhaupte, dem Kaiser Otto von Österreich.«

⊙ Martin Held liest Tucholsky

An Tucholsky kommt keiner vorbei. Auch Du nicht. Gib' es zu, auch Du warst mit ihm zumindest in Rheinsberg und auf Schloß Gripsholm. Ich hoffe, das hat Dir Appetit auf mehr gemacht. Und wenn Du Tucholsky nicht selbst lesen willst, dann laß' ihn Dir wenigstens vorlesen. Von Martin Held.

Im Theater stelle ich mir immer vor, wie man wohl als Schauspieler eine Rolle angeht. Muß man lange üben, bis man mit ihr verschmilzt? Oder packt einen das Schicksal des/der Dargestellten derart, daß man sofort eins wird mit der Rolle?
Das geht ja noch. Aber wie ist das bei Lesungen?
Da kommt noch dazu oder vielmehr, es fällt weg, daß keine Dekoration, keine Maske mithilft, die Illusion eine solche werden zu lassen. Ein Tisch, ein von einer Lampe beleuchtetes Gesicht, ein Buch. Das ist alles. Jetzt zeig', was du kannst.
Sie haben Dir die Stimme, die Mimik, allenfalls noch ein bißchen was von Deinen Händen gelassen. Damit mußt Du auskommen. Deshalb muß das Gelesene um so mehr dramatisiert werden. Wenn Schauspieler nicht spielen, sondern nur lesen, müssen sie nämlich noch mehr spielen, um nicht nur zu lesen.
Das geht ja noch. Aber wie ist das bei einer Sprechplatte?
Da siehst Du keinen Gesichtsausdruck, keine Mimik, keine Körpersprache. Du

hörst nur Worte, Silben, Sätze. Wenn Du trotzdem gefesselt bist, dann kann es nur ein Großer sein, der Dir etwas vorspricht. Ein solcher ist Martin Held. Als Partnerin hat er sich Johanna von Koczian geholt und läßt mit ihr gemeinsam ein Feuerwerk an Pointen los, daß Du am alten Tucholsky plötzlich entdeckst, wie neu er noch immer ist.

Die Figuren, die Tucholsky geschaffen hat, waren schon in seinen Schriften niemals nur aus Papier. Jetzt aber werden sie erst recht lebendig. Der Herr Wendriner steht vor Dir, leibhaftig und zum Greifen nahe. Nütze die Gelegenheit, und schüttle ihm die Hand. Auch wenn Otto Schenk aus Tucholskys Werken liest, ist das großartig. Sein »Wo kommen die Löcher im Käse her« ist fast so gut wie das von Martin Held, und das will etwas heißen.

Dasselbe gilt für das Paar Grethe Weiser und Ernst Ginsberg, die ebenfalls eine Tucholsky-Platte auf dem Gewissen haben. Schade, daß man die herrliche Komödiantin Grethe Weiser so bedenkenlos in dummdämlichen Filmlustspielen verheizt hat. Man hätte sie öfter lesen lassen sollen.

Kurt Tucholsky hat bekanntlich nicht nur unter seinem Namen, sondern auch unter den Pseudonymen ›Theobald Tiger‹, ›Peter Panther‹, ›Kaspar Hauser‹ und ›Ignaz Wrobel‹ geschrieben. Und ich bin mir ziemlich sicher, daß er noch eines verwendete, nämlich Martin Held.

Chorheilige und -profane

Eine Hundertschaft gutgekleideter Menschen, die Dich im Fortissimo anbrüllt, nennt man Chor. Es gibt Kinderchöre, Frauenchöre, Männerchöre, gemischte Chöre und die Fischer-Chöre. Letztere schließen dort an, wo die fidelen Neandertaler aufgehört haben: beim offenbar noch aus grauer Vorzeit stammenden Bedürfnis der Menschheit, sich mehr- und vielstimmig zu freuen, ärgern, trauern oder jubeln.

Wann immer etwas zu bejubeln ist, kommt die ›Heldenquart‹ zu Ehren. Das ist der Sprung von der Dominante zur Tonika, also zum Beispiel von ›g‹ nach ›C‹. Wagner läßt seine heldenhaften Schwert- und Siegfriedmotive im ›Ring des Nibelungen‹ mit der Heldenquart beginnen. Und selbst die kompliziertesten Chorsätze pflegen, nachdem sie sich vorerst eine halbe Stunde lang im polyphonen Harmoniegestrüpp verstrickt haben, auf ihr zu enden.
Im letzten Akt der »Meistersinger von Nürnberg«, wenn sich Zünfte und Volk auf der Festwiese versammelt haben, kommt der Moment, da der gefeierte, umjubelte Hans Sachs auftritt. Richard Wagner hat dafür eine Originalmelodie des echten, historischen Hans Sachs namens die »Wittenbergisch' Nachtigall« verwendet und ihr die Worte »Wach auf« unterlegt.
Die ersten beiden Noten im »Wach auf«-Chor sind in ihrer Einfachheit das Genialste, was je für Chor geschrieben worden ist. Vom einstimmigen »Wach« schwingt sich die Quart hinauf zum gewaltigen, achtstimmigen »auf«, das mit einer endlosen Fermate gehalten werden muß. Spätestens jetzt wir Dir klar, warum es Chöre gibt.

Als Plattensammler kann ich Dir nur raten, bei Chören niemals Liveaufnahmen zu wählen! Denn im Unterschied zur akustischen Amnestie der Konzertsäle und Opernhäuser sind Schallplatten gnadenlos im Aufdekken von Schlampigkeitsfehlern.
Es soll zwar irgendwo auf diesem Planeten einen Chor geben, der in der Lage ist, die im Probensaal erarbeitete Präzision bis ins Konzert hinüberzuretten, doch das dürfte nur ein Gerücht sein. Das Gegenteil ist meist der Fall, in der Oper sogar die Regel. Berüchtigte Beispiele sind der ›Einzug der Gäste‹ aus »Tannhäuser«, unter Kennern auch ›Schwimmfest auf der Wartburg‹ genannt. Weiter die Chöre in »Lohengrin«, »Carmen«, »Aida« und – besonders beliebt, weil enorm schwierig – »Boris Godunow«.
Für Aufführungen im Konzertsaal ist meist besser und ausdauernder geprobt worden, weshalb es da zu weniger Schmissen kommt. Entschuldigend muß gesagt werden, daß die Herren Komponisten den bedauernswerten Chorsängern meist Unzumutbares in die Partitur geschrieben haben.

Schon Beethovens ›Neunte‹ stellt an den Chor dermaßen hohe Anforderungen, daß dieser eigentlich aus lauter Solisten bestehen müßte.
Bei Werken des 20. Jahrhunderts wird das noch schlimmer. Da sollen überbeanspruchte und unterbezahlte weibliche

Stimmruinen ganze Salven von hohen »Cs« abfeuern, mit denen sogar Primadonnen die größten Schwierigkeiten haben. Und von ausgesungenen Herren werden gleichzeitig zungenbrecherische Tempi, mehrstimmiges Parlando und dröhnende Lautstärke verlangt. Das klappt bei Plattenaufnahmen selten, bei Aufführungen nie.
Der Gegensatz von groß und klein in der Instrumentalmusik steht für Symphonieorchester und Streichquartett; in der Vokalmusik für Chor und Ensemble. Ensemblegesang ist Kammermusik für Stimmen. Wenn die ›Mischung‹ stimmt, feiern Stimmschönheit und vokale Virtuosität dabei wahre Triumphe. Was bei großen Chören die Masse, ist hier die Klasse:
Auf dieser Seite des Atlantiks das Sextett aus »Lucia di Lammermoor«, das »Meistersinger«-Quintett, die Quartette aus »Fidelio« oder »Rigoletto«, die Schlußfuge aus »Falstaff« und so gut wie alle Ensembles in den Mozartopern.
Von drüben die ›Four Freshmen‹, die ›Pointer Sisters‹, ›Manhattan Transfer‹, ›The Hi-Los‹ und ›The Four Aces‹.

Wenn mehr als einer singt, muß es also nicht immer nur liturgisch sein. Auch im Profanen läßt sich ernten. Denk nur an die köstliche, viel zu selten gespielte Christian-Morgenstern-Kantate »Wer einsam ist, der hat es gut« von Alfred Uhl. An »Fausts Verdammnis« von Hector Berlioz. Oder an die pyrotechnischen Stakkato-Raketen eines Rossini, Offenbach und Donizetti.

Die schönsten Chorpassagen verdanken wir aber doch der geistlichen Musik. Die beiden großen Passionen von Bach; der »Messias« von Händel mit dem berühmten ›Halleluja‹; die wunderbaren Messen von Schubert, Bach, Beethoven; das »Deutsche Requiem« von Johannes Brahms; das »Requiem« von Dvořák; Bernsteins »Mass«; das Oratorium »Die Schöpfung« von Joseph Haydn.

Die zweitschönsten sind in der Oper zu Hause. Warum aber gerade die Gefangenenchöre aus dem »Fidelio« und dem »Nabucco« zu Spitzenreitern sämtlicher Wunschkonzerte geworden sind, bleibt ein ewiges Rätsel.
Chorgesang auf Schallplatten stellt ein Problem in den Raum, und zwar in Deinen. Es heißt Lautstärke! Was ein richtiger Chor ist, beginnt erst ab 90 Phon Wirkung zu zeigen. Wozu hat man schließlich einen Haufen Leute und dazu noch ein großes Orchester? Doch nicht, um sie ständig im Pianissimo säuseln zu lassen.
Und wozu hast Du Dir eigentlich eine 100-Watt-Anlage angeschafft, wenn Du sie nicht ausnützt? Also auf und gedreht, das heißt: den Verstärker aufgedreht und den Nachbarn die »Carmina Burana« um die Ohren geknallt. Wenigstens einmal im Jahr. Das muß einfach drin sein.

⨀ Giuseppe Verdi: Messa da Requiem
Dirigent: Ferenc Fricsay

Der Erfinder der Quadrophonie dürfte bei seiner Erfindung ans ›Verdi-Requiem‹ gedacht haben. Wofür sonst sollte man vier Kanäle benötigen, wenn nicht für das »Dies irae, dies illae«, bei dem die Trompeten des jüngsten Gerichts aus allen vier Ecken herausschmettern, daß dem armseligen Erdenwurm das Hören vergeht.
Verzeih mir diese Introduktion, die genauso respektlos ist, wie Hans von Bülows Äußerungen von »Verdis neuester Oper im Kirchengewande«. Ihm hat das später leid getan; ich schließe mich an. Sieh es als einen Versuch eines wider Willen Ergriffenen an, sich einem Werk aufrecht zu nähern, dem man ansonsten nur auf Knien rutschend begegnen kann.
Auch wenn das »Ingemisco tamquam reus« eine Tenorarie ist, die gut in die ›Traviata‹ passen würde; auch wenn die beiden Damen manchmal an Aida und Amneris erinnern; auch wenn das »Agnus Dei« mehr mit dem ›Maskenball‹, als mit einer Totenmesse gemein hat – es komponiert eben jeder in seiner Sprache. Selbst dann, wenn er das Lob Gottes anstimmt.
In zeitgenössischen Schilderungen heißt es, daß das Publikum der Uraufführung beim »Agnus Dei« vor Begeisterung getobt hat. Sollte es Dir vor den Lautsprechern Deiner Stereo- (oder Quadro)-Anlage auch so gehen, tu Dir bitte keinen Zwang an. Verdi hätte bestimmt nichts dagegen, er war schließlich Italiener.
Als solcher war Verdi ein Nationalheiligtum. Der Gefangenenchor »Va pensiero, sull'ali dorate« aus der Oper ›Nabucco‹ machte ihn zum Helden des Risorgimento, der italienischen Freiheitsbewegung.
Aus den Anfangsbuchstaben seines Namens formte man die Parole ›Vittorio Emanuele, Re d'Italia‹. Und als es schließlich soweit war und Cavour auf den Balkon des Quirinale trat, um die heißersehnte Einigkeit Italiens zu verkünden, hielt er keine Rede, sondern schmetterte aus vollster Kehle, trunken vor Seligkeit, die Stretta ›Di quella pira‹ aus dem »Troubadour« zur begeisterten Menge hinab.
Das muß man wissen, um sich dem Verdi-Requiem unbefangen nähern zu können. Daß im Land, wo die Zitronen blühen, kein Unterschied zwischen weltlichem Temperament und geistlicher Anbetung gemacht wird. Daß auch eine Totenmesse voll Brio und ins Ohr gehender Melodien sein darf. Und was für Melodien! Welch ein Brio!

Alle großen Dirigenten haben das ›Verdi-Requiem‹ im Repertoire. Dazu holen sie sich für Plattenaufnahmen die Creme de la Creme an Solisten ins Studio. Ferner Chöre von höchster Präzision und selbstverständlich Orchester der Spitzenklasse.
Toscanini, Bernstein, Karajan, Abbado, Giulini, Reiner, Solti – jeder von ihnen gibt der »Messa da Requiem« Glanz und Gloria, Feuer und Esprit, Weihe und Würde.
Wenn ich trotzdem meine alte Aufnahme unter Ferenc Fricsay bevorzuge, so vielleicht deswegen, weil ich den früh verstorbenen Ungarn in gleicher Besetzung ›live‹ erlebt habe.
Vielleicht auch deshalb, weil sie mir die Säulen Berninis am Petersplatz in Rom

zeigt. Den Dom von Siena. Das Abendmahl von Raffael. Vielleicht auch deshalb, weil Fricsay sich nicht davor scheut, Kontraste zu setzen und das Äußerste an Dramatik aus der Musik herauszuholen.
Vielleicht aber auch deshalb, weil ich mich beim »Domine libera me« allen guten Vorsätzen zum Trotz doch immer wieder auf den Knien rutschend wiederfinde.

⊙ Gustav Mahler: Symphonie Nr. 8
Dirigent: Leonard Bernstein

Von einem englischen Verlag wurde ein ›Book of Records‹ angepriesen. ›Records‹ heißt bekanntlich Schallplatten. Deshalb bestellte ich das Buch und erhielt – das ›Buch der Rekorde‹! Immerhin erfuhr ich daraus, daß Amerika (wer sonst) den Rekord an Massierung musikalischer Mittel hält.
1872 wurde Johann Strauß für 14 Konzerte nach Amerika eingeladen. Man hatte eigens eine Halle für 100 000 Zuhörer und 20 000 (in Worten ›zwanzigtausend‹) Musiker und Sänger, die Strauß, unterstützt von 100 Subdirigenten, leiten sollte, errichten lassen.
Was sind dagegen die 200 Musiker und der tausendstimmige Chor, mit dem man in Chicago Mahlers »Achte« zur Aufführung gebracht hatte?
Sie ist vielleicht nicht das größte, sicher aber das gewaltigste Werk Mahlers. Allein der vokale und instrumentale Aufwand erschlagen einen. Zum Glück handelt es sich um Mahler, sonst wäre die Auseinandersetzung zwischen Qualität und Quantität schlimm ausgegangen.
Schon in seiner zweiten und dritten Symphonie kommt Gustav Mahler mit den normalen Mitteln des Orchesters nicht mehr aus. Texte sollen ausdrücken, was Musik nicht auszudrücken vermag. Die menschliche Stimme wird ins Orchester eingebunden. Riesige Chöre schichten Klangbausteine übereinander, als solle ein tönender Turmbau zu Babel errichtet werden.
Doch das sind nur Vorstufen zum eigentlichen Ereignis. Für den ersten Teil seiner ›Achten‹ bedient sich Mahler textlich bei einem Erzbischof namens Hrabanus Maurus, der im Mainz des 9. Jahrhunderts eine lateinische Pfingsthymne ›Veni creator spiritus‹ verfaßt hat.
Für den zweiten Teil scheinen ihm der größte deutsche Dichter und dessen bedeutendstes Drama gerade gut genug. Die Schlußszene aus Goethes Faust bildet den Abschluß dieses gigantischen, alle Dimensionen sprengenden symphonischen Kolosses, den Mahler sich in lächerlichen drei Wochen von der Seele geschrieben hat. Eine Leistung, die ein fast noch größeres Wunder ist, als das Werk selbst.
Beginn und Ende der »Symphonie Nr. 8« sind von äußerster Kraftentfaltung gekennzeichnet. Dazwischen liegt die für Mahler so typische Entsagungsstimmung, breitet sich der herbstlich fahle Klang aus, der seine Instrumentation so unverwechselbar macht. Die Balance zwischen Osterspaziergang und Allerseelenstimmung zu halten und gleichzeitig den ganzen riesigen Apparat im

Griff zu haben, stelle ich mir als ungeheure Herausforderung an einen Dirigenten vor. Wenn da einer schlagtechnisch nicht auf der Höhe ist, geht er unter und wird von den Klangmassen begraben.
Leonard Bernstein, der große Mahler-Apostel des ausklingenden 20. Jahrhunderts, geht nicht unter. Auch ein Solti, ein Maazel, ein Haitink, ein Kubelik steuern das Schiff sicher durch alle Stürme, Klippen und Sandbänke. Doch bei Lennie kommt noch das St.-Elms-Feuer der heiligen Begeisterung dazu. Seine Deutung der Achten ›brennt‹. Bei ihm lodert die Flamme am höchsten, leuchtet die Fackel am hellsten.
Es gibt Naturgewalten, die von Zeit zu Zeit hereinbrechen, um dem Menschen zu zeigen, wie klein und häßlich er doch in Wirklichkeit ist. Ich kann sie Dir nicht in Summe aufzählen, aber Du weißt, was ich meine: Vulkanausbruch. Springflut. Blitzschlag. Erdbeben. Orkan. Waldbrand. Sonnenfinsternis.
Mahlers ›Achte‹.

⊙ Franz Schmidt: Das Buch mit sieben Siegeln
Dirigent: Lothar Zagrosek

Vormittags pilgerte ich zum ›Verdi-Requiem‹ in den Musikvereinssaal. Abends versuchte ich mich beim ›Don Giovanni‹ in der Staatsoper davon zu erholen. Es gelang nicht. Noch ganz unter dem Eindruck der »Messa da Requiem« und von ihren Klängen berauscht und betäubt, erzählte ich einem alten Stehplatzfossil davon.
»Das ist noch gar nichts,« meinte er.
»Da solltest Du einmal ›Das Buch mit sieben Siegeln‹ von Franz Schmidt hören.«
»Hat denn der noch etwas anderes geschrieben, als das Zwischenspiel aus ›Notre Dame‹?«
»Er hat sogar ein Vor- und Nachspiel zu diesem Zwischenspiel, nämlich eine ganze Oper, die so heißt, geschrieben!«
Dann erzählte er von Karl Goldmark, Franz Schreker, Ernst Krenek und ihren Opern – Namen, die mir und meinen Freunden nichts sagten, und von denen jeder für uns nur ein Phantom der Oper war.
Franz Schmidt, berichtete er, sei einer von den Philharmonikern gewesen. Ein Musiker, den es nicht mehr am Pult gehalten und der zu komponieren begonnen habe. Ein großer Name der Zwischenkriegszeit. Heute fast vergessen. Bis auf das Zwischenspiel aus »Notre Dame« und das »Buch mit sieben Siegeln«, das gewaltigste Chorwerk aller Zeiten.
Das machte uns neugierig. Ein Blick in den Plattenkatalog belehrte uns aber, daß es weit und breit keine Aufnahme davon gab. Im Lexikon stand Franz Schmidt kleingedruckt zwischen Scarlatti und Schubert. Auf den Konzertprogrammen stand er gar nicht. Kein Zweifel, Franz Schmidt war ›out‹.
Manches vergißt man, anderes brennt sich fest. Der Wunsch, wenigstens einmal »Das Buch mit sieben Siegeln« hören zu können, brannte sich fest. Viele Jahre lang durchstöberte ich Schallplattenläden und durchforstete Konzertankündigungen nach diesem Werk. Ich wollte wissen, ob da wirklich

etwas dran war, und was der Opernveteran gemeint hatte, als er vom gewaltigsten Chorwerk aller Zeiten gesprochen hatte.

Wenn ich Dich jetzt auch ein bißchen neugierig gemacht habe, soll es mir recht sein. Wie Du Dir denken kannst, ist es mir inzwischen gelungen, meine Neugier zu befriedigen und »Das Buch mit sieben Siegeln« zu hören. Ich habe mir davon auch eine Aufnahme unter dem Dirigenten Lothar Zagrosek zugelegt, eine der wenigen, die es gibt. Da sind vielleicht noch ein, zwei weitere, aber das ist auch schon alles. Franz Schmidt ist noch immer ›out‹.

»Das Buch mit sieben Siegeln« ist die Offenbarung des Johannes von der Apokalypse und vom Jüngsten Tag. Ein führwahr griffiges Thema, ein Krimi mit Mord und Totschlag, Sterben und Auferstehen. Da läßt sich schon einiges an Wucht hineinkomponieren. Da fliegen die Fetzen, da wackelt die Wand.
Bis alle sieben Siegel gelöst sind, vergehen vier Plattenseiten oder zwei CDs. Hast Du diese überstanden, dann weißt Du auch die Antwort auf alle Fragen dieser Erde. Bis auf eine: wieso wird »Das Buch mit sieben Siegeln« so selten aufgeführt, warum ist Franz Schmidt nicht ›in‹?

⊙ Manhattan Transfer: Vocalese

Die Stimme als Instrument! Was Mozart an Koloraturen für die ›geläufige Gurgel‹ seiner ersten Konstanze geschrieben hat, setzt sich auf der Ebene des modernen Jazz in der Gruppe Manhattan Transfer fort. Die zwei Damen und zwei Herren von Manhattan Transfer bilden das vorläufig letzte Glied einer Kette, die in den dreißiger Jahren mit Gesangsterzetten und -quartetten begonnen hat. ›Barber Shop Music‹ nannte man das drüben. Wie es hüben hieß, weiß ich nicht. Und wenn ich die ›Mills Brothers‹ mit ›Friedel Hensch und die Cypris‹ vergleiche, will ich es auch gar nicht wissen.
Erste Höhepunkte markierten die ›Four Freshmen‹, ein Studentenquartett der frühen fünfziger Jahre, deren »Four Freshmen and Five Trombones« noch immer hörenswert ist. Andere Vokalgruppen des klassischen Altertums waren die ›Hi-Los‹, die ›Ames Brothers‹, die ›Four Aces‹, die ›Andrews Sisters‹, die ›Platters‹, die ›Drifters‹ und hunderte weitere ›... ers‹. Man kann sich nicht alle merken, man kann nur ein paar von ihnen echt vergessen: das ›Kingston Trio‹, ›Peter, Paul and Mary‹ und die schaurig-schönen ›Everly Brothers‹.
Sie alle begründeten eine Tradition des mehrstimmigen Gesangs, bei der die bewohnte Welt in zwei Teile gespalten wurde. Entweder man sang unter Einhaltung einer gewissen Gleichzeitigkeit gegeneinander (wie bei den Beatles, den Searchers oder Creedence Clearwater Revival), oder probierte es mit Sologesang vor dem Hintergrund eines Duetts, Terzetts oder Quartetts (wie bei Abba, den Bee Gees, den Beach Boys, den Supremes).
Erfrischende Abweichungen von dieser Generallinie kamen von Gruppen wie ›Swingle Singers‹, ›Novi Singers‹ ›Les Humphries

Singers‹ und den fabulösen ›Singers Unlimited‹.
Doch wenn Du wirkliche Könner am Werk hören willst, bleiben nur drei Gruppen übrig:

⊙ Lambert-Hendricks-Ross
⊙ The Pointer Sisters
⊙ Manhattan Transfer

Dave Lambert, Jon Hendricks und Annie Ross haben mit der Bigband und der Rhythmusgruppe von Count Basie Platten aufgenommen. Schon das zählt als Visitenkarte. Auf diesen Scheiben singen sie Arrangements der Basie-Band, zu denen Jon Hendricks sowohl für die Sätze, als auch für die Instrumentalsoli Texte geschrieben hat, die kleine literarische Kunstwerke sind. In der Interpretation von LHR werden große daraus. Gehört unbedingt in Deinen Plattenschrank!
Die ›Pointer Sisters‹ waren gut, als sie noch vier waren. Sie sind erfolgreich, seit sie nurmehr zu dritt auftreten. Sie sind Vertreterinnen des ›Detroit Sounds‹ und gehören zu den Hohepriesterinnen der Soul- und Funkwelle, für die auch noch ein bißchen Platz bei Dir sein sollte. Bevor sie das wurden, haben sie als Viererbande ein fantastisches Ellington-Medley aufgenommen, das noch viel unbedingter in Deinen Plattenschrank gehört.
Manhattan Transfer sind den umgekehrten Weg gegangen. Zuerst Popmusik, dann Jazz Für ihr Album »Vocalese« haben sie jede Menge an Preisen bekommen. Es ist auf CD erschienen; auch eine Videoaufzeichnung existiert davon.
Die Texte aller 11 Titel auf »Vocalese« stammen von Jon Hendricks. Sie sind brillant formuliert und werden von Manhattan Transfer ebenso brillant interpretiert. Auf einigen Titeln erhältst Du noch Dizzy Gillespie, Bobby McFerrin und Richie Cole als Zugabe.
Schon aus diesem Grund ist »Vocalese« jene Scheibe, die am unbedingtesten in Deinen Plattenschrank gehört.

⊙ Arnold Schönberg: Gurre-Lieder
Dirigent: Seiji Ozawa

Als mich die rauschhaften musikalischen Steigerungen der »Gurre-Lieder« zum ersten Mal in ihren Bann schlugen, steckte ich mitten in der Pubertät. Da ist man bekanntlich besonders anfällig für ekstatische Expressivität. Schönbergs Riesenwerk traf mich voll, mitten ins Sonnengeflecht. Es war ein geradezu klassischer K.O.; nein, ein spätromantischer.
In dieser Komposition hat Arnold Schönberg die Legende der beiden Liebenden Volmer und Tove, des Dänenkönigs Waldemar und seiner »Waldtaube«, in eine üppige Klang- und Farbenpracht getaucht, die die chromatischen Wonnen des »Tristan« bis an ihre äußerste, letzte Grenze führt. Von da an ging es nicht mehr weiter. Der nächste, logische Schritt konnte nichts anderes als die Zwölftonmusik sein.
In den »Gurre-Liedern« ist noch nichts davon zu spüren. Sie sind ein Kind des Fin de siècle und bewegen sich auf dem Boden

der Tonalität. Wenn auch mit aller Raffinesse, deren Kontrapunkt und Instrumentierung fähig sind.
Die »Gurre-Lieder« sind Arnold Schönbergs erfolgreichstes Werk, das schon bei der Uraufführung 1913 stürmisch gefeiert wurde. Auch heute noch ist jeder ihrer seltenen Aufführungen ein begeisterter Schlußjubel sicher – selten deshalb, weil für diese Monumentalkantate ein wahrhaft monströser Apparat aufgeboten werden muß: drei vierstimmige Männerchöre, ein achtstimmiger gemischter Chor, Solistenquintett plus Sprecher, und dazu noch ein Orchester, mit dem man drei Aidas besetzen könnte.
Noch seltener als die Aufführungen sind Schallplatten der »Gurre-Lieder«. Neben der Neueinspielung mit Seiji Ozawa besitze ich noch einen älteren Mitschnitt unter Rafael Kubelik, den die DGG Ende der 50er Jahre herausgebracht hat.
Kubelik dirigiert breiter, Ozawa aufregender. Beide aber entfesseln sie eine Hypertrophie an Klanggewalten, für die Du schon gute Lautsprecher und auch gute Nachbarn brauchst. Denn diese sinnlich-betörende Musik verlangt nach Lautstärke. Sonst könntest Du gleich bei Debussy bleiben.
Seiji Ozawa und das Boston Symphony Orchestra geben alles her, was sie haben. James McCracken als Waldemar sogar mehr, als er hat.
Doch das Ereignis der Platte heißt Jessye Norman. Die farbige Sängerin mit der hochdramatischen Stimme, die an die großen Zeiten der Nilsson erinnert, singt eine »Tove«, wie man sie nicht schöner singen kann.
Ja, und der Chor! Verglichen mit anderen Oratorien ist sein Part nicht allzu groß. Aber das, was er zu singen hat, gehört zum Gewaltigsten, was je für menschliche Stimmen geschrieben worden ist.
Arnold Schönberg hat eben sein Handwerk gelernt. Und wenn auch sein Beitrag zur Musikgeschichte auf ganz anderer Ebene liegt und die »Gurre-Lieder« nicht den wichtigsten Teil seines Schaffens bilden mögen – mit ihnen und der »Verklärten Nacht« geht eine Epoche der Musik zu Ende, die viele Jahrhunderte lang mit 8 Tönen ausgekommen ist. Von da ab mußten es 12 sein.
»Nun falle, Blatt, magst untergeh'n; Volmer hat Tove geseh'n!«

5 x Immergrün

Neulich saß ich mit ein paar Senioren zusammen, als im Radio die ersten Takte von »Kann denn Liebe Sünde sein« angespielt wurden.
»Ach ja, Zarah Leander«, seufzten alle und verdrehten verzückt die Augen.
Obwohl dann gar nicht die Aufnahme mit Zarah Leander, sondern nur eine nichtssagende Neueinspielung lief, stand die dunkle Stimme der Schwedin doch allgegenwärtig im Raum. Weil nur sie zu diesem Lied gehörte.
Evergreens werden nicht gemacht. Sie entstehen. Sie beginnen als Melodie, die um die Welt geht. Das tun viele. Aber nur die wenigsten schaffen einen zweiten Umlauf. Ein Schlager, der sich noch so gut verkauft, muß trotzdem froh sein, wenn er eine Saison übersteht. Ist er danach immer noch im Rennen, bestehen gute Chancen für einen Evergreen.
Die Mutation vom Wegwerfhit zum Evergreen erfolgt unmerklich. Plötzlich sind zehn Jahre vergangen, und der Ohrwurm treibt noch immer sein Unwesen. Die Ballorchester haben die Melodie ins Repertoire genommen. Die Tänzer summen den Refrain leise mit. Im Wunschkonzert trudeln waschkorbweise Briefe ein:
»Ich möchte meiner neunzigjährigen Erbtante zur erfolgreichen Transplantation gratulieren. Als musikalischen Gruß schicke ich ihr...«. Siehst Du, so entstehen Evergreens.
Wüßte man, wie aus einem Tagesschlager ein Evergreen wird, könnte man sich ob dieses Wissens mit Gold aufwiegen lassen.
Es gab schon Hits, die wurden millionenfach verkauft; die Tantiemen flossen nur so, die Produzenten rieben sich die Hände, und der Plattenstar absolvierte eine Verbeugungstour nach der anderen.
Alle waren überzeugt: das wird ein Evergreen!
Und dann, über Nacht: nichts mehr. Kein Sender, der den Schlager noch gespielt, keine müde Provinzcombo, die ihn noch im Repertoire geführt hätte.
(Sagt da jemand Falco?)
Andere Hits sind uns hingegen geblieben. Voll Erstaunen stellt die Plattenindustrie fest, daß der Titel auch nach 10 oder 20 Jahren noch immer »geht« und daß selbst eine Generation, die bei seiner Ersteinspielung noch gar nicht geboren war, die Melodie pfeifen kann.
Woraus ist der Stoff, aus dem Evergreens geschnitzt sind? Das weiß niemand. Denn wüßte es jemand, könnte man sich zum Beispiel den Schwachsinn eines »Eurovisions-Song-Contests« ersparen.
Früher gab es gewisse Garantien für die Herstellung von Evergreens. Sie hießen George Gershwin, Hoagy Carmichael, Cole Porter, Michael Jary, Paul McCartney, Peter Kreuder, Robert Stolz, Thomas »Fats« Waller und ähnlich. Aber wie die Dinosaurier scheinen sie ausgestorben zu sein.
Als Plattensammler weiß man natürlich, daß der Evergreen nicht unbedingt an eine bestimmte Aufnahme gebunden ist.
»Summertime« ist zum Beispiel ein Evergreen, von dem es keine definitive Einspielung gibt.

Die einen bevorzugen das Original aus »Porgy & Bess«, die anderen vielleicht eine adaptierte Version: gesungen oder instrumental, mit Streichorchester oder singender Säge, jazzig oder konzertant, meinetwegen auch auf schwedisch oder in Kisuaheli.
Ein Schallplatten-Dauerbrenner ist dagegen «White Christmas« mit Bing Crosby. Übrigens die meistverkaufte Schlagerplatte der Welt, an der sich Mr. Crosby krummverdient hat.
Es gibt sie also: die Platten, die derart an den Interpreten gebunden sind, daß sie nur mit ihm und durch ihn zu Evergreens geworden sind. Weniger, weil sie Originale, sondern weil sie orignell sind.
»Ramona« existiert in tausendundeiner Fassung. Aber »Buona sera« möchte man nur von Louis Prima hören. So wie »Sailing« von Rod Stewart. »When a man loves a woman« von Percy Sledge. »Milord« von Edith Piaf; »Moonlight serenade« von Glenn Miller; »Cabaret« von Liza Minnelli.
Für deren Immergrünität ist der spezifische Sound verantwortlich. Hier macht der Ton die Musik, bringt's der Klang. Hans Albers konnte nun wirklich nicht singen und hatte auch keine Gesangsstimme. Trotzdem wird das von ihm gekrächzte »La Paloma« noch immer gekauft (was mir übrigens ein Rätsel ist). Aber: »Degustibus non est disputandum«, wie schon Liberace beinahe gesagt hätte.
Ein paar dieser Dauerbrenner möchte ich Dir auf den Plattenteller und ans Herz legen. Betrachte es nicht als Empfehlung, sondern allenfalls als ehrende Erwähnung. Denn jeder hat so seine Evergreens, denen gemeinsam ist, daß sie mit den persönlichen Erinnerungen verbunden sind.

Deshalb beginnen auch alle Gespräche über diese Platten mit dem Satz:
»Weißt Du noch, damals ...«
Und sie enden unweigerlich mit:
»Das waren noch Schlager. So etwas gibt es halt heute nicht mehr.«

⨀ Shirley Bassey: Bridge over troubled water

»Eine schöne Frau, eine große Stimme«, verspricht der Covertext. In der Tat: Shirley Bassey ist eine schöne Frau. Kein Sexy-Hexy wie Tina Turner, kein Raubtier wie Grace Jones, kein Plastikbecher wie Diana Ross, kein Babyspeckklößchen wie Madonna. Nur eine schöne Frau.
Das war sie schon, als sie mit dem »Goldfinger«-Thema aus dem besten aller James-Bond-Filme bekannt wurde und damit den ersten ihrer vielen Hits landete.
»Bridge over troubled water« in der Interpretation von Shirley Bassey hat es nicht zu Hitparadenehren und schon gar nicht zu 6 ›Grammy Awards‹ gebracht. Das blieb der Originalfassung des Autorenduos Simon & Garfunkel vorbehalten, die eine Zeitlang die Erfolge nur so aus dem Ärmel schüttelten. »The Sound of Silence« zum Beispiel. »Mrs. Robinson«. »Scarborough fair«.
Die Geschichte von der Brücke über den reißenden Fluß ist ihnen sowohl textlich, als auch musikalisch gelungen. Mit dem Zusatznutzen, daß sich der Titel bis jetzt jeder

Übertragung ins Deutsche erfolgreich widersetzt hat.
Nach der Trennung der beiden hat man von Art Garfunkel nicht mehr viel gehört. Paul Simon hingegen spannte sich mit südafrikanischen Musikern zusammen und produzierte mit ihnen das Album »Graceland«, das allerdings weder etwas mit Elvis Presleys gleichnamiger Residenz (zum Glück), noch mit afrikanischer Musik (leider) zu tun hat.
Shirley Bassey ist zum Publikumsliebling aufgestiegen, hat eigene Fernsehshows und dürfte ihren Nachkommen einmal eine Menge goldener Schallplatten hinterlassen. Vielleicht wird auch ihr »Bridge over troubled water« eines Tages ein goldener Finger sein.
Für mich ist ihre Fassung Gold wert.
Die Ballade von Kameradschaft und Vertrauen, die in der Flüsterversion von Simon & Garfunkel noch ein bißchen was von einem Rührstück an sich hat, wird bei und durch Shirley Bassey zu einer bewegenden Hymne an die Freundschaft. Zwar nur eine Hymne im Taschenformat, aber immerhin. Viel trägt das Orchesterarrangement dazu bei, das Shirley Bassey Gelegenheit gibt, ihre Riesenstimme zu einer jener gewaltigen Steigerungen zu nutzen, von denen auch Whitney Houston so gerne Gebrauch macht.
Das Arrangement ist nach bewährtem Muster gestrickt. Es beginnt mit einer Klaviereinleitung, dann kommen die Streicher dazu, und schließlich bricht der volle Orchesterklang über Dich herein. Wie bei der Brücke, von der im Text die Rede ist, geht es dann auf der anderen Seite wieder hinunter, mündet das Ganze im Decrescendo.
Von »Bridge over troubled water« gibt es jede Menge Aufnahmen. Sogar von Roberta Flack. Sogar von Aretha Franklin. Dennoch schien das Original von Simon & Garfunkel unschlagbar zu sein.
Bis Shirley Bassey kam.
Die Version von Simon & Garfunkel finde ich recht nett. Die von Shirley Bassey läßt mir kleine Tierchen den Rücken hinunterlaufen. Vive la difference.
Shirley Bassey macht aus dem kleinen Lied eine große Oper, und es gefällt mir, wie sie das macht. Außerdem ist sie eine schöne Frau mit einer großen Stimme, und das gefällt mir erst recht.

⊙ Tony Bennett: I left my heart in San Francisco

Dieses Lied hat bei mir schon immer schwere Anfälle von Heimweh hervorgerufen. Und zwar eigenartigerweise lange, bevor ich zum ersten Mal nach San Francisco kam. Inzwischen kenne ich viele Europäer, denen es genauso geht. Die bei diesem Lied auch die Sehnsucht nach der »City by the bay« packt. Es ist also doch mehr als nur ein amerikanisches ›Heimatlied‹.

»I left my heart in San Francisco.«

Ich habe hartgesottene Besatzungssoldaten weich werden sehen, wenn sie es hörten. Es gibt aber auch kaum eins, das die Stimmung einer Stadt so ideal trifft. Noch dazu nicht irgendeiner Stadt. Das Lied wurde 1954 geschrieben, aber erst 1962 aufgenommen. Es schaffte auf Anhieb eine »Goldene«, die

der Bürgermeister von San Francisco persönlich an Tony Bennett überreichte.
»High on a hill, it calls to me.«

Tony Bennett ist in den Staaten ein Superstar vom Range eines Sinatra. In Europa ist er nur flüchtig bekannt. Obwohl er doch von hier stammt. Anthony Dominick Benedetto ist zwar in Long Island geboren, kann aber den Italiener in sich nie so ganz verleugnen.
»To be where little cable cars...«

Seit 1950 ist er im Geschäft. Das ist im Showbusiness, wo die Jahre doppelt zählen, mehr als eine Ewigkeit. Es sind zwei Ewigkeiten.
»... climb halfway to the stars.«

Früher habe ich Tony Bennett immer als »Crooner« eingestuft. Inzwischen entdeckte ich zwei Platten, auf denen er mit Jimmy McPartland und Gene Krupa recht ordentlich jazzt. Außerdem gibt es da noch das swingende »Bennett and Basie«.
»The morning fog may chill the air. I dont care.«

Tony Bennett hörte ich zweimal »live«. Einmal in New Yorks riesiger Radio City Music Hall, wo er vor 6200 Zuhörern sein Album »The Art of Excellence« musikalisch so perfekt präsentierte, wie es dem Titel entsprach.
»My love waits there, in San Francisco.«

Das zweite Mal im Sands Hotel in Las Vegas, wo er mit der hauseigenen Bigband auftrat. In der saßen immerhin solche Granaten wie John Bunch am Klavier und Harold Land in der Saxophongruppe. Las Vegas tut wirklich was für sein Geld. Nein, eigentlich für meines, wenn ich an die einarmigen Banditen denke.
»Above the blue and windy sea...«

Die Show war eine Lektion in Entertainment. Sie brauchte kein Norddeutsches Fernsehballett und keine Treppe. Es gab auch weder eine Girltruppe, noch Stargäste aus anderen Shows. Nur 90 Minuten lang Tony Bennett. Hinten spielte die Band, vorne stand er, mit dem Mikrofon in der Hand. Und das Publikum fraß ihm aus eben dieser.
»... when I come home to you, San Francisco.«

Natürlich sang er alle seine großen Hits. »Rags to riches«. »Stranger in Paradise«. »Boulevard of broken dreams«, seinen ersten Erfolg. Am Ende der Show setzte er sich auf einen Barhocker vorne an der Rampe, legte das Mikrofon weg und sang – nur von John Bunch am Klavier begleitet – »I left my heart in San Francisco«.
»Your golden sun will shine for me.«

Und während das Publikum noch ein wenig atemlos dem letzten Ton nachhing, stand er auf, sagte »Thank you, good night« und ging von der Bühne. Das war's.

⊙ Nat ›King‹ Cole: Mona Lisa

Es ist sicher kein Zufall, daß zwei der bekanntesten und am längsten dienenden Schlagersänger deutscher Zunge, denen man mit Nachsicht einiger Taxen echtes Entertainerformat bescheinigen darf, ganz zu Anfang Jazz am Klavier gespielt haben: Peter Alexander und Udo Jürgens. Auch deren amerikanisches Gegenstück, der Vater von Nathalie Cole, hat seine Karriere als Jazzpianist begonnen.
Allerdings: wenn ich den Unterschied zwischen dem einen und den anderen klavierspielen könnte, wäre ich der Joe Zawinul. Es ist der gleiche, der zwischen der deutschen und der englischen Version von »Mona Lisa« besteht. Wo es in der deutschen Fassung heißt:
»Doch vielleicht bist auch Du nur ein Traumbild. Und Du küßt mich. Und vergißt mich«, heißt es im englischen Original:
»Many dreams have been brought to your doorstep. They just lie there. And they die there.«
Das eine ist ein sehr guter Schlagertext. Das andere fast schon Poesie.

Nat ›King‹ Cole war nicht irgendein Pianist. Er gehört zur Handvoll Stilbildner, die dem Jazzklavier entscheidende Impulse gegeben haben. Ganze Legionen von Pianisten kommen von ihm her: Oscar Peterson, Russ Freeman, Claude Williamson, Tommy Flanagan, Monty Alexander usw. Sie alle berufen sich auf seine Art zu phrasieren, sein Rhythmusgefühl, sein Feeling.
Gerade unter den Pianisten finden sich viele, die zwar die Supertechniker vom Range eines Art Tatum oder Oscar Peterson grenzenlos bewundern, selbst aber lieber so wie Nat ›King‹ Cole spielen würden. Mit seinem Trio machte Cole einige der schönsten Klavieraufnahmen der Jazzgeschichte. Darunter solche Meilensteine wie den wundervollen »Easy listening blues« und das swingende »Honeysuckle rose«.

Schon in seiner Triozeit trat Cole als Vokalist hervor. Gesangstitel wie »Sweet Lorraine« oder »Straighten up and fly right« machten ihn bekannt. Daß er daraufhin von der Schlagerbranche als Sänger entdeckt wurde, war für diese ein großer Gewinn und ein noch größerer Verlust für den Jazz. In der notorisch anspruchslosen Fast Food Küche des Schlagers gilt der Sänger Nat ›King‹ Cole auch heute noch als Inbegriff des guten Geschmacks. Er setzte Maßstäbe, nach denen sich auch ein Ray Charles richtete, der als Abziehbild von Cole begann, bevor er zu seinem eigenen Stil fand.

Nat ›King‹ Coles Version von »Mona Lisa« hält sich schon seit vielen Jahren im Spitzenfeld der Evergreens. Stimme und Stimmung, Text und Arrangement bilden ein magisches Quadrat, das die Qualität dieser Aufnahme ausmacht.
Wenn Nat ›King‹ Cole mit samtener Stimme singt: »Are you warm, are you real, Mona Lisa? Or just a cold and lonely, lovely work of art?« weiß man, daß zumindest seine »Mona Lisa« »warm and real« ist – und dazu auch noch »a lovely work of art.«

⊙ Harry James: Trumpet blues

Glaubt mir, Freunde des Elton John und Fans der Fine Young Cannibals, auch Eure Eltern hatten ihre Idole, bei denen sie ausflippten. Wenn damals in den Tanzschulen eine Platte von Harry James, Glenn Miller oder Ray Anthony aufgelegt wurde, wakkelten die Wände.

Filme wie »Die badende Venus« oder »Zwei Mädchen und ein Matrose« sah man sich mindestens zehnmal an – nur wegen der paar Minuten, in denen Harry James zu sehen und zu hören war. Schallplatten von ihm gab es zwar in Hülle und Fülle, aber nicht in Europa. Hier waren sie rar wie Gold.

Harry James legte den Grundstein zu seiner Karriere als Trompeter bei Benny Goodman. Einer breiten Fangemeinde wurde er aber erst durch sein eigenes Orchester und durch Titel wie »You made me love you« und »Ciribiribin«, seine Kennmelodie, bekannt.

In langsamen Stücken trieft sein Trompetenspiel vor Schmalz, in den schnellen glänzt es durch unerreichte Virtuosität. Paradenummern wie »Hummelflug« oder »Carnival of Venice« spielt ihm auch heute noch keiner nach (außer vielleicht Al Hirt und natürlich Wynton Marsalis). Damals wie heute sind sie ein Mount Everest technischer Brillanz und jagen allen Trompetern heillosen Respekt und Schrecken ein.

Auf einer uralten Schellack besitze ich eine seltene Aufnahme des »Limehouse blues«, wo er noch dazu derart jazzig bläst, daß ich schon so manchen Jazzexperten damit hereingelegt habe.

Neulich fiel mir wieder einmal meine erste Harry-James-Platte in die Hände. Eine ›Parlophone‹ 78er mit braunem Etikett. Vorderseite »Trumpet blues and cantabile«, Rückseite »Concerto for trumpet«. Als ich sie in der Hand hielt, sah ich mich wieder als Dreizehnjährigen damit nach Hause hasten, voll Begierde, sie endlich auf den Plattenteller legen zu können.

Ich sah aber auch einen schon weißhaarigen Harry James vor mir, wie er sich mir 25 Jahre später auf seiner Europatournee präsentierte. Als Leiter einer Band, die swingende Arrangements von Neal Hefti und Johnny Mandel in bester Count-Basie-Qualität bot. Der Meister selbst schwang sein Horn wie eh und je und führte sowohl seine erstaunliche Fingerfertigkeit, als auch seinen enormen Ansatz vor, als wären die Jahre spurlos an ihm vorübergegangen.

Beim vom Publikum stürmisch verlangten »Trumpet blues and cantabile« verstärkte er seine fünf Mann starke ›trumpet section‹ als sechster Trompeter und brachte den Saal zum Kochen. Ich sah mich um und stellte fest, daß unter den Zuhörern nicht nur Saurier waren. Zumindest hatten viele ihre Jungen mitgebracht.

Zwei davon saßen neben mir. Er sagte: »Was sagst, Lotte, der Alte bringt's noch ganz schön«.

Worauf sie antwortete:

»Meine Eltern haben noch ein paar so alte Klassikerplatten daheim. Weißt eh, Teddy Stauffer, Yehudi Menuhin, Robert Stolz, Helmut Zacharias, Gigli, Caruso und das ganze Zeugs.«

⊙ Fats Domino: Blueberry hill

Von Zeit zu Zeit hör' ich den Alten gern. Er löst zwar nicht immer rasende Begeisterung in mir aus, doch ist der wohlgenährte Dominospieler aus New Orleans selbst schon so zum Evergreen geworden, daß er mir fehlen würde. Kein anderer Popstar hat sich so lange an der Spitze gehalten, wie er. Schon deshalb müßte man ihn erfinden, wenn es ihn nicht schon gäbe.
Es gibt ihn bereits seit über 40 Jahren! Seit sein erster Hit, »The fat man« in Millionenauflage auf die Plattenteller der (amerikanischen) Nation flatterte, produziert er mit schöner Regelmäßigkeit Jahr für Jahr seine Bestseller. Insgesamt hat er weit über 60 Millionen Platten verkauft.
Der Trompeter Dave Bartholomew erkannte schon 1948 als Boß der Schallplattengesellschaft »Imperial Records« die Goldgrube, die sich da auftat und sicherte sich auf höchst einfache Weise die Schürfrechte. Da Domino selbst nicht Notenlesen kann, schreibt Bartholomew auf, was der Dicke am Klavier klimpert und scheint dafür als Co-Komponist am Plattenetikett auf.

Der unglaubliche Erfolg Fats Dominos liegt darin begründet, daß seine Musik einfach, im Sinne von primitiv ist. Fast immer kommt er mit 3 Harmonien, auf 12 Takte verteilt, aus.
Das soll nicht abwertend sein. Ich will ihn nicht schlechter machen, als er ist. Im Gegenteil, ich würde sein Erfolgsrezept sofort anwenden, wenn ich es könnte. Aber nur viel vom Essen und wenig von Harmonielehre zu halten, dürfte doch nicht alles sein. Fats Domino scheint niemandem wehzutun. Die Teenies halten ihm auch als Oldies die Treue. Er ist, wie gesagt, ein Evergreen.

Allein die Liste jener Schallplatten, für die Domino eine »Goldene« bekommen hat, ist beeindruckend. Von den »Silbernen« und »Bronzenen« gar nicht zu reden:
The fat man (1948), Goin' home (1952), Goin' to the river (1953), Please don't leave me (1953), I lived my life (1953), Love me (1954), Don't leave me this way (1954), Thinkin' of you (1955), Ain't that a shame (1955), All by myself (1955), I can't go on (1955), Poor me (1955), Bo Weevil (1956), I'm in love again (1956), Blueberry hill (1956), Blue monday (1956), I'm walkin' (1957), It's you I love (1957), I still love you (1957), Whole lotta loving (1958), Be my guest (1959), I'm walkin' to New Orleans (1960), Don't come knockin' (1960).

Ich war jahrelang Mitglied einer Band, die in den amerikanischen Armeeclubs in Deutschland für Unterhaltung sorgte und den Stil Fats Dominos exakt kopierte. Wenn unser Sänger, der dem Vorbild in Stimme und Statur, wenn auch nicht in der Hautfarbe vollkommen entsprach, »Blueberry hill« plattengenau intonierte, fehlte eigentlich nurmehr das Nadelgeräusch. Wegen der besagten drei Harmonien hatten wir nie Schwierigkeiten, neue Fats-Domino-Nummern einzustudieren. Das Problem war nur, sie auseinanderzuhalten.

5 x Kleine Kunst

Die meisten verwechseln Kleinkunst und kleine Kunst. Doch sobald man sorgfältiger differenziert, zeigen sich die Unterschiede. Dabei geht es nicht um Qualitätskriterien. Sondern nur um Größenbegriffe wie Dimension, Format und Aufwand.
Kleinkunst will Dich unterhalten, nicht bessern. Sie zielt nicht aufs Herz, sondern aufs Hirn und das Lächeln liegt ihr näher, als das Lachen. Sie arbeitet mit kleiner Besetzung und bescheidenen Mitteln. Ihre Währung ist die Dreigroschenoper, nicht die Dollarprinzessin.
Wenn Gisela May Bert-Brecht-Songs vorträgt, Werner Schneyder eine seiner scharfzüngigen Conferencen abliefert oder Herman van Veen Seelenstrip betreibt, bleibt jeder von ihnen in seiner Dimension. Große Kleinkünstler sind große Künstler der Kleinkunst.
Große Großkünstler haben anderes Format und andere Ansprüche. Sich ein Leben lang mit schweren Kalibern zu befassen, kann nämlich verdammt anstrengend sein. Deshalb reizt es, sich von den Brettern, die die Welt bedeuten, aufs Glatteis zu begeben und dort zu versuchen, ob man nach all den dreifachen Rittbergern auch noch eine elegante Pirouette zustandebringt.
Dann tupft ein Claudio Arrau mit leichter Hand ein Chopin Nocturne hin; rezitiert Gert Fröbe ›Morgenstern am Abend‹; vergreift sich Birgit Nilsson an ›My fair lady‹; schenkt uns Louis Armstrong ein »Uncle Satchmos Lullaby«.
Wie gesagt, das hat nichts mit gut oder schlecht zu tun! Es geht nur um groß und klein, um viel oder wenig Aufwand. Wenn Horowitz die C-Dur-Tonleiter übt, steckt mehr drin, als im gesamten Output von Richard Clayderman.
Wenn Yehudi Menuhin und Stephane Grappelli »Tea for two« fiedeln, haben sie und das Publikum garantiert mehr Spaß daran, als ein hundertköpfiges Orchester beim Pflücken von Meyerbeeren.
Großer Aufwand deutet selten auf große Kunst, weit öfter auf großen Lärm hin. Wenn die Rolling Stones durch die Lande ziehen, rollen 12 Sattelschlepper Equipment mit ihnen. Bobby McFerrin braucht nur ein kleines Mikrofon für sein »Don't worry, be happy«. Jango Edwards braucht nicht einmal das.
Schallplatten sind geduldig. Sie schlucken alles, was ihnen zugemutet wird, ohne sich zu sträuben. Nur Dir sträuben sich manchmal die Haare, wenn Dir »Satisfaction« versprochen und dann nur »Like a Virgin« gehalten wird.
Für Deinen Trip zur großen kleinen Kunst verspreche ich Dir keine weltbewegenden Abenteuer, keine apostolischen Offenbarungen, keine hehren Begegnungen mit Göttern des Olymp und keine Guru-rale Läuterung.
Aber ich garantiere Dir unbegrenztes Vergnügen, herzhaftes Lachen und entspannende Seelenmassage. Und wünsche gute Unterhaltung.

⊙ Spike Jones

Der Charlie Chaplin der Musik heißt Spike Jones. Mit seinen ›City Slickers‹ hat er die Slapstickkomik der Keystone Cops von der Vertikalen in die Horizontale gebracht, nämlich von der Leinwand auf die Scheibe. Mit einer Hitler-Parodie unter dem Titel »Der Fuehrers Face« schaffte es Spike Jones während des Zweiten Weltkriegs in den USA zu nationaler Berühmtheit. Auch hier die Parallele zu Charlie Chaplin und dessen genialem Streifen ›Der große Diktator‹.

Doch das ist nicht der Spike Jones, für dessen »Cocktails for two« ich Tonnen sogenannter ›humoristischer Lachplatten‹ wegschmeißen würde. Der Spike Jones aus der Halle der Unsterblichkeit hat zum Beispiel das epochemachende Werk »Spike Jones murders Carmen« geschaffen.

Ich hatte immer geglaubt, der Film ›Carmen Jones‹ mit der schmalstimmigen Dorothy Dandridge sei als Parodie gedacht gewesen. Erst seit ich die richtige Parodie kenne, weiß ich, daß er ernst gemeint war.

Was mich an Spike Jones und seinen Epigonen wie Mickey Katz und Stan Freberg begeistert, ist das handwerkliche Können, das hinter all dem blühenden Blödsinn steckt. Mickey Katz und sein jiddisches Geblödel über die »Borscht Riders in the sky« oder das von Stan Freberg durch den Kakao gezogene »Banana Boat«, das viel, viel besser ist, als das Original von Harry Belafonte, werden von exzellenten Musikern »exekutiert«.

Das gilt auch und vor allem für die ›City Slickers‹ von Spike Jones. Die einzigen, die denen Paroli bieten können, sind die bayerischen Urviecher von Gerhard Polts ›Biermösl Blosn‹, deren Verwandtschaft ersten Grades mit Spike Jones offensichtlich und offenhörlich ist.

Spike Jones hat das trostlos-konventionelle Instrumentarium unserer Orchester um einige wichtige Zutaten erweitert. Hupe, Sirene, Fahrradklingel, Böller, Knallfrösche und klirrendes Glas sind seither aus der Musik nicht mehr wegzudenken.

Auch die Skala an Geräuschen, die der menschliche Körper ohne künstliche Hilfsmittel zu erzeugen imstande ist, erfuhr durch ihn enorme Bereicherung.

Naturnahe und zutiefst menschliche Laute, die durch eine falsch verstandene Zivilisationsethik durch Jahrhunderte permanent zwanghaft unterdrückt worden sind, Laute wie Blubbern, Gurgeln, Stöhnen, Ächzen, Schmatzen und Schlimmeres sind durch die Pionierarbeit Spike Jones' fast schon wieder gesellschaftsfähig geworden.

Er hat das Nasenbohren in Musik gesetzt, das Grunzen hoffähig gemacht und die Kunstfertigkeit des herzhaften Rülpsens zur Kunst erhoben.

Findest Du nicht auch, daß man ihm dafür dankbar sein muß?

⊙ Sammy Davis jr.: Impressions

›The Rat Pack‹ nannte man die glorreichen Vier, die Hollywood 20 Jahre lang unsicher machten, wie Pech und Schwefel zusammenhielten, jede Party sprengten, und vor denen keine Frau sicher war (und wahrscheinlich auch nicht sein wollte).
Jeder der vier hatte ein spezifisches Talent. Frank Sinatra konnte singen und schauspielern. Sammy Davis konnte singen und tanzen. Dean Martin konnte singen und trinken. Nur das Talent von Peter Lawford, des vierten im Bunde, beschränkte sich auf seine Verwandtschaft zu John F. Kennedy.
Der Begabteste des Rattenpacks war zweifellos Sammy Davis jr. Das ›Junior‹ stammt daher, daß schon sein Vater ein bekannter Entertainer war, der seinem Sohn die ersten Auftritte verschaffte, als dieser gerade zwei Jahre alt war.
Die harte Schule des Showbusiness hat Sammy Davis jr. geprägt.
Er mußte immer mehr können, als andere. Er war häßlich, er war klein, und er war schwarz. Das ist er immer noch. Doch inzwischen weiß man auch außerhalb Harlems, daß er wirklich mehr kann als andere. Der häßliche kleine Schwarze wurde zum größten Entertainer aller Zeiten.
Natürlich hat er bei weitem nicht so viele Schallplatten verkauft wie Michael Jackson, Prince oder John Travolta. Dafür ist er einfach zu gut. »What kind of fool am I« und »Candy man« aus den Jahren 1962 resp. 1972 schlugen sich zwar mit Anstand, doch wirken deren Umsatzziffern gegenüber denen selbst drittklassiger Rockstars einfach lächerlich.
Am bekanntesten wurde sein »Mr. Bojangles«, die Geschichte des Tänzers Bill Robinson, der wirklich gelebt hat und dem Duke Ellington schon 1941 mit »Bojangles« ein musikalisches Denkmal gesetzt hat.
Am unbekanntesten ist »The Sammy Davis jr. All Star Spectacular«, eine LP, auf der Sammy Davis jr. Kollegen wie Mario Lanza, Frank Sinatra, Billy Eckstine, Frankie Laine, Ray Charles und Louis Armstrong dermaßen hinreißend parodiert, wie ich es nie wieder in dieser Vollendung gehört habe.
Sofern Du mich besuchst, würde ich Dich zu gerne mit den ›Impressions‹ von Sammy Davis jr. hineinlegen. Nicht einmal Du würdest erkennen, ob der Tenor auf »Be my love« Mario Lanza an einem guten oder Sammy Davis jr. an einem schlechten Tag ist.
Doch so großartig, fantastisch, überwältigend und einzigartig dieses Reprise LP mit der Nummer R-6033 auch ist, hat sie doch einen mörderischen Nachteil: Reprise rückt nicht mit ihr heraus. Ich besitze sie nämlich leider nur als Tonbandüberspielung, nicht aber auf Platte.
Ein Freund hat mir zwar die LP einmal geborgt, unglücklicherweise aber wieder zurückverlangt. Seither renne ich ihr von Pontius zu Pilatus nach. Die ganze Route 66 von Chicago nach L. A.; From Here to Eternity; von Atlantic bis Zonophone.
Vergeblich. Nicht zu kriegen. Als hätte es sie nie gegeben.
Langsam beginne ich mich zu fragen, ob die Platte wirklich existiert oder ob es sich womöglich um Aufnahmen handelt, bei denen Mario Lanza, Frank Sinatra, Billy Eckstine, Frankie Laine, Ray Charles und Louis Armstrong ihren Kollegen Sammy Davis jr. parodieren.

⊙ Previn & Perlman: Ragtimes

Fährt man mit dem Wagen von Norden kommend in die kleine Stadt Sedalia im amerikanischen Bundesstaat Missouri, liegt rechter Hand eines dieser modernen Einkaufszentren, das einen seltsamen Kontrast zur Häuserzeile auf der linken Seite bildet. Dort sind von früher her noch zwei, drei Geschäfte und ein paar Bars übriggeblieben. Der unvermeidliche Souvenirladen darf natürlich auch nicht fehlen. In ihm findest Du die üblichen T-Shirts mit den sinnigen Aufdrucken sowie die sattsam bekannten Schlüsselanhänger, Sticker, Buttons und den übrigen Tand und Talmi.
Prunkstück des Ladens ist ein ausgemergeltes elektronisches Klavier der Marke Aeolian, das ›Piano rolls‹, wiedergeben kann; bespielte Klavierwalzen, die aussehen wie die frühen Lochkarten der ersten IBM-Computer. Die Rollen darfst Du Dir selbst einlegen und nach Einwurf eines Quarters abspielen. Sie enthalten resedafarbene Klaviermusik, vom ›Persischen Markt‹ bis ›Nola‹.
Wenn Du zum Ladenbesitzer, einem uralten Farbigen aus Onkel Toms Hütte, besonders nett bist, holt er vielleicht die eine oder andere Klavierwalze aus der untersten Schublade und legt sie für Dich auf. Dann kannst Du jene Musik hören, von der niemand weiß, daß sie um die Jahrhundertwende hier in Sedalia entstanden ist: Ragtime.
Der Ragtime wäre wahrscheinlich nie aus seinem Dornröschenschlaf erwacht, wenn nicht die köstliche Gaunerkomödie ›The Sting‹ (Der Clou) mit Robert Redford und Paul Newman gedreht worden wäre. Regisseur George Roy Hill wählte die längst vergessenen Kompositionen des Ragtimepianisten Scott Joplin als Filmmusik und ließ sie von einem bis dahin vollkommen unbekannten Klavierspieler namens Joshua Rifkin neu aufnehmen.
Plötzlich, nach mehr als 70 Jahren, war Ragtime wieder ›in‹. Joshua Rifkin verkaufte seine Platten wie warme Semmeln, und die ganze Welt pfiff die Titelmelodie des Films, Scott Joplins »The entertainer«. Der Erfolg zog eine Flut neuer Ragtimeplatten nach sich. Das ›Diabelli-Trio‹ nahm Stücke von Scott Joplin, Tom Turpin, James Scott und anderen in der Besetzung Flöte, Viola und Gitarre auf. In Frankfurt am Main konstituierte sich ein ›Ragtime Society Orchestra‹. Siegfried Schwab spielte Rags auf der Sologitarre, und sogar Strawinskys »Piano Rag Music« aus dem Jahr 1919 erlebte Wiederaufführungen.
Die schönste Verbeugung vor Scott Joplin gelangen dem Geiger Itzhak Perlman und dem Pianisten André Previn 1975 mit ihrer Platte »The easy winners«.
Perlman wandelt dabei ein bißchen auf den Spuren von Yehudi Menuhin, der gemeinsam mit Stephane Grappelli zwei LPs mit Salonmusik der zwanziger Jahre eingespielt hat. Previn mußte diesen Weg nicht erst suchen; er kommt ja vom Jazz und hat mit vielen großen Jazzmusikern zusammengespielt, bevor er bei Pierre Monteux dirigieren lernte und es bis zum Chef der Londoner Symphoniker brachte.
Previn & Perlman statten die ursprünglich für Klavier geschriebenen Stücke mit soviel Schmelz und Charme aus, daß man glauben könnte, Fritz Kreisler wäre bei einem Zwischenstopp in Sedalia mit Joplin zusammen-

getroffen. Das melancholische »Solace – A Mexican Serenade« wird nie wieder so innig, zärtlich und gleichzeitig augenzwinkernd-ironisch klingen, wie bei diesen beiden Vollblutmusikern. Joplin hätte seine Freude daran gehabt. Heute dürfen wir sie haben.
Scott Joplin war der bedeutendste Komponist des Ragtimes. Am bekanntesten wurde sein »Maple leaf rag«, den er zusammen mit den »Original rags« 1899 herausbrachte. Von beiden besitze ich die Originalaufnahmen, die von ›Piano rolls‹ auf Schallplatten überspielt worden sind.
Auch seine Ragtime-Oper »Treemonisha«, die zu Joplins Lebzeiten nie aufgeführt worden ist, steht in meiner Sammlung; in einer Aufnahme, die der Third-Stream-Musiker Gunther Schuller 1975 für das Opernhaus von Houston/Texas einstudiert hat.
Die ›Piano rolls‹ kamen ursprünglich nicht aus den USA, sondern aus Deutschland, wo 1904 die Firma Welte-Mignon in Freiburg die ersten brauchbaren elektrischen Klaviere baute. Weil diese Klaviere sogar gewisse Anschlagsnuancendynamik wiedergeben können, liefern sie uns authentische Tondokumente großer Musiker der Vergangenheit. Erhalten gebliebene Klavierwalzen von Saint-Saëns, Debussy, Mahler, Ravel, Reger, Grieg, Strauss und Skrjabin sind 1985 sogar digital auf CD überspielt worden.
Auf einer dieser Überspielungen stieß Itzhak Perlman auch auf Scott Joplin und überredete André Previn zu gemeinsamen Duoaufnahmen. Previn war skeptisch:
»Laß uns lieber ein paar Brahms-Sonaten spielen, Itzhak«.
Doch Perlman blieb hart:
»Die Platte wird ein Riesenerfolg, und ich kann mit dem Geld meine Küche einrichten«.
Sprach's, spielte und siegte. Denn die »Easy winners« wurden easy und rasch zu ›winners‹, verkauften sich glänzend und zieren tausende Plattensammlungen in aller Welt. Du hast sie doch auch, oder?

⊙ Louis und Ella

Sollte mein Schallplattenzimmer eines Tages in Flammen stehen und ich könnte nur das retten, was ich in der Hand tragen kann, würde ich trachten, ein paar Ellingtons, Parkers, Mahlers, Schuberts und Sinatras zu schnappen und heil herauszubringen. Vielleicht gelänge es mir auch, die eine oder andere Scheibe von Chet Baker oder James Galway mitzunehmen. Falls sich aber gerade eine von Louis Armstrong und Ella Fitzgerald auf dem Plattenteller dreht, bliebe ich wahrscheinlich drinnen.
Ich will Dich nicht mit haltlosen Schwärmereien langweilen, sondern Dir nur schlicht und ergreifend kundtun, daß ›Louis und Ella‹ und ›Louis and the Mills Brothers‹ die ultimativen Inselplatten sind.
Die Mills Brothers oder ›Mühlenbrüder‹, wie Günter Schifter sie anzusagen pflegt, sind ein Gesangsquartett, das als Begleitung nur eine einzige, noch dazu unverstärkte Gitarre benötigt. Den Rest machen sie mit den Stimmen. Kammermusik par excellence.

In diesen intimen Rahmen haben sie sich für ein paar Aufnahmen Louis Armstrong geholt, der bekanntlich die Sterne vom Himmel blasen kann und dem Erzengel Gabriel höchstpersönlich Trompetenunterricht erteilt hat. Und siehe da, der strahlende Held des hohen ›F‹ wandelt sich zum Kammermusiker, als hätte er nie etwas anderes gemacht.
Auch im Duett mit Ella Fitzgerald läßt Louis Armstrong die Leuchtraketen im Köcher und schwingt sein Horn mit der Delikatesse und Elegance eines leichtfüßigen Steptänzers. Er spielt, wie Fred Astaire tanzt.
Louis Armstrong und Ella Fitzgerald sind das ideale Gespann, um selbst das schäbigste Schlagerstroh zu Gold zu spinnen.
Ihre Duette voll Esprit, feinsinnigem Humor und augenzwinkernder Selbstverständlichkeit gehören zum Größten, was jemals an kleiner Kunst auf Rillen gezogen worden ist. Bei diesen Miniaturen wird Dir bewußt, daß auch der Mikrokosmos ein Kosmos ist.
Das Gros der Titel stammt aus den Jahren 1956/57, als Louis und Ella, begleitet von Oscar Peterson oder dem Orchester Russell Garcia, eine Aufnahmeserie einspielten, der unter anderem auch das Wunderalbum »Porgy und Bess« entstammt.
1951 sangen Louis und Ella vier Duette für Decca: »Necessary evil«, »Oops«, »Would you like to take a walk« und »Who walks in when I walk out«, für die Dave Barbour die Begleitung lieferte.
Doch die köstlichsten Kleinodien sind zwei Titel vom 25. August 1950, als Louis und Ella mit dem Orchester Sy Oliver ins Decca-Studio gingen, um »Dream a little dream of me« und »Can anyone explain« aufzunehmen.
Wenn Du Talent hast und fleißig übst, schaffst Du vielleicht, je nach Zielsetzung, die »Revolutionsetüde« von Chopin, den »Teufelstriller« von Paganini oder »Donna Lee« von Charlie Parker. Aber für »Dream a little dream of me« wird es trotzdem nicht reichen. Dafür muß man ein Genie sein.
In unserer Dixielandband ›Blue Note Seven‹ spielen wir die härtesten Armstrong-Brocken so original wie möglich nach. Sogar den »Westend blues«. Sogar den »Potato head blues«.
Einmal probierten wir »Dream a little dream of me«, das melodisch weitaus primitiver ist, keine extremen Trompetenpassagen erfordert und weder harmonisch, noch rhythmisch irgendwelche Rätsel aufgibt.
Dennoch gaben wir nach dem ersten Versuch auf. Das einfache Stück war uns einfach zu schwer.

⊙ Zwölf auf ein Dutzend

Je länger Du sammelst, desto größer wird Dein Appetit auf Ausgefallenes. Du willst nicht jeden Tag Rinderbraten, Dich verlangt auch einmal nach Chop Suey oder Shish Kebab.
Die ewigen Streichquartette hängen Dir schon zum Hals heraus. Die Hochzeit des Figaro hast Du schon sooft gesehen, daß es bereits die goldene Hochzeit ist. Elektra elektrisiert Dich schon längst nicht mehr. Die hohe Messe könnten sie ruhig noch höher hängen. Bei Cole Porter denkst Du nur noch an Bier, bei Chick Corea an Hähnchen und Duran Duran erinnert Dich in letzter Zeit immer öfter an einen armenischen Schnellimbiß.
Das sind bedenkliche Symptome von Rillenfieber, zu dessen Heilung ich Dir nur folgende Therapie vorschlagen kann: Schallplatten!
Aber nicht die gewöhnlichen! Diesmal sind die ausgefallenen dran. Und da stehen die zwölf »Philharmonischen Cellisten Köln« ganz vorn in der Reihe. Zusammen mit dem Kabarettisten Dieter Hildebrandt haben sie eine Wergo-Platte aufgenommen, die Dein Fieber sofort senken wird.
»Eine kleine Schlachtmusik« heißt das gute Stück, in dem zwischen Jacques Offenbach und Fats Waller alles enthalten ist, was Spaß an der Freude macht.
Falls Du aber auf den Hildebrandt verzichten willst, greifst Du einfach zum Vorgänger namens »Cello-phon« oder zum Gegenstück vom Wannsee, den 12 Cellisten der Berliner Philharmoniker. Hier wie dort holen die Musiker mehr aus ihren Instrumenten heraus, als deren Erbauer drin versteckt haben. Die zwölf Celli klingen zeitweise wie Violinen, Bratschen, Kontrabässe, Gitarren, Harfen, ja manchmal sogar wie Celli.
Bei akuten Fällen von Rillenfieber bedarf es eines sorgfältig zusammengestellten Kurprogramms, dessen Schwerpunkt auf musikalischem Unfug liegt.
Parodien sind da besonders ergiebig. Gerard Hoffnungs ›Hoffnungsfestival‹ mit so epochalen Werken wie »Symphonie für einen Gartenschlauch« wird noch auf Jahre hinaus Maßstäbe setzen. So wie Stan Freberg, dessen »Great Pretender« das Original der ›Platters‹ um Pferdelängen schlägt. Übrigens, Pferdelängen: »Horses don't bet on people« von Kay Kyser kann nur als Doktorarbeit der Fakultät ›Höherer Nonsens‹ entstanden sein!
Ganz anders dagegen die grimmigste Abrechnung eines Großmeisters mit einem Kleinmeister, die es jemals gegeben hat: Der Komponist Diabelli schickte einen von ihm verfaßten Walzer an verschiedene Komponisten mit der Aufforderung, eine Variation darüber zu verfassen. Beethoven lieferte nicht eine, sondern gleich 33 Variationen, mit denen er Diabelli zeigte, wo Gott wohnt.
In der Plattenkiste der Firma Wergo findest Du auch noch andere Arzneien gegen Rillenfieber. Sie tragen Titel wie »Die Singphoniker«, »Abenteuer einer Kapelle« oder »Ein Haydnspaß«.
Du mußt nur aufpassen, daß Du nicht daneben langst und aus Versehen einen Blacher, Egk, Stockhausen oder gar Ligeti erwischt, sonst ist die ganze Kur beim Orff.

5 x Popcorn

Popmusik ist ein schnellebiges Phänomen der Zeit, an der wir leiden. Populäre Musik hat es schon immer gegeben. Aber nie so kurzlebige, wie unsere. Heute noch in Millionen Exemplaren verkauft, liegt der Superhit morgen schon unter dem Ladentisch. Im Pop ist das Heute morgen schon gestern.

⊙ Kannst Du Dich noch an die fünfziger Jahre und an Leute wie Kay Starr, Leroy Anderson, Illo Schieder, Lys Assia und Johnny Mathis erinnern?

⊙ An die Sechziger und an Jimmy Makulis, Brenda Lee, Neil Sedaka, Bobby Darin?

⊙ An die Siebziger mit Wilson Pickett, Danny Osmond, Baccara, Status Quo, Suzie Quattro?

⊙ An die Achtziger und an Elvis Costello, die Spider Murphy Gang, Blondie, Dan Fogelberg, Alice Cooper, Adam Ant?

⊙ An Ten Years After – wann immer deren Zeitrechnung beginnt?

Das sind nur ein paar wahllos herausgegriffene Namen aus den Hitparaden jener Tage. Beileibe keine zweite Wahl, sondern Superstars der ersten Garnitur, mit allem, was dazugehört: von goldenen Platten und autogrammgeilen Groupies bis zur Love Story im einschlägigen Fanzine und dem auffaltbaren Poster in ebendemselben.

Wo sind sie alle geblieben?

Vom Winde verweht. Abgetakelt. Auf der Schutthalde. Auf Samplern vom Typus »20 goldene Originalhits«. Oder, was noch schlimmer ist, im Regionalfunk.

Das soll nicht heißen, daß Popmusik von früher schlechter ist, als Popmusik von später. Sie ist nur out.

Seit den frühen Tagen von Chuck Berry und Fats Domino hat sich die populäre Musik auf erstaunliche Weise weiterentwickelt. Sie ist zur eigenständigen Musikrichtung geworden und repräsentiert die Volksmusik unserer Tage. In ihrer rasanten Entwicklung hat sie ein derart atemberaubendes Tempo vorgelegt, daß es heute schon Klassiker gibt, die innerhalb der Genealogie dieselbe Stufe einnehmen, wie die Klassiker des Jazz oder der europäischen Musik.

Es geht nur viel schneller! Joseph Haydn benötigte fast 200 Jahre, um ein Klassiker zu werden. Die ›Doors‹ schafften das in einem Zehntel der Zeit. Und wenn eine frühere Elterngeneration noch mit Benny Goodman aufwuchs, so hat heutzutage fast schon die Oma zu Manfred Manns Earth Band gerockt.

Auch eine neue Plattensammlergeneration ist herangewachsen. Für Pop-Sammler ist das Eintauchen in ihre Welt wie ein Raumflug zum Andromedanebel. Was es da an Galaxien und Planetensystemen zu entdekken und zu erforschen gibt...!

Du kannst Dich als Popfan zum Beispiel nur auf die Jahre 1960–1965 beschränken und wirst doch niemals mit dem Sammeln fertig werden. Du kannst Dich genauso aussichtslos auf Roy Orbison stürzen; auf Gary Glitter konzentrieren; versuchen, Joe Cocker komplett zu bekommen; der ›Beatles Single Collection‹ nachjagen; die ›Wings‹ zu komplettieren suchen.

Feinspitze besitzen alle 10 Alben, die Stevie Wonder in den 60ern herausgebracht hat (2 auf Oriole, 2 auf Stateside, 6 auf Tamla Motown). Sie wissen auch Bescheid, daß zum Beispiel die ersten fünf Elvis-Platten in den USA für ›Sun‹ aufgenommen, in Europa aber unter HMV-Lizenz verkauft wurden. Die fünfte und letzte »Mystery Train«, kam unter British HMV Gold Label POP 295 heraus, obwohl RCA inzwischen alle Mastertapes von ›Sun‹ gekauft hatte, HMV aber bis zu ›Paralyzed« (HMV POP 378) die Lizenzrechte besaß.

Grobspitze begnügen sich mit einer Dokumentation der Pop-History anhand einiger legendärer Scheiben, die inzwischen den Status der Unberührbaren erreicht haben, d. h. sich als Klassiker der Popmusik gleichberechtigt neben die aus der Philharmonie und dem Village Vanguard gestellt haben. Dazu könnte man die Folgenden zählen: ⊙ Pink Floyd: See Emily play ⊙ The Rocky Horror Picture Show ⊙ Sex Pistols: My way ⊙ Talking Heads: Remain In Light ⊙ Jimi Hendrix: Axis, bold as love ⊙ Fleetwood Mac: Rumors ⊙ Frank Zappa: Freak out.

Was unterscheidet diese Klassiker von denen vom anderen Ufer? Da gibt es viele Merkmale. Eines davon ist, daß in der Popmusik ein Quartett grundsätzlich aus 5 Leuten besteht. Vier Musiker und ein Tontechniker. Früher spielte man Klavier, heute spielt man Mischpult. Eine Entwicklung, die harmlos genug mit Mikrofon, Hammondorgel und Elektrogitarre begonnen hat und fürchterlich in Verstärkertürmen, Synthesizern und infernalischer Lautstärke jenseits der 130-Phon-Schmerzgrenze mündete.

Da liegt auch das eigentliche Problem von Pop auf Platte. Wie bekomme ich den Livesound in die Rille? Eine Frage, auf die seit Woodstock niemand mehr eine Antwort geben kann.

Als sich die traditionellen Konzertsäle als zu klein für Popspektakel erwiesen, wich man in Mehrzweckhallen und Fußballstadien aus. Im Juni 1989 wurde entgegen allen Warnungen ein Open-Air-Spektakel mit Pink Floyd in Venedig veranstaltet. Zwei Wochen später mußte die Stadtverwaltung geschlossen zurücktreten, als eine Menge frischer Mauerrisse den traurigen Nachweis erbrachten, daß sich die Palazzi dem Dezibelansturm nicht gewachsen gezeigt hatten.

Den Rockern aber, die den Untergang der Lagunenstadt dadurch beschleunigt haben, wünsche ich nichts weiter, als daß sie beim Herunterfallen der Bronzepferde direkt darunter stehen mögen.

Popkonzerte sind Maschinengewehrsalven aufs Trommelfell. Panzergranaten gegen den Gehörgang. Schwere Artillerie auf Hammer, Amboß und Steigbügel.

Um nämlich 200 000 Fans ›beschallen‹ zu können, bedarf es schon der Power eines mittleren Kraftwerks; je lauter, desto dröhn. Damit nicht genug, potenzieren die Teenies den Höllenlärm zu einem alptraumhaften Inferno.

Das war letztlich auch der Grund, daß sich die Beatles aus der Öffentlichkeit zurückgezogen haben.

»Die Teenager kreischten dermaßen laut, daß wir uns selbst nicht mehr hörten und nicht wußten, ob wir spielten oder nicht«, begründete George Harrison diesen Entschluß.

Im Studio wird die Elektronik nicht zur Verstärkung, sondern für den Sound eingesetzt. Dadurch eröffnen sich neue Klangdimensionen von ungeheurer Größe, leider

manchmal auch großer Ungeheuerlichkeit. Weil Böses fortlaufend Böses muß gebären, sind die Bands dem Parkinsonschen Gesetz unterworfen und daher gezwungen, den im Studio gemixten Sound auch live zu präsentieren. Die Fans akzeptieren nichts anderes. Deshalb die Sattelschlepper. Deshalb die Roadies. Deshalb 3 Tage Bühnenaufbau für 3 Stunden Auftritt. Die Sound-Revolution frißt ihre eigenen Kinder; die Popmusik ist zu einer Schlange geworden, die sich selbst in den Pop beißt.
Doch damit kann man noch immer leben. Fetzige Sounds sind super, solange sie wirklich fetzig sind. Womit man nicht leben, sondern woran man eingehen kann, ist das monotone Darunter. Der Konservenbeat. Dieser Rhythmus aus Blechbüchsen, dieses unflexible, gleichförmige, dumpfe Hämmern, das einen fertig macht. Schuld sind Schlagzeuger, die keine Schlagzeuger, sondern bestenfalls Trommler sind. Und der Drumcomputer, im Musikerjargon »japanischer Rhythmuswurstel« genannt. Jenes verfluchte, in viele Elektronenorgeln fest eingebaute Gerät, das mit Tastenbezeichnungen wie »Rhumba« und »Rock schnell« versehen ist und auf Knopfdruck jeden gewünschten Rhythmus in jedem gewünschten Tempo liefert. Unerbittlich, unermüdlich, unerträglich.
Doch auch das kann sich einmal ändern. (Es könnte noch schlimmer werden.) Wobei ich Dich bitte, zwischen den Begriffen »schlimm« und »schlecht« zu differenzieren. Es gibt schlimme Musik und es gibt schlechte Musik. Was Dir und mir nicht gefällt, muß deswegen noch lange nicht schlecht sein. Das allerdings zugeben zu müssen, ist schlimm genug.
Popmusik wird mit den Jahren weder besser noch schlechter, sondern allenfalls unmodern. Was an ihr aktuell ist, entspricht immer genau dem Stil der Zeit. Deshalb darf man sie auch nicht mit den üblichen Maßstäben messen. Schon gar nicht ist es gestattet, sie nach musikalischen Kriterien zu beurteilen. Das wäre unfair.
Das Großartige an dieser Musik ist nicht die »Musik«. Ihre Leistung liegt vielmehr darin, die Menschen in ein anderes Glück entführen zu können.
Jedes Stückchen Popmusik ist mit der augenblicklichen Stimmung dessen, der zuhört, verknüpft, ja sogar von ihr abhängig. Und weil sich beim Wiederhören diese Stimmung automatisch wieder einstellt, macht die Wiederbegegnung Freude. Wird sie wertvoll. Wird sie zu einem wunderbaren, großen Erlebnis.
Mit musikalischer Qualität hat das überhaupt nichts zu tun. Das Erlebnis kümmert sich nicht darum. Es stellt sich bei ganz mieser Popmusik genauso zuverlässig ein, wie bei den besten Erzeugnissen des Genres. Hauptsache, es gefällt.
Das ist es ja gerade, was mir solche Probleme schafft. Was mir heute gefällt, ist morgen schon überholt. Wie die Mädchen des Morgenlandes, altert Popmusik unglaublich schnell. Das kommt daher, daß es zeitlose und zeitnahe Musik gibt. Pop ist letzteres.
Leider ist sie zu 90 Prozent auch das Letzte. Was einem Rundfunk und Tonträgerindustrie diesbezüglich zumuten, ist oft nur Popomusik. Ist das wirklich das, was das Publikum haben will? Ich glaub's einfach nicht. Will die Welt tatsächlich containerweise mit musikalischem Müll überschwemmt werden?
Als wir jung waren, dachten wir beim An-

hören der damaligen Tagesschlager: »Was werden sich unsere Kinder später einmal von uns denken, wenn sie dahinterkommen, welchen Schwachsinn man zu unserer Zeit in die Hitparaden votierte?«
Heute sind wir etwas älter. Trotzdem hat sich nichts geändert.
Andere Musik muß ich mir erarbeiten und erkämpfen. Die Fließbandmusik der Hitlisten kommt zu mir und ergibt sich ohne Gegenwehr. Freiwillig, mühelos, bar jeglicher Anstrengung.
Deshalb stellt sich mir die Frage: selbst wenn es sich in vielen Fällen lohnt, sich mit den Platten zu beschäftigen – lohnt es sich auch, sie zu sammeln?
Ich will ja nicht nur Labels und Covers horten oder ein Lebensgefühl konservieren oder ein nostalgisches Erinnerungserlebnis einbalsamieren oder als Groupie-Surrogat und Präsident eines 1-Mann-Fanklubs Platten sammeln.
Ich will eigentlich nichts anderes als Musik hören. Deshalb meine Frage: Welche Pop-Platten kannst Du guten Gewissens als Highlights empfehlen? Was traust Du Dich mit der nötigen Begeisterung selbst einem Skeptiker vorzuspielen? Auf was stehst Du?
Ich habe mir fünf Pop-Platten ausgesucht, von denen ich glaube, daß sie den Schwenk vom »zeitnah« zum »zeitlos« geschafft haben. Wie immer, sind einige Scheiben dabei unter den Plattenteller gefallen, die ebenso auf diesen gehörten.
Zum Beispiel alles von Colosseum. Vieles von Cream und Deep Purple. Manches von George Harrison. Einiges von Madonna und Michael Jackson. Eine (»Stronger than pride«) von Sade. Aber nur ja keine von Procul Harum.

⊙ Let it Beatles

Untertitel: Der Rest ist Lärm.

Der 11. September 1962 ist ein historisches Datum für die Schallplatte. An diesem Tag holte ein gewisser George Martin, Aufnahmeleiter beim EMI-Konzern, vier unbekannte Liverpooler Youngsters, die sich den dubiosen Namen »The Beatles« gegeben hatten, ins Londoner Studio der Parlophone.
Dort wurden zwei Titel eingespielt:

- ⊙ »Love me do« (mit nicht weniger als 17 Takes!)
- ⊙ »PS I love you« (bei welcher Mr. Martin den regulären Schlagzeuger Ringo Starr durch einen anderen ersetzte. Ringo durfte lediglich die Maracas bedienen).

Der Rest ist Geschichte. Und auch Lärm.
Was die Geschichten betrifft, so brauche ich sie hier nicht zu erzählen. Jeder kennt sie; jeder weiß um die Bedeutung der »Fab Four« aus Liverpool. Bleibt der Lärm. Jener nämlich, den die anderen machen. Die Nachkommen von John, Paul, George und Ringo.
Mit den Aufnahmen des 11.9. 1962 begann eine neue Ära der Musik und der Schallplatte.
Bis zu diesem Zeitpunkt war alle Schlager- und Popmusik nichts weiter als ein verdünnter Aufguß dessen, was die Jazzmusiker erarbeitet hatten.

Es gab die populäre amerikanische Tanzmusik vom Kaliber Les Brown oder Ray Anthony, die sich direkt vom Swing herleitete. Und es gab den Primitivo-Rock von Bill Haley und Konsorten: Ein den farbigen »Rhythm & Blues-Musikern« wie Eddie Vinson oder Amos Milburn abgekupferter Stil, der als »Rock'n'Roll« nur mehr stillos war.
Die Pilzköpfe aus Liverpool brachten eine neue Note in die Partitur. Keine Blue-Note, aber eine B-Note (B wie Beatles). Originell und original. Eigenständig. Noch nie dagewesen.
Als die ersten Singles unters Volk kamen, fuhr dieses gewaltig darauf ab. Erstmals in ihrer Geschichte ließ die Schallplatte ihre Muskeln spielen und trat weltweit als Wegbereiter einer oft ans Hysterische grenzenden Verehrung in Erscheinung. Mit einem Schlag etablierte sie sich als Massenmedium. Etwas davon hatte sich schon bei Elvis Presley angedeutet. Aber die Beatles sind dennoch die ersten, die nicht nur Musik- sondern auch Schallplattengeschichte geschrieben haben.
Verkaufsziffernmäßig betrachtet, sind die Beatles absolute Weltmeister. Nicht nur, daß sich bei ihnen die goldenen Schallplatten nur so stapeln. Sie halten auch sämtliche Rekorde in Kategorien wie »Vorausbestellungen«, »meist verkauftes Album«, »am schnellsten verkaufte Single, »am längsten in der Hitparade« etc. etc.
Es schien, als hätte die Jugend der Welt endlich, nach langem Warten, ihre ureigene Musik gefunden.
Das zeigt sich auch daran, daß die Beatles einen Einfluß ausübten, der weit über das rein Musikalische hinausging. Sie wurden Vorbilder für Mode und Haarschnitt, Benehmen und Ansichten, Stil und Besetzung.
Ihr Einfluß auf die Musizierpraxis war ungeheuer. Auf der ganzen Welt schossen vierköpfige Beatbands in der Besetzung:
zwei Gitarren, E-Baß, Schlagzeug
wie die Pilze aus dem Boden. Was fatale Auswirkungen zur Folge hatte.
Denn die großen Vier nahmen den anderen Musikrichtungen eine ganze Generation Ausübender weg. Plötzlich fehlte den Symphonieorchestern der Nachwuchs, den Jazzbands frisches Blut.
Ist ja auch logisch: niemand zwischen 14 und 18 ist daran interessiert, so komplizierte Instrumente wie Klavier, Geige oder Altsaxophon zu lernen, wenn man es offensichtlich auch mit einer Wandergitarre zu Weltruhm bringen kann.
Bei der Gitarre versperrt einem wenigstens kein Mundstück den Weg zum Weltruhm. Das bisserl Singen wird sich schließlich auch noch hinbiegen lassen. Wozu gibt's schließlich Tontechniker.
Höhepunkte dieser bestürzenden Entwicklung war die sogenannte »Peter-Kraus-Gitarre«. Ein viersaitiges Instrument, das unter dem Namen des deutschen Schnulzenbarden und Teenageridols an jene unbegabten Dilletanten verhökert wurde, denen die üblichen 6 Saiten einer normalen Gitarre zuviel an instrumentaltechnischem Können abforderten.
Alles weitere ist bekannt. Was an Können und Musikalität fehlt, muß durch aufwendige Elektronik ersetzt werden. Die Verstärkeranlagen werden immer monströser, die Phonzahlen immer zweistelliger.
Eine Beatband, die etwas auf sich hält, rückt mit wenigstens 3 Sattelschleppern an, um die Bühne mit Tonnen von Equipment zubetonieren zu können. Wenn das nicht ausreicht, kommen noch die Lichtorgeln mit

psychedelischem Licht oder eine Lasershow hinzu.
Den Besuchern derartiger Spektakel bietet sich ein grotesker Anblick:
Eingemauert zwischen riesigen Lautsprecherboxen und Amplifiern, die turmhoch und bedrohlich aufragen, stehen vier bis fünf winzige Männlein einsam und verloren auf der Bühne herum. Vielleicht spielen sie deshalb so laut? Aus Furcht vor den großen Trümmern rundum? Oder aus lauter Angst vor Musik – statt aus Angst vor lauter Musik?
Diese Konstellation wird über kurz oder lang zwangsläufig zur einzig logischen Konsequenz führen: nämlich die Musiker als unansehnlichstes und daher schwächstes Glied der Kette vollständig zu eliminieren und nurmehr die Elektronik als Lärmerzeuger zu belassen.
Das Ergebnis ist bekannt. Man nennt es Disco.
Ich habe nichts gegen die Elektronik. Solange sie als musikalisches Stilmittel eingesetzt wird, ist sie o.k. Könner wie Frank Zappa, Jimi Hendrix und Joe Zawinul bringen wahre Wunderwerke zustande. Das ist aber eben kein »Wunder«, handelt es sich doch durchwegs um ausgebildete Musiker, die erst einmal gelernt hatten, ein »normales« Instrument perfekt zu beherrschen, bevor sie ihre Musik elektronisierten.
Auch zur Verstärkung von Instrumenten, die akustisch nicht genügend Power haben, kann die Verwendung von Strom durchaus legitim sein.
Quizfrage: »Woraus besteht ein Gitarrist?«
Antwort: »Aus Tonabnehmer, Verstärker, 20 Metern Kabel – und manchmal ein bißchen Fingerspitzengefühl.«
Illegitim und illegal wird es dort, wo die Elektronik herhalten muß, Unvermögen und Dilletantismus zu kaschieren. Wo Lautstärke an die Stelle der Phrasierung tritt. Wo jeder Gitarrenlauf den Lauf über den Verzerrer antreten muß, weil der Herr Gitarrist nicht einmal imstande ist, eine Tonleiter fehlerfrei zu spielen. Wo der Chip die Notation ablöst.
Zur musikalischen Scharlatanerie gesellt sich meist auch eine adäquate Bühnenpräsentation, bei der nackte, schweißglänzende Oberkörper jenen Sex signalisieren sollen, welcher der Musik so verzweifelt abgeht. Und Sprints entlang der Rampe ein Temperament andeuten müssen, das in der Musik nicht vorhanden ist.
Da hört der Spaß auf und geraten die Steine ins Rollen, wenn nicht sogar ins Schleudern.
Die Beatles waren die Ersten und Besten. Alle nach ihnen nur die Erstbesten. Auch die Rolling Stones; gerade sie. Wer ihre Platten hört, dem reißt es vor soviel Falschspielerei das Ohr weg. Drum heißt es ja: wer hören will, muß fühlen. Doch wo steckt das Feeling? Mick Jagger verfügt zwar unbestritten über eine gehörige Portion Charisma. Aber was bleibt davon auf Schallplatten übrig?
Gerade weil die Stones sooft in einem Atemzug mit den Beatles genannt werden, muß man letztere davor in Schutz nehmen. Die Beatles waren gewiß keine großen Einzelkönner, aber sie konnten sich immerhin auch nach ihrer Trennung solistisch über Wasser halten. Aber gegen einen Ron Wood, der sich bei Bo Diddley als Bluesmusiker versucht, war Leadbelly geradezu ein Virtuose. Charlie Watts wiederum hat sich eine Bigband zusammengestellt, zu deren antiquiertem Swing er ein passables Schlag-

zeug klopft. Oberstone Mick Jagger klopft Sprüche.
Ich zitiere dazu den Gitarristen John McLaughlin, der es sich leisten kann, folgendes zu sagen:
»Die erste Rockband, die ich mochte, waren die Beatles. Die Rolling Stones dagegen konnte ich überhaupt nicht leiden – ihre Musik war für mich eine fade und durchschnittliche Kopie des Stils von Muddy Waters oder Alexis Korner. Ich erinnere mich noch an das erste Mal, daß ich die Stones hörte. Es war erbärmlich schlecht; wenn eine Band falsch spielt, aber wenigstens Einsatz und Engagement zeigt, dann kann man das tolerieren. Aber falsch zu spielen ohne Engagement – was soll das. Es ist ja bekannt, daß Charlie Watts ein großer Jazzfan ist, aber vielleicht war er einfach nicht intelligent genug oder es fehlte ihm das Verlangen, ein besserer Musiker zu werden«.
Nach, mit und neben den Rolling Stones überschwemmten Zehntausende von Beatles-Epigonen den Globus mit ihrem musikalischen Müll. Gruppen kamen und gingen. Man könnte Dutzende von Ihnen aufzählen, doch es lohnt nicht der Mühe.
Lohnender ist es, den Beatles selbst zuzuhören. Die haben doch tatsächlich das Wunder geschafft, die eigenen Maßstäbe, die von ihren trostlosen Imitatoren und Nachfolgern nie erreicht worden sind, mehrfach zu übertreffen.
Wie gesagt, sie waren keine großen Könner auf ihren Instrumenten und auch nur mäßig begabte Sänger. Aber sie waren die besten Interpreten der Welt, wenn es um ihre eigenen Songs ging und klug genug, fast immer nur diese zu interpretieren.
Die Songs aber sind es, die ihnen den Platz im Olymp sichern.
Die Beatles setzten sich aus zwei netten Buben und zwei Genies zusammen. Das macht einen Genieanteil von 50 Prozent, was mehr ist, als es bei Gruppen je gegeben hat.
Das eine Genie war John Lennon. Ein Meister des Worts, ein geistreicher Satiriker mit enormem Wortschatz, geschliffener Sprache und skurrilen Satzkombinationen. Du solltest sein Buch »In his own write« (möglichst im englischen Original) lesen. Es ist selbst dann noch köstlich, wenn man es nicht deswegen liest, weil es vom geistigen Kopf der Beatles geschrieben worden ist.

Das andere Genie heißt Paul McCartney. Ein Liedkomponist vom Range eines Schubert, Gershwin oder Ellington. Ein Songschreiber, der Klassiker geschaffen hat, die man auch noch in 100 Jahren spielen wird. Mit einem überquellenden Einfallsreichtum. Mit der Gabe, singbare Melodien zu vergleichsweise komplexen Harmonien zu schreiben.
Das beste Zeichen für die Qualität dieser Kompositionen ist die Tatsache, daß sie zum Standardrepertoire der ganzen Welt avanciert sind. Lieder wie »Yesterday«, »Michelle« oder »Let it be« gibt es inzwischen in unzähligen Varianten und Versionen.
Von Streichern gefiedelt, von Vokalgruppen gescattet und von Ella Fitzgerald ›geswungen‹.
Was Schallplatten betrifft, so kann ich Dir daher raten, Dir nicht nur die Originaleinspielungen zu besorgen, sondern auch die eine oder andere Adaption.
Manche dieser Kompositionen sind nämlich so schön, daß sie auch in der Fremdfassung zur Geltung kommen. Bei anderen

wiederum, wie »Sergeant Peppers Lonely Hearts Club Band« oder »Nowhere Man« ist allerdings das Original unersetzlich.
Eine Ausnahme bildet »Hey Jude« in der phänomenalen Version von Don Ellis. Es ist die rundum interessanteste Interpretation einer Beatles-Komposition, die es gibt. Don Ellis und seine Leute toben mit der Melodie herum, als wäre sie ein Eishockeypuck. Sie jagen sie von Bande zu Bande, schlenzen sie hoch in die Luft und wechseln ihre Kantilene schneller als die Maple Leafs den Tormann beim fliegenden Wechsel. Sie vollführen ein ungezähmtes Spiel mit dem Tempo, dem Klang und seiner Farbe, den Noten und ihren Werten.
»Hey Jude« von Don Ellis ist ein Stück Klangfaszination und noch dazu ein Riesenspaß. Mit dieser Platte ließe sich spielend ein bunter Abend bestreiten. Genieße sie mit dem gleichen Vergnügen, das die beteiligten Musiker empfunden haben dürften und laß wie sie Deinem Spieltrieb freien Lauf – so wirst auch Du Deine Freude daran haben!
Du findest das Stück auf dem CBS-Doppelalbum »Live at Fillmore«.

⨀ Roberta kills me softly

Popsängerinnen der Sorte ›Orkan statt Organ‹ werden im Fachjargon als ›Rockröhren‹ gehandelt. Deren Urmutter war die legendäre Janis Joplin, eine weiße Texanerin, die mit Bessie Smith und Bourbon begann und tragisch mit Schnee endete.
Mit ihrem emotionalen Overkill und ihrer hemmungslosen expressiven Bühnenpräsenz wurde sie für viele Nachfolgerinnen zum Vorbild und für ihre Vorgängerinnen zur Nemesis.
Den früheren Sängerinnen erging es ähnlich den Sauriern. Die hatten auch für eine ganze Epoche die Erde beherrscht, bis sie hinweggerafft wurden und zur Gänze ausstarben. Nur ein paar kümmerliche Warane blieben übrig, um in japanischen Godzilla-Filmen für Trickaufnahmen herzuhalten.
Die Gilde der Popsängerinnen vor dem Mesozoikum der Schlagermusik bestand – als ›missing link‹ zwischen Marlene Dietrich und Tina Turner – aus den Refrainsängerinnen der Swing-Bigbands, die nach der Orchestereinleitung aufstanden, ein paar Töne von sich gaben, dann aber die Band den Rest erledigen ließen.
Gemäß dem Arche-Noah-Prinzip hatten die Bands immer zwei von jeder Sorte an Bord. Männchen und Weibchen. ›Er‹ mußte eine einschmeichelnde Bing-Crosby-Stimme haben; ›Ihre‹ Aufgabe war es, gut auszusehen. In der Musikersprache war ›Sie‹ nichts weiter als der ›Canary‹; der bunte Kanarienvogel im Männerkollektiv und dessen optischer Aufputz.
Das änderte sich nach dem Zweiten Weltkrieg, als es Singvögel wie Doris Day mit einer Solokarriere versuchten. Bis dahin gab es Orchester mit Sängern. Ab da nurmehr Sänger mit Begleitung.
Medium und Mittler dieser Emanzipation war einmal mehr die Schallplatte, die dafür sorgte, daß Name und Timbre des neuen Stars in sämtlichen guten Stuben des Landes

heimisch wurde. Das zog sich über mehrere Generationen hin und brachte Hekatomben von singenden Sägen über die Menschheit, deren Namen so ähnlich klingen wie Jo Stafford, Lale Andersen, Petula Clark, Mireille Mathieu, Connie Francis usw. usw.
Der Janis-Joplin-Schock traf sie alle wie ein Aufwärtshaken von Muhammad Ali und stellte mit (diesem) einem Schlag klar, was bis dahin niemandem aufgefallen war: daß die populären Sängerinnen der 50er und 60er Jahre auch nichts weiter als »Canaries« waren und sich seit den Zeiten von Marika Rökk und Ethel Waters eigentlich nichts bewegt hatte.
Nun aber kamen die ›Rockröhren‹: Grace Jones, Nina Hagen, Madonna, Sandra, Sade, Kim Wilde, Melanie, Whitney Houston, Cindy Lauper und wie sie alle heißen. In ihrem Schlepptau folgten ein paar von der gemäßigten Fakultät, Codewort rauh aber herzlich: Barbra Streisand, Shirley Bassey, Dakota Staton, Nancy Wilson, Aretha Franklin, Liza Minnelli.
Bis hin zu Roberta Flack.
Roberta ist eine hervorragende Pianistin, hat studiert und besitzt einen ›Bachelor of Arts Degree‹ sowie drei Grammy Awards, die ihr 1973 für ihren samtrot im Halbdunkel schimmernden Mitternachtssong »Killing me softly with his song« verliehen wurden.
Sie hatte das Lied in der Fassung von Lori Liebermann im Flugzeug auf dem Flug von Los Angeles nach New York gehört und beschlossen, es in ihr Repertoire aufzunehmen. Am 22. 2. 1973 brachte es ihr die zweite von insgesamt vier goldenen Schallplatten.
Das ist viel für eine Sängerin, die wirklich singen kann. Für einen Popstar ist es zuwenig. In unserer schnellebigen Zeit flammt man auch mit vier Goldenen nur kurz auf und verglüht dann wieder wie ein Meteor.

⨀ Blood, Sweat and Chicago

Schallplatten sind wie Bauwerke. Sie repräsentieren einen bestimmten Stil, eine bestimmte Epoche. Einen Zeitabschnitt, der hinter uns liegt. Obwohl manche Bauten schon sehr alt sind, wohnen noch immer Menschen drin. In gotischen Gotteshäusern beten junge Gläubige. Im Kreml wird regiert, im Louvre ausgestellt, am Ponte Vecchio geschachert.
Altertum, das ist Phidias oder Mozart. Mittelalter ist gleich Michelangelo oder Charlie Parker. Neuzeit ist Frank Lloyd Wright oder die Beatles.
Ihnen gemeinsam ist das Phänomen der Gleichzeitigkeit. Die Akropolis steht noch immer in Athen, die »Linzer Symphonie« noch immer auf den Konzertprogrammen. Im Petersdom zelebriert der Papst auch nächstes Jahr wieder die Ostermesse; so wie auch im nächsten Jahr weitere Re-Issues des ›Charlie Parker Quintets‹ herauskommen werden. Im Guggenheim Museum eröffnet eine Braque-Ausstellung; im Radio spielen sie »Can't buy me love«.
Was ich damit sagen will? Daß wir nach der Welle der europäischen Musik und der des

Jazz nun die dritte des Pop erleben. Du kannst auch Rock dazu sagen, Beat, Funk, Soul, Fusion, Wave, was immer Du willst. Das sind nur Namen.

Gemeint ist jene Musik, die sich zuerst tastend mit dem neuen Rhythmus eines Ringo Starr und Ginger Bakers vom fließenden ›swing‹ des Jazz abzukoppeln versuchte, die gleich darauf die Elektronik für sich entdeckte und schließlich innerhalb kürzester Zeit mit ihren neunundneunzigtausend bunten Luftballons selbst die Vögel vom Himmel verdrängte.

Zu Anfang klaute sie vom Jazz. Erst als sie sich zu emanzipieren begann und sich mehr und mehr von ihren Vorbildern löste, lernte sie, auf eigenen Füßen zu stehen. Inzwischen sind mehrere Generationen herangewachsen, die unter ›B‹ nicht Beethoven sondern Berry verstehen und deren Barock der Rock ist.

Das 20. Jahrhundert ist das Jahrhundert des Jazz. Das 21. wird das Jahrhundert des Pop sein. Längst sind aus den einstigen Nachmachern Vorspieler geworden. Weil aber die Rockmusik noch immer jung, heiß und sprunghaft ist und einem brodelnden Vulkan gleicht, wirst Du es mir nachsehen, daß ich der glühenden Lava tunlichst ausweiche.

Mit anderen Worten: je enger sich Popmusik an den Jazz anlehnt, um so besser gefällt sie mir.

Falls Du ein Popfan von der progressiven Sorte bist, wirst Du jetzt sagen, daß dieser Standpunkt engstirnig sei. Na, dann sag es halt!

Die Supergruppen des Pop heißen für mich ›Blood, Sweat and Tears‹, die ihren Namen von einem Ausspruch Winston Churchills ableiten, und ›Chicago‹, die sich ursprünglich ›Chicago Transit‹ nannten. Mit einigen Einschränkungen zähle ich auch ›Earth, Wind and Fire‹ zu den Medaillenanwärtern. An den Genannten fällt wohltuend auf, daß sie statt der üblichen Gitarrenbesetzung mit Bläsern operieren. Noch dazu mit solchen, die ihre Jazztaufe bei Granaten wie Woody Herman, John Coltrane und Ramsey Lewis erhalten haben.

Randy Brecker spielte zum Beispiel bei ›Blood, Sweat and Tears‹ Trompete. Sein Nachfolger Lew Soloff ist als Trompeter des ›Manhattan Jazz Quintets‹ der Wahnsinn der 80er Jahre.

›Chicago‹ ist die kommerziell erfolgreichere Gruppe. Von 1969 bis 1979 brachte sie in schöner Regelmäßigkeit jedes Jahr ein Album unter den einschläfernden Titeln »Chicago I«, »Chicago II«, Chicago III« usw. heraus, mit denen sie Gold und Platin scheffelte.

Bemerkenswert war, daß es sich immer um ganze LPs, nie um Singles handelte. Ein in der Popwelt ungewöhnlicher Vorgang. Auskoppelungen wie »Harry Truman«, »If you leave me now« und »Saturday in the park« wurden zwar auch als kleine Scheiben zu Hits, doch das Schwergewicht lag auf den großen.

Ähnliches gilt für ›Blood, Sweat and Tears‹ und ihren Leadsänger David Clayton Thomas. Seine negroide Stimme führte Singles wie »Spinning wheel« zum Erfolg. Doch am interessantesten sind die »Trois Tymopedies« von Eric Satie auf der ersten LP sowie die Rolling-Stones-Nummer »Symphony for the devil«, bei der die Mannen von ›Blood, Sweat and Tears‹ zwar den Text von Mick Jagger und Keith Richard, nicht aber deren Musik verwenden.

Mittlerweile sind die Dünen der Zeit über beide Bands hinweggegangen. Den Pop-

fans waren sie zu jazzig, den Jazzfans zu poppig. Zwischen zwei Stühlen zu sitzen heißt, sich auf dem Boden solcher Tatsachen wiederzufinden. Zwischen zwei Stilen zu musizieren bedeutet, man steht im Regen.
Das Phänomen Popmusik steckt noch mitten in der Pubertät. Wer weiß, wann es erwachsen wird. Wahrscheinlich ist es noch nicht einmal ein Twen. Ich will doch nicht hoffen, daß Depeche Mode oder Deep Purple schon alles gewesen ist. Und solange der Schwebezustand progressiver Evolution anhält, halte ich mich lieber an Bewährtes.
An ›Blood, Sweat and Tears‹ und ›Chicago‹.

⨀ ELP: Bilder einer Zurschaustellung

Jeden Musiker, ob er nun ein begabter Dilletant oder unbegabter Blockflöter ist, ob er gerade noch eine Violine halten kann oder Yehudi Menuhin heißt, begeistert echtes Virtuosentum. Wenn einer sein Instrument beherrscht, provoziert das allemal Anerkennung.
Im Falle Keith Emerson bin ich über den Respekt vor seinen Fähigkeiten zu seiner Musik gekommen. Gewöhnlich ist es ja umgekehrt. Ich habe den Pianisten und Keyboarder Keith Emerson schon in der Gruppe »The Nice« bewundert. Die Musik gefiel mit zwar nicht, und Emerson selbst sah aus wie der Teufel in Organistengestalt. Aber er spielte wie ein Gott.
ELP steht für ›Emerson, Lake and Palmer‹, ein englisches Trio, das so wie vier andere berühmte Engländer Rockgeschichte geschrieben hat. Nur weiß die Rockgeschichte im Falle ELP noch nichts davon. Keith Emerson selbst hat einmal gesagt: »Wir schreiben nicht für die ›Charts‹. Was wir schreiben, könnte man ›klassischen Pop‹ nennen. Musik, von der ich hoffe, daß sie die Musiker in 50 Jahren noch immer gerne spielen möchten.«
Eine Zeitlang war ELP ganz weit oben. Obwohl die Band nie eine Hit-Single produzierte, was ansonsten immer als Initialzündung einer Popkarriere vonnöten ist, brachte sie doch während ihrer US-Tour 1973 eine Dreiviertelmillion Menschen in ihre Konzerte und setzte dabei die Kleinigkeit von einer Million englischer Pfund um. Ihr bekanntestes Album ist »Pictures at an Exhibition«, eine Adaption von Mussorgskys »Bildern einer Ausstellung«.

Ich bin ein Fan der Originalfassung für Klavier und promeniere mit Vorliebe in Begleitung von Svjatoslav Richter durch die Ausstellung. Ich bin aber auch ein Fan der Orchesterfassung von Maurice Ravel und lasse mich gerne von Claudio Abbado durchs große Tor von Kiew führen.
Bei Decca bekommst Du eine CD mit beiden Fassungen, mit Vladimir Ashkenazy in der Doppelrolle des Pianisten und Dirigenten.
Von den restlichen auf Schallplatten verewigten Bearbeitungen finde ich die Gitarrenversion von Kazuhito Yamashita interessant; den Synthesizerbrei von Isao Tomita langweilig; die Orgelversion von Oskar Gottlieb Blarr nötig; die für Violoncello und

Klavier mit Zvi Harell und Marina Bondarenko unnötig; die des Philip-Jones-Brass-Ensembles originell; und die des Klavierduos Paratore ein bißchen geschwätzig, wie das Gespräch zwischen Samuel Goldenberg und Schmuyle.
Wirklich spannend ist, was Keith Emerson, Greg Lake und Carl Palmer mit Mussorgskys Evergreen treiben. Sie haben sich ja auch über Bachs 6. Brandenburgisches Konzert hergemacht und es effektvoll aufgemotzt. Auch den »Bildern einer Ausstellung« schadet es nicht, wenn sie einmal einen neuen Rahmen erhalten und anders beleuchtet werden. Sie gehören schließlich nicht ins Museum, sondern allenfalls an die Seine, Rive gauche.
Weil sogar Plattenfirmen manchmal wissen, was Sammler wünschen, bekommst Du bei Ariola die komplette Gemäldegalerie in einem Dreier-Album: in der Orchesterbearbeitung mit dem großen Radio Symphonieorchester der UdSSR unter Wladimir Fedosejew; im pianistischen Original, von Victor Jeresco gespielt; und in der rockigen Version von ELP.
Und soll ich Dir etwas sagen: Der Mussorgsky hält das locker aus!

⊙ Tommy, the Pink Floyd

Mit dieser Überschrift versuche ich zwei Rockopern unter einen Hut zu bringen, die eigentlich gar nicht darunterpassen.
Die Rockoper »Tommy« von The Who.
Das multimediale Spektakel »The Wall« von Pink Floyd.
Zwei Konzeptalben, die ein bißchen Rockgeschichte gemacht haben. Wobei die Konzepte sicher das Beste daran sind:
Tommy, der blinde Flipperkönig, der als Sektenpriester seine Gefolgschaft hinter sich herzieht.
Und die Geschichte von der Mauer, die weder zu übersteigen, noch zu durchdringen ist.
Da steckt natürlich tonnenweise Symbolismus drin. Das Ganze ist überfrachtet mit Botschaften, Mahnungen, Warnungen und Sozialkritik.
Wie unterschiedlich man so etwas aufbereiten kann, wird gerade an diesen Beispielen demonstriert. »Tommy« ist witzig und spritzig, rasant und teilweise sogar komisch. »The Wall« ist schwerblütig, bitter ernst und von vordergründiger Hintergründigkeit. Ausgerechnet dieses Album, das die Schülerhymne par excellence enthält – »Teacher, leave us kids alone« – streckt einem permanent den mahnenden Zeigefinger entgegen.
Es ist nicht alles pink, was floyd.
Ganz anders sind da die echt steilen »The Residents«, eine Fortsetzung von »Pink Floyd« mit anderen Mitteln. Oder »Spooky tooth«, die mit New Wave begonnen haben, als die Welle noch wirklich new war. Das sind die Spaßmacher, die Joker, die Clowns, die nach den Nachrichten und dem Wetterbericht ins Bild kommen.
Sowohl »Pink Floyd« als auch »The Who« verstanden sich schon immer als Verkünder von Weltnachrichten. Gewöhnlicher Rock genügte ihnen nicht. Botschaften mußten her. Der Zeitgeist war zu beschwören.

Dafür waren die beiden Rogers zuständig: Roger Waters bei »Pink Floyd«, Texter und Komponist der meisten Musiknummern von »The Wall«.
Und Roger Daltrey, Leadsänger der »Who«, der als »Tommy« auch schauspielerisch brilliert. Bei »Tommy« gibt es außerdem den Extrabonus eines Ken Russell als Regisseur einer opulenten Besetzung mit Elton John, Tina Turner etc.
Als Schallplattensammler willst Du natürlich in erster Linie Musik hören und nicht unbedingt anagitiert oder bekehrt werden. Da tut es gut, daß ein paar Mitglieder beider Gruppen endlich einmal keine Gitarrenzombies sind, die für einen vierstimmigen Akkord eine Doktorarbeit brauchen.
Und sie beherrschen wenigstens den ganzen elektronischen Klimbim von Synthesizer, Fazer, Keyboards, Moog, Rhythmuswurstel, Doubleweeder und Varitone.
Auch das ist eine Kunst, wenn es schon nicht Kunst ist. Trotzdem greift »Pink Floyd« tief in die Trickkiste und läßt zusätzliche Hubschrauber jaulen und Kinderchöre jubilieren.

Das Gesamtkonzept solcher als Rockopern aufgezogenen Musikfilme hatten eigentlich schon die Beatles entwickelt, indem sie auf der »Yellow Submarine« anheuerten. Doch dann kamen »The kids are allright«, »Joe's Garage«, »Quadrophenia« und ähnliche Werke über die Menschheit.
Immer wieder geht es um Jugendprobleme. Einsamkeit, Unverständnis, Generationskonflikt – das komplette, trostlose, abgefuckte Vokabular in seiner ganzen Einschlägigkeit muß herhalten, um musikalisch übersetzt zu werden.
Da passiert naturgemäß Fürchterliches. Statt Unterhaltung gibt es Haltung. Statt spannender Handlungen fade Abhandlungen. Statt Hallenbad Volkshochschule. Statt Spaß am Spiel Ernst am Leben.
Wenn ich zwischen »Tommy« und »The Wall« wählen müßte, ich würde mich für »Yellow Submarine« entscheiden.

The Best of the Rest

Jetzt haben wir zusammen 95 Schallplatten gehört, und es geht langsam dem letzten Cut zu.
Doch statt, daß ich erleichtert bin, daß sich die Platte der Auslaufrille nähert, stellt sich eine Art Torschlußpanik ein. Statt fünf Platten fallen mir fünfzig, nein, fünfhundert ein, die ich Dir unbedingt noch vorspielen muß. Wie wäre es mit Gamelanmusik? Einem Raga aus Indien? Keltischen Volksliedern? Oder einfach »Londonderry Air«, bei dem die irischen Cops von Manhattan vor Heimweh dahinschmelzen?
Laß' mich nur noch ein bißchen das Alphabet zwischen ›Adam Ant‹ und ›ZZ Top‹ durchstöbern. Gib' mir und Bobby Darin eine Chance. Auch haben wir weder einen gregorianischen Choral, noch die 3 Travellers gehört. Kaum einen Czardas, Lambada, Fado, Tango oder Shanty. Nichts von Max Reger und nicht von Max Greger. Keinen tiefen Sibelius und keinen seichten Ray Coniff, zu dem Fritz beharrlich ›Ray Tineff‹ zu sagen pflegte.

Manche CD-Spieler verfügen über eine Idiotentaste namens ›Random‹. Das ist ein Zufallsgenerator, der die Titel der CD-Scheibe nicht der Reihe nach, sondern in willkürlicher Abfolge abspielt.
Ich bin nie dahintergekommen, wozu ein Zufallsgenerator gut sein soll und welche marktstrategischen Überlegungen dahinterstecken, ihn in einen CD-Player einzubauen. Offenbar muß ein Bedarf dafür vorhanden sein, sonst gäbe es ihn nicht.
Mich hat es auf die Idee gebracht, ebenfalls von Zeit zu Zeit die Idiotentaste zu drükken und Plattenabende unter das Diktat eines Zufallsgenerators besonderer Art zu stellen.
Das sieht dann so aus, daß ich Resteverwertung betreibe. Je älter und ausgefallener das Material, desto lieber.
Vielleicht liegen auf dem Dachboden ein paar verkratzte Bully Buhlans herum? Her damit. Oder im Keller findet sich ein verstaubter Don-Pasquale-Querschnitt mit Rudolf Schock. Der muß auch wieder einmal ans Tageslicht.
Manchmal steht der Plattenspieler nur auf der Geschwindigkeit 78 UpM und spielt mir ausschließlich Schellacks vor. Was mir halt so in die Hände fällt. Von Richard Tauber bis Anton Karas. Oder ich beschließe, nur Platten mit 45 UpM, 17 cm ∅ aufzulegen. 17 cm ist das Musik-Box-Format. Das heißt, ich höre einen Abend lang nur Boxenmusik.
In jeder Sammlung finden sich Überbleibsel. Sie sind irgendwann einmal liegengeblieben, weil man verpaßt hat, sie loszuwerden. Seither führen sie am Rande der Berühmtheiten ein Schattendasein. Sie dürfen zwar neidisch auf die Prunkstücke blicken, aber sich nicht mit ihnen vergleichen. Sie sind nur das Schleierkraut zum Rosenstrauß, nur die Manschetten zum Smoking, nur der Lottosechser aus der vorletzten Ziehung.
Reste sind das Beste aus zweiter Hand. Doch auch wenn sie nicht der Stolz der Sammlung sind, so sind sie vielleicht ihre Würze!

⊙ Musik mit einem Fehlenden

Roberto aus Padua klemmt sich seine Fast-Guarneri unters Kinn, setzt den Bogen an und geigt mit mehr Begeisterung als Meisterschaft die erste Stimme im Kaiser-Quartett von Joseph Haydn. Ihm assistieren weltbekannte Virtuosen, die über Robertos falsche Töne großzügig hinweghören.
Ein paar tausend Meilen entfernt läßt sich ein glitzergewandeter Gigolo von den weiblichen Gästen eines Hotels in Miami Beach anhimmeln, die hingerissen seinem »Strangers in the night« lauschen. Er singt zwar haarscharf an Sinatra vorbei, aber wenigstens der Background stimmt, denn den liefert die Band von Nelson Riddle.

Im 16. Stock eines Hochhauses in Tokio sitzt Toshiko Akamura am Kawai-Flügel und nimmt zusammen mit einem großen Symphonieorchester Beethovens c-Moll-Konzert auf Band auf. Unter den Musikern befinden sich Mitglieder des Chicago Symphony Orchestra, der Dirigent ist Seiji Ozawa.
Knapp vor der Kadenz passiert Toshiko ein grober Schnitzer. Sie bricht ab und wiederholt die Passage. Der Dirigent erhebt keinen Einspruch, denn sie braucht ihn nicht zu fragen. Alles, was sie tun muß, ist zum Plattenspieler zu gehen und die MMO-Platte nochmals aufzulegen.
MMO steht für ›Music Minus One‹, wieder eines dieser Mirakel, für das man der Schallplatte gar nicht genug dankbar sein kann. MMO-Platten sind 99prozentige Aufnahmen, denen zur Hundertprozentigkeit nur eine Stimme fehlt, nämlich Deine! Du kannst Dir aussuchen, ob es die Geigen-, Klavier-, Gesangs- oder Trompetenstimme sein soll. MMO bietet für jede Lücke einen Büßer.
Das Verfahren ist ganz einfach: das Quartett geht ins Studio und sägt ein Haydn-Quartett herunter, das der Tonmeister auf einem Vierspurband aufnimmt.
Drei der vier Spuren werden auf das Masterband überspielt, auf dem nun die erste Violine fehlt. Die kannst Du selbst hinzufügen. Wenn Du kannst.
Als Cellist greifst Du zu jener Platte, bei welcher die Cello-Spur abgewürgt worden ist. Dasselbe gilt sinngemäß für die zweite Geige und die Bratsche.
Auf diese Weise spielen Opernorchester ohne Tenor, Dixielandcombos ohne Lead und Beatgruppen ohne Beat. Du kannst mit Piero Cappuccilli ein Racheduett singen und mit Bob Wilber viertaktige Chase-Chorusse austauschen.
Die weltweit ersten dieser Mitspielplatten erschienen schon 1935 auf dem österreichischen Tilophan-Etikett. 1942 folgte Columbia mit der Serie ›Add-A-Part‹, und 1948 die DGG mit ›Spiel mit‹.
›Music Minus One‹ kam ein Jahr später in den USA heraus und wird noch heute verwendet. Es sind Übungsplatten, bei denen es weniger darum geht, sich von Weltstars begleiten zu lassen, als um die einmalige Chance, mit diesen zu trainieren.

Ein interessantes Projekt startete ›Virtuoso‹ 1967 in Amerika. Die Firma gab eine Plattenserie speziell für Sänger heraus, die diesen helfen sollte, z. B. Texte italienischer Arien und von Schubert-Liedern nicht nur richtig auszusprechen, sondern auch ihren Sinn zu verstehen.

Einer der größten Singschauspieler aller Zeiten, der Baß-Bariton Paul Schöffler, hätte sicher davon profitiert, denn sein Bühnenitalienisch war das reinste Esperanto.
Das bisher umfangreichste Programm stammt von Jamey Aebersold, einem Lehrer an der Berkley School of Music. Sein Studienmaterial besteht aus Schallplatten mit beigefügtem Notenmaterial, Harmonielehre, Transposition usw. Gewissermaßen ein musikalischer Fernkurs, der Dir alles vorgibt.
Nur spielen mußt Du selbst.

⊙ Florence Foster Jenkins

Kühn behaupte ich, daß keine Schallplattensammlung der Welt ohne Florence Foster Jenkins komplett ist. Man könnte mit ihr mühelos eine Rosenmontags-Karnevalssitzung bestreiten, und es bliebe noch immer genug für den Aschermittwoch im Club der Opernfreunde übrig.
Die Dame war Sängerin, besser gesagt, sie hielt sich dafür. Ihre Fähigkeiten standen in diametralem Gegensatz zu ihren Ambitionen. Aber wenn Falschsingen eine Kunst ist, dann war sie der größten Künstlerinnen eine.
Das Publikum riß sich geradezu um Mrs. Jenkins, denn es durfte bei jedem ihrer Auftritte sowohl mit akustischen, als auch optischen Leckerbissen rechnen. Sie trat stets in üppigen, selbstentworfenen Kostümen auf, die sie im Verlauf des Abends öfters wechselte, damit sie der jeweiligen Stimmung ihres Vortrags entsprachen.
Bei einem spanischen Lied namens »Clavelitos« trat sie zum Beispiel als eine Art Carmen vor ihr Publikum und warf im skandierten Rhythmus der Musik kleine rote Blumen ins entzückte Auditorium. Sang sie »Angel of Inspiration«, trug sie ein wallendes Kleid mit auf den Rücken aufgenähten Engelsflügeln.
Wie schon erwähnt, hatte ihr Vortrag gewisse Schwächen. Doch was immer Mrs. Jenkins an falschen Tönen produzierte, kompensierte sie spielend mit freier rhythmischer Gestaltung. Sie war absolut unmusikalisch. Was ihr an Gehör fehlte, ersetzte sie durch Mangel an Stimme. Aber sie hatte Geld und war von umwerfender Liebenswürdigkeit.
Als Millionärin konnte sie es sich leisten, regelmäßige Soireen in ihrer Suite im Ritz-Carlton-Hotel abzuhalten. Karten für diese Veranstaltungen waren schwerer zu bekommen als für das Endspiel in Wimbledon. Florence Foster Jenkins trug dem und ihrem wachsenden Fankreis Rechnung, mietete die Carnegie Hall und gab dort am 25. Oktober 1944 ein Konzert, von dem die New Yorker heute noch reden.
Meines Wissens nach existiert nur eine einzige Platte dieser singulären Erscheinung am Sängerinnenhimmel. Auf dieser trägt sie unter anderem die »Glöckchenarie« aus ›Lakmé‹ von Léo Delibes vor. Weiters »Mein Herr Marquis« aus der ›Fledermaus‹ sowie als besonderen Höhepunkt die Arie der »Königin der Nacht« aus der ›Zauberflöte‹, über die schon ganz andere Koloraturnerinnen gestrauchelt sind.

Florence Foster Jenkins strauchelt nicht. Hemmungs- und skrupellos singt sie sich mit tödlicher Sicherheit an jedem richtigen Ton vorbei, als gäbe es kein Morgen. Mögen die Abweichungen auch einen Ganzton und mehr betragen, sie geht unerschütterlich ihren Weg. Tapfer, erhobenen Hauptes und ebensolcher Stimme.
Ich bewundere Florence Foster Jenkins wegen ihres völligen Mangels an künstlerischem Gewissen. Gleichzeitig bedaure ich, daß sich ihre vokalen Gratwanderungen nicht beschreiben lassen. Das muß man gehört, gefühlt, erfahren haben.

Hans von Bülow ließ sich einmal folgendermaßen über eine Sängerin aus, die vielleicht die F. F. Jenkins ihrer Zeit gewesen ist: »Manchmal singt sie zu hoch, dann distoniert sie. Manchmal singt sie zu tief, dann destoniert sie. Singt sie einmal richtig, dann detoniert sie.«
Wenn Du jemals an Amerika und seiner Sendung zweifeln solltest, lege Dir Florence Foster Jenkins auf den Plattenteller. Sie wird Deinen Glauben an das Land der unbegrenzten Möglichkeiten wieder herstellen.
Sie schafft das!

⨀ Sternsekunden der Menschheit

In Frankfurt am Main kenne ich einen alten Herrn, einen fanatischen Opernliebhaber, der eine umfangreiche Sammlung von Operngesamtaufnahmen besitzt.
Einmal in der Woche pflegt er sich eine davon komplett anzuhören. Dazu zieht er sich einen Smoking an und die Vorhänge zu, löscht das Licht und setzt sich auf seinen bequemsten Sessel, genau in die Mitte zwischen den beiden Hi-Fi-Boxen. Niemand darf ihn stören. Er lauscht mit geschlossenen Augen, die sich erst bei den Aktschlüssen wieder öffnen.
Dann steht er auf, holt sich aus der Küche ein Bier oder ein Glas Wein, geht eine Viertelstunde auf und ab und setzt sich wieder nieder – bereit für den nächsten Akt.
Im Grunde ist sein Verhalten nicht so wunderlich, wie es auf den ersten Blick scheinen mag. Gibt es nicht auch in der Wiener Staatsoper und in der Scala Milano, in der Pariser Oper und in Covent Garden die berüchtigten Sitz- und Stehplätze auf der vierten Galerie mit »schlechter Sicht«? Dort stehen die Jünger und Adepten des Opernspektakels und achten der Sicht nicht, weil sie nämlich gar nichts sehen – außer der Partitur, in die sie im Halbdunkel des Opernhauses ihre Köpfe vergraben.
Mein Freund sieht mit geschlossenen Augen wahrscheinlich mehr als das Publikum auf den Plätzen mit »schlechter Sicht«.
Dennoch ist etwas an seiner Marotte, das noch viel merkwürdiger ist, als der Smoking und die Zwischenakte. Oder kennst Du noch jemanden, der sich jemals eine Operngesamtaufnahme von Seite 1 bis Seite 8 angehört hätte?
Als man noch keine längeren Werke auf Platten herausbringen konnte, behalf man sich damit, entweder alles, was länger als 5 Minuten dauerte, grausam zu verstümmeln und zu kastrieren, oder gar nicht erst aufzunehmen.

Dann entdeckte man das System der Highlights, das sich bis in die berüchtigten Opernquerschnitte fortgepflanzt hat. Für viele Schallplattenverkäufer reduziert sich dadurch »Tristan und Isolde« auf Vorspiel und Liebestod.

Dagegen ist im Grunde gar nichts einzuwenden. Nur, daß man neuerdings dazu übergeht, einzelne Symphoniesätze, Ouvertüren und willkürlich aus dem Zusammenhang gelöste Teile von Instrumentalkonzerten unter Titeln wie »Ein festlicher Abend mit Herbert von Karajan« auf Schallplatten zu pressen, ist des Schlechten zuviel.

Dagegen muß man etwas tun. Am besten, man übertreibt.

Ich propagiere deshalb die Sternsekunde. Jenen magischen Moment gewisser Aufnahmen, bei denen es einem kalt den Rücken herunterläuft.

Im Ernst, geht es Dir nicht genauso? Nehmen wir an, Du spielst einem Freund eine jener Schallplatten vor, auf denen so ein Gänsehaut-Ereignis drauf ist. Es kommt die Stelle, diese eine Stelle, diese flüchtigen Sekunden, da es Dich aus dem Sessel hebt. Da greifst Du doch auch unwillkürlich zum Lautstärkeregler, um noch ein bißchen Saft zuzulegen. Und schaust dabei Deinen Freund an, ob er es auch spürt: diesen einen Augenblick der Wahrheit, diese Sternsekunde, in der die Welt für einen unendlich langen Atemzug stillzustehen scheint.

Ja, es gibt sie wirklich, die einsamen Höhepunkte, wegen derer es sich lohnt, ganze Opern und Symphonien durchzuhören. Denn das eigenartige an den Sternsekunden ist, daß sie erst dann zu solchen werden, wenn auch das Vorhergegangene durchgestanden worden ist. Wenn man sich gewissermaßen zum Höhepunkt vorgearbeitet und sich ihn verdient hat. Das ist wie beim Bergsteigen: ohne Fleiß kein Sonnenaufgang.

Der »Fidelio« ist ein großes, bedeutendes Werk. Die Schallplattenaufnahme unter Wilhelm Furtwängler ist es ebenfalls. Aber überlebensgroß wird sie erst durch die Sternsekunde der Martha Mödl:

»Töt' erst sein Weib!«

Allein wegen dieser vier Worte zahlt es sich aus, sich die Gesamtaufnahme zuzulegen.

Und wie meinte doch Rossini über Richard Wagner:

»Er hat wunderbare Momente, aber schreckliche Viertelstunden.«

Dennoch ist es Wagner, der die meisten und schönsten Sternsekunden hergibt. Der alte Fuchs verfügte nämlich über eine gewaltige Theaterpranke und wußte nur zu genau, wo man dramatische Akzente zu setzen hat. Hör Dir einmal den Schluß vom »Fliegenden Holländer« an. Die Stelle der Senta, wo sie sagt:

»Hier steh ich treu Dir bis zum Tod«.

Von Leonie Rysanek gesungen, ist das einfach atemberaubend.

Oder jene Passage in »Wotans Abschied« nach der Textstelle:

»Denn einer nur freie die Braut. Der freier als ich, der Gott.«

Wenn Hans Knappertsbusch das dirigiert – nein: zelebriert, schafft er eine unendliche Steigerung, die nie zu enden scheint.

Zubin Mehta hat eine selbstgezimmerte Collage aus Motiven der »Götterdämmerung« zusammengestellt, die nur aus Höhepunkten besteht. Deren höchster ist die Passage, wenn das ›Schwertmotiv‹ erscheint. Da zögert Mehta den befreienden

Tonika-Akkord dermaßen hinaus, daß es fast schon wehtut. Eine Fermate, die nicht und nicht aufhören will. Bis endlich, endlich der ersehnte Akkord mit der geballten Wucht des Wagner-Orchesters auf Dich niederprasselt.
Das mußt Du Dir einmal anhören. So wie Birgit Nilsson als »Elektra«. Die Inkarnation einer armseligen Kreatur, die ein ganzes Leben lang nur auf den Tag der Rache gelauert und darüber längst den Verstand verloren hat. Nur einmal noch, ein einziges Mal, erinnert sie sich an ihre Würde als Königstochter – und daran, daß sie doch eine Frau ist:
»Ich glaube, ich war schön«.
Und dann das, beim Erkennen des ersehnten Bruders:
»Und wenn ich denn schon sterben muß, so sterb' ich seliger, als ich gelebt.«
Da geht Dir einfach das Herz auf.
Es gibt sie immer wieder: diese Momente der Kategorie Weltwunder, Abteilung Erdbeben. Nicht nur bei Wagner.
Denn nicht nur die großen Operndramatiker wie Wagner, Verdi und Strauss, nicht nur die Symphoniker vom Kaliber eines Beethoven, Bruckner oder Mahler haben die Sternsekunden gepachtet.
Wenn Du sie finden willst, findest Du sie auch bei Edith Piaf und Tracy Chapman. Etwas seltener schon bei Bob Dylan und so gut wie gar nicht bei Leonard Cohen. Da schon eher beim Jazz. Dort muß man allerdings ein bißchen forschen, denn musikdramatische Abläufe gibt es da keine. Nicht einmal im Blues werden Dramen erzählt; höchstens Stories.
Aber ich kann Dir sagen, daß sich die Suche lohnt. »Parkers Mood«, der Einstieg von Charlie Parker ins Thema, das ist eine Sternsekunde. Oder Ella Fitzgerald mit »Mack the knife« aus Berlin. Swingt wie die Hölle.
Ein besonders edler Tropfen abseits aller Kategorien sind die »G'schichten aus dem Golowinerwald« von Friedrich Gulda. Er paraphrasiert da über Themen von Johann Strauß und eigene, schwindelt kurz die »Pathetique« und die »Unvollendete« vollendet hinein.
Wenn Gulda dann auch noch den »Schatz-Walzer« aus dem »Zigeunerbaron« drüberstreut, tanzen die Engel dazu.
Laß mich Dir noch ein musikalisches Erlebnis besonderer Art schildern, das auch ins Kapitel Sternsekunden gehört, obwohl es mit Schallplatten nichts zu tun hat:
Es betrifft den »Ring des Nibelungen« in der umstrittenen Bayreuther Chéreau-Inszenierung.
So ein konzentriertes Ring-Erlebnis stellt nicht nur an die Mitwirkenden, sondern auch an die Zuhörer enorme Anforderungen. Wenn sich nach vier Tagen mit fast 20 Stunden Musik, nach dem Mitleiden mit dem menschlichen Drama der Wälsungen und dem unmenschlichen Wotans nochmal die Leitmotive wie erratische Blöcke übereinander türmen, hat man eine Weltreise hinter sich. Vom »Rheingold« über die »Walküre« und den »Siegfried« bis zum Kulminationspunkt der »Götterdämmerung«.
Es kam der letzte Akt. Beim Schlußgesang der Brünnhilde befanden sich regiemäßig Gunthers Mannen auf der Bühne, um zu sehen, wie sich Brünnhilde in die Flammen stürzt und wie Walhall in Trümmer fällt. Und dann folgte der letzte Ton des letzten Aktes. Der gewaltige Akkord hing noch in der Luft, da drehten sich die Menschen auf

der Bühne um und blickten ins Publikum. Von der Last der Götter, Helden und Riesen endlich befreit, konnten sie nun darangehen, an ihrer eigenen Menschenwelt zu bauen. Eine Sekunde lang herrschte eine geradezu kosmische Stille, bis der Vorhang fiel und der Applaus einsetzte.

Diese Sekunde der Stille habe ich als die mitreißendste Sternsekunde empfunden, die ich jemals musikalisch erleben durfte. Doch obwohl es sie und die 19 Stunden 59 Minuten davor sogar schon auf CD-Video gibt, ist sie dennoch unwiederbringlich dahin.

⊙ Meine Siebente

Natürlich ist es nicht meine »Siebente«, sondern die vom Ludwig van.
In strahlendem A-Dur. Opus 92. Am 8. 12. 1813 in Wien uraufgeführt. Meine Lieblingssymphonie. Die »symphonischste« von allen, obwohl sie formal eher einer Suite gleicht.
Die Erste und Zweite, die Vierte und Sechste sind lieblicher; die Dritte ist fast zu heldisch, die Fünfte fast zu dramatisch. Die Achte kommt und geht, die Neunte kommt und bleibt.
Aber die »Siebente« ist einfach anders. Richard Wagner hat sie die »Apotheose des Tanzes« genannt, und er soll sogar dazu getanzt haben – mit Franz Liszt am Klavier. Wenn das keine All-Star-Besetzung war...!
Meine »Siebente« gibt es leider nicht auf Schallplatten. Denn von allen Aufnahmen, die ich bisher gehört habe, war keine dabei, die ich als vollkommen bezeichnen möchte.
Den ersten Satz spielen Karajan und Kleiber hinreißend, auch Böhm und Klemperer. Im zweiten Satz liebe ich das Tempo von Toscanini, der das Allegretto wirklich als solches nimmt. Bei den anderen habe ich immer den Eindruck, daß sie sich bei einem zweiten Satz, der kein Andante ist, nicht wohlfühlen. Nur Lennie Bernstein ist da die große Ausnahme.
Den dritten Satz spielt Bruno Walter mit dem Columbia Symphony Orchestra einfach wunderbar und wunderbar einfach. Es ist ja im Grunde nichts dran an diesem Satz mit seinen zwei Themen. Doch daß man sogar das Nichts überhitzen kann, zeigt die Toscanini-Aufnahme mit dem RCA Orchester, bei der das Seitenthema in unglaublicher Weise verhetzt wird.
Schade drum, denn den vierten Satz dirigiert dem Toscanini keiner nach. Er ist der einzige, der bei den punktierten Vierteln, die wie eine Herde wilder Mustangs dahergaloppieren, nicht schneller wird.
Deshalb muß ich für meine »Siebente« immer 4 Platten bereitlegen. Den Anfang macht meistens Böhm. Dann folgt Bernstein. Im dritten Satz ist Bruno Walter dran. Das Finale gehört Toscanini.
Vielleicht stellst Du Dir auch Deine eigene »Siebente« zusammen. Falls Du aber nur eine einzige Aufnahme daheim stehen haben möchtest, rate ich Dir zu der ausgewogenen, schönen Einspielung von Sir Georg Solti mit dem Chicago Symphony Orchestra.

⊙ Alte Musik auf neuen Scheiben

Merke: Was nach Joseph Haydn kommt, heißt »Musik«. Vor ihm heißt es »Alte Musik«.
So katalogisieren und kategorisieren es jedenfalls die Plattenfirmen. Das ist wie mit den berühmten Gebäuden in Sachsen. Sind sie mehr als 100 Jahre alt, dann stammen sie von August dem Starken. Sind sie jünger, von Erich Honecker.
Seit die Barockfans die »Alte Musik« entdeckt haben, treibt dieser Kult seltsame Blüten. Expertenteams wie »Concentus Musicus« und »Musicalische Companey«, angefeuert von Spezialisten wie Trevor Pinnock und Frans Brüggen, graben einen Bach nach dem anderen aus – von Philipp Emanuel bis Friedemann – exhumieren komponierende Mönche des Spätmittelalters und sind ständig auf der Suche nach unbekannten phrygischen Tonsetzern und zu Recht vergessenen ironisch-dorischen Akkordarbeitern.
Sie haben uns gelehrt, daß neben dem großen Bach auch noch andere Bächlein sprudeln und haben uns mit Namen wie Pachelbel und Pergolesi, Scarlatti und Schütz vertraut gemacht. Die glanzvolle »Archiv Produktion« der Deutschen Grammophon setzt mit ihren vorbildlich gestalteten Schallplatten das Unerhörte in Hörbares um. Inzwischen sind andere Firmen gefolgt, denn als Produzent kann und darf man sich Dauerbrenner wie Vivaldis »Quattre Stagioni« oder Händels »Wassermusik« einfach nicht entgehen lassen.
Nimmt man's allerdings ganz genau, dann landete nur ein einziger aus der Zeit des Barock'n'Roll einen Hit, nämlich Charpentier mit der »Eurovisions Fanfare«.
Im Gefolge dieser Ausgrabungsarbeiten trat ein eigenartiges Phänomen zutage, das die Musikwelt seither in zwei Lager spaltet: Die einen schwören auf Krummhorn und Gambe, Viola d'amore und Cembalo. Die anderen verweisen darauf, daß es gerade die großen Komponisten gewesen sind, die jede Verbesserung im Instrumentenbau mit Freudengeheul begrüßt haben und schließen daraus, daß Bach – würde er heute leben – statt auf einer Kirchenorgel auf einem Synthesizer spielen würde.
Wenn du mich fragst, bin ich auch dieser Ansicht. Aber mich fragt ja keiner.
Eines sollte allerdings klar sein: selbst bei Verwendung alter Instrumente und unter Beachtung aller spieltechnischen Vorschriften ist es völlig ausgeschlossen, den Klang von damals zu reproduzieren. Auch dann nicht, wenn man eigens historische Konzertsäle oder Kirchen dafür bemüht.
Denn wir hören heute anders als früher. Das steckt in uns drinnen und beeinflußt gleichermaßen Musiker wie Zuhörer. Die akustischen Bedingungen haben sich verändert. Es ist alles sehr viel lauter geworden. Der ständig steigende Lärmstärkepegel hat unsere Ohren umgeformt, um nicht zu sagen deformiert. Als die Menschheit von den Bäumen herunterkam, verlor sie die Fähigkeit, sich mit den Zehen an den Ästen festzuhalten. Als sie den Lautsprecher erfand, verlor sie ihre Unschuld.
Mag sein, daß eine Arp-Schnittger-Orgel heute noch so klingt wie früher. Sicher ist, daß wir sie anders hören. Sogar die Kleider des Publikums klingen nicht wie damals. Seide raschelt eben anders als Polyvinylchlorid.

Alle reden vom Originalklang. Ich nicht. Wie soll er denn sein? Und wo ist er eigentlich zu lokalisieren? Mitten im Orchester? In der 3. Reihe links, Sitz 2? Am Dirigentenpult? In der Partitur? Auf der Galerie? Im Kopf? Oder nur im Herzen? Was Schallplattenaufnahmen betrifft, so hört da »Originalklang« überhaupt auf. Schon die kleinste Berührung eines Reglers durch den Tonmeister verfremdet jeden natürlichen Ton zu einem elektronischen Hexensud, der dann in digitaler Verschlüsselung mehrere Filter, Equalizer und sonstige Ver- und Entzerrer durchlaufen muß, um am anderen Ende als das herauszukommen, was wir unter Originalklang verstehen – vorausgesetzt, der Mann am Mischpult hat an den richtigen Knöpfen gedreht. So paradox es klingt, aber es bedarf in der Tat eines millionenschweren Equipments transistorisierter Zauberkästen mit eingebauter Raumfahrttechnik, um eine Flöte wie eine Flöte klingen zu lassen.
Welches Original origineller ist, muß folglich jeder für sich selbst entscheiden. Der Schlüssel dazu sind unsere geliebten Schallplatten; der Schlüssel zu hunderttausend Toren ins gelobte Land der »Alten Musik«. Du sperrst einfach auf, schreitest durch, spazierst am Bach entlang auf den Monteverdi und blickst von dort mit dem Telemann aufs Dittersdorf.
Und wie Du auch immer deren Musik hören magst, auf alten oder neuen Instrumenten, in »alter« oder »neuer« Auffassung – es gibt die passende Schallplatte dazu.
Das ist ja das Unfaßbare an unseren wunderbaren schwarzen oder silbrigen Scheiben: daß wir uns aussuchen können, was uns gefällt; und daß wir uns daher den guten alten Orlando di Lasso in allen möglichen und unmöglichen Besetzungsvarianten anhören dürfen, was er selbst nie konnte. Die Vergleiche zwischen alt und neu, zwischen gestern und heute, zwischen Harnoncourt und Stokowsky, zwischen Stradivarius und Yamaha gehören nämlich zu den schönen Dingen des Lebens.
Allein die vielfältigen Möglichkeiten, die »Kunst der Fuge« zu interpretieren, schenken Dir einen Vergleich zwischen Johann Sebastian Bach und Johann Sebastian Bach, bei dem Du erstaunt feststellen wirst, wie aufregend neu »Alte Musik« sein kann.

6
Kotzbarkeiten

I steh auf Volksmusik • Niemals aufgeben • 's Dirndl Deandl • A richtiger Mann
Großglockner, Zugspitz, Matterhorn • I bin a Wetterfrosch • Das Dreiländerlied
FREIZEIT REVUE
GRAND PRIX
Mir sind vo de Füürwehr
De Matter hed es Matterhorn
Musik ist meine Welt
DER
Das bringt doch nüt ! • So en Tag
Patrona Bavariae • Grüße der Musik
Wir jodeln auf dem Popocatepetl
VOLKSMUSIK
Mit der Titelmelodie der gleichnamigen Fernsehsendung

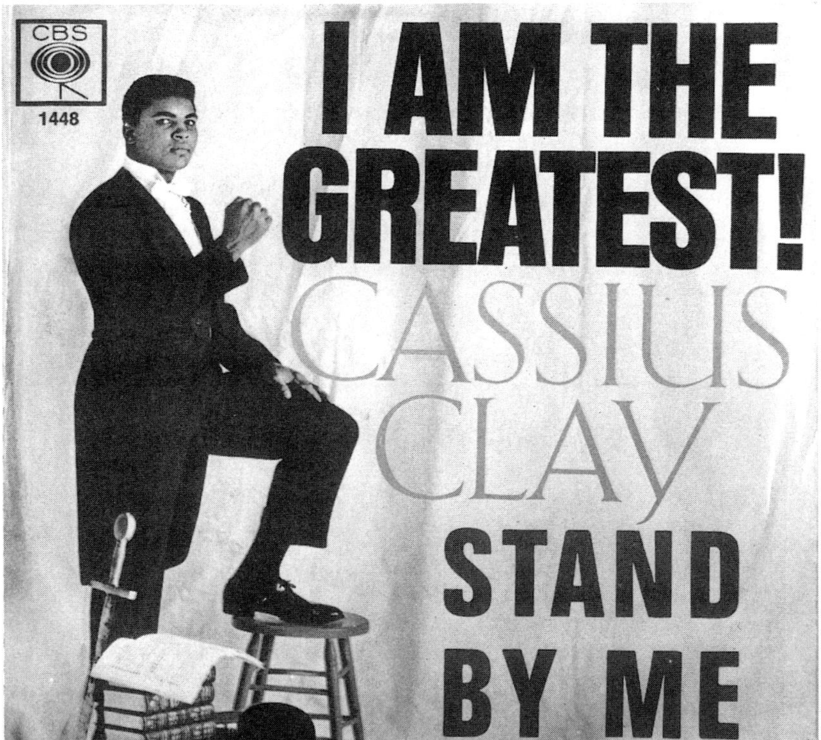
CBS
1448
I AM THE GREATEST!
CASSIUS CLAY
STAND BY ME

Linke Seite:
39
Sie jodeln und dodeln, daß die Gletscher schmelzen

40
Auf Schallplatten hieß Muhammad Ali noch Cassius Clay. Der erste singende Sportler war übrigens ein Boxer, nämlich Max Schmeling (Das Herz eines Boxers . . .)

Rechte Seite:
41
Schlagerimport aus Prag: Karel Gott

42
Einer der bekanntesten deutschen Rockartisten ist Udo Lindenberg

43/44
Wenn schon Volksmusik, dann bitte die echte

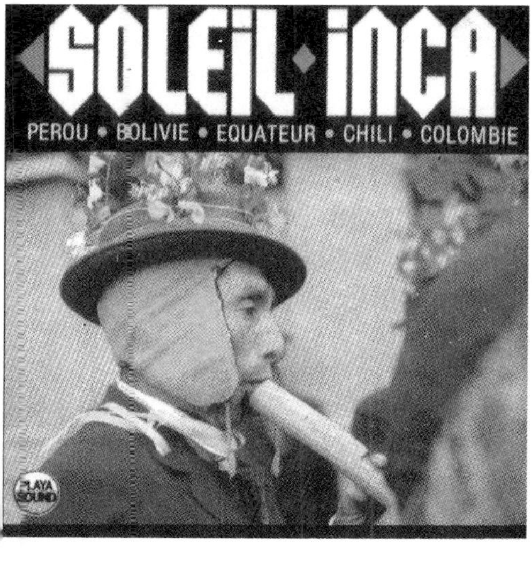

Von Zeit zu Zeit, in Abständen von 25 Jahren, rufen Dich entfernte Tanten oder noch entferntere Großmütter an und verkünden Dir mit frohlockend vibrierender Stimme:
»Du sammelst doch Schallplatten! Da habe ich ein paar alte Platten gefunden, willst Du die nicht haben?«
Natürlich willst Du. Gierig wie ein Reißwolf und gespannt wie die Golden Gate Bridge rast Du zur Fundstelle, in der Erwartung, eine Aufnahme des legendären Buddy Bolden oder doch wenigstens ein Liebesduett mit Francesco Tamagno und Adelina Patti zu finden. Doch Du findest Peter Kraus.
Du erwartest immer Bolden und Tamagno. Du findest immer Peter Kraus.
Denn Tanten und Großmüttern ist gemeinsam, daß ihnen der schlechte Geschmack gerade gut genug ist.
Das hat mich veranlaßt, bei einem sehr guten Remy Martin und einem ganz guten Frank Martin darüber nachzudenken, ob man den 100 schönsten Platten der Welt nicht die 100 häßlichsten gegenüberstellen sollte. Ein Gedanke, den ich zwar beim Zählen (in der Gegend von 1 589 764) aufgegeben habe, der mich aber trotzdem nicht losläßt.
Welchen Aufnahmen soll man die Zitrone zuerkennen?
Man könnte zum Beispiel versuchen, die Beurteilung nach drei Kriterien vorzunehmen:

1. Es muß ein Sänger sein, der sowenig Stimme hat wie Udo Jürgens.
2. Die Melodie muß so primitiv sein wie »Satisfaction«.
3. Der Text muß so anspruchslos sein, wie folgende (tatsächlich existierende) Kostprobe:
   »Vamos a la playa. Oh oh oh oh oh.«
   »Vamos a la playa. Oh oh oh oh oh.«
   »Vamos a la playa. Oh oh oh oh oh.«
   »Vamos a la playa. Oh oh oh oh oh.«
   »Vamos a la playa. Oh oh oh oh oh.«
   »Vamos a la playa. Oh oh oh oh oh.«
   »Vamos a la playa. Oh oh oh oh oh.«

Leider hilft das auch nicht viel weiter, denn die Kriterien halten nicht, was sie versprechen.

1. Karel Gott hat Stimme und ist dennoch fürchterlich.
2. Wenn die Melodie ein Nichts ist, holt man sich einfach einen Quincy Jones als Arrangeur.
3. Selbst der dümmste Text wird zu Gold, wenn ihn Aretha Franklin singt. (Außerdem war Richard Wagner beim Texten auch nicht grade zimperlich; siehe »Rheingold«.)

Trotzdem bleibt die Frage, welche Schallplatten man nur deshalb kaufen sollte, um sie auszurotten.

- Sind es die, die schon im Ansatz derart idiotisch sind, daß man sie mit dem Status der geistigen Minderbemittelung versehen und entsprechend nachsichtig behandeln soll? Schlager vom Schlag eines »Da Da Da«, dem Sommerhit von Spliff? Oder beginnt so der Dadaismus?
- Wie steht es mit Meisterwerken der Frühzeit à la »Wer hat denn den Käse

zum Bahnhof gerollt?« Offenbart sich da die Genialität des Absurden oder ist das schlicht und ergreifend dumm?

- Wie wär's denn mit den Erzeugnissen des Travolta-Clans? Diesem Discobrei fürs Kinderfreibad?
- Oder genügen schon Interpretennamen wie Roger Whittaker, Roy Black oder Pat Boone für eine Nominierung?
- Erreicht Patti Page mit »How much is that doggie in the window« bereits den Tiefpunkt, oder ragt »Junge, komm bald wieder« noch weiter hinab?

Besonders suspekt ist mir jede Art von Musik, die Ansprüche stellt. Prätentiöse Musik also. Weltverbessernde Musik.
Bei Titeln wie »Concert for Bangladesh«, »Requiem für einen Freund« und »Opera for Africa« werde ich mißtrauisch. Bei Liedermachern bin ich es sowieso. Und der Ansicht, daß »politisch Lied ein garstig Lied ist«, stimme ich vollinhaltlich zu.
Der bombastische Stan Kenton hat unter anderem Schallplatten mit folgenden Titeln gemacht:

- Concerto to end all Concertos
- Fugue for Rhythm Section
- Chorale for Brass, Piano and Bongos

  Das allein ist schon schlimm genug. Rechnet man dann noch so Totensonntagsmusik wie »Trajectories« oder »Conflicts« dazu, weiß man, daß nicht nur Stan Kenton ein Fall für den Psychiater war, sondern auch sein progressiver Jazz.

Leider hat er daneben auch eine Menge phantastischer Bigbandmusik aufgenommen, weshalb man ohne Kenton auch nicht auskommt. Und als Filmmusik ist er allemal zu gebrauchen.
Verdächtig ist alle Musik, die eine Story braucht, um begriffen zu werden. Verdächtig sind auch alle Zuhörer, die zur Musik eine Story brauchen, um sie zu begreifen:
»Das ist aber eine furchtbare Katzenmusik.«
»Erlaube mal, das ist immerhin Tschaikowsky.«
»Na und? Wer ist schon Tschaikowsky?«
»Ein großer Komponist, der sehr unter seiner Veranlagung gelitten hat. Er war homosexuell, sagt man.«
»Ist ja interessant. Laß' mich noch einmal hören.«

Bleibt noch die Programmusik. Wo bei den Holzbläsern die Stieglitze zwitschern und die Nußhäher kichern. Wo Till Eulenspiegel mit Orchesterbegleitung zum Schafott geführt wird. Doch wenn man das Programm wegläßt, bleibt beim »Till Eulenspiegel« plötzlich ein herrliches Rondo übrig.
Du siehst, die Erforschung der Untiefe findet auf schwierigem Terrain statt, bei dem das Schlechtere des Schlechten Freund ist. Dennoch bin ich davon überzeugt, daß Du auf diesem weiten Feld genügend Kotzbarkeiten findest.
Besonders ergiebig sind singende Sportler. In meiner Sammlung habe ich Aufnahmen von Max Schmeling, Hans Krankl, Muhammad Ali, Toni Sailer usw. Die spiele ich einmal im Jahr, am Aschermittwoch.
Ich kann Dir aber auch Zarah Leander wärmstens empfehlen.
Bevor Du Dich aber endgültig entscheidest, wem Du die Zitrone überreichst, solltest Du in die deutsche Fassung von Wayne Newtons »He's got the whole world in his hand« hineinhören.
Sie heißt: »Auch Du hast Dein Schicksal in der Hand« und läßt sich nur schwer unterbieten.

Hüte Dich vor Volksmusik

»Iiiiiii bin a Wetterfrosch«
(Die bayerische ›Volkssängerin‹ Uschi Bauer an die Nachwelt)

Volksmusik ist ein heißes Eisen. Schon deswegen, weil Du etwas anderes darunter verstehst, als ich.
Für Dich sind es die Melodien des portugiesischen Fado, die Rhythmen des Calypso, die Tänze der Bretonen, der Klang der Sitar, die Trommeln aus Dahomey und all die Tarantellas, Sirtakis und Mazurken, mit denen uns die Musikindustrie – Abteilung Folklore – beglückt.
Ich hingegen halte es mehr mit der landläufigen Definition, welche den Begriff ›Volksmusik‹ in erster Linie zwischen Almenrausch und Edelweiß ansiedelt.
(Tatsächlich ist die ›Musik des Volkes‹ natürlich längst eine andere, nämlich die Popmusik!)
In mitteleuropäischen Gefilden spielt sich Volksmusik im goldenen Triangel zwischen ungarischen Zigeunerklängen, böhmischer Polka und alpenländischem Musikantenstadl ab.
Aber wenn so ein Primas mit seiner Geige weint, hat das mit Zigeunertradition genausoviel zu tun, wie die ›Turandot‹ mit China. Dasselbe läßt sich von Polkas der Fertigung ›Slavko Avsenik‹ behaupten. Und so richtig grimmig wird es zwischen Königsee und Dolomitenkette.
»Auf der Alm, da gibts ka Sünd'.« Trotzdem möchte man manchesmal einen Almenrausch haben, um auszuhalten, was bei uns an der Volksmusik gesündigt wird.
Das jodelt und dodelt, daß es auf keine Allgäuer Kuhhaut geht. Meist sind es die Heimat und die Berge, die besungen werden. Mit einigem Abstand folgen die Dirndln und die Bauern. Aber auch Herz-Schmerz sind griffige Themen für immer neue alte Variationen der Bauernfängerei.
Musikalisch bewegt sich das Ganze auf einer kühnen Gratwanderung zwischen Tonika und Dominante, mit gelegentlichen Risikoausflügen in die Subdominante.
Schon Hellmesberger spottete über den Kärntner Liederschreiber Kattnig:
»Der Arme irrt seit drei Tagen herum. Er hat von C-Dur nach e-Moll moduliert und findet nicht mehr zurück.«
Nun verlangt ja niemand, daß Volksmusik vor harmonischem und melodischem Reichtum überquellen muß. Ihre Qualitäten liegen anderswo. Sie heißen Brauchtum und Tradition. Ihr größtes Kapital ist ihre Schlichtheit. Doch zwischen schlicht und schlecht unterscheidet weit mehr, als nur ein Buchstabe.
Echte Volksmusik ist schlicht. Falsche ist primitiv. Weil sie aber die Primitivität mit äußerster Raffinesse erzeugen, sind Volksmusikanten ausgesprochene Erfolgsmusikanten. Die diversen kreuzfidelen Lavant-, Naab- und Ziller-Taler haben entdeckt, daß man die silbernen Taler nur so scheffeln kann, wenn man auf geradezu infame Weise mit der eigenen Bodenständigkeit Schindluder treibt. Da stimmt dann nur noch der Dialekt, alles andere stimmt längst nicht mehr.
Marschfox und Schunkelwalzer, Hüttenzau-

ber und Chauvinismus, Gamsbart und Verstärkeranlage mit Echogerät ergeben die gar grausliche Mischung eines sogenannten Heimatabends. Falls das nicht ausreicht, greift man zu deftigen Zoten, um nachzuweisen, daß es sowohl auf der Alm, als auch im Wald und auf der Heidi sehr wohl eine Sünd' gibt. Das gibt Stimmung, würzt den Erfolg und hebt vor allem den Plattenumsatz.

Die eigentliche Volksmusik aber, das wunderbare Erbe einer Kultur, das jahrhundertelang von der Großmutter an die Mutter und von dieser wiederum an die Tochter weitergegeben worden ist, stirbt aus. Auf der einen Seite wird sie nicht damit fertig, daß die wahre Musik des Volkes die Popmusik ist. Auf der anderen wird sie vom ›Grand Prix der Volksmusik‹ erschlagen. Dort dominieren krachlederne Titel wie »Wir jodeln auf dem Popocatepetl«, die, wenn schon nicht bei uns, wenigstens in Mexiko auf den Index gesetzt werden sollten. Aber denen geht es auch nicht besser. Oder glaubst Du wirklich, daß ›La Cucaraca‹ ein mexikanisches Volkslied ist?

Andere Länder, andere Musikantenstadln. Wer mit offenen Ohren auf Reisen geht, kommt sehr bald dahinter, daß die Volksmusik anderer Länder, wenn überhaupt, nur chemisch gereinigt bis zu uns dringt. Was den Weg in die Tonstudios findet, ist nicht die echte Volksmusik. Die ist dafür viel zu rauh und ungeschliffen; ist spröd und sperrig, mit falschen Tönen und Intonationsfehlern.

Deshalb nehmen Plattenfirmen fast ausschließlich professionelle Ensembles auf, die ein pflegeleichtes Derivat dessen liefern, was vielleicht irgendwann einmal Volksmusik gewesen ist. Die Industrie ist nämlich der Meinung, daß echte Volksmusik kein Geschäft ist. Und soll ich Dir etwas sagen: sie hat damit recht!

Einst quälte mich ein türkischer Freund einen Nachmittag lang mit Musik seiner anatolischen Heimat. In meinen Ohren klang es abscheulich. Aber als höflicher Mensch heuchelte ich Interesse und Verständnis, obwohl ich mit den heulenden Derwischen nichts anzufangen wußte.

Als Vergeltungsmaßnahme führte ich ihm dann eine wirklich sorgfältig zusammengestellte Auswahl bayrischer Jodler vor. Seither weiß ich, daß auch Türken höfliche Menschen sind.

Volksmusik fordert vom Zuhörer meist mehr, als er zu geben imstande ist. Sie hat nämlich ein Recht darauf, nicht nur musikalisch, sondern auch ethnologisch verstanden zu werden.

Doch um Ragas oder Nagauta-Musik zu begreifen, müßte man Inder oder Japaner sein. Um auf die Feinheiten andalusischer Flamencos oder schottischer Shanties zu kommen, sollte man vielleicht einen spanischen oder britischen Paß haben. Wäre da nicht von den Moik-Fans mehr an Qualifikation zu fordern, als bloß der Besitz eines TV-Geräts?

Authentische Volksmusik ist derart fest an Land und Leute gebunden, daß sie ein Teil der Landschaft und ihrer Bevölkerung geworden ist. Ihre Wurzeln sind tief in den Boden vergraben. Sie läßt sich nicht so einfach verpflanzen.

Denke Dir folgendes Szenario: Du sitzt an einem lauen Sommerabend vor einer Trattoria in der Toskana, wo man Dir den herrlichsten Chianti der Welt aufgetischt hat. Er ist so himmlisch, daß Du ein paar Flaschen mit nach Hause nimmst, um anläß-

lich eines italienischen Abends Deine Freunde damit zu überraschen. Doch wenn es dann soweit ist, wirst Du feststellen, daß der Chianti nicht mehr das ist, was er war. Es fehlt ihm der Sommerabend, die Trattoria, die Toskana. Da hilft auch kein Claudio Villa vom Plattenspieler.
Das ist wie mit dem echten Wiener Apfelstrudel, für den man nichts weiter benötigt als Äpfel, Mehl, Wasser, Rosinen, Zucker, Zimt – und ein paar hundert Jahre Habsburger Monarchie.
Weil das so ist, sollte man die Volksmusik beim Volk lassen. Weil das aber niemand glaubt, wurde die Folklore erfunden.
Je populärer die Folkloregruppe, desto geschmacksbereinigter die Musik. Hüte Dich deshalb vor den Donkosaken, Tennessee Ernie Ford, Domenico Modugno, Lonnie Donegan und Françoise Hardy.
Wenn Du echte lateinamerikanische Volksmusik hören willst, dann gehe Los Paraguayos, Sergio Mendes und Astrud Gilberto aus dem Weg. Da sind ja die in jeder mitteleuropäischen Fußgängerzone unvermeidlichen Chilenen mit ihren Ponchos und Panflöten noch authentischer.
Übrigens Panflöte: Du darfst Dir alle Gheorghe-Zamfir-Platten kaufen, solange Du sie niemandem als rumänische Folklore verkaufst!
Natürlich gibt es auch auf Schallplatten echte, unverfälschte Folklore. Das US-Label ›Folkways‹ war eines der ersten, das begonnen hat, zu retten, was noch zu retten ist. Denn Volksmusik teilt das Schicksal des Regenwaldes, des Nashorns und der Adria. Im Zeitalter der erdumfassenden Kommunikation und der TV-Satelliten ist es viel leichter, sich weltweit auf die ›Pet Shop Boys‹ zu einigen, als mühsam ein kulturelles Erbe zu bewahren, das ohnehin nur einen kleinen Kreis interessiert.
Der Rest wird mit dem abgespeist, was bei uns Volksmusik heißt. Doch davor hüte Dich!

7

Noch mehr Schallplattengeschichten

45
Der ‚Volksempfänger', aus dem die Siegesmeldungen drangen, bis Zarah Leander singen mußte, daß einmal ein Wunder geschehen wird

46
Eine Pathé-Platte, die man von innen nach außen spielen mußte

◁ 47
Dieses Schild hing während des ‚Tausendjährigen Reichs' in deutschen Tanzlokalen

48
Nicht zu glauben, aber es gab tatsächlich Verleihanstalten für Schallplatten
▽

49
Etwas für Etikettensammler

50
‚Die teuerste Platte der Welt', eine CD mit Seltenheiten, die nirgends mehr sonst erhältlich sind

53
Der ewige Hit: White Christmas, gesungen von Bing Crosby
▽

51
Schallplatten aus Schokolade

52/54 ▷
Raritäten, die noch vereinzelt auftauchen: Platten mit dem V-Disc-Etikett

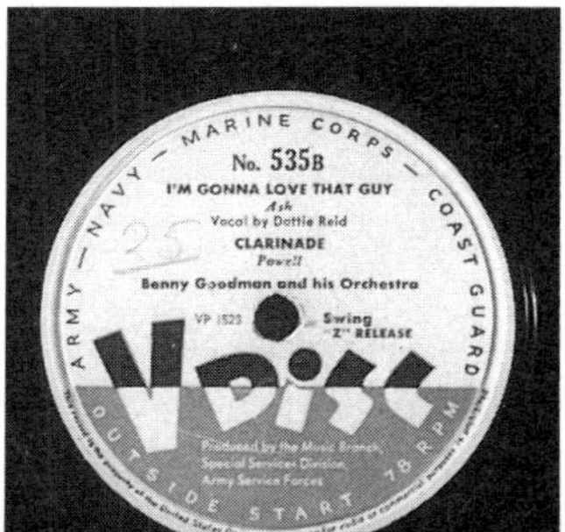

Jede einzelne Schallplatte aus meiner umfangreichen Sammlung erzählt mir eine Geschichte. Manchmal nur eine ganz banale. Zum Beispiel, wo und wann ich sie gekauft oder zum ersten Mal gehört habe.
Gewisse Platten liefern ihre Geschichten schon mit. Durch ihren Inhalt. Durch die Umstände, unter denen sie entstanden sind. Wegen der Künstler, die sich auf ihr verewigt haben. Da muß man dann schon ein bißchen nachforschen, denn Schallplatten geben sich kokett und wahren ihr Inkognito. Sie lassen sich nicht hinters Etikett blicken und behalten gern einen Rest ihrer Geheimnisse für sich.
Matrizennummern und Etiketten können Aufschlüsse geben, aber auch in die Irre führen. Doch gerade das ist es, was den Sammler reizt. Er will den Schleier lüften und den Rillen auf die Spur kommen.
Schallplatten sammelt man nicht wie Bilder. Eher wie Bücher. Diese wie jene sind ja nicht Unikate, sondern vervielfältigbare Reproduktionen, ursprünglich zu Tausenden, später in Millionenauflagen hergestellt.
Doch nun fordert der Zeitfaktor seine Rechte. Als die letzte Schellack gepreßt wurde, war niemandem bewußt, daß von nun an die Zahl der verfügbaren Schellackplatten nie mehr zunehmen, sondern nurmehr abnehmen würde. Heute weiß man das. Ich habe damals selbst eine Menge Schellacks verschleudert, weil ich nicht Platten, sondern Musik sammle – und die bekam ich ohnehin auf Langspielplatten. Wollte ich diese Schellacks heute zurückkaufen, müßte ich ein Vielfaches dafür bezahlen.
Mit den Langspielplatten wird es genauso gehen. Im Jahr 2000 wird es nurmehr Compact Discs geben. Also hebe Deine LPs gut auf, in spätestens hundert Jahren sind sie viel wert.
Dann wird man sich auch von den LPs jene Geschichten erzählen, die man sich jetzt von den Schellacks erzählt. Sie sind ein Kaleidoskop der bunten Träume; ein märchenhafter Bilderbogen; ein Jahrmarkt der Eitelkeiten und ein Panoptikum der Absonderlichkeiten.
Setzen wir uns hin und schenken wir uns einen VSOP ein (Very Special Old Phonography, Du weißt schon) und legen wir uns ein paar Scheiben zurecht. Während wir sie hören, erzählen wir uns gegenseitig Geschichten. Wahre und erfundene, lustige und traurige, amüsante und hintergründige.

⊙ Die Aufnahmepraxis der Urzeit bediente sich oft seltsamer Tricks. Weil sich die Matrizen schnell abnützen, ließ man schon während der Aufnahme zwei oder drei Wachsmatrizen mitlaufen. Da passiert dann auch, daß der eine Teller rascher läuft als der andere und die eine Nadel engere oder tiefere Furchen schneidet, als die daneben.
Das Ergebnis sind ›Originalplatten‹ (!), deren Geschwindigkeiten zwischen 76 und 82 UpM schwanken und die trotz identischer Aufnahme vollkommen unterschiedlich klingen.
Dazu kommen abenteuerliche Kopplun-

gen, wo auf der Vorderseite die Tosca betet, während auf der Rückseite John Philip Sousa marschiert.

⊙ In den schönsten Plattensagen des klassischen Altertums zeigt sich das Thema Kopplungen äußerst ergiebig.
1914 kommen die ersten drei Teile von Rossinis »Wilhelm Tell Ouvertüre« auf 3 einseitig bespielten 30-cm-HMV-Platten heraus; es spielt das New Symphony Orchestra unter Sir Landon Ronald. Der 4. Teil findet sich auf einer beidseitigen 25-cm-HMV mit der ›Band of the Coldstream Guards' unter Captain Mackenzie Rogan und mit Suppés Ouvertüre zu »Dichter und Bauer« auf der Rückseite!

⊙ Noch im Jahr 1931 scheut sich Parlophon nicht, Chopins »1. Klavierkonzert« mit dem Pianisten Moritz Rosenthal auf drei 25-cm-Platten und zwei 30-cm-Platten zu veröffentlichen.

⊙ Frankreichs Platten-Superstar der Jahrhundertwende heißt Charlus, der Mann mit der eisernen Lunge, der ein- und dasselbe Lied bis zu zweitausendmal in den Trichter singt.
Denn es gibt noch keine Schallplatten, nur Edison-Walzen, von denen jede ein Unikat ist. Dennoch fällt dem Sänger auf, daß aus dem Aufnahmeraum mehr Walzen herausgetragen werden, als er Lieder gesungen hat.
Des Rätsels Lösung: der Trichter ist mit mehreren Maschinen gekoppelt. Charlus verlangt daraufhin sofort mehr Gage und singt erst weiter, als er sie bekommt.

⊙ Louis Armstrong hat bekanntlich bei der Aufnahme von »Heebie Jeebies« den Scat-Gesang erfunden. Eine ›klassische‹ Parallele dazu liefert der irische Tenor John McCormack, als er 1909 für Odeon die ›Mattinata‹ im Stil Carusos in den Trichter schmettert. Plötzlich hat er die Worte vergessen und lallt »la la la« weiter, bis er den Text wiedergefunden hat. Das hindert Odeon nicht daran, die Platte dennoch auf einer Schellack mit 27½ cm Durchmesser herauszubringen. Heute natürlich eine Rarität.

⊙ Welcher frühe Plattenkatalog am meisten Format hat, ist ungewiß. Die meisten Formate bietet sicherlich Pathé mit Durchmessern von 21,6 cm, 28 cm, 35,6 cm und 50,8 cm.

⊙ Der erste, der eine Platte im späteren 25-cm-Standard aufnimmt, ist der Erfinder des Federantriebs für Grammophone und Gründer der ›Victor Company‹, Eldridge Johnson. Der Titel heißt »When Reuben comes to town« und wird von einer gewissen S. H. Dudley geträllert.

⊙ Im gleichen Jahr – 1901 – kommt die ›Red Label‹-Serie heraus. Das rote Etikett kennzeichnet die Luxusserie der Victor mit ihren Exklusivkünstlern Schaljapin, Caruso, Melba und Patti. Die Platten finden reißenden Absatz, obwohl ihr Preis dem Wochenlohn eines Arbeiters entspricht.

⊙ Zu Beginn des 2. Weltkriegs verschwinden ›fremdsprachige‹ Schallplatten nicht sofort aus den Regalen deutscher Geschäfte. Aber eine Bestimmung besagt, daß Titel mit englischem Gesang nicht mehr vorgespielt werden dürfen. So ergibt sich die groteske Situation, daß ein Angestellter des Ladens in der Vorführkabine darüber wacht, daß die Nadel sofort abgehoben wird, sobald der Refraingesang einsetzt.
Als ich diese Geschichte von einem hörte, der sie selbst erlebt hat, wußte ich,

warum das Dritte Reich keinen Bestand haben konnte.

- 1907 und 1912 werden in der Pariser Oper je zwei Urnen eingemauert, die erst 100 Jahre später geöffnet werden dürfen. Ihr Inhalt: ein Gruß an die Nachwelt, in Form von Schallplatten.
- Das Wort »Rock'n'Roll« ist weder eine Erfindung Bill Haleys, noch des Disc-Jokkeys Alan Freed, wie dieser immer behauptet. Vielmehr taucht es zum ersten Mal auf einer Schallplatte des großen kleinen Drummers Chick Webb »Rock it for me« auf. Aufgenommen am 1. November 1937 und von niemand geringerem gesungen als Ella Fitzgerald.
- Die israelische Sängerin Ofra Haza feiert 1988 in Europa einen Riesenerfolg mit einem jemenitischen Volkslied namens »Im Nin' Alu« (Es gibt immer einen Weg). Ein Teil des Erfolgs ist möglicherweise auf das ungewöhnliche Instrumentarium zurückzuführen: Kannen und Töpfe.
- Im Januar 1989 findet in Berlin eine Ausstellung unter dem Titel »Broken Music« statt, die der Schallplatte gewidmet ist. Dort findet man unter anderem Platten aus Schokolade, hergestellt von Peter Landong, der damit an eine nahrhafte Tradition anschließt: Schon 1905 bringt Stollwerck Schokoladeplatten als Werbegag heraus.

  Bei der Berliner Ausstellung demonstriert auch ein gewisser Tom Wilson, daß er an den Rillen einer Schallplatte erkennen kann, welche Musik sie enthält. Das Experiment gelingt zur Verblüffung der Zuschauer in neun von zehn Fällen.
- Als Phänomen besonderer Art erscheint Ende 1988 eine CD mit der zweiten Symphonie von Gustav Mahler, gespielt vom London Symphony Orchestra.

  Der Dirigent dieser Aufnahme ist keiner der arrivierten Pultlöwen, sondern ein New Yorker Manager und Herausgeber der Wirtschaftszeitschrift ›Institutional Investor‹ mit Namen Gilbert Kaplan.

  Mr. Kaplan, der nach eigenen Angaben außer Mahlers »Zweiter« nichts anderes ›drauf‹ hat, war vom Urerlebnis seiner ersten Begegnung mit dieser Symphonie dermaßen fasziniert, daß er sie bis ins kleinste Detail studierte, mehrfach öffentlich aufführte und schließlich sogar auf CD einspielte. Das Erstaunliche daran: diese Einspielung kann sich mit jeder anderen messen.
- Svjatoslav Richter hat eine tiefe Abneigung gegen Schallplatten. Dennoch läßt er sich 1958 in Warschau zu einer Aufnahme überreden und wählt die extrem schwierige »Toccata« von Schumann, bei der Konzertpianisten erwiesenermaßen bis zu zwei Kilogramm Gewicht abnehmen.

  Obwohl Richter von der Möglichkeit nachträglicher Ausbesserungen durch Cutting und Editing informiert ist, besteht er darauf, das Stück wie bei einem Konzert in einem Zug durchzuspielen. Mit dem ersten Versuch nicht zufrieden, rattert er die ganze komplizierte »Toccata« ein zweites Mal, ein drittes und viertes Mal herunter. Erst mit der sechsten Version ist Richter einverstanden und gestattet die Veröffentlichung.
- Der »Ring des Nibelungen«, den Clemens Krauss 1953 in Bayreuth dirigiert hat, dauert 14 Stunden und ist auf 7 CDs erschienen. Wie das möglich ist? Durch folgenden Trick:

Weil es sich um eine monaurale Aufnahme handelt, wird der linke Stereokanal für die eine Monospur, der rechte für deren Fortsetzung verwendet. Auf diese Weise erzielt man die doppelte Spielzeit bei gleichem Format.

⊙ Gegen die Heavy Metal Band »Judas Priest« wird in Nevada ein seltsamer Prozeß geführt. Zwei amerikanische Familienväter namens James Vance und Raymond Belknap klagen nicht die Band, sondern deren Musik des Mordes bzw. Selbstmordes an.
Die Söhne der beiden Väter hatten das Album »Stained Class« der Rockgruppe stundenlang angehört, sich dabei betrunken und dann mit Pistolen aufeinander geschossen. Ergebnis der Schießerei: ein Toter, ein Schwerverletzter. Ergebnis des Prozesses: unbekannt.

⊙ Nach dieser und der ›Rasiermesserplatte‹ von Miles Davis (»Blue Moods«) gibt es noch weitere ähnlich gelagerte Fälle, in denen es stets um Musik geht, zu der Menschen nachweislich Selbstmord begangen haben.
Falls Du Dich also unbedingt umbringen willst, dann bitte zur passenden Musik:
»Trauriger Sonntag« von Reszo Seress.
»Parlez moi d'amour« von Jacqueline Boyer.
»Suicide solution« von Ozzy Osborne.

⊙ Mozart wäre ein guter A & R-Mann (Artists & Recording) geworden.
Eine bekannte Anekdote erzählt, wie das 12jährige Wunderkind in der sixtinischen Kapelle in Rom das Bittgebet des Komponisten Allegri hört, dessen Noten im Vatikan unter Verschluß gehalten werden. Es ist bei strengster Strafe verboten, auch nur eine Stimme davon zu kopieren. Dennoch schreibt der junge Mozart die komplette Partitur nach nur einmaligem Anhören des Stücks fehlerfrei nieder. Ganz Italien spricht von diesem Wunder, der Papst selbst erteilt Mozart die Absolution für diese Freveltat. Nur Mozarts Mutter steht tausend Ängste aus und fleht täglich zur Muttergottes, ihr Sohn möge um Christi Willen nicht exkommuniziert werden.

⊙ Ein paar hundert Jahre später bringt der deutsche Kapellmeister Bruno Seidler-Winkler ein ähnliches Kunststück im Dienste der Schallplatte zuwege.
Die »Salome« von Richard Strauss soll erstmals aufgenommen werden. Der Komponist hat bereits seine Zustimmung erteilt, doch der Verlag legt sich quer und rückt die Partitur nicht heraus.
Da besucht Seidler-Winkler eine Aufführung der »Salome«, macht sich Notizen in seinen Klavierauszug und instrumentiert nach diesen Aufzeichnungen das ganze Werk, so daß selbst Richard Strauss zugeben muß:
»Ein Teufelskerl, dieser Seidler-Winkler«.

⊙ Weil sich die erste Kanalschwimmerin während ihres »Badeaufenthalts« von Schallplatten unterhalten läßt, rührt anschließend die Industrie die Werbetrommel, daß ihre Geräte und Platten sogar den Seegang des Ärmelkanals überstehen würden.
Die zweite Kanalschwimmerin macht es der ersten nach und läßt ebenfalls ein Boot mit einem Trichtergrammophon neben sich herfahren. Sie heißt Getrude Eberle und ihr Erfolg wird sogar auf Platte festgehalten: »Tell me Trudy, who will be the lucky one«.

⊙ Die besten Aufnahmeleiter sind die, wel-

che am wenigsten dreinreden. Wenn aber auf Schallplatten dreingeredet wird, deutet das nicht unbedingt auf gute Aufnahmeleitung hin.
Auf der HMV E 147 aus dem Jahr 1941 ist Percy Grainger mit seinem Gesang des Liedes »Shepherds Hey« offenbar nicht zufrieden, denn er sagt am Schluß:
»I think, we'd better do that again.«
Die Platte kommt trotzdem heraus – und zwar mit der Schlußbemerkung des Sängers!

⊙ Die Firma ›Erato‹ ist ein ergiebiger Lieferant von ›Geräuschplatten‹, denn in den Jahren 1950 und 1960 produziert sie viele Aufnahmen in Kirchen, in denen Vögel nisten.
Ein besonders hübsches Beispiel liefert Argo ZRG 836 aus dem Jahr 1976, wo im Schlußsatz von Telemanns »Ouvertüre in D« ein Spatz aus dem Dach der Londoner St. Marys Church ein Obligato zum Oboensolo beisteuert.
Dafür läßt sich Eugene Ormandy auf seiner Aufnahme von Rimsky-Korssakoffs »Scheherazade« deutlich hörbar von einem Hund begleiten.

⊙ Als der Pianist Garrick Ohlsson mit dem London Philharmonic Orchestra unter Klaus Tennstedt Brahms' erstes Klavierkonzert in d-Moll aufnahm, hatte sich ebenfalls ein Sperling ins Studio verirrt, der den dritten Satz mit seinen Zwischenbemerkungen würzte. Das war anfangs noch komisch, doch als Tennstedt zum fünften Mal wegen des Gezwitschers unterbrechen mußte und wütend den Taktstock hinwarf, blieb nur eine Lösung: Tod durch Erschießen!
Die Musiker protestierten. Schließlich einigte man sich auf einen Kompromiß: Man würde mit Todesverachtung den ganzen Satz zweimal komplett durchspielen und jene Stellen, an denen der Vogel nicht hörbar war, für den Zusammenschnitt verwenden.
Diese Idee rettete die Aufnahme – und das Leben des Sperlings, der sich bei der fertigen Platte nur einmal, ganz leise beim Einsatz des Seitenthemas, zu »Wort« meldet. (EMI ASD, engl. Columbia 3762)

⊙ Warum die »Puzzle Records« vom Plattenteller verschwunden sind, ist mir ein Puzzle. Sie hätten sicherlich auch heute noch Marktchancen.
1911 bringt z. B. HMV eine der ersten Puzzle-Records unter dem Titel »The Conondrum« heraus. Es handelt sich um eine Schellack mit 4 Musikstücken auf 4 parallel laufenden Rillen. Welches Stück dann beim Abspielen tatsächlich erklingt, richtet sich danach, wie die Nadel aufgesetzt wird.
Schallplattenerfinder Emil Berliner nimmt schon 1898 zwei Pianopiecen auf zwei Rillen auf und erweitert das Verwirrspiel 1901 auf 3 Rillen: ein Lied, ein Monolog, ein Klaviersolo.
»Back Your Fancy« auf Regal Zonophone treibt die Rillkür auf die Nadelspitze und bringt 1932 eine 6fach gerillte Rennreportage mit 6 verschiedenen Endergebnissen unters Volk.

⊙ 1948 bekommt der Wissenschaftler Peter Goldmark von der Columbia den Auftrag, eine Platte mit mehr als 5 Minuten Spieldauer herzustellen. Eine LP also. Goldmark beginnt zu experimentieren und verwendet dazu die 1. Symphonie von Brahms sowie Beethovens Violinkonzert. Als es ihm schließlich gelingt, die erste Langspielplatte der Welt herzustellen, fragt man ihn, warum er sich gerade diese beiden Musikstücke ausgesucht hatte. »Ich habe gewußt, daß ich bei meinen Versuchen ein- und dasselbe Stück hunderte, ja tausende Male hören muß. Da kann man nur Musik wählen, die man über alles liebt.«

- Die ersten elektrischen Aufnahmen konnten erst ab 1925 produziert werden. Trotzdem kommt 1922 eine Platte der Bluessängerin Ma Rainey mit dem Vermerk »Electrically Recorded« heraus. Nachforschungen ergeben, daß es natürlich eine akustische Trichteraufnahme ist. Aber im Studio hat das elektrische Licht gebrannt.
- Hast Du gewußt, daß es viereckige Platten gibt? Sie messen 7,6 × 7,6 cm und stammen aus dem Jahr 1936, wo sie in England als Zugabe zu Record Zigaretten verteilt worden sind.
- 1923 erfindet ein Bastler eine Platte mit linearkonstanter Geschwindigkeit: sie dreht sich um so schneller, je weiter die Nadel nach innen wandert. Auf diese Weise gelingt es, die Spieldauer von 4 auf 8½ Minuten zu verlängern. Leider sind die damaligen Nadeln schon nach 4 Minuten über dem Jordan, weshalb der Erfindung keine Zukunft beschert ist.
- Die kuriosesten Platten bringt ›Filmophone‹ Ende der 20er Jahre heraus. Kunststoffplatten, deren Beschreibung lautet:
»Die neuen Filmophones sind absolut unzerbrechlich. Sie können sie biegen, rollen, fallenlassen. Sie können darauf sitzen, tanzen, herumtrampeln, es wird ihnen nichts ausmachen.«
Das einzige Problem dieser Wunderplatten bestand darin, daß man sie zwar nicht zerbrechen, aber auch nicht abspielen konnte. Das Material war nämlich dermaßen nachgiebig, daß sich die Stahlnadel so tief hineingrub, daß sie einen gekräuselten Faden hinter sich herzog!

Goldrausch

»Je preiser gekrönt, desto durcher er fällt«, sagt schon Tucholsky. Deshalb der Abgrund zwischen der Abstimmung am grünen und der am Ladentisch, wenn es um Schallplattenpreise geht.
Im Zuge der herrschenden Medailleninflation in allen Disziplinen werden auch Schallplatten ausgezeichnet. In Deutschland mit dem ›Großen Deutschen Schallplattenpreis‹. In Frankreich mit dem ›Grand Prix du Disque‹. In den USA mit dem ›Grammy Award‹.
Mein Freund Jürgen hat seine Sammlung anfangs mit solcherart prämierten Platten aufgebaut. Dann ist er zu den sogenannten ›Goldenen Schallplatten‹ übergewechselt. Er sagt, Jurys haben vielleicht gute Ohren, aber keine gute Nase.
Jürgen sammelt also ›Goldene Schallplatten‹. Es macht ihm nichts aus, daß er dabei auch Erzeugnisse wie »Drift away« von Dobie Gray, »Liebeskummer lohnt sich nicht my darling« von Siw Malmquist und »If you want me to stay« von Sly and the Family Stone in Kauf und in Zahlung nehmen muß – eine Ausschußliste, die sich seitenlang fortsetzen ließe. Hautpsache, er weiß sich mit mindestens einer Million anderer einig. Das ist nämlich der »goldene« Schnitt: 1 000 000.
Gold für olympische Leistungen gab es schon immer. Zum Beispiel erhielt Tino Rossi von seinen dankbaren Produzenten eine goldene Gitarre und 1945 die erste ›Disc d'Or‹ Frankreichs für seine Weihnachtsliederplatte »Petit Papa Noel«. Wobei sich die Franzosen nicht lumpen ließen: Das Scheibchen bestand aus echtem 22karätigem Gold!
Schon 1905 überreichte die britische Grammophone Company der Geigerin Marie Hall ein Armband, an dem sieben goldene Miniaturschallplatten baumelten – als Symbol für ihre 7 Plattenbestseller.
Die erste echte ›Goldene Schallplatte‹ wurde Glenn Miller am 10. 2. 1942 für 1,2 Millionen verkaufter Exemplare von »Chattanooga Choo Choo« überreicht; eine Ziffer, an die Udo Lindenberg mit seiner Coverversion »Sonderzug nach Pankow« bisher noch nicht herangekommen ist.
Gold und anderes Edelmetall wird nach Stückverkaufszahlen vergeben, wobei die Bedingungen in den einzelnen Ländern unterschiedlich sind. In Österreich genügt es, 25 000 LPs abzusetzen; im Nachbarland CSSR müssen es zehnmal soviel, nämlich 250 000 sein. Das ist, bei und für Gott, eine Menge.
In den USA, in der Bundesrepublik und in Italien qualifizieren sich erst 1 000 000 verkaufter Singles für Gold; England und Frankreich begnügen sich mit 500 000 Stück.
Um in Amerika vor 1975 Gold für ein LP-Album zu bekommen, mußte dieses eine satte Million Dollar eingespielt haben. 1975 wurde diese Bestimmung von Umsatzziffern auf Stückzahlen, nämlich auf 500 000 verkaufte Exemplare geändert. Verdoppelt sich diese Zahl, gibt's Platin.
Nichts zeigt den Einzug der Schallplatte ins tägliche Leben besser, als die jährliche Goldfieberkurve, wobei sich die Angaben

immer nur auf das jeweilige Jahr beziehen:

- 1920 waren es ganze 3 Titel, die mehr als eine millionmal verkauft wurden.
- 1940 waren es schon 8.
- 1960 sprangen 87 Singles über die Millionenmarke.
- 1980 stieg die Zahl der vergoldeten Schallplatten zur Dreistelligkeit auf.

Darunter befinden sich sowohl Platten, die ein paar Jahre vom Start bis ins Ziel benötigen, als auch solche, die es innerhalb einer Woche schaffen.

Die Beatles LP »Beatles for Sale« wurde 750 000mal verkauft, noch bevor sie überhaupt erschienen war!

Das bis jetzt am schnellsten verkaufte Album ist »Thriller« von Michael Jackson, mit 30 Millionen auch das meistverkaufte der Welt.

Mehr als das zehnfache, nämlich 330 Millionen Singles, konnten die Beatles bis 1970 absetzen.

Und für die 65 goldenen Presleys muß ein Goldgräber ganz schön schürfen.

Angesichts solcher Umsätze wirken Diskussionen über Operngagen und Dirigentenhonorare kleinkariert. Gegenüber Popstars sind auch die Spitzenverdiener unter den Jazzern wie Oscar Peterson und Miles Davis die reinsten Gartenzwerge. Sie mögen noch so große Musik machen; das große Geld machen die anderen.

An die Popkaiser kommt auch der klassische Plattenmulti Karajan nicht heran. 105 Millionen verkaufter Karajan-Platten hört und hören sich zwar gut an, aber Du darfst nicht vergessen, daß sie das gesamte Repertoire unserer Konzert- und Opernliteratur umfassen. Mit »Einzeltiteln« sieht es nämlich so aus:

Von den rund hundert Schallplatten, die Jahr für Jahr von mehr als einer Million Menschen gekauft werden, kommen ganze vier Stück aus dem Bereich der klassischen Musik und ganze Null aus anderen Bereichen. Aber nicht pro Jahr, sondern seit der Erfindung der Schallplatte!

Als die vier Außenseiter haben sich qualifiziert:

1. »Vesti la Giubba« aus dem Jahr 1903, gesungen von Enrico Caruso.
2. Chopins »As-Dur-Polonaise«, im Jahr 1945 von José Iturbi gespielt, wozu es eine hübsche Schallplattengeschichte gibt:
   Iturbis Version wurde als Filmmusik einer Chopin-Filmbiographie mit dem Titel »A song to remember« (In mir klingt ein Lied) populär.
   Noch im gleichen Jahr sprangen sowohl der Schnulzenkaiser Perry Como, als auch der Pianist Carmen Cavallaro auf den Erfolgszug auf. Como mit einer gesungenen Fassung der »As-Dur-Polonaise« unter dem Namen »Till the end of time« und Cavallaro mit einer Boogie-Woogie-Version.
   Die Rechnung ging auf: Alle drei verkauften über eine Million!
3. Tschaikowskys »b-Moll-Klavierkonzert«, 1956 von Van Cliburn gespielt. Schon zehn Jahre vorher war die gleiche Melodie über die Millionengrenze gekommen. Allerdings als ein von Clyde Rogers gesungener Schlagertitel »Tonight we love«.
4. 1956 war überhaupt ein ›goldenes‹ Tschaikowsky-Jahr, dank Antal Doratis Einspielung der »Ouvertüre 1812«.

Du könntest vielleicht noch Stokowskys Einspielung der Strauß-Walzer »G'schich-

ten aus dem Wienerwald« und »An der schönen blauen Donau« (Gold 1939) dazuzählen, aber wenn Du die Aufnahmen hörst, zählst Du sie wieder weg.
Wenn schon Wiener Gold, dann Anton Karas mit seiner Zither, dessen »Harry Lime Theme« aus Carol Reeds Filmklassiker ›Der Dritte Mann‹ weltweit nicht weniger als 40millionenmal vescherbelt worden ist.
Ein Goldkind, das Jürgen besonders liebt, sind die »Singenden Hunde«. Ein Däne names Carl Weisman nahm 1945 in Kopenhagen das Gebell seiner 5 Hunde auf Band auf und schnitt es zur Melodie von »Jingle Bells« zusammen. Life-Magazin brachte am 19. Dezember 1955 eine Story über dieses originelle Weihnachtslied, das daraufhin unter Millionen Christbäume wanderte.
Wenn Jürgen es seinem Terrier vorspielt, setzt sich dieser vor den Plattenspieler, als wäre er Nipper von ›His Masters Voice‹.
Etwas problematisch zeigt sich die Beschaffung von Goldscheiben aus anderen Ländern als den europäischen und den USA.
Japan ist zwar popmäßig fest in britischer und amerikanischer Hand, fördert aber auch seine bodenständigen Liedermacher wie Karumen Maki, Jun Mayuzumi oder Masato Shimon mit Gold.
In China gibt es trotz Milliardenbevölkerung nur einen echten Millionenseller: »Lieder und Reden des Vorsitzenden Mao Tse-Tung«, 1966 zusammen mit Ergüssen des damaligen Verteidigungsministers Lin Piao und des Premierministers Tschu En-Lai veröffentlicht.
In Australien nahm Schwester Janet Mead vom Orden ›Mercy Convent‹ das »Vaterunser« als Rockversion auf und verkaufte davon 1974 in den USA 1,5 Millionen Stück innerhalb von vier Monaten. Die Einnahmen stiftete Schwester Mead der Caritas.
Ob Karol Wojtyla das auch so gehalten hat, als er 1979 für »Lieder des Papstes« eine goldene Schallplatte erhielt, weiß nur der Vatikan.
An der ewigen Bestenliste der in den USA vergebenen ›Goldenen‹ läßt sich ablesen, wer wirklich und dauerhaft Erfolg hat und wer in diesem illustren Kreis nur ein Gastspiel als Eintagsfliege gibt.
Berücksichtigt man, daß es früher viel schwerer war, von einem einzigen Titel eine Million Platten zu verhökern, bleiben über die Gesamtstrecke hinweg nur sieben wirkliche Megastars übrig:

- Bing Crosby, der seine letzte ›Goldene‹ für »True Love« bekam, wo Grace Kelly mit ihm singen durfte und der es im Laufe seiner Karriere zu 22 ›Golden Discs‹ gebracht hat. Was sind dagegen die 3 von Bill Haley? Oder die 11 von Connie Francis?
- Frank Sinatra, gold- und platinbeladener »Stranger in the night«.
- Fats Domino, Dauerbrenner im Goldschmelztiegel.
- Elvis Presley, dessen Gesamtumsatz inzwischen schon über die Milliardenbarriere geklettert ist.
- Die Beatles, die erfolgreichste Popgruppe aller Zeiten, die 1964 mit »Can't buy me love«, »Twist and shout«, »She loves you«, »I want to hold your hand« und »Please please me« geschlossen die ersten 5 Plätze der amerikanischen Hitparade belegten.
  Von »Can't buy me love« wurde noch vor Erscheinen in den USA 2,1 Millionen, in England 1 Million Exemplare geordert. Bis Ende 1965 wurden insgesamt 1920

Coverversionen von Beatles-Songs gezählt, davon allein 629 von »Michelle«.

- ⊙ Die Rolling Stones, auch schon lange im Geschäft.
- ⊙ Michael Jackson, der mit den Singles »Billie Jean«, »Beat it« und »Bad« sowie mit der »Thriller«-LP sämtliche Weltrekorde hält, was Verkaufstempo und Bruttoregistertonnen betrifft.

Doch was sind die glorreichen Sieben gegen die wahren Goldrauschkinder unserer tönenden Welt: die sogenannten Volksmusikanten!

Diese kommen meist als Duos oder Trios vor und machen die Fremdenverkehrsorte unsicher. Mengenmäßig verkaufen sie mehr als jeder Popstar. Denn einen wesentlichen Bestandteil ihrer Auftritte bildet der Plattenverkauf an Ort und Stelle an die unter Enzianschnaps stehenden Gäste, der sich daher auch proportional zum Enzianverbrauch bewegt.

Immer, wenn Jürgen mir die Zahlen der alpenländischen Erfolgsgeneration triumphierend an den Kopf geworfen und mich noch dazu in seinem goldenen Käfig einen Abend lang mit auserlesenen Scheußlichkeiten aus seinem Schreckenskabinett malträtiert hat, muß ich mich mit sieben Zwergen wieder aufrichten, die gegen Goldfieber garantiert immun sind:

- ⊙ Roland Kirk, amerikanischer Saxophonist.
- ⊙ Andor Foldes, ungarischer Klassikpianist.
- ⊙ Carlos Montoya, spanischer Flamencogitarrist.
- ⊙ Arturo Sandoval, kubanischer Trompeter.
- ⊙ Roland Neuwirth, Wiener Liedermacher.
- ⊙ Paul Schöffler, Heldenbariton.
- ⊙ Blue Note Seven, Dixielandband.

Drei Minuten Ewigkeit

Sollte ich jemals eine Doktorarbeit verfassen, wird ihr Titel lauten:
Über den Einfluß von Schallplattendurchmesser und -umdrehungsgeschwindigkeit auf die Musik des 20. Jahrhunderts.
Es ist tatsächlich ein faszinierender Gedanke, sich zu überlegen, was aus der Musik, insbesondere der Populärmusik, geworden wäre, hätte man sie nicht von Beginn an einem bestimmten Zeitlimit unterworfen.
Die allerersten Platten hatten 17 cm Durchmesser, waren einseitig bespielt und drehten sich mit einer Geschwindigkeit von ca. 70 Umdrehungen pro Minute (UpM), was eine Spielzeit von knapp einer Minute ergab.
Mit Einführung der elektrischen Aufnahmetechnik 1925 wurde die Umdrehungsgeschwindigkeit einheitlich auf 78 UpM festgelegt. Die Platten waren nun doppelseitig bespielt und besaßen einen Durchmesser von 25 cm, was dem angelsächsischen Maß von 10 Zoll (inch) entspricht.
Dann war vorerst Generalpause. Es ist eigentlich kaum zu glauben, daß sich jahrzehntelang nichts an diesem Standard geändert hat. Bis in die 50er Jahre wurden Schellackplatten mit 78 UpM und 25 cm Durchmesser erzeugt.
Ihre Spieldauer betrug pro Seite ca. 3 Minuten. Das heißt: zwischen 1900 und 1950 mußte jeder Musiker, der in ein Aufnahmestudio ging, in 3 Minuten mit seiner Darbietung fertig sein. Ein halbes Jahrhundert lang, bis zur Einführung der Langspielplatte mit 33⅓ UpM, stand alle Musik unter dem Diktat des 3-Minuten-Limits.
Der einzige diesbezüglich brauchbare Komponist war Anton von Webern mit seinen kurzen Orchesterskizzen. Auch ein Chopin-Walzer ließ sich auf einer Plattenseite unterbringen; der Minuten-Walzer sogar dreimal.
Doch was tun mit einem Bruckner oder Meyerbeer, die sich fatalerweise nicht an ein Zeitlimit halten? Wenn schon beim »Eiskalten Händchen« die Platte noch vor dem Tenor am Ende ist? Wenn bei der »Gralserzählung« Elsa nie erfährt, wie ihr Schwanenritter nun wirklich heißt?
Eine Vergrößerung des Durchmessers auf 30 cm (12 Zoll) verlängerte die Spieldauer auf ca. 5 Minuten. Nun konnte man wenigstens Siegfried auf einer Platte sterben lassen. Von ganzen Symphoniesätzen war aber noch immer keine Rede.
Um die großen Werke der Opern- und Konzertliteratur dennoch unters Volk und aufs Grammophon zu bringen, verfiel man auf zwei Auswege:

1. Die Werke wurden grausam gekürzt und verstümmelt: nicht mehr als 6 Minuten für eine Schubert Symphonie; weniger als 10 Minuten für den ersten Akt »La Traviata«.
2. Bis zu 10 Platten wurden in einem Album als Gesamtaufnahme verkauft.

Das erste dieser Alben war eine Aufnahme der 5. Symphonie Ludwig van Beethovens unter dem Dirigenten Arthur Nikisch.
Bei dieser Aufnahme wurden 3 akustische Trichter für die verschiedenen Instrumentengruppen eingesetzt. Eine davon waren die sogenannten »Stroh-Geigen«, benannt

nach ihrem Erfinder August Stroh. Das waren Geigen ohne Resonanzkörper, die nur aus dem Steg mit den Saiten und einem Schallbecher zur Tonverstärkung bestanden. Dennoch mußten die Geiger fast in den Aufnahmetrichter hineinkriechen, während z. B. die Trompeter mit dem Rücken zum Dirigenten saßen und in die entgegengesetzte Richtung bliesen.

Diese legendäre Aufnahme wurde auf vier 25-cm-Platten der Deutschen Grammophon Gesellschaft veröffentlicht, die 48 Goldmark kosteten und eine echte Sensation waren. Außerdem bildeten sie die Vorstufe weiterer solcher »Gesamtaufnahmen«, in denen nach und nach das gesamte Repertoire auf den Markt kam.

Was diese Alben betrifft, so lag ihr größter Nachteil darin, daß man alle 3 Minuten zum Plattenspieler gehen mußte, um die Platte umzudrehen. Ein Vorgang, der außerdem unweigerlich mit den schönsten Stellen der Musik zusammenfiel:

»Reich mir die Hand, mein Leben. Komm auf mein ...«

(Aufstehen, Platte umdrehen, Tonarm aufsetzen. Gespannt darauf warten, wohin er sie einlädt: »Komm auf mein Sofa, Kanapee, Bett, Pferd ...?)

»... Schloß mit mir!«

Um auch mit diesen Spannungen fertig zu werden, erfand man den 10-Platten-Wechsler. Bei dem konnte man bis zu 10 Platten auf eine lange Mittelachse aufstekken, wo eine komplizierte Mechanik den Stapel über dem rotierenden Plattenteller in Schwebe hielt. Sobald eine Seite fertiggespielt war, schwenkte der Tonarm automatisch nach außen und löste eine Sperre, wodurch die nächste Platte auf den Teller hinunterfallen konnte. Damit ersparte man sich zwar das Aufstehen, nicht aber die dreiminütigen Unterbrechungen.

Für den 10-Platten-Wechsler mußten sich die Produzenten spezielle Kopplungen einfallen lassen. Z. B.

Platte 1: Vorderseite Teil 1, Rückseite Teil 10

Platte 2: Vorderseite Teil 2, Rückseite Teil 9

Platte 3: Vorderseite Teil 3, Rückseite Teil 8

usw.

Diese abstruse Aufteilung sorgte dann bei gewöhnlichen Grammophonen für jede Menge Ärger und Verwirrung. Sicher, das Prinzip des 10-Platten-Wechslers hätte anders nicht funktioniert. Warum man aber derartige Kopplungen auch im Zeitalter der Langspielplatte noch für geraume Zeit beibehalten hat, wird mir ein ewiges Rätsel bleiben. Es ist nicht einzusehen, weshalb ein Zuhörer nicht in der Lage sein soll, nach Anhören einer LP-Seite seinen müden Kadaver zum Plattenspieler zu schleppen, um die Scheibe umzudrehen. Bei 3 Minuten lasse ich mir das noch einreden; aber bei 20 Minuten?

Dem 3-Minuten-Problem, das die Reproduktion europäischer Musik vor so große Probleme stellte, ging die Populärmusik von Anfang an aus dem Weg.

Der Beginn dessen, was man als Popmusik, Tanzmusik, Schlagermusik etc. bezeichnen kann, fällt zeitlich mit der Erfindung der Schallplatte zusammen.

Die Musiker, die für die ersten Aufnahmen ins Studio geholt wurden, hatten nichts weiter zu tun, als ihre Darbietung auf 3 Minuten zu begrenzen. Ein Schlagersänger sang eben statt 16 Strophen nur 5. Ein Jazzmusiker improvisierte 2 Chorusse statt 20.

Die ersten längeren »Werke« wurden von

Orchestern wie Paul Whiteman eingespielt. Das war jener Paul Whiteman, der sich nach der Uraufführung der »Rhapsody in Blue« unter seiner Leitung als »King of Jazz« feiern ließ und einem ahnungs- und anspruchslosen Publikum seine überladenen Arrangements als »symphonischen Jazz« andrehte.
Im August 1927 nahm er die »Mississippi Suite« auf, die sich über Vorder- und Rückseite einer Platte erstreckte. Weitere doppelseitige Aufnahmen des Whiteman Orchesters waren »Rhapsody in Blue« am 12. 1. 1928, dann »Suite of Serenaders« und schließlich »Tschaikowskyana« am 20. 6. 1928.
Der erste wirkliche Jazzmusiker, der das 3-Minuten-Limit sprengte, war Duke Ellington mit einer 6-Minuten-Version des »Tiger Rag« am 8. 1. 1929 und seiner »Creole Rhapsody« am 20. 1. 1931.
Duke Ellingtons Orchester war auch das erste, das neben den üblichen Tagesschlagern und Bluesnummern umfangreichere Kompositionen spielte, darunter »Reminiscing in Tempo« und »Crescendo and Diminuendo in Blue«.
Die erste der großen Ellington-Suiten war »Black, Brown and Beige«, von der in den vierziger Jahren nur Fragmente auf zwei 25-cm-Schellacks veröffentlicht wurden. Es dauerte weitere 20 Jahre, bis dieses wichtige Werk über die Geschichte des amerikanischen Negers (der als »Black« in die Sklaverei kam, unter dem Einfluß der Weißen »Brown« und schließlich »Beige« wurde, sowohl was seine Hautfarbe, als auch die Geisteshaltung betraf), komplett auf Schallplatten erhältlich war.
Erst die Langspielplatte und jetzt die CD haben das Problem der Spieldauer zur Zufriedenheit aller gelöst.
Es wird zwar nie möglich sein, den »Parsifal« auf einer einzigen Platte unterzubringen, doch kann Eric Dolphy immerhin 33 Chorusse über »Out to lunch« blasen. Ellington darf eine Suite nach der anderen schreiben. Norman Granz kann 25 Musiker zu einer Jam Session zusammentrommeln, die sich trotzdem ausspielen können. Sinopoli darf seinen Schumann noch so dehnen, es geht sich immer noch aus.
Wie immer in der Musikgeschichte hinkte die sogenannte Popmusik auch bei der Überwindung des 3-Minuten-Limits der Entwicklung hinterher.
Als die Jazzmusiker, die Musicalkomponisten und sogar die Zwölftöner längst schon auf die Langspielplatte umgestiegen waren, beschränkte sich der Schlager immer noch auf das Wurlitzerformat der 3 Minuten. Zwar nicht mehr auf 78er Schellack, sondern auf 45er Vinyl, aber ansonsten nach der ewig gleichen Masche:
Kurze Einleitung, 2–3 Strophen Gesang. Ein Instrumentalteil. Noch 2 Strophen. Schluß mit Jubel.
Die Erfindung des Füllschriftverfahrens durch den deutschen Physiker Rhein ermöglichte zwar bei 45ern die doppelte Spieldauer, wurde aber nur dazu verwendet, 4 statt 2 Musikstücke auf einer Platte unterzubringen.
Das Ganze hieß EP (Extended Play) und war eine Art Mittelding zwischen Single und Langspielplatte.
Um aber die Verwirrung komplett zu machen, brachte die österreichische »Harmona« ein Mittelding zum Mittelding heraus: Schellackplatten mit 25 cm Durchmesser, aber 33⅓ UpM, mit je 2 Titeln auf jeder Seite. Die französische »Vogue« konterte mit 16 UpM, was die Gerätehersteller

zwang, Plattenspieler mit 4 verschiedenen Geschwindigkeiten auf den Markt zu bringen:
16, 33⅓, 45 und 78 UpM.
Davon sind nurmehr die 33⅓ und die 45 UpM und die Formate 30 und 17 cm ∅ übriggeblieben. Die Erde war damit aufgeteilt in die »Großen« für die E-Musik und die »Kleinen« für die U-Musik und alle waren zufrieden.
Erst viele Jahre später nützten auch die Popmusiker die Möglichkeiten der Langspielplatte, indem sie sogenannte »Konzeptplatten« herausbrachten.
Damit meine ich nicht so tapsige Versuche wie »Leonard Cohen singt Liebeslieder« oder »Das Beste von Ralph Bendix« (eine sehr kurze Platte) oder »Paul Anka, seine größten Erfolge«.
Das sind keine echten Konzeptplatten, sondern bloß die nach dem Schema »schnelle Nummer – langsame Nummer – schnelle Nummer« zusammengestellten Wiederveröffentlichungen längst erschienener Einzeltitel.
Anders sieht es bei abendfüllenden Werken wie »Dark Side of the Moon« von Pink Floyd oder »Sergeant Peppers Lonely Hearts Club Band« von den Beatles aus, um nur zwei der bekanntesten zu nennen.
Das sind Scheiben, die auf das LP Format hin konzipiert worden sind. Was aber die Plattenbosse nicht daran hindert, hitparadenverdächtige Einzeltitel »auszuklinken« und auf Singles zu veröffentlichen.
Auch hier stellt sich die Frage, ob und wie sich die Musik verändert hätte, wären diese Möglichkeiten schon 20, 30 oder 50 Jahre früher verfügbar gewesen.
Aber auch die Frage, wer denn überhaupt soviel künstlerische Potenz nachweisen kann, daß er bei einer solch weiten Strecke nicht auf dieser bleibt.
Daß ein Beethoven über zwei Seiten einer Langspielplatte zu fesseln vermag, heißt noch lange nicht, daß »Dire Straits« oder »Jethro Tull« dazu ebenfalls in der Lage sind.
Bei manchen Rockgruppen sind sogar 3 Minuten schon zuviel.
Bei allen Vorteilen der Langspielplatte mit ihren unbegrenzten Entfaltungsmöglichkeiten, ist mit dem 3-Minuten-Limit auch etwas Wertvolles verloren gegangen. Denk' nur daran, daß alle Jazzaufnahmen der frühen Jahre auf 3 Minuten beschränkt waren. In diese lächerlich kurze Zeitspanne mußte ein Musiker seine ganze Kreativität, seine ganze Meisterschaft einbringen. Die Summe eines Künstlerlebens – in 180 Sekunden. Daß dennoch so viele grandiose Meisterwerke entstehen konnten, ist eigentlich unfaßbar. »Body and Soul« von Coleman Hawkins zum Beispiel. Eine Aufnahme, die Myriaden von Musikern beeinflußt hat. Was hätte daraus werden können, hätten Hawkins statt drei dreißig Minuten zur Verfügung gestanden?
Was wäre überhaupt aus der Musik geworden, hätte man bereits in den dreißiger Jahren, in der großen Zeit des Swing, Aufnahmen mit längerer Spieldauer machen können. Wie Glenn Miller, dessen Version von »Chattanooga Choo Choo« auf Platte 3 Minuten, im Film »Sun Valley Serenade« aber 8 Minuten dauert.
Statt dessen wurden die Laufzeiten immer kürzer! Das lag an den Musikboxen, die in dieser Zeit aufkamen und als gute Einnahmequelle von Gangstersyndikaten kontrolliert wurden.
Die Herren von der ehrenwerten Gesell-

schaft kamen bald dahinter, daß man in 12 Minuten zwar vier Platten à 3 Minuten, besser aber sechs Platten à 2 Minuten spielen kann. Immerhin lukrativ genug, um Druck auf die Produzenten auszuüben. Daß die Musik des 20. Jahrhunderts so klingt, wie sie klingt, daran hat zum Teil auch die Mafia mitkomponiert.

Ich glaube, wenn es kein Zeitlimit gegeben hätte, würden wir heute eine andere Art von Musik im Radio hören. Dennoch hatten die 3 Minuten auch ihr Gutes. Wir hätten uns zwar einerseits die Marlene Dietrich erspart, andererseits aber auf »Harlem Congo« von Chick Webb verzichten müssen. Das aber wäre zu schade gewesen.

Die V-Disc-Story

Beide heißen sie »Disc«. Die eine mit einem protzigen »Compact« davor, die andere mit einem noch protzigeren »V« für »Victory« (Sieg!).
Gemeint sind die beiden wohl größten Gegensätzlichkeiten, die unter Schallplatten denkbar sind.

- Auf der einen Seite die Compact Disc, von der jeder weiß, was sie ist.
- Auf der anderen Seite die V-Disc, von der niemand weiß, was sie einmal war.
  Das ist halt wieder so eine von den Schallplattengeschichten. Eine Sage aus grauer Vorzeit, am Kamin zu erzählen.

Wenn Du keine Sagen magst, dann lies einfach drüber weg. Obwohl ich glaube, daß es schade wäre.
Andererseits kann ich verstehen, daß man im Zeitalter der Lasertechnologie nur wenig Interesse für Faustkeil und Steinschleuder aufbringt.
Doch vielleicht wirst Du hellhörig (welch' schönes Wort, wenn es ums Hören geht), wenn ich Dir verrate, daß selbst eine teure Compact Disc nicht im entferntesten an den Preis herankommt, den Du für eine gut erhaltene V-Disc hinblättern mußt.
Ist der Groschen gefallen? Erraten, es handelt sich offensichtlich um eine Antiquität.
Nun fragst Du Dich, was zum Teufel eine V-Disc wirklich ist. Und ich frage dich, warum Du nicht mich fragst, damit ich es Dir endlich erzählen kann.
Es war einmal ...
Es war einmal ein böser, böser Mann in Amerika, der gerne Trompeter geworden wäre.
Weil er aber mehr Talent zum Reden als zum Musizieren besaß, wurde er Gewerkschaftsboß der Musikergewerkschaft.
Dort stand ihm zwar keine Band, aber viele Musiker, die er dirigieren konnte, zur Verfügung. Mit der Macht der Mächtigen ausgestattet, war er für sie ein guter, guter Mann. Ein böser, böser Mann war er nur für die Schallplattengesellschaften.
Sein Name war James Caesar Petrillo.
Seine Erzfeinde waren die übermächtigen Musikfabriken, denen die Künstler ausgeliefert waren. Eine Meinung, mit der er auch heute noch richtig liegen würde.
Petrillo setzte seinen ganzen Ehrgeiz darein, den Musikern zu mehr Rechten und vor allem zu besserer Bezahlung zu verhelfen.
Mit der Vehemenz und Unnachgiebigkeit einer Bulldogge legte er sich mit den großen Konzernen an, die durch ihn die ganze Macht amerikanischer Gewerkschaften zu spüren bekamen.
Er ließ es sogar auf eine Kraftprobe ankommen, die noch niemand vor ihm riskiert hatte und auch nach ihm niemand wagte: Streik!
Der legendäre, von Petrillo angezettelte Musikerstreik der vierziger Jahre, stellte die amerikanische Musikindustrie auf den Kopf.
Vom 1. August 1942 an gingen die Musiker für 2 Jahre in kein Aufnahmestudio mehr.
Erst im November 1944, nach Erfüllung der gewerkschaftlichen Forderungen, beendete Petrillo den Streik. Es gab zwar noch einen kurzen Folgestreik, der aber rasch beigelegt werden konnte.

Mit dieser Demonstration schrankenloser Macht schaffte Petrillo das Unmögliche: Zwei Jahre lang wurden auf dem größten Musikmarkt der Welt keine Schallplatten produziert!

Die Aufnahmestudios verwaisten. Die Pressereien standen still, falls sie nicht Uralt-Material von früher verwenden konnten. Die ›Artists & Recording‹-Spezialisten wurden brotlos. Große, renommierte Unternehmen gerieten an den Rand des Ruins und versuchten, sich mit Nachpressungen ihres hoffnungslos unaktuell gewordenen Repertoires über Wasser zu halten.

Andere Firmen jedoch, die rechtzeitig von den Plänen Petrillos erfahren hatten, waren clever genug gewesen, umfangreiche Kataloge populärer Musik in Tag- und Nachtschichten vorauszuproduzieren. In der trockenen Zeit konnten sie dadurch mit Neuheiten aufwarten, was ihnen rasch enorme Marktanteile verschaffte. Auf diese Weise rückte zum Beispiel die 1942 gegründete Firma ›Capitol‹ als vierte Kraft in den Kreis der damaligen großen drei ›Columbia‹, ›RCA‹ und ›Decca‹ auf und konnte sich neben diesen fest etablieren.

Aus späterer Sicht läßt sich schwer beurteilen, ob der Musikerstreik letztlich zum Vor- oder Nachteil der Musiker geriet. Den besseren Bedingungen, die sie sich erkämpften, standen Tausende gegenüber, die während des Kampfes auf der Strecke geblieben waren. Es gab aber noch einen weiteren Nebeneffekt: weil sich die Sänger und Sängerinnen nicht am Musikerstreik beteiligten, konnten sie nach wie vor Aufnahmen machen, wenn auch nur mit Chorbegleitung. Das war der Anfang manch großer Solistenkarriere – und der Beginn vom Ende der Bigbands.

Wer auf jeden Fall draufgezahlt hat und noch immer draufzahlt, sind wir: die Fans. Denn der Musikerstreik fiel genau mit dem Beginn einer neuen Art zu musizieren zusammen, die die Musikwelt verändern sollte.

In den Clubs und Bars der 42. Straße in Manhattan entstand zu Beginn der vierziger Jahre eine neue, zunächst für viele unheimliche Musik: der Be-Bop.

Wiederum zur gleichen Zeit entstand, gewissermaßen als Gegenreformation zum anspruchsvollen Be-Bop, das Dixieland-Revival.

Es leitete die Rückbesinnung auf die gute alte Zeit des klassischen Jazz der zwanziger Jahre ein. Getragen von Musikern, die man eigens zu diesem Zweck exhumiert, deren morsche Zähne man mit neuen Füllungen versehen und denen man eine funkelnagelneue Trompete in die bejahrte Hand gedrückt hatte:

»Spiel' noch mal wie damals im schönen alten New Orleans.«

Weiter fanden sich in Kleinformationen die besten Musiker ihrer Zeit zusammen und spielten, als gäbe es kein Morgen.

Es war die Zeit der Jam Sessions, der »Cutting Contests«, bei denen jeder den anderen auszustechen versuchte.

Eine wilde, blutvolle, brodelnd-eruptive Epoche, in der jedem auf der 42. Straße bewußt war, daß rund um ihn Außergewöhnliches geschah. Daß er unmittelbarer Zeuge einer musikalischen Revolution sein durfte, bei der letztlich kein Stein auf dem anderen bleiben würde, was sich später ja bestätigte.

Musiker wie Charlie Parker und Fats Navarro, Dizzy Gillespie und Thelonius Monk waren die Hohepriester dieser Jahre, die

nach ihrem Bühnenjob bei Earl Hines oder einer anderen Band ins »Three Deuces« oder »Minton's« gingen, um mit Roy Eldridge, Chuck Berry und Frankie Newton die Klingen zu kreuzen.
Von all dem existieren keine (kommerziellen) Schallplatten, und wir würden nicht wissen, wie die neue, aufregende, revolutionäre Musik bei ihrem Ursprung geklungen hat, wenn es die V-Disc nicht gegeben hätte!
Das »V« (für »Victory«) bezog sich darauf, daß sich die Vereinigten Staaten damals im Kriegszustand mit Nazideutschland und Japan befanden. Den in Übersee stationierten Truppen schickte man neben Bob Hope und Marlene Dietrich auch speziell für sie hergestellte Schallplatten, die ausschließlich für die »Truppenbetreuung« bestimmt waren. Diese Platten erschienen gewissermaßen unter Ausschluß der Öffentlichkeit. Sie durften weder verkauft noch sonst gehandelt werden. In Amerika selbst waren sie überhaupt nicht erhältlich und wurden daher auch niemals im Rundfunk gespielt.
Weil es sich um eine Regierungssache handelte, fielen sie auch nicht unter den Aufnahmebann des Musikerstreiks. Die an den Aufnahmen beteiligten Musiker erhielten ein Sonderhonorar, auf das die Gewerkschaft keinen Einfluß hatte.
Die V-Discs waren Schallplatten mit 30 cm (12 inch) Durchmesser und einer Umdrehungsgeschwindigkeit von 78 UpM. Als Material wurde teils Schellack, teils Decelith oder ein anderer Kunststoff verwendet.
Die durch den größeren Durchmesser gegenüber herkömmlichen 10-inch-Platten verlängerte Spieldauer führte manchmal zu abenteuerlichen Kopplungen: auf der einen Plattenseite hatten mitunter zwei kurze, swingende Titel von Duke Ellington Platz, während die Rückseite mit einer langweiligen 4-Minuten-Ballade von Hank d'Amico ausgefüllt war.
Doch das machte alles nichts aus. Nach Beendigung des Krieges, als aus den einstigen Feinden Freunde geworden waren, wurde die V-Disc für viele Europäer und Japaner zur ersten Begegnung mit amerikanischer Jazz- und Tanzmusik.
Außerdem zum begehrten Sammlerobjekt.
Die letzten V-Discs wurden ca. 1948 herausgebracht. Das waren keine Studioaufnahmen mehr, sondern »Radio Transcriptions« der A. F. R. S. (American Forces Radio Service). Danach erließen die US-Behörden die Verfügung, daß alle V-Discs zu vernichten wären.
Mir blutet noch heute das Herz, wenn ich daran denke, daß im Zuge dieser Anordnung Tonnen von Schallplatten verbrannt oder zerbrochen worden sind.
Manche Kontingente wurden allerdings auch vergraben, und es ist durchaus keine Erfindung, wenn von verwegenen Sammlern berichtet wird, die bei Nacht und Nebel die kostbaren Stücke aus den Parks der amerikanischen Soldatensender ausgebuddelt haben.
Dank solcher archäologischen Funde sind einige V-Discs erhalten geblieben, die in Fankreisen zu Liebhaberpreisen gehandelt werden. Es gibt in Sammlerzirkeln sogar eigene Preislisten für V-Discs.
Von dem, was noch zu kriegen war, haben (natürlich) die Japaner wichtige und gut erhaltene Titel auf Langspielplatten überspielt.
Labels wie Dan, Fonit Cetra, Palm Club oder Queen haben Serien unter Titeln wie »The V-Disc Years« herausgebracht, die

allerdings schon kurz nach Erscheinen wieder vergriffen waren.
Sie dokumentieren die wilden Jahre des Jazz. Ein Stück Musikgeschichte, das ansonsten eine Lücke in der Chronologie geblieben wäre. Insofern sollte jeder ernsthafte Sammler versuchen, wenigstens auf Langspielplatten ein Stückchen von diesem Stück zu besitzen.

Gelingt es Dir jedoch, einer echten V-Disc habhaft zu werden, dann stelle sie unter Glas, rahme sie ein oder versperre sie im Tresor. Auch wenn bloß Jo Stafford drauf zu hören ist. Eine V-Disc ist nämlich keine gewöhnliche Schallplatte, sondern ein Zeitdokument jener Epoche, da die Musiker auszogen, die Schallplattenkonzerne das Fürchten zu lehren.

Jack in the box

Es begann mit 25 cm und 3 Minuten Spieldauer. Weil das aber nicht viel ist, wich man auf 30 cm Durchmesser aus und brachte es auf knapp 5 Minuten. Aber was ist das schon gegen einen »Lohengrin«.
Deshalb mußte es einfach zur Erfindung der Langspielplatte kommen. Die spielt mit 33⅓ Umdrehungen bis zu 60 Minuten lang. Das reicht für eine Brahms-Symphonie, nicht aber fürs »Weihnachts-Oratorium«. Die ›Box‹ mußte her: Gesamtaufnahmen in Form mehrerer Langspielplatten, in einer Schachtel hübsch verpackt, mit illustriertem Begleitheft.
Auch ich habe solche Schachteln im 900-cm^2-Format zu Hause stehen. Sehr elegant aufgemacht, sehr dekorativ. Mit traumhaft schönen Begleitheften. Und trotzdem nicht der wahre Moses.
Irgendeine Hemmschwelle hindert mich daran, in einer Zehnerbox nach dem Titel Nr. 3 auf Platte Nr. 7, Seite B zu kramen. Bei Opernaufnahmen sehe ich das gerade noch ein: ein Stück Schachtel ist gleich ein Stück Oper. Aber Schubkartons mit allen 41 Mozart-Symphonien, wo ich nach der »Haffner« tauchen muß, sind mir einfach zu einundvierzigfach.
Eine in Italien auf ›Apple‹ erschienene John-Lennon Box enthält 6 LPs:

- ⊙ Live Peace in Toronto
- ⊙ Imagine
- ⊙ Walls and Bridges
- ⊙ Plastic Ono Band
- ⊙ Mind Games
- ⊙ Rock'n'Roll Music

Dazu noch eine Doppel-LP:

- ⊙ Sometime in New York

Sowie drei 17-cm-Singles:

- ⊙ Power to the people/Open your box
- ⊙ Happy X-mas, war is over/Listen to the snow
- ⊙ Instant Karma/Who has seen the wind

Die besorgt man sich, stellt sie ins Regal und zeigt sie stolz seinen Freunden. Aber dann legt man zum Vorspielen doch wieder nur die schlichte Single »I saw her standing there« auf.
Eine Ausweichmöglichkeit bietet die CD. Sie ist kleiner, verfügt über größere Speicherkapazität und erspart die leidige Sucherei nach einem bestimmten Titel.
Was aber tun die Boxensportler? Sie werfen CDs im Doppel- und Dreifachpack auf den Markt. Und ich bin Opportunist genug, sie mir zu kaufen. Wenigstens kommt man bei ihnen besser ans Begleitheft heran.
Mit den Sammelboxen hat sich auch etwas etabliert, das hauptsächlich die Jazzfans angeht: die ›Alternate Takes‹.
Du weißt, was ein Take ist?
Die Band geht ins Studio, die Mikrofone werden eingestellt, der Tonmeister gibt das Zeichen, das Rotlicht leuchtet auf. Die Band spielt ihre erste Nummer, wobei das Tonband bereits mitläuft. Ganz selten gelingt die erste Aufanhme zur Plattenreife. (Es gab nur einen einzigen Musiker, der das fertigbrachte, das war Erroll Garner.)
Folglich wird die Aufnahme wiederholt, es wird ein zweiter ›Take‹ mitgeschnitten. Dann ein dritter, ein vierter usw. Viele dieser Takes werden gar nicht komplett

gespielt, sondern vom Aufnahmeleiter schon nach wenigen Takten unterbrochen, wenn es einen Fehler gegeben hat.
Sollte es die Band nicht fertigbringen, einen Titel von A bis Z fehlerlos herunterzuspielen, wird die Endfassung aus mehreren Takes zusammengeschnitten. 95 Prozent aller Beat- und Rock'n'Roll-Platten entstehen auf diese Weise.
Es ist natürlich interessant und aufschlußreich, nicht nur mit der Endfassung, sondern auch den vorhergehenden, fehlerhaften Takes Bekanntschaft zu schließen, die Musiker gewissermaßen bei der Arbeit zu beobachten.
Vor allem bei den großen Improvisatoren wie Charlie Parker wirst Du feststellen, daß die einzelnen Takes stark voneinander abweichen. Es sind im Grunde genommen lauter verschiedene Stücke; so war es möglich, die vier Takes von Parkers »Cool blues« unter 4 verschiedenen Titeln zu veröffentlichen.
Andererseits gibt es Takes, da mußt Du schon zweimal hinhören, um überhaupt einen Unterschied festzustellen. Das trifft hauptsächlich auf Bigbandaufnahmen zu, die schon durch das geschriebene Arrangement wenig Variationsbreite besitzen.
Da beginnt das Dilemma. Im Bestreben, möglichst jeden Ton eines bestimmten Musikers der Nachwelt zu erhalten, bringen manche Firmen Gesamtaufnahmen heraus, bei denen eine ganze, ermüdend lange LP nur aus den verschiedenen Takes einer einzigen Nummer besteht.
Ein lobenswertes Verfahren, wenn man als Sammler Wert auf Vollständigkeit legt. Es kann aber auch verdammt einschläfernd sein, 5 Versionen der »Black and tan fantasy« hintereinander hören zu müssen, die sich nur unwesentlich voneinander unterscheiden.
Du mußt mich da richtig verstehen: Ich bin durchaus nicht dagegen, daß diese Takes auf Platten gepreßt werden. Es sind unglaublich spannende Erlebnisse darunter. Die Schattenseite der langweiligen Wiederholungen müssen wir wohl in Kauf nehmen.
Am schönsten wäre es, wenn die Plattenfirmen immer zwei Boxen herausbringen würden:
Eine für Leute wie Dich. Mit allen Takes, Fehlern, Quietschern und Ausrutschern.
Und eine für mich. Mit den besten, interessantesten Aufnahmen, so wie ich es mir vorstelle.
Schön wär's, aber spielen tun sie's nicht.

Sei lieb zu Schallplatten

Die 10 Gebote der Schallplattenpflege!

1. Das Berühren der Figüren mit den Pfoten ist verboten. Oder: Du sollst Schallplatten nicht auf die Oberfläche greifen.
2. Reinige Deine Abspielnadel fünfmal öfter, als Deine Platten.
3. Kratzer auf einer Compact Disc lassen sich mit einem feinen Schleifpapier wieder entfernen. Für alle anderen Platten gilt das Gegenteil.
4. Je mehr Abspielnadeln Du freiwillig wegwirfst, um so weniger Platten wirst Du gezwungenermaßen wegwerfen müssen.
5. Die Frage »naß oder trocken« läßt sich nur mit dem Vergleich beantworten, daß manche den Alkohol äußerlich, andere lieber innerlich anwenden.
6. Lasse Platten nie hüllenlos herumliegen. Du würdest das mit Deiner Frau oder Freundin ja auch nicht tun.
7. Verbogene LPs lassen sich unter Umständen wieder plan bekommen, wenn Du sie auf einer flachen Glasplatte (kurz) in die Sonne legst.
8. Versuche nicht zu beweisen, daß LPs und CDs in Wahrheit doch nicht unzerbrechlich sind.
9. Verborge niemals eine Schallplatte. Glaube mir, eine Kassettenüberspielung kommt bestimmt billiger. Selbst dann, wenn Du die Kassette dazu selbst kaufen mußt.
10. Sei lieb zu Schallplatten, dann sind sie auch lieb zu Dir.

8

Labelsammler und andere Narren

55
Philips Katalog von 1956

56
Einer der berühmtesten Kataloge der Welt, der ‚Schwann', mit Bernard Haitink als Titelfoto

MINT	EX	VG	GOOD	FAIR	POOR	BAD
100	95	75	50	30	15	5
75	70	55	35	22	10	4
50	45	35	25	15	8	3
40	35	30	20	10	6	3.50
30	25	20	15	9	4.50	2
25	22	18	12	8	4	1.75
20	17	15	10	6	3	1.50
15	13	11	7	4.50	2	1
12	10	8	6	3.50	1	50p
11	9	7	5	3	75p	50p
10	8	6.50	4.50	2	50p	—
9	7	5.75	4	1.75	40p	—
8	6	4.50	3.50	1.50	35p	—
7	5	3.75	3	1.50	30p	—
6	4.50	3.50	2.50	1.25	25p	—
5	4	3	2	1.25	—	—
4	3.50	2.50	1.75	1	—	—
3.50	3	2.25	1.50	1	—	—
3	2.50	2	1.50	75p	—	—
2.50	2.25	1.75	1.25	50p	—	—
2	1.75	1.30	1	50p	—	—
1.50	1.25	1	75p	—	—	—
1	80p	65p	50p	—	—	—

57
Englische ‚Grading-Tabelle' für das Beurteilen des Zustandes von Schallplatten. Eine Platte, die ‚MINT' 7 Pfund wert ist, kostet FAIR nurmehr 1.50

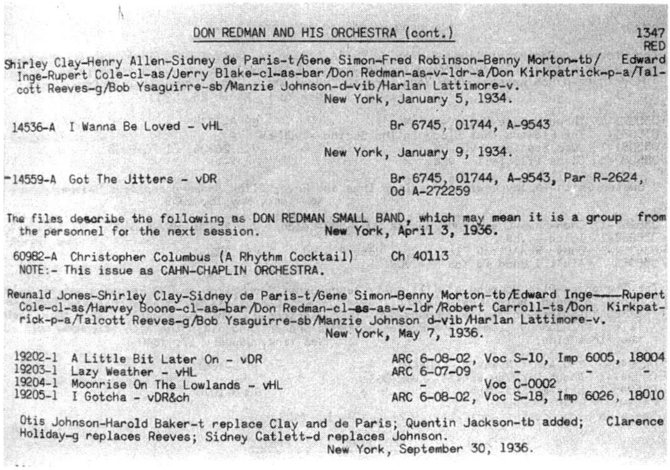
DON REDMAN AND HIS ORCHESTRA (cont.) 1347
RED

Shirley Clay-Henry Allen-Sidney de Paris-t/Gene Simon-Fred Robinson-Benny Morton-tb/ Edward Inge-Rupert Cole-cl-as/Jerry Blake-cl-as-bar/Don Redman-as-v-ldr-a/Don Kirkpatrick-p-a/Talcott Reeves-g/Bob Ysaguirre-sb/Manzie Johnson-d-vib/Harlan Lattimore-v.
New York, January 5, 1934.

14536-A I Wanna Be Loved - vHL Br 6745, 01744, A-9543

New York, January 9, 1934.

-14559-A Got The Jitters - vDR Br 6745, 01744, A-9543, Par R-2624, Od A-272259

The files describe the following as DON REDMAN SMALL BAND, which may mean it is a group from the personnel for the next session. New York, April 3, 1936.

60982-A Christopher Columbus (A Rhythm Cocktail) Ch 40113
NOTE:- This issue as CAHN-CHAPLIN ORCHESTRA.

Reunald Jones-Shirley Clay-Sidney de Paris-t/Gene Simon-Benny Morton-tb/Edward Inge----Rupert Cole-cl-as/Harvey Boone-cl-as-bar/Don Redman-cl-as-as-v-ldr/Robert Carroll-ts/Don Kirkpatrick-p-a/Talcott Reeves-g/Bob Ysaguirre-sb/Manzie Johnson d-vib/Harlan Lattimore-v.
New York, May 7, 1936.

19202-1 A Little Bit Later On - vDR ARC 6-08-02, Voc S-10, Imp 6005, 18004
19203-1 Lazy Weather - vHL ARC 6-07-09 - - -
19204-1 Moonrise On The Lowlands - vHL - Voc C-0002
19205-1 I Gotcha - vDR&ch ARC 6-08-02, Voc S-18, Imp 6026, 18010

Otis Johnson-Harold Baker-t replace Clay and de Paris; Quentin Jackson-tb added; Clarence Holiday-g replaces Reeves; Sidney Catlett-d replaces Johnson.
New York, September 30, 1936.

58/59
Horst H. Lange aus Berlin schrieb die deutsche Jazz-Discographie Daneben: So sieht eine Seite einer Discographie aus.

60 ▷
Auszug aus einer umfangreichen Preisliste für Elvis-Platten. Preise in engl. Pfund

61/62
Ein Sammlermagazin aus England und ein Deutsches Sammlermagazin mit Auktionslisten
▽

EP	RCA RCX 1045	A TOUCH OF GOLD VOLUME ONE	£9
EP	RCA RCX 1048	A TOUCH OF GOLD VOLUME TWO	£9
EP	RCA RCX 190	SUCH A NIGHT	£8
EP	RCA RCX 211	FOLLOW THAT DREAM	£7
EP	RCA RCX 7106	KID GALAHAD	£8
EP	RCA RCX 7141	LOVE IN LAS VEGAS	£9
EP	RCA RCX 7142	ELVIS FOR YOU VOLUME ONE	£11
EP	RCA RCX 7143	ELVIS FOR YOU VOLUME TWO	£11
EP	RCA RCX 7173	TICKLE ME VOLUME ONE	£12
EP	RCA RCX 7174	TICKLE ME VOLUME TWO	£14
EP	RCA RCX 7187	EASY COME EASY GO	£12
EP	RCA RCX 1	G.I. BLUES — THE ALTERNATE TAKES	£4
LP	HMV CLP 1093	ROCK'N'ROLL	£90
LP	HMV CLP 1105	ROCK'N'ROLL NO. 2	£100
LP	HMV DLP 1159	THE BEST OF ELVIS (10")	£95
LP	RCA RC 24001	LOVING YOU (10")	£38
LP	RCA RD 27052	ELVIS' CHRISTMAS ALBUM (orig. package)	£55
LP	RCA RD 27052	ELVIS' CHRISTMAS ALBUM (revised)	£40
LP	RCA RD 27088	KING CREOLE	£20
LP	RCA RD 16069	GOLDEN RECORDS VOLUME ONE (1st ed.)	£30
LP	RCA RD 16069	GOLDEN RECORDS VOLUME ONE (2nd ed)	£15
LP	RCA RD 27120	ELVIS	£25
LP	RCA RD 27128	A DATE WITH ELVIS	£27
LP	RCA RD 27159	GOLDEN RECORDS VOLUME TWO	£18
LP	RCA RD 27171	ELVIS IS BACK (gatefold)	£19
LP	RCA RD 27192	G.I. BLUES	£13
LP	RCA RD 27211	HIS HAND IN MINE	£22

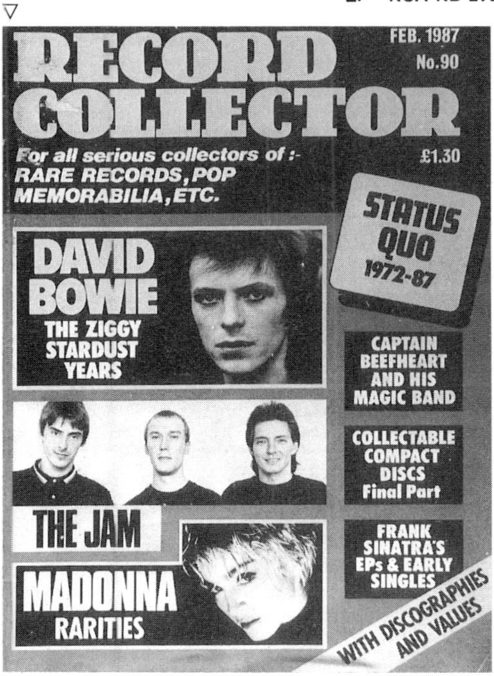

Nach all den schrecklich normalen und entsprechend langweiligen Typen, mit denen man den ganzen Tag zu tun hat, ist jede Begegnung mit einem Verrückten doppeltes Labsal. Deshalb macht es Spaß, sich in der Gesellschaft von Schallplattensammlern herumzutreiben. Die spinnen, die Sammler. Aber sie spinnen schön.
Zwar ist mir persönlich unbegreiflich, daß für den Aufbau einer Schallplattensammlung auch andere Motivationen als nur der reine Musikgenuß gelten könnten, doch hat man mich davon überzeugt, daß dem so ist. Um diesen bunten Vögeln Referenz zu erweisen, lade ich Dich ein, mich auf meinem kleinen Spaziergang von den gewöhnlichen zu den ungewöhnlichen Spinnern zu begleiten.

Vorher soll aber noch der Unterschied definiert werden: gewöhnliche Spinner haben zum Beispiel zehn verschiedenen Versionen der fünfstündigen Oper »Die Meistersinger von Nürnberg« oder den gesammelten Terence Trent d'Arby daheim stehen. Ungewöhnliche besitzen zehn nicht identifizierte Pressungen vom »Gesang der Jünglinge im Feuerofen« oder, noch schlimmer, den gesammelten Howard Carpendale. Erstere fallen unter die Kategorie der »Unheilbaren«, letztere sind als »gemeingefährlich« einzustufen.
Völlig harmlos ist dagegen einer meiner Bekannten, der prinzipiell nur Schallplatten mit gelben Etiketten sammelt. Er konnte mir nie einen Grund dafür angeben, meint aber, auf seinen Platten wäre das Verhältnis zwischen Ohrenschmaus und Gehirnwäsche ebenso ausgewogen, wie auf solchen mit andersfarbigen Etiketten. Das sei nicht das Problem, sagt er. Hingegen wäre die Entscheidung, ob und wann ›Gold‹ auch zu ›Gelb‹ gerechnet werden darf, für ihn ein echter Prüfstein.
Damit sind wir schon bei den Labelsammlern. Für die sind nicht die Rillen, sondern die Etiketten ausschlaggebend. Demnach sind sie entweder ständig auf der Jagd nach seltenen Labels (z. B. Gennett, Paramount, Okeh, Vocalion usw.), oder sie verbringen ihr Leben mit dem Versuch, ein Label zu komplettieren wie einen Briefmarkensatz.
Gestatte mir, daß ich Dir nachstehend einen Elferrat der Sammlernarren aus meinem persönlichen Bekanntenkreis vorstelle, wobei ich Dir versichere, daß jede Ähnlichkeit mit lebenden Personen rein beabsichtigt ist. Auch erhebt die Aufzählung keinerlei Anspruch auf Vollständigkeit. Gottes Tiergarten ist wahrlich groß und bietet Platz für alle.

⊙ Als die sogenannte »Extended Play« herauskam – eine 17-cm-Platte mit 45 UpM, auf der nicht wie bis dahin nur zwei, sondern dank des Füllschriftverfahrens vier Stücke Platz hatten, stieg einer meiner Freunde sofort von der LP darauf um. Seine Begründung: »Unter den vier Stükken sind garantiert zwei, die mir nicht gefallen. Eine Ausfallquote, die sich bei einer LP verdoppelt oder sogar verdreifacht. Da ist es doch gescheiter, das Geld nur für zwei, statt für vier oder sechs uninteressante Titel auszugeben.«

Was soll man da noch viel sagen? Ich hoffe nur, daß besagter Freund inzwischen seinen Frieden mit der LP geschlossen hat, sonst sieht er sich bei der CD ernsten Problemen gegenüber.

⊙ Eher heitere Probleme hat ein spanischer Bekannter, der Schallplatten nach Größe sammelt. Die kleinste Schallplatte der Welt mit 3,5 cm Durchmesser ist bereits in seinem Besitz. Jetzt sucht er nach der größten, die seine Informationen nach mehr als 50 cm Durchmesser aufweist. Abspielen kann er weder die eine, noch die andere, weil ihm das Gerät dazu fehlt. Aber das mache nichts aus, meint Felipe. Es gehe um die Dekoration.

⊙ In Berlin sitzt einer, der sammelt nur Platten, die im Jahr 1934 aufgenommen worden sind. Auch er kann keinen ersichtlichen Grund dafür nennen. 1934 steht ohne Bezug zu irgendwelchen Ereignissen in seinem Leben, sieht man davon ab, daß er außerdem auch noch Zeitungen, Fotos etc. aus diesem Jahr sammelt. Vielleicht schreibt er einmal eine Doktorarbeit übers 34er Jahr.

⊙ In Edinburgh kenne ich einen Schotten, der nicht aus Geiz, sondern aus Spleen ganz genau 1000 (in Worten eintausend) Stück Schallplatten sein eigen nennt. So wie manche Leute Jahr für Jahr ihre Stereoanlage erneuern, verfährt Mac mit seiner Sammlung. Für jede neue Platte muß eine andere weichen, damit die Zahl 1000 nicht über- oder unterschritten wird. Das erste Halbjahr verbringt er mit Aussortieren, die nächsten sechs Monate mit Überlegungen für Neukäufe.
Als ich Mac kennenlernte, war er 33⅓, sah aber aus wie 78. Den haben die Schallplatten auf dem Gewissen.

⊙ In Kreisen der Wiener Medizinischen Schule heißt es:
»Wenn man in Wien über Musik reden will, muß man mit einem Arzt sprechen. Musiker reden nur übers Geld.«
Da trifft es sich, daß ein Wiener Arzt tagsüber als Therapeut für Drogenabhängige tätig ist und abends Be-Bop Schallplatten hört. Gleichzeitig arbeitet er an einer wissenschaftlichen Untersuchung über Rauschgift und sucht deshalb Platten, die sich mit diesem Thema beschäftigen.
Inzwischen hat er schon Hunderte von ihnen aufgetrieben; beginnend mit »Reefer Songs«, in denen ganz unverblümt zum Haschischrauchen animiert wird, bis zu Popsongs mit verschlüsselten Anspielungen auf »Snow«, »Shit« und »Speed«.

⊙ In die Rubrik der Streichholzschachtel- und Bierdeckelsammler gehört das Ehepaar Bertha und Raymond aus Belgien. Beide sammeln Etiketten. Sie von Weinflaschen, er von Schallplatten – immer nur eine von jeder Sorte. Eine Symbiose, die dadurch vollkommen wird, daß er keine Musik mag und sie keinen Alkohol trinkt.

⊙ Ein Brüderpaar in England hatte schon in jungen Jahren ein Faible für »Picture Discs«. Das sind Schallplatten, in die das Bild des Künstlers eingepreßt worden ist. Ein optischer Reiz, der unweigerlich auf Kosten der akustischen Qualität geht. Den Brüdern ist das gleichgültig. Inzwischen produzieren sie solche Picture Discs selbst und haben ihr Hobby zu einem profitablen Geschäft ausgebaut. Soviel mir bekannt ist, sammeln sie noch immer Bilder: nämlich die der englischen Königin auf den Pfundnoten.

⊙ Autogrammjäger sind meist eine Landplage. Sven aus Stockholm, der mir einst voll Stolz seine Schätze zeigte, ist mehr als das, nämlich ein Schrulli. Ihn interessieren nur die Cover; die dazugehörigen Langspielplatten lagert er im Keller. Deren Hüllen schickt er mit Autogrammwünschen in der ganzen Welt herum und freut sich wie ein Michel aus Lönneberga, wenn eine davon unterschrieben zurückkommt. Sein ganzer Stolz sind die Signaturen von John, Paul, George und Ringo auf dem »Revolver«-Album. Als bedeutendste Rarität hütet er eine Unterschrift von Ronald Reagan, zu der ihm, wie er sagt, nur noch die passende Platte fehlt.

⊙ Mike aus Chicago sieht seine Lebensaufgabe im Beschaffen von Erstausgaben. Für ihn zählt nur die Matrizennummer; jene unscheinbare Ziffernkombination, die zwischen Auslaufrille und Etikett eingestanzt oder eingeritzt ist. Zusammen mit den entsprechenden Tonprotokollen läßt sich daraus feststellen, ob die betreffende Scheibe ein Original oder eine Nachpressung ist.
Mike muß also erst einmal in den Archiven nach den Unterlagen forschen, bevor er weitermachen kann. Zu diesem Zweck läßt er sich von diversen Schallplattenfirmen anheuern, denen er mit seinen Fragen solange auf die Nerven geht, bis sie ihn hinauswerfen. Bis dahin hat er meist schon, was er braucht.

⊙ In Los Angeles habe ich eine Schallplattenverkäuferin kennengelernt, die in ihrem Laden alle bisher erschienenen Platten von Elvis Presley führt. Nicht nur die Aufnahmen, die Platten!
Das heißt, sie besitzt nicht nur die Originalausgaben, sondern auch alle späteren Zusammenstellungen, Re-issues, Wiederveröffentlichungen, Jubiläumsalben und Sampler ihres Stars. Dazu noch die korrespondierenden Pressungen aus Argentinien, Neuseeland, San Marino usw.
Gleiches gilt für einen deutschen Schlagzeuger aus Mühlheim, der zusammen mit einem französischen Trompeter alles aufkauft, was weltweit an Louis-Armstrong-Platten erscheint.

⊙ Zum Abschluß erzähle ich Dir noch von einem, den ich dabei ertappt habe, als er sich in einem Antiquariat verstohlen ein paar Polydor-Schellacks mit deutschen Schlagern einpacken ließ – nur wegen des Etiketts. Noch vor zehn Jahren hätte besagter Sammler einen weiten Bogen darum gemacht; jetzt ist er zum Renegaten geworden.
Wenn Du aber wieder einmal bei mir zu Gast bist, frage mich nicht danach, ich werde alles abstreiten.

Zum Ersten, Zweiten und Dritten

Auktion ist Aktion, soviel steht fest. Wer immer seine scheibenförmigen Schätze verhökern möchte, tut gut daran, sich erst einmal ans Erstellen einer Liste zu machen und diese dann an Freunde, Bekannte und Verwandte zu verschicken.

Profis machen das seit Jahren. Sie schreiben ellenlange Aufstellungen und verstreuen diese in die Weltgeschichte. Man nennt das Briefauktion. Bis zu einem bestimmten Termin hast Du Gelegenheit, Dein Gebot schriftlich abzugeben. Gewinner werden verständigt und bekommen nach Eingang ihrer Zahlung die ersteigerten Platten ins Haus geliefert.

Die Jazzfans waren, wie sooft, die ersten, die sich dieses Systems bedient haben. Mittlerweile hat es sich überall durchgesetzt, wenn auch unter Ausschluß der Öffentlichkeit. An diese tritt es nur selten; zum Beispiel im VJM, der englischen Zeitschrift »Vintage Jazz Mart«, deren 20–30 Seiten mit kleinstgedruckten Auktionsangeboten vollgepfropft sind.

Fast immer handelt es sich um Schellacks. Neben Jazzplatten stehen deutsche Kleinkunstaufnahmen, für die es einen großen Markt zu geben scheint, hoch im Kurs. Auch deutsche und englische Tanzmusik ist gefragt, mehr noch als beidseitige Propagandaplatten aus dem 2. Weltkrieg; wobei unter ›beidseitig‹ auch ›beiderseitig‹ gemeint ist.

Auch das mit dem ›Kurs‹ ist so zu verstehen, daß die meisten Anbieter ein Mindestgebot nennen. Es liegt in der Regel bei DM 5,00 oder 2,50 US-Dollar. Unerfahrene Bieter weichen deshalb auf Gebote wie DM 5,20 oder 2,67 US-Dollar aus, in der Hoffnung, die Konkurrenz damit aus der Rille zu heben. Eine Hoffnung, die sich nur selten erfüllt, weil a) die anderen auch so gescheit sind, b) bei Briefauktionen die Möglichkeit des Steigerns wegfällt und c) die echten Bonbons zu diesen Preisen um keinen Preis zu haben sind.

Übrigens werden Überbietungen nicht akzeptiert. Es hat also keinen Sinn, Angebote mit dem Vermerk zu versehen, man werde jedes noch so hohe Höchstgebot um zehn Prozent übertrumpfen.

Bei Briefauktionen konnte ich schon so manches Gustostückerl an Land ziehen. Die großen Fische allerdings, auf die ich wirklich scharf bin, habe ich nie bekommen. Irgendwo muß wohl einer sitzen, der den gleichen Geschmack hat und mich regelmäßig überbietet.

Live-Versteigerungen sind eher selten. Stattdessen blühen die Plattenbörsen, deren erste bereits 1925 in London unter dem Namen ›Grammophone Congress‹ stattgefunden hat. Ich weiß aber auch von Ringtäuschen per Fernsprecher, bei denen die Platten am Telefon vorgespielt werden: »Was, das soll der berühmte Koloratursopran von Erna Sack sein? Die klingt ja völlig heiser. Oder ist die Platte schon so abgenudelt?«

»Das muß an der Leitung liegen, denn es handelt sich um den Tenor Leo Slezak«.

Von Zeit zu Zeit tauchen auch Kleinanzeigen auf, in denen es dann heißt: »Suche Tenöre, biete Nationalhymnen.« Doch

bei solch plumpen Formulierungen kann es sich nur um einen Outsider handeln, das merkt man sofort an der Sprache.
Bevor Du Dich an einer Auktion beteiligst, mußt Du Dich mit dem Fachchinesisch vertraut machen. Die Verkehrssprache ist englisch. Mindestgebot heißt folglich ›minimum bid‹, Einsendeschluß ›closing date‹ und Zustand der Platte ›grading‹.
Da beginnen die Schwierigkeiten. Du willst schließlich wissen, ob die Platte zerkratzt ist oder einen Sprung hat, ob sie schon einmal als Diskus verwendet worden ist oder ob man sie mit Sandpapier gereinigt hat. Dazu dient das ›grading‹, wobei vielfach ›optical grading‹ angegeben wird, das heißt, der Zustand der Platte ist nur optisch, nicht akustisch beurteilt worden.
Die dazugehörigen Hieroglyphen und ihre Abkürzungen sind leider nicht standardisiert. Jeder verwendet sein eigenes Sanskrit. Am gebräuchlichsten sind:

FS Factory sealed/Fabrikneu
M Mint/Fast neu
E Excellent/Kaum gespielt
VG Very good/Guter Zustand
G Good/Abgespielt
F Fair/Nicht zum Anhören
P Poor/Zum Wegwerfen

Meist heißt es auch noch G+ oder VG–, wenn die Platte zwischen ›Gut‹ und ›Sehr gut‹ liegt. Du tust jedenfalls gut daran, immer die nächstschlechtere Kategorie vorauszusetzen: ›Good‹ ist allenfalls ›Fair‹. Und wer ›Fair‹ anbietet, ist fast immer unfair zu Dir.
Andere Geheimzeichen heißen scr, sf oder rs und bedeuten ›Scratch‹ (Kratzer), ›Surface Noise‹ (Rauschen) und ›Rim Shot‹ (Randsprung).
Auch wenn Du glaubst, ich hätte die nachstehende Angebotszeile nur erfunden: so etwas gibt es tatsächlich in den Auktionslisten!

Nr. 16 Td+Orch. T42 (2nd Vers)/BG I love U (scr first 3 gr) Col.E 43562 (rare) pc VG+G+

Die Übersetzung dieses Codes lautet:

Nr. 16 Tommy Dorsey (und sein Orchester):
Tea for two (2. Fassung)
Rückseite Benny Goodman: I love you
(Kratzer über die ersten 3 Rillen)
Englische Columbia 43562 (selten)
›Plain Cover‹ (unbedruckter Umschlag).
Vorderseite ›Very Good‹, Rückseite ›Good‹.

Du siehst, die internationale Sammlergilde verständigt sich untereinander mit Kürzeln und Chiffrebotschaften. Sie sind die wahren Rotarier, weil es sich bei ihnen wirklich um etwas Drehendes dreht.

Das Werk eines Wahnsinnigen

Wer Schallplatten sammelt, hat einen kleinen Tick. Wer sie katalogisiert, einen großen. Aber wer eine Discograpie zu schreiben beginnt, steht an der Schwelle des Wahnsinns. Und hat sie, sollte er (jemals) mit seinem Werk fertig werden, dann unter Garantie überschritten!
Stell' Dir vor, Du müßtest ein Verzeichnis jeder einzelnen Platte von Elton John anlegen. Wie sie heißt, wann und wo sie aufgenommen worden ist und welche Begleitmusiker daran beteiligt waren.
Damit nicht genug, sollen die Angaben auch enthalten, auf welchen Singles, Maxis, LPs und CDs der Titel in Schweden, Honduras, Neuguinea, Jordanien usw. erschienen ist. Selbstverständlich unter genauer Bestellnummernangabe inklusive sämtlicher Streichungen, Umbenennungen, Lizenzen, Mono- und Stereoversionen, Überspielungen, Remix, Takes.
Weißt Du jetzt, warum jeder Discograph ein potentieller Gummizellenkandidat ist? Denn was ein echter ist, der gibt sich mit dem oben gesteckten Slalom nicht zufrieden und setzt noch ein paar Haarnadelkurven mehr in die Piste.
Zum Beispiel, indem er gleich den ganzen Buchstaben ›J‹ ausdiscographiert. Oder sich auf die Sideman-(Tor-)tour begibt.
Ein ›Sideman‹ ist im Pop und Jazz, was in der Oper eine Chargenrolle und im Orchester ein zweiter Geiger ist. Laß' mich das an einem Beispiel erklären:
Edmond Hall ist ein Klarinettist, für den ich meilenweit gehen würde. Vorerst gehe ich ins nächste Plattengeschäft und schaue in der Jazzabteilung unter ›H‹ nach.
Hampton Lionel. Herman Woody. Hines Earl. Holman Bill. Hubbard Freddie. Kein Hall Edmond.
Die nette Verkäuferin blättert im Katalog unter ›H‹ und bedauert. Falls sie aber nicht nur, wie üblich, einen anderen Beruf schwänzt, kramt sie vielleicht eine Discographie hervor und findet unter Edmond Hall ganze vier Titel, die natürlich längst vergriffen sind.
Hätte sie 60 cm weiter links in eines der Nebenfächer geguckt, wäre sie Dutzende Male auf den Namen Edmond Hall gestoßen, der unter anderem jahrelang als Sideman bei Louis Armstrong und seinen All Stars tätig war. Aber man schaut halt nicht in Nebenfächer, wenn man nur im Nebenfach Verkäufer(in) für Jazzplatten ist!
Wer es genau wissen möchte, muß zu einer speziellen ›Edmond Hall Disco‹ greifen, die sowohl seine kommerziellen, als auch privaten Aufnahmen, unveröffentlichten Bandmitschnitte, Sessions, Filmmusiken, Radiosendungen etc, auflistet. Ein Beispiel:

RALPH SUTTON QUARTET
Ralph Sutton (p), Edmond Hall (cl), Walter Page (b), Cliff Leeman (dm)
New York, February 10, 1954
85849 Oh Baby
Lnd SLC 513, Com(J)GXC 3151

Oben steht der Name der Gruppe, deren Leiter der Pianist Ralph Sutton war. Dann folgen die Besetzung sowie Ort und Datum der Aufnahme. Links die Matrizennummer.

Schließlich der Titel und die Plattenmarken, auf denen er veröffentlicht wurde: auf London SLC 513 und auf japanischer Commodore GXC 3151.

Das ist nur ein einfaches, harmloses Beispiel. Es gibt Studiositzungen, an denen 20 und mehr Musiker beteiligt sind, die 6 Titel mit insgesamt 23 Takes einspielen, die unter 17 verschiedenen Namen von 22 Plattenmarken in 60 Ländern veröffentlicht werden.

Für eine Musik wie den Jazz, dessen Partitur die Schallplatte ist, sind Discographien so wichtig wie die Luft zum Atmen. Die ersten Discographen waren zwei Europäer, nämlich Charles Delauney in Frankreich und Hilton Schleman in England, deren Arbeiten schon 1936 auf den Markt kamen.

Das 1968 Seiten starke Standardwerk ›Jazz Records 1897–1942‹ schrieb der Engländer Brian Rust, der ähnliche Wälzer auch über ›Dance Bands‹ und ›Popular Recordings‹ verfaßt hat. Ab 1942 setzten unabhängig voneinander der Belgier Walter Bruyninckx und der Däne Jorgen Grunnet Jepsen diese Sysiphusarbeit fort, erschwert durch den Wegfall der Matrizennummern seit Einführung der Langspielplatten.

Discographien werden aber auch von und für Opern- und Popfans erstellt. In beiden Fällen handelt es sich um begeisterte Amateure, die sich diese Arbeit antun. Profischreiber sind viel zu clever, um sich auf so eine Verrücktheit einzulassen.

Es gehört ja auch eine Portion Wahnsinn dazu, z. B. alles von Teresa Berganza ausfindig zu machen. Aber weil sie ein weltbekannter Opernstar ist, sollten sich ihre Aufnahmen leicht recherchieren lassen. Aber um alle Plattenveröffentlichungen des unbekannten Paolo Montarsolo aufzulisten, der 1971 als Partner der Berganza den Basilio im »Barbier von Sevilla« auf Platte gesungen hat, muß man ein totaler Discoholic oder Spinner oder beides sein.

Nimm an, Du müßtest eine Discographie von Popgöre Madonna herausgeben. Dann laß Dir anhand eines einzigen Titels die Spitze des Eisbergs auf der Zunge zergehen:

Ihr »Like a Virgin« kam im September 1984 auf der Sire-Single W 9210 heraus. Noch im gleichen Jahr erschien auch die Maxi-Single mit der Dance-Mix Version, beide mit »Stay« auf der B-Seite, auf dem britischen Markt.

Gleichzeitig wurde die 17-cm-Single 45 UpM mit anderem Cover in Kanada, Frankreich und der BRD veröffentlicht, während sie in Brasilien als Single mit 33⅓ UpM verkauft wurde.

Dazu kamen zwei weitere Fassungen mit geändertem Mix. Zum Unterschied von den europäischen wurde nämlich in den USA ein anderer Zweispur-Mastertake, in Japan eine Vierspurmaster abgemischt und auf einer Maxi-Single zusammen mit den Titeln »Holiday«, »Lucky Star« und »Borderline« veröffentlicht; Bestellnr.: Sire P 6206. 1984 war »Like a Virgin« Teil einer gleichnamigen LP, die ebenfalls in zwei Ausgaben erschien, nämlich mit und ohne dem Bonus-Track »Into the Groove«. Im September 1985 kam »Like a Virgin« als Picture Disc heraus, gleichzeitig erschien der Titel auf einer Compact Disc. 1986 wurde die Single als Re-issue wiederveröffentlicht.

Es gibt Discographien, die sich mit einer bestimmten Musikrichtung, einem Musiker, einem Etikett, einem Instrument, ja sogar einer geographischen Region befassen.

Weiter ›Solographien‹, in denen jedes Solo mit Angabe der Taktanzahl angeführt und beschrieben ist. Der norwegische Discograph Jan Evensmo hat viele Mitternachtssonnentage dafür geopfert.
Und dann ist da noch Walter C. Allen, der die »Hendersonia« verfaßt hat. Eine Bio-Discographie, in welcher auf 651 eng bedruckten Seiten der Weg des Fletcher-Henderson-Orchesters beschrieben wird. Zwischen 1920 und 1957 ist jeder Tag erfaßt. Was die Band zum Frühstück gegessen, am Vormittag geprobt, am Nachmittag im Studio aufgenommen und am Abend im Ballroom gespielt hat.
Das Werk eines Wahnsinnigen.

Sammler überall

Wie ein weltweiter Geheimbund überzieht ein unsichtbares Netz von Sammlern die Erde. Sie korrespondieren miteinander, schicken sich Platten und Bandkopien und überbieten sich gegenseitig bei Briefauktionen.
Sie lesen alle dieselben Magazine: Record Collector, Hot Wacks, Fono Forum, Vintage Jazz Mart, Oldie Markt, John Gunn Report, Fox auf 78, Storyville, Record Research.
Zu Hause stelzen sie vorsichtig über ständig wachsende Plattenstapel und verstärken die Fundamente ihrer Einfamilienhäuser, damit diese nicht unter der Last geballten Vinyls und Schellacks zusammenbrechen.
Ich kenne ein paar dieser Wahnsinnigen. Die Bakkers in Holland, die Luxtons in England, den Michael A. in Wien und das Plattengeschäft in der K-Street von Sacramento/California.
Dort watet man im Keller durch eine Hügellandschaft voller schwarzer Scheiben, bis man zu einem Schrank kommt, auf den »Bing Crosby« gekritzelt ist. Öffnet man ihn nicht vorsichtig genug, fallen einem mehrere Wagenladungen Deccas entgegen – wahrscheinlich die größte Crosby-Sammlung der Welt.
Aus der weltweiten Sammlergilde stechen diejenigen hervor, die sich nicht mit dem Horten begnügen, um dann wie Fafner auf ihren Schätzen zu sitzen, sondern auch andere dran teilhaben lassen.
Jede zweite Rarität, die nach Jahren der Obskurität der Menschheit wieder zugänglich gemacht wird, verdankt ihre Wiedergeburt nicht den großen Konzernen, sondern dem risikoreichen persönlichen Einsatz privater Plattenfreaks.
Doch auch wenn jeder von ihnen etwas anderes sammelt, gibt es da diese gewissen Gustostückerln, die man nur zu gerne hätte, selbst wenn sie nicht in die Sammlung passen. Nachstehend ein paar von denen, die ich mir zum Geburtstag wünsche – und Du vielleicht auch.

- ⊙ Wie wäre es denn zum Beispiel mit Columbia Nr. 1? »In a clock store«, gespielt vom Columbia-Orchestra, aufgenommen 1902.
- ⊙ Interessant auch die Schallplatte mit der flammenden Rede Kaiser Wilhelms II., die er zu Kriegsbeginn am 6. August 1914 gehalten hat (»... so möge denn das Schwert entscheiden«). Die Aufnahme stammt allerdings vom 10. Januar 1918, einem Zeitpunkt also, da der Krieg längst verloren war.
  So deckt die Schallplatte den größten Betrug auf, der je verübt worden ist: den Betrug an einem ganzen Volk.
- ⊙ Eine der teuersten Platten der Welt ist eine Schellack der Pianistin Marie Baumayer, einer Freundin von Johannes Brahms, auf der sie Schumanns »Studie für den Pedal-Flügel« spielt.
  Nicht nur, daß die Aufnahme selten ist; sie ist auch in jeder Beziehung unwiederholbar, weil der letzte existierende Pedal-Flügel zerstört worden ist.
- ⊙ Zu den Tizians der Platte zählen solche der rumänischen Sopranistin Angelica

Pandolfini, die zwischen 1903 und 1905 aufgenommen worden sind. Pro Exemplar werden sie mit ca. 10 000 US-Dollar gehandelt.

- Noch um das fünffache mehr kostet eine aus 50 Platten bestehende »Gesangsschule« aus dem Jahr 1909, von der allerdings niemand weiß, ob sie überhaupt noch komplett existiert.
- Ein seltenes Stück ist auch das »Wunschkonzert aus dem Krieg«, das der ›Hochadler-Plattenimport‹ lange nach Beendigung des Krieges herausbrachte.
  Weil auf ihr die Originalsprecher des großdeutschen Rundfunks und außerdem das ›Horst-Wessel-Lied‹ zu hören sind, kam sie auf den Index und wurde verboten – und dadurch teuer.
- Das »Black Album« von Prince gilt als eine der teuersten Scheiben der Kugel, auf der wir leben. Inzwischen sind dermaßen viele Raubkopien erschienen, daß nicht einmal Prince selbst mehr zwischen Original und Kopie unterscheiden kann.
- In Hannover kenne ich einen Sammler, der sich auf »Probepressungen« spezialisiert hat. Das sind Platten mit unbeschriftetem Etikett, die von den Pressereien in einer Auflage von 5 bis 10 Stück nur zur Feststellung der Qualität gemacht und dann wieder vernichtet werden.
  Nur wenn man einen guten Freund dort sitzen hat (die erste Presserei der DG stand in Hannover), kommt man an solche Muster heran. Zum Beispiel an die Aufnahme einer fingierten Klavierversteigerung, auf welcher Emil Berliner selbst spricht (in englisch):
  »Auf diesem Klavier hat Wagner seine Götterdämmerung komponiert ...«
  Mein hannoveranischer Bekannter besitzt ca. 1500 solcher Probepressungen, die er auf zwei Schatztruhen verteilt hat. Links die identifizierten, rechts diejenigen, bei denen er nur vermuten kann, wer darauf zu hören ist. Der rechte Schrank ist dreimal so groß, wie der linke.
- Platten der Firma ›Grammophone & Typewriter‹ deuten schon im Etikett darauf hin, daß sich das Unternehmen sowohl mit Schallplatten, als auch mit Schreibmaschinen beschäftigt hat.
  Das kommt daher, daß ihr Eigentümer Barry Owen dem Plattengeschäft nicht traute und sich die Rückzugsmöglichkeit zur Schreibmaschine offenhalten wollte.
  Scheiben mit diesem Etikett, zum Beispiel von Joseph Joachim, Edvard Grieg, Margarethe Siems und Fedor Schaljapin kosten mittlerweile zwischen 1000 und 5000 Dollar. Was die Schreibmaschinen heute wert sind, ist nicht bekannt.
- Ausgesprochenen Seltenheitswert besitzen Aufnahmen des Bassisten Edouard de Reszke, der nur drei davon machte. Darunter 1903 die Don-Juan-Serenade von Tschaikowsky.
- Jazzsammler, denen die Memphis-Five des Trompeters Phil Napoleon ein von hunderten Aufnahmen her vertrauter Begriff ist, dürften doch an der einen, entscheidenden Platte scheitern: »Diddle-diddle-dum« vom 10. 6. 1922, erschienen auf dem ›Chatauqua‹-Label und die einzige, die jemals mit diesem Etikett herausgekommen ist.
- Jedesmal, wenn ich zu meinem Freund Robert nach Augsburg komme, spielt er mir seinen größten Schatz vor: »Man sagt zu einer Dame nicht beim ersten Mal: komm mit«. Behauptet von Lisa Hett-

mann auf der 78er Grammophon 10192. Jedesmal, wenn mein Freund Robert zu mir kommt, spiele ich ihm meinen größten Schatz vor: »Blue Yodel Nr. 9« auf Original-Zonophone, auf der Westernheld Jimmie Rodgers derart gräßlich und ›taktlos‹ jodelt, daß sogar der ihn begleitende Louis Armstrong ins Straucheln gerät.

⊙ Seit mir Stephen aus Liverpool 100 Pfund für meine Brunswick 25-cm-LPs aus den fünfziger Jahren geboten hat (Bill Haley, Lionel Hampton, Charlie Ventura usw.), passe ich doppelt auf sie auf.

⊙ Seine erste Aufnahme machte Elvis Presley 1956 mit einem Lied für seine Mutter, »My happiness«. Obwohl ich der Meinung bin, er hätte es damit gut sein lassen sollen, hätte ich doch gerne das Original, für das angeblich einem Schulfreund Presleys namens Ed Leek bis zu 700 000 Dollar geboten worden sind.
Stell Dir vor, wieviel gute Musik man dafür kaufen könnte!

9
Spielwiese

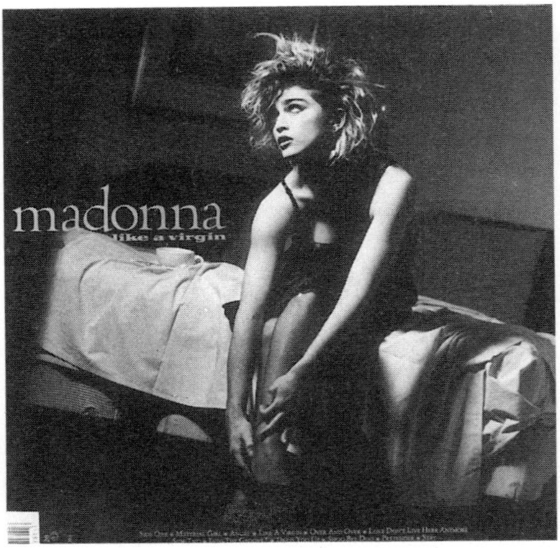

63
Eine Platte für die einsame Insel?

64
Filmmusik zu Clint Eastwoods Streifen ‚Bird' über das Leben Charlie Parkers

◁65 Shocking: Ein Jazzer spielt Mozart!

66
Welte-Mignon-Überspielungen bringen uns Pianistenlegenden früherer Zeiten ins Haus

67
Glenn Gould spielt Operntranskriptionen und Beethovens fünfte Symphonie auf dem Klavier

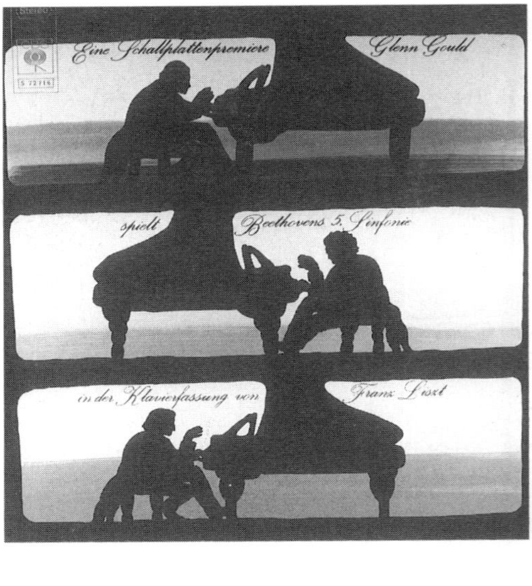

△
68
Über die Beatles gibt es mehr Literatur, als über Bach

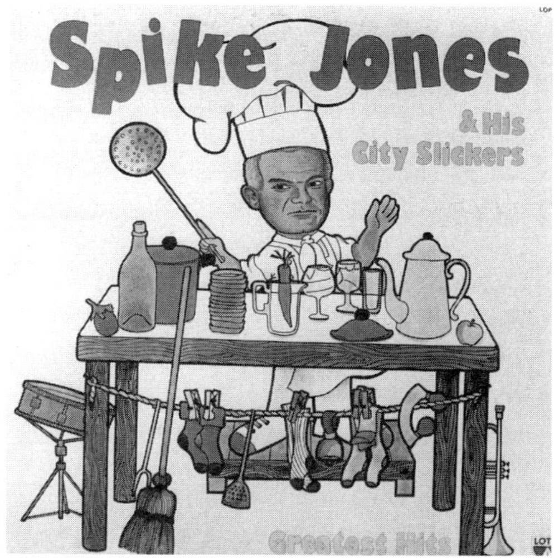

rechts:
69
Originalaufnahmen vom Nürnberger Prozeß

70
Spike Jones setzte das Nasenbohren in Musik um

71
Bill Haley, King of Rock'n'Roll

Was tun Schallplattensammler, wenn sie einander begegnen?
Sie reden über Schallplatten. Sie zeigen sie einander.
Und sie spielen sich gegenseitig welche vor; jeder in der Erwartung, daß der andere vor Neid erblaßt ob der Raritäten, die ihm vorgesetzt werden und für die er kaltlächelnd morden würde.
Wenn sie aber einmal keine Schallplatten spielen, dann spielen sie trotzdem. Nämlich Spiele mit und über Schallplatten.
Die Spielwiese der Plattensammler ist ein weites Blachfeld für ritterliche und heimtückische Zweikämpfe; ein Turnierhof der Phantasie; ein Tummelplatz der Hörduelle.
Denn der Spiele sind viele.
Eines der lustigsten, spannendsten und schwersten ist die Suche nach den Zwillingen.
Du weißt ja, nach internationalem Urheberrecht darf man in einer Eigenkomposition bis zu dreieinhalb Takte eines anderen Musikstückes zitieren. Ab dem vierten Takt gilt es als Plagiat.
Nun leben und lebten aber eine Menge Komponisten davon, sich nicht daran zu halten und geradezu hemmungslos zu klauen.
Einer von ihnen war ein gewisser Fuchs, zu dem der Wiener Geiger Josef Hellmesberger beim Anhören seiner ›neuesten‹ Symphonie sagte:
»Fuchs, die hast du ganz gestohlen«.
Bekannt ist auch ein Probenzwischenfall mit Richard Strauss, als eine verzwickte Stelle in einer seiner symphonischen Dichtungen auch bei der xten Wiederholung nicht klappen wollte.
Als Strauss darüber in Rage geriet, versuchte ihn einer der Musiker mit folgendem klassischen Satz zu besänftigen:
»Regen Sie sich nicht auf, Herr Doktor, die Stelle bringen wir beim ›Tristan‹ auch nie zusammen«.
Solchen Stellen sind Sammler bei der Suche nach den »Zwillingen« auf der Spur.
Es gibt deren mehr zwischen dem Himmel voller Geigen und dem Lied von der Erde, als sich unsere Plattensammlerweisheit träumen läßt. Ja, es existieren sogar siamesisch überkreuzte Bastarde, von denen der Weiße oft nicht weiß, ob der andere schwarz ist, oder ihm ein E für ein U vormacht.
Beispiel gefällig?
Tschaikowskys 1. Klavierkonzert in b-Moll, op. 23, das Charlie Chaplin fast Note für Note abgeschrieben hat, um daraus seinen Schlager »Limelight« zu basteln. (Mit englischem Text: »I'll be loving you eternally ...«)
Wie sagt doch der Baron Ochs so treffend: »Die Ähnlichkeit soll, hör' ich, unverkennbar sein.«
Ein- oder zweieiige Zwillinge aufzustöbern, kann zur abendfüllenden Beschäftigung werden.
Eineiige Zwillinge, das sind gleiche Musikstücke mit verschiedenen Titeln. Gewissermaßen unter Pseudonym.
In der europäischen Musik gibt es zwar nur wenige Beispiele dafür, diese dann aber in großem Stil. Wie bei Georg Friedrich Händel, der ein Meister des Abschreibens war.

Ernest Newman sagte darüber:
»Niemand hat je so systematisch und so maßlos gestohlen und hatte es doch so wenig nötig.«
Eines seiner Opfer war Alessandro Stradella, dessen »Serenata« sich bei Händel streckenweise als »Israel in Ägypten« wiederfindet.
Kommen wir zu den zweieiigen Zwillingen. Das sind un- oder bewußte Ähnlichkeiten musikalischer Passagen, von denen die Musikgeschichte überreich ist.
Zum Beispiel die Ähnlichkeiten der »Eroica« mit dem Vorspiel zu Mozarts »Bastien und Bastienne«; oder die vielen gleichen Noten in Rossinis »Barbier von Sevilla« und den »Jahreszeiten« von Joseph Haydn. Wobei Rossini, der bei der Musik, bei Frauen und beim Essen kein Kostverächter war, sich des öfteren sogar selbst bestohlen hat. Er nahm nämlich gerne Anleihen bei seinen eigenen früheren Werken; so kann man eben den »Barbier von Sevilla« in 14 Tagen herunterschreiben!«
Viele Zwillinge in der europäischen Musik mögen durchaus unbeabsichtigt geboren worden sein.
Hingegen werden im improvisierten Jazz oft ganz bewußt andere Themen »zitiert«. Louis Armstrong flicht in seinen Chorus über »Dinah« das Thema von »Exactly like you« ein. Charlie Parker in »Koko« das Klarinettensolo über »High Society«. Dizzy Gillespie entwickelt in »My Man« sein faszinierendes Solo aus einer Phrase über die ersten Takte von »O sole mio«. Und es lohnt sich, bei Wingy Manone hineinzuhören, um herauszufinden, wo Glenn Miller sein »In the mood« her hat.

Du merkst schon, die Spielwiese ist groß und nimmt kein Ende. Da läßt sich's auf Entdeckungsreisen gehen und Forschergeist entwickeln. Ist man fündig, wächst der Appetit. Wer spielt nicht gerne Detektiv? Zwillinge und andere Verwandte suchen ist ein Spiel, das sich alleine spielen läßt. Obwohl es mit Partner mehr Spaß macht.

Der Blindtest

Das macht Spaß: die anderen raten lassen und selbst der Gescheitere zu sein. Mit Unschuldsmiene Fallen stellen. Seinen Freunden akustische Gemeinheiten vorsetzen. Sich am Unwissen der Unwissenden weiden – bis man selbst in die gleiche Lage kommt. Das Ganze nennt sich »Blindtest« und ist vor allem unter den Jazzfans beliebt.
Die Regeln sind ganz einfach: du spielst Deinen Freunden Schallplatten vor, ohne ihnen zu sagen, was sie hören. Sie müssen raten. Das wird mit Punkten bewertet. Wer am meisten errät, ist der Sieger.
Offizieller Erfinder des Blindtests war der Jazzjournalist und Autor Leonard Feather, der in der amerikanischen Jazz-Zeitschrift »Downbeat« eine regelmäßige Kolumne unter diesem Titel schrieb.
Seine Opfer waren meist berühmte Musiker, deren oftmals skurril-lustige Antworten in dieser Kolumne veröffentlicht wurden. Ich erinnere mich z. B. an einen Blindtest mit dem Trompeter Roy Eldridge, dem Feather eine seiner eigenen Aufnahmen aus den 40er Jahren vorspielte. Nicht nur, daß Roy sich selbst nicht erkannte; er hielt es auch noch für eine »typische Louis-Armstrong-Aufnahme«!
Feathers Gäste erhielten keinerlei Information über die Musik, die sie zu hören bekamen. Er legte einfach Platten auf – fertig.
So leicht solltest Du es Dir aber nicht machen, wenn Du einen Blindtest zusammenstellst. Es gehört sich zumindest, die Fragen vorzuschreiben und zu präzisieren.
Z. B. »Wer spielt Posaune (3 Punkte) »Wie heißt der Titel« (2 Punkte). Usw.

Außerdem möchte ich Dich noch um etwas bitten: Mach's nicht zu teuflisch! Ich habe immer wieder festgestellt, daß es schwer genug fällt, weltbekannte Musiker zu erraten. Es ist ohnehin phänomenal, daß jeder durchschnittliche Jazzfan in der Lage ist, Dutzende von Musikern am Ton und an der Phrasierung zweifelsfrei zu identifizieren – etwas, das die Longhairs aus dem klassischen Lager immer wieder verblüfft.
Übrigens, weil wir gerade davon reden: natürlich ließe sich ein Blindtest auch mit klassischer Musik durchführen. Aber mit welchem Schwierigkeitsgrad!
Bei Opernsängern, deren Timbre man im Ohr hat, mag das noch gehen. Aber bei Instrumentalmusik ist es meiner Meinung nach gänzlich unmöglich.
Wer kann schon bei einem Hinhören Isaac Stern von Jascha Heifetz unterscheiden? Serkin von Gilels? Karajan mit den Berlinern von Böhm mit den Wienern bzw. umgekehrt?
Ich brauche nur daran zu denken, wie oft man mich schon hineingelegt hat. Zum Beispiel mit der hinreißenden Aufnahmen der »Italienischen« Symphonie von Mendelssohn-Bartholdy unter Lorin Maazel, den ich doch eigentlich gar nicht leiden kann. Oder als man mir einen großartigen Heldentenor vorspielte, der sich dann als jener Hans Beirer entpuppte, für den ich nie viel übrig gehabt hatte. Und auch der von Dietrich Fischer-Dieskau gesungene Figaro-Graf war ein Blindtest-Erlebnis, das meine Vorurteile gegen seinen Operngesang gründlich über den Haufen warf.

Solche Erfahrungen sind heil- und lehrsam. Man lernt, sich selbst zu mißtrauen und zu erkennen, daß das eigene Urteil oft genug auf den wackeligen Beinen der Voreingenommenheit daherstelzt.
Um dem zu entgehen, sollte man eigentlich alle Platten von fremder Hand und ohne vorherige Information über die darauf enthaltene Musik vorgespielt bekommen, bevor man selbst handgreiflich wird.
Was sich da für Tore öffnen würden! Doch leider ist man selbst ein großer Tor und versagt sich derlei Expeditionen. Unbekannte Gefilde sind nicht gefragt; es könnte ja zu unheimlichen Begegnungen der dritten Art kommen.
So wie der Konzertbesucher, bevor er die »Erste« von Maurizio Kagel über sich ergehen läßt, lieber die »Zwölfte« von Brahms hört (entweder 4 × die Dritte oder 3 × die Vierte), geht auch der Schallplattenkäufer ungern fremd und greift eher zu Bekanntem. Die Jazzfans sind da ein bißchen moderater. Aber auch nur ein bißchen.
Jazz-Blindtester orientieren sich an Tonbildung und Spielweise. Bei den großen Meistern dieser Musik ist nämlich schon die Tonbildung dermaßen charakteristisch, daß sie sich anhand dieser verhältnismäßig leicht identifizieren lassen.
Den zweiten Anhaltspunkt liefert die Phrasierung. An ihr läßt sich die typische Spielweise eines Jazzmusikers selbst dann nachweisen, wenn keine individuelle Tonbildung gegeben ist. Wie zum Beispiel bei Pianisten. Klavierspieler wie Erroll Garner oder McCoy Tyner kennst Du – wenn Du sie kennst – unter Tausenden heraus.
Dennoch finde ich es eine hinterlistige Gemeinheit, seinen Freunden Pianisten oder gar Bassisten zum Erraten vorzusetzen (sofern es sich nicht gerade um Thelonius Monk oder Charles Mingus handelt). Oder ihnen moderne Tenorsaxophonisten zu servieren, die alle gleich (das heißt: wie Wayne Shorter) klingen.
Noch abscheulicher und verwerflicher ist es allerdings, den einen, einzigen Titel, auf dem Miles Davis Klavier spielt, auszugraben und dann scheinheilig zu fragen, wer denn der Pianist sei.
Oder die von Capitol unter dem sinnigen Titel »Ten cats and a mouse« zusammengestellte Studioband, bei der unter anderem folgende Leute mitwirken:
Die Sängerin Peggy Lee am Schlagzeug.
Der Vibraphonist Red Norvo am Klavier.
Der Geiger Paul Weston an der Klarinette.
Der Trompeter Billy May auf der Posaune.
Der Altist Benny Carter auf dem Tenorsax.
Auch mit japanischen oder europäischen Bands läßt sich manch heimtückische Falle stellen. Besonders dann, wenn Amerikaner als Gastsolisten in europäischen Orchestern mitspielen.
Derartige Fallen haben wir aber nicht nötig, oder?
Gib Deinen Testopfern eine faire Chance. Kredenze ihnen so unverkennbare, einzigartige, unverwechselbare Musiker wie Ben Webster und Sonny Rollins, Woody Herman und Hot Lips Page – und dann lach' Dir ins Fäustchen, wenn sie auf Chu Berry und Johnny Griffin, Benny Goodman und Jonah Jones tippen.

Das Filmspiel

Kein Problem für Kinogeher. Sie erkennen den »Doktor Schiwago« und den »Dritten Mann« aufs erste Ohr.
Doch Achtung, es beginnt schon! Der »Schiwago« heißt eigentlich »Lara's Theme« und den »Dritten Mann« führen die Tantiemenlisten als »Harry Lime Thema«.
Erraten, es geht schon wieder um einen Quiz. Diesmal darum, daß Du Deinen Freunden Musik aus Filmen vorspielst und die richtige Zuordnung verlangst. Das ist schon bei berühmter Filmmusik ziemlich schwierig; bei unberühmter kann es zur echten Prüfung ausarten.
Die beste Filmmusik ist bekanntlich jene, die sich nicht aufdrängt. Wenn es sich nicht gerade um ausgesprochene Filmschlager wie »Love Story« oder »Das Lied vom Tod« handelt. Ein aufdringlicher Filmkomponist ist zum Beispiel Ennio Morricone. Ein unaufdringlicher Elmer Bernstein.
Eine Filmmusik mit dominierender Ohrwurmcharakteristik trägt einen Film zumindest genauso stark wie der Hauptdarsteller. Ist dieser ein Vogel (wie die Möwe Jonathan), wird die Musik auch zu einem; nämlich zum eigentlichen Star des Films. Am besten, Du mixt Gängiges mit Flüchtigem; Aha-Musik mit Oho-Musik.
Die Regeln beim Filmspiel lassen sich sowohl mildern, als auch verschärfen. Indem Du im einen Fall nur nach dem Filmgenre fragst – Western, Drama, Komödie etc. – im anderen nach Darstellern, Handlung, Komponist, Regisseur.
Bist Du im Besitz eines Videorecorders mit Nachvertonungsmöglichkeit,kann es sehr lustig sein, einzelne Schnipsel aus bekannten Filmen zusammenzuschneiden und diese Szenen dann mit der »falschen« Musik zu unterlegen.

- ⊙ Dann stirbt der kleine Maggio in »Verdammt in alle Ewigkeit« zu den Klängen des »Radetzkymarsches«.
- ⊙ Scarlett O'Haras Auseinandersetzungen mit Rhett Butler werden von einer böhmischen Polka untermalt;
- ⊙ Ingrid Bergmann verabschiedet sich von Bogey und Casablanca mit dem Lied »Das ist die Berliner Luft, Luft, Luft«.

Wie bei allen Spielen und Spielereien mit Musik brauchst Du dazu zwei Dinge: viel Phantasie und ein großes Plattenarchiv. Ersteres sei vorausgesetzt. Letzteres ist lediglich eine Geldfrage, denn Filmmusik gibt's bald mehr als Filme.
Bei der Filmmusik sind nämlich die Schallplattenfirmen drauf und dran, die Leute zuerst zu verwöhnen und dann zu übersättigen. Was da an »Soundtracks« auf dem Markt ist, hätte sich Al Jolson – Star des ersten Tonfilms – nie träumen lassen. Damals dauerte es eine Ewigkeit, bis man sich »Sonny boy«, den ersten Filmschlager, in den Plattenschrank stellen konnte.
Heute erscheint die Filmmusik oft schon im Handel, noch bevor der Streifen in den Kinos ist. Sobald die cleveren Hollywood-Produzenten ein Geschäft wittern, vermarkten sie alles, was der Film nur hergibt. Sie drehen nicht nur Filme, sondern gleichzeitig dazu den Schneidstichel für die Matrize mit der Filmmusik. Und sie beliefern

längst nicht mehr die Kinos allein mit ihrer Ware.
Deshalb gibt es zu jedem Großfilm die dazugehörigen T-Shirts, Sticker, Buttons, Posters, Programme, Bücher – und natürlich Schallplatten.
Der bisher größte derartige Deal gelang einem gewissen Bruce Wayne, der Dir sicher unter seinem Künstlernamen ›Batman‹ ein Begriff ist. Der Batman-Film des Jahres 1989 löste zuerst in den USA, später weltweit eine ›Batmania‹ aus, die alles bisher dagewesene in den Schatten stellte.
Im Sog dieses Erfolges schoß auch die von Prince komponierte Filmmusik wie ein ›Batarang‹ an die Hitparadenspitze und schlug alle bestehenden Records-Rekorde.
Bei Batman kamen Film und Platte gleichzeitig. Manchmal ist aber die Musik schon vor dem Film da. Zum Beispiel bei Musicals. Und manchmal besteht die ganze geniale Handlungsidee eines Musikfilmes aus einem einzigen Lied, zu dem dann ein eineinhalbstündiges Drama dazugestrickt wird.
Wie »Purple Rain« mit dem Rockstar Prince.
Wie »Be my love« mit Mario Lanza.
Die Qualität solcher Zelluloidopern kannst Du Dir sicher lebhaft vorstellen. (Nur verfilmte Musikerbiographien sind gräßlicher.)
Die Faustregel besagt, daß Filmmusik mitunter grauenhaft sein kann, aber Musikfilme es in jedem Fall sind.
Doch das hat mit unserem Filmspiel nichts mehr zu tun, sondern ist Sache des Spielfilms.

Briefgeheimnisvolles

Das einzig Geheimnisvolle bei diesem Spiel ist, daß jede Menge Arbeit auf Dich wartet. Das Briefspiel ist nicht nur zeit- und arbeitsintensiv. Es ist noch dazu von geradezu überwältigender Sinnlosigkeit.
Es turnt am Rande des höheren Nonsens entlang, hantelt sich über die schroffen Bergspitzen des Absurd-Gebirges zum Psychiatrie-Fall und balanciert dennoch mit Grandezza am schmalen Grat des blühenden Blödsinns.
Das ist es, was dieses Spiel so schön macht. Es geht dabei um einen Brief, den Du verfassen sollst. Nur, daß Du ihn nicht schreibst, sondern aufnimmst. Auf Tonband oder Kassette.
So einen Brief kann man natürlich nur an jemanden schicken, der die Verrücktheit, die Du dir antust, auch zu würdigen weiß. Suche Dir also Deinen Korrespondenzpartner sorgfältig aus. Nicht jeder wird Deinen genialen Einfällen zu folgen vermögen und Deine Arbeit richtig schätzen.
Diese besteht darin, mit Zeilen und Teilen konservierter Musik einen Brief zusammenzustellen und auf Tonband aufzunehmen. Am besten eignen sich Schlager dafür. Aber auch Opern und Operetten bieten gutes Material.
Zum Beispiel für einen »tönenden« Brief an ein Mädchen, das Du vor kurzem kennengelernt hast (wenn Du zur Überzeugung kommst, es lohnt der Mühe).
So ein Brief könnte folgendermaßen aussehen:
Guten Abend, schöne Frau.
Du sollst mein Glücksstern sein.
Liebling, mein Herz läßt Dich grüßen.
I can't give you anything but love.
Sag' nur ein einzig' Wort.
Die ganze Welt ist himmelblau.
Winterstürme wichen dem Wonnemond.
Laß' die Welt darüber reden.
Ich liebe die Sonne, den Mond und die Sterne. Am meisten liebe ich Dich.
Auf Wiedersehen.
Morgen.
Jeden Tag in der Woche.
Am Sonntag . . .
Tonight.
I miss you so.
Reich' mir die Hand, mein Leben.
Wie eiskalt ist dies Händchen.
Deine Lippen, sie küssen so heiß.
Danke schön.
Put your head on my shoulder.
Close your eyes.
Angel eyes.
Dieser Augen strahlendes Paar.
Schau' mich bitte nicht so an.
Love me tender.
Genug der Worte.
Schlafe mein Prinzchen, schlaf ein.
Sag' beim Abschied leise Servus.
Good bye.
(Sollte die Dame nun auch noch einen »vertonten« Namen wie Maria, Carmen, Mimi oder Isolde haben, kann überhaupt nichts mehr passieren.)
Wenn es Dir Spaß macht, einen Brief wie diesen zusammenzustellen, so laß' Dich nicht aufhalten. Doch ich warne Dich. Sobald man einmal auf den Geschmack gekommen ist, sucht und findet man immer

gewagtere Kombinationen, die nicht nur an den Adressanten, sondern auch an den Adressaten gewaltige Anforderungen stellen.

Mit entsprechender Übung und einigem Scharfsinn kommt es dann früher oder später unweigerlich zur »Hohen Schule« des Tonbriefs, dem »Brief ohne Worte!«

Der erfordert beim Empfänger – neben umfassenden musikalischen Kenntnissen – auch entsprechende Kombinationsgabe.

Denn Du gibst ihm einen Rebus zu knacken, der nicht aus Zeichnungen, sondern aus Tönen besteht.

Um Dir eine Ahnung davon zu geben, stell Dir bitte vor, Du bekommst ein Tonband mit folgenden Musikausschnitten:

C. M. von Weber: Aufforderung zum Tanz
P. Kreuder: Am Sonntag will mein Süßer mit mir segeln gehn
F. Mendelssohn: Frühlingslied
I. Strawinsky: Le sacre du printemps
Muggsy Spanier: Sud nay
Sidney Bechet: 2:19 Blues
Count Basie: After supper
L. v. Beethoven: 6. Symphonie, 1. Satz (Erwachen fröhlicher Gefühle bei der Ankunft auf dem Lande)
R. Wagner: Steuermannslied
R. Schuricke: Caprifischer
Lied: Abends in der Taverne
F. Schubert: Forellenquintett
Wienerlied: Es wird a Wein sein
R. Strauss: Aus Italien
La Traviata: Trinklied
L. v. Beethoven: Mondscheinsonate
Bill Haley: Rock around the clock
Stanley Turrentine: Coming home baby
Thelonius Monk: Round about midnight
L. v. Beethoven: Les Adieux
J. Haydn: Abschiedssymphonie
R. Strauß: Also sprach Zarathustra

Bist Du dahintergekommen, wie die Botschaft zu dechiffrieren ist? Gar nicht so schwer, wenn man's weiß:

Du bist eingeladen.
Zu einer Segelpartie.
Schließlich: Es ist Frühling!
Am Sonntag nach Tisch, gegen 2.19 Uhr, fahren wir aufs Land.
Wir gehen segeln und fischen.
Abends in der Taverne werden wir Forellen essen.
Dazu wird es italienischen Wein geben.
Wir kommen erst spät am Abend, gegen Mitternacht, wieder nach Hause.
Tschüß und Servus.
Dein alter Freund Zarathustra.

Die einsame Insel

Dieses Spiel hat der Teufel persönlich erfunden. Es ist das Mensch-ärgere-dich-nicht der Plattenbrüderschaft und beginnt mit der Frage:
»Angenommen, Du würdest auf eine einsame Insel verbannt und dürftest nur 10 Schallplatten mitnehmen – welche würden das sein?«
Gewitzte Plattenprofis pflegen darauf zu antworten:
»Als Nummer eins den ›Ring des Nibelungen‹.
Weiter ›Das wohltemperierte Klavier‹.
Drittens ›The Beatles Collection‹.
Viertens ...«
Nein, Freunde, so geht das nicht!

Als das Inselspiel erstmals gespielt wurde, herrschte finsterstes Schellack-Mittelalter. Damals waren 10 Platten noch 10 Platten à 3–5 Minuten und ergaben – Vorder- und Rückseite zusammengezählt – maximal 100 Minuten Musik. Sich dieser Herausforderung mittels kompletter Gesamtaufnahmen zu entziehen, ist feige.
Einigen wir uns meinetwegen auf 10 ›Stück‹ Langspielplatten bzw. Compact Discs, das scheint mir eine höllisch faire Lösung zu sein.
Das Inselspiel lebt von der Qual der Wahl. Selbst wenn ich es mir leicht machen und einfach auf meine ›hundert schönsten Schallplatten der Welt‹ zurückgreifen würde, bliebe sie mir nicht erspart. Denn 10 mitnehmen, heißt 90 zurücklassen. Wobei ich unschlüssig bin, ob ich nicht besser statt einer Geliebten eine Geachtete, statt einer nahen Bekannten eine entfernte Unbekannte zu dieser Reise einladen sollte.

Mit anderen Worten: vielleicht sollte ich statt der tausendmal gehörten Lieblingsplatten besser zu solchen von der sperrigen, widerspenstigen Sorte greifen. Die »Psalmensymphonie« zum Beispiel. Oder »Ascension« von John Coltrane. Ligeti statt Mozart. Ravi Shankar statt Julio Iglesias. Blood, Sweat and Tears statt Peter, Paul and Mary. Da hätte ich wenigstens dran zu knabbern.
Du merkst schon, das Inselspiel hat es in sich. Allein der Gedanke, daß noch vor Jahresfrist ganz andere Inselplatten in den Reisekoffer gewandert wären als heute, und daß es in wieder einem Jahr wiederum ganz andere sein werden, zeigt seine satanische Potenz. Wenn sich der Geschmack schon innerhalb eines Jahres dermaßen verändern kann, muß man für ein Leben als Insulaner das Schlimmste befürchten.
Also doch wieder zurück zu den todsicheren Reißern, bei denen man nichts riskiert? Auch das scheint keine befriedigende Lösung. Vielleicht sollte ich einfach wahllos in die große Wühlkiste greifen und alles weitere dem Zufall überlassen?
Aber falls ich dabei 5 Platten einer Popsängerin erwische, die nur in kleinen Dosen erträglich ist, was dann?
Ich bin nämlich davon überzeugt, daß der Teufel auch davor nicht haltmachen würde, nur weil sie »Madonna« heißt.

10

Die 5 Heißgeliebten

72
Zwei Große der amerikanischen Musik: Lennie und Louis

73
Musicalhit West Side Story

74
Das aristokratisch edle Gesicht von Artur Rubinstein

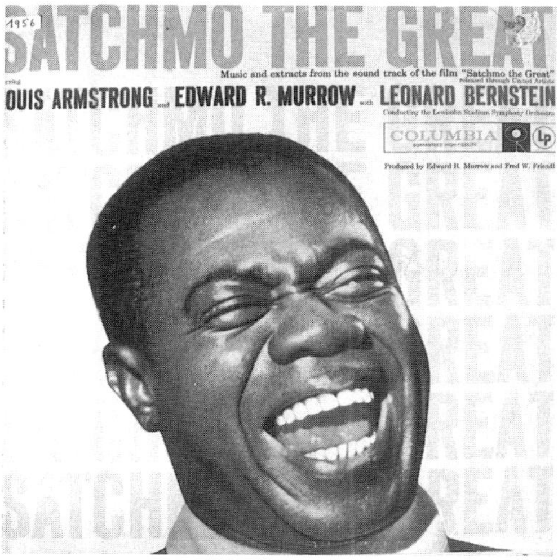

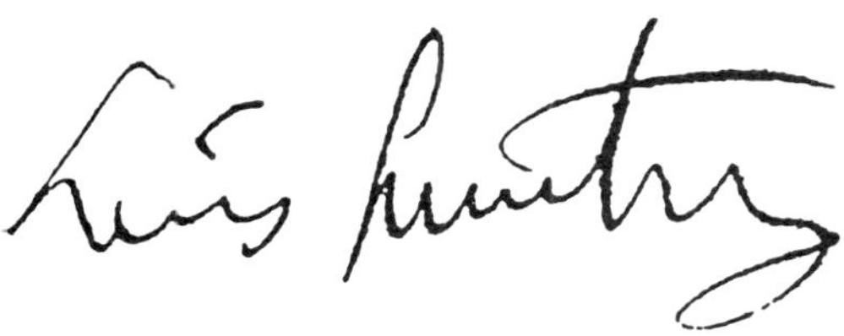

75/76
Filmmusik zum Film ‚Satchmo the Great‘
Darunter:
Louis Armstrongs Unterschrift

77
Giuseppe di Stefano

78
Sinatra mit swingender Begleitband

Die folgenden Monographien könnte man auch »Die 2 × 5-Vorurteile« nennen. Wie jeder Mensch nehme auch ich das Recht in Anspruch, vorgefaßte Meinungen zu haben, sie zu hätscheln und zu pflegen und sie noch dazu öffentlich zu vertreten.
Nichts befriedigt so sehr, wie sich über eine bestimmte Person zu ereifern. Da kann man streiten und diskutieren, daß die Fetzen fliegen. Mit Dir streite ich übrigens am liebsten. Denn auch Du hast Deine Vorurteile. Kommt die Rede darauf, bist Du weder objektiv, noch sachlich, weder gerecht, noch einsichtig. Das heißt, Du bist wie ich. Bei meinen »Bestgehaßten« würde ein Psychologe eine Art Haßliebe zu Künstlern diagnostizieren, die ich offiziell nicht mag, die mich aber inoffiziell faszinieren. Folgerichtig dürfte es sich bei meinen »Heißgeliebten« um eine Art Liebeliebe handeln. Du weißt, wie das geht. Denn auch Du hast Deine Lieblinge, die sich irgendwann einmal dafür qualifiziert haben, für Dich solche zu sein. Ihnen bist Du ausgeliefert. Du verzeihst ihnen alles, du betest jeden Ton an, Du betrachtest jede ihrer Schallplatten als Offenbarung.
Doch Du mußt eines wissen: ob Dein Urteil nun negativ oder positiv ausfällt, es ist immer dasselbe gute alte Vorurteil.
Es ist nichts weiter als ein Vorurteil, wenn Du die Schlagzeugtechnik von Louis Bellson oder Tony Williams bestaunst, bei Buddy Rich aber in brüllende Begeisterung verfällst.
Es ist nichts weiter als ein Vorurteil, wenn Du die Gesangskultur von Dietrich Fischer-Dieskau oder Hermann Prey bewunderst, bei Peter Schreier aber vor Ergriffenheit weinst.
Es ist nichts weiter als ein Vorurteil, wenn Du von Modern Talkin' oder Dire Straits angeturnt wirst, aber nur bei Fleetwood Mac echt ausflippst.
Es ist nichts weiter als ein Vorurteil, wenn Du bei französischen Chansons oder andalusischen Flamencos besinnlich wirst, aber nur bei Balalaikaklängen das heulende Elend bekommst.
Es ist nichts weiter als ein Vorurteil, wenn Du glaubst, keine Vorurteile zu haben.

Meine 5 Heißgeliebten sind das Produkt meiner Vorurteile. Sie sind mir in langen Sammlerjahren ans Herz gewachsen. Sie drehen sich öfter auf dem Plattenteller als andere.
Ich liebe sie, ich verehre sie, ich bete sie an. Ich errichte ihnen kleine Hausaltäre, vor denen ich symbolische Trankopfer bringe. Und ich kaufe bedenken- und willenlos alles, was von ihnen auf dem Schallplattenmarkt zu haben ist. Auch ihre schwächeren Aufnahmen. Liebe ist bekanntlich blind und bei Schallplattenfreaks auch noch taub. Außerdem ist sie nur dann echt, wenn sie die Schwäche des Geliebten höher schätzt, als die Stärken eines anderen.
Diese Erkenntnis scheint mir die schönste Rechtfertigung für den Begriff Vorurteil zu sein!

⊙ Louis Armstrong

Man muß sich das bildlich vorstellen: ein Kohlenträger aus einer Südstaatenstadt, Angehöriger der untersten sozialen Schicht, Mitglied einer verachteten, diskriminierten Rasse, ein Negerjunge ohne Vater, ohne Schulbildung, ohne Beruf wird ein gefeierter Weltstar und anerkannter Künstler.

Und das nicht etwa als Interpret etablierter Musikformen, sondern als Protagonist einer völlig neuen Musik, zu deren Entwicklung er mehr als jeder andere beigetragen hat, die aber anfänglich ebenso abgelehnt wird, wie ihre farbigen Schöpfer.

Aus dieser Erfolgsstory ließe sich ein Technicolorspektakel filmen, ein Kitschroman fabrizieren oder eine Illustriertenserie basteln. Mir würde es schon genügen, wenn sich der Rundfunk dazu herabließe, täglich 20 Minuten Armstrong im Radio zu bringen.

Was Louis auch immer anspielte, wurde zu Gold. Er konnte selbst aus den billigsten Tagesschlagern noch etwas machen. Sein Ideenreichtum schien unerschöpflich, seine Kreativität grenzenlos. Daß er noch als 64jähriger mit »Hello Dolly« die Beatles von der Spitze der Hitparade verdrängen konnte, ist nur eine weitere Facette seiner Musikalität.

Anläßlich der Besprechung einer Louis-Armstrong-Schlagerplatte schrieb der deutsche Kritiker Olaf Hudtwalker: »Recht so, es kann gar nicht genug Armstrong-Platten geben. Da soll es immer noch Eltern geben, die ihren Kindern zu Weihnachten Gustav Freytags ›Soll und Haben‹ schenken, anstatt ihnen Louis' Botschaften der Fröhlichkeit und der Freude unter den Christbaum zu legen.«

Louis Armstrong war einer, nimm alles nur in allem, der die Superlative nur so provozierte. Unzweifelhaft der größte Trompeter, der je gelebt hat. Ebenso unangefochten ist seine Stellung als Sänger. Mit seiner Art zu singen und zu phrasieren war Louis Armstrong der unmittelbare Vorläufer eines Chuck Berry, Fats Domino, James Brown und Ray Charles und damit direkte Urahn aller, die sich von dort herleiten.

Nicht nur der Jazz, auch die Popmusik würde anders klingen, hätte es keinen Louis Armstrong gegeben!

Der bedeutendste Solist des Jazz war zugleich stilformender Bigbandmusiker, der wesentlichen Einfluß auf die Arrangiertechnik der großen Bands genommen hat. Er konnte ein zurückhaltender, subtiler Bluesbegleiter sein und unmittelbar darauf als strahlender Solist im Rampenlicht brillieren.

Er hat den ›swing‹ in den Jazz gebracht, aber auch die Form, den Glanz und die ›High Notes‹, die Dramatik und das Pathos.

Noch dazu war er ein begnadeter Entertainer, der jedermann die Schau stehlen konnte.

Das alles ohne Management, ohne Public Relations. Nur kraft eigenen Genies.

Und wenn Du bis hierher noch immer nicht an Wunder glaubst, dann vielleicht dieses: daß Louis Armstrong, der Vielumjubelte, sein ganzes Leben lang ein bescheidener, fröhlicher, im besten Sinne des Wortes natürlicher Mensch geblieben ist, der nichts weiter wollte, als Freude bringen.

Danke, Louis.

⊙ Giuseppe di Stefano

Er ist die Seele des Gesanges. Es wird nie wieder einen wie ihn geben. Stimme muß angeboren sein, Atemtechnik läßt sich lernen. Aber Seele kann man nicht üben.

In seiner Glanzzeit gibt es für di Stefano nur einen einzigen Konkurrenten im italienischen Fach, nämlich Mario del Monaco. Aber die Rollen sind – buchstäblich – gut verteilt. Del Monaco singt die dramatischen, di Stefano die lyrischen Partien. Darüber hinaus sorgt die hohe Schallplattenpolitik für eine weitere Rollenaufteilung: Mario del Monaco bekommt die lyrische Renata Tebaldi als Partnerin, Giuseppe di Stefano die hochdramatische Maria Callas. Inzwischen sind ganze Schiffsladungen an Raubpressungen und unlizensierten Mitschnitten herausgekommen, auf denen di Stefano auch die Tebaldi zur Partnerin hat. Das ergibt Belcantofeste von schwelgerischem Glanz, funkelnd wie eine Sternennacht über der Trinita del Monte.
Giuseppe di Stefano war kein Fixstern, sondern nur ein Komet, der viel zu rasch verglühte. Seine Bühnenkarriere verlief relativ kurz. Zum Glück lange genug, um der Ewigkeit ein umfangreiches Schallplattenerbe zu hinterlassen.
Das Interregnum, das nach ihm kam, konnten selbst große Namen wie Franco Corelli und Alfredo Kraus nur sporadisch ausfüllen. Erst mit dem Auftreten des großen Dreigestirns Placido Domingo, Luciano Pavarotti und José Carreras geriet die Welt wieder ins Gleichgewicht.
Jeder von den dreien hat ein bißchen etwas von di Stefano. Domingo die dramatische Wucht; Pavarotti den lyrischen Schmelz; Carreras das berückende Timbre. Aber die ›Seele des Gesangs‹ blieb nur Giuseppe di Stefano vorbehalten.
Vielleicht liegt es daran, daß er Sizilianer ist. Den Turridu aus ›Cavalleria Rusticana‹ glaubt man ihm schon deshalb. Aber auch den Andrea Chenier, den Des Grieux, den Mario Cavaradossi.
Das »Questo o quella« des Herzogs in ›Rigoletto‹ wirft di Stefano mit derart burschikoser Leichtigkeit und jugendlichem Charme hin, daß keine Gilda der Welt dem widerstehen hätte können.
Sein Geheimnis ist das jedes großen Künstlers: die Fähigkeit des unmittelbaren Ausdrucks.
Das höre ich am deutlichsten auf meiner liebsten di Stefano-Platte, wo er eine Partie singt, die ihm eigentlich gar nicht liegt, nämlich Verdis ›Othello‹.
Beim ergreifenden »Dio, mi potevi scagliar« des dritten Akts ist er nicht mehr der ausgebildete Schönsänger, der eine Rolle, die er schon hundertmal verkörpert hat, zum Hundert-und-ersten-Mal mit all seiner Kunstfertigkeit gestaltet.
Er geht aber auch darüber hinaus, was bei anderen schon Vollendung ist: die Figur so darzustellen, als wäre er eins mit ihr und als würde diese wirklich voll Inbrunst ein Gebet zum Himmel schicken.
Giuseppe di Stefano ist in diesem Moment nichts weiter als eine verzweifelte Kreatur, die zu ihrem Gott fleht. Er ist kein Sänger mehr. Er ist die Seele des Gesanges.

⊙ Leonard Bernstein

Es würde niemandem einfallen, zu Karajan »Herbie« oder zu Nikolaus Harnoncourt »Nicky« zu sagen. Aber Lennie war schon immer »Lennie«!
Bernstein mag man eben.
In seinen Kompositionen ist er ein Traditionalist, als Dirigent ein hemmungsloser Romantiker, in seiner Universalität aber ein Mensch des 21. Jahrhunderts. Ich bin fest davon überzeugt, daß im Jahr 2000 zur Regel gehören wird, was jetzt noch Ausnahme ist: nämlich europäische Klassik und amerikanischen Jazz nicht nur als gleichberechtigt anzuerkennen, sondern auch als ausübender Musiker zu praktizieren.
Noch ist es nur eine Handvoll, die beides können und – was noch wichtiger ist – beides können wollen. Spontan fallen mir Benny Goodman, André Previn, Roland Batik, Friedrich Gulda, Rudolf Josel, Gunther Schuller, Keith Jarret, John Lewis, Claude Bolling ein. Fast alles Klavierspieler. Und natürlich Lennie.
Mit Louis Armstrong und den New Yorker Philharmonikern hat er den »St. Louis blues« gespielt. Sein Einsatz für Gustav Mahler hat eine weltweite Mahler-Renaissance ausgelöst. Seine US-TV-Serien über Musik sind in Europa längst überfällig. Seine Bücher gehören zu den gescheitesten Schriften über Kunst, die es gibt. Seine pianistische Technik reicht noch immer für Beethovens 1. Klavierkonzert. Seine »West Side Story« ist ein Welterfolg und enthält mehr Gassenhauer, als ein ganzer Song Contest.
Seine Schallplattenaufnahmen sind wie seine Konzerte von schrankenloser Subjektivität geprägt. Stell Dir fünf verschiedene Aufnahmen einer Schumann-Symphonie unter Leonard Bernstein in den Schrank, und Du besitzt tatsächlich fünf verschiedene Aufnahmen. Jede von ihnen gültig, aber keine endgültig.
Lennie musiziert immer aus dem Augenblick heraus. Immer unter Hochspannung. Keiner ist so spontan wie er, keiner dermaßen emotionell. Das Publikum hat sich längst an seine »Choreographie« gewöhnt, an die exzessive Körpersprache, an die Luftsprünge am Dirigentenpult, die er auch in den Proben vollführt, wenn keiner zuschaut.
Seinem extrovertierten Wesen entspricht, daß er Musiker und Solisten nach einem gelungenen Konzert abküßt und man das Gefühl hat, er würde am liebsten jeden einzelnen im Saal in diesen Kußreigen miteinbeziehen.
»Diesen Kuß der ganzen Welt«, Lennie hält sich daran.
Als er beim Schleswig-Holstein-Festival mit einem Jugendorchester Strawinskys heidnische Hymne »Le sacre du printemps« probte, verglich er einige Passagen auf höchst anschauliche Weise mit den Dinosauriern in Walt Disneys Film »Fantasia«, andere wieder mit dem Sado-Maso-Schokker »Blue Velvet«.
Lennie war damals knapp siebzig Jahre alt, sah aus wie Fünfzig und sprach die Sprache der Zwanzigjährigen, als wäre sie seine eigene. Kein Wunder, daß die jungen Musiker zwischen 17 und 25 wie gebannt an seinen Lippen hingen und hingerissen jedes Wort in sich hineinsaugten, daß der gleichaltrige Siebzigjährige zu ihnen sagte.
Lennie mag man eben.

⊙ Artur Rubinstein

Für mich ist völlig undenkbar, daß eine Rubinstein-Platte herauskommt, ohne daß auf dem Cover das Gesicht des Pianisten abgebildet wäre. Auf dieses durchgeistigte, charaktervolle, aristokratisch schöne Gesicht, zu dem man eigentlich nur Antlitz sagen dürfte, kann kein Produzent verzichten.
Ich stand einmal vor der Auslage eines Plattengeschäftes und bewunderte eine Rubinstein-Platte, als sich ein Vater mit seiner kleinen Tochter neben mich stellte. Das Mädchen, ich schätzte es auf 5 bis 6 Jahre, deutete auf den markanten Künstlerkopf Rubinsteins und fragte:
»Papa, ist das der liebe Gott?«
»Aber geh', das ist doch nur ein Pianist«, antwortete der Vater und zog das Kind fort.
Er hatte natürlich recht. Artur Rubinstein war nicht der liebe Gott. Nur ein Pianist. Aber wenn der liebe Gott klavierspielen könnte, würde er bestimmt wie Artur Rubinstein spielen.
Dabei straft das Aussehen Rubinsteins seine Mentalität Lügen. So asketisch, so weltentrückt, so erhaben wie er aussieht, war er gar nicht. Ganz im Gegenteil. Artur Rubinstein war ein Connoisseur, ein Genießer. Er schätzte guten Wein, teure Zigarren und schöne Frauen. Er liebte das Leben und das Leben liebte ihn. Eine seiner schönsten Platten, die als Begleitmusik zu einer Filmdokumentation aufgenommen worden ist, heißt nicht umsonst »L'amour de la vie«.
Und doch: Hinter der scheinbaren Oberflächlichkeit des extrovertierten Charmeurs steckt ein unerbittlicher Gegner der Unmenschlichkeit, der seinen Weg mit eiserner Konsequenz geht.
An Mussolini, den Verkünder der faschistischen Rassengesetze, schickte Rubinstein seinen ihm vom italienischen König verliehenen Orden mit dem Absender »Rubinstein, jüdischer Pianist« zurück. Als Israel von Ägypten angegriffen wurde, hinderte ihn nur die Kürze des 6-Tage-Krieges daran, mitsamt seiner Familie ins Heilige Land zu übersiedeln. Seinen Schwur, wegen des Überfalls der Deutschen auf Belgien im 1. Weltkrieg nie mehr in Deutschland aufzutreten, hielt er bis ans Ende seines Lebens; eine Entscheidung, die man nicht billigen, aber akzeptieren muß.
Sie hinderte weder seine deutsche Fangemeinde daran, ihm überallhin nachzureisen, noch ihn selbst, sich für seinen geliebten Brahms einzusetzen und Beethoven, Schumann, Liszt und all die anderen deutschen Komponisten aufzuführen. Er liebte aber auch die romanische Musik und bestach bei Heitor Lobos und Manuel de Falla durch männlich-kraftvolle Attacke, subtilen Anschlag und feurigen Schwung.
Aber das alles verblaßt gegen seinen Chopin.
Artur Rubinstein war einer der glücklichsten Menschen, die je gelebt haben. Sein Leben war Musik. Noch auf dem Totenbett wünschte er sich das Andante aus Schuberts ›C-Dur-Quintett‹. Er starb mit 95 Jahren. Aber da war er schon längst unsterblich.

⨀ Frank Sinatra

Kennst Du die Geschichte von dem deutschen Spion, der angeblich während des zweiten Weltkriegs in die USA eingeschleust wurde und dort nicht auffiel, weil er perfekt Englisch sprach. Dennoch wurde er enttarnt. Weil man ihn fragte, wer ›The Voice‹ ist und er nicht wußte, was ganz Amerika weiß:
›The Voice‹ ist Frank Sinatra.
Er hat auch andere Beinamen: ›Ol' blue eyes‹ oder ›Frankieboy‹. So nannten ihn seine allerersten Verehrerinnen, die zu Zehntausenden vor dem New Yorker Paramount auf ihn warteten und die man wegen ihrer weißen Söckchen ›Bobbysoxers‹ nannte.
Was macht Frank Sinatra aus? Wieso kann sich ein Schnulzensänger fünfzig Jahre an der Spitze halten? Wie schafft er es, in dieser Ewigkeit die Konkurrenz eines Elvis Presley, der Beatles und eines Michael Jackson auf Distanz zu halten?
Ein Erfolgsfaktor, der viel zuwenig gewürdigt wird, sind sicherlich seine Begleitorchester. Hinter einem Sinatra agiert immer nur die Creme de la creme, von Gordon Jenkins bis Billy May, von Axel Stordahl bis zum unvergleichlichen Nelson Riddle.
»Wenn ich zu Nelson bei der Probe sage, daß ich Takt 17 gerne ein bißchen wie Puccini hätte, klingt die Stelle am nächsten Tag wie aus der ›Tosca‹«, erzählt Sinatra.
Wenn Frankie singt, swingt er. Sein Gefühl für Rhythmus ist das eines Jazzmusikers. Sowohl Count Basie als auch Duke Ellington haben Aufnahmen mit ihm gemacht. Ebenfalls Tommy Dorsey und Harry James, aber da war er noch deren Bandsänger. Mit James hat er auch seine erste Platte gemacht: »From the bottom of my heart« und »Melancholy mood«. Das war am 13. 7. 1939, also noch vor (!) Beginn des 2. Weltkriegs.
Wenn es stimmt, daß der Schlager die Volksmusik von heute ist, dann ist Frank Sinatra der Volkssänger schlechthin. Viele ›Standards‹ sind erst durch ihn solche geworden; andere sind es dank ihm geblieben. Und eines muß man ihm lassen: er hat nie geschmackloses Zeug gesungen! Was immer er anfaßte, es hatte Klasse.
Ich habe Frank Sinatra ›in Person‹ leider erst erlebt, als seine Stimme schon ausgemergelt war. Nur das unvergleichliche Timbre und das sagenhafte Timing waren noch immer da und halfen ihm über alle Klippen hinweg.
Trotzdem ging ich ein bißchen traurig nach Hause und legte noch am gleichen Abend seine besten Capitol- und Reprise-Platten auf, um den faden Geschmack wieder loszuwerden:
Just one of those things. In the wee small hours of the morning. My way. Pennies form heaven. New York, New York. One for the road.
Auf einer seiner spärlichen Live-Aufnahmen sagt er sich in gespielter Bescheidenheit folgendermaßen an:
»Guten Abend. Ich bin niemand Besonderer, nur Nancy Sinatras Vater.«
Das Publikum lacht und applaudiert frenetisch, denn es weiß, was die ganze Welt weiß:
Er ist etwas Besonderes. Er ist ›The Voice‹. Nancy Sinatra ist nur seine Tochter. Und der Rest der Welt seine Lehrbuben.

II
Die 5 Bestgehaßten

79
Maazel dirigiert einen „wortlosen“ Ring

80
Lorin Maazel, Beruf Alleskönner

◁ 81
Elvis Presley, der nette Junge von nebenan, mit Motorrad

82
Bayerns Liedermacher Nr. 1 Konstantin Wecker

83
Melancholie aus Holland verbreitet Herman van Veen

84
Sketches of Spain, Miles Davis mit Gil Evans

85
Heino gab dem deutschen Volkslied den Rest

86
Peter Alexander, des deutschen Schlagers liebstes Kind

Jeder Mensch hat ein Recht auf Feindbilder. Auch der Schallplattensammler braucht seine Reibebäume. Man muß sich in dieser Plastikwelt schließlich auch noch über irgendetwas anderes ärgern dürfen, als nur übers Fernsehprogramm.

Nirgends in der Kunstgeschichte gibt es soviel grandiose Fehlurteile, wie in der Musik. Was Schumann über Brahms sagt und Brahms über Wagner und Wagner über Meyerbeer spottet jeder Kritik. Hundert Jahre später schimpft Kai Winding über Bill Harris, Miles Davis über Milt Jackson, Thomas Beecham über Alban Berg und Toscanini über Furtwängler. Ich befinde mich mit meinen Fehlurteilen also in bester Gesellschaft.

Meine Auseinandersetzung mit den »Bestgehaßten« spielt sich gewissermaßen auf höchster Ebene ab. Mit einem Cliff Richard oder einer Nina Hagen gebe ich mich gar nicht erst ab. Wenn ich schon mein Säurepotential an jemanden verschwende, soll der zumindest vom Kaliber eines Elvis Presley sein.

Bei Superstars dieser Preisklasse stellt sich natürlich die Frage, wer wen dafür verantwortlich machen muß, daß wir nicht zueinander finden. Er mich oder ich ihn.

Aber Du kannst Dich mit einer orientalischen Weisheit trösten, die an dieser Stelle besonders gut paßt:

»Der Hund bellt, aber die Karawane zieht weiter.«

Und schrieb nicht der Komponist Max Reger einem Kritiker, der ihn grausam verrissen hatte, folgenden klassischen Brief:

Sehr geehrter Herr!
Ich sitze hier auf dem stillsten Ort meines Hauses und lese Ihre Kritik. Noch habe ich sie vor mir.
Hochachtungsvoll
Max Reger

Seit Jahren und Jahrzehnten ereifere ich mich über bestimmte Künstler. Ich qualifiziere sie ab, nichtswürdige ihre Leistungen, zerfetze ihre Erfolge in der Luft und – kaufe ihre Schallplatten. Wenn ich die dann höre, treibt es mir regelmäßig das Adrenalin in die Blutbahn. So gesehen, üben sie sogar eine therapeutische Wirkung aus.

Dann wird diskutiert und gestritten, daß die Funken stieben. Ich liebe diese Auseinandersetzungen, ich genieße sie. Wo sonst lassen sich in dieser spannungslosen Zeit noch Abenteuer erleben? Ich kann ja nicht jedesmal auf Tigerjagd gehen, wenn ich mich aufregen will.

Selbstverständlich weiß ich, daß ich weder vom Können, noch vom Wissen her das Recht habe, über jemanden herzuziehen. Schon gar nicht über einen, der mehr kann und mehr weiß, als ich.

Aber das Recht auf Feindbilder lasse ich mir trotzdem nicht nehmen. Hiermit mache ich davon Gebrauch.

⊙ Miles Davis

Götzen schmeißt man nicht ungestraft vom Podest. Was habe ich schon für böse Worte einstecken müssen, wenn ich wegen meiner Haßliebe zu Miles Davis wieder einmal zu (meilen)weit gegangen bin – miles and miles and miles ...
Miles Davis ist ein musikalisches Chamäleon. Ein Wanderer durch die Stile. 1945, zu Beginn seiner Karriere, ein mittelmäßiger Bebop-Trompeter. 1950 einer der wesentlichen Exponenten des Cool Jazz. 1955 Leiter einer der bedeutendsten Hardbopgruppen. In den 60er Jahren an ›Fusion‹ mitbeteiligt, der Verbindung von Jazz und Rock. In den Siebzigern Galionsfigur des ›Electric Jazz‹. Und schließlich ab 1980 Liebkind der Discogeneration.
Einem Freund und Verehrer des schwarzen Prinzen habe ich eine Bandüberspielung von Miles Davis' »Agharta« vorgeführt, bei der ich zuvor einzelne Passagen herausgeschnitten und willkürlich miteinander vertauscht hatte. Eine unfaire Gangart, gewiß. Aber ich wollte wissen, ob mein Freund hinter die Manipulation kommen würde.
Er kam nicht dahinter. Seither habe ich das Experiment mehrfach wiederholt. Jedesmal mit dem gleichen Ergebnis.
Das nährt meinen Verdacht, daß Miles nach Plattenaufnahmen oder Konzerten in sein Tagebuch notiert:
»Gestern wieder vor einem Haufen Bleichgesichter gespielt. Habe nur für mich geübt. Hat aber keiner von diesen Ignoranten gemerkt.«
Bei einem Kunstwerk, bei dem man größere Stücke herausamputieren und vertauschen kann, ohne daß deswegen die Welt einstürzt, zweifle ich die Worte ›Kunst‹ und ›Werk‹ an. Armstrong, Morton, Ellington, Parker, Clifford Brown – soll das alles vergeblich gewesen sein?
Konservativerweise glaube ich immer noch an die Verantwortung des Künstlers gegenüber der Kunst. Ich denke, daß er bestrebt sein sollte, sich ständig zu verbessern und halte deswegen nichts von Musikern, die mangelnde Instrumentaltechnik mit ›Feeling‹ erklären. Denen der Ehrgeiz fehlt, etwas, das ihnen mißlingt, zu korrigieren.

Ein Trompeter vom Rang und Format eines Miles Davis ist nur mit jenem Maß zu messen, das vom höchsten Standard her bestimmt wird. Ein Standard, den Könner wie Dizzy Gillespie, Art Farmer, Lee Morgan und Chet Baker gesetzt haben.
Selbst seine ergebensten Fans geben zu, daß Miles da schlecht abschneidet. Dafür erscheint ihnen genial, daß er seine technischen Mängel zum persönlichen Markenzeichen erhoben und einen Stil daraus geformt hat.
Seit seinem 18. Lebensjahr tritt Miles öffentlich auf. Als aktiver Berufsmusiker, der mit allen Granaten des modernen Jazz auf der Bühne gestanden hat, müßte er doch von all diesen perfekten Könnern etwas mitbekommen haben und es inzwischen selbst zu einer gewissen Meisterschaft gebracht haben. Doch die Frage bleibt: Kann er, was er will? Und will er, was er kann?

Seine menschliche Haltung geht mit der musikalischen konform. Für Kollegen wie Freddie Hubbard, Sonny Rollins, Milt Jackson, Clark Terry und andere hat Miles nur Four-Letter-Words übrig, obwohl ihn zum

Beispiel ein Terry mit der Linken vom Podium blasen könnte.
Falls Du darüber streiten willst: mein Gerichtsstand befindet sich im Jazzland, gleich rechts von der Theke.

Natürlich habe ich wie jeder vernünftige Mensch ein paar hundert Miles-Davis-Platten zu Hause. Schon wegen seiner Begleitmusiker. Denn eines muß man ihm lassen: in seinen Formationen haben immer nur die Besten gespielt.
Sie hätten sich allerdings einen besseren Trompeter verdient.

⊙ Elvis Presley

Es tut mir leid. Weniger um ihn, als um mich. Er hat mir nie etwas gegeben, nie etwas geben können. So sehr ich mich auch ehrlich bemüht habe und noch immer bemühe. Ich höre seine Schallplatten. Ich schaue mir seine Filme und TV-Shows an. Ich unterhalte mich mit seinen Fans. Ich lese Bücher, Fanzines, Zeitschriften, Artikel, Memos, Hymnen über ihn. Und wenn ich jemals nach Memphis/Tennessee kommen sollte, werde auch ich nach Graceland pilgern.
Aber das wird nichts an meiner Überzeugung ändern, daß Elvis Presley die am meisten überschätzte Figur des 20. Jahrhunderts ist.
Seine Lebensgeschichte hier auch nur andeutungsweise wiederzugeben, ist müßig. Sie ist ohnehin des Langen und Breiten publiziert worden. Vom einfachen Lastwagenfahrer zum Megastar des Rock'n'Roll. Vom braven GI in amerikanischer Uniform zum medikamentensüchtigen Wrack. Eine in jeder Hinsicht beispiellose Karriere, die Legenden geradezu provozieren muß.
Elvis kam genau im magisch richtigen Moment mit der richtigen Musik an die richtigen Leute. Man sagt ja immer, daß jedem wahren Künstler irgendwann die Stunde schlägt und er sich früher oder später durchsetzen wird. Bei Elvis bin ich mir dessen gewiß, daß es genügt hätte, diese Stunde um 60 Minuten nach vorne oder hinten zu verschieben, um ihn am Steuer seines Trucks zu belassen.
Denn Elvis war kein wahrer Künstler. Mit dem musikalischen Erbe anderer, nämlich der Schwarzen, machte er das große Geld. Er konnte weder gitarrespielen, noch komponieren, texten oder arrangieren. Und spätestens bei »Its now or never« hätten eigentlich selbst seine devotesten Fans draufkommen müssen, daß er auch nicht singen konnte.
Daß er eine enorme Bühnenpräsenz besaß, bleibt unbestritten. Seine Ausstrahlung muß überwältigend gewesen sein. Sogar, als er sich von seinen Managern vom wilden Bürgerschreck des »Hound Dog« zum Kuschelsoftie des »Love me tender« umfrisieren ließ, blieb sein Charisma ungebrochen.
Elvis drehte 33 Filme: 33 Leinwand-Katastrophen. Das Beste, was sich von ihnen sagen läßt, ist, daß sie die Zeit reflektieren, in der sie entstanden sind. Das ist die höfliche Umschreibung für ›hoffnungslos antiquiert‹.

Daß die Filmgagen für die schauspielerischen Leistungen des ›Kings‹ nur unter die Kategorie »Hilflosenzuschuß« fallen können, geben sogar königstreue Elvis-Jünger zu. Dafür, so versichern sie mir mit glühenden Wangen, ist von den Schallplatten eine besser als die andere. Warum bekomme ich bloß immer nur die andere zu hören?
Der weltweite Elvis-Taumel wird später einmal die Historiker beschäftigen. Sie werden herumrätseln, was an ihm so besonders gewesen ist, daß man ihn den ›King‹ nannte. Aber weil sie nur auf Schallplatten und Filme als Studienmaterial zurückgreifen können, werden sie das Rätsel niemals lösen.
Selbst nach seinem Tod im Jahr 1977 lief die Hitfabrik Elvis weiterhin auf vollen Touren. Memorialalben in immer neuen Zusammenstellungen, Livemitschnitte, unentdeckte Rundfunksendungen usw. halten das Geschäft in Schwung. Noch zu seinen Lebzeiten wurden 32 seiner LPs vergoldet. Mit 62 goldenen Singles schaffte er den absoluten Weltrekord.
Auf dem Höhepunkt seiner Karriere waren 80 Prozent der gesamten Schallplattenproduktion der RCA auf ihn abgestimmt. Auch das hatte es nie vorher gegeben. Mitte der 80er Jahre durchstieß der Umsatz an Elvis-Presley-Platten die magische Grenze von einer Milliarde Dollar.
Von mir ist nicht einmal ein Cent dabei.

⊙ Lorin Maazel

Ich würde ihn gerne gern mögen.
Er ist zwar ein Dirigent erster Ordnung, ausgestattet mit einer Schlagtechnik wie niemand sonst, ein Pultstar, ein Perfektionist, ein Gedächtnisakrobat, ein großartiger Geiger, aber ich mag ihn trotzdem nicht.
Seiner Gesamtaufnahme der Tschaikowsky-Symphonien mit den Wiener Philharmonikern wurde zwar der Preis der deutschen Schallplattenkritik zuerkannt, und seine Einspielung der Romeo-und-Julia-Ballettmusik von Prokofieff mit dem Cleveland Symphony Orchestra erhielt jede Menge internationaler Auszeichnungen, aber ich mag ihn noch immer nicht.
Lorin Maazel, dessen Karriere als dirigierendes Wunderkind begann, verfügt über das absolute Gehör, spricht 6 oder 7 Sprachen, studierte Mathematik und Philosophie und besitzt ein Ehrendoktorat der Universität von Pittsburgh.
Er ist einer der glänzendsten Pultvirtuosen aller Zeiten, der das Letzte aus den Orchestern herauszuholen vermag und ihnen alles abverlangt. Darf man an so einem Könner überhaupt zweifeln? Oder nur darüber verzweifeln, daß einer, der soviel kann, zuviel kann?
Die Liste seiner Erfolge liest sich wie ein Roman von Harold Robbins. Boshaft wie ich bin, delektiere ich mich aber viel lieber an den kleinen Geschichten seiner Niederlagen, wie sie G. B. Shaw geschrieben haben könnte:
Als »Klein Lorin« auf Einladung von Arturo Toscanini als Elfjähriger erstmals vor dem NBC Symphony Orchestra steht, lutscht das ganze Orchester demonstrativ Bonbons.

In Berlin verläßt ein wütender Hans Beirer während einer »Fidelio«-Aufführung die Bühne, weil er mit den Zeitmaßen Maazels nicht zurechtkommt.
In Wien höre ich unter Lorin Maazel die langweiligste »Carmen« meines Lebens und finde, daß es ein starkes Stück ist, ein so starkes Stück so schwach wiederzugeben.
In New York zerreißt die Kritik seinen »Rosenkavalier«.
In Paris holt er sich ausgerechnet Julia Migenes als »Carmen« ins Plattenstudio, deren Musicalstimme beim Operngesang zum Stimmchen mutiert. In London dirigiert Lorin Maazel am 4. Dezember 1988 in der Royal Festival Hall in einem 10stündigen Marathonkonzert sämtliche 9 Beethoven-Symphonien und »verbraucht« dabei drei komplette Orchester.
Ich habe dieses »Konzert fürs Buch der Rekorde« nicht gehört. Doch ich versuche mir vorzustellen, was bei einem Dirigenten nach 10 Stunden Beethoven noch an Konzentration, Spannkraft und gestaltendem Formbewußtsein vorhanden sein kann.
Es gelingt mir nicht.

⊙ Heino, Heintje & Co

Die Offenbarung des Johannes spricht von den vier apokalyptischen Reitern, die Pest, Krieg, Hunger und Tod über die Menschheit bringen.
Eine Prophezeihung, die sich bekanntlich erfüllt hat.
Zeit also für einen fünften Reiter, um eine neue, noch entsetzlichere, unbarmherzigere Plage über das unglückselige Menschengeschlecht zu verhängen.
So kam es zum deutschen Schlager.
Der deutsche Schlager ist eine phänomenale Mischung von banalen Texten mit nichtssagender Musik, unfähigen Interpreten und geistlosen Orchesterarrangements.
Das allein rechtfertigt zwar noch nicht seine Erwähnung in einem Buch über Schallplatten. Aber er besitzt doch eine gewisse quantitative Komponente, die zu berücksichtigen ist.
Mit anderen Worten: es gibt zuviel davon.
Nicht nur, daß die Flohmärkte prallvoll gefüllt mit Schlagerplatten deutscher Zunge sind. Nicht nur, daß die Rundfunksender (warum werden ausgerechnet Regionalhörer so hart bestraft) von früh bis spät diesen musikalischen Müll in den Äther streuen.
Nicht nur, daß der Auftritt einschlägig berüchtigter »Schlagerstars« bei den »Spitzenproduktionen« mitteleuropäischer Fernsehunterhaltung – den großen Samstagabend-Fernsehshows – seit 30 oder mehr Jahren den »Höhepunkt« des »Showteils« markiert (langsam gehen mir die Anführungszeichen aus, so gräßlich ist das alles): Die Platten werden auch noch gekauft; und zwar tonnenweise!
Lieschen Müller, du lebst also doch noch.
Und wie!
Das Trauer- und Schauerspiel deutscher Schlagermusik ist für den Schallplattenfreund zum Glück ein vernachlässigbarer Faktor.
Es gibt nichts, absolut nichts, das auch nur

am Rande des Sammelns lohnte. Mag im Schlagersumpf anderer Länder und Sprachen (auch England hat seinen Cliff Richard) wenigstens hin und wieder eine Orchidee blühen, so bietet der deutsche Schlager die Gewißheit, daß er seinem Niveau stets treu bleibt; und das liegt unterhalb von überall.

Nimm nur einmal die Seemannslieder. Kann es einen Seemann wirklich nicht erschüttern, von Freddy Quinn oder Lale Andersen besungen zu werden?

Oder die Italienwelle. Ist Vico Torriani die Rache für Rita Pavone?

Die Schunkellieder. Die Heideschnulzen. Die ach so fröhlichen Marschlieder. Oder noch schlimmer: die Balladen von Kameradschaft, Heimat, Treue, Mutterliebe und blauen Kornblumen: Spezialdisziplinen von Heino, Heintje & Co.

Faschistoide Erzeugnisse wie »100 Mann und ein Befehl«, die Rambo-Vorschau »Eine Handvoll Reis« und »Wir« (alles Freddy 1966) mit Textzeilen wie:

»Ihr lungert herum in Parks und in Gassen. Wer kann eure sinnlose Faulheit nur hassen? Wir!«,

grenzen für mich an Pornographie.

Fehlen noch die Liebeslieder und deren Protagonisten. Von Roy Black bis Peter Maffay. Von Howard Carpendale bis Tony Marschall. Von Lolita bis Nicole. Ein richtiges Gruselkabinett.

Zum absoluten Tiefpunkt verhelfen dem deutschen Schlager jene »Sängerinnen« und »Sänger«, deren bestes Deutsch das gebrochene ist. Bei ihnen wird der Vortrag von Texten, von deren Inhalt sie ganz offensichtlich keine Ahnung haben, durch einen sowohl unüberhörbaren, als auch grauenhaften Akzent unterstrichen. Es wird zukünftigen Generationen ein ewiges Rätsel bleiben, wieso sich eine Mirelle Mathieu, ein Karel Gott, ein Ivo Robic oder ein Eddie Constantine auf dem deutschen Schlagermarkt etablieren konnten.

Dafür hat es dieser gleiche Markt geschafft, seine wenigen echten, feelingbegabten Talente wie Caterina Valente, Knut Kiesewetter, Wolfgang Sauer oder Joy Fleming zu verheizen.

Ausreißer vom Schlage eines Udo Lindenberg sind nicht nur selten, sondern auch selten gut, weil bei ihnen Originalität die Musikalität ersetzt.

Was die Instrumentalmusik betrifft: Daß auf solchem Nährboden auch nur der Einheitssound eines James Last oder Bert Kaempfert gedeihen konnte, geschieht allen recht und darf niemanden wundern.

Es wundert auch nicht, daß noch nie ein deutscher Schlager die internationalen Charts geschafft hat und auch niemals schaffen wird. »Malaguena« mit Caterina Valente und einem schönen Arrangement von Werner Müller war einmal nahe dran. Falco kam sogar bis an die Spitze – aber »Amadeus« ist vom deutschen Schlager genauso weit entfernt, wie dieser vom amerikanischen.

Nur ein einziges Lied aus Deutschland wurde zum ganz großen Hit – wobei bezeichnenderweise weder Musik, noch Text, weder Interpretation, noch Begleitung eine Rolle spielten. Sondern Gründe, die mehr über die Tragik des deutschen Schlagers aussagen, als jedes noch so gescheite oder böse Wort, das darüber geschrieben wird.

Das Lied heißt »Lili Marlen«. Im Zweiten Weltkrieg wurde es vom Soldatensender Belgrad gespielt, den nicht nur die Deut-

schen, sondern auch die Alliierten hörten. »Lili Marlen« war für beide Seiten, Freund und Feind, ein letztes Stückchen Klang in einer Welt, in welcher ›Orgelmusik‹ nurmehr das Dröhnen von Stalinorgeln bedeutete.
Womit wir wieder bei den apokalyptischen Reitern angelangt wären.

⊙ Die Niedermacher

Es gibt »Sänger«, die keine Stimme haben und dennoch singen können. Mel Torme zum Beispiel. Oder Astrud Gilberto.
Dann gibt es welche, die zwar Stimme haben, aber nicht singen können. Elvis Presley oder Frankie Laine gehören in diese Kategorie. Wenn man weder Stimme hat, noch singen kann, wird man Liedermacher.
Du kennst sie. Es sind diejenigen, die bei ihren Auftritten je nach Bedarf, Programmzusammenstellung und Publikumsreaktion die großen Gefühle ein- und ausschalten können:
Fünf Minuten »Weltschmerz«.
Dann viereinhalb Minuten »gegen Krieg«, »für Frieden.«
Weitere drei Minuten »für Frieden«, »gegen Krieg«, mit zusätzlich »gegen die Amerikaner«.
Dann fünf Minuten lang »Lustiges zum Mitlachen« und zehn Minuten »Trauriges zum Mitweinen.«
Und weitere sechs Minuten »Tiefsinn.«
Das Ganze gerillt oder gestylt, mit Zuckerguß und Streichelsound bzw. Streichereinheiten überzogen, füllt schon eine Seite einer LP. Und bringt die nächste Goldene.
Du wirst jetzt natürlich sagen, daß ich den goldigen Liedermachern ihre goldenen Schallplatten neidig bin. Da ist was dran. Bei ihrem enormen Erfolg frage ich mich oft, ob das wirklich alles gewesen sein kann? Ist das der Geschmack des Publikums? Oder der des Rundfunkintendanten, der die Liedermacher ihre »Botschaften« pausenlos per Ätherwelle verkünden läßt?
Einst fragte ein Kritiker einen amerikanischen Filmregisseur, welche »Botschaft« seine Filme hätten und bekam zur Antwort: »Wenn ich eine Botschaft habe, gehe ich zur Post.« Bei den Liedermachern gibt es natürlich jede Menge politischer Kaliber, alles was Brecht ist! Degenhardt, Biermann und andere Brandstifter.
Schon wenn sie politisch werden, sind die Liedermacher die reinsten Niedermacher. Aber wenn sie den großen Weltschmerz rauslassen, werden sie unerträglich.
Joan Baez und Bob Dylan dürften damit begonnen haben. In Deutschland die Knef. Wohl angestiftet vom französischen Chanson, dem ich eigentlich auch nicht allzuviel abgewinnen kann. Erstens verstehe ich die Sprache nur mangelhaft, zweitens ist Aznavour auch nicht gerade abendfüllend.
Eine Menge Leute im deutschsprachigen Raum lieben das Chanson. Ich weiß nicht warum. Meist sprechen sie noch schlechter französisch als ich.
Als Ur-Liedermacher könnte man Frühhippies wie Walther von der Vogelweide, Süßkind von Trimberg oder François Villon bezeichnen. Stell Dir Woodstock auf der Wartburg vor. Mit den Burgfräuleins als

Groupies. Wäre das kein Filmstoff für Richard Lester oder Monthy Python?
Der Unterschied zwischen den Minnesängern von damals und den Liedermachern von heute scheint mir nur marginal zu sein. Zumindest zu Anfang ihrer Karriere stehen beide als Einzelkämpfer da. Begleitbands kommen später. Allerdings: Heinrich Tannhäuser endete im Venusberg; Wolfgang Ambros auf CD. Wer da wohl das bessere Management hatte?
Als Liedermacher beginnt man mit dem Rezitieren selbstgestrickter Lieder zu einer Musik, die man sich mittels vier Wandergriffen auf einer Gitarre mühselig zusammenbastelt. Das dürftige musikalische Niveau muß durch provokante Texte, die sich reimen oder auch nicht, kompensiert werden. Später, wenn der Liedermacher einem Promotor in die Hände fällt, der ihn managt, wird die Gitarre weggelegt. Sie wird nicht mehr gebraucht, der Fankreis merkt es nicht einmal.
Außer dem Konstantin Wecker gibt es keinen, der sein Instrument auch nur halbwegs beherrscht. Nicht nötig, im Studio wird ohnehin der opulente Streichersound dazugemischt, auf den alle Anspruch haben, die einen gewissen Platz in der Hitparade erklettert haben.
André Heller läßt sich zur Begleitung sogar Musiker vom Kaliber eines Freddie Hubbard einfliegen. Dennoch kann es passieren, daß sie den Vorstellungen des Meisters nicht zu folgen vermögen. So soll Heller einmal von einem seiner Musiker verlangt haben, er solle ihm »das Kribbeln am Rükken« spielen, worauf dieser meinte, er wüßte gern, in welcher Tonart.
Das erinnert mich an Franz Liszt, der zu einem Trompeter einmal gesagt hat: »Spielen Sie Bäume, guter Mann. Spielen sie mir grüne Bäume!«
Musikalisch gesehen sind die Liedermacher liederliche Leute. Aber wenigstens sind die Texte oft witzig und originell, wie bei Danzer oder Fendrich; bei Heller sogar hochliterarisch.
Nur wenn sie uns die ganze Tristesse dieser elenden Welt und dazu noch ihren persönlichen Katzenjammer um die Ohren schlagen, werden sie dermaßen penetrant, daß man den Hirsch mit der Pluhar erschlagen möchte.
Spaß macht's nur, wenn es in Kabarett ausartet. Doch die EAV ist eine eher singuläre Erscheinung.
Du merkst schon, ich mag die Liedermacher nicht besonders. Du hast recht. Ihre Musik ist nicht einmal gute Tanzmusik; wenn ich Kabarett hören will, bin ich mit Qualtinger besser bedient; und wenn mich nach dem Wort dürstet, so schrieb Tucholsky alles diesbezügliche bereits vor mehr als fünfzig Jahren.
Ob es denn gar nichts gibt, was mir von den Liedermachern gefällt?
Oh, ja, es gibt den herrlich-bluesigen »A Zigeina mecht I sein« von André Heller. Das genügt.

12
Etikettenschwindel

88
Harry James, Trompetenvirtuose und Idol der 50er Jahre

◁87
Die Bibel der Bootlegs, das kanadische Magazin ‚Hot Wacks' (von Wax = Wachs, weil früher die Platten von Wachsmatrizen abgenommen wurden)

89
ODEON brachte die ersten doppelseitig bespielten Platten heraus

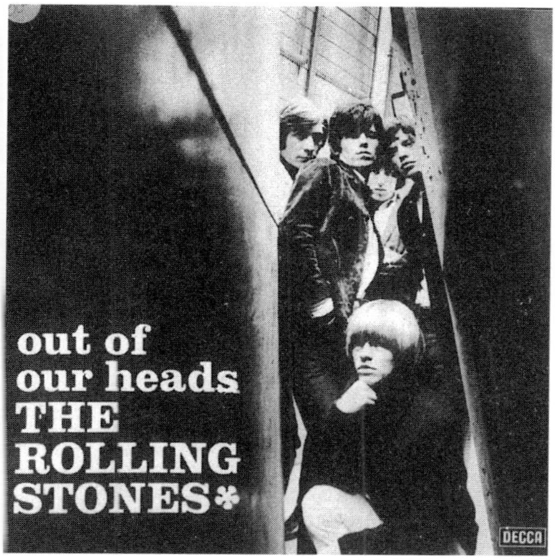

90
Die Rolling Stones sind beliebte Opfer für Schwarze Pressungen

91
Konzertausschnitt von Jimi Hendrix, auf Bootleg herausgekommen

92 ▷
Noch ein Bootleg der Stones

93 ▷
Paul McCartney in der UdSSR

Im Wein liegt Wahrheit, heißt es. Der Schwindel liegt im Etikett. In dieser Beziehung bestehen gewisse Parallelen zu Schallplatten. Auch wenn ich davon überzeugt bin, daß es mehr gepantschte Weine, als getürkte Platten gibt.

Die meisten Plattenfirmen sind dankbar, froh und glücklich, wenn sie den Namen ihres zugkräftigen Stars aufs Etikett setzen dürfen. Sie haben keine Veranlassung, zu schwindeln. Aber es gibt auch Firmen ohne große Stars. Denen bleibt nichts anderes übrig, als ihre Nichtskönner per Etikett zu Dochkönnern umzufunktionieren.

Ich habe zum Beispiel eine CD, da prunkt auf der Hülle ›Made in Germany‹. Auf der CD selbst steht ›Made in the EEC‹. Musikalisch verspricht sie mir eine Dreiviertelstunde mit Ella Fitzgerald. In Wirklichkeit singt Ella nur auf zwei uralten Titeln (die natürlich geklaut sind, das hört man am Rauschen). Den Rest bestreitet eine namenlose Bigband, die verdächtig tschechisch klingt.

Du siehst, Namen sind Schall und Rausch. Wenn ich Dich zum Beispiel frage, wer wohl die meisten Plattenaufnahmen gemacht hat, tippst Du vielleicht auf Louis Armstrong oder Robert Stolz, auf Bing Crosby oder Arturo Toscanini, aber sicher nicht auf Ben Selvin, obwohl der in den Zwanzigerjahren mehr als 10 000 Titel aufgenommen hat. Allerdings tragen nur die wenigsten davon seinen Namen auf dem Etikett.

Damals war Tanzmusik gefragt, egal von wem. Also spielte Selvin unter 39 verschiedenen Fantasienamen, und es könnte zur Lebensaufgabe für Dich als Sammler werden, sie alle zu katalogisieren.

Solltest Du jemals damit fertig werden, kannst Du bei Harry Reser und Loring ›Red‹ Nichols fortsetzen, die haben nicht viel weniger Pseudonyme geführt.

Der australische Baß-Bariton Peter Dawson machte seine erste Aufnahme 1904 für Edison, seine letzte 1958 für BBC. Im Laufe dieser 54 Jahre umspannenden Karriere verwendete er 20 Decknamen.

Das war notwendig, um die Vertragsbedingungen der Plattengesellschaften zu umgehen und andere lukrative Angebote annehmen zu können.

Sogar Duke Ellington spielte unter ›Jungle Band‹ und ›Harlem Footwarmers‹ zahlreiche Schallplatten ein. Ein Gegenstück dazu ist das ›Philharmonic Promenade Orchestra‹ von 1950, hinter dem sich das ›Royal Philharmonic Orchestra‹ verbirgt und das ›VSOP‹ von 1987, dessen Kürzel für ›Vienna Symphonic Orchestra Project‹ steht.

Toscanini leitete das eigens für ihn gegründete ›NBC Symphony Orchestra‹. Nach seinem Tod wollte das Orchester weiterhin zusammenbleiben, allerdings unter einem anderen Namen. Also hieß es ›Symphony of the Air‹ – aber wie sich bald herausstellte, hieß es ohne Toscanini gar nichts.

Immer wieder geht es um Verträge und deren Fallstricke. Als Karajan nach dem Tod Furtwänglers die Berliner Philharmoniker übernahm, drohte eine noch von Furtwängler geplante Amerikatournee des Orche-

sters an Finanzierungsproblemen zu scheitern.
Karajan wandte sich daraufhin wegen eines Reisevorschusses an die Deutsche Grammophon Gesellschaft, bei der die Berliner Philharmoniker unter Vertrag standen. Er bekam ihn auch – als Gegenleistung für seine Unterschrift, mit der er sich exklusiv an die DGG band, was ihm die Wiener Philharmoniker damals sehr übelnahmen, weil sie seit Jahren für die Decca aufgeigten.
Heute sind die meisten Schallplattengesellschaften schon so weit, ihre Künstler untereinander auszuleihen.
Auf dem Cover steht dann ›Courtesy of Pacific Records‹, das heißt, der Künstler wirkt mit Genehmigung von Pacific Records an der vorliegenden Aufnahme mit.

Das war nicht immer so. Der Klarinettist ›Shoeless Joe Jackson‹ auf Mel Powells Commodore-Einspielung von »The world is waiting for the sunrise« ist niemand geringerer als Benny Goodman. Hinter dem Namen ›Sir Jonathan Gasser‹ verbirgt sich der Gitarrist Barney Kessel. Als ›Boots Brown and his Blockbusters‹ fabrizierte die kühle Westcoast-Elite von Shorty Rogers and his Giants wüste Rock'n'Roll-Aufnahmen. Der Trompeter Thad Jones trat auf Platten als Oliver King in Erscheinung.
Charlie Parker nannte sich beim ›Concert at Massey Hall‹ Charlie Chan, und sein musikalischer Weggefährte Dizzy Gilespie verwendete auf bestimmten Labels den Namen John Birks, was nichts weiter war, als seine richtigen Vornamen.
Der Kornettist Bobby Hackett wirkte bei der Aufnahme ›Bixieland‹ der Eddie-Condon-Jazzband aus vertraglichen Gründen unter dem Namen von Condons Manager Pete Pesci mit. Ich besitze noch die Kritik einer bekannten deutschen Jazz-Zeitschrift, in der es heißt: »... beachtlich auch der neue Trompeter Condons, Pete Pesci, der im Stil Bobby Hacketts bläst, wenn auch noch nicht mit dessen Klasse.«
Pseudonyme sind etwas anderes als Künstlernamen, unter denen der Künstler ja bekannt ist. Doris Day heißt zum Beispiel eigentlich Doris Kappelhoff. Hinter dem Namen Rex Gildo verbirgt sich ein gewisser Alexander Hirt. Peggy March heißt mit bürgerlichem Namen Margret Annemarie Batavio. Seebär Freddy Quinn wurde in Wien als Manfred Nidl-Petz geboren und der ›Russe‹ Iwan Rebroff kommt von der Spree und trägt den guten Berliner Namen Hans Rippert.
Wenn sich ein schillernder Jean Julier zu einem schlichten Hans Moser mausert, darf sich sogar ein Hans Hölzl ›Falco‹ nennen.
Das Dritte Reich war ein besonders guter Nährboden für Etikettenschwindel. Weil jüdische Künstler nicht mehr genannt werden durften, ließ man sie entweder ganz weg oder fälschte ihre Namen. Aus dem jüdischen Efrim Schachtschneider wurde der arische Ernst Schrader, und das Vaterland war gerettet.
Die Deutschen folgten damit einer Tradition, die schon die Engländer im ersten Weltkrieg bekonnen hatten, als eine Aufnahme des »Till Eulenspiegel« unter Thomas Beecham erschien, ohne den Namen des (Feind-)Komponisten zu nennen.
In Singapur und Hongkong blüht ein enormer Markt für Schallplatten, Kassetten, Tonbänder, DATs, CDs usw. Hunderte fleißiger Chinesen sind Tag und Nacht damit beschäftigt, Aufnahmen zu überspielen und Etiketten und Covers zu fälschen.

Da kann es dann schon passieren, daß ein Ludwig von Karajan dirigiert, eine Barbra Streusand singt oder ein Yihedu Minehun auf der Stridavuri fiedelt. Andere Länder, andere Fälscher.
Doch auch der geheimnisvolle Christoph Perick, Dirigent der 1989 in der BRD für CD aufgenommenen Ersteinspielung der Oper »Notre Dame« von Franz Schmidt entpuppt sich als Druckfehler auf der Hülle und ist niemand anderer als Christopher Prick.

Den nettesten Etikettenschwindel, der gar keiner ist, leistete sich die Mercury mit ihrer Tochtergesellschaft EmArcy. Als diese gegründet wurde, standen die Mercury-Gewaltigen vor einem Problem – wie soll das Kind heißen? – und einem Emblem: dem ihrer Firma, der »Mercury Record Company«.
Abgekürzt: MRC.
Diese drei Buchstaben spricht man im Englischen Em-Ar-Cy aus – und damit hatte man den Namen.

Kriminaltangos, -arien, -solos

»Ach, was muß man oft von bösen
Plattenproduzenten lesen«
(Frei nach Wilhelm Busch)

»Ach, was muß man oft von Gören
Aus der Schlagerbranche hören«
(Noch freier nach Wilhelm Busch)

»Ich konnte mit eigenen Augen sehen, wie ihm jene Berühmten untertänig zu Füßen lagen und vor ihm krochen und wedelten, um in seinem Journale gelobt zu werden; und von unseren hochgefeierten Virtuosen, die wie siegreich Fürsten in allen Hauptstädten Europas sich huldigen lassen, könnte man wohl sagen, daß auf ihren Lorbeerkronen noch der Staub von Moritz Schlesingers Stiefeln sichtbar ist.«
Was sich wie die Schilderung des Verhältnisses zwischen einem Schallplattenproduzenten und seinen Künstlern liest, schrieb Heinrich Heine über den Pariser Musikverleger Moritz Schlesinger.

Mittlerweile sind mehr als hundert Jahre vergangen. Geändert hat sich im Grunde genommen nichts. Immer noch geht es darum, Musiknoten in Banknoten zu verwandeln. Denn »Money makes the world go 'round« heißt es im Musical ›Cabaret‹. Das ganze ›Music Business‹ ist, von wenigen Ausnahmen abgesehen, eine Mafia, in der geschoben, betrogen, intrigiert, hintergangen und gestohlen wird, was das Zeug hält. Das zieht sich quer durch den Gemüsegarten. Glaube nicht, daß nur die Produzenten und Plattenbosse die Bösen sind; auch die Damen und Herren Stars sind keine Engel, mögen sie auch noch so hoch fliegen. Doch in der Regel sind sie diejenigen, die sich dabei die Flügel verbrennen.

Natürlich ist im Music-Business nicht jeder ein Gangster. Ein paar sind auch nur ganz normal korrupt.
Die ehrenwerte Gesellschaft arbeitet natürlich im Verborgenen. Kaum etwas dringt an die Öffentlichkeit. Und wenn, dann Jahre danach. Einige Kostproben gefällig?

- ⊙ Richard Strauss verkaufte sämtliche Urheberrechte an seinen frühen symphonischen Dichtungen für die lächerliche Summe von 800 Mark an einen Verleger und mußte macht- und rechtlos zusehen, wie der Käufer Millionen damit scheffelte.
- ⊙ Der große Pianist und Komponist Thomas ›Fats‹ Waller war oft in Geldverlegenheiten. Da kam es denn vor, daß er einen Song wie »Ain't misbehavin‹« an einer Hamburgerbude in Harlem für 50 Dollar und ein Coke verschleuderte.
- ⊙ Auf mehr als 50 Prozent aller Schellacks von Duke Ellington ist neben seinem Namen auch der von Irving Mills als Komponist angeführt. Nur daß Mills keine einzige Note schreiben konnte. Er war aber der Manager Ellingtons und genoß als solcher das Jus primae noctis.
- ⊙ Jesse Stone war ein Pianist, der sich zu Beginn der Rock'n'Roll-Welle in den Südstaaten-Kneipen nach Rhythm and Blues umhörte und dann nach Hause ging, um das Gehörte niederzuschreiben. Ahmet Ertegun, Präsident von Atlantic Records, sagte über ihn, daß...

»... Jesse Stone mehr für die Entwicklung des Rock'n'Roll-Sounds getan hat, als Bill Haley und Elvis Presley zusammengenommen.« Einer der ersten Bill-Haley-Hits »Shake, rattle and roll«, stammt aus der Feder eines gewissen Charles Calhoun, der auch »Smack dab in the middle« geschrieben hat. Charles Calhoun ist niemand anderer als Jesse Stone.

- Ralph Peer, der von 1927 an 10 Jahre lang die Kontrolle über das ›Country & Western‹ Department der RCA besaß und dessen wichtigste Einnahmequelle ein amerikanisches Gegenstück zur ›Trapp-Familie‹, nämlich die ›Carter-Family‹ war, graste ganz Amerika nach Volksmusikern ab, von denen er sich die Rechte an ihren Songs übertragen ließ. Die ahnungslosen Hillbillies wurden mit ein paar Dollar abgespeist, während Peer und die Carter-Family im Cadillac ins Studio fuhren.
- In Deutschland nahm Les Humphries mit seinen Singers »Gimme that old time religion« auf. Ein Lied, das in den USA seit fast 150 Jahren gesungen wird. Auf der Platte aber steht als Komponist: Les Humphries.
- Der skandalöse Vertrag, den Jack Kapp, Präsident der Decca, 1936 mit dem frisch aus Kansas City gekommenen Count Basie abschloß, ist ein Musterbeispiel plumper Bauernfängerei.
  Basie unterschrieb einen Kontrakt, der ihn auf drei Jahre verpflichtete, pro Jahr 24 Titel für die lächerliche Pauschale von 750 Dollar aufzunehmen. Noch dazu ohne Tantiemen! Für Basie Schimmerlos schien das damals viel Geld. In Wahrheit lag der Betrag noch unter dem von der ›American Federation of Musicians‹ festgelegten Minimum.
  John Hammond, der Count Basie entdeckt und nach New York gebracht hatte, schrieb unter dem Pseudonym Henry Johnson einen wütenden Artikel über diese üblen Geschäftspraktiken. Darin deckte er unter anderem auf, daß sich Jack Kapp den Namen ›Boogie Woogie‹, eine Wortschöpfung des ersten Boogiepianisten Charles ›Pinetop‹ Smith, hatte schützen lassen. Von da ab wurde alles, was sich Boogie-Woogie nannte, von Kapp zur Kasse gebeten.
  Als Kapp das las, lief er rot an und drohte mit einer 100 000-Dollar-Klage der Decca. Doch der Eigentümer der Gesellschaft winkte ab.
  »Wenn Du auf eigene Faust klagen willst, meinetwegen«, sagte er zu Kapp. »Aber die Decca laß dabei aus dem Spiel.«
  Jack Kapp klagte nicht.

Glaube nicht, daß ich diese Beispiele erfunden habe. Man kommt zwar nicht allzu leicht an sie heran, denn wer will sich schon mit seinen Paten anlegen. Aber wenn man ein bißchen stöbert, wird man doch fündig. Bis in die höchsten Kreise hinauf.
Walter Legge, Ehemann von Elisabeth Schwarzkopf, maßgeblicher Aufnahmeleiter der britischen EMI-Columbia nach dem 2. Weltkrieg und dafür verantwortlich, daß für Herbert von Karajan das ›Philharmonia Orchestra‹ zusammengestellt wurde, versprach Wilhelm Furtwängler in die Hand, dessen Salzburger ›Zauberflöte‹ auf Schallplatten herauszubringen.
Die Aufführung wurde mitgeschnitten, wobei sowohl die technische, als auch die künstlerische Qualität von allen Beteiligten als hervorragend bezeichnet wurde. Was

aber noch zu Lebzeiten Furtwänglers tatsächlich auf Platten herauskam, war eine Studioaufführung in identischer Besetzung und mit dem gleichen Orchester. Nur unter einem anderen Dirigenten, nämlich Karajan.

Furtwänglers (verbürgte) Reaktion darauf: »Eine Gemeinheit!«

Musiker sind rechtlose Wesen. In der Hierarchie des Musikgeschäfts nehmen sie die Rolle des Fußabstreifers ein. Das ist schlimm genug. Schlimmer ist nur, daß sie sich dazu auch noch drängen.

Ihnen stehen nur bescheidene Mittel zur Verfügung, um sich zur Wehr zu setzen. Da gibt es die amüsante Story von Louis Armstrong, der bei der Plattenfirma ›Okeh‹ unter Vertrag stand, heimlich aber als Sideman bei Aufnahmen der ›Johnny Dodds Black Bottom Stompers‹ für Vocalion mitwirkte.

Der Okeh-Plattenboß rief Armstrong zu sich und spielte ihm die Aufnahme vor. »Nun, mein lieber Louis, kannst Du mir sagen, wer da Trompete spielt?« fragte er. Worauf Louis treuherzig erwiderte: »Ich habe keine Ahnung, aber ich tue es bestimmt nicht wieder.«

Eine andere Art von Rache nahm der zu Recht als schwierig verschrieene Charles Mingus, der für Mercury ein Quintett zusammenstellen sollte.

Nach und nach kamen immer mehr Musiker ins Studio, bis die Band auf 22 Personen angewachsen war. Mercury machte trotzdem die Aufnahmen und zahlte den Aufwand. Aber die Zeche zahlte zuletzt doch Mingus, der seinen Vertrag los war.

Dem Swingklarinettisten Artie Shaw gelang es 1939, sogar die große RCA-Victor auszumanövrieren. Die hatte soeben ihr Zugpferd Benny Goodman an die Columbia verloren und sah sich gezwungen, Shaw einen 2-Jahres-Vertrag mit der (damals) gigantischen Garantiesumme von 100 000 Dollar anzubieten, um ihn zu halten.

Der Tenor Francesco Tamagno, Verdis erster Othello, roch schon 1902 den Braten aus der Tonkonserve und wollte jede einzelne Platte fortlaufend nummeriert haben, um seine Tantiemen besser kontrollieren zu können.

Errol Garner war jahrelang im Stall der Columbia, für die er Dutzende Aufnahmen machte, bevor er zur Konkurrenz wechselte. Unter den Einspielungen für Columbia waren auch solche, die Garner aus künstlerischen Gründen nicht freigegeben hatte. Kaum war er fort, wurden sie trotz heftiger Proteste Garners veröffentlicht.

Ein anderes Mal zwang ein unbedarfter, aber mächtiger Gewerkschaftsfunktionär den Dirigenten Bruno Walter, das »Deutsche Requiem« von Brahms innerhalb der für Studiotätigkeit vorgeschriebenen drei Stunden einzuspielen. Das Ergebnis war dann auch entsprechend. Bruno Walter konnte jedoch erfolgreich intervenieren und verhindern, daß die Platte gepreßt wurde.

Daß das Publikum, vor allem die Teenager, ein williges Opfer für alle Arten der Täuschung abgibt, haben die Produzenten rasch herausgefunden. Das geht von gigantischen Betrügereien bis zu handfesten Manipulationen, von denen ich Dir stundenlang erzählen könnte.

Aber lassen wir es bei einer 3-Minuten-Geschichte, mehr ist sie und die Musik, um die es sich handelt, nicht wert.

Schlagersternchen Mary Roos brachte 1981 eine LP unter dem Titel »Was ich fühle«

heraus. Auf dem Cover prangte der Flash Mit der Hit-Single ›Ich warte‹. Doch die Single war weder ein Hit, noch gab es sie zu kaufen. Die Produzenten wollten nur, daß es einer werde.

Mary Roos konnte kurz darauf bei der Ausscheidung zum Eurovisions Song Contest mit dem Titel »Lady« reüssieren, worauf die LP »Was ich fühle« neu aufgelegt wurde. Rate einmal, was diesmal auf dem Flash stand. Gewonnen! »Mit ihrem Hit ›Lady‹«.

Wie Schallplattengesellschaften miteinander umspringen, illustriert die Geschichte des Weltschlagers »Kansas City«. Ursprünglich eine Komposition der Hitfabrik Leiber & Stoller, die der Bluessänger Little Willie Littlefield unter dem Titel »K. C. Lovin'« 1952 herausgebracht hatte.

1959 nahm der Ein-Mann-Entertainer Wilbert Harrison das Stück unter dem neuen Namen »Kansas City« für eine winzige Plattenfirma in Harlem namens ›Fury‹ auf. Bevor er damit auf den Markt kam, verschickte Fury-Eigentümer Bobby Robinson 12 einseitig bespielte Demo-Platten an lokale Rundfunkstationen. »Kansas City« wurde über Nacht populär. So populär, daß ein gewisser Rocky Olson in Cleveland eine Rundfunksendung mitschnitt, das Stück Note für Note kopierte, eine Plattenaufnahme davon machte und diese an ›Chess-Records‹ in Chicago verkaufte.

Chess kam mit »Kansas City« früher heraus als Fury. Sogar weitere Cover-Versionen von Little Richard und Hank Ballard waren schneller auf dem Markt als Wilbert Harrison.

Nun meldete sich auch die Plattenfirma ›Savoy‹, die entdeckt hatte, daß Harrison noch immer bei ihr unter Vertrag stand und klagte ihn und Fury auf 250 000 Dollar. Zu allem Überfluß schalteten sich die Komponisten von »K. C. Lovin'« ein und verlangten ihren Anteil am Erfolg einer Platte, die noch gar nicht erschienen war.

In den USA gibt es neben den etablierten Riesenkonzernen wie Decca, CBS, MCA, RCA, Warner usw., auch die ›Independents‹. Das sind unabhängige Plattenfirmen, sogenannte ›Indies‹. Unter diesen kursiert ein geflügeltes Wort:

»Um als ›Indy‹ zu überleben, gibt es nur eine Regel: niemals an jemanden etwas bezahlen. Schon gar nicht Komponisten oder Musikern!«

Eine der wenigen Firmen, die sich nicht an diese Praxis hielten, war Atlantic Records. Die zahlten sogar schwarzen Künstlern Tantiemen, was durchaus nicht üblich war. Eines Tages unterbreitete ein Repräsentant der großen Columbia dem Chef der – damals noch – kleinen Atlantic folgendes Angebot:

»Es gefällt uns, was Sie da machen. Wir würden Sie und Ihre Firma gerne übernehmen. Sie bekommen von jeder Aufnahme 2 Prozent der Einnahmen. Damit können Sie Ihre Künstler bezahlen.«

»Zwei Prozent? Wir zahlen jetzt schon 3 bis 5 Prozent an unsere Musiker und Sänger.«

»Ach so, Ihr seid es also, welche die Preise ruinieren!«

Musik für Millionen bringt Milliarden! Daß bei solchen Dimensionen auch Gangster mitmischen, ist verständlich. Schieber wie Al Capone und Tom Pendergast mochtens heiß. In den dreißiger Jahren kontrollierten sie nicht nur den Alkoholschmuggel, son-

dern auch die Juke-Boxes, deren Jahresumsatz man schon damals auf 1,8 Milliarden Dollar schätzte.
ASCAP, das amerikanische Gegenstück zur GEMA bzw. AKM, gab es billiger und rechnete nur die durch die Juke-Boxes verlorengegangenen Tantiemen aus, bei denen sich Komponist, Textdichter und Verleger pro Platte lächerliche 1,5 Cents teilen mußten. Dennoch strengte ASCAP einen Musterprozeß an, der als ›500 Millionen Diebstahl‹ in die Geschichte des Musikgeschäfts eingegangen ist.
Die ASCAP (American Society of Composers, Authors and Publishers) ist auch kein Heiligenverein. Der Blueskomponist Perry Bradford bewarb sich viermal um Aufnahme und wurde viermal abgewiesen. Vielleicht hätte er sich doch weiße Eltern aussuchen sollen.
Dabei hatte Bradford schon 1920 für die Sängerin Mamie Smith jene beiden Titel geschrieben, welche die ersten Plattenaufnahmen einer Schwarzen dokumentieren: »That thing called love« und »You can't keep a good man down«.
Damit eröffnete das Kriminalmuseum der Schallplatten seine Diskriminierungsabteilung mit Namen ›Race Records‹. Das waren schwarze Scheiben von schwarzen Künstlern für schwarze Käufer – produziert von Weißen. Sie erschienen nicht in den offiziellen Katalogen und wurden nur in den Wohngebieten der Farbigen verkauft.
Weiße Theaterbesitzer hatten sich auch zur TOBA (Theatre Owners Booking Association) zusammengeschlossen und schickten schlechtbezahlte Tourneetruppen farbiger Entertainer durch die (Süd-)Staaten. Bei den Negern stand TOBA deshalb für »Tough On Black Asses«.
›Okeh‹ war die erste Firma, die den vorerst vernachlässigten ›Schwarzen‹ Markt entdeckte. Später zogen auch die großen Gesellschaften nach. Während der Depression waren es die Race-Records der Blueskaiserin Bessie Smith, die ›Columbia‹ vor dem Konkurs bewahrten.
Seither ist viel Wasser den Mississippi hinuntergeflossen. Aber was ist der Ol' man river gegen den Geldfluß. An dessen Ufern sitzen dieselben Dagobert Ducks wie vor 20, 40, 60 Jahren und fischen im Trüben. Sie reden von Musik im Blut, um vom Blut an den Händen abzulenken. Ihr bevorzugter Tanz ist der »Danse macabre«. Ihr Rhythmus ist das Stakkato von Beinen, die über Leichen gehen. Ihre Lieblingsmelodie der Kriminaltango.
Was soll man davon halten, daß einer wie Phil Spector, der als Songschreiber begann, aus der Grabinschrift seines Vaters ein Liebeslied machte – »To know him is to love him« – und dann ins Produzentengeschäft einstieg, sich mit 26 Jahren als vielfacher Millionär ins Privatleben zurückziehen konnte?
Ebenfalls mit 26 Jahren starb der geniale Trompeter Theodore Navarro in einem New Yorker Krankenhaus an Tbc. Zu Lebzeiten hatten ihn seine Kollegen ob seiner Fettleibigkeit gehänselt und ihn wegen seiner 140 Kilo ›Fats‹ gerufen. Als er starb, wog er 35 Kilo, und sein gesamter Besitz belief sich auf sieben Dollar und 48 Cent. Das ist der eigentliche Kriminaltango.

Die Piraten

Daß die Musikindustrie ein gigantisches Geschäft ist, weiß jedes Kind. Ich will Dich nicht mit Umsatzziffern langweilen, die einen Sammler sowieso nicht interessieren, außerdem frisiert und im Moment ihrer Veröffentlichung ohnehin schon überholt sind.
Aber wenn einer, der es wissen muß, für 1985 einen weltweiten Schallplattenumsatz von 27 Milliarden DM errechnet hat und für 1990 35 Milliarden DM prognostiziert, darf man schon von größeren Beträgen sprechen.
Daß randvoll beladene Galeonen Seeräuber auf den Plan rufen, sollte niemanden wundern. Die Musikpiraten dürfen nämlich damit rechnen, daß es Leute wie Dich und mich gibt. Plattensammler, denen nichts heilig ist. Schon gar nicht musikalische Urheberrechte.
Oder willst Du mir erzählen, daß Du eine Platte, die Du unbedingt haben möchtest, liegenläßt, nur weil es sich um eine Schwarzpressung handelt? So blauäugig bist nicht einmal Du!
Davon abgesehen, sind die Musikpiraten geschickt genug, Dich und Millionen andere zu täuschen. Wenn schon unter falscher Flagge, dann perfekt – inklusive Etikett und Cover. Erkennbar ist die Konterbande höchstens an der schlechteren Klangqualität. Aber dann ist es meist schon zu spät.

Wetten, daß sich in Deiner Sammlung mehr als eine Schwarzpressung befindet? Du kannst sie sogar ganz offiziell erstanden haben. Sie werden nämlich sowohl über, als auch unter dem Ladentisch gehandelt, und die Musikindustrie ist machtlos dagegen. Sie kann gar nicht so viele Detektive ausschikken, wie es Korsaren gibt, die den Jolly Roger aufgezogen haben.
Zum Handkuß kommen die Produzenten und Künstler: Komponisten, Autoren, Musiker.
Als ich den Trompeter Joe Newman bat, mir auf den Cover der Platte »Joe Newman Sextet« auf Musidisc ein Autogramm zu geben, weigerte er sich:
»... die Platte ist ein Studioabfallprodukt, für das keiner der beteiligten Musiker auch nur einen Cent bekommen hat«
Falls auch Du den Piraten in die Hände fällst, solltest Du die Freibeuter-Terminologie beherrschen. Man unterscheidet zwischen Bootlegs, Counterfeits, Acetates, White Labels, Promos und Demos.

⊙ ›Bootlegs‹, abgekürzt ›Boots‹, ist der Oberbegriff für alle Arten von nachgemachten Tonträgern. Doch sogar das ist falsch!
Als ›Bootlegs‹ im eigentlichen Sinne gelten nämlich nur Aufnahmen, die heimlich gemacht und dann veröffentlicht werden. Zum Beispiel gab Frank Zappa am 1. Juli 1980 ein Konzert im Münchner Zirkus Krone, das privat mitgeschnitten und unter dem Titel »Frank Zappa at the Circus« in ein paar hundert Exemplaren auf den Markt geworfen wurde. Das ist ein ›Bootleg‹.
David Bowie am 28. 9. 1977 in der Marc Bolan Show; Genesis am 27. 9. 1981 in Frejus/Frankreich; DAF am 24. 2. 1981 in

der Hamburger Markthalle; Bruce Springsteen im Mai 1981 in Stockholm; Paul McCartney am 29. 12. 1979 im Hammersmith Odeon; Van Halen am 23. 6. 1980 im Rainbow Ballroom London; Roxy Music am 2. 8. 1980 im Londoner Wembley Stadion; Deep Purple am 14. 3. 1973 in Wien und am 10. 4. 1971 in Offenbach; AC/DC am 12. 9. 1979 in Paris.
Alles ›Bootlegs‹.

- Echte Imitationen existierender Platten heißen ›Counterfeits‹. Beispielhaft in dieser und jeder Beziehung ist ein 15 Singles umfassendes Album mit dem Titel »The Beatles EP Collection«, das in England herausgekommen ist und Nachpressungen der Original ›Parlophones‹ enthält.
- ›Acetates‹ sind Probematrizen auf Metallfolien, die mit schwarzem Azetat beschichtet sind und ein weißes Etikett haben. Sie werden als Hörprobe unmittelbar im Studio geschnitten, existieren daher nur als Einzelstücke und sind entsprechend begehrt. Sollten sie womöglich von den Musikern selbst beschriftet worden sein, steigt ihr Sammlerwert ins Astronomische.
- Weil auch ›White Labels‹ weiße, unbedruckte Etiketten tragen, werden sie Sammlern oft als ›Acetates‹ angedreht. ›White Labels‹ sind aber keine Matrizen, sondern Probepressungen, die in Stückzahlen von 10–20 hergestellt werden, um die Qualität der Preßmatrize zu testen.
- ›Promo‹ steht als Abkürzung für ›Promotional Copy‹. Das sind Platten, die Rundfunkstationen und Disc-Jockes als Vorausinformation gratis zur Verfügung gestellt werden. Sie tragen den Aufdruck ›Not for sale‹, was stets als Aufforderung zum Verkauf angesehen wird.
- Schließlich die ›Demos‹, die ›Demonstrational Discs‹. Sie werden von Bands, die noch keinen Plattenvertrag haben, in der Hoffnung auf einen solchen in Eigenregie angefertigt.
  Heißt die Gruppe nichts, wird die Plattenfirma abwinken, und die Musiker können sich ihr ›Demo‹ einrahmen und zu Hause aufhängen. Heißt die Gruppe aber ›The Beatles‹, dann ist anzunehmen, daß sich Englands Decca-Gewaltiger Dick Rowe vor Wut selbst hätte aufhängen können, weil er ihr erstes ›Demo‹ abgelehnt hatte, während EMI zugriff.

Gefälscht wird überall und alles. Die USA und Ostasien sind wahre Piratenparadiese. Taiwan geht sogar soweit, daß dort ›offiziell‹ gefälscht werden kann, da das Land kein internationales Copyrightabkommen unterzeichnet hat. So werden alle Schlager der Top Forty sofort nach Erscheinen nachgepreßt. Es ist zwar verboten, diese Platten zu exportieren, aber dieses Verbot ist erst recht ein Schlager, nämlich ein Lachschlager.
Die Piraten und ihre Verbündeten haben es sogar zu einer eigenen Zeitung gebracht. Das in Kanada erscheinende Magazin ›Hot Wacks‹ bringt Nachrichten aus der Fälscherwerkstätte gewissermaßen frisch von der Presse und listet die neuesten ›Bootlegs‹ samt Preis und Zustand auf.
Eine gebundene Ausgabe unter dem Titel ›Hot Wacks Book IX‹ wird als ›Bootleg Bible‹ gehandelt. Wenn Du es noch spezieller haben willst, steht zum Beispiel ›You can't do that«, das Verzeichnis sämtlicher Beatles-Raubkopien, zur Verfügung. Oder »At the rarest«, der Katalog der gefälschten Rolling Stones-Platten.

Auch in Europa floriert das Freibeutertum. Italien und Skandinavien sind heiße Tips für heiße Ware. Die Engländer pflegen sowieso seit der Bounty und John Silver eine große Seeräubertradition. Sogar Holland hat seine Piratenbuchten. Daß aber in der UdSSR Sendungen der ›Voice of America‹ von Willis Conover mitgeschnitten und bis Wladiwostok verschachert werden, ist schon fast wieder rührend.
Die erste überlieferte Raubkopie der Geschichte wurde schon 1884 von den Pathé-Brüdern angefertigt, als sie Edison-Zylinder unerlaubterweise nachmachten.
Ab 1908 waren Odeon-Platten durch eine sich im ersten Drittel befindliche breitere Rille markiert. Damals mußte man gefälschte Matrizen direkt vom Original abnehmen. Durch die Kennrille konnte Odeon Raubpressungen erkennen. Es half trotzdem nichts. Die Falsifikate kamen schneller auf den Markt, als sie beschlagnahmt werden konnten.
Verständlicherweise ist der Popmarkt der wichtigste Umschlag- und Tummelplatz. Es gibt faktisch keinen Popstar, der nicht schon unter die Korsaren gefallen wäre. Bei jedem Konzert sitzen Dutzende Fans mit unter dem Mantel verborgenen Kassettenrecordern im Publikum und nehmen alles mit, was von der Bühne herunterkommt. Da helfen weder Verbote, noch Leibesvisitationen.
Oft genug sind es die Veranstalter selbst, die vorne im Foyer schärfste Kontrollen durchführen und gleichzeitig hinten in der Tonkabine im wahrsten Sinne des Wortes mitschneiden.
Was nicht von Livekonzerten stammt, liefern Radio und Fernsehen. Keine TV-Show, keine Rundfunkübertragung, die nicht als ›Bootleg› erschienen wäre. Auch wenn es nur 500 Exemplare sind, spielen sie die Kosten locker ein. Denn ein Käpt'n Blackbeard zahlt weder Lizenzen, noch Tantiemen, weder Steuern, noch Gagen.
Das gilt auch für sogenannte ›Studio Outtakes‹; also jene Aufnahmen, die im Studio zugunsten der tatsächlich veröffentlichten verworfen worden sind. Kein Tontechniker kann Dir sagen, wie es möglich ist, daß solche Outtakes ans Tageslicht kommen. Er kann einfach nicht, verstehst Du?
Viele ›Boots‹ sind als ›Picture Discs‹ kenntlich. Andere werden auf farbiges Vinyl gepreßt, was vielleicht den optischen Reiz erhöht, keinesfalls aber die Tonqualität.
Echte Raubkopien legen Wert darauf, nicht als solche erkannt zu werden. Man soll sie bewußt mit dem Original verwechseln.
Meist zahlt es sich nicht aus, eine Platte nachzumachen, die ohnehin erhältlich ist. Erst wenn sie rar wird oder die Presserei nicht nachkommt, werden Raubpressungen finanziell interessant.
Du brauchst aber nicht zu glauben, daß die Piratenfregatten nur in Pop-Gewässern kreuzen. Auch der Jazz-Ozean und das Mare Classicum sind lukrativ. Und im Meer der Oper fühlt sich ein fliegender Holländer wie zu Hause!
Bedeutende Opernhäuser pflegen ihre Premieren auf Tonband aufzunehmen; manche sogar jede ihrer Vorstellungen. Selbstverständlich sind diese Mitschnitte nur fürs eigene Archiv bestimmt und dürfen keinesfalls veröffentlicht werden. Wieso sie dennoch in die Rille geraten, kann Dir der dafür Verantwortliche nicht sagen. Er kann einfach nicht.
Auf den Opernbühnen der Welt muß zwischen erster und zweiter Gasse eine riesige

Armada Piratenschiffe kreuzen. Anders ist die reiche Beute an Live-Mitschnitten nicht zu erklären.
Dutzende Callas-Aufnahmen, die ›La Callas‹ selbst nie zur Veröffentlichung freigegeben hätte, machen die Plattenläden unsicher. Vom mitunter fragwürdigen musikalischen Standard abgesehen, schwankt auch die Tonqualität solcher Aufzeichnungen in der Regel zwischen hunds- und miserabel.
In Nibelungenringe, deren Studioproduktion ein Vermögen gekostet hätte, in Verdi-Opern in Gala-Besetzung, in Festspielpremieren mit Staraufgebot wurde gerade nur das Bandmaterial investiert. Der Rest ist Rauschen.
Die Piraten spekulieren mit der Gier der Sammler und spekulieren richtig. Furtwänglers Salzburger Aufführungen sind zum Beispiel seit Jahren in diversen Schwarzpressungen erhältlich. Erst eine 1989 erschienene CD bietet eine dem musikalischen Wert adäquate Tonqualität und wurde von Furtwänglers Witwe authorisiert.
Sogar Karajans legendäre Bohème-Premiere fiel unter die Räuber und wird als CD feilgeboten. Doch umgekehrt ist auch gefahren, wie der »Aries-Fall« des Jahres 1981 zeigte.
Eine kalifornische Plattenfirma dieses Namens hatte Tonnen klassischer Musikhits in die Supermärkte gekarrt und dort zu Schleuderpreisen verhökert. Die Etiketten versprachen Orchester wie die ›Koblenzer Philharmoniker‹ oder das Rundfunkorchester des Senders Duisburg unter der Stabführung von Horst Schimanski. Das Repertoire enthielt alles, was gut und vor allem teuer war, zu Dumpingpreisen. In Wahrheit waren es raubkopierte Berliner oder Wiener Philharmoniker, die das billigzahlende Publikum auf diese Weise für 98 Cent erhielt, die wiederum nicht einmal von den 98 Cent etwas erhielten.

Wer sagt, daß: »Crime doesn't pay?«

Der Ritt über den Plattensee

Auf die Tafel vor der Discothek hat jemand mit Kreide gekritzelt:
»Freitag nacht großer Disc-Jockey Wettbewerb. Wer wird Disc-Jockey des Jahres? Wer bekommt den Vertrag? Außerdem: Weltrekord im Plattenauflegen!«
Willst Du Weltrekordler werden? Oder Plattenreiter des Jahres?
Kannst Du das Wort ›Payola‹ buchstabieren?
Eines der finstersten Kapitel im großen Buch der Rillen ist unter der Überschrift ›Payola‹ geschrieben worden.
Dieses Wort kostete ein paar professionellen Plattenauflegern den Job und einer ganzen Branche die Reputation. Außerdem kostete es einige hunderttausend Dollar.
Jeder Idiot weiß, daß Schallplatten, die am Abend im Rundfunk laufen, am nächsten Tag im Laden verlangt werden. Nun sind Plattenbosse keine Idioten, sondern im Gegenteil clevere Leute. Sie wissen, daß man dem, der im Rundfunk die Platten auflegt, nur ein bißchen nachzuhelfen braucht, damit er auch die richtigen auswählt.
Für diesen Nachhilfeunterricht gibt es zwei bewährte Methoden:

1. Die Sanfte, in Form des ›Angebots, das man nicht ablehnen kann‹.
2. Die Primitive: Geld.

Ein Beispiel für Methode A erzählt Charlie Gillet in seinem Buch »Makin' Tracks«:
»Ein Plattenboß ärgert sich über einen Disc-Jockey in Atlanta, weil dieser immer nur Platten anderer Firmen auflegt. Also geht er zum Telefon, läßt sich mit dem Disc-Jockey verbinden und sagt zu ihm: »Hast Du Familie? Wenn Du willst, daß es Deiner Frau und Deinen Kindern weiterhin gut geht, legst Du besser unsere Platten auf den Teller, verstanden?«
Ein andermal warten drei Vertreter verschiedener Companies im Plattenarchiv einer Rundfunkstation auf den Disc-Jockey. Die Platten, damals noch zerbrechliche 78er, stehen aufgereiht im Regal.
»Wo sind Eure?« fragt einer der Vertreter.
»Aha, hier. Und da stehen ja auch die von meiner Firma.«
Dann nimmt er einen Schlüssel aus der Tasche und fährt damit über die Ränder der anderen Platten.
»Jetzt haben sie alle einen Sprung und können nicht mehr gespielt werden«, steckt er zufrieden den Schlüssel wieder ein. »Das nenne ich Promotion.«
Die Disc-Jockey-Bestechungsmethode ist nicht so brutal, aber nicht weniger wirksam. Bei Dewey Philips, der dadurch Berühmtheit erlangte, weil er Elvis Presleys erstes Opus nicht weniger als siebenmal in einer Nacht über den Lokalsender von Memphis jagte, darf man durchaus noch unbefangene, unbezahlte – wenn auch unbezahlbare – Presleymania vermuten.
Dafür weiß man von Alan Freed, der sich als Entdecker Bill Haleys und ›King of Rock and Roll‹ feiern ließ, daß seine Begeisterung schon von je her jenen Sounds galt, die das Rascheln von Bucks hervorrief.
Sein unversteuerter Nebenverdienst belief sich auf 45 000 Dollar pro Jahr. Als das aufgedeckt wurde, gab es einen riesigen Skandal und eine Anklage gegen 5236 ame-

rikanische Rundfunksender und rund 3500 Disc-Jockeys.
Ein eigener Ausschuß, das Harris-Komitee, wurde vom Kongreß mit der Untersuchung beauftragt. Neben Alan Freed war Dick Clark der prominenteste Angeklagte.
Clark war damals 29 und erfolgreicher Showmaster der TV-Show ›American Bandstand‹, zu der 1958 auch noch die ›Dick Clark Show‹ kam, die jeden Samstag ausgestrahlt wurde.
Sonny-Boy Dick Clark verdiente pro Jahr eine halbe Million Dollar, von der das Fernsehen bloß ein Zehntel zahlte. Den Rest steuerte die Plattenindustrie bei. Teils in bar, teils in Form kleiner Geschenke zur Erhaltung der Freundschaft. Ein Nerzmantel für die Holde. Ein Diamantring. Ein Buick Eight.
Dafür spielte Tricky Dicky in seinen Sendungen, wie das Harris-Komitee herausfand, gewisse Titel genau doppelt sooft, wie andere. Und wie das Leben so spielt, waren es ausgerechnet jene, die von Verlagen verlegt wurden, an denen Dick Clark finanziell beteiligt war.
Das hinderte ihn allerdings nicht daran, auch von der Konkurrenz Geld anzunehmen. Weshalb fallweise auch andere Titel als seine eigenen zum Zug kamen. Nur eben nicht ganz sooft.
Zusammen mit Alan Freed und fünf weiteren Rundfunkangestellten wurde Dick Clark verurteilt. Man konnte ihnen nachweisen, daß sie innerhalb von zwei Jahren von 23 Schallplattenfirmen 116 508 Dollar kassiert hatten. Da half auch nicht, daß ein cleverer Privatdetektiv damals spontan ein eigenes Büro eröffnete, mit dem er bedrängten Dee-Jays Rat und Hilfe angedeihen ließ.
Daß von hunderten angeklagter Disc-Jockeys nur einige wenige beim Ritt über den Plattensee abgesoffen sind, liegt daran, daß man den meisten nichts beweisen konnte. Selbst wenn ich als Dee-Jay pausenlos die ›Blue Note Seven‹ über den Äther pushe – wer will mir nachweisen, daß ich kein Fan von ihnen bin?
Payola erwies sich für die Amerikaner als eine Art nationaler Tragödie, bis hinauf zu Präsident Dwight D. Eisenhower, der sich im Speziellen über einen geschmierten Disc-Jockey aufregte, weil dieser smart erklärt hatte, das ›Manus-manum-lavat-Prinzip‹ sei eben nichts anderes als der »American way of life«.
Daraufhin sah sich Ike zu einer Pressekonferenz veranlaßt, in welcher er kundtat, daß der Payola-Skandal für die Moral des ganzen Landes abträglich wäre.
Eisenhower war Republikaner. Mitch Miller, allmächtiger Mann bei Columbia, sah darin eine Chance für einen Hit.
Eigentlich war Miller Oboist und hatte als solcher ein paar der schönsten Aufnahmen von »Charlie Parker with Strings« durch seine Mitwirkung ruiniert. Danach verlegte er sich auf Schallplatten-Promotions und produzierte am Fließband seine berüchtigten »Sing along . . .«-Scheiben.
Aus einem Album mit Südstaaten-Songs baggerte er eine Polka unter dem Titel ›The Yellow Rose of Texas« aus, setzte seinen Namen als Komponist ein und ließ die Melodie von einem markigen Männerchor singen.
Als das schauerliche Machwerk in den Handel kam, rief Miller Hunderte von Händlern höchstpersönlich an und erklärte ihnen, daß er aus eigener Tasche 15 Cents pro Platte dazulegen würde, wenn die Scheibe nicht

gehen würde. Aber, so fügte er hinzu, bei einem Lied für die Republikaner müßt auch ihr patriotisch sein.
Mitch Miller mußte nicht in die eigene Tasche greifen. Die gelbe Rose von Texas verkaufte sich millionenfach, und Miller wurde texanischer Ehrenbürger. Am Rande war allerdings auch hier ein Disc-Jockey beteiligt: Bill Randle aus Cleveland, der die gelbe Rose solange dudelte, bis sie endlich in jeder Vase von Ohio und Umgebung stand. Ein bißchen später wiederholte er das mit Platten von Elvis Presley – angeblich, weil sie ihm so gut gefielen.
Welche Macht Disc Jockeys besitzen, wissen sie selbst nur zu gut. Nur der ›Plattenkramer‹ des bayerischen Rundfunks unterschätzte sie und sich; als er 1956 Freddys »Heimweh«-Schnulze als Paradebeispiel für Geschmacksverblödung demonstrativ vor laufenden Mikrofonen zerbrach und ihr damit erst zum Erfolg verhalf.
Auch André Heller ging es als Disc-Jockey nicht besser, als er Peter Alexander als ›Brechmittel‹ beschimpfte. Er erhielt Waschkorbladungen an Drohbriefen empörter Alexander-Fans, dessen bereits ein bißchen abgesunkene Popularität daraufhin sprunghaft wieder anstieg.
Daß der bayerische Plattenreiter Hans Huber gefeuert wurde, weil er die »Schützenliesl« einer gewissen Josefine Huber, die zufällig seine Frau war, bis zum Erbrechen gespielt hatte, kann nur eine Ausnahmeerscheinung sein. Denn bei uns in Europa kann das, was in Amerika bis heute passiert, nicht geschehen.
Bis heute: Im Juli 1988 rief der ehrenwerte Joseph Isgro, Patenkind von Joseph Armore aus der Gambino-Familie, nach einem Petrocelli, Matlock oder Perry Mason. In Los Angeles war er nämlich angeklagt worden, als Promotor von Gruppen wie ›Duran Duran‹, ›T'Pau‹, ›Simply Red‹ und ›Johnny hates Jazz‹ Dutzende von Dee-Jays geschmiert zu haben, damit sie deren Platten spielten. Die Gruppen wußten übrigens nichts davon und freuten sich über ihre starke Radiopräsenz.
Bei uns in Bagdad kann so etwas natürlich nicht geschehen. Höchstens, daß einer unserer Disc-Jockeys irgendwo als Komponist oder Textdichter aufscheint oder in seiner Freizeit singt und spielt und dann beim Moderieren ein bißchen was über seine Freizeitgestaltung erzählt.
Bestechung? Pfui Teufel, nein! Auch keine kleinen Aufmerksamkeiten. Kein Schmuck, keine Städteflüge, keine ungarische Salami, keine echt imitierte Rolex. Aktion ›Sauberer Äther‹! Bei uns wird nicht gedopt. Immerhin sind wir der Kontinent des Hosenbandordens, dessen Inschrift »Honni soit qui mal y pense« Du bitte mit Kreide auf die Tafel vor der Diskothek kritzeln sollst.

Aus der Plagiatur

»Wie geht's, was macht die Arbeit?« fragt ein Komponist den anderen.
»Ach, ich schreibe ab und zu.«
»Was, auch zu?«
Daß selbst große Komponisten, die es bestimmt nicht notwendig hatten, voneinander abgeschrieben haben, ist keine Neuigkeit. Um so nötiger haben es die kleinen, wenn ihnen außer ›Herz-Schmerz‹ und ›Oh, Baby Baby Balla Balla‹ nichts mehr einfällt.
Im Musik Business wird auf zweierlei Weise geklaut.
Legal – dann heißt es ›Cover‹.
Illegal – dann ist es ein ›Plagiat‹.
Mein Freund Walter sammelt zum Beispiel Coverversionen. Das sind Zweiteinspielungen, die sich an einem Original orientieren. Im Partizipium passivuum steht dafür das neudeutsche Wort »gecovert‹: Wolfgang Ambros hat Bob Dylan-Songs auf deutsch ›nachgesungen‹, er hat sie ›gecovert‹.
Anders als beim Evergreen, wo es um eine möglichst individuelle Auffassung geht, lehnen sich Coverversionen so eng wie möglich ans Original an.
Früher mußten findige Arrangeure heraushören, welcher Instrumente sich die Originalfassung bediente. Heute schickt man das fertige abgemischte Playback der neuesten Tanita Tikaram-Single rund um die Welt, damit in Ghana, Japan, Deutschland und San Marino die jeweils ortsansässige Tikaram-Kopie ihre Stimme dazu abgeben kann. Heimvorteil Landessprache! Schließlich wird die ›Carmen‹ ja auch überall aus den gleichen Partituren gespielt und dennoch in verschiedenen Sprachen gesungen:
In Frankreich französisch, in Deutschland deutsch, in Amerika englisch und in England italienisch.
Obwohl das Original eines Hits überall zugänglich ist, finden auch Übersetzungen ihren Markt. Wie mir Walter auf seinen Platten überzeugend vorführt, sind manche Nachspielungen besser als deren Vorgabe. Zum Beispiel die Dylan-Songs, die durch Ambros' Bearbeitung deutlich gewonnen haben.
Coverversionen entstehen aus dem brennenden Bedürfnis, am Erfolg eines Konkurrenz-Hits mitzunaschen. Daran ist nichts Schlimmes. Sogar der große Frank Sinatra fand nichts dabei, einer nicht minder großen Kollegin »New York, New York« nachzusingen.
Willie May Thornton nahm »Hound Dog« lange vor Elvis Presley auf, aber erst in dessen Fassung wurde es ein Erfolg. Pat Boones »Tutti Frutti« stammt ursprünglich von Little Richard. »Everybody needs somebody to love« der Rolling Stones ist vom farbigen Soulsänger Solomon Burke, dafür übernahm Otis Redding »Satisfaction« von den Stones.
Stevie Wonder hat als Vorsänger eine Menge Nachschreiber inspiriert. Ein weiterer Rohstofflieferant war Reggae-Apostel Bob Marley, dessen »Stir it up« sich Johnny Cash unter den Nagel gerissen und dessen »I shot the Sheriff« dem Gitarristen Eric Clapton zu seiner Entdeckung verholfen hat.
Auch Velvet Underground, bei denen sich

David Bowie (»White light, white heart«) und Bryan Ferry (»What goes on«) bedient haben, sind begehrte Einkaufszentren für Selbstbedienungskomponisten.
David Bowie schrieb zu einem französischen Lied namens »Comme d'habitude« einen neuen Text und nannte es »Even a fool learns to love«. Doch Paul Anka kam ihm zuvor. Seine Fassung hieß »My way« und die wurde wiederum erst durch die Coverversion von Sinatra zum Welterfolg.
Ike & Tina Turner feiern ihre ersten Erfolge mit »Get back« von den Beatles und »Proud Mary« von Creedence Clearwater Revival. Hardrocker Van Halen nahm sich der Kinks und ihrer Titel an.
Sogar die wüsten Doors waren mit »Light my fire« zahm genug, um Softie José Feliciano zu einer Coverversion zu inspirieren.
Viele Rockbands nehmen ihre alten Erfolgstitel noch mal in neuem Gewand auf. Sie covern sich gewissermaßen selbst.
Auch Abschreiben will gekonnt sein. Den ¾ Takt von »Mädel ich bin Dir so gut« in einen 4/4 Takt zu verwandeln und mit ein paar kleinen Änderungen »Ich hab so Heimweh nach dem Kurfürstendamm« daraus zu machen, erfordert gewisse Fertigkeit.
Nicht jeder hat sie. Dann bleibt ihm nichts anderes übrig, als eine Plagiatur aufzumachen und zu hoffen, daß sie möglichst lange gutgeht.
Falls nicht, wird prozessiert. Monatelang, jahrelang. Der Nachweis eines ›Diebstahls von geistigem Eigentum‹, wie es im Juristendeutsch heißt, ist nämlich gar nicht so einfach. Ralph Siegel, einer von Deutschlands erfolgreichsten Produzenten, kann ein Lied davon singen, das »Ein bißchen Frieden« heißt.
Man darf eben nichts unversucht lassen.
Altrocker Drafi Deutscher, der schon vor und hinter den Schranken des Gerichts gestanden hat, möchte zu gerne am Erfolg der ›Ersten Allgemeinen Verunsicherung‹ mitnaschen, nur weil diese sein primitives »Marmor, Stein und Eisen bricht, aber unsere Liebe nicht« in das geniale »Marmor, Stein und Eisen schmilzt, wenn Du Deinen Body buildst« umfunktioniert haben.
Was würde Drafi wohl anfangen, wenn die EAV Kiesel statt Marmor, Stahl statt Stein und Silber statt Eisen gewählt hätten?

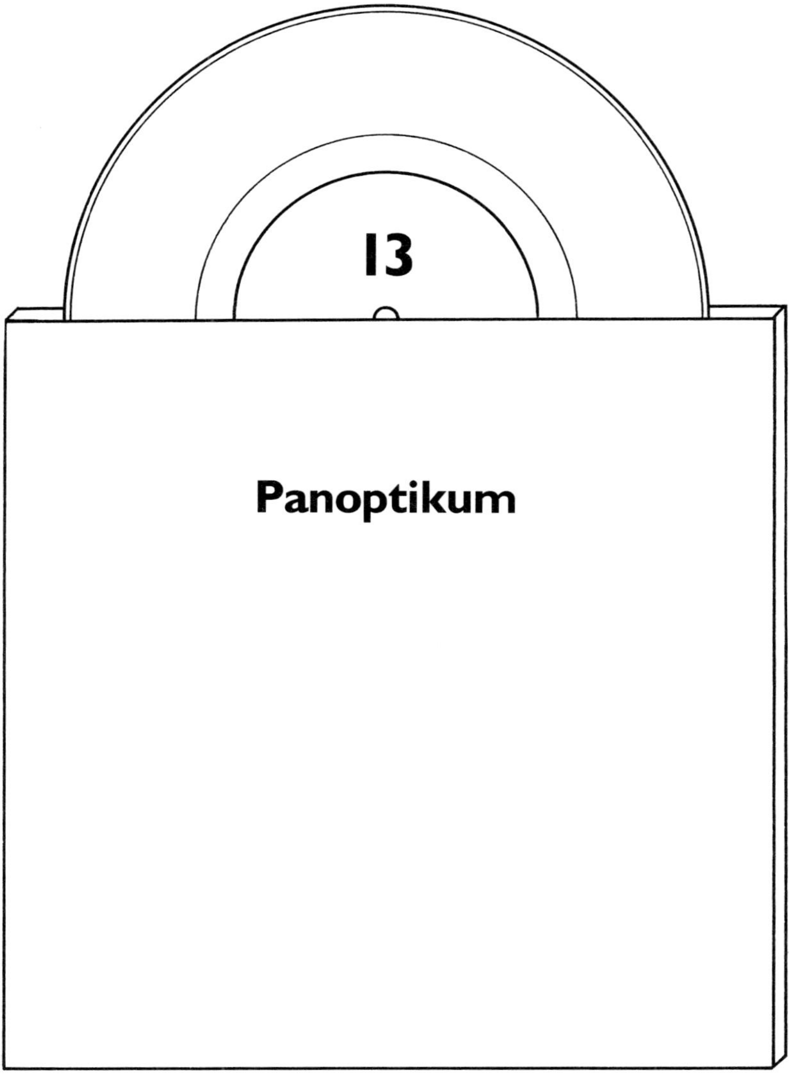
13
Panoptikum

94
Austroton brachte eine Volkslangspielplatte heraus

95
Schlagerquerschnitte sind oft Schlagerverschnitte

96
Privatpressung eines Jazzclubs, Auflage 600 Stück

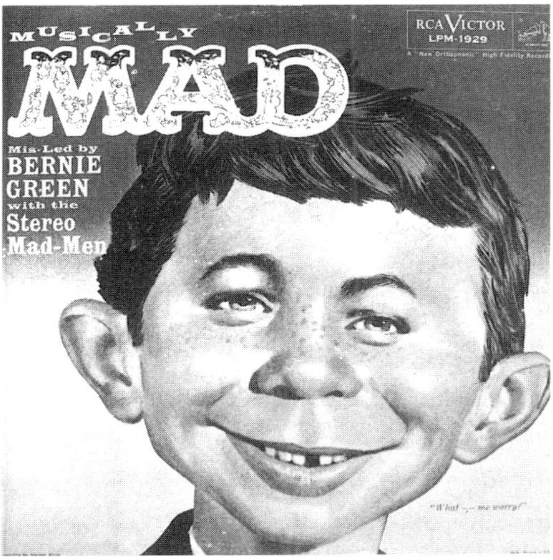

97
Verrückte Platten sind spannend entspannend

98
Seltenheiten, die jeder Sammler sucht

99 ▷
ELP: Bilder einer Zurschaustellung

100
Eintrittskarten zur Hollywood Bowl zieren den Cover einer Beatles-LP

Die bunte Welt der Schallplatten ist so vielfältig und farbenfroh, daß sich endlos darüber fabulieren ließe. Sie ist ein Spiegel unseres Lebens, unserer Gesellschaft, unseres Innern. Mit der ganzen Bandbreite von profan bis elitär, von Ebony bis Ivory.
In den Kaufhäusern als Mitnahmeartikel zwischen Strumpfhosen und Sportschuhen in Regale geschichtet, scheinen sie wertlos und wegwerfbar. In Sammlerkreisen werden sie zu exotischen Kultgegenständen voller Geheimnisse. Für Gelegenheitsgenießer zu Begleiterscheinungen der Freizeitgestaltung. Unter Liebhabern zu lebendigen Wesen. Unter Liebenden zum Liebeslied.
In ihrer hundertjährigen Geschichte hat es die Schallplatte mit Narren und Weisen, Gaunern und Fanatikern, Philosophen und Technikern, Kaufleuten und Betrügern zu tun bekommen.
Doch was wäre sie ohne ihre Künstler?
Ob es sich um eine zerkratzte Schellack oder die modernste CD handelt; ob wir uns nostalgisch an Vergangenes erinnern oder an eine Zukunft mit dreidimensionalen Bildern und vierdimensionalen Tönen glauben; ob es sich um Mono oder Quadro, Kunstkopfstereophonie oder Digitalaufzeichnung handelt – ohne Caruso, Coltrane, Casals und Clapton wäre das alles Plunder.
Kritik an Schallplatten muß mit der Liebe zum Medium beginnen. Bevor wir aber darüber sprechen, was sie sind, sollten wir uns darüber einig sein, was sie nicht sind: nämlich Ersatz für das lebendige Musikerlebnis. Schallplatten sind nicht einmal dessen Fortsetzung.
Schallplatten sind etwas anderes.
Wir werden anschließend noch ein bißchen darüber sprechen, was man mit ihnen alles anstellen und wie man sie manipulieren kann. Es ist unglaublich interessant, das alles zu wissen. Vorausgesetzt, Du bringst die Fähigkeit mit, es im richtigen Moment wieder zu vergessen.
Sonst geht es Dir nämlich wie dem Kind, das hinter den Trick des Zauberers gekommen ist. Nun weiß es zwar, wie das Kaninchen in den Zylinder gelangt ist, aber was es an Wissen dazugewonnen hat, zählt nichts im Vergleich zu dem, was ihm dadurch verlorengegangen ist.
Schallplatten sind ein Wachsfigurenkabinett, bis zur Decke vollgestopft mit Monstern, Engeln, Heiligen, Zweiköpfigen, Verwachsenen, siamesischen Zwillingen, Damen ohne Unterleib, Feuerschluckern, Surrealisten, Poeten, Potentaten, Autisten, Affenmenschen, Magiern, Hochseilartisten, Nobelpreisträgern und Maronibratern.
Schallplatten sind die Welt, in der wir leben.

Hausgemacht und Selbstgestrickt

Mit der Erfindung des Tonbandgeräts 1935 war AEG-Telefunken Geburtshelfer aller Eigenproduktionen. Parallel dazu gab es damals auch Schneideapparate für den Hausgebrauch, mit denen man Einzelplatten auf ›Decelith-Folie‹ selbst herstellen konnte. Manche Tonstudios offerierten:
»Schenken Sie Ihren Lieben einen persönlichen Geburtstagsgruß auf Schallplatte.«
Da ging man dann ins Studio, stotterte ein paar freundliche Worte und konnte gleich anschließend die frisch geschnittene Decelith-Platte mitnehmen.
Der Siegeszug des Tonbandes war dadurch nicht aufzuhalten. Er wurde erst mit der Einführung der Compact-Cassette gestoppt, dann aber gründlich und endgültig. Statt der aufwendigen, plumpen Bandmaschinen kamen die kleinen Cassettenrecorder auf den Markt, die Du in Form eines Walkmans sogar mit Dir tragen kannst.
Kein Sieg ohne Opfer: die Möglichkeit des Cuttens und Editierens ist mit den Bandgeräten in die ewigen Jagdgründe eingegangen. Musicassetten kannst Du nicht schneiden, höchstens löschen.
Dafür haben sie sich qualitätsmäßig enorm hochgearbeitet. Das Dolby-Rauschunterdrückungsverfahren, die Erfindung metallbeschichteter Bänder und nicht zuletzt die ständig verbesserten Geräte gestatten Aufnahme und Wiedergabe nach allen Regeln des Hi-Fi und der DIN Norm 45 500. Und DAT (Digital Audio Tape) kauert bereits in den digitalen Startlöchern.
Daß Band- und Cassettenaufnahmen für Überspielungen von Schallplatten verwendet werden, paßt der Musikindustrie natürlich überhaupt nicht. Sie kämpft dagegen mit vorfabrizierten Cassetten und ständigen Eingaben an die Behörden, man möge doch endlich eine »Tonbandsteuer« erheben. In Wahrheit liegt die natürlich schon längst auf den Leerkassetten drauf, zumindest in manchen Ländern.
Ein Schallplattenfan fängt mit Tonbändern und Cassetten ohnehin nichts an. Sie sind ihm unsympathisch. Die endlose Suche nach dem gewünschten Titel verleidet ihm das Medium.
Anders ist es mit Rundfunkmitschnitten und Eigenaufnahmen. Da erweisen sich Tonband und Cassette als unersetzlich und wertvoll. Das Streichquartett im Wohnzimmer; die Rockformation im Probenkeller; der Heimatliederchor beim Sportlerkränzchen; der »Fröhliche Landmann« von Burgsmüller; Babys erste Arie – das gehört alles auf Band.
Du kannst auch Deinen Badewannengesang verewigen. Und solltest Du ein bißchen Kleingeld zuviel haben, hindert Dich niemand daran, das betreffende Band ins Studio zu tragen und eine Platte davon pressen zu lassen.
Meist wird Dich der Studiomensch zu überzeugen versuchen, die Aufnahme nochmal – und zwar bei ihm – zu machen. Dann mußt Du zum Kleingeld noch ein bißchen Großgeld dazulegen.
Tu es! Wer weiß, vielleicht wirst Du entdeckt!

Mister Cut & Lady Take

Ich spiele Dir die neueste Aufnahme der »Appassionata« des jungen Pianisten Justus Frantz vor. Du bist begeistert, beeindruckt, überwältigt.
Dann spiele ich Dir die neueste Aufnahme der »Appassionata« des jungen Pianisten Lazar Berman vor. Du bist begeistert, beeindruckt, überwältigt.
Meine Frage:
»Welche der beiden würdest Du nehmen?«
Deine Antwort:
»Schwer zu entscheiden. Vielleicht den Berman, der klingt für mich frischer.«
Dann erzähle ich Dir folgende Geschichte:
»Justus Frantz hat die Platte in einem Zug eingespielt. Er kam um 15 Uhr ins Studio, setzte sich ans Klavier und rasselte die Sonate herunter. Um 18 Uhr war er wieder zu Hause.
Die andere Aufnahme ist aus 17 verschiedenen Takes zusammengekleistert. Berman hat zwei ganze Wochen dafür gebraucht. Der letzte Satz wurde 10 Tage nach dem ersten ins Klavier gehämmert. Bei der Endmischung ist dem Tonmeister noch dazu ein falscher Ton im 46. Takt aufgefallen, den er dann eigenfingrig korrigieren mußte.«
Deine Antwort:
»Ungeheuerlich! Schweinerei! Täuschung! Rote Karte für Berman! Kriminelle Manipulation! Betrug am zahlenden Publikum! So eine gerillte Gemeinheit möchte ich nicht einmal geschenkt haben. Selbstverständlich nehme ich den Justus Frantz.«
Ich fasse mir verzweifelt an den Kopf und gebe zerknirscht zu:
»Ich habe mich geirrt. Die Geschichte verhält sich genau umgekehrt. Nicht Bermans Aufnahme ist geklittert worden, sondern die andere.«
Deine Antwort:
»Das habe ich mir doch gleich gedacht. Selbstverständlich bleibe ich unter diesen Umständen bei meiner ursprünglichen Wahl.«
Ach, Du ahnungsloses Rehlein Du! Seit der Erfindung des Tonbandes durch BASF 1934 gibt es wahrscheinlich keine Studioaufnahme, an der nicht herumgeschnipselt worden wäre.
›Editing‹ oder ›Cutting‹ sagt man dazu. Und wenn's nur ein Nebengeräuschchen ist, das herausgeschnitten wird: Ohne Editieren geht schon lang nix mehr!
Vorher waren Musiker und Sänger gezwungen, ihre Darbietung fehler- und unterbrechungslos abzuliefern. Die Wachsmatrize ließ sich nicht manipulieren. Um so mehr muß man die Künstler der ersten 40 Schallplattenjahre bewundern, daß sie unsterbliche Meisterwerke wie Louis Armstrongs »S. O. L. Blues« ohne Schnitt zur Ewigkeitsreife bringen konnten.
Ein falscher Ton bedingte die Wiederholung des gesamten Stücks. Vom kompletten Output der ›Hot Seven‹ wurde nur der erwähnte »S. O. L. Blues« in zwei Takes eingespielt, wobei der zweite Take einen Tag später entstand und so verschieden vom ersten war, daß er unter dem Titel »Gully Low Blues« ein durchaus eigenständiges Leben führen konnte.
Zwischen der Analog- und Digitalära griff die Schallplatte kurzfristig auf die schnitt-

lose Methode zurück, indem sie ein paar ›Direct-to-Disc‹ Scheiben produzierte. Das hob zwar die Tonqualität, nicht aber die Laune der Beteiligten, denn es fanden sich kaum Musiker, die fähig waren, eine ganze LP am Stück fehlerlos herunterzuspielen. Das hängt natürlich mit den gestiegenen Ansprüchen zusammen. Früher war man nicht so penibel und wischte kleine und mittlere Fehler locker vom Hocker. Von mehreren Takes nahm man halt den besten. Das hat nichts mit künstlerischer Unaufrichtigkeit zu tun. Oder hätte man den schlechtesten nehmen sollen?
Puristische Plattensammler stellen dennoch die Legitimität zweiter und dritter Takes in Frage. Sie glauben noch ans Christkind und an den unfehlbaren Künstler, der auf Knopfdruck die definitive Performance abliefert. Doch gerade die Künstler sind es, die auf mehreren Takes bestehen. Weil sie nie mit sich zufrieden sind. Weil sie immer glauben, es noch besser machen zu können. Und weil sie meist damit Recht haben.
Nichts fürchtet ein Künstler mehr, als Live-Plattenaufnahmen. Weil ein Fehler, der dort passiert, nicht mehr korrigierbar ist. Entgegen aller Vermutungen sind die ersten drei Takes meist die besten. Sie dienen als Grundlage für die Endfassung. In dieser kommt Mister Cut mit der großen Schere zu seinem Recht.
Nehmen wir an, Take 2 läuft vom Rhythmus her am präzisesten. Er wird als ›Master Take‹ verwendet, obwohl der Klarinettist ein paar Quietscher zuviel und der Pianist ein paar Akkorde zuwenig abgeliefert haben.
Deshalb werden das Klarinettensolo aus Take 6 und die Klavierpassage von Take 1 ›hineingeschnitten.‹
Der Trompeter ist zweimal abgestürzt. Er geht noch mal in die Kabine, nimmt einen Anlauf und schafft die fehlenden Töne beim 8. Versuch. Der Tonmeister schneidet sie anstelle der Schmisse ins Masterband hinein. Jetzt fehlt noch der Gesang, aber der war ohnehin für Playback programmiert.
So spielt es sich generell bei Jazzaufnahmen ab. Auch Schlager werden in dieser Weise abgefertigt, doch dort ist das Playback nicht die Ausnahme, sondern die Regel. Der Sänger kommt eine Stunde später (oder in einer Woche, in einem Monat), bekommt das Playback über Kopfhörer vorgespielt und singt seinen Part dazu.
Es ist auch nicht ungewöhnlich, daß die Orchesterbegleitung in Los Angeles aufgenommen wird, der Gesang in London und der Background-Chor in Montreal. Editiert wird dann in New York, gemixt in Tokio, gemastert in Johannesburg und gepreßt in Seoul. Um das Maß voll zu machen, stammt der Cover aus Amsterdam, das Foto steuert eine Hamburger Bildagentur bei und verpackt wird die ganze Herrlichkeit in Mailand.
Bei Rockbands sieht die Studiopraxis insofern ein bißchen anders aus, weil sie für eine Aufnahme zwölfmal so lange brauchen wie Normalsterbliche.
Es beginnt damit, daß die meisten von ihnen nicht in der Lage sind, ihre Instrumente selbst zu stimmen. Bei Anfängern hilft in diesem Fall der leidgeprüfte Tonmeister aus. Arrivierte Superstars halten sich eigene Stimmwunder, die ihnen die E-A-D-G-H-E-Bretter fertig gestimmt in die weltberühmte Hand drücken.
Dann wird der im Probenkeller erarbeitete Jahrhundertsong auf 16, 24, 32 oder 64 Spuren aufgenommen. Allein der Drummer

verschlingt schon 8–10 Spuren, für jede Trommel eine. Viele Kilometer Band werden da abgespult. Unter 30, 40 Takes geht selten was. Schließlich braucht man doch Schneidmaterial, oder?
War die Aufnahme eine Sache von Tagen, ist der Schnitt eine Sache von Wochen. Anschließend wird gemixt. Das heißt, daß der Techniker an der Mischmaschine Dutzende Regler hinauf- und hinunterschiebt, die Gitarre im Takt 19 ein bißchen heraushebt und dafür den Baß zwischen Takt 22 und 28 zurücknimmt. Außerdem wird gefiltert, werden Frequenzen beschnitten oder angehoben und Hall- bzw. Echoeffekte dazugewürzt.
Es folgen die Overdubs. Ein Bläser tritt auf, stößt ein paarmal ins Horn und verschwindet wieder. Ein Chor kommt, heult zwölfmal »Schubidubi, schubidubi« und ward nicht mehr gesehen. Vier Geiger fiedeln nacheinander acht Orchestersätze ins Mikrofon. Das ist billiger, als 32 Geiger kommen zu lassen. Wozu hat man schließlich die vielen Spuren.
Mittlerweile sind Monate vergangen. Ab und zu taucht der Bandleader auf, hört in die Bänder hinein, bekundet seine Unzufriedenheit, verstreut Mißmut und Defaitismus und geht wieder.
Du glaubst, ich übertreibe? Dann warst Du noch nie bei Aufnahmen einer Rockband dabei!
Selbstverständlich gibt es auch keine klassische Musikaufnahme, bei der nicht editiert würde. Nur hoffnungslose Idealisten regen sich noch darüber auf. Sie wollen nicht zur Kenntnis nehmen, daß ein Gestaltungsmittel, dessen sich der Film von allem Anfang an bedient hat, auch in die Tontechnik eingezogen ist.
Selbst bei den besten Orchestern bleiben nach einer dreistündigen Aufnahmesitzung maximal 15 bis 20 Minuten verwendbare Musik übrig.
Selten auch, daß länger als zehn Minuten durchmusiziert wird. Dann wird unterbrochen, korrigiert, wiederholt, fortgesetzt. Daß letztlich entgegen aller Chancen dennoch ein Endprodukt entsteht, das von lebendigem Atem durchpulst ist, gehört zu den großen Wundern der Schallplatte.
Sogar Live-Aufnahmen kommen unter die Schere. Zu Konzerten und Opernpremieren gibt es ja immer Voraufführungen und Repertoirevorstellungen, bei denen mitgefahren und dann die endgültige Plattenversion zusammengestellt wird.
Du wunderst Dich zwar, daß der Cavaradossi, der noch im ersten Akt heiser gekrächzt hat, im dritten plötzlich über eine sternenklare Stimme verfügt und führst das darauf zurück, daß er sich freigesungen hat. In Wirklichkeit sind die beiden Akte an verschiedenen Tagen aufgenommen worden.
Natürlich linkt man Dich auch mit Live-Mitschnitten, die strohtrocken im Studio entstanden sind und sich den Applaus nachträglich aus der Carnegie Hall besorgt haben.
Das glaubst Du mir nicht? Dann muß ich Dir eine Platte vorspielen, auf der ich das selbst gemacht habe, ohne daß es bis jetzt jemand gemerkt hätte.
Ich finde alle diese Eingriffe edel, hilfreich und gut; unter der Bedingung, daß der auf der Platte genannte Interpret damit einverstanden ist. Aufnahmen von John Coltrane nach seinem Tod mit Streichern zu unterlegen, halte ich für fragwürdig.
Aber solange mir die Platte nicht entgegen-

schreit, daß sie hier und dort manipuliert worden ist, kann ich es weder feststellen, noch mich daran stoßen. Tontechniker sind in der Regel und beim Regeln Meister des Goldenen Schnitts, die ihre chirurgischen Eingriffe mit der Perfektion eines Sauerbruch vorzunehmen pflegen, so daß nicht einmal der Patient/Künstler selbst etwas davon merkt.

Abschließend muß ich Dir ein Geständnis machen. Die Aufnahmen der »Appassionata«, die ich Dir zu Beginn unseres Gesprächs vorgespielt habe, stammen nicht von Justus Frantz oder Lazar Berman, sondern waren Einspielungen von Kristian Zimerman und Cyprien Katsaris. Wobei ich nicht die geringste Ahnung habe, ob und in welchem Ausmaß Mister Cut und Lady Take daran beteiligt waren.

Meine Frage:

»Welche der beiden würdest Du nehmen?«

Deine Antwort ist ein Zitat aus ›Götz von Berlichingen‹!

»Wo viel Licht ist, ist auch viel Schatten.«

Die Kopie der Kopie der Kopie

Vor mir liegen 8 Schallplatten.

- »Tuxedo Junction«, Erskine Hawkins 1939
- »Tuxedo Junction«, Glenn Miller I, 1940
- »Tuxedo Junction«, Glenn Miller II, AAF 1943
- »Tuxedo Junction«, Tex Beneke 1952
- »Tuxedo Junction«, Jerry Gray 1953
- »Tuxedo Junction«, Kurt Edelhagen 1953
- »Tuxedo Junction«, The Glenn Miller Memorial Orchestra 1967, Leader Buddy deFranco
- »Tuxedo Junction«, The Glenn Miller Memorial Orchestra 1975, Leader Peanuts Hucko

Während ich die Scheiben nacheinander abspiele, wird die Szene zur Seance und gibt mir Gelegenheit, ein Gespräch zu belauschen, wie ich es ansonsten immer nur mit anderen Confrères aus der Plattenbrüderschaft zu führen pflege.

Doch diesmal scheint es um Informationen aus erster Hand zu gehen.

Glenn Miller I:

»Natürlich ist die Version von »Tuxedo Junction«, die ich mit meinem Orchester am 5. 2. 1940 eingespielt habe, das Original.«

Erskine Hawkins:

»Mein lieber Glenn, von Original kann man doch nur bei mir sprechen, denn ich habe das Stück schließlich komponiert und ein Jahr vor Dir aufgenommen.«

Glenn Miller I:

»Aber meine Fassung wurde berühmt!
Sie ist auch viel besser gespielt, als Deine. Präziser. Bei mir saßen Musiker, keine Chaotenclique.«

Buddy deFranco:

»Also was Präzision betrifft, haben Deine Bläsersätze damals ganz schön gewackelt. Meine Aufnahme klingt da ganz anders. Klarer, exakter, transparenter. Na ja, es liegen ja auch 30 Jahre dazwischen.«

Peanuts Hucko:

»Dafür liegen zwischen Deiner und meiner Welten. Meine klingt frischer, das hörst sogar Du.«

Erskine Hawkins:

»Aber das hat doch nichts mit der Originalfassung zu tun.«

Kurt Edelhagen:

»Darum geht es doch gar nicht. Es geht um Qualität. Dem Schallplattenkäufer dürfte die Originalfassung egal sein. Für ihn ist entscheidend, welche Aufnahme am besten klingt.«

Tex Beneke:

»Willst Du damit sagen, Dein Gedudel wäre besser als meine brillante Platte?«

Kurt Edelhagen:

»Immerhin haben wir den Miller-Sound genausogut kopiert, wie Du und Jerry.«

Jerry Gray:

»Tex und ich, wir waren ja beide Chefarrangeure bei Glenn. Und wir haben seine Tradition weitergeführt. Nur besser.«

Tex Beneke:

»Was Jerry sagt, das stimmt. Aber ich habe bei Glenn nicht nur arrangiert, sondern sogar im Orchester mitgespielt. Das ist doch immerhin etwas, oder!«

Peanuts Hucko:

»Ich habe ebenfalls bei Glenn gespielt.

Glenn Miller II:
»Ja, und zwar bei mir in der AAF, der Army Air Force Band. Und ich sage Euch jetzt, daß es nur ein einziges ›Tuxedo Junction‹ gibt, das zählt, und zwar meines.«
Alle (durcheinander):
»Oho, wieso?«
Glenn Miller II:
»Erstens: ich bin Glenn Miller. Zweitens: meine Band war besser als die von Glenn Miller I.«
Glenn Miller I:
»Also ich weiß nicht ... vielleicht sollte man.«
Kurt Edelhagen:
»Für mich ist die Studioaufnahme für den Film ›Glenn Miller Story‹ unübertroffen.«
Peanuts und Buddy:
»Du hälst den Mund, Kurt. Was weißt Du schon von Glenn Miller. Du spielst ja nicht einmal ein Instrument.«
Erskine Hawkins:
»Jerry Gray spielt auch keines.«
Jerry Gray:
»Leider gibt es inzwischen ein paar hundert ›Glenn Miller Memorial Orchester‹, die alle ›Tuxedo Junction‹ im Repertoire haben. Denen sollte man das Handwerk legen.«
Kurt Edelhagen:
»Warum? Nur weil sie besser spielen als Du mit Deinem Trümmerhaufen?«
Buddy deFranco:
»Ganz richtig. Glenn und Jerry und Tex haben genug abgesahnt. Jetzt kommen endlich auch andere zum Zug.«
Kurt Edelhagen (legt heimlich »Tuxedo Junction« auf den Plattenteller)
Alle (begeistert):
»Wer ist das? Klingt nach mir. Könnte Tex sein. Oder Du, Peanuts? Klingt jedenfalls super. Großartig. Fantastisch. Ja, mein Lieber, die guten alten Swingzeiten ...«
Kurt Edelhagen (maliziös):
»Das war Heinz Schönberger aus Deutschland. Mit ein bißchen künstlichem Nadelgeräusch.«
Peanuts Hucko (angeekelt):
»Einer von diesen Epigonen.«
Tex Beneke:
»Was ist da noch original?«
Buddy deFranco:
»Wenn man genauer hinhört, merkt man, daß die Aufnahme doch nicht so gut ist.«
Glenn Miller II:
»Swingt überhaupt nicht.«
Kurt Edelhagen:
»Schade Glenn. Es war nämlich doch nicht Heinz Schönberger, sondern eine digital aufgeputzte Aufnahme Deiner AAF Band.«
Jerry Gray:
»Das habe ich sofort gehört. Aber ihr habt ja alle Schweinsohren.«
Glenn Miller II:
»Freunde, so kommen wir nicht weiter. Um was geht es eigentlich?«
Erskine Hawkins:
»Um das Original.«
Buddy deFranco:
»Um die Qualität.«
Glenn Miller I:
»Um die Priorität.«
Peanuts Hucko:
»Um die Tantiemen.«
Erskine Hawkins:
»Die mir gebühren.«

Live oder Studio

»Studioaufnahmen«, dozierte der Radioprofessor »verkörpern das apollinische, Live-Aufnahmen das dionysische Prinzip. Erst die glückhafte Synthese aus beiden ermöglicht das rauschhafte Erleben künstlerischer Vollendung.«
»Was meint er damit?« fragt Gerhard verstört.
»Daß Roswitha sich am liebsten den Woodstock-Mitschnitt auf den Plattenteller legt und dazu durchs Zimmer tanzt, während Du Dir gleichzeitig per Kopfhörer die letzte Single von Billy Joel gönnst.«
Gerry ist von Beruf Tontechniker und als solcher ein Perfektionist. Neue Platten checkt er zuerst auf Rauschabstand und Frequenzgang ab, bevor er sie sich anhört. Auf Liveaufnahmen hat er Null Bock, weil da selten die Balance stimmt, und das ist ihm ein Greuel.
Hingegen ist Rosi davon überzeugt, daß ›live‹ grundsätzlich alles besser, frischer, lebendiger und aufregender klingt.
»Da habe ich einen Bruce-Springsteen-Auftritt mit einem 10 Minuten langen ›Racing in the streets‹«, schwärmt sie. »Dagegen ist die Studio-Single trocken wie ein Knäckebrot.«
»Und die andere Live-Springsteen mit ›This land is your land‹ geht im Gedröhn und Geklatsche der Teeniebopper unter«, mault Gerry.
Ich kenne das. Die Diskussion geht stundenlang so weiter und endet ergebnislos. Denn was dem einen seine Abbey Road, ist dem anderen seine Hollywood Bowl.
Es gibt viele herrliche Platten, die nur im Studio entstehen konnten. Und es gibt viele, die nie im Studio entstehen hätten können.
So wie manche Musiker erst dann zur Höchstform auflaufen, wenn sie vom Publikum gefordert werden, während andere im gleichen Zusammenhang überfordert sind. Denke an die gräßliche Tortur des Vorspielens! Wenn eine Orchesterstelle vakant ist, und Du Dich vor einer Jury produzieren mußt. Selbst Top-Könner packt in solchen Momenten das große Nervenflattern.
»Bei jedem Vorspielen war ich von denen, die durchgefallen sind, stets der Beste«, sagt einer, der auf dem Demoband immer wie ein erster Geiger und beim Vorspielen wie der letzte Mensch klingt.
Nobody is perfect. Deshalb kein Live-Auftritt, kein Konzert und keine Aufführung ohne Fehler. Je mehr Leute daran beteiligt sind, und je länger das Spektakel dauert, um so größer die Fehlerquote.
Dem versucht man im Studio mittels Wiederholungen und technischer Tricks zu entgehen. Im Bewußtsein, dafür die Unmittelbarkeit des Augenblicks einzubüßen.
Nothing is perfect.
Die erforschte Erdoberfläche teilt sich in Bühnen- und Schallplattenkünstler. Von ersteren sagt man, daß sie in Wirklichkeit noch viel besser sind, als selbst auf ihren besten Platten. Folgerichtig müßte es von den anderen heißen, daß sie auf ihren Platten noch viel schlechter sind, als in natura.
Aus dieser Zweiteilung resultiert, daß manche Studioproduktionen lebendiger als Livemitschnitte klingen. Es kommt eben

mehr auf das Wer, Was und Wie und weniger auf das Wo an. Ein Ray Charles im Studio ist mir lieber, als ein Peter Kraus auf der Bühne.
Man soll das Medium Schallplatte nicht überfordern. Kaum eine ist in der Lage, ein Live-Erlebnis verlustfrei zu transportieren. In Verona wird mir die miserable Akustik der Arena wenigstens durch ein Gelati versüßt. Live ist eben live!
Um so mehr muß man jene Künstler bewundern, die es schaffen, sowohl über die Rampe, als auch die Stereoanlage zu kommen.
Für mich ist es der Nachweis vollkommener Meisterschaft, wenn es gelingt, die Hitze, Begeisterung und Hingabe einer lebendigen Aufführung im kalten, nüchternen Studio zu reproduzieren.
Nicht jeder ist der gleichen Ansicht. Für die Dirigentenlegende Wilhelm Furtwängler war jede Probe schon eine Aufführung. Und doch wuchs er dann im Konzert noch darüber hinaus – ein Phänomen, von dem alle, die es erlebt haben, versichern, daß es nicht auf Platten festgehalten werden konnte. Auch Erich Kleiber probte intensiv. Bei ihm jedoch geschah im Konzert nichts, was nicht schon bei der Probe erarbeitet worden wäre. Hans Knappertsbusch haßte Proben und überließ sich am Abend lieber der Gunst des Augenblicks. Karajan hingegen war immer ein besessener Probierer, der jedes Detail dermaßen ausfeilte und den Musikern einbläute, daß es hieß, beim Konzert sei seine Anwesenheit gar nicht mehr vonnöten.
Bei einer Plattenproduktion steht neben dem künstlerischen Anspruch natürlich auch immer das leidige Problem der Aufnahmetechnik im (akustischen) Raum. Im Studio stellt der Techniker die Musiker zu den Mikrofonen. Auf dem Podium muß er die Mikrofone zu den Musikern stellen. Im Studio kriegt er, was er sich nimmt; im Konzert muß er nehmen, was er kriegt.
Dennoch wagten sich die Tontechniker schon in grauer Vorzeit an Live-Aufnahmen heran. Die erste fand am 29. Juni 1888 beim Londoner Händel-Festival statt, wo im Crystal Palace das Oratorium »Israel in Ägypten« auf Edison-Cylindern festgehalten wurde.
Fast dreißig Jahre später entdeckte auch die Schallplatte die lebendige Wirklichkeit. Okeh nahm am 28. 1. 1925 im Arcadia Balroom von Detroit ›Finzel's Arcadian Orchestra‹ unter Howard Steed auf.
Das Ergebnis war dermaßen niederschmetternd, daß man für die nächsten Jahre von derlei Experimenten Abstand nahm. Hinter den meisten heute erhältlichen Live-Mitschnitten aus damaliger Zeit steckt daher weder Zufall noch Absicht, sondern der Rundfunk.
Bei dem Gedanken, was für ungehobene Schätze in den Senderarchiven lagern müssen, läuft mir das Wasser im Mund zusammen. In Europa fördern sie Dirigenten wie Willem Mengelberg ans Tageslicht. In den Vereinigten Staaten Entertainer vom Range einer Sophie Tucker; Aufnahmen, deren Sammlerwert den akustischen Standard zehnfach aufwiegt.
Mittlerweile ist die Tontechnik soweit fortgeschritten, daß auch im Konzertsaal und auf der Bühne technisch perfekte Aufnahmen entstehen können.
Zum Beispiel Bernsteins Live-Mitschnitte mit den Wiener Philharmonikern. Für die Plattenfirma eine Mezzie, weil sie nur mit-

zufahren braucht. Für Publikum und Musiker Kabelsalat mit Mikrofondue.
Akustisch und musikalisch vollendet sind Beethovens fünf Klavierkonzerte, die Maurizio Pollini live mit Karl Böhm und Eugen Jochum eingespielt hat.
Den umgekehrten Weg wählte Karajan, der das Ensemble seiner Operninszenierungen erst der Feuertaufe der Salzburger Osterfestspiele unterzog, bevor er damit ins Tonstudio ging.
Was hat man bei Opernaufnahmen nicht schon alles versucht! Die Playback-Technik, die auf den ersten Blick wie das Ei des Kolumbus erscheint, erweist sich beim zweiten Hinhören als faules Ei der diebischen Elster. Anders als bei Schlager- und Popaufnahmen registriert man bei Opernproduktionen im Playbackverfahren sofort die fehlende Spontaneität. Es mangelt ihnen an Atmosphäre, an lebendiger Kommunikation aller Beteiligten.
Die glaubte Decca-Aufnahmeleiter John Culshaw zu erreichen, indem er im Studio eine Art Probenbühne aufbauen ließ, auf der die Sänger auch darstellerisch agieren konnten, obwohl niemand zusah.
Bei den unzähligen Mitschnitten aus Opernhäusern, die seit geraumer Zeit, vornehmlich auf CD, über uns hereinbrechen, sind drei Merkmale obligat:
Erstens: Unter 100 Mittschnitten sind garantiert 101 Raubpressungen.
Zweitens: Die Tonqualität gehört generell zur Kategorie ›La forza del destino‹.
Drittens: Mein Gott, was hat es doch früher für aufregende Opernabende gegeben! Insofern hat Roswitha recht. Live ist live. Es gibt musikalische Ereignisse, die reproduzierbar und solche, die unwiederholbar sind. In der prädiskorischen Zeit waren sie so oder so für die Nachwelt verloren. Heute darf man immerhin die Hoffnung hegen, daß ein Mikrofon in der Nähe ist, wenn die Post abgeht.
Die kommenden Generationen werden dafür genauso dankbar sein, wie wir für die Zufallstreffer von Benny Goodmans »Carnegie Hall Concert« vom 16. 1. 1938 und der Wiener Festaufführung von »Ariadne auf Naxos« anläßlich des 80. Geburtstages von Richard Strauss am 11. 6. 1944.
An dieser Stelle wirft Rosi wieder einmal Joe Cockers »With a little help from my friends« von besagtem Woodstock-Album in die Diskussion und tänzelt durchs Zimmer. Gerhard versteckt sich unter seinen Kopfhörern und tanzt in Gedanken mit Flora Purim auf der Copa Cabana.
Ich aber gehe nach Hause und lege zuerst das Album »Sergeant Peppers Lonely Hearts Club Band« auf, in das die Beatles nicht weniger als 300 Studiostunden investiert haben. Anschließend den Mitschnitt vom Newport Festival 1956, auf dem Paul Gonsalves seine 27 Wahnsinnschorusse über Ellingtons »Diminuendo and Crescendo in Blue« abzieht.
Beides probiert, kein Vergleich.
Thats live. Thats life!

14

Die Hinterglasmänner

101
Das Blue Note Etikett

102
Wirkten in vielen Filmen zusammen: Louis Armstrong und Bing Crosby

103
Ray Charles, Mr. Soul

104
Blue Note-Star Dexter Gordon

105 ▷
Alte Musik auf neuen Scheiben

106
Stan Getz hat unzählige Platten herausgebracht, eine schöner als die andere

107
Florence Foster Jenkins in ihrem Engelskostüm

Auf dem Theater sind nicht mehr die Schauspieler und schon gar nicht die Autoren, sondern die Regisseure die wahren Herren. Auch beim Film gewöhnen wir uns langsam an, auf sie zu achten. John Huston, Roman Polanski, Ingmar Bergman – da weiß man, was man zu erwarten hat. Zeit also, auch ein paar Worte über jene zu verlieren, die als Schallplattenregisseure im Studio walten und von den Künstlern immer nur hinter Glas, in der Tonkabine sitzend, wahrgenommen werden.

In Europa heißen sie Produzenten, in Amerik A & R Executives, wobei die Buchstaben für Artists & Recording stehen. Sie sind Angestellte der Plattenfirmen. Ihre Aufgabe besteht in zweiter Linie darin, Künstler aufzustöbern, bei Laune zu halten, geeignetes Songmaterial für sie auszuwählen und ihnen die richtige Begleitung – sowohl musikalisch zur Aufnahme, als auch weiblich für nachher – zu besorgen.

In erster Linie sollen sie allerdings Hits produzieren, und zwar möglichst am Fließband. Produzenten sind deshalb ununterbrochen auf der Jagd nach unentdeckten Michael Jacksons oder im Verborgenen blühenden Kinderstars.

Das unterscheidet sie vom Manager. Der nimmt den einmal gefundenen Star unter Vertrag und trachtet dann nurmehr danach, ihn meistbietend an den Big Boss der Plattengesellschaft zu verscheuern. Auch den interessieren weder Ruhm, noch Unsterblichkeit, sondern nur die Verkaufsziffern. Er vertraut diesbezüglich dem Produzenten und verläßt sich auf dessen Spürnase. Ist diese vom Kaliber eines Jerry Wexler, des Talente-Scouts von Atlantic Records, fährt der Zug in Richtung Hitfabrik ab. Sobald aber die Lokomotive nicht mehr unter Dampf steht, wird der Heizer gewechselt. Mitch Miller, der jahrelang die Nummer 1 bei CBS war und Middle-of-the-Road-Stars wie Barbra Streisand, Johnny Mathis und Tony Bennett erfolgreich vermarktete, versäumte den Anschluß und mußte Clive Davis Platz machen, einem Rechtsanwalt, der auf die neue Musik Rock'n'Roll setzte.

Einige Produzenten sind durch ihre Erfolge zu legendären Gestalten der Musikszene geworden, und es scheint kein Zufall zu sein, daß es immer wieder denselben gelungen ist, neue Talente zu entdecken und groß herauszubringen.

Ich könnte Dir nun eine endlose Liste von Namen aufzählen. Von John Hammond bis Dave Dexter. Von Creed Taylor bis Bob Thiele. Von Phil Spector bis Nile Rodgers, der solche Erfolgsalben wie Madonnas ›Like a Virgin‹, Mick Jaggers ›She's the Boss‹ und David Bowies ›Lets Dance‹ produziert hat und dem auch Duran Duran, Diana Ross oder Peter Gabriel ›hörig‹ waren.

Die Produzenten sind für die Plattenbosse deshalb so wichtig, weil 8 von 10 Neuerscheinungen Flops sind. Das große Geld kommt nur von ein paar Superhits; der Rest schreibt rote Zahlen. Weil aber niemand auf der Welt voraussagen kann, was denn wirklich der große Kassenknüller werden wird, setzen die Firmen auf Masse statt Klasse und produzieren auf Teufel-kommraus.

›Lieber einen Flop zuviel, als einen Hit zuwenig‹ lautet die Formel.
Das kann ins Auge gehen, wie das Beispiel einer Platte der Gruppe ›Kiss‹ beweist, die 1979 mit großem Tamtam angekündigt und anschließend in derartigen Mengen an die Detailhändler ausgeliefert wurde, daß die Gruppe schon im voraus mit Platin ausgezeichnet wurde. Das böse Erwachen kam ein paar Wochen später, als die Händler die Kartons ungeöffnet wieder zurückschickten, weil kein Mensch die Platte hören, geschweige denn kaufen wollte.
Das Risiko, das die Produzenten europäischer Musik eingehen, ist noch weit höher, weil sie einen unvergleichlich größeren Aufwand treiben müssen. Wer sich auf eine teure Opernproduktion einläßt, tanzt auf einem dünnen Drahtseil. Nur große Namen können ihm helfen, ein Sicherheitsnetz zu spannen, von dem alle hoffen, daß es nicht reißt.
Produzenten klassischer Musik sind meist ausgebildete Musiker, die Partiturlesen können. Als Walter Legge die Aufnahmen zur »Tosca« mit Maria Callas und Giuseppe di Stefano abgeschlossen hatte, blickte er auf Meilen bespielter Bänder und meinte zum Dirigenten Victor de Sabata:
»Ich brauche Sie noch ein paar Tage, damit wir gemeinsam die Bänder editieren und das Mastertape herstellen können.«
De Sabata lehnte jedoch ab:
»Sie und ich, wir sind beide Künstler. Meine Arbeit ist beendet, Ihre beginnt. Ich überlasse Ihnen einen Sack mit ungeschliffenen Juwelen, damit Sie eine Krone daraus machen, die meiner und Puccinis würdig ist.«

Der Traumjob

Anläßlich der Uraufführung von »Der Ring des Nibelungen« 1876 sagte Friedrich Nietzsche:
»Damit ein Ereignis Größe hat, muß zweierlei zusammenkommen. Der große Sinn derer, die es vollbringen und der große Sinn derer, die es erleben.«
Das Erlebnis, um das geht es. Muß es nicht herrlich sein, dauernd mit Künstlern zu tun zu haben? Den Duft der großen Welt nicht bloß zu schnuppern, sondern einzuatmen? Mit den unnahbaren Olympiern auf Du und Du zu sein?
Muß nicht jede noch so unbedeutende Tätigkeit im Musikbusiness ein wahrer Traumjob sein?
So dachte ich, bevor ich einige kennenlernte, die tatsächlich im Musikgeschäft arbeiten. Seither bin ich geheilt.
Mein persönlicher Eindruck von diesen Leuten ist kontrovers. Bei manchen scheint eine gewisse Corporate Identity abzufärben. Wie sonst ist zu erklären, daß die Columbianer, die ich traf, fast durchweg freundliche, zuvorkommende Menschen waren, während sich die Polygrammatiker höflich-distanziert und die Bertelsmänner taktlos-grob zeigten?
Allen war gemeinsam, daß jeder seinen Job, nicht aber die Musik zu mögen schien. Das Verhältnis dieser Leute zu Schallplatten scheint mir ein ganz anderes als bei uns Sammlern zu sein.
Das ist selbstverständlich, denn wir sehen in der Schallplatte keinen Umsatzträger, sondern ein Mysterium. Da liegen eben Welten dazwischen.
Ich bin natürlich froh, daß es professionelle Schallplattenmenschen gibt. Schon J. B. Priestley hat gesagt, daß man dem Erfinder der Langspielplatte dafür, daß er es ermöglicht hat, Schuberts C-Dur-Quintett allein im Zimmer hören zu können, auf den Knien danken muß.
Diesem Dank schließe ich mich an. Schallplatten können eine große Liebe sein. Aber wenn man die große Liebe heiratet, wird unweigerlich eine kleine Ehe daraus.

Handarbeit

»Manipulation, its the name of the game, and each generation plays it the same«, singt Bobby Darin in einem alten Rock-Hudson-Film. Manipulation ist angesagt. Die gute alte Handarbeit. Trotz aller elektronischer Tricks wird man in den Tonstudios auch in Zukunft nicht auf sie verzichten können. Die Elektronik ist nur Hilfsmittel. Und das auch nur in den Händen eines Meisters.

Wer ein Meister ist, vollbringt wahre Wunderwerke, von denen wir ahnungslosen Sammler nichts ahnen. Ab und zu dringt eine Botschaft nach draußen, aufgrund derer wir uns zusammenreimen können, was da alles getürkt, gekupfert, gecovert und manipuliert wird. Dann bekommen wir eine Ahnung davon, wieviel Organtransplantationen und Faceliftings durchgeführt werden.

Du kennst doch sicher »All my loving« von den Beatles, aufgenommen am 15. 7. 1963? Aber weißt Du auch, daß die beiden Solosänger nur einer sind, nämlich Paul McCartney? Wie auf vielen späteren Aufnahmen hat er seinen Part mittels Overdubbing zweimal gesungen.

John Lennon tut das ebenfalls auf so berühmten Nummern wie »Please Mr. Postman«, »A hard days night«, »I should have known better« usw.

Georg Danzer hat das Double-Tracking, das Mit-sich-selbst-im-Duett-Singen, bei seinen früheren Aufnahmen fast zu einem Markenzeichen erhoben.

Auf Opernplatten gibt es ähnliche Beispiele, deren bekanntestes Boris Christoffs Aufnahme von »Boris Godunow« ist, auf der er alle drei Baßpartien singt.

Aber bleiben wir noch ein bißchen bei den Beatles. »Yesterday«, Paul McCartneys schönsten Lied, ist zum Beispiel gar keine Beatles-Aufnahme. Außer dem Komponisten selbst ist keiner der anderen drei vertreten; McCartney wird bei der im Album ›Help‹ enthaltenen Originalaufnahme von einem Streichquartett begleitet.

Das wiederholt sich bei »Eleanor Rigby«, wo es allerdings schon ein Doppelquartett, also 8 Streicher sind.

Übrigens, ›Help‹: Auf dem Cover zeigen die Beatles mit Flaggenzeichen die vier Buchstaben des Titels H-E-L-P. Allerdings nur auf der englischen Originalausgabe. Bei der amerikanischen hat ein Spaßvogel die Fab Four umgruppiert, so daß die Flaggenzeichen H-P-E-L bedeuten.

Eine amüsante, von gegenseitigem Verstehen und hinreißender Musikalität getragene Duettplatte ist von Bing Crosby und Louis Armstrong besungen worden.

Den Orchesterpart steuerte Billy May bei, wobei er diesen in Los Angeles aufnahm. Die Bänder wurden nach New York geschickt, wo Louis und Bing ihre Stimmen dazu ablieferten.

Zwei Tage danach kam Louis noch einmal, diesmal allein, ins Studio, um die Trompetensoli aufzunehmen.

Bing Crosby auf CD ist ebenfalls so ein technisches Kabinettstückchen aus der alchemistischen Hexenküche der modernen Tonmeisterei. Die Stimme aus den dreißiger Jahren, das Begleitorchester von

1985 – da wundert man sich nicht mehr, wie zeitgemäß Mr. Crosby klingt.
Musikalische Manipulationen hat es schon immer gegeben. Auf der ersten Version seiner Kennmelodie »When its sleepy time down south« singt Louis Armstrong noch: »The darkies down there ...«
Aus Gründen rassischer Diskriminierung wurden die ›darkies‹ herausgeschnitten und durch die harmlosen ›folks‹ ersetzte.
Ähnliches passierte einem Wienerlied, in dem es einst hieß: »Beim Heurigen, da gibt's kan Genierer, da sitzt der Bankdirektor neb'n dem Tapezierer«,
wogegen möglicherweise die Tapeziererinnung intervenierte. Seither sitzt neben dem Geldsack kein ehrenwerter Handwerker mehr, sondern der sich ebenfalls reimende ›Tachinierer‹, was soviel wie Faulpelz, Nichtstuer bedeutet.
Solche Platten aufzustöbern ist ein Sammlerspaß, dessen sonst nur noch die Briefmarkenfreunde teilhaftig werden, wenn es ihnen gelingt, einen seltenen Fehldruck aufzuspüren. Ein Spaß, der mitunter ein teurer sein kann.
Neuerdings werden mit dem Stichwort ›Remix‹ auch die Popfans nachhaltig zur Kasse gebeten. Ein findiger Manager hat nämlich herausgefunden, daß die Fans auf alte Titel, neu abgemischt, gehörig abfahren.
Also doch nicht nur Hand-, sondern auch ein bißchen Denkarbeit.

So entstehen Legenden

Um zur Legende zu werden, muß ein Künstler entweder sehr früh oder sehr spät sterben.
Pierre Monteux, Pablo Casals, Irving Berlin oder Eubie Blake, die ein geradezu biblisches Alter erreichten, fielen schon zu Lebzeiten in die Kategorie der ›lebenden Legenden‹.
Hingegen waren Dinu Lipatti, Bix Beiderbecke, Janis Joplin oder Buddy Holly Frühverstorbene, denen die Nachwelt nur zu gerne Kränze in Form von Schallplatten flicht – denn Legenden sind allemal gut verkäuflich.
Nicht geschafft haben es Leute wie Woody Shaw oder Thomas Schippers, aber auch Helmut Zacharias oder Wolfgang Sawallisch, um nur ein paar Beispiele zu nennen. Erstere, weil sie zu kurz lebten, letztere, weil sie schon zu lange leben und man sich daran gewöhnt hat, daß sie da sind. Zur Legendenbildung gehört jedoch mehr.
Spektakuläre Todesarten sind hervorragende Ausgangspositionen. Autounfall (Clifford Brown), goldener Schuß (Keith Moon), Mord auf offener Straße (John Lennon) heben den Plattenumsatz weit mehr, als ein simpler Treppensturz (Fritz Wunderlich) oder Herzschlag (Jim Morrison). Auch Eifersuchtsdramen (Madonna), abartige Veranlagungen (Boy George) sowie öffentlich inszenierte Zusammenbrüche (Patti Smith) sind Futter für die Regenbogenpresse.
Warum ich Dir das erzähle?
Weil ich immer wieder auf Leute stoße, die sich Platten nur wegen dieser Legendenbildung zulegen und nicht dahinterkommen, daß es gerade die Schallplatten sind, die als unbestechliche Richter mit diesem Quatsch aufräumen.
Zwischen den Rillen bleibt nämlich von all den Background-Stories nichts mehr übrig. Da zählt nur die künstlerische Leistung. Die Platte erzählt Dir nichts von Seelendramen und Alkoholexzessen, nichts von weißen Yachten und schwarzen Messen, nichts von Luxusleben oder Dachstübchen.
Dafür liefert sie Dir nüchterne Tatsachenberichte und enthüllt, daß Jerry Lee Lewis ein äußerst mieser Pianist war; daß Richard Tauber einen Knödel im Hals stecken hatte; daß auch ein Rubinstein Fehler machte; und daß Peter Kraus gelegentlich auch richtig intoniert.
Auf der anderen Seite sind Schallplatten genauso unbestechlich, wenn es gilt, Legenden zu bestätigen. Da stellt sich nämlich unabhängig von jeder noch so antiquierten Aufnahmetechnik heraus, daß ein Caruso, ein Gigli, ein Martinelli ihren Nachruhm zu Recht genießen. Daß gewisse Scheiben den Status der ›Allzeitgültigkeit‹ erreicht haben, den ihnen niemand mehr wegnehmen kann.
Du siehst, nicht nur Personen, auch Schallplatten können zu Legenden werden. Die sogenannten ›legendären Aufnahmen‹ des 20. Jahrhunderts haben ihre eigene Geschichte, die meist mit ihrer Entstehung verknüpft ist. Berühmte Aufführungen wie Benny Goodmans Carnegie Hall Concert, Woodstock, Aid for Africa, Horowitz in Moskau etc. gehören dazu. Begegnungen

wie die zwischen Stevie Wonder und Paul McCartney (Ebony and Ivory), Leonard Bernstein und Louis Armstrong (St. Louis Blues) und Queen & The London Philharmonic. Alles Platten von besonderem Zuschnitt, die auch ohne Hintergrundgeschichte Legendencharakter besitzen. Wenn Du diese trotzdem wissen willst, hindert Dich niemand daran, sie zu Deinem Vergnügen hinzuzuaddieren. Wenn ich zum Beispiel »We are the Champions« von ›Queen‹ auflege, sehe ich wieder das Fußballstadion an der Anfield Road vor mir, wo ich inmitten tausender Liverpool-Fans gestanden bin und den Song mit ihnen gesungen habe.

Siehst Du, so entstehen Legenden.

Der Wolf und der Löwe

Von den bedeutenden Schallplattenfirmen dieser Welt haben sich eigentlich nur zwei ein hochgestecktes Ziel gesetzt und über Jahrzehnte hinweg auch wirklich konsequent verfolgt.
Auf dem klassischen Sektor die ›Deutsche Grammophongesellschaft‹.
Beim Jazz die Firma ›Blue Note‹, die man trotz ihrer amerikanischen Herkunft eigentlich auch als eine Grammophongesellschaft der Deutschen bezeichnen könnte, denn ihre Gründer Alfred Lion und Francis Wolff hießen im Berlin des Jahres 1928 noch Alfred Löwe und Franz Wolf.
Schon in Berlin verfügten die beiden Freunde über eine beachtliche Plattensammlung. Was ihnen fehlte, waren die richtigen Großeltern, weshalb Alfred Löwe es beizeiten vorzog, den Lützowplatz gegen Lexington Avenue einzutauschen und nach New York emigrierte.
Die Briefe, die er von dort an seinen zurückgebliebenen Freund schickte, unterzeichnete er nun nicht mehr mit Löwe, sondern mit Lion. Ihr Inhalt lautete immer gleich: »Franz, komm nach Amerika, solange es noch geht.«
Falls dem Franz die Entscheidung damals noch schwer gefallen sein sollte, sorgte ein gewisser Hitler dafür, daß sie ihm leicht gemacht wurde. Franz flüchtete ebenfalls in die Staaten, nannte sich Francis und gründete mit Alfred Lion im Badezimmer dessen Ein-Zimmer-Appartements die Plattenfirma ›Blue Note‹.
Auslösender Moment war ein Konzert mit den Boogiepianisten Meade Lux Lewis, Albert Ammons und Pete Johnson am 23. Dezember 1938 in New Yorks Carnegie Hall.
Ein paar Tage später saß Meade Lux Lewis am Klavierhocker eines kleinen Studios, um die erste Aufnahme für den ›Blue Note‹-Katalog zu machen, der 50 Jahre später der umfangreichste Jazzplattenkatalog der Welt sein sollte.
Lion zahlte dem Pianisten an Ort und Stelle eine Aufnahmegage, hatte dann aber nicht mehr genügend Geld bei sich, um auch die Matrizen zu bezahlen. Diese blieben als Pfand im Studio zurück und wurden erst ein paar Tage später ausgelöst.
Diese erste Aufnahme der Plattenbrüder Wolff & Löwe darf als Musterbeispiel eines vorprogrammierten Flops gelten:
Kein Mensch kannte den Künstler, der als Taxifahrer herumkutschierte, weil er vom Klavierspielen nicht leben konnte.
Erfolgreiche Jazzplatten boten damals tanzbare Swingmusik statt eines Pianoblues.
Ein weiteres Erfolgskriterium war das ungeschriebene Musik-Box-Gesetz, dessen erster Paragraph lautete: ein Lied pro Seite, Dauer nicht über 3 Minuten.
›Blue Notes‹ Erstling erstreckte sich hingegen über 4 Seiten von zwei Schellacks zu je 30 cm Durchmesser.
Doch entgegen allen Chancen setzten die beiden Greenhorns ihr abenteuerliches Konzept künstlerischer Kompromißlosigkeit durch, wobei ihnen sicherlich zugute kam, daß schon ihre dritte Aufnahmesitzung einen Hit hervorbrachte, nämlich Sidney Bechets Version des Gershwin-Klassikers »Summertime«.

Mit diesen frühen Aufnahmen wurden Maßstäbe gesetzt, die ein halbes Jahrhundert später noch immer Gültigkeit haben. Daß man trotz guten Geschmacks kommerziell erfolgreich sein kann, ist ein Beweis, daß Gott Pan noch nicht an der Menschheit verzweifelt.
So, wie man von bestimmten Musikern fast bedenkenlos alles kaufen kann, was auf den Markt kommt, darfst auch Du im ›Blue Note‹-Katalog blind auf eine Bestellnummer tippen, ohne eine Enttäuschung befürchten zu müssen.
Albert & Francis mußten zwar manchmal lange warten, bis sich der Erfolg einer Platte einstellte, doch keine ihrer Produktionen war für A & F. Weil sie ihren Musikern vollkommene künstlerische Freiheit ließen, gewannen sie ein Nahverhältnis zu diesen, das in dieser Branche absolut einmalig sein dürfte.
Kein Wunder also, daß es ab den 50er Jahren so gut wie keinen bedeutenden Jazzmusiker mehr gegeben hat, der nicht für ›Blue Note‹ aufgenommen hätte. Der Katalog liest sich wie ein ›Who is who‹ des modernen Jazz. ›Blue Note‹ ist auch die einzige Firma, deren Platten so gut wie nie gestrichen worden sind und immer erhältlich waren, wenn auch manchmal auf Umwegen.
Die ersten ›Blue Note‹-Aufnahmen, die man nach dem Weltkrieg in der BRD bekommen konnte, waren 78er der Marke ›Climax‹, die dank eines speziellen Füllschriftverfahrens 30-cm-Originalaufnahmen auf einer 25-cm-Schellack unterbrachten. Dann kamen die LPs mit 10 und 12 inch, die Mehrfachalben und schließlich die CDs.
Alfred Lion zog sich 1967 vom Geschäft zurück, Wolff starb 1971. ›Blue Note Records‹ wechselten mehrfach den Besitzer und gehörten nacheinander Liberty Records, EMI, Manhattan Records und Capitol. Doch das ist egal, solange das vertraute weißblaue Etikett draufklebt, das der Wolf und der Löwe vor mehr als 50 Jahren geschaffen haben.

15

Die Auslaufrille

Letzte Bemerkungen zu den Seiten davor

⊙ Ich bin diesem Buch zutiefst dankbar, weil es mich gezwungen hat, mich mit meinen geliebten Schallplatten noch intensiver als sonst zu befassen.

⊙ Weil zu jedem ordentlichen Buch eine Widmung gehört, widme ich es all den großen und großartigen Musikern, die in ihm nicht genannt worden sind und entschuldige mich dafür bei ihnen.

⊙ Schallplatten sind für mich »gleichzeitig«. Benjamino Gigli »sang« nicht nur auf der Bühne, sondern hat auch im Studio »gesungen«, damit er auf der Platte für mich »singt«.

⊙ Von der Grammatik zur Orthographie: daß es einmal »Quartett«, dann wieder »Quartet« heißt, erklärt sich daraus, daß man zum »Budapest String Quartet« auch »Budapester Streichquartett« sagen kann.

⊙ Ein Buch wie dieses ist, wenn es erscheint, bereits veraltet. Andererseits verfügt es doch über einen gewissen Ewigkeitswert, weil es sich mit dem kostbaren Vorrat konservierter Musik befaßt, der uns für alle Zeiten zugänglich sein wird. Als ich mit dem Manuskript anfing, waren Karl Böhm und Billy Butterfield noch am Leben. Inzwischen ist der traurige Fall eingetreten, daß sie nurmehr durch ihre Schallplatten weiterleben. Und wer weiß, von wem man das noch wird sagen müssen, wenn das Buch erst einmal erschienen ist.

⊙ Mein Buch wird den Schallplattenfreunden hoffentlich Spaß machen. Für die Händler könnte es sich allerdings zum reinsten Horrortrip auswachsen, falls es den Leser dazu veranlassen sollte, auf vergriffenen Aufnahmen zu bestehen. Aber es gibt einen Trost: früher oder später wird auch die seltenste Aufnahme wieder aufgelegt.

⊙ Es gibt nur zwei Arten von Musik: gute und schlechte. Aber es gibt drei Arten von Schallplatten. Solche, die mir gefallen. Solche, die Dir gefallen. Und den Rest.

⊙ Zu Beginn war alles ein großer Spaß. Ich setzte mich hin und beschrieb einfach einige meiner Lieblingsplatten. Je mehr ich aber in die Materie eindrang, um so mehr wurde das Vergnügen zu Arbeit. Ich sah mich zu intensiver Quellenforschung gezwungen und bemühte mich, dem Geheimnis der Schallplatte auf die Spur zu kommen. Das gelang mir zwar nicht; aber ich entdeckte bei dieser Gelegenheit soviel Neues, Wunderbares und Überraschendes, daß es mir wenigstens gelang, den Spaß an der Sache wiederzufinden.

⊙ Ein Verlag hat mein Manuskript mit der Begründung abgelehnt, er sähe sich angesichts meiner 100 Lieblingsplatten verpflichtet, seinen Lesern zu erklären, wieso gerade diese und keine anderen etc. etc. Meine Auswahl sei nämlich absolut nicht stichhaltig, sondern rein subjektiv.

Das will ich doch hoffen!

Anhang

Quellenverzeichnis

⊙ Bachmann Robert C.: Große Interpreten im Gespräch (dtv 1978)
⊙ Berendt Joachim Ernst: Das Jazzbuch (Fischer 1954–66)
⊙ Billboard (Cincinatti/USA)
⊙ Blyth Alan: Opera on Record (Hutchinson 1986)
⊙ Böhm Thomas/Stark Jürgen: Hermes Handlexikon. Die großen Stars der Popmusik (ECON 1988)
⊙ Chapple Steve/Garofalo Reebee: Wem gehört die Rockmusik? (RoRoRo 1980)
⊙ Collier James Lincoln: Louis Armstrong, an American Genius (Oxford University Press 1983)
⊙ Culshaw John: Ring Resounding (Secker & Warburg 1967)
⊙ Davies Hunter: Alles, was Du brauchst, ist Liebe (Droemer Knaur 1970)
⊙ Dearling Robert & Celia: The Guiness Book of Recorded Sound (Guiness 1984)
⊙ Dexter Dave: Playback (Billboard 1984)
⊙ Downbeat Magazine (Illinois/USA)
⊙ Ecke Christoph: Ewiger Vorrat klassischer Musik (RoRoRo 1962) 3 Bände
⊙ Elmenhorst Gernot/Bebenburg Walter: Die Jazz Diskothek (RoRoRo 1961)
⊙ Fono Forum (Hamburg/BRD)
⊙ Gillet Charlie: Makin' Tracks, The Story of Atlantic Records (Souvenir Press 1988)
⊙ Grubb Suri Raj: Kann der Partitur lesen? (SV International 1989)
⊙ Haas Walter: Das Schlagerbuch (List 1957)
⊙ Haas Walter/Klever Ulrich: Schallplattenbrevier (Ullstein 1958)
⊙ Haas Walter/Klever Ulrich: Die Stimme seines Herrn (Ullstein 1959)
⊙ Hammond John: On Record (Ridge Press 1977)
⊙ Hartel Klaus D.: Plattensammeln mein Hobby (Goldmann 1971)
⊙ Herzfeld Friedrich: Schallplattenführer für Opernfreunde (Ullstein 1962)
⊙ Hirsch Hans: Schallplatten zwischen Kunst und Kommerz (Noetzel 1986)
⊙ Hodeir André: Jazz, its evolution and essence (Grove Press 1961)
⊙ Hot Wacks (Ontario/Canada)
⊙ Jazz Journal (London/UK)
⊙ Jazz Podium (Stuttgart/BRD)
⊙ Jazz on Records (Arrow Books 1960)
⊙ Jazz on LPs (Decca 1956)
⊙ Just Jazz (Landsborough 1959)
⊙ Jungheinrich Hans-Klaus: Die großen Dirigenten (ECON 1986)
⊙ Lyons Len: The 101 Best Jazz Albums (Morrow Quill 1980)
⊙ Hopkins Jerry: The Rock Story (Signet 1970)
⊙ Kaiser Joachim: Erlebte Musik, 2 Bände (dtv/Bärenreiter 1977)
⊙ Kernfeld Barry: The new Grove Dictionary of Jazz, (Macmillan Press 1988)
⊙ Koch Albrecht: Angriff aufs Schlaraffenland. 20 Jahre deutschsprachige Popmusik (Ullstein 1987)
⊙ Kraushaar Elmar: Rote Lippen. Die ganze

Welt des deutschen Schlagers (RoRoRo 1983)
⊙ Kuhnke/Miller/Schulze: Geschichte der Popmusik (Eres Edition 1977)
⊙ Löbl Karl/Werba Erik: Hermes Handlexikon. Opern auf Schallplatten. (ECON 1983)
⊙ Murells Joseph: Million Selling Records (Batsford 1984)
⊙ Musikmarkt (Düsseldorf/BRD)
⊙ Nisenson Eric: Round about midnight (Hannibal 1985)
⊙ Oldies Markt (Hamburg/BRD)
⊙ Plaskin Glenn: Horowitz (SV International 1988)
⊙ Riess Curt: Knaurs Weltgeschichte der Schallplatte (Droemer Knaur 1966)
⊙ Russell Ross: Bird Lives (Charterhouse 1973)
⊙ Schmidt-Joos Siegfried: Geschäfte mit Schlagern (Schünemann 1960)
⊙ Schonberg Harold C.: Die großen Dirigenten (List 1972)
⊙ Schonberg Harold C.: Die großen Pianisten (List 1972)
⊙ Thiel Jörg: An Anthology of recorded music (Jugend und Volk 1971)
⊙ Strasser Otto: Und dafür wird man noch bezahlt (dtv 1978)
⊙ Streitobjekt Schallplatte, Anthologie (Breitkopf & Härtel 1978)
⊙ Vintage Jazz Mart (London/UK)

Namensregister

»Abba« *214*
Abbado, Claudio *36, 114f., 130f., 142, 144, 151, 164, 168, 192f., 211, 241*
»AC/DC« *347*
Adam, Theo *50, 118, 120, 124*
»Adam Ant« *231, 244*
Addinsell, Richard *163*
Adenauer, Konrad *204*
Aebersold, Jamey *246*
»Ärzte« *50*
Akiyoshi, Toshiko *50, 163*
»Alban-Berg-Quartett« *181f.*
Albeniz, Isaac *187*
Albers, Hans *218*
Alfano, Franco *138*
Allegri, Gregorio *267*
Allen, Henry Red *18*
Allen, Walter C. *297*
Allen, Woody *136*
Allen, Steve *80*
»Alice Cooper« *231*
Alexander, Monty *146*
Alexander, Peter *73, 221, 352*
Almeida, Laurindo *95, 188*
Ambros, Wolfgang *50, 333*
»Ames Brothers« *214*
Ammons, Albert *159, 379*
Amico, Hank d' *281*
Ančerl, Karel *50, 133*
Andersen, Hans Christian *201*
Andersen, Lale *239, 331*
Anderson, Leroy *231*
Anderson, Lynn *53*
André, Maurice *164*
»Andrew Sisters« *214*
Anka, Paul *277, 354*
Ansermet, Ernest *94, 136f.*
Anthony, Ray *222, 235*
Argerich, Martha *150, 168*
Armstrong, Karen *107*
Armstrong, Lil *204*
Armstrong, Louis *16f., 43, 55, 72, 75f., 86, 95, 102, 143, 172, 190, 194, 224, 226, 228f., 265, 292, 295, 300, 305f., 317, 319, 327, 338, 343, 375f., 378*
Armstrong, Neil *14, 200*
Arrau, Claudio *134, 146, 150, 156, 224*
Ashkenazy, Vladimir *152, 168, 241*
Assia, Lys *231*
Astaire, Fred *229*
Atkins, Chet *53*
Auld, Georgie *163*
Austin, Lovie *16*
Avsenik, Slavko *258*
Ayler, Albert *96*
Aznavour, Charles *332*

»Baccara« *231*
Bach, Friedemann *251*
Bach, Johann Sebastian *16f., 30, 73, 128, 147, 164ff., 181, 184, 197, 210, 242, 252*
Bach, Philipp Emanuel *251*
Backhaus, Wilhelm *18, 146, 155*
Baez, Joan *332*
Baker, Chet *64, 94, 228, 311, 327, 379*
Baker, Ginger *240*
Balanchine, George *151*
Ballard, Hank *344*
Baltsa, Agnes *121*
Balzac, Honoré de *144, 200*
Barbour, Dave *229*
Barenboim, Daniel *50, 163, 183*
Barnet, Charlie *15, 91*
Barraud, Francis *57*
Barraud, Marc *57*
Bartholomew, Dave *223*
Bartók, Béla *18, 50, 130, 141f., 144, 163f., 177, 180, 182, 185*
Basie, Count *74, 84, 105, 145, 194, 215, 220, 222, 311, 321, 342*
Bassey, Shirley *218f., 239*
Batik, Roland *319*
Baudelaire, Charles *200*
Bauer, Uschi *258*
Baumayer, Marie *298*
Baxter, Les *175*
»Beach Boys« *214*
»Beatles« *55, 58, 96, 150f., 187, 214, 231f., 234ff., 243, 270, 272, 277, 321, 347, 354, 368, 375*
»Beaux Arts Trio« *181*
Bechet, Sidney *43, 88, 93, 187*
Beck, Jeff *188*
Becker, Boris *201*
»Bee Gees« *214*
Beecham, Sir Thomas *120, 122, 130, 169, 326, 339*
Beethoven, Ludwig van *16f., 29, 32, 36, 107, 121, 128ff., 140, 144f., 147f., 154f., 161, 163f., 170, 180, 182f., 187, 209f., 230, 245, 249f., 268, 274, 277, 311, 319f., 368*
Behrens, Hildegard *115*
Behrend, Siegfried *188*
Beiderbecke, Bix *15f., 204, 377*
Beirer, Hans *171, 306, 320*
Bell, Alexander Graham *25ff.*
Bellson, Louis *105*
Bendix, Ralph *277*
Ben Gurion, David *207*
Benedetti, Dean *85*
Benedetti-Michelangeli, Arturo *134, 146, 155, 160*
Beneke, Tex *364*
Bennett, Tony *219f., 372*
Berberian, Cathy *173*
Berg, Alban *97, 107, 114f., 128, 138, 147, 164, 181, 326*
Berganza, Teresa *126, 296*
Bergman, Ingmar *372*
Bergman, Ingrid *308*
Berigan, Bunny *74, 77*
Berlin, Irving *377*
Berliner, Emil *23, 27f., 42, 57, 199, 268, 299*
Berlioz, Hector *30, 128, 130, 132, 142, 144, 210*
Berman, Lazar *150, 360*
Bernstein, Elmer *308*
Bernstein, Leonard *36, 121, 129ff., 133f., 138, 142, 151, 172, 175f., 180, 187, 191, 193, 210, 211ff., 250, 318, 367, 378*
Bernhard, Thomas *200*
Berry, Chu *307*

Berry, Chuck *128, 231, 281, 317*
Berry, Walter *115, 127*
Berté, Heinrich *174*
Betts, Keeter *83*
Biermann, Wolf *332*
»Biermösl Blosn« *225*
Bigard, Barney *103, 105*
Birkin, Jane *55*
Birks, John s. Gillespie, Dizzy *339*
Bismarck, Otto Fürst von *22, 199*
Bizet, Georges *107, 120f.*
Blacher, Boris *230*
Black, Roy *257, 331*
Blake, Eubie *377*
Blanton, Jimmy *105*
Blarr, Oskar Gottlieb *241*
Blech, Leo *204*
»Blondie« *231*
»Blood, Sweat and Tears« *240f., 312*
»Blue Note Seven« *229, 273*
Bluemlein *24*
Böhm, Karl *43, 108, 113, 115, 117ff., 125f., 129f., 138, 169, 204, 250, 306, 368, 381*
Bolan, Marc *188, 346*
Bolden, Buddy *16, 256*
Bolling, Claude *319*
Bondarenko, Marina *242*
Bonfa, Luiz *94*
Boone, Pat *257, 353*
Boozier, Henry *89*
Boskovsky, Willi *125, 192*
Bostic, Earl *56*
Boulez, Pierre *115, 117, 132, 142*
Bowie, David *36, 346, 354, 372*
Boyer, Jacqueline *267*
»Boy George« *377*
Bradford, Perry *345*
Brahms, Johannes *16f., 116, 128, 130, 139, 144f., 163f., 166, 170, 177, 180, 188, 191f., 210, 228, 268, 283, 298, 307, 320, 326, 343*
Brandenburg, Christian Ludwig Markgraf von *166*
Brain, Dennis *186*
Brandauer, Klaus Maria *200*
Branigan, Laura *50*
Bream, Julian *188, 190*
Brecht, Bert *201, 224, 332*
Brecker, Randy *240*
Brendel, Alfred *148f., 156, 164, 183*
Bronner, Gerhard *203*
Brookmeyer, Bob *94ff.*
Brown, Clifford *74, 327, 377*
Brown, James *317*
Brown, Lawrence *104*
Brown, Les *235*
Brown, Ray *82, 87, 162*
Brown, Rosemary *138, 201*
Brubeck, Dave *88, 96, 145, 181*
Bruch, Max *164*
Bruckner, Anton *17, 35, 114, 128, 130, 135f., 192, 195, 249, 274*
Brüggen, Frans *251*
Brunner-Schwer, Hans-Georg *193*
Bruyninckx, Walter *296*
Bryan, Mike *80*
Bryant, Ray *161f.*
Buchbinder, Rudolf *17, 156*
Büchner, Georg *114f.*
Bülow, Hans von *18, 146, 155, 211, 247*
Buffet, Bernard *58*
Buhlan, Bully *244*
Bumbry, Grace *121*
Bunch, John *220*
Burmeister, Annelies *118*
Burke, Solomon *353*
Burns, Ralph *89*
Busch, Fritz *108*
Busch, Wilhelm *341*
Busoni, Ferruccio *17*
Butterfield, Billy *79, 381*
Byrd, Charlie *94*

Cäsar, Julius *201*
Cage, John *183, 190*
Calhoun, Charles *342*
Callas, Maria *43, 55, 107, 116f., 120f., 171, 198, 318, 347, 373*
Calloway, Cab *99*
Camarata, Jerry »Tootie« *190*
Cappuccilli, Piero *245*
Capone, Al *344*
Capri, Peppino di *42*
Carlisle, Una Mae *206*
Carlos, Walter *197*
Carmichael, Hoagy *217*
Carney, Harry *104*
Caruso, Enrico *17, 23, 42, 106f., 197, 222, 265, 271, 358, 377*
Carpendale, Howard *290, 331*
Carreras, José *112, 121, 172, 318*
Carter, Benny *103, 307*
»Carter-Family« *342*
Casa, Lisa della *108*
Casals, Pablo *43, 148, 181, 204, 358, 377*
Cash, Johnny *52, 353*
Casadesus, Robert *146, 156*
Cavallaro, Carmen *271*
Cavalli, Francesco *107*
Cavour, Camillo Benso *211*
Celentano, Adriano *173*
Cerha, Friedrich *138*
Chapman, Mark *59*
Chapman, Tracy *36, 249*
Chaplin, Charles *17, 150, 225, 304*
Charles, Ray *96, 172, 221, 226, 317, 367*
Charlus *265*
Charpentier, Gustave *251*
Chéreau, Patrice *36, 249*
Cherry, Don *74*
Chevalier, Maurice *203*
Chicago (Transit) *240f.*
Chopin, Frédéric *17f., 50, 76, 122, 138, 144f., 147, 151f., 154f., 163, 224, 229, 265, 271, 274, 320*
Christian, Charlie *80, 188*
Christoff, Boris *125, 375*
Chruschtschow, Nikita *204*
Cicero, Eugen *161*
»City Slickers« *225*
Churchill, Winston *199, 240*
Clapton, Eric *189, 198, 353, 358*
Clark, Petula *96, 239*
Clark, Dick *351*
Clarke, Kenny *184*
Claudius, Matthias *134, 182*
Clayderman, Richard *36, 161, 224*
Clayton, Buck *105*
Clementi, Muzio *154, 181*
Cliburn, Van *128, 150f., 271*
Clooney, Rosemary *77*
Cluytens, André *124f.*
Cocker, Joe *173, 231, 368*
Cohen, Leonard *249, 277*
Cole, Nat »King« *55, 146, 158, 192, 221*
Cole, Nathalie *221*
Cole, Richie *215*

Collins, Dick *90*
Colombier, Michel *197*
»Colosseum« *234*
Coltrane, John *15, 73f., 94ff., 125, 156f., 240, 312, 354, 362*
»Comedian Harmonists« *45*
Como, Perry *271*
Condon, Eddie *93f., 339*
Coniff, Ray *244*
Conover, Willis *49, 348*
Conried, Heinrich *107*
Constantine, Eddie *331*
Cooper, Gary *52*
Copland, Aaron *128, 145, 185*
Corea, Chick *230*
Corelli, Franco *318*
Cortot, Alfred *122, 152, 181*
Costello, Elvis *231*
»Cream« *234*
»Creedence Clearwater Revival« *214, 354*
Crosby, Bing *218, 272, 298, 338, 375f.*
Crosby, Bob *159*
Crow, Bill *96*
Culshaw, John *112, 118f., 368*
Curtiz, Michael *141*

DAF *346*
Daltrey, Roger *243*
Dandridge, Dorothy *225*
Danzer, Georg *333, 375*
Darin, Bobby *231, 244, 375*
Davis, Clive *372*
Davis, Sir Colin *142*
Davis, Eddie Lockjaw *73*
Davis, Miles *45, 72f., 84, 156, 196, 267, 271, 307, 326f.*
Davis jr., Sammy *73, 173, 226*
Davison, Bill *93*
Dawson, Peter *338*
Day, Doris *238, 339*
Debussy, Claude *130, 144f., 181, 188, 216, 228*
»Deep Purple« *234, 240, 347*
Degenhardt, Franz-Josef *332*
Delauney, Charles *296*
Delibes, Léo *246*
Dempsey, Jack *201*
Demus, Jörg *134, 193*
Deneuve, Catherine *92*
Deodato, Eumir *197*
»Depeche Mode« *196, 241*
Derek, Bo *136*
Dermota, Anton *108, 126*
Desmond, Paul *95*
Deutscher, Drafi *354*
Dexter, Dave *372*
Diabelli, Antonio *154, 156, 230*
»Diabelli-Trio« *227*
Diaz, Justino *121*
Diddley, Bo *236*
Dietrich, Marlene *238, 278, 281*
DiMeola, Al *188*
»Dire Straits« *277, 316*
Disney, Walt *143, 319*
Ditters von Dittersdorf, Karl *252*
Dobrowen, Issai *125*
Dodds, Johnny *18*
Dolphy, Eric *114, 157, 276*
Dohnanyi, Christoph von *114, 134*
Domingo, Placido *10, 108, 121, 126, 197, 318*
Domino, Fats *223, 231, 272, 317*
Donegan, Lonnie *260*
Donizetti, Gaetano *108, 210*
Donkosaken *198, 260*
Donovan, Dan *57*
»Doors« *231, 354*
Dorati, Antal *128, 141, 151, 271*
Dorsey, Jimmy *91*
Dorsey, Tommy *74, 83, 321*
Douglas, Kirk *80*
»Drifters« *214*
Duchin, Eddie *161*
Dudley, S. H. *265*
Dumas, Alexandre *144*
»Duran Duran« *23, 352, 372*
Durham, Bobby *83*
Durham, Eddie *188*
Dvořák, Anton *50, 133, 164, 210*
Dylan, Bob *165, 190, 249, 332*

»Earth, Wind and Fire« *240*
Eastwood, Clint *85*
Eberle, Gertrude *267*
Eckstine, Billy *226*
Edelhagen, Kurt *364*
Edison, Harry *78, 194*
Edison, Thomas Alva *16, 22f., 26ff., 33, 42, 57, 199, 265, 338, 348, 367*
Edwards, Jango *224*
Egk, Werner *230*
Einem, Gottfried von *114*
Eisenhower, Dwight D. *204, 351*
Eldridge, Roy *79, 87ff., 95, 194, 281, 306*
Elliot, T.S. *201*
Ellington, Duke *74, 84, 88, 90f., 97, 99 102, 104, 137, 157, 163f., 215, 226, 228, 237, 276, 281, 321, 327f., 341, 368*
Ellis, Don *238*
Ellis, Herb *82, 95, 194*
Elman, Ziggy *99*
»Emerson, Lake & Palmer« *241f.*
Emerson, Keith *166, 241f.*
Enesco, Georges *50*
»Erste Allgemeine Verunsicherung« *333, 354*
Ertegun, Ahmet *341*
Esterhazy, Fürst *142*
Evans, Bill *9*
Evans, Gil *125*
Evensmo, Jan *297*
»Everly Brothers« *96, 214*

Faddis, Jon *86, 194*
Falco (Hans Hölzl) *55, 139, 217, 331, 339*
Falla, Manuel de *320*
Farkas, Mihály *50*
Farmer, Art *74, 327*
Faulkner, William *204*
Feather, Leonard *76, 306*
Fedosejew, Wladimir *242*
Feliciano, José *197, 354*
Feld, Morey *80*
Fendrich, Rainhard *333*
Ferguson, Maynard *91f., 114*
Fernandez, Bobby *85*
Ferrier, Kathleen *175*
Ferry, Bryan *354*
Feuermann, Emanuel *181*
»Fine Young Cannibals« *222*
Finkelstein, Sidney *185*
»Finzel's Arcadian Orchestra« *367*
Fischer, Adam *50*
Fischer, Edwin *155*
Fischer-Dieskau, Dietrich *173, 176, 177f., 306, 316*
Fisher, Bobby *146ff., 150*
Fitzgerald, Ella *58, 81ff., 172, 194, 228f., 237, 249, 266, 338*
Flack, Roberta *219, 239*
Flagstad, Kirsten *43, 118*
Flanagan, Ralph *64*
Flanagan, Tommy *145*

»Fleetwood Mac« *232, 316*
Fleming, Joy *331*
»Fletcher-Henderson-Orchester« *297*
Flores, Chuck *90*
Fogelberg, Dan *231*
Foldes, Andor *273*
Foley, Red *52*
Ford, Mary *64*
Ford, Tennessee Ernie *260*
Forman, Milos *36, 139, 169*
Fournier, Pierre *180*
»Four Aces« *210, 214*
»Four Freshmen« *210, 214*
Francis, Connie *239, 272*
Franco, Buddy de *98, 194, 364*
Franklin, Aretha *219, 239, 256*
Frantz, Justus *134, 360*
Franz Joseph I. *22, 199*
Freberg, Stan *225, 230*
Freed, Alan *266, 350f.*
Freni, Mirella *110f., 121*
Frick, Gottlob *118*
Fricsay, Ferenc *55, 114, 133, 140, 211f.*
»Friedel Hensch und die Cypris« *214*
Friedrich, Götz *106*
Fröbe, Gert *224*
Furtwängler, Wilhelm *109, 118, 129ff., 134, 138, 248, 326, 338, 342f., 349, 367*

Gabriel, Peter *372*
Gaisberg, Fred W. *42f.*
Galway, James *161*
Gamba, Pierino *150*
Garcia, Russell *229*
Gardner, Ava *78*
Garfunkel, Art *219*
Garland, Judy *14*
Garner, Erroll *46, 146, 283, 307, 343*
Garrison, Jimmy *157*
Gasser, Sir Jonathan s. Kessel, Barney
Gavrilow, Andrej *150*
Gedda, Nicolai *111*
»Genesis« *346*
Gershwin, George *163, 217, 237, 379*
Getz, Stan *66, 88, 94ff., 102, 184, 194*
Ghiaurov, Nicolai *124*
Ghiuselev, Nicolai *124*
Gibbons, Bill *188*
Giehse, Therese *201*
Gieseking, Walter *146, 193*
Gigli, Beniamino *42, 44, 95, 222, 377, 381*
»Gilbertos« *94*
Gilberto, Astrud *172, 260, 332*
Gildo, Rex *339*
Gilels, Emil *16, 49, 125, 150, 156, 306*
Gillespie, John Birks »Dizzy« *84, 86ff., 102, 156f., 162, 184, 194, 215, 280, 305, 327, 339*
Gillet, Charlie *350*
Ginsberg, Allen *185*
Ginsberg, Ernst *208*
Giuffre, Jimmy *14*
Giulini, Carlo Maria *108, 130, 132ff., 211*
Glitter, Gary *231*
Gluck, Christoph Willibald *18*
Gobbi, Tito *116*
Goebel, Reinhard *167*
Göring, Hermann *206*
Goethe, Johann Wolfgang von *174, 212*
Goebbels, Joseph *205f.*
Goldkette, Jean *44*
Goldmark, Karl *213, 268*
Golowin, Albert s. Gulda, Friedrich *165*
Goltz, Christel *114*
Gonsalves, Paul *88, 368*
Goodman, Benny *55, 78ff., 98f., 164, 185f., 188, 222, 231, 307, 319, 339, 343, 368, 377*
Gordon, Dexter *50*
Gott, Karel *173, 256, 331*
Gould, Glenn *16, 96, 145ff., 155*
Gounod, Charles *166*
Grainger, Percy *268*
Granz, Norman *58, 78, 88, 194, 276*
Grappelli, Stephane *224, 227*
Gray, Dobie *270*
Gray, Jerry *364*
Greger, Max *244*
Grieg, Edvard *122, 130, 147, 164, 228, 299*
Griffin, Johnny *307*
Grimm, Gebrüder *201*
Grock *203*
Grofé, Ferde *185*
Grubb, Suvi Raj *183*
Gruberova, Edita *171f., 197*
Gründgens, Gustaf *200*
Grünfeld, Alfred *17*
Grundheber, Franz *115*
Güden, Hilde *112, 121, 126*
Güttler, Ludwig *164*
Guiraud, Ernest *138*
Gulda, Friedrich *16, 146, 148, 156, 165f., 169, 249, 319*

Habsburg, Otto von *207*
Hackett, Bobby *93f., 339*
Händel, Georg Friedrich *16, 128, 167, 210, 251, 304, 367*
Hagen, Nina *173, 239, 326*
Haitink, Bernard *134f., 142, 144, 213*
Halen, Van *196, 347, 354*
Haley, Bill *96, 187, 235, 266, 272, 300, 311, 342, 350*
Hall, Marie *270*
Hall, Edmond *74, 295*
Hallberg, Bengt *178*
Hammond, John *342, 372*
Hampton, Lionel *10, 72, 80, 88, 99f., 194, 295, 300*
Hancock, Herbie *15*
Handy, W. C. *80*
Harasiewicz, Adam *152*
Hardy, Françoise *260*
Harell, Zvi *242*
Harnoncourt, Nikolaus *167, 169, 252, 318*
Harris, Bill *89, 326*
Harris, Gene *162*
Harrison, George *232, 234, 292*
Harrison, Wilbert *344*
»Harlem Footwarmers« *338*
Haskil, Clara *134*
Hauff, Wilhelm *201*
Hawes, Hampton *146*
Hawkins, Coleman *94, 101, 103, 194*
Hawkins, Erskine *162, 364*
Haydn, Joseph *128, 130, 142, 168, 180, 183, 188, 210, 231, 245, 251, 305, 311*
Heath, Albert *184*
Heath, Jimmy *184*
Heard, J. C. *87*
Heath, Percy *184*
Heesters, Johannes *127, 377*
Hefti, Neal *222*

Heifetz, Jascha *152, 170, 181, 306*
Heine, Heinrich *144, 341*
Heino *330f.*
Heintje *330f.*
Held, Martin *207f.*
Heller, André *44, 333, 352*
Hellmesberger, Josef *258, 304*
Hemingway, Ernest *72*
Henderson, Fletcher *89*
Hendricks, Jon *215*
Hendrix, Jimi *109, 187, 189, 232, 236*
Herman, Woody *89f., 95, 98, 143, 240, 295, 307*
Hentoff, Nat *145*
Herzfeld, Friedrich *131*
Hettmann, Lisa *299*
Hildebrandt, Dieter *230*
»Hi-Los« *210, 214*
Hindemith, Paul *128, 184*
Hines, Earl *281, 295*
Hirsch, Ludwig *333*
Hirt, Al *82f., 222*
Hitler, Adolf *200, 206, 225, 379*
Hodeir, André *124*
Hodges, Johnny *77, 91, 99, 104f.*
Hölderlin, Friedrich *200*
Hoffman, Dustin *92*
Hoffmann, Josef *156*
Hoffnung, Gerard *230*
Hofmann, Peter *107f.*
Holiday, Eleonora »Billie« *76ff., 80, 102, 135*
Holly, Buddy *197*
Holman, Bill *101, 295*
Honecker, Erich *251*
Hope, Bob *203, 281*
Horowitz, Vladimir *134, 146, 149, 151ff., 224, 377*
Hotter, Hans *118f., 173, 178*
Huston, John *372*
Houston, Whitney *219, 239*
Hrabanus Maurus *212*
Hubbard, Freddie *86, 194, 295, 327, 333*
Huber, Hans *352*
Hudtwalker, Olaf *317*
Hugo, Victor *144*
Hucko, »Peanuts« *103, 364*
Humphries, Les *342*

Isgro, Joseph *352*
Iglesias, Julio *177, 312*
Ingelow, Jean *23*
Ingersoll, Robert Colonel *199*
Isola, Frank *96*
Iturbi, José *271*

Jackson, Milt *72, 89, 184, 326f.*
Jackson, Cubby *89*
Jackson, »Shoeless Joe« s. Goodman, Benny *339*
Jackson, Michael *47, 226, 234, 271, 273, 321, 372*
Jacobs, Pim *94*
Jagger, Mick *236f., 240, 372*
James, Harry *64f., 163, 222, 321*
Jankowski, Horst *161*
Janowski, Marek *119*
Jarreau, Al *172, 190*
Jarré, Jean Michel *196f.*
Jarrett, Keith *190, 319*
Jary, Michael *42, 217*
Jean Paul *134*
Jenkins, Florence Foster *246f.*
Jenkins, Gordon *92, 321*
Jepsen, Jorgen Grunnet *296*
Jeresco, Victor *242*
»Jethro Tull« *277*
Joachim, Joseph *163, 299*
Jobs, Steve *193*
Jochum, Eugen *130, 135, 368*
Joel, Billy *366*
John, Elton *222, 243, 295*
»Johnny hates Jazz« *352*
Johnson, Dick *79*
Johnson, Eldridge *27, 265*
Johnson, Henry *342*
Johnson, J. St. A. *137*
Johnson, James P. *162*
Johnson, Jay Jay *95, 184*
Johnson, Pete *159, 379*
Jolson, Al *308*
Jones, Elvin *157*
Jones, Grace *218, 239*
Jones, James *102*
Jones, Jo *87*
Jones, Jonah *99, 307*
Jones, Quincy *256*
Jones, Spike *201, 225*
Jones, Thad *74, 339*
Jones, Tom *133, 197*
Joplin, Janis *238, 377*
Joplin, Scott *227f.*
Jordan, Duke *96*
Jordan, Stanley *189*
Josel, Rudolf *319*
»Judas Priest« *267*
Jürgens, Udo *221, 256*
»Juilliard-Quartett« *181*
Jun Maguzumi *272*
»Jungle Band« *338*
Jurinac, Sena *112*

Kaempfert, Bert *331*
Kästner, Erich *201*
Kagel, Mauricio *307*
Kaiser, Joachim *154*
Kaplan, Gilbert *266*
Kapp, Jack *342*
Karajan, Herbert von *30, 36, 58, 108ff., 118f., 121, 126, 129ff., 134f., 138, 140, 142, 150, 167, 175, 186, 192f., 197, 211, 248, 250, 271, 306, 338, 342f., 349, 367f.*
Karas, Anton *244, 272*
Karumen Maki *272*
Kamuca, Richie *90*
Karlstadt, Lisl *204*
Katchen, Julius *145, 150*
Katsaris Cyprien *363*
Kattnig, Robert *258*
Katz, Mickey *225*
Kay, Connie *82, 184*
Keats, John *200*
Keilberth, Joseph *108, 129, 138*
Kelly, Grace *273*
Kempe, Rudolf *108, 119*
Kempelen, Wolfgang von *23*
Kempff, Wilhelm *146, 155*
Kennedy, John F. *198f., 204, 226*
Kepler, Johannes *23*
Keppard, Freddie *16, 44*
Kerouac, Jack *185*
Kertesz, Mihaly s. Curtiz, Michael
Kessel, Barney *78, 87, 189, 194, 339*
Kiesewetter, Knut *331*
»King Olivers Creole Jazzband« *16*
King, Martin Luther *160, 204*
»Kinks« *354*
Kinski, Klaus *201*
»Kingston-Trio« *214*
Kirk, Roland *273*
»Kiss« *373*
Kleiber, Carlos *108, 126, 130f., 170, 192, 250*
Kleiber, Erich *108, 112ff., 129, 131, 367*

Klemperer, Otto *129, 131, 138, 175, 183, 250*
Knappertsbusch, Hans *118f., 191, 248, 367*
Knef, Hildegard *173, 332*
Knopfler, Mark *188*
Koczian, Johanna von *208*
Kodály, Zoltán *50*
Köth, Erika *172*
Kolb, Annette *141*
Koller, Hans *178*
Konitz, Lee *95, 100*
Korngold, Erich Wolfgang *126, 141*
Korner, Alexis *237*
Kozub, Ernst *119*
Krainjew, Wladimir *167f.*
Kromke, Hans *257*
Kraus, Alfredo *171, 318*
Kraus, Karl *142, 202*
Kraus, Peter *235, 256, 367, 377*
Krauss, Clemens *47, 119, 126, 130, 192, 266*
Kreisler, Fritz *44, 203, 227*
Kremer, Gidon *170, 195*
Krenek, Ernst *213*
Krips, Josef *108, 130, 169*
Kreuder, Peter *161, 217, 311*
Kruesi, John *25, 27*
Kubelik, Rafael *213, 216*
Kubkova, Jana *55*
Kuh, Anton *202*
Kunz, Charlie *161*
Kunze, Michael *123*
Kussewitzkij, Sergej *141*
Kyser, Kay *230*
Kenton, Stan *91f., 100f., 104, 137, 163, 257*
Krupa, Gene *80, 84, 89, 185, 220*

Ladnier, Tommy *74*
Lagrene, Bireli *103*
Laine, Frankie *226, 332*
Lake, Greg *242*
Land, Harold *220*
Landong, Peter *266*
Lampkin, Chuck *157*
Lambert, Dave *215*
»Lambert, Hendricks & Ross« *76, 215*
Lanner, Joseph *195*
Lanza, Mario *17, 171, 226, 309*
La Rosa, Julius *150*
Last, James *331*
Lauper, Cindy *239*
Lawford, Peter *226*
»Lawson-Haggart-Jazzband« *93*
Leadbetter, Huddie »Leadbelly« *44, 236*
Leander, Zarah *173, 217*
Lear, Evelyn *115*
Lee, Brenda *231*
Lee, Peggy *307*
Leek, Ed *300*
Leeman, Cliff *295*
Legge, Walter *342, 373*
Legrand, Michel *95*
Lehár, Franz *117, 141, 195*
Lehmann, Lotte *140, 204*
Leinsdorf, Erich *150*
Lenin, Wladimir Iljitsch *22*
Lennon, John *36, 59, 237, 292, 375, 377*
Leone, Sergio *52*
Lesberg, Jack *93*
»Les Humphries Singers« *214*
Lester, Richard *333*
Levine, James *112, 119*
Lewis, Jerry Lee *377*
Lewis, John *145, 184, 319*
Lewis, Meade Lux *74, 159, 379*
Lewis, Ramsey *240*
Liberace *17, 218*
Liebermann, Lori *239*
Ligeti, György *230, 312*
Lincke, Paul *127*
Lindenberg, Udo *50, 270, 331*
Lin Piao *272*
Lion, Alfred *80, 379*
Lipatti, Dinu *134, 146, 377*
Liszt, Franz *122, 144ff., 148, 151f., 155, 250, 320 333*
Littlefield, Little Willie *344*
Little Richard *344, 353*
Livingstone, David *200*
Löwe, Alfred s. Lion, Alfred
Loewe, Carl *195*
Lolita *331*
London, George *108, 121, 125*
Lorenz, Max *114, 118*
»Los Paraguayos« *260*
Louis Philippe *144*
Loussier, Jacques *166*
Love, William C. *42*
Lucia, Paco de *190*
Ludwig, Christa *118, 175, 204*
Lympany, Moura *168*

Maazel, Lorin *112, 121, 129f., 144, 150, 191ff., 213, 306, 329f.*
Madeira, Jean *121*
Madonna *218, 234, 239, 296, 372, 377*
Maffay, Peter *331*
Mahler, Gustav *14, 128, 130, 134, 136, 140, 142, 154, 175ff., 181, 191f., 212f., 228, 249, 266, 319*
Makulis, Jimmy *231*
Malle, Louis *204*
Malmquist, Siw *270*
Mance, Junior *86*
Mancini, Henry *96*
Mandel, Johnny *222*
Mangelsdorff, Albert *178f.*
Mangelsdorff, Emil *178*
»Manhattan Jazz Quintett« *240*
»Manhattan Transfer« *210, 214f.*
Manone, Wingy *305*
Mantovani, Annunzio *14, 46, 96, 198*
Mao Tse Tung *272*
March, Peggy *339*
»Marek & Vacek« *161*
Marley, Bob *353*
Marlowe, Philipp *110*
Marriner, Neville *130, 137, 139*
Marsalis, Wynton *86, 164, 222*
Marschall, Tony *331*
Martinelli, Giovanni *377*
»Manfred Manns Earth Band« *231*
Martin, David Stone *58*
Martin, Dean *46, 226*
Martin, Frank *256*
Martin, George *234*
Masato Shimon *272*
Mascagni, Pietro *192*
Mathis, Johnny *231, 372*
Mathieu, Mireille *239, 331*
May, Billy *65, 74, 224, 307, 321, 375*
McCann, Les *50*
McCartney, Paul *49, 58f., 217, 237, 292, 347, 375, 378*
McCormack, John *265*
McCracken, James *216*
McFerrin, Bobby *172, 190, 215, 224*
McLaughlin, John *188, 237*
McPartland, Jimmy *220*
McRae, Carmen *77*

Mead, Janet *272*
Mendelssohn-Bartholdy, Felix *16, 55, 122, 130, 164, 192, 306, 311*
Mehta, Zubin *55, 126, 144, 150, 192, 248*
Meir, Golda *207*
Melanie *239*
Melba, Nellie *265*
Melchior, Lauritz *118, 140*
»Melos-Quartett« *181*
Melrose, Frank *16*
Mendes, Sergio *260*
Mengelberg, Willem *367*
Menuhin, Yehudi *43f., 147, 222, 224, 227, 241*
Mercouri, Melina *173*
Merrick, Frank *137*
Merrill, Robert *121*
Merz, Carl *202*
Messiaen, Olivier *156*
Metternich, Josef *171*
Mey, Reinhard *103, 160*
Meyer, Sabine *186*
Meyerbeer, Giacomo *108, 144, 224, 274, 326*
Michael, George *36*
Migenes, Julia *121, 320*
Milanov, Zinka *109*
Milburn, Amos *235*
Miller, Glenn *65, 74, 98, 218, 222, 270, 277, 305, 364*
Miller, Mitch *351f., 372*
Miller, Roger *52*
Millowitsch, Willy *203*
»Mills Brothers« *214, 228*
Mills, Irving *341*
Minnelli, Liza *218, 239*
Mineo, Sal *80*
Mingus, Charles *84, 307, 343*
Mitropoulos, Dimitri *115*
Mitchell, George *93*
»Modern Talking« *163, 316*
»Modern Jazz Quartett« *184*
Modugno, Domenico *260*
Mödl, Martha *120, 248*
Mörike, Eduard *200*
Moik, Karl *259*
Monaco, Mario del *109*
Monk, Thelonius *84, 97, 146, 184, 280, 307, 311*
Monroe, Marilyn *29*
Montarsolo, Paolo *296*
Montoya, Carlos *188, 273*
Monteverdi, Claudio *185, 252*
Monet, Claude *54*
Monteux, Pierre *143, 227, 377*
Montgomery, Wes *189*
Monthy Python *333*
Moon, Keith *377*
Moore, Gerald *197, 204*
Morgan, Lee *327*
Morgenstern, Christian *210*
Morricone, Ennio *308*
Morrison, Jim *377*
Morton, Jelly Roll *16, 93, 98, 204, 327*
Moser, Hans *200, 203, 339*
Moskowski, Moritz *153*
Moten, Bennie *188*
Mouskouri, Nana *56, 173*
Mozart, Wolfgang Amadeus *9, 16, 18, 26, 98, 107f., 122, 128, 130, 135, 139ff., 143ff., 154, 163, 169, 174, 180, 184ff., 190, 214, 239, 267, 283, 305, 312*
Muhammad Ali *82, 239, 257*
Müller, Werner *331*
Münchinger, Karl *167*
Mulligan, Gerry *64f., 67, 97, 100f.*
Mundy, Jimmy *105*
Murphy, Audie *52*
Mussolini, Benito *320*
Mussorgsky, Modest *107, 124, 241f.*
Muti, Riccardo *55, 128, 142, 144*
Mutter, Anne-Sophie *170*

Napoleon I. *151*
Napoleon III. *26*
Napoleon, Phil *299*
Navarro, Theodore »Fats« *280, 345*
Neidlinger, Gustav *119f.*
Nelli, Herva *109*
Nena *173*
Nero, Peter *160f.*
Neuwirth, Roland *273*
Newborn, Phineas *146*
Newbould, Brian *138*
Newman, Ernest *305*
Newman, Joe *346*
Newton, Frankie *43, 281*
Newton, Wayne *257*
Ney, Elly *156*
»Nice«, The *241*
Nichols, Loring »Red« *338*
Nicole *331*
Nienstedt, Gerd *118*
Nietzsche, Friedrich *374*
Nikisch, Arthur *17, 274*
Nilsson, Birgit *10, 108, 119f., 126, 216, 224, 249*
Nisenson, Eric *72*
Noone, Jimmie *98*
Norman, Jessye *216*
Norvo, Red *80, 307*
»Novi Singers« *214*
Nurejew, Rudolf *151*

O'Day, Anita *172*
Offenbach, Jacques *210, 230*
Ofra Haza *266*
O'Hara, Scarlett *308*
Ohlsson, Garrick *268*
Oistrach, David *125, 170*
Oldfield, Mike *197*
Oliver, Joe »King« *204*
Oliver, Sy *229*
Olivier, Sir Laurence *201*
Olson, Rocky *344*
Orbison, Roy *231*
Orff, Carl *32, 230*
»Original Dixieland Jazzband« *16*
Orlando di Lasso *252*
Ormandy, Eugene *130, 141, 191, 268*
Osborne, Ozzy *267*
Osmond, Danny *231*
O'Terell, John *43*
Owen, William Barry *57*
Ozawa, Seiji *215f., 245*

Pabst, Eugen *153*
Pachelbel, Johann *251*
Pachmann, Vladimir de *146f.*
Paganini, Nicolò *16, 152, 170, 229*
Page, Jimmy *188*
Page, Oran »Hot Lips« *307*
Page, Patti *257*
Page Walter *295*
Palestrina, Giovanni Pierluigi *126*
Palmer, Carl *242*
Pandolfini, Angelica *298*
Panerai, Rolando *110f.*
»Paratore« *242*
Parker, Charlie »Bird« *43, 64f., 83ff., 87, 89, 98, 102, 159, 164, 185, 228f., 239, 249, 280, 284, 305, 327, 339*

Parker, Robert *66*
Paris, Wilbur de *93*
Parrish, Avery *162*
Patti, Adelina *256, 265*
Patzak, Julius *126, 175*
Pass, Joe *194*
Paul, Les *64f., 187*
Pavarotti, Luciano *111, 171, 318*
Pavone, Rita *331*
Peer, Ralph *342*
Pendergast, Tom *344*
Pepper, Art *74*
Pergolesi, Giovanni Battista *44, 251*
Perlman, Itzhak *170, 227f.*
Persson, Bent *16*
Pesci, Pete s. Hackett, Bobby
»Peter, Paul & Mary« *214, 312*
Peterson, Oscar *78, 82f., 87ff., 99, 102, 135, 146, 157f., 160, 193f., 221, 229, 271*
Petrillo, James Caesar *279*
Petrow, Iwan *125*
»Pet shop Boys« *260*
Pfitzner, Hans *73, 107, 136*
»Philip-Jones-Brass-Ensemble« *242*
Philips, Dewey *350*
Phillips, Flip *89*
Piaf, Edith *218, 249*
Picasso, Pablo *73, 75*
Pickett, Wilson *231*
Pinnock, Trevor *251*
»Pink Floyd« *196, 232, 242f., 277*
»Platters« *214, 230*
Pleasure, King *85*
Pluhar, Erika *333*
Pogorelich, Ivo *150f.*
»Pointer Sisters« *210, 215*
Polanski, Roman *372*
Pollack-Rudin, Robert *207*
Pollini, Maurizio *145, 154, 156, 163, 368*
Polt, Gerhard *225*
Porter, Cole *161, 217, 230*
Powell, Bud *146, 158f.*
Powell, Mel *146, 339*
Presley, Elvis *96, 187, 219, 231, 235, 271f., 292, 300, 321, 326, 328, 332, 342, 350, 352f.*
Previn, André *104, 158, 168, 227f., 319*
Prey, Hermann *173, 316*
Price, Leontyne *121*
Prick, Christopher *340*
Priestley, J. B. *374*
Prima, Louis *218*
Prince *56, 196, 226, 299, 308*
Prinz, Alfred *186*
»Procul Harum« *234*
Prokofieff, Sergej *18, 130, 142, 146, 163, 167f., 329*
Puccini, Giacomo *15, 107, 110f., 116f., 121f., 138, 177, 321, 373*
Purim, Flora *368*

Qualtinger, Helmut *202f., 333*
»Queen« *198, 378*
Quinichette, Paul *78*
Quinn, Freddy *46, 96, 331, 339, 352*

Rachmaninoff, Sergej *17, 125, 163, 168*
Raimondi, Gianni *110f.*
Rainey, Ma *269*
Randle, Bill *352*
Raney, Jimmy *96*
Rattle, Simon *130*
Ravel, Maurice *55, 130, 136f., 163, 191, 228, 241*
Rawls, Lou *173*
Reagan, Ronald *292*
Rebroff, Iwan *126, 173, 339*
Redding, Otis *353*
Reed, Carol *272*
Reger, Max *228, 244, 326*
Reiner, Fritz *130, 150, 211*
Reinhardt, Django *102f., 184, 188*
Reining, Maria *113*
Reser, Harry *338*
»Residents« *242*
Respighi, Ottorino *198*
Reszke, Edouard de *299*
Rhein, Eduard *24, 276*
Rice, Tim *123*
Richard, Cliff *326, 331*
Richards, Keith *188, 240*
Richter, Karl *166f.*
Richter, Svjatoslav *49, 146, 150, 266*
Riddle, Nelson *74, 245, 321*
Rifkin, Joshua *227*
Rimsky-Korssakoff, Nicolai *124, 130, 268*
Ringelnatz, Joachim *29*
Rios, Waldo de los *140*
Robic, Ivo *331*
Robbins, Harold *329*
Robinson, Bill *226*
»Rocky Horror Picture Show« *232*
Rodgers, Jimmie *300*
Rodgers, Nile *372*
Rodrigo, Joaquin *163*
Rökk, Marika *239*
Rogan, Mackenzie *265*
Rogers, Clyde *271*
Rogers, Shorty *92*
»Rolling Stones« *58, 224, 236f., 273, 353*
Rollins, Sonny *94, 307, 327*
Ronald, Sir Landon *265*
Ronstadt, Linda *50*
Roos, Mary *343f.*
Roosevelt, Franklin D. *204*
Rosenthal, Moritz *265*
Ross, Annie *76, 215*
Ross, Diana *76f., 218, 372*
Rossini, Gioacchino *107, 192, 210, 248, 265, 305*
Rostropowitsch, Mstislav *170*
Rothenberger, Anneliese *126*
Rowe, Dick *347*
»Roxy Music« *347*
Rubinstein, Artur *18, 134, 146, 150, 152, 163, 180, 320, 377*
Rubinstein, Nikolai *150*
Russell, Ken *176, 243*
Russell, Luis *75*
Russell, Ross *83*
Rust, Brian *296*
Rysanek, Leonie *107, 109, 120, 171, 248*

Sabata, Victor de *116, 373*
»Sade« *234, 239*
Sailer, Toni *257*
Saint-Saëns, Camille *163, 228*
Sanders, Pharoah *96*
Sandoval, Arturo *86, 273*
»Sandra« *239*
Santana, Carlos *123, 189*
Sardi's *151*
Sartre, Jean-Paul *185*
Satie, Eric *128, 240*
Sauer, Wolfgang *331*
Sauter, Eddie *95*
Sawallisch, Wolfgang *108, 129, 377*

Scarlatti, Alessandro *44, 213, 251*
Schaljapin, Fedor *43, 125, 265, 299*
Schenk, Otto *126, 208*
Schieder, Illo *231*
Schiff, Heinrich *165*
Schifrin, Lalo *156ff.*
Schifter, Günter *228*
Schimanski, Horst *349*
Schippers, Thomas *111, 377*
Schleman, Hilton *296*
Schlesinger, Moritz *341*
Schmeling, Max *257*
Schmidt, Franz *213f.*
Schmidt, Joseph *171*
Schnabel, Artur *155*
Schneyder, Werner *224*
Schnitzler, Arthur *200*
Schock, Rudolf *171, 175, 244*
Schoeck, Othmar *107*
Schöffler, Paul *107ff., 171, 246, 273*
Schönberg, Arnold *107, 117, 128, 130, 147, 164, 190, 215f.*
Schönberger, Heinz *365*
Schoener, Eberhard *197*
Schostakowitsch, Dimitri *14, 124, 130, 141, 144*
Schrader, Ernst *339*
Schreier, Peter *178, 316*
Schreker, Franz *213*
Schütz, Heinrich *251*
Schubert, Franz *17, 130, 137ff., 145, 148f., 154f., 165, 173f., 177, 181, 185, 210, 213, 228, 237, 274, 311, 320, 374*
Schuller, Gunther *143, 228, 319*
Schumann, Clara *134*
Schumann, Robert *73, 122, 128, 130, 133f., 146f., 155, 164, 180, 266, 276, 298, 320, 326*
Schuricht, Carl *135*
Schuricke, Rudi *311*
Schwab, Siegfried *227*
Schwarzkopf, Elisabeth *43, 108, 113, 342*
Sciacca, Anthony *98*
Scott, Eduard Leon *23*
Scott, James *227*
Scott, Randolph *52*
Scott, Tony *98*
Skrjabin, Alexander *50, 228*
Seaman, Frank *28*
»Searchers« *214*
Sedaka, Neil *231*
Segovia, Andres *190*
Seidler-Winkler, Bruno *23, 267*
Selvin, Ben *338*
Seress, Reszo *45, 267*
Serkin, Rudolf *145, 155, 306*
»Sex Pistols« *232*
Shaffer, Peter *139, 169*
Shank, Bud *74, 95*
Shankar, Ravi *163, 312*
Shavers, Charlie *88*
Shaw, Artie *77, 79, 98, 163, 343*
Shaw, George Bernard *329*
Shaw, Woody *377*
Shearing, George *146, 159*
Shelley, Percy B. *200*
Shepp, Archie *14, 96*
Shorter, Wayne *307*
Sibelius, Jean *121, 164, 244*
Siegel, Ralph *354*
Siems, Margarethe *299*
Siepi, Cesare *108, 177*
Silja, Anja *115, 171*
Sills, Beverly *173*
Simionato, Giulietta *121, 126*
Simmel, Johannes Mario *126*
Simon, Paul *219*
»Simply Red« *352*
Sims, Zoot *81, 95*
Sinatra, Frank *82, 173, 220, 226, 228, 245, 272, 321, 353f.*
Sinatra, Nancy *321*
Sinopoli, Giuseppe *130, 134, 276*
Sledge, Percy *218*
Slezak, Leo *293*
»Sly and the Familiy Stone« *270*
Smetana, Friedrich *50*
Smith, Bessie *43f., 238, 345*
Smith, Charles »Pinetop« *342*
Smith, Jabbo *75*
Smith, Johnny *95*
Smith, Mamie *345*
Smith, Patti *377*
Smith, Paul *83*
Smith, Willie, »The Lion« *145, 204*
Smithson, Harriet *144*
Sokal, Harry *44*
Soloff, Lew *240*
Solomon, Cutner *146, 156*
Solti, Sir Georg 108, 118, 129f., 134, 141f., 144, 168, 211, 213, 250
Sousa, John Philipp *195, 265*
Spanier, Muggsy *94, 311*
Spasski, Boris *146*
Spector, Phil *345, 372*
»Spencer-Davis-Group« *73*
»Spider Murphy Gang« *231*
»Spliff« *256*
»Spooky Tooth« *242*
Springsteen, Bruce *347, 366*
Stacy, Jess *99*
Stafford, Jo *239, 282*
Stanley, Henry Morton *200*
Starr, Kay *231*
Starr, Ringo *240, 292*
Staton, Dakota *173, 239*
»Status Quo« *231*
Stauffer, Teddy *222*
Steed, Howard *367*
Stefano, Giuseppe di *116, 121, 318, 373*
Stern, Isaac *170, 192, 306*
Stevens, Connie *96*
Stewart, Rex *103, 105*
Stewart, Rod *218*
Stewart, Slam *80*
Stewart, Thomas *120*
Stitt, Sonny *95, 162, 194*
Stockhausen, Karlheinz *14*
Stokowski, Leopold *144, 147, 151, 252, 271*
Stolz, Robert *195, 217, 222, 328*
Stone, Christopher *23*
Stone, Jesse *341f.*
Stordahl, Axel *321*
Stout, William *59*
Stradella, Alessandro *305*
Strasser, Otto *131*
Strauss, Richard *17, 23, 30, 46, 73, 107f., 112f., 115, 128, 130, 142, 144, 177, 190, 228, 249, 267, 304, 311, 341, 368*
Strauß, Johann (Sohn) *47, 73, 107, 125ff., 130, 192, 195, 212, 246, 271, 311*
Strauß, Johann (Vater) *191, 195*
Strauß, Josef *73*
Straus, Oscar *73*
Strawinsky, Igor *17, 130, 142f., 145, 151, 163, 227, 311, 319*
Stroh, August *275*
Streisand, Barbra *239, 372*
Süßkind von Trimberg *332*
Suess, Werner *27*
Suitner, Otmar *129*

Sumac, Yma *174*
Suppé, Franz von *265*
»Supremes« *214*
Suskind, Walter *168*
Sutherland, Joan *121, 172*
Sutton, Ralph *93, 295*
Suzie Quattro *231*
Svanholm, Set *118*
»Swingle Singers« *140, 214*
Szell, George *141, 170*
Szeryng, Henryk *180*
Szigeti, Joseph *185*

»Talking Heads« *232*
Talvela, Martti *118, 124, 171*
Tamagno, Francesco *256, 343*
»Tangerine Dream« *197*
»Tanita Tikaram« *353*
Tatum, Art *74, 145f., 152, 158, 221*
Tauber, Richard *126, 244, 377*
Tavernier, Bertrand *159*
Taylor, Cecil *96, 125*
Taylor, Creed *372*
Teagarden, Jack *74*
Tebaldi, Renata *109, 120, 318*
Telemann, Georg Philipp *252, 268*
Tennstedt, Klaus *268*
Terry, Clark *95f., 194, 327f.*
»Ten Years After« *231*
Tizol, Juan *104*
Tizian *54*
Theodorakis, Mikis *55*
Thibaud, Jacques *181*
Thiele, Bob *372*
Thomas, David Clayton *240*
Thornton, Argonne *84*
Thornton, Willie May *353*
Torme, Mel *172, 332*
Tomita, Isao *143, 166, 197, 241*
Torriani, Vico *331*
Toscanini, Arturo *55, 109, 129, 131, 140, 153, 211, 250, 326, 329, 338*
Tosti, Francesco Paolo *195*
Touff, Cy *90*
Townshend, Pete *188*
»T'Pau« *352*
»Trapp-Familie« *342*
»Travellers« *244*
Travolta, John *226, 257*
Trent d'Arby, Terence *290*
Treptow, Günter *107*
Tristano, Lennie *84, 88*
Tschaikowsky, Peter Iljitsch *17, 128, 130, 141, 150f., 153, 163, 257, 271, 299, 304, 329*
Tschechow, Anton *200*
Tschu-En-Lai *272*
Tucholsky, Kurt *207f., 270, 333*
Tucker, Sophie *367*
Tunney, Gene *201*
Turner, Lana *78*
Turner, Ike *354*
Turner, Tina *173, 218, 238, 243, 354*
Tyson, Mike *161*
Tyner, McCoy *157, 307*
Turpin, Tom *227*
Turrentine, Stanley *311*

Uhl, Alfred *210*
Ustinov, Peter *201*
Utrillo, Maurice *204*

»Vangelis« *197*
Valdengo, Giuseppe *109*
Valente, Caterina *331*
Valentin, Karl *203ff.*
Varnay, Astrid *106*
Veen, Herman van *224*
»Velvet Underground« *196, 353*
Ventura, Charlie *300*
Verdi, Giuseppe *106ff., 114, 120f., 190, 211, 213, 249, 318, 343, 347*
Vickers, Jon *121*
Villa, Claudio *260*
Villa-Lobos, Heitor *320*
Villon, François *201, 332*
Vinay, Ramon *109*
Vinson, Eddie *235*
Vivanco, Moses *175*
Vittorio Emanuele *211*
Vivaldi, Antonio *188, 251*
Voigt, Wilhelm *199*

Wagner, Richard *16f., 36, 55, 100, 107, 110, 114, 117, 119ff., 127, 142, 144, 183, 190f., 209, 248, 250, 256, 299, 311, 326*
Waller, Fats *75, 145, 158, 217, 230, 341*
Walter, Bruno *55, 129f., 138ff., 169, 175f., 250, 343*
Walther von der Vogelweide *352*
Warhol, Andy *59, 185*
Wand, Günter *135*
Waters, Ethel *239*
Waters, Muddy *237*
Waters, Roger *243*
Watts, Charlie *236f.*
Wayne, John *52*
Webb, Chick *266, 278*
Weaver, Doodles *201*
Webber, Andrew Lloyd *122ff.*
Weber, Carl Maria von *16, 186, 311*
Weber, Ludwig *112*
Weber, Wilhelm *23*
Webern, Anton von *42, 130, 274*
Webster, Ben *94, 99, 101f., 194, 307*
Wecker, Konstantin *333*
Wehle, Peter *203*
Weigel, Hans *132, 138, 143*
Weingartner, Felix *183*
Weissenberg, Alexis *150*
Weiser, Grethe *208, 272*
Welles, Orson *201*
Werner, Oskar *201*
Wells, Dicky *103*
Westphal, Gert *201*
Weston, Paul *307*
Wettling, George *93*
Wexler, Jerry *372*
Whiteman, Paul *276*
Whittaker, Roger *257*
»Who« *242*
Windgassen, Wolfgang *108, 118f., 126*
Wright, Frank Lloyd *239*
Wright, Leo *157*
Wilber, Bob *245*
Wilde, Oscar *115*
Wilde, Kim *239*
Williams, Cootie *100, 104f., 187f.*
Williams, Joe *173*
Wilson, Teddy *77, 80, 145, 158, 185*
Wilson, Tom *266*
Wilson, Nancy *239*
Winding, Kai *326*
»Wings« *231*
Wilhelm II. *22, 207, 298*
Wolff, Francis s. Wolf, Franz
Wolf, Franz *80, 379*
Wolf, Hugo *177*
Wood, Ron *236*

Woods, Phil *143*
Wonder, Stevie *231 f., 353, 378*
Wojtyła, Karol *272*
Wunderlich, Fritz *108, 175 f., 377*

Yancey, Jimmy *159f.*
Yamashita, Kazuhito *241*
Young, Lester *74, 77 f., 83, 94, 159, 194*

Zacharias, Helmut *92, 222, 377*
Zednik, Heinz *118*
Zagrosek, Lothar *213f.*
Zamfir, Georghe *190, 260*
Zappa, Frank *73, 189, 232, 236, 346*
Zawinul, Joe *221, 236*
Zeffirelli, Franco *110f.*
Zelter, Carl Friedrich *174*
Zimerman, Krystian *363*
Zoller, Attila *187*
»ZZ Top« *244*

High-End. High-Tech. Hi-Fi.

Musik in seiner ursprünglichen Intension. Mit der neuen CD-Player-Kombination aus der Extremly-Standard-Serie von SONY.

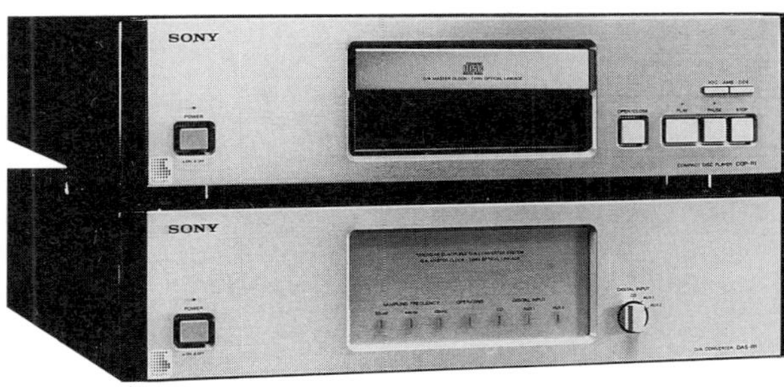

SONY „Extremly Standard"
Der Unterschied steht fest.
Der Rest steht im Prospekt.

YOU ARE THE SONY OF MY LIFE

SONY

Viele Scheiben Glück ...

...mit Melanie / Astrud Gilberto / Elly Wright / Yuko Gulda / Eddie "Lockjaw" Davis / Chet Baker / Leo Wright / Art Hodes / Aladar Pege / Jim Galloway / Roy Williams / Karl Ratzer / Spontan Music Trio / Vienna Art Orchestra / Teddy Ehrenreich Big Band / Stanton Big Band / Rudi Wilfer / Blue Note Seven / Red Hot Pods / Plattner & Plattners Jazz Corporation / Reeds & Rhythm / Oskar Klein / Radio Spots / Alfons Würzl Quartett / Big Joe´s Jazzband / Boogie Woogie Gang / Martin Wichtl / Christian Plattner Quartett / Zipflo Weinrich / Rudi Staeger / Vienna City Ramblers / Original Storyville Jazzband / Classic Swing Company / Stanton Minors / Program "A" / Adi Jüstel / Horst Winter / Christine Jones / Al "Fat" Edwards / Charlotte Rank / Roman Polt / Phil Reinhard / Karl Hodina / Richard österreicher / Adil Besim Jazzband / Frank French / Woody Schabata / Franz Luttenberger / Gus Seemann / Piccadilly Onions / Rosengarten / Liederlich Spielleut / Tom Telepak & Luke Tobin / Drugstore / F.U.R.P. / Panacea / Goldrush / Delirium / Dämmerattacke / Hektik / Night Mare / Lanfari / Prinz & Prinz / Null 8-15 / Sidewalk / Wiener Aderlaß Orchester / Total Verkehrt / Kaaba / Hansi geht nach Ottakring / Mangroove / Clugh Cenit / Airborne / Joe Cool and the Loosers / War of Dreams / Christian Frei / Exebition / Spellbound / Prebles Music Trio / Splitt / Action / Koma / DC 9 / The Voice / Fish Fish / Rough Enough / Vienne / Jivi Honk / Cool Aid / Jumpin´Jack / Immer Anders / The Workers / Squar Wave / Brothers / Phönix / Superschrill / Seitensprung / Slapstick / Cheerio / C. D. Harding / Virgil Cane / Skanners / B.O.R.B. / Gianni & Lord / Tonic / Thanx / Neutron Cheops / Excalibur / Backstage / Hans Klieber / Ines Reiger / Jenny Bell / Sigi Maron / Heli Deinböck / Die Zwei / Gust Maly / Stefano / Kid / Augustin / Lea / Hannes Müller / Anita / Egon Bik / Ronnie Urini / Heinz Kruba / Nussdorf Lebt / Live Time / Helmut Nitsch / Enrico / Swabidudabs / Reinhard Sellner / Peter Henisch / Bernhard Fibich / Strebersdorfer Buam / Erich Veegh / Franz Zimmer / Original Weststeirer Quintett / Walter Kramer / Simmeringer Buam / Weana Spatzn / Peter Trenkwalder / Franz Müllner / Alpbacher Buam / Harfenduo Schießling / Böhmerland Musik / Bolschoi Don Kosaken / Harmonie / Wiener Salon Orchester / Johann Strauß Symphonietta Wien / Bela Koreny Trio / Prof. Gergely Szücs / Wolfgang Göllner / Gerhard Schubert / Brigitte Hübner / Flora St. Loup / Steve Ferguson / Karl M. Krbavac / Harry Bonanza / Richie Guild / Bob Everhart / Rodeo / Sonny Redmond / Campfire / Blackbush / Hank Madox / Al Cook / Michael Pewny / Joachim Palden / Hans Theessink / Charlie Hloch / Worried Men Skiffle Group / Martin Pyrker / Hooked on Blues / Champion Jack Dupree / Bluesbreakers / Mojo Blues Band / Axel Zwingenberger / Dana Gillespie / usw ...

aufgenommen im **Tonstudio Soundborn,**

wo sonst ?

days & dreams
ÜBERWEISUNGS-DAUERAUFTRAG
Das Z-Club-Konto bringt's!
Z Club

BLUE NOTE SEVEN

VIENNA

Dixieland